Le guide
des terrains de golf
du Québec

Design graphique : Christine Hébert
Infographie : Solange Laberge, Johanne Lemay
Traitement des images : Mélanie Sabourin
Révision : Nicole Raymond
Correction : Ginette Patenaude

Catalogage avant publication de la Bibliothèque nationale du Canada

Allard, Pierre
Le guide des terrains de golf du Québec

1. Terrains de golf - Québec (Province) - Guides.
I. Titre.

GV985.C35A44 2004 796.352'06'8714 C2004-940168-8

DISTRIBUTEURS EXCLUSIFS :

- Pour le Canada
et les États-Unis :
MESSAGERIES ADP*
955, rue Amherst
Montréal, Québec
H2L 3K4
Tél. : (514) 523-1182
Télécopieur : (514) 939-0406
* Filiale de Sogides ltée

Dépôt légal : 1er trimestre 2004
Bibliothèque nationale du Québec

ISBN 2-7619-1901-7

Gouvernement du Québec – Programme de crédit d'impôt pour l'édition de livres – Gestion SODEC – www.sodec.gouv.qc.ca

L'Éditeur bénéficie du soutien de la Société de développement des entreprises culturelles du Québec pour son programme d'édition.

Nous reconnaissons l'aide financière du gouvernement du Canada par l'entremise du Programme d'aide au développement de l'industrie de l'édition (PADIÉ) pour nos activités d'édition.

Le guide des terrains de golf du Québec

Pierre Allard

LES ÉDITIONS DE L'HOMME

Introduction

Plus personne ne remet en cause la pertinence d'un guide sur l'automobile, les vins ou les restos. Avant d'acheter une auto ou une bonne bouteille, qui se contenterait de consulter un annuaire énumérant de façon alphabétique les produits sur le marché ? Pourtant, jusqu'à aujourd'hui, les golfeurs québécois devaient se rabattre sur pareils bottins ou sur des « il paraît que… » avant de fixer leur prochain départ. Le sujet ne manque pourtant pas d'intérêt. Qui n'a jamais débattu les mérites d'un parcours par rapport à un autre ?

Quels sont les plus beaux terrains de golf du Québec ? Plus facile de poser la question que d'y répondre. De tout temps, on a tenté de définir la beauté sans vraiment y parvenir. Si on vous demande ce qui fait qu'un corps humain est beau, vous allez probablement invoquer la symétrie, l'harmonie, la mesure, les proportions. Mais qu'est-ce qui fait vraiment qu'une personne, un tableau ou une symphonie sont beaux ?

La beauté n'existe pas par elle-même. C'est une impulsion qui naît chez l'être humain dans le processus d'appréciation d'une chose. Lorsque je dis d'une œuvre ou d'une fleur qu'elle est belle, je veux dire qu'elle me procure, personnellement, un sentiment de satisfaction. En matière de goût, il n'y a aucune norme, l'appréciation relève de chacun. Il est certes possible d'argumenter sur la qualité d'une œuvre, mais nullement sur le plaisir qu'elle procure. De fait, le beau est impossible à définir.

Dans tout processus d'évaluation, la raison intervient pour discerner, supputer, quantifier, cerner. Pour agir comme critique d'une impulsion, d'un sentiment obscur et désordonné, il faut être capable d'un discernement rationnel et c'est bien là que se trouve la difficulté. Un exemple ? Au début de la tournée des parcours de la province, la direction de chaque terrain complétait un bulletin de vote pour déterminer les cinq plus beaux terrains de la région. Eh bien, croyez-le ou non, les réponses variaient tellement qu'il devenait impossible d'en tirer quelque conclusion que ce soit.

Une autre question se pose. L'auteur d'un guide des terrains de golf doit-il être architecte, professionnel ou surintendant ? Propriétaire, environnementaliste, personnalité publique ou journaliste ? On pourrait en débattre longtemps. Pour sa part, l'architecte Charles Blair Macdonald écrivait en 1928 : « Il n'existe aucun être humain parfaitement qualifié pour juger de la valeur d'un trou et encore moins d'un terrain, sauf s'il a joué partout à maintes et maintes reprises, dans toutes les conditions climatiques. » Comme cela semble utopique, il va falloir vous contenter de l'opinion d'un golfeur passionné, sans parti pris, méthodique et consciencieux qui s'est lancé dans l'aventure après des centaines d'heures consacrées à la lecture de l'opinion des surintendants, des architectes et des plus grands joueurs. Un ouvrage comme celui-ci se doit d'être transparent, minutieux et le plus objectif possible, bref, il doit être fiable et désintéressé. Cela a constitué ma préoccupation première et mon but ultime.

Adepte du golf depuis quarante ans, j'ai récemment eu le privilège d'agir comme patrouilleur *(marshal)* et comme préposé aux départs de terrains privés et semi-privés. Sur un parcours, je suis capable du meilleur et du pire, mais une partie normale tourne autour du 82. J'ai pratiqué le droit pendant vingt ans comme notaire et j'ai exercé la médiation et l'arbitrage pendant cinq ans. Je suis l'auteur du livre *Étiquette et règles de golf pour tous* que je vous recommande fortement...

Si Bernard Darwin, petit-fils de Charles Darwin (célèbre naturaliste anglais), a quitté son cabinet d'avocats pour se consacrer à plein temps à l'écriture de livres sur le golf, je me suis dit que peut-être...

La méthodologie

Il a fallu faire des choix. La première édition vous présente uniquement les terrains de 18 trous qui sont accessibles au grand public. Vous ne retrouverez donc ici aucun terrain privé, aucun parcours de neuf trous et aucun centre d'entraînement. Les terrains dont la longueur totale ou la normale ne respecte pas les normes minimales usuelles ont également été ignorés. Tous les autres clubs ont été sollicités. Il était entendu que des photos allaient être prises si le club ne pouvait en fournir. En général, les terrains d'une même région étaient visités dans la même semaine afin de pouvoir établir des comparaisons équitables pour tous.

J'ai visité personnellement chacun des terrains. Muni d'un dictaphone, d'un calepin de notes, d'un appareil photo numérique, d'un instrument de mesure Stimp et de jumelles Bushnell, j'ai parcouru chacun des trous dans leur ordre habituel. Je me suis arrêté pour vérifier l'état des verts et des tertres de départ. J'ai effectué des roulés et j'ai mesuré la vitesse des verts que j'ai vérifiée avec la direction. J'ai notamment réalisé des sorties de fosses pour vérifier la qualité du sable. J'ai choisi de ne pas jouer au golf sur les terrains. Ainsi, la qualité de mon jeu ne risquait pas d'affecter mon jugement. Je restais concentré sur le principal, soit l'environnement, le dessin, l'aspect visuel, les conditions de jeu, etc. L'utilisation d'une voiturette motorisée m'a permis de visiter facilement toutes les parties d'un trou. Elle m'a permis également d'interroger un grand nombre de golfeurs de différentes habiletés, pour obtenir une opinion différente de la mienne ou de celle de la direction. C'est à ce moment que j'ai pris note de l'impression des dames et que j'ai cherché à connaître les raisons qui leur font apprécier ou non le parcours.

J'ai partagé mes observations avec chacune des directions qui le souhaitait et j'ai tenté d'obtenir, avant de quitter les lieux, des réponses à mes questions ou à mes doutes. Devant un concours de beauté, de chant ou d'art oratoire, le spectateur n'est pas souvent d'accord avec la décision des juges, surtout quand l'un des siens y participe... Pour le reste, c'est une question de jugement, d'objectivité et de critères d'analyse.

Les critères d'évaluation

Sur quels critères se baser pour faire une étude sérieuse, une analyse qui va au-delà des réputations, des clichés et des susceptibilités à ménager ? C'est le nœud de la guerre. Les magazines sur le golf s'adonnent à cet exercice depuis longtemps. Certains tiennent compte de l'architecture du pavillon, de la discrétion des employés, du nombre de coups roulés et de balles perdues par les essayeurs (sans blague). D'autres évaluent le nombre de toilettes sur le parcours, l'aménagement naturel du chemin qui mène au pavillon, le degré de flexibilité dans l'usage des locaux d'aisance, la qualité des lave-balles et la signalisation routière. Finalement, la plupart réfèrent à des notions hermétiques et ajoutent des points bonis si le terrain se conforme à l'esprit du sport et s'il a de l'histoire.

Comme vous le constatez, chacun a son opinion quand il s'agit d'identifier les composantes d'un beau terrain.

Faisons tout de suite une mise au point. Au Québec comme ailleurs, l'importance des montants consacrés à la construction et l'entretien du terrain est trop souvent surestimée. Un beau terrain respectera la nature en mettant en valeur l'essence et les caractéristiques du site. Plusieurs parcours traditionnels d'ici en sont la preuve. Trop de propriétaires se cachent derrière un budget d'exploitation réduit pour réfuter toute comparaison avec des compétiteurs mieux nantis. Parfois, un terrain à petit budget témoignera davantage de l'incompétence de son concepteur que de ses limites financières. Nulle part l'argent ne compense le manque d'imagination, mais souvent il sert de prétexte pour excuser un piètre résultat. Un site naturel, particulièrement intéressant, n'est pas plus coûteux à acquérir ou à développer qu'un autre, bien au contraire. Il comporte toutes les caractéristiques appropriées pour y créer un parcours divertissant et comportant des défis.

Certains croient réaliser une bonne affaire en construisant un parcours sur des terres leur appartenant déjà. Ils dénient toute importance à la conception du parcours et en confient la réalisation à n'importe qui. En l'absence d'idée directrice, de savoir-faire et de conseils d'experts, ces parcours insignifiants ne peuvent trouver grâce à nos yeux. Il suffirait pourtant de maintenir et de préserver les espaces naturels qui ne nécessitent aucun soin, ce qui diminue d'autant les coûts d'entretien. Il faut miser davantage sur les endroits qui se drainent naturellement et éliminer les coûts de transplantation d'arbres en rangée qui n'apportent rien. En utilisant les obstacles naturels fournis par le site, plus besoin de creuser un lac ou d'excaver d'immenses fosses de sable et quoi d'autre encore. Un véritable concepteur sait maximiser le potentiel d'un site pour en tirer le meilleur parti. N'oublions surtout pas l'aménagement du circuit, qui ne coûte rien et qui peut faire oublier bien des petits irritants en fournissant au joueur de la diversité, du plaisir et un défi.

Qu'est-ce que le terrain idéal ?

Contrairement aux autres sports, le golf n'est pas limité par une surface de jeu à dimension prédéterminée. Où serait l'intérêt si tous les terrains se ressemblaient ou, pire, si les trous d'un même terrain s'apparentaient ?

Les trous coudés, les dénivellations, l'environnement, les illusions d'optique, les obstacles et la longueur des trous fournissent suffisamment de matière à un architecte talentueux et imaginatif pour lui permettre de concocter une expérience de golf enrichissante. Le terrain idéal a du caractère, de la personnalité et il met en valeur les particularités du site naturel et de la région qui l'accueille. La nature fournit toujours ce qu'il faut de diversité pour qu'un parcours garde son intérêt et son charme, bien des années après son ouverture.

Le terrain idéal présente un défi intéressant pour les bons joueurs mais reste agréable pour les golfeurs ayant moins de talent, de force physique ou d'expérience. Ainsi, ses obstacles laissent une voie d'évitement à celui qui ne peut les survoler, alors que le joueur qui réussira à les franchir pourra espérer une récompense proportionnelle au risque encouru.

Les plus beaux terrains partagent tous une même qualité : la diversité. Vous n'y rencontrerez pas deux trous pareils, deux verts ou deux obstacles qui se ressemblent.

Un excellent terrain offre un défi honnête en prohibant les coups à l'aveuglette, les obstacles cachés et les positions de frappe excentriques. À la limite, un relief parfaitement plat sera préféré à un terrain trop accidenté. Pourquoi ? Parce qu'on peut toujours déterminer arbitrairement la longueur des trous et leur séquence (déroulement). En terrain plat, un bon aménagement du circuit combiné à des verts inspirés et à des obstacles intelligents donne toujours de bons résultats. Il n'en demeure pas moins que celui qui bénéficie d'un terrain légèrement ondulé est avantagé. De jolis vallons favorisent la variété et mettent le joueur au défi de faire preuve d'ingéniosité. Attention, un terrain ne peut s'imposer en n'étant qu'une épreuve d'habileté pure. Si chaque erreur entraîne invariablement une punition, qui pourra y jouer ? Il doit laisser de la place à la stratégie, à la créativité, au courage, au divertissement, à la réussite, au défi.

Les arbres y sont présents sans compromettre pour autant les coups de récupération et sans compliquer inutilement les recherches de balles. Ils prennent toute leur signification lorsque l'environnement immédiat laisse à désirer. L'endroit sera paisible en l'absence de bâtisses, de bruit et d'odeur indésirables. Les sentiers qui canalisent la circulation se feront discrets et resteront en retrait. Bien entretenu, le terrain idéal bénéficiera en tout temps d'un système d'irrigation sur toute sa surface.

Quelles sont les distances idéales ?

Pour le coup d'approche au vert, un joueur moyen devrait pouvoir utiliser un bâton plus court ou, au pire, le même bâton que le joueur de classe A. Une étude menée par l'architecte William Amick démontre que la distance de frappe d'un même bâton varie énormément d'un golfeur à l'autre. Jusque-là, rien de nouveau. Cependant, Amick a également observé que proportionnellement, la différence entre les divers bâtons d'un même joueur est la même pour tous. Ainsi, tous atteignent avec leur bois 5 ou leur fer le plus long environ 88 % de la distance parcourue avec le bois n° 1. Tous réalisent avec leur fer 5 environ 70 % de la distance obtenue avec le gros bâton et ils atteignent avec leur fer 9 environ 52 % de sa portée. Ce constat demeure vrai pour tous, autant chez les hommes que chez les femmes. Par exemple, celui qui frappe ses coups de départ à 200 verges, obtient ±176 verges avec son bois 5, ±140 verges avec le fer 5 et ±104 verges avec le fer 9.

Départ	bois 5	fer 5	fer 9
275	242	193	143
250	220	175	130
225	198	158	117
200	176	140	104
175	154	123	91
150	132	105	78
125	110	88	65

Prenons comme hypothèse que pour atteindre un vert en coups réglementaires, un joueur ne devrait avoir ni un wedge ni un bois 3 en main. Voici donc ce que devrait être la longueur idéale d'un trou pour que chaque joueur ait une chance égale de réussir la normale.

Coup de départ en verges	normale 3 min/max	normale 4 min/max	normale 5 min/max
125	65 à 110	190 à 235	300 à 345
150	78 à 132	228 à 282	360 à 414
175	91 à 154	266 à 329	420 à 483
200	104 à 176	304 à 376	480 à 552
225	117 à 198	342 à 423	540 à 621
250	130 à 220	380 à 470	600 à 690

Notez bien que ces données ne tiennent aucunement compte de la configuration de l'allée et de la difficulté du trou. Ainsi, sur des allées étroites ou particulièrement bien protégées, on devrait pouvoir retrancher facilement une trentaine de verges aux chiffres du tableau précédent.

Avant de vous inscrire en faux contre cette argumentation, pensez-y bien. Des trous plus courts ne réduisent pas automatiquement le handicap du joueur moyen, car le handicap se révèle davantage dans la quantité de coups qu'un joueur rate que dans la longueur totale du trou. D'ailleurs, des trous sur mesure amèneraient forcément une évaluation Slope plus basse qui relativiserait un pointage plus bas.

Quel principe peut-on invoquer pour justifier qu'un joueur qui vient de frapper ses meilleurs coups n'ait aucune chance de réussir la normale ? Maintenant, appliquez cette situation à votre propre jeu. Imaginez votre plus beau coup de départ de la journée, immédiatement suivi d'un magistral coup de bois d'allée qui s'arrêterait à 40 verges du vert de cette normale 4 de 430 verges... vent de face. Imaginez maintenant que cette situation se reproduit à chaque trou. C'est malheureusement ce qu'ont à vivre de nombreux golfeurs. Concevoir des trous avec des distances mieux adaptées serait en plus une excellente façon d'améliorer la vitesse du jeu.

Vous trouverez ci-après la description de quelques-uns des éléments qui ont servi à l'évaluation des parcours. Suivra la grille d'analyse utilisée pour chaque terrain, avec la valeur attribuée à chaque élément.

La diversité des trous

Le terrain présente-t-il de la variété dans la forme de ses trous, dans leur longueur et leur configuration ? En comparant entre elles les différentes normales 3, 4 et 5, retrouve-t-on cette variété ? Les normales 3 peuvent présenter des distances variant entre 90 et 250 verges, les normales 4, de 251 à 470 verges, les normales 5, de 471 à 690 verges. L'architecte exploite-t-il cette marge de manœuvre ? La topographie des allées offre-t-elle variété et équité ?

La diversité des verts

Les verts se présentent-ils tous de la même façon ou au contraire offrent-ils différents visages grâce à des dimensions, à des formes, à des élévations et à un relief variés ?

La diversité des tertres de départ et des obstacles

Les tertres de départ et les obstacles sont-ils en nombre suffisant pour permettre aux golfeurs de toutes les catégories de s'amuser? Se présentent-ils tous de la même façon ou au contraire offrent-ils différents visages grâce à leurs dimensions, à leurs formes, à leurs élévations et à un relief variés? Bien conçus, ils contribuent à donner du caractère à l'ensemble.

La diversité dans les coups

Les trous favorisent-ils l'utilisation du plus grand nombre de bâtons possible une fois le coup de départ effectué?

Pour atteindre les verts, l'architecte nous oblige-t-il à exécuter des coups en hauteur, des coups plus bas et des approches roulées?

Les allées

L'architecte doit laisser suffisamment d'espace entre chacune des allées. C'est une question de sécurité, d'espace vital et de gros bon sens. Un relief légèrement ondulé évitera au joueur de grimper des pentes abruptes qui conviennent davantage aux chèvres.

Les verts

L'architecte dépose le vert à l'endroit dicté par le site naturel et le dessine en fonction de cet emplacement. Le vert devra se fondre dans l'environnement et présenter un résultat final naturel. Il devra cependant être visible, car une cible que l'on ne voit pas est difficile à atteindre…

Certains concepteurs semblent avoir préparé à l'avance un dessin pour 18 verts, sans tenir compte de la morphologie du trou, de la longueur du coup d'approche et de la protection fournie par les obstacles (sable, eau, etc.). Ces éléments influencent non seulement la dimension du vert, mais également son élévation et sa pente. Ainsi, l'architecte verra à ce que l'on puisse changer fréquemment l'emplacement du drapeau sans dénaturer le trou.

L'aménagement du circuit

Il s'agit de ce qu'on appelle en anglais *routing*, soit l'ordre, le positionnement, l'emplacement et la séquence des trous sur le parcours. Ici comme ailleurs, aucune règle n'est coulée dans le béton. Cependant, les trous ne se conçoivent pas indépendamment les uns des autres, bien au contraire. C'est là l'essence même de l'aménagement du circuit. Chaque trou se distinguera du ou des trous qui précèdent et qui suivent, en imposant l'exécution de coups variés et le choix de bâtons différents.

La nature prévaut et c'est elle qui détermine le nombre de normales 3, 4 et 5. Il faut éviter, autant que possible, les trous de longueurs et de caractères semblables, à plus forte raison s'ils sont rapprochés. Il faut toujours favoriser la diversité, les normales 3 plus courtes se trouvant normalement sur les parcours qui possèdent de longues normales 4 et vice versa. La présence d'une normale 3 dans les trois premiers trous contribue à ralentir le rythme de jeu.

Les trous devraient être disposés de manière à être affectés différemment par les éléments, principalement par le vent.

Le plaisir

Nous l'avons déjà vu, tout golfeur devrait avoir une chance d'atteindre le vert en coups réglementaires à partir des jalons qui correspondent à son habileté réelle. Le golf reste un jeu et la majorité des gens y jouent pour le plaisir. Il n'en demeure pas moins que le même terrain accueille des joueurs qui maîtrisent un crochet de gauche et de droite et d'autres qui peinent à faire lever la balle.

Attention aux allées taillées dans la forêt, car les arbres compliquent inutilement les recherches de balles. N'en déduisez pas pour autant que plaisir est synonyme de facilité. Un trou bien dessiné propose à chaque catégorie de joueur un objectif à atteindre à chaque coup. Ainsi, il devrait toujours y avoir un avantage à rejoindre tel endroit de l'allée plutôt que tel autre avec son coup de départ. La réalisation du deuxième coup s'en trouvera facilitée par un meilleur angle d'approche.

Les obstacles

«À vaincre sans péril on triomphe sans gloire», dit le proverbe. Les obstacles font partie du jeu. Ils devraient donner l'occasion de se réaliser, d'accomplir quelque chose comme golfeur. Cependant, le joueur doit avoir une chance raisonnable de s'en sortir avec un coup de récupération. Lorsqu'un obstacle devient impossible à contourner pour certains golfeurs (la présence d'une rivière par exemple), une règle locale leur permettra de déposer la balle de l'autre côté en ajoutant un coup à leur pointage. Dans tous les cas, ces obstacles restent équitables parce qu'ils sont visibles et bien définis. Habituellement, les fosses d'allée qui trouvent refuge dans de légères élévations correspondent bien à cette description.

Dès 1915, William Langford, un excellent golfeur devenu architecte, avançait que les obstacles ne doivent pas avoir comme seul but de pénaliser un mauvais coup. Ils forcent le golfeur à réfléchir et récompensent celui qui est en mesure de surmonter le défi. Le joueur qui jauge bien son habileté a toujours la chance d'éviter l'obstacle d'une façon ou d'une autre, d'où un plus grand intérêt et un plus grand plaisir. Un obstacle réussi soumet une énigme au golfeur. Sa résolution mérite une récompense proportionnée au risque encouru et aux habiletés du joueur.

L'environnement

Selon le psychologue James Hillman « la beauté influence les hommes de manière radicale. Elle génère le désir pour la vie. C'est la beauté du monde, ses sons, ses odeurs, la composition de ses structures, qui leur donnent la vitalité et l'intérêt passionné sur lequel reposent tous leurs efforts. Nous croyons à la beauté, à son pouvoir d'améliorer la vie ».

La nature humaine étant ce qu'elle est, le golfeur aura tendance à apprécier davantage un parcours sur lequel il a bien joué. Il oublie alors la présence d'une autoroute, d'une voie ferrée ou de lignes de transport d'électricité. Comme les golfeurs sont rarement satisfaits de leur jeu et que leur humeur a tendance à suivre les courbes de leur pointage, tout milite en faveur du parcours situé dans un environnement favorable. Une vue sur la montagne, le bruissement de la rivière et le murmure du vent dans les arbres nous rappellent que nous sommes là pour le plaisir.

À ceux qui avancent que l'environnement n'a pas d'importance, je dirai que jamais la proximité d'une autoroute ou d'une station-service n'a rendu un trou meilleur. À l'opposé, un milieu ambiant agréable améliorera considérablement n'importe quel trou, même le plus moche. Même si cela ne change rien au pointage, n'est-il pas plus agréable de longer ou de survoler un joli cours d'eau plutôt qu'un marécage infect ? Ron Forse, un spécialiste américain de la restauration de terrains, renchérit : « Il y a peu de choses dans la nature qui procurent autant de plaisir qu'un arbre mature magnifique. C'est un ingrédient qui devrait faire partie du dessin d'un trou de golf. »

Avant de soumettre son rapport, n'importe quel consultant en faisabilité vous dira qu'il vérifie les règlements de zonage pour connaître à l'avance le genre de voisin avec lequel un éventuel terrain de golf devra composer. La présence de végétation diversifiée et en santé constitue toujours un avantage alors que c'est le contraire pour la pollution par le bruit et la pollution visuelle. N'importe quel évaluateur vous confirmera qu'un terrain résidentiel situé en bordure d'une rivière limpide a plus de valeur que celui qui longe une autoroute ou une voie ferrée.

Comme l'a déjà écrit William Flynn en 1927 dans un bulletin de la United States Golf Association (USGA), le terrain le mieux dessiné du monde pourrait n'offrir aucun intérêt si son environnement n'est pas agréable, alors que la plupart des terrains ordinaires qui offrent des points de vue de choix et de beaux panoramas gardent tout leur charme.

De la personnalité

A. W. Tillinghast (*Golf Illustrated,* janvier 1923) me pardonnera de traduire maladroitement ses propos. *Grosso modo,* il disait que dans une autre époque et sur un autre continent, les trous des différents parcours de golf portaient un nom. On les baptisait à partir d'une caractéristique physique ou d'un événement. « L'abîme », « le calvaire » ou « l'éboulis » n'évoquent-ils pas immédiatement une image plus forte que le 3e ou le 17e ? Cette tendance revient peu à peu, mais trop souvent les trous manquent de caractère. Il devient difficile de faire disparaître la seule identification qui semble appropriée pour un trou anonyme : un numéro. Quand un terrain présentera des trous suffisamment individualisés pour qu'il soit impossible de les confondre avec aucun autre, alors et alors seulement la tradition renaîtra. Architectes, faites que chaque trou puisse se voir attribuer un nom. Si c'est grâce à une caractéristique naturelle, tant mieux, sinon introduisez-en une de façon si subtile qu'on pensera que la nature s'en est chargée.

Aucune excuse ne justifie la présence d'un trou sans caractère. Chaque trou peut apporter son charme et présenter un attrait, sans avoir besoin d'être provocant ou tape-à-l'œil. Une ronde de golf devrait être faite de 18 trous inspirés.

L'aspect naturel

C'est leur aspect naturel qui distingue les plus grands terrains des autres. Du tertre de départ jusqu'au vert, en passant par le relief, les arbres et les obstacles, le résultat semble si naturel qu'on a l'impression que l'architecte n'a rien fait. Dans ce cas, on peut parler de grand art. L'architecte doit savoir rester humble et effacer les traces de son passage. Il n'est pas là pour en mettre plein la vue ou pour faire une éloquente (et apparente) démonstration de son savoir-faire. Trop de terrains jurent dans le portrait, comme s'ils avaient été parachutés sur un site naturel avec lequel ils n'ont rien en commun.

Les conditions de jeu

1. **Tertres de départ**: j'ai vérifié la qualité du gazon, sa densité, la fréquence et la hauteur de la coupe. La surface est-elle plane et de dimension suffisante pour favoriser un déplacement régulier des jalons? Les marques de bâtons sont-elles réparées régulièrement?
2. **Les allées**: j'ai vérifié la qualité du gazon, sa densité et son homogénéité, la fréquence, la hauteur et la qualité de la coupe, la présence de mauvaises herbes et de trèfle. Je me suis arrêté au relief et à la présence d'un système d'irrigation, ainsi qu'à leur influence sur la dureté du sol. Les marques de bâtons sont-elles réparées?
3. **L'herbe longue**: j'ai vérifié la qualité de l'herbe, sa densité et son homogénéité, la fréquence, la hauteur et la qualité de la coupe, la présence de roches et de surfaces de jeu non recouvertes.
4. **Les fosses de sable**: j'ai vérifié si la qualité et l'homogénéité du sable permettent de bonnes sorties et une adaptation facile.
5. **Les verts**: j'ai vérifié la qualité du gazon, sa densité et son homogénéité, la fréquence, la hauteur et la qualité de la coupe. Leur dimension et leur relief permettent-ils le déplacement régulier du drapeau? La surface retient-elle les coups en hauteur? Le roulement de la balle est-il uniforme et prévisible? Leur vitesse est-elle constante d'un trou à l'autre? Les marques de balles sont-elles réparées régulièrement?
6. **Les soins esthétiques**: existe-t-il une démarcation très nette entre le gazon du vert et le gazon de la frise, entre celui de l'allée et de l'herbe longue, celui du tertre de départ et de son pourtour? Remarque-t-on une différence de couleur en raison de la tonte, de la coupe ou de la variété de gazon? L'herbe est-elle maintenue plus longue autour des obstacles? Les fosses de sable sont-elles exemptes de mauvaises herbes? Leur bordure est-elle bien découpée?

Les espaces environnementaux sont-ils clairement indiqués? Les obstacles naturels et la végétation (haies et buissons) sont-ils régulièrement entretenus et/ou en santé?

La note finale

Entrent dans le calcul de la note finale les éléments suivants.

1- La grille d'analyse (66,6 %)	400 points
2- L'impression laissée par chaque trou (16,6 %)	100 points
3- L'intervention de l'auteur (16,6 %)	100 points
Total	600 points

L'impression laissée par chaque trou. Il s'agit de l'addition des notes attribuées selon l'impression que nous laisse chacun des trous. Un trou exceptionnel le sera par son dessin, son environnement visuel, l'intelligence du défi, ses couleurs, l'impression qu'il laisse, ses conditions de jeu, etc. Quand on en voit un, on sait le reconnaître.

L'intervention de l'auteur s'est manifestée en respectant les critères apparaissant dans la grille de la page 16 («ce que j'aime d'un terrain») et de façon à tenir compte d'éléments intangibles difficilement quantifiables ou lorsque, manifestement, la seule compilation des chiffres ne rendait pas justice à un terrain. À aucun moment cette intervention n'a modifié la note finale de manière significative.

Grille d'analyse

Nom du terrain : Le club de golf du Québec — **Note finale :** 400 pts

Conditions de jeu / 120 pts

Verts / 60
coupe, densité, uniformité, vitesse/pente, fermeté

Allées / 30
coupe, densité, uniformité, fermeté

Sable / 10
qualité, densité, quantité

Herbe longue / 10
longueur, densité, uniformité

Tertres / 10
longueur, densité, uniformité, aplomb

Design / 80 pts

Ensemble verts-fosses / 30
Esthétique, équité, diversité, dimension, relief, etc.

Variété / 20
Trous, coups, couleurs

Harmonie + équilibre / 10
L'aller-retour, récompense/pénalité, intégration avec nature

Défi pour tous / 10
Tertres, obstacles, distance, stratégie, punitif, intimidant

Le circuit / 10
Naturel, équilibré, intuitif, intelligent, articulé, séquences

Normalisation : Particularités, caractère, tertres, etc.

Environnement / 80 pts

Visuel / 50

Éléments naturels / 15
Intégration, nombre, aspect, respect, etc.

Calme / 15

Normalisation : Fils électriques, tours de transmission, bâtisses + équipement pour l'entretien, constructions, odeurs, circulation, avions, etc.

Plaisir / 120 pts

Délassement / 30
marche et/ou qualité de la voiturette motorisée, vitesse de jeu, dangerosité

Verts / 20
dimension, forme, relief, apparence

Allée + herbe longue / 20
largeur, équité, forme

Tertres de départ / 10
nombre, forme, aménagement, aplomb

Manucure / 10
frises, fosses, découpage de l'allée et des tertres, obstacles, etc.

Aires d'entraînement / 10
champ de pratique, vert, fosse, approches, balles

Bien-être / 10
accueil, atmosphère, propreté

Récupération / 10
sous-bois, fosses, relief hors de l'allée, etc.

Normalisation : nombre de hors-limite et de coups à l'aveuglette, topographie, signalisation, etc.

Avertissement
Une fois la grille d'analyse annotée, les chiffres sont convertis et transformés en pastilles dans la page des résultats. N'oubliez jamais l'importance relative de chacun des éléments de la grille d'analyse. Ainsi, dans le volet *Conditions de jeu*, les verts comptent pour 60 sur 120 alors que le sable, l'herbe longue et les tertres de départ comptent chacun pour 10 sur 120.

Ce que j'aime d'un terrain

40 pts Un parcours intéressant même si le golfeur joue mal. Un circuit avec du caractère et de la personnalité.

20 pts Un terrain qui encourage le golfeur à aller de l'avant plutôt que de le terroriser.

15 pts Peu importe le pointage, une *vlimeuse* de belle promenade.

25 pts Une expérience de golf rendue intéressante par tous les autres éléments intangibles.

La carte de pointage

Nous avons reproduit le contenu de la carte de pointage offerte aux visiteurs au moment de la visite. Pour des raisons d'uniformité, nos tableaux ne sont pas des copies conformes de l'original.

Rapport qualité-prix

Nous n'avons pas tenu compte des tarifs du terrain de golf dans l'évaluation des terrains. Vous avez tous une opinion sur le sujet et… un budget, que vous respecterez ou non. D'ailleurs, de plus en plus, les clubs modulent leurs tarifs selon la période de l'année, de la semaine ou du jour; à vous de voir. Après tout, vous seul connaissez les raisons pour lesquelles vous préférez payer tel prix pour tel repas dans tel restaurant. Cependant, sous la rubrique «tarif» apparaissent des $ qui indiquent le coût approximatif de chaque terrain, $$$ représentant la moyenne.

Le verdict

Le verdict, c'est la note finale attribuée au terrain après la compilation de toutes les données et l'addition de toutes les notes. Encore ici, le résultat s'exprime en nombre de pastilles

●●●●● Les surdoués (Obligation incontournable, à ne pas manquer)

●●●●○ Supérieurs à la moyenne (N'hésitez pas une seconde)

●●●○○ Dans la moyenne, c'est-à-dire O.K., acceptable, convenable

●●○○○ Inférieurs à la moyenne

Au féminin

On ne peut prétendre écrire sérieusement sur le golf en faisant abstraction de la présence féminine. Mesdames, vous représentez le tiers de tous les golfeurs du Québec et 52 % des nouveaux adeptes de ce sport sont des golfeuses. Autre statistique intéressante, 80 % des leçons de golf que dispensent les professeurs aux nouveaux golfeurs sont destinées à des femmes.

Pour cette première édition, j'ai tenu à vous faire part de mes observations qui, je l'espère, vous seront utiles. Mais ce n'est qu'un début, car je réalise qu'en analysant la carte de pointage, vous auriez probablement, mesdames, été en mesure de tirer vos propres conclusions sur l'opportunité de jouer sur tel terrain ou tel autre.

Comme je n'ai qu'une compréhension imparfaite des situations auxquelles vous avez à faire face dans le quotidien, mon analyse a été guidée principalement par les commentaires d'Alice O'Neil Dye, épouse de Pete Dye. Ce couple d'architectes a conçu un nombre considérable de parcours de golf partout dans le monde.

Mme Dye pense que la plupart des terrains sont tout simplement trop difficiles pour les dames, les golfeurs plus âgés et les plus jeunes. Selon elle, le coup de départ de la majorité des dames atteint environ 130 verges, ce qui signifie que la longueur idéale à partir des jalons rouges devrait se situer entre 4800 et 5200 verges. Son raisonnement s'appuie sur ses observations personnelles, sur des études américaines et sur le fait que cette longueur constitue environ 80 % de la distance habituelle utilisée par les hommes à partir des jalons blancs.

Selon elle, plusieurs facteurs font que la gent féminine se trouve injustement traitée sur les terrains de golf. D'abord, le golf s'est peu à peu transformé pour devenir un jeu qui se joue principalement en hauteur contrairement à auparavant où l'on favorisait le roulement de la balle. Ensuite, les systèmes d'irrigation ont fait leur apparition sur des terrains conçus il y a bien des années. Il y a aussi la venue du gazon de type agrostide, la position des fosses de sable qui ont quitté le côté des verts pour adopter la façade et ainsi de suite. Regardons cela de plus près.

À une autre époque, le golf était un sport joué principalement par des hommes sur des terrains conçus par des hommes. Avec la présence accrue des dames, des tertres de départ ont été rajoutés n'importe comment (par des hommes) pour raccourcir un peu la longueur des trous. De nos jours, les terrains sont allongés pour tenir compte des balles et des bâtons plus performants. Malheureusement, les joueurs qui possèdent moins de force physique tirent moins de bénéfices de cet équipement sophistiqué et restent confrontés à des trous encore plus longs.

Qui plus est, les allées coupées de plus en plus court, qui font la joie des golfeurs et la fierté des surintendants, servent mal les dames. Dans leur effort pour soulever la balle, les dames utilisent la plupart du temps un élan balayé. Cet élan, plus facile à maîtriser, perd de son efficacité si la balle n'est pas légèrement soulevée par l'herbe d'autrefois qui formait un petit coussin naturel sous elle. Les allées rases d'aujourd'hui requièrent un élan qui ramène le bâton dans un mouvement descendant, à travers la balle, ce qui demande une plus grande force physique, encore une fois au détriment des femmes.

La portée des systèmes d'arrosage a été étendue jusqu'à l'herbe longue qui est donc plus dense et plus touffue qu'auparavant, ce qui demande une plus grande force physique pour espérer s'en sortir convenablement.

Si on accepte de construire de nouveaux tertres de départ qui allongent les trous pour atténuer l'effet des performances ahurissantes assurées par l'équipement moderne, pourquoi ne pas également aménager d'autres tertres qui raccourciraient ces mêmes trous ? Ces tertres maintiendraient la qualité du défi pour les femmes en faisant en sorte que les obstacles gardent ou prennent toute leur importance. Ce serait la meilleure façon d'adapter les caractéristiques du trou aux habiletés des joueuses.

Si les femmes frappent leur coup de départ à environ 130 verges, comment diable peuvent-elles espérer réussir la normale 4 sur un trou de 330 verges ou une normale 3 sur un trou de 164 verges ?

Les propriétaires de terrains de golf ont deux choix. Soit ils investissent dans l'emplacement de nouveaux tertres de départ, soit ils redéfinissent les différentes normales en tenant compte à la fois de la longueur et du relief des trous. Ainsi, une normale 3 devrait obligatoirement compter moins de 150 verges, une normale 4 moins de 240 verges et les normales 5 se situeraient entre 240 et 430 verges. Enfin, pouvez-vous me dire ce qui empêche de créer des normales 6 pour les trous de plus de 430 verges ?

ABITIBI-TÉMISCAMINGUE • OUTAOUAIS

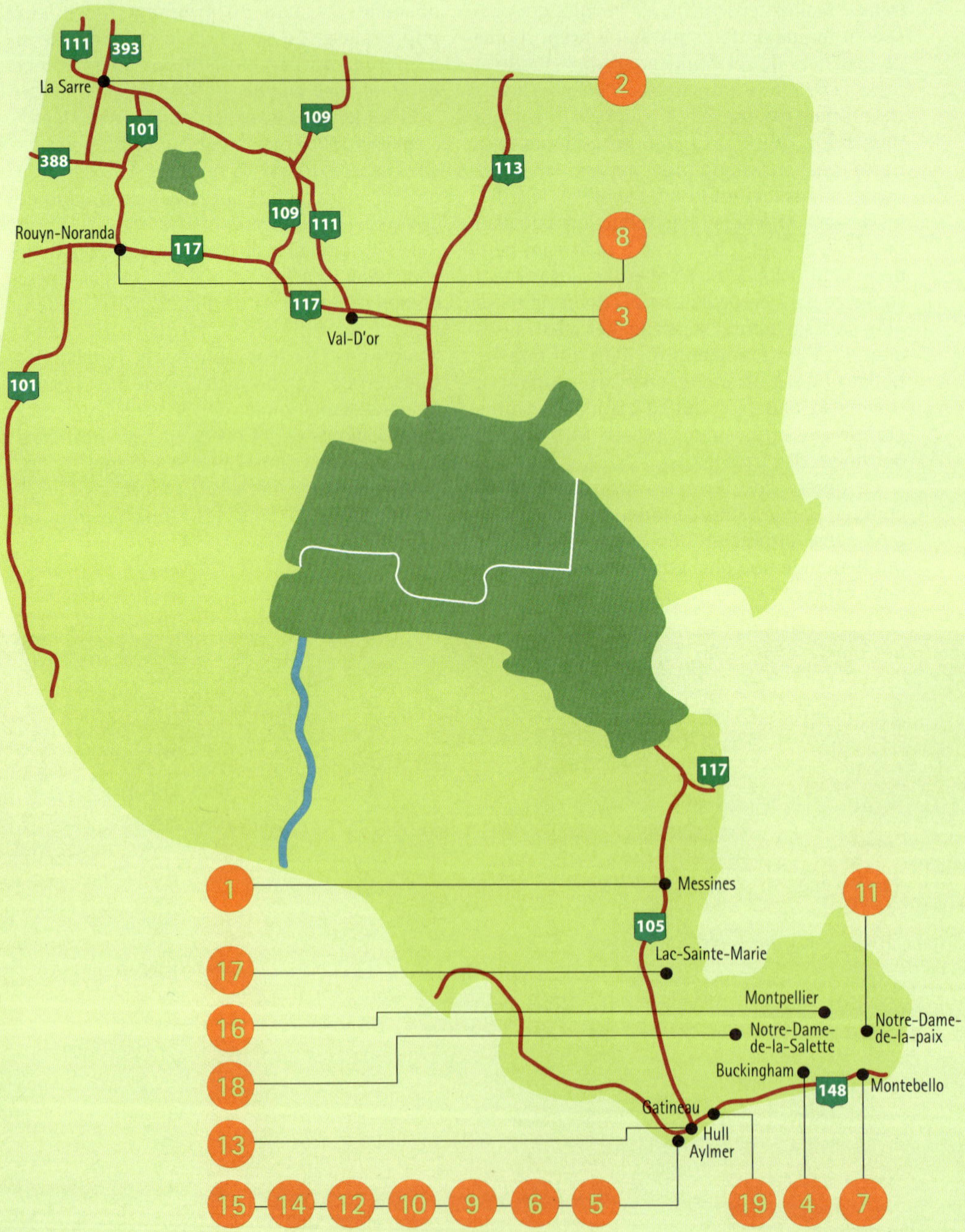

1 > ALGONQUIN
Messines

2 > BEATTIE
La Sarre

3 > BELVÉDÈRE
Val-D'or

4 > BUCKINGHAM
Gatineau (secteur Buckingham)

5 > CHAMPLAIN
Gatineau (secteur Aylmer)

6 > CHÂTEAU CARTIER
Gatineau (secteur Aylmer)

7 > CHÂTEAU MONTEBELLO
Montebello

8 > DALLAIRE
Rouyn-Noranda

9 > EDELWEISS
Gatineau (secteur Aylmer)

10 > GATINEAU
Gatineau (secteur Aylmer)

11 > HÉRITAGE
Notre-Dame-de-la-Paix

12 > KINGSWAY PARK
Gatineau (secteur Aylmer)

13 > LE DÔME
Gatineau (secteur Hull)

14 > LES VIEUX MOULINS
Gatineau (secteur Aylmer)

15 > MONT-CASCADES
Gatineau (secteur Aylmer)

16 > MONTPELLIER
Montpellier

17 > MONT SAINTE-MARIE
Lac-Sainte-Marie

18 > ROYAL PAPINEAU
Notre-Dame-de-la-Salette

19 > TECUMSEH
Gatineau

ALGONQUIN

6, chemin du Golf
Messines
J0X 2J0
(819) 449-2554
1 800 935-2554

Taillé au couteau

Ouvert depuis 1962, ce terrain, propriété de la famille Morin, est situé à Messines, dans la Haute-Gatineau. À une heure au nord d'Ottawa, vous trouverez un accueil chaleureux et des prix compétitifs.

Le parcours

Le surintendant prend un soin jaloux de l'apparence de son terrain. Il utilise avec succès l'herbe longue pour découper et dessiner ses allées et pour donner un effet frappant aux dénivellations qui voisinent un vert ou un départ. Les tertres de départ surélevés se distinguent par leur construction soignée et des matériaux esthétiquement efficaces. Bien que cela n'améliore pas le pointage du golfeur, ces éléments contribuent à rehausser le coup d'œil et à rendre la ronde plus agréable.

Avec ses ondulations audacieuses et ses fosses de sable naturelles *(waste bunker)*, ce terrain sait garder l'intérêt. D'ailleurs, la configuration des verts ne sera pas sans vous surprendre. Celui du 14e trou imite la forme d'une cheminée volcanique. Avec ses deux paliers, j'ose à peine imaginer son degré de difficulté, lorsque le drapeau est placé à l'arrière: vous risquez d'exploser. D'autres verts vous laisseront sur votre appétit. Avec leur petit creux d'une profondeur d'environ 6 pouces (15 centimètres) et d'un diamètre de moins de 10 pieds (3 mètres), ces cuves compliquent la situation inutilement et rendent l'entretien des verts impossible. À défaut de les faire disparaître, il faudra les adoucir.

Une seule normale 5 dans le neuf d'aller (normale 35), contre 3 au retour, pour cette normale 72 de 5916 verges à partir des jalons blancs.

La difficulté

Des sous-bois bien nettoyés bordent les allées moins larges ou plus accidentées. Cependant, si vous avez le malheur de vous y aventurer, vous n'aurez d'autre alternative que de revenir bien sagement dans le droit chemin. Heureusement, on trouve aussi des allées plus larges et moins réservées dans leur accueil.

Le dicton «Il ne faut pas vendre la peau de l'ours avant de l'avoir tué» s'applique bien ici, car ce parcours ne constitue pas une proie facile. Vous devrez être au sommet de votre art, notamment avec le fer droit. Les derniers trous du neuf de retour vous obligent à gravir des pentes abruptes qui ne plairont pas à tous. Ils ont tout ce qu'il faut pour être qualifiés de golf de montagne. Vous y utiliserez tous vos bâtons, parfois même à partir de positions peu coutumières.

Les conditions de jeu

Les tertres de départ vont devoir faire l'objet d'une attention particulière à cause de leurs petites dimensions. En début de saison, les verts portaient les traces d'un long hiver, mais rien n'y paraîtra en juillet.

L'environnement

Vous aimerez cet endroit paisible, peuplé d'arbres et en bordure des montagnes.

Idéal pour...

Les golfeurs qui aiment les parcours de montagne et qui n'ont pas peur des nouveaux défis.

+ NOUS AVONS AIMÉ

Les grandes fosses de sable
Les ondulations des allées
Le contraste des couleurs accentué par l'herbe longue

– NOUS N'AVONS PAS AIMÉ

Le trou n° 1 pris en otage entre l'aire d'entraînement et les machines d'entretien
La difficulté de certains trous qui mettra le golfeur moyen à l'épreuve

Carte de pointage

Trou	1	2	3	4	5	6	7	8	9	Aller	10	11	12	13	14	15	16	17	18	Retour	Total
Bleu	300	143	354	373	210	400	550	305	342	2977	372	372	485	421	200	531	211	450	360	3432	6409
Blanc	278	115	337	354	122	372	520	272	330	2700	360	354	447	398	190	500	180	445	342	3216	5916
Rouge	235	107	318	324	120	236	370	245	300	2277	360	290	330	377	180	240	143	390	330	2640	4917
Normale	4	3	4	4	3	4	5	4	4	35	4/5	4	5/4	4/5	3	5/4	3	5	4	37	72

Évaluation : ■ Bleu 70 / 125 □ Blanc 69 / 120 ■ Rouge 69 / 120

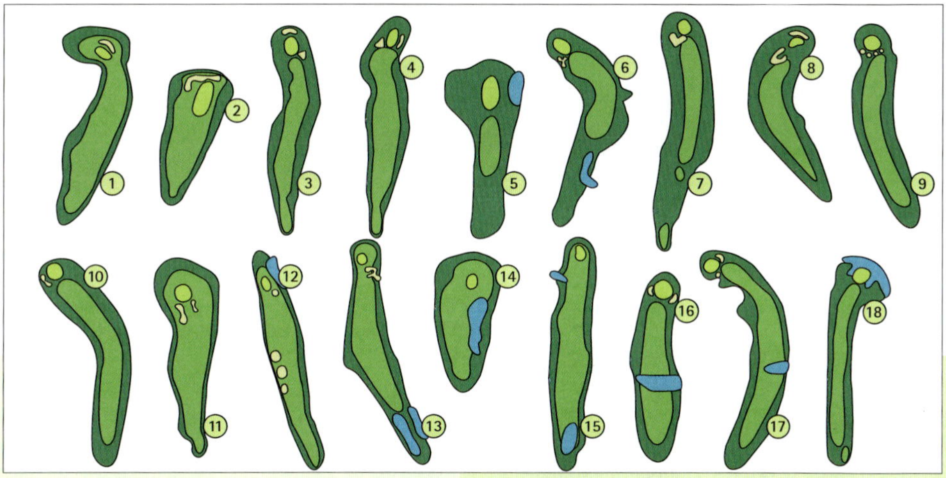

Conditions de jeu

- Verts ●●●○○
- Allées ●●●○○
- Sable ●●●●○
- Herbe longue ●●●●○
- Tertres ●●○○○

Design

- Verts + fosses ●●●○○
- Variété ●●●●○
- Harmonie + équilibre ●●●○○
- Pour tous ●●●○○
- Circuit ●●●○○

Environnement

- Visuel ●●●●○
- Nature ●●●●○
- Calme ●●●●●

Plaisir

- Délassement ●●○○○
- Verts ●●○○○
- Allées ●●●○○
- Tertres ●●●○○
- Manucure ●●●●○
- Entraînement ●●●○○
- Agrément ●●●●○
- Récupération ●●●●○

VERDICT ●●●○○

- Terrain bien manucuré, qui présente un bon défi dans le style «golf de montagne».

Temps de jeu suggéré
4 h 15.

Accueil
Très bon.

Indications et signalisation
Bonnes.

Tenue générale
Très bonne.

Aire d'entraînement
Correcte.

Au féminin
Malgré ses 4917 verges, 5 normales 4 comptent plus de 300 verges.
Terrain difficile à cause de son relief et de ses verts.

Pavillon
Accueillant et sympathique.

Boutique du pro
Bien garnie.

Tarif : $$$

BEATTIE

18, chemin du Golf
La Sarre
J9Z 2X5
(819) 333-5933

Direction nord, nord-ouest

Ouvert depuis 1988, ce terrain a été conçu par l'architecte québécois Graham Cooke. Il se situe à La Sarre sur un des points les plus élevés de la ville.

Le parcours

À partir du pavillon, qui domine la région immédiate, les allées se dispersent en dévalant la pente. Restons calmes, jouer à pied reste à la portée de tous et ressemble davantage à un bon exercice qu'à un exploit sportif.

Cette normale 71 propose rien de moins que six normales 3 et cinq normales 5 intelligemment distribuées parmi les 18 trous. Malgré tout, ses 6035 verges à partir des tertres les plus éloignés nous ont paru bien courtes. D'ailleurs, ces jalons font bande à part parce qu'ils sont en retrait et construits à partir d'aménagements originaux. Certains donnent l'impression d'être un ajout servant à rallonger le trou.

Les verts de bonne dimension épousent des formes diverses mises en évidence par les monticules qui les entourent. Par la largeur de ses allées et la dimension de ses verts, par son relief légèrement accidenté et le dessin de ses trous, ce parcours assure ce qui m'apparaît être le critère d'évaluation le plus important de tout terrain de golf: le plaisir.

La difficulté

Il ne fait aucun doute que les verts ne sont pas faciles à maîtriser et que, comme c'est presque toujours le cas pour les terrains situés sur un plateau, le vent demeure un facteur non négligeable. Comme plusieurs trous (11) sont bordés par des hors-limite, de l'herbe longue plus haute sur une plus grande largeur pourrait empêcher la balle de rouler en territoire interdit.

Les conditions de jeu

En raison d'un climat plus rigoureux, il est difficile d'évaluer correctement les conditions de jeu, ce terrain atteignant le sommet de sa forme un peu plus tard que les autres. Sans comparer La Sarre à des terrains situés en Arizona, on peut dire que les allées se défendent bien. Je comprends qu'en début de saison le personnel s'affaire aux tâches les plus urgentes, mais il ne faudrait pas négliger les fosses de sable.

L'environnement

Dans le nord-ouest de l'Abitibi, un endroit pourtant plus nature que la nature, l'eau des lacs contient du colorant. Cela ne semble cependant pas déranger les canards qui s'y promènent.

Plusieurs conifères ont été plantés récemment sur le premier neuf, mais ce seront probablement vos enfants qui en bénéficieront.

Idéal pour...

Le défi me semble plus intéressant pour un golfeur intermédiaire que pour un joueur de classe A.

+ NOUS AVONS AIMÉ

Le défi présenté par le second neuf
Les ensembles verts/fosses de sable
Le dessin des trous

– NOUS N'AVONS PAS AIMÉ

Le terrain un peu court à partir des jalons blancs actuels
Le sable granuleux des fosses
11 hors-limite, c'est beaucoup

Carte de pointage

Trou	1	2	3	4	5	6	7	8	9	Aller	10	11	12	13	14	15	16	17	18	Retour	Total
Bleu	535	203	330	477	160	345	318	158	490	3016	360	184	488	417	150	520	379	158	363	3019	6035
Blanc	518	158	325	467	152	336	309	140	470	2875	342	164	455	363	138	512	369	134	327	2804	5679
Rouge	498	150	280	417	117	290	258	103	404	2517	298	160	414	324	127	424	296	130	291	2464	5081
Normale	5	3	4	5	3	4	4	3	5	36	4	3	5	4	3	5	4	3	4	35	71

Évaluation : ■ Bleu 70,5 / 124 □ Blanc 68,7 / 120 ■ Rouge 71,5 / 120

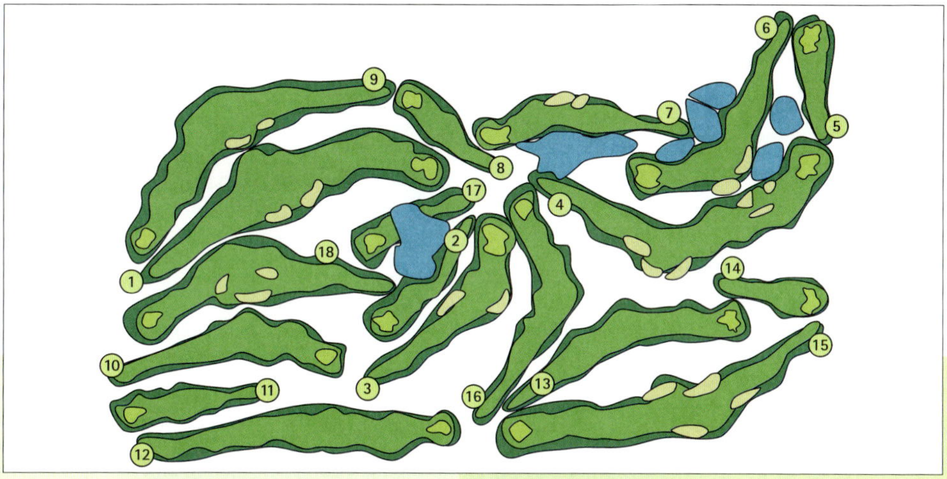

Conditions de jeu

- Verts ●●●○○
- Allées ●●●○○
- Sable ●●○○○
- Herbe longue ●●●○○
- Tertres ●●●○○

Design

- Verts + fosses ●●●●○
- Variété ●●●○○
- Harmonie + équilibre ●●●●○
- Pour tous ●●●●○
- Circuit ●●●●○

Environnement

- Visuel ●●●●○
- Nature ●●●●○
- Calme ●●●●●

Plaisir

- Délassement ●●●○○
- Verts ●●●●○
- Allées ●●●●○
- Tertres ●●●○○
- Manucure ●●●●○
- Entraînement ●●●○○
- Agrément ●●●●○
- Récupération ●●●○○

VERDICT ●●●○○

- Terrain plaisant logé dans un environnement agréable.

Temps de jeu suggéré
Ne jamais dépasser 4 h 30.

Accueil
Bon.

Indications et signalisation
À améliorer. Par contre, la carte indique bien la distance des fosses de sable.

Tenue générale
Bonne.

Améliorations
De nouveaux tertres de départ viennent d'être aménagés.

Au féminin
Terrain bien adapté par sa longueur totale et par la distance de ses différentes normales, surtout depuis le réaménagement des tertres de départ.

Pavillon
Semble apprécié pour ses déjeuners.

Boutique du pro
Pas très grande.

Carte de pointage
Très explicite à propos de l'étiquette. Bravo !

Tarif : $

BELVÉDÈRE

360, boulevard Sabourin
Val-d'Or
J9P 4N9
(819) 824-4653

Mines, forêts et golf

Le Belvédère est un autre des rejetons de Graham Cooke. Ce terrain semi-privé compte 500 membres, mais demeure ouvert au public. Il est situé à proximité du centre-ville de Val d'Or. Son premier neuf a vu le jour en 1992 et le second en 1995.

Le parcours

L'architecte nous présente ses habituels monticules en bordure de l'allée et en profite pour y installer des fosses de sable. Les tertres de départ ne manquent pas et autant leur forme que leur orientation diffèrent.

Le terrain doit son caractère à quelques trous. Je pense au n° 8 qui semble contenir deux allées, une première habitant une espèce de plateau qui se juxtapose à la seconde. Le 7e trou fait bonne figure avec une pente ascendante ponctuée de plusieurs fosses d'allée. Avec l'illusion d'optique, elles semblent situées tout près du vert, ce qui n'est absolument pas le cas. Je pense également au trou n° 9 avec sa fosse naturelle *(waste bunker)* immense, mais qui nous trompe sur la distance réelle nous séparant du vert.

Le concepteur a sculpté la forme de ses verts de manière à les laisser nettement plus larges que profonds. C'est excellent pour le coup d'œil, mais probablement beaucoup moins pour le pointage. Autour des verts, des fosses d'herbe côtoient des troupeaux de petits monticules.

Il demeure facile de jouer à pied malgré les pentes ascendantes marquant quelques allées.

La difficulté

Les verts restent difficiles d'accès malgré leur dimension très raisonnable. Parce qu'ils sont peu profonds, vous devez être en mesure d'y arrêter la balle rapidement, même à partir d'approches effectuées au moyen de fers plus longs. Vous rencontrerez 58 fosses de sable et trois lacs artificiels. En raison de leur dimension et de leur emplacement, ces derniers servent d'obstacles sur la moitié des trous. Les quatre jalons de départ permettent d'offrir à chacun une distance totale à sa mesure.

Les conditions de jeu

Au mois de juillet ce terrain est en bonne condition, mais attention aux débuts de saison, toujours plus tardifs dans cette région du Québec.

Les fosses d'allée dotées de parois abruptes et hautes semblent difficiles à entretenir, l'herbe réussissant à se frayer un chemin dans le sable.

L'environnement

Un belvédère, c'est une construction ou une terrasse établie en un lieu élevé, d'où l'on peut contempler le paysage. Rares sont les trous qui offrent cette possibilité au golfeur.

En vrac

Un bon mot pour les graphiques de départ qui, en plus d'être très informatifs sur le trou, les obstacles et leur distance, rappellent quelques règles élémentaires.

Idéal pour...

Les résidents. Les visiteurs doivent s'attendre à un bon défi dans des conditions de jeu variables.

+ NOUS AVONS AIMÉ

- Les fosses d'allées
- Les fosses naturelles *(waste bunker)*
- Les plans d'eau

– NOUS N'AVONS PAS AIMÉ

- La courte durée de la saison
- L'absence de vue sur les environs
- Le manque de variété dans le dessin des trous

Carte de pointage

Trou	1	2	3	4	5	6	7	8	9	Aller	10	11	12	13	14	15	16	17	18	Retour	Total
Bleu	490	179	402	395	498	338	500	375	164	3341	379	167	520	182	360	398	230	453	406	3095	6436
Blanc	475	157	362	389	485	311	440	340	143	3102	347	143	498	155	332	360	198	431	391	2855	5957
Rouge	404	143	321	341	460	281	360	330	137	2777	339	132	445	136	309	325	163	409	385	2643	5420
Normale	5	3	4	4	5	4	5	4	3	37	4	3	5	3	4	4	3	5	4/5	35/36	72/73

Évaluation : ■ Bleu 70,7 / 128 □ Blanc 70 / 126 ■ Rouge 72 / 120

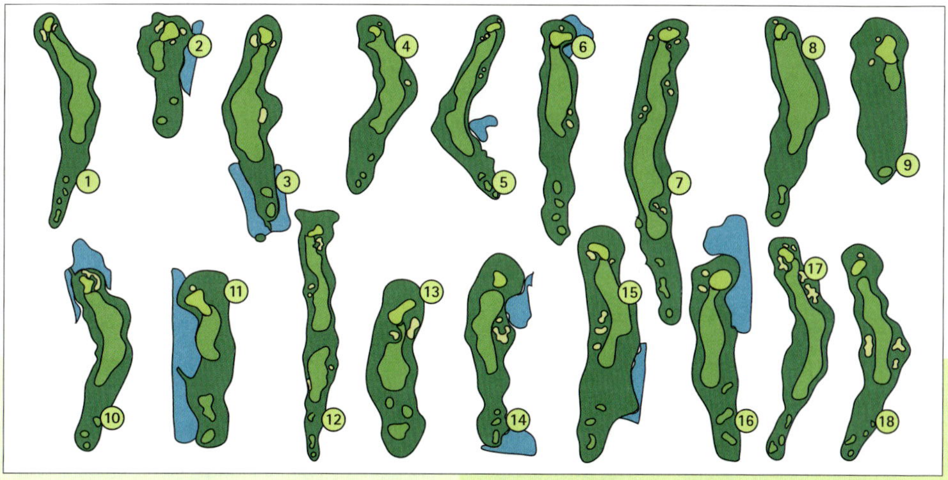

Conditions de jeu

- Verts ●●●○○
- Allées ●●●○○
- Sable ●●○○○
- Herbe longue ●●●○○
- Tertres ●●●○○

Design

- Verts + fosses ●●●●○
- Variété ●●○○○
- Harmonie + équilibre ●●●○○
- Pour tous ●●●○○
- Circuit ●●●○○

Environnement

- Visuel ●●●●○
- Nature ●●●●○
- Calme ●●●○○

Plaisir

- Délassement ●●●○○
- Verts ●●●○○
- Allées ●●●○○
- Tertres ●●●●○
- Manucure ●●●○○
- Entraînement ●●●○○
- Agrément ●●●●○
- Récupération ●●●●○

VERDICT ●●●○○

- Terrain à vocation régionale. Degré de difficulté relativement élevé. On y joue de préférence en juillet et août.

Temps de jeu suggéré
4 h 30 ; temps habituel : 4 h 45.

Accueil
Très bon.

Indications et signalisation
Elles sont bonnes aux départs, mais devront être améliorées entre les trous.

Règles locales
Un modèle à imiter.

Tenue générale
Très bonne.

Aire d'entraînement
A été l'objet de travaux importants en 2001.

Améliorations
Les fosses de sable font l'objet de travaux de réfection.

Au féminin
Terrain qui convient davantage aux golfeuses aguerries.
Les normales 4 sont longues et les obstacles nombreux sur les normales 3.

Pavillon
Résolument moderne et accueillant.

Tarif : $

BUCKINGHAM

105, rue Bélanger, C.P. 210
Gatineau (secteur Buckingham)
J8L 2X2
(819) 986-8035

Pas aussi royal que le palais

Sur ce terrain ouvert depuis 1933, les premiers trous côtoient les plus récents qui sont de conception différente. Voyons ce que ça donne.

Le parcours

Les allées ne manquent pas d'intérêt parce qu'elles présentent toutes sortes de dénivelés plus ou moins abrupts. Comme elles privilégient la forme coudée, la variété fait partie des forces de ce terrain. Malheureusement, l'enchaînement entre les trous ne se fait pas sans heurts et il faut être extrêmement attentif pour emprunter la bonne direction.

Ailleurs, les concepteurs ont voulu se démarquer. Même si certaines de leurs audaces ne sont pas véritablement un modèle à imiter, il n'en demeure pas moins qu'elles maintiennent l'intérêt du golfeur de trou en trou, contrairement à ces terrains qui vous présentent 18 trous semblables.

On a bâti les verts au même niveau que l'allée, sans les protéger par des fosses de sable. Leur dimension varie énormément et les ondulations qu'on y trouve sauront vous compliquer la vie. Quelques départs profitent de la présence d'arbres, qui ne laissent qu'un étroit passage comme piste d'envol. C'est différent, c'est amusant et c'est réussi.

La difficulté

Nous sommes en présence d'un terrain facile et court où seulement deux ou trois verts jouissent de la protection du sable. C'est dommage, car la dimension de ces fosses, leur profondeur et la distance qui les sépare des verts augmentent la difficulté du parcours. Cela nous fait regretter de ne pas en retrouver plus souvent. Plusieurs obstacles d'eau s'ajoutent aux dénivellations et aux verts décrits précédemment.

Les jalons bleus ne comptent que 6138 verges et montrent une évaluation Slope de 109. Les 5833 verges des jalons blancs font voir une évaluation Slope de 107. Les jalons or, avec 5423 verges, pourraient s'avérer une option alternative intéressante pour les golfeurs qui ne sont pas à l'aise sur les tertres de départ des dames.

Les conditions de jeu

De façon générale, le terrain est en bonne condition. Cela vaut autant pour l'herbe longue que pour les allées, les tertres de départ et les verts. Force est d'admettre cependant que ces conditions varient d'un trou à l'autre.

L'environnement

Les arbres y sont nombreux, mais Buckingham souffre de la présence des sempiternelles lignes électriques qui montent la garde. On est loin de la garde royale.

En vrac

Beaucoup de circulation dans l'environnement du terrain d'exercice, en raison de deux verts qui l'avoisinent.

Trop longue distance de marche entre certains trous.

Idéal pour...

Le golfeur qui cherche un terrain court et facile avec des trous variés.

+ NOUS AVONS AIMÉ

- Les allées bosselées et vallonnées
- Les grands conifères
- Les fosses de sable
- Le cachet du terrain

− NOUS N'AVONS PAS AIMÉ

- Le manque de naturel des verts
- Terrain un peu court
- La configuration de certains trous

Carte de pointage

Trou	1	2	3	4	5	6	7	8	9	Aller	10	11	12	13	14	15	16	17	18	Retour	Total
Bleu	335	435	140	530	177	505	385	385	180	3072	190	350	395	365	136	375	475	475	305	3066	6138
Blanc	325	425	120	510	160	480	370	365	165	2920	180	335	365	355	124	360	440	465	289	2913	5833
Rouge	300	410	95	435	100	430	285	350	152	2557	164	325	275	315	89	330	400	410	236	2544	5101
Normale	4	4/5	3	5	3	5	4	4	3	35/36	3	4	4	4	3	4	5	5	4	36	71/72

Évaluation : ■ Bleu 68,4 / 109 □ Blanc 67,3 / 107 ■ Rouge 67,9 / 108

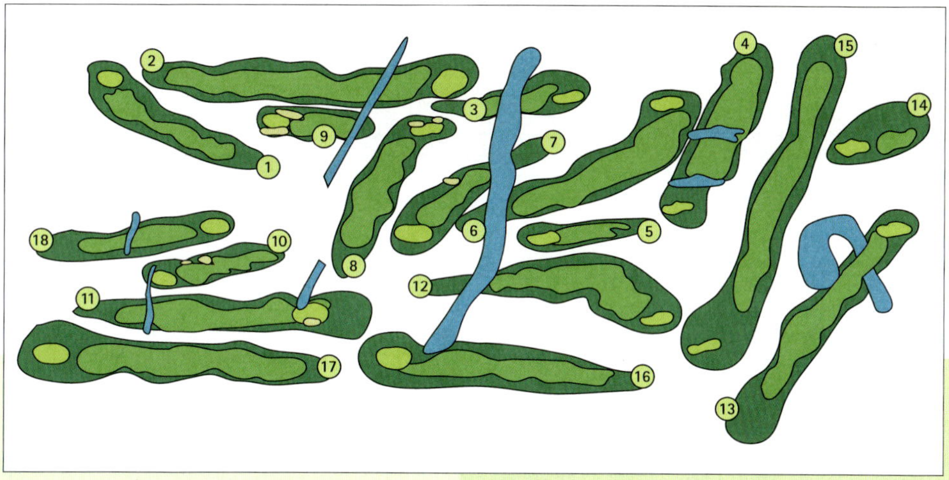

Conditions de jeu

Verts	●●●○○
Allées	●●●○○
Sable	●●●●○
Herbe longue	●●●○○
Tertres	●●●○○

Design

Verts + fosses	●●●○○
Variété	●●●●○
Harmonie + équilibre	●●●●○
Pour tous	●●●●○
Circuit	●●●○○

Environnement

Visuel	●●●○○
Nature	●●●●○
Calme	●●●●○

Plaisir

Délassement	●●●●○
Verts	●●●●○
Allées	●●●●○
Tertres	●●●○○
Manucure	●●●○○
Entraînement	●●●○○
Agrément	●●●●○
Récupération	●●●○○

VERDICT ●●●○○

Terrain boisé qui présente une belle variété de trous. Relativement facile malgré certaines dénivellations.

Temps de jeu suggéré
4 h 30.

Accueil
Bon.

Indications et signalisation
Correctes.

Tenue générale
Bonne.

Aire d'entraînement
Correcte.

Améliorations
Il s'agit davantage de retouches occasionnelles.

Au féminin
Trop de trous sont trop longs, autant du côté des normales 4 que 5.
Trois belles normales 3.

Pavillon
Propre et fonctionnel.

Boutique du pro
Bien garnie.

Tarif : $

CHAMPLAIN

1145, chemin Aylmer
Gatineau (secteur Aylmer)
J9H 5E1
(819) 777-0449

Plein champ

La petite histoire nous apprend que ce club a ouvert ses portes dès 1929 et qu'il était alors connu sous le nom de Glenlea. Aylmer n'étant pas très éloigné du centre-ville d'Ottawa, il a longtemps été le choix des golfeurs de la région.

Le parcours

Avec leurs allées droites et larges, les trous dénotent autant un manque d'imagination que de définition. Dans les endroits moins boisés, il arrive même au golfeur d'hésiter entre deux drapeaux qui apparaissent au loin. De l'herbe longue pourrait corriger cette situation, en découpant et en modelant ces trous un peu fades. Présentement, seules d'étroites lisières de gazon, à peine plus long que celui des allées, soulignent timidement le contour de ces dernières. Vous aurez plus de plaisir à faire le parcours à pied qu'en voiturette motorisée, dans laquelle vous seriez trop secoué par les irrégularités du sol.

Les verts, légèrement surélevés, sont entourés de monticules. Votre balle se retrouvera donc dans le pétrin si vous avez le malheur de rater la cible. Moins de problèmes pour les verts qui cohabitent avec d'immenses fosses de sable ; je pense notamment à ceux des 8e et 9e trous. Les tertres de départ donnent dans le conventionnel avec leur forme rectangulaire. Cependant, leur très grande dimension prêche en leur faveur.

Le neuf de retour ne compte qu'une seule normale 5, celle du 10e trou. Sa longueur de 606 verges à partir des jalons bleus ne nous fait pas oublier la séquence de huit trous orphelins de normale 5 qui suit. Il arrive trop souvent que le passage d'un trou à l'autre manque de fluidité.

La difficulté

En plus d'être extrêmement larges et presque dépourvues d'herbe longue, les allées sont dures. Cela favorise le roulement de la balle et réduit la distance de 5921 verges que totalisent les jalons blancs. Heureusement, quelques fosses autour des verts vous feront regretter d'y être entré, à cause de leur profondeur et de leur rebord.

Les conditions de jeu

Les allées n'étant pas munies d'un système d'arrosage, elles brûlent très rapidement et restent fermes. L'herbe longue, en plus d'augmenter le degré de difficulté, faciliterait l'entretien du terrain et améliorerait les conditions de jeu. Difficile de trouver des qualités à ces surfaces de terre durcies, même les tertres de départ en font les frais.

L'environnement

Les espaces boisés abondent sur les trous positionnés à l'autre extrémité du terrain. Vous y découvrirez de grands arbres qui ne manquent pas de faire bonne impression.

En vrac

L'aire d'entraînement longe quelques trous, ce qui nous laisse avec un sentiment d'insécurité.

Ce terrain public délivre aussi bien des laissez-passer annuels que journaliers.

Idéal pour...

Les golfeurs de la région qui aiment les terrains faciles qui se marchent aisément.

+ NOUS AVONS AIMÉ

Sa vocation golf 101
Sa situation géographique

– NOUS N'AVONS PAS AIMÉ

La balade en voiturette motorisée
Le manque de dessin des allées
L'absence de défi

Carte de pointage

Trou	1	2	3	4	5	6	7	8	9	Aller	10	11	12	13	14	15	16	17	18	Retour	Total
Bleu	452	135	527	190	490	376	162	394	371	3097	606	210	422	295	424	130	348	322	326	3083	6180
Blanc	448	130	515	154	450	370	157	372	362	2958	596	203	408	290	362	126	344	315	319	2963	5921
Rouge	444	120	447	111	310	338	154	314	353	2591	479	196	375	582	350	122	329	310	293	2739	5330
Normal	4/5	3	5	3	5/4	4	3	4	4	35	5	3	4	4	4	3	4	4	4	35	70

Évaluation : ■ Bleu 67,9 / 118 □ Blanc 66,7 / 115 ■ Rouge 68,1 / 109

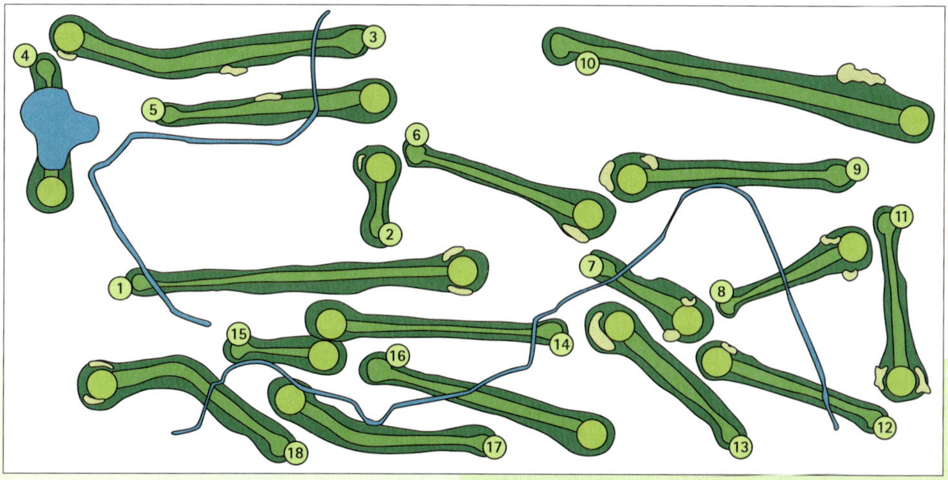

Conditions de jeu

- Verts ●●●○○
- Allées ●○○○○
- Sable ●●●○○
- Herbe longue ●○○○○
- Tertres ●●○○○

Design

- Verts + fosses ●●○○○
- Variété ●●○○○
- Harmonie + équilibre ●●●○○
- Pour tous ●●●●●
- Circuit ●●●○○

Environnement

- Visuel ●●●○○
- Nature ●●●○○
- Calme ●●●○○

Plaisir

- Délassement ●●○○○
- Verts ●●●○○
- Allées ●●●●○
- Tertres ●●●●○
- Manucure ●○○○○
- Entraînement ●●●○○
- Agrément ●●●●○
- Récupération ●●●●●

VERDICT ●●◐○○

- Terrain pour débutants. Il est facile, mais les conditions de jeu dépendent de mère Nature.

Temps de jeu suggéré
4 h 30.

Accueil
Bon.

Indications et signalisation
À améliorer.

Tenue générale
Bonne.

Aire d'entraînement
Correcte, mais longe plusieurs trous.

Au féminin
Avec ses conditions de jeu médiocres et des normales 4 de 338, 353, 375 et 350 verges, une normale 5 de 479 verges, ce terrain n'est pas conçu pour vous.

Boutique du pro
Assez bien garnie.

Tarif : $$$

CHÂTEAU CARTIER

1170, chemin Aylmer
Gatineau (secteur Aylmer)
J9H 5E1
(819) 777-8870
1 800 807-1068

Vie de Château?

Situé sur la rive nord de la rivière des Outaouais, à sept kilomètres de la colline parlementaire, le Château Cartier prend place sur des terres luxuriantes. La revue *Golf Canada* le considère d'ailleurs comme le meilleur terrain de golf en centre-ville au Canada.

Le parcours

Ce parcours vieux de soixante-dix-sept ans s'enorgueillit d'une quantité impressionnante d'arbres matures. Ils viennent parfois fermer un côté de l'allée, sans pour autant compromettre les recherches de balle. Situées en terrain passablement plat, les allées et l'herbe longue forment une cible d'une largeur équitable pour la plupart des golfeurs.

Les verts se font discrets. Ils se fondent dans le décor plutôt que d'attirer l'attention par des aménagements spectaculaires. Généralement, les plus petits se trouvent sur les trous plus courts. Ils s'entourent alors de fosses de sable et d'arbres qui assurent leur protection. Ailleurs, les tertres de départ ne s'étendent pas à l'infini, et c'est probablement ce qui explique la présence de tertres de remplacement. Ces substituts ne présentent ni les élévations ni même les dimensions de leurs grands frères, ce qui donne un tout autre aspect au trou.

Un des moments forts du premier neuf est certes le passage sur les allées des trous n°s 5 et 6. Ils longent la rivière des Outaouais et permettent d'observer la ville d'Ottawa qui se profile de l'autre côté. Au retour, les deux trous de finition gâchent un peu la sauce. Le 17e trou avec son vert totalement surélevé et le 18e, coincé entre le terrain de stationnement et le pavillon, nous laissent sur notre appétit.

La difficulté

On retrouve des obstacles d'eau sur six des trous du premier neuf et sur le tiers des trous du retour. À cause de la proximité de la rivière, le vent joue un rôle important.

Il s'agit d'un terrain court qui fait preuve d'indulgence comme le prouve son évaluation Slope de 119 à partir des jalons bleus. Les fosses d'allée n'y sont pas très nombreuses et vous pouvez atteindre le vert même à partir d'une allée voisine.

Les conditions de jeu

La condition des allées et de l'herbe longue ne pose aucun problème. Les verts semblent en progression par rapport aux années antérieures et les fosses de sable sont pratiquement impeccables. Seule la présence de cailloux vient tempérer notre enthousiasme. Malgré leur dimension modeste, les tertres de départ gardent la forme grâce à la présence de contenants de terreautage sur chacun.

L'environnement

Le site ne manque pas d'intérêt avec ses arbres, la rivière et la vue du centre-ville. Cependant, un chemin public relativement passant longe quelques trous. On aperçoit également des filets de protection et des lignes électriques.

Idéal pour...

Les clients de l'hôtel Château Cartier qui sont vraiment choyés de profiter d'un aussi joli parcours dans un environnement aussi agréable.

+ NOUS AVONS AIMÉ

L'équilibre de ce terrain
Les arbres et la rivière
La combinaison sentiers-voiturettes

– NOUS N'AVONS PAS AIMÉ

La proximité du chemin public
La condition des verts qui semble très variable d'une année à l'autre
Quelques trous moins réussis

Carte de pointage

Trou	1	2	3	4	5	6	7	8	9	Aller	10	11	12	13	14	15	16	17	18	Retour	Total
Bleu	272	468	174	344	440	145	375	414	385	3017	385	280	421	491	495	182	415	168	355	3192	6209
Blanc	260	440	169	320	400	135	355	403	350	2832	355	270	408	481	475	168	405	155	340	3057	5889
Rouge	247	395	158	311	373	103	335	390	325	2637	322	252	398	474	410	150	395	122	294	2817	5454
Normale	4	5	3	4	4/5	3	4/5	4	4	35/37	4	4	4/5	5	5	3	4/5	3	4	36/38	71/75

Évaluation : ■ Bleu 69,4 / 119 □ Blanc 68,7 / 117 ■ Rouge 73,8 / 113

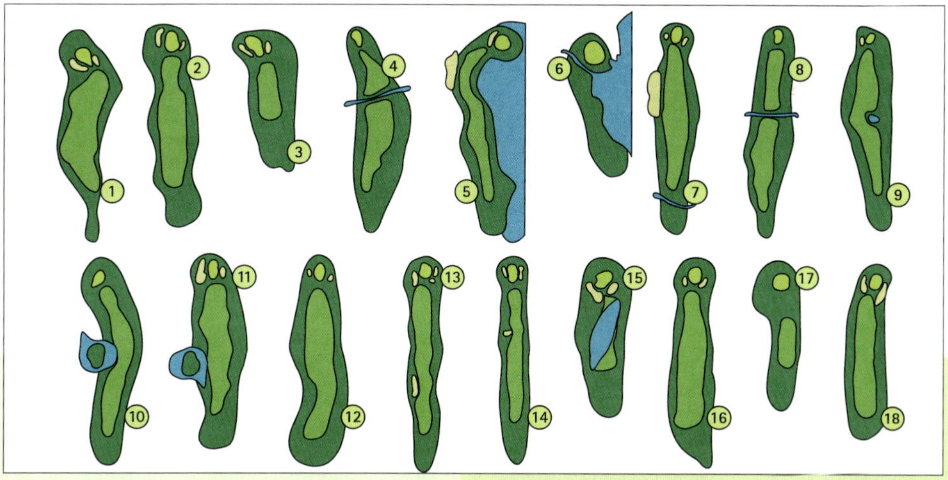

Conditions de jeu

- Verts ●●●○○
- Allées ●●●○○
- Sable ●●●●●
- Herbe longue ●●●●○
- Tertres ●●●●○

Design

- Verts + fosses ●●●●○
- Variété ●●●●○
- Harmonie + équilibre ●●●●●
- Pour tous ●●●●○
- Circuit ●●●●●

Environnement

- Visuel ●●●●●
- Nature ●●●●●
- Calme ●●●●○

Plaisir

- Délassement ●●●●●
- Verts ●●●●○
- Allées ●●●●○
- Tertres ●●●●○
- Manucure ●●●●○
- Entraînement ●●○○○
- Agrément ●●●●●
- Récupération ●●●●○

VERDICT ●●●◐○

- Terrain intéressant pour son environnement.
  On est loin d'un parcours dit de championnat.

Temps de jeu suggéré

Aucun. Dans un château relais, le golf est accessoire à l'hébergement.

Accueil

Bon.

Tenue générale

Très bonne.

Aire d'entraînement

Ne dispose pas de suffisamment de places pour accommoder plusieurs joueurs en même temps.

Au féminin

Quatre normales 5 du 12e au 16e trou.
Trop long malgré sa normale 75.
N'hésitez pas une seconde si vous séjournez dans la région.

Boutique du pro

L'une des plus complètes de la région.

Carte de pointage

Le texte français est truffé d'erreurs.

Divers

À noter, les sentiers larges et asphaltés sur toute la longueur du parcours.

Tarif : $$$$

CHÂTEAU MONTEBELLO

300, du Chalet
Montebello
J0V 1L0
(819) 423-4653

Magique

Dessiné en 1929 par Stanley Thompson, le terrain du Château Montebello a longtemps été le rendez-vous exclusif de visiteurs aussi illustres que le prince Rainier, la princesse Grace de Monaco et la reine Juliana des Pays-Bas. En 1970, le Canadien Pacifique en est devenu propriétaire et l'a rendu accessible au grand public.

Le parcours

Le parcours épouse la forme d'un circuit qui, d'un trou à l'autre, ne revient pas sur ses pas. Les allées semblent y couler comme une rivière entre les parois d'un canyon, tellement les feuillus y sont nombreux et imposants. Cet espace offre un aspect naturel inégalé avec ses rochers dans les sous-bois et une rivière qui gambade à travers les allées.

Les verts y jouent un rôle de soutien, s'effaçant dans l'environnement naturel pour mieux mettre le trou en valeur. Ils sont de dimension moyenne. Les fosses de sable étonnent avec leurs formes diverses et leur dessin recherché.

La difficulté

Bien élevée et soucieuse de votre bien-être, chacune des allées vous invite à la plus grande prudence et pour cause. Elles vous obligent à négocier d'étroits corridors totalement entourés d'arbres qui vous gardent prisonnier. Elles se permettent à l'occasion de vous faire le «dos rond», ce qui pourrait entraîner votre balle vers l'herbe haute. Vous y trouverez une vingtaine de fosses de sable et de l'eau qui arrose la moitié des trous.

Malgré une distance de 6240 verges des jalons bleus, l'évaluation Slope s'élève à 129. Vous aurez compris que ce terrain nécessite autant de précision que de stratégie.

Les conditions de jeu

Le parcours bénéficie de soins esthétiques impeccables et les conditions de jeu ne s'en trouvent que meilleures, ce qui se manifeste autant sur les verts que sur les allées. Les fosses de sable contiennent des cailloux et les monticules ont tendance à brûler par temps sec.

L'environnement

Impressionnant, harmonieux, apaisant et majestueux semblent des qualificatifs appropriés. Les arbres assurent au golfeur une visite agréable quelle que soit la saison. Les aménagements floraux vous séduiront et les tertres de départ vous réservent des points de vue qui ne manqueront pas de vous impressionner.

Les résidences avoisinantes ont été conçues dans un style qui se marie avec l'environnement et le pavillon principal. Une ligne de transmission, des lignes téléphoniques et un grillage de protection représentent autant d'irritants visuels.

En vrac

Plusieurs trous rappellent les origines du golf avec leur petit côté écossais. Des allées étroites et ondulées laissent paraître des surfaces de roc à travers des buttons rebelles.

Idéal pour…

Malgré le degré de difficulté élevé, la clientèle est composée principalement de clients de l'hôtel et de touristes âgés de plus de cinquante ans.

+ NOUS AVONS AIMÉ

Le relief des allées
Les conditions de jeu
L'environnement

– NOUS N'AVONS PAS AIMÉ

Le sentier pour voiturettes motorisées du second neuf qui n'est pas à l'égal du premier
Le degré de difficulté qui n'est pas à la portée de tous

Carte de pointage

Trou	1	2	3	4	5	6	7	8	9	Aller	10	11	12	13	14	15	16	17	18	Retour	Total
Bleu	320	415	173	522	448	177	490	315	175	3035	365	438	355	157	415	385	470	200	420	3205	6240
Blanc	305	390	162	515	417	148	469	300	115	2821	340	411	338	149	390	375	450	185	375	3013	5834
Rouge	275	335	147	485	389	90	392	291	95	2499	231	363	317	139	305	360	415	101	310	2541	5040
Normale	4	4	3	5	4/5	3	5	4	3	35/36	4	4	4	3	4	4	5	3	4	35	70/71

Évaluation : Bleu 70 / 129 — Blanc 67,9 / 123 — Rouge 69,1 / 128

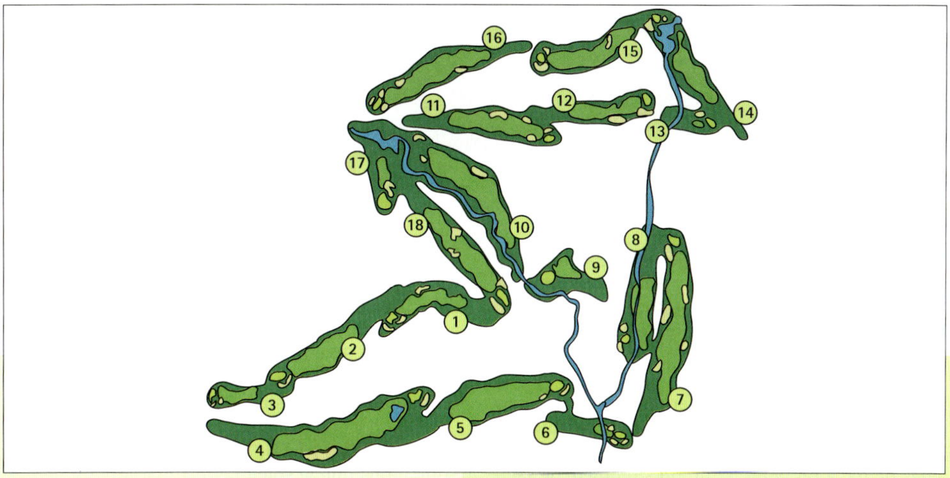

Conditions de jeu

- Verts ●●●●○
- Allées ●●●●○
- Sable ●●●●○
- Herbe longue ●●●●○
- Tertres ●●●○○

Design

- Verts + fosses ●●●●○
- Variété ●●●●○
- Harmonie + équilibre ●●●●●
- Pour tous ●●●○○
- Circuit ●●●●●

Environnement

- Visuel ●●●●●
- Nature ●●●●●
- Calme ●●●●●

Plaisir

- Délassement ●●●○○
- Verts ●●●○○
- Allées ●●○○○
- Tertres ●●●○○
- Manucure ●●●●●
- Entraînement ●●●○○
- Agrément ●●●●●
- Récupération ●●○○○

VERDICT ●●●●○

- Ce défi redoutable exige de la finesse, de la précision et de la stratégie. Son environnement boisé saura vous charmer.

Temps de jeu suggéré

4 h 15 ; temps habituel : 4 h 30, parfois plus.

Accueil

Très bon.

Indications et signalisation

Impeccables. Une brochure vous présente le dessin des trous et la meilleure façon de les négocier.

Tenue générale

Excellente.

Aire d'entraînement

Pas très grande et n'offre que des surfaces de frappe en matériau synthétique.

Au féminin

Quelques normales 4 trop longues.
Les dénivellations ne sont pas à la portée de toutes.
Des arbres, des arbres, des arbres.

Pavillon

Beaucoup de cachet avec son petit côté vieillot.

Boutique du pro

Ne vous décevra pas.

Tarif : $$$$

EDELWEISS

465, chemin Edelweiss
Gatineau (secteur Aylmer)
J3X 3G0
(819) 459-2331

Charmeur

La famille Tommy en est propriétaire depuis son ouverture. C'est d'ailleurs le paternel qui a imaginé le dessin du parcours, mais il en a confié la réalisation à un architecte du nom de Magione en 1985.

Le parcours

Edelweiss semble situé dans un microclimat où sévissent des vents plus forts que dans la région immédiate et où la température est plus fraîche.

Des allées vallonnées et bien découpées offrent des trous fort réussis esthétiquement. Elles débouchent sur des verts peu surélevés, étroits mais profonds. Les tertres de départ ne sont pas tout à fait assez grands.

Les trous paraissent plus courts que leur distance ne l'indique. Des entrées au vert étroites et l'emplacement de ceux-ci y sont peut-être pour quelque chose. À la réflexion, il s'agit probablement d'une illusion d'optique créée par les vallons des allées. Bien sûr, quatre normales 4 de moins de 325 verges et trois normales 3 de ±135 verges n'aident pas à augmenter la longueur totale du parcours. Cela affecte également la variété des coups à jouer, surtout que deux normales 5 totalisent 520 verges et les deux autres ± 465 verges.

Ne vous méprenez pas, le plaisir que procure l'endroit ne saurait être remis en question. Le site naturel donne lieu à des trous au dessin intéressant.

La difficulté

En plus de ces verts malaisés à rejoindre, plusieurs trous proposent du golf de précision. En effet, vous devez obligatoirement atteindre une aire d'atterrissage précise, puis une autre, un peu comme le ferait une grenouille en sautant d'un nénuphar à un autre, pour atteindre l'autre rive.

Les conditions de jeu

Les tertres de départ, l'herbe longue et les allées fournissent des conditions acceptables. L'état des verts est bon, mais il varie d'un trou à l'autre. De plus, leur coupe laisse parfois à désirer. Les fosses contiennent trop de petits cailloux ; leur entretien et leur manucure devront être améliorés.

L'environnement

Le coin est sympathique. Il est entouré de petites montagnes qui donnent l'impression d'évoluer en vase clos. C'est très agréable, quand on réussit à oublier les lignes d'Hydro-Québec qui décorent la moitié des trous.

Edelweiss a su garder un caractère bucolique qui l'honore, mais pour combien de temps encore ? En effet, des terrains sont à vendre tout autour en prévision d'un développement domiciliaire.

Idéal pour… tous.

Ce terrain ne tombe pas dans les vieux clichés et malgré quelques défauts (qui n'en a pas ?), il a beaucoup de charme.

+ NOUS AVONS AIMÉ

- L'originalité du dessin
- Les allées vallonnées
- Le plaisir qu'il procure

− NOUS N'AVONS PAS AIMÉ

- Les lignes électriques
- Les conditions de jeu inégales
- Le projet de construction domiciliaire

Carte de pointage

Trou	1	2	3	4	5	6	7	8	9	Aller	10	11	12	13	14	15	16	17	18	Retour	Total
Bleu	543	414	384	350	485	208	396	188	411	3379	494	162	417	511	170	415	428	142	409	3148	6527
Blanc	523	396	364	338	474	194	382	181	400	3252	463	146	410	475	160	400	400	130	383	2967	6219
Rouge	448	311	340	263	464	131	366	165	253	2741	392	116	342	435	108	355	390	118	248	2504	5245
Normale	5	4	4	4	5	3	4	3	4	36	5	3	4	5	3	4	5	3	4	37	73

Évaluation : ■ Bleu 68 / 129 □ Blanc 66 / 120 ■ Rouge 69 / 119

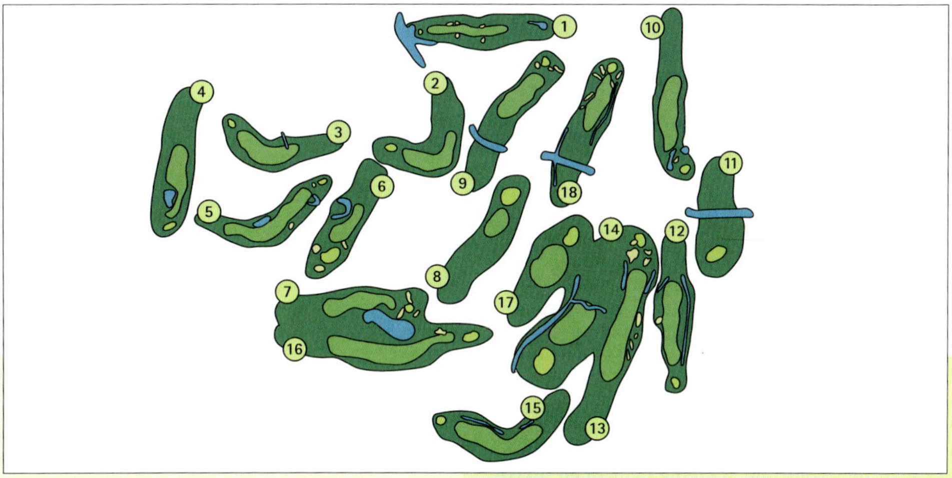

Conditions de jeu

- Verts ●●●●○
- Allées ●●●○○
- Sable ●●●●○
- Herbe longue ●●●●○
- Tertres ●●●●○

Design

- Verts + fosses ●●●●●
- Variété ●●●●○
- Harmonie + équilibre ●●●●○
- Pour tous ●●●○○
- Circuit ●●●○○

Environnement

- Visuel ●●●●●
- Nature ●●●●●
- Calme ●●●●●

Plaisir

- Délassement ●●●○○
- Verts ●●●●●
- Allées ●●●●○
- Tertres ●●●●○
- Manucure ●●●○○
- Entraînement ●●●○○
- Agrément ●●●●○
- Récupération ●●●○○

VERDICT ●●●●○

- Terrain difficile, au relief accidenté. Ses conditions de jeu et son environnement donnent envie d'y retourner.

Temps de jeu suggéré
4 h 30.

Accueil
Bon.

Indications et signalisation
Excellentes.

Tenue générale
Très bonne.

Aire d'entraînement
Correcte.

Améliorations
La pente du trou n°11 a été adoucie considérablement.

Au féminin
Terrain difficile, il vaut mieux utiliser une voiturette motorisée.
Si vous n'êtes pas une excellente golfeuse, soyez patiente.

Pavillon
Tout à fait dans la note.

Boutique du pro
Attrayante.

Tarif : $$$

LE DÔME

75, avenue de la Citadelle
Gatineau (secteur Hull)
J8Z 3L1
(819) 770-5557
1 800 276-9542

Pas à l'abri

Ouvert depuis 1994, ce terrain fait partie de la grande famille Club Link. Sa conception a été confiée à l'architecte québécois Graham Cooke et Le Dôme n'a pas tardé à faire parler de lui.

Le parcours

Un dôme est une petite montagne arrondie. Assez curieusement, le site naturel de ce parcours tient autant du golf de montagne que du golf de ville. En raison des très nombreuses maisons qui l'entourent, on n'apprécie pas le terrain autant que s'il était construit en pleine campagne. Les relations avec les voisins n'ont d'ailleurs pas toujours été roses, les résidents n'appréciant pas la visite régulière des balles frappées par les golfeurs.

Même si les deux neuf trous sont complètement séparés l'un de l'autre, on leur reconnaît les mêmes traits de caractère. Leurs allées d'agrostide et leur dessin profitent de l'herbe longue et des monticules qui les bordent. On compte également sur le contraste des couleurs et sur le découpage des allées pour dessiner des motifs qui améliorent le coup d'œil. Tout ça ne nous fait pas oublier leur étroitesse et leur relief accidenté. En effet, les dénivellations et les pentes latérales qui les façonnent ne vous laisseront pas indifférent. Avec la quantité d'arbres qui les délimitent et les ravins qui les tranchent en deux, votre bois n° 1 aura droit à une journée de congé bien méritée. Si vous décidez de l'apporter malgré tout, ce pourrait bien devenir la Fête du Travail… même en juillet.

La difficulté

On l'a vu, les allées sont étroites. Si votre balle demande le statut de réfugiée au premier boisé qu'elle croisera, vous risquez fort de la perdre, car ils sont populeux. L'herbe haute occupe les espaces qui séparent un plateau du vert ou un tertre de départ du prochain plateau.

Ce terrain demande beaucoup de précision et une bonne dose de concentration. À vrai dire, plusieurs trous ne vous laissent qu'une toute petite marge de manœuvre, alors que d'autres tentent carrément de vous intimider avec leur aspect visuel menaçant. Les golfeurs débutants ou même intermédiaires n'y trouveront pas beaucoup de plaisir.

Les conditions de jeu

Les tertres de départ font l'objet d'un entretien soigné qui met à contribution le terreautage. Leur dimension moyenne ne nuit pas, car on en compte habituellement trois par trou. Pour le reste, ce terrain bien entretenu offre de très bonnes conditions, de la cave au grenier.

L'environnement

C'est surprenant de retrouver sur un même terrain des trous complètement boisés, d'autres qui longent un quartier résidentiel et d'autres encore qui vous laissent croire que vous vous trouvez en pleine montagne avec des points de vue sur la ville. Encore une fois, nous devons déplorer la présence de lignes de transport d'énergie électrique.

Idéal pour…

Le bon joueur de golf qui appréciera le défi qui lui est lancé.

+ NOUS AVONS AIMÉ

Le contraste des couleurs
Certains trous spectaculaires
Les conditions de jeu

– NOUS N'AVONS PAS AIMÉ

Le degré de difficulté qui en plus de ralentir le jeu exclut le golfeur moyen
Le passage d'un trou à l'autre qui ne se fait pas toujours naturellement
Le relief accidenté nuisant à la marche

Carte de pointage

Trou	1	2	3	4	5	6	7	8	9	Aller	10	11	12	13	14	15	16	17	18	Retour	Total
Bleu	355	372	170	605	350	315	160	515	185	3027	180	585	425	145	315	330	500	150	345	2995	6002
Blanc	340	330	140	550	310	295	145	490	135	2735	155	525	390	125	300	305	430	130	325	2685	5420
Rouge	290	285	130	475	275	215	125	460	110	2365	142	445	260	105	240	275	420	90	300	2277	4642
Normale	4	4	3	5	4	4	3	5	3	35	3	5	4	3	4	4	5	3	4	35	70

Évaluation : ■ **Bleu 68,8 / 122** □ **Blanc 66,6 / 118** ■ **Rouge 63 / 109**

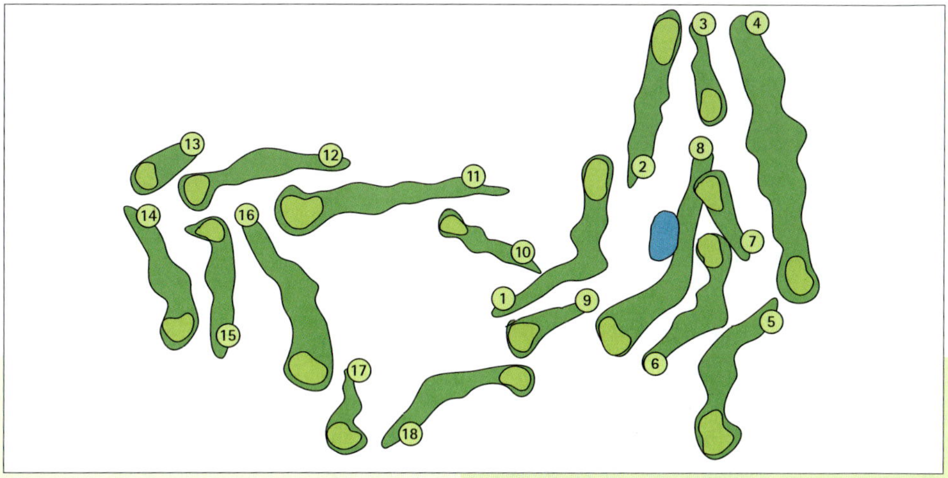

Conditions de jeu

- Verts ●●●●○
- Allées ●●●●○
- Sable ●●●●●
- Herbe longue ●●●●○
- Tertres ●●●●●

Design

- Verts + fosses ●●●●○
- Variété ●●●●●
- Harmonie + équilibre ●●●●●
- Pour tous ●●○○○
- Circuit ●●●●○

Environnement

- Visuel ●●●●○
- Nature ●●●●○
- Calme ●●●●○

Plaisir

- Délassement ●●●○○
- Verts ●●●●○
- Allées ●●●○○
- Tertres ●●●●●
- Manucure ●●●●●
- Entraînement ●●●●○
- Agrément ●●●●●
- Récupération ●●●○○

VERDICT ●●●◐○

- Terrain court, accidenté, difficile et en bonne condition.

Temps de jeu suggéré

4 h 30.

Accueil

Bon.

Indications et signalisation

Il suffit de suivre le sentier.

Tenue générale

Très bonne.

Aire d'entraînement

Tout y est.

Au féminin

Les distances sont parfaites.

Pour une fois que les distances sont parfaites, il faut survoler des obstacles et affronter un relief qui destine ce terrain aux meilleures joueuses.

Pavillon

Spacieux et luxueux.

Boutique du pro

De forme rectangulaire et on s'y sent rapidement à l'étroit.

Tarif : $$$

LES VIEUX MOULINS

511, chemin Boucher
Gatineau (secteur Aylmer)
J9H 5C9
(819) 684-4465

Meunier, tu dors

Ce terrain a été conçu par l'architecte Bill Dolgos qui compte déjà à son actif deux autres réalisations québécoises et plusieurs terrains en Ontario. Les débuts ont été pénibles, puisqu'il a fallu sept ans pour respecter tous les détails techniques permettant l'émission des permis par la ville d'Aylmer.

Le parcours

Des trous dessinés intelligemment, qui deviennent un plaisir pour les yeux sans pour autant user d'artifices. Des allées qui serpentent sur un site naturel légèrement accidenté, ce qui assure une certaine variété. Juste ce qu'il faut, là où il le faut. Heureuse alternance entre les trous complètement fermés et boisés et ceux qui, au contraire, restent à découvert et plus vulnérables au facteur vent. Habituellement des arbres de bonne taille agrémentent la partie, même si parfois ils sont peu nombreux. Chacun des trous retient l'attention et on a vraiment hâte de voir ce que le prochain nous réserve.

Des fosses d'allées de bonne dimension ne laissent qu'un passage étroit entre elles. Quant aux verts immenses, leur dessin tient compte de leur environnement immédiat, garantie d'un meilleur résultat.

On trouve quatre jalons de départ répartis sur des tertres d'assez bonne dimension. Ils présentent des formes différentes et un bel aplomb. Des travaux de terrassement seront complétés prochainement sur certains d'entre eux. Les plans d'eau ne passent pas inaperçus avec leur pourtour serti de grosses roches de carrière.

La difficulté

On a fourbi le terrain de nombreux obstacles où le sable (56 fosses) et l'eau (sept trous) prennent la vedette. Le terrain étant situé sur un plateau, le facteur vent pourrait bien augmenter un degré de difficulté qui n'en a pourtant pas besoin.

Avec des normales 4 de 444, 428, 421 et 424 verges, quelques allées étroites et l'emplacement stratégique des lacs, quelqu'un peut-il m'expliquer cette évaluation Slope de 116?

Les conditions de jeu

Les conditions de jeu se situent en bas de la moyenne. Il s'agit davantage de problèmes de jeunesse (trois ans) que de conditions irrécupérables.

Ce terrain présente les conditions d'un parcours ensemencé qui en est à sa première année d'existence. Les allées affichent trop d'endroits où le gazon est absent, mais les fosses de sable sont en excellent état. On complète la construction des sentiers pour voiturettes motorisées, ce qui aura pour effet de laisser l'herbe longue en bien meilleur état.

L'environnement

Sur quelques trous, on peut apercevoir la rivière des Outaouais et la ville d'Ottawa qui se profile à l'horizon. L'environnement s'améliore à mesure que les travaux de nettoyage avancent.

Idéal pour...

Surveillez dame Nature, informez-vous des conditions de jeu et des tarifs, ce terrain pourrait vous étonner.

+ NOUS AVONS AIMÉ

Le dessin des trous
Les plans d'eau
L'intelligence du défi

– NOUS N'AVONS PAS AIMÉ

Les conditions de jeu inégales
L'aspect «travaux en cours»
Le pavillon et la boutique

Carte de pointage

Trou	1	2	3	4	5	6	7	8	9	Aller	10	11	12	13	14	15	16	17	18	Retour	Total
Bleu	385	373	506	444	170	428	182	351	465	3207	336	190	421	424	174	336	479	376	471	3304	6511
Blanc	366	331	472	410	157	404	163	332	447	2946	321	170	346	392	147	322	456	331	461	3082	6028
Rouge	346	295	4439	367	142	347	146	313	416	2623	304	140	319	329	124	308	400	302	397	2811	5434
Normale	4	4	5	4	3	4	3	4	5	36	4	3	4	4/5	3	4	5	4	5	36	72

Évaluation : Bleu 70,5 / 116 — Blanc 68,4 / 111 — Rouge 70,1 / 115

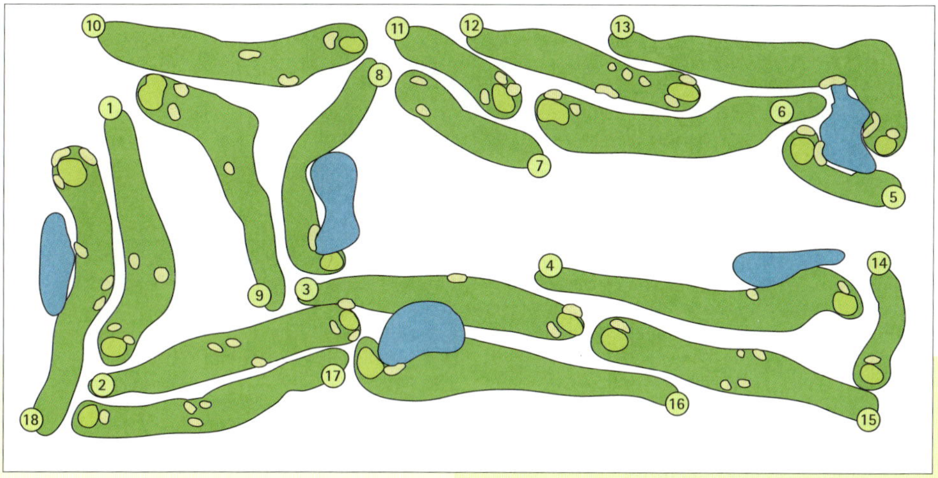

Conditions de jeu

Verts	●●●○○
Allées	●●○○○
Sable	●●●●○
Herbe longue	●●○○○
Tertres	●●○○○

Design

Verts + fosses	●●●●●
Variété	●●●●●
Harmonie + équilibre	●●●●●
Pour tous	●●●●○
Circuit	●●●●●

Environnement

Visuel	●●●●●
Nature	●●●●●
Calme	●●●●○

Plaisir

Délassement	●●●●○
Verts	●●●●○
Allées	●●●●○
Tertres	●●●●○
Manucure	●●●○○
Entraînement	●●●○○
Agrément	●●○○○
Récupération	●●●○○

VERDICT ●●●◐○

Grand design.
Conditions de jeu ordinaires.
Défi amusant.

Temps de jeu suggéré
4 h 30.

Accueil
Correct.

Indications et signalisation
Déficientes.

Tenue générale
À améliorer.

Aire d'entraînement
Ne contient que 10 départs synthétiques.

Améliorations
Travaux de nettoyage et de déblaiement, ensemencement de certaines portions.

Au féminin
Oups ! Aucune normale 4 de moins de 300 verges et une seule normale 3 de moins de 140 verges. Au total 5434 verges, c'est trop.

Pavillon
Facture modeste.

Boutique du pro
Rudimentaire.

Tarif : $$

MONT-CASCADES

915, chemin Mont-Cascades
Gatineau (secteur Aylmer)
J8V 3B2
(819) 459-2980

Béguin

Le club de golf Mont-Cascades se trouve dans la municipalité de Cantley. Pour vous y rendre, vous devrez emprunter la route 307, mais faites-vous expliquer correctement le trajet au moment de réserver votre temps de départ. Le propriétaire Bill Brown est bien fier de son terrain et de son rapport qualité-prix. A-t-il raison ?

Le parcours

Dans l'ensemble, le dessin des verts plaît, surtout ceux qui s'accompagnent de fosses de sable. Pour pallier leur manque d'élévation et pour en préciser le contour, une bordure de petits monticules les ceinture. Leur grande dimension leur permet à l'occasion d'adopter la forme d'un dos de cuillère, sans pénaliser injustement le golfeur.

Vous ne vous ennuierez pas à Mont-Cascades. Même si son emplacement domine les environs, ce terrain n'appartient pas à la catégorie des golfs de montagne. Au contraire, le bon calibrage de ses dénivellations en fait une source de plaisir intarissable. Ce terrain trop peu connu offre des points de vue qui deviennent pratiquement sa signature.

Malgré de longues distances entre certains trous et les nombreuses dénivellations, on peut jouer à pied sans risquer l'infarctus. En résumé, ce terrain a du caractère et de la gueule ; il ne vous laissera pas indifférent.

La difficulté

Même après une lecture attentive, les verts hésitent à livrer leurs secrets. Ils ne vous permettront pas beaucoup de coups roulés faciles. De plus, le relief accidenté du second neuf complique l'accès aux verts. Sur le premier neuf, les pentes latérales vous permettront de vérifier votre habileté à frapper la balle dans différentes positions.

Les conditions de jeu

Les conditions de jeu n'ont rien d'alarmant, mais rien d'extraordinaire non plus. Les tertres de départ sont en très bonne condition, sauf qu'ils donnent à l'occasion l'impression de suivre une pente. Est-ce une illusion d'optique ou une façon de laisser s'écouler l'eau ?

Les fosses de sable manquent d'entretien, de manucure et parfois de sable. Les verts et les allées se situent dans la moyenne.

L'environnement

Si vous aimez la nature, vous adorerez Mont-Cascades. On ne se lasse jamais de la forêt, des montagnes et des paysages variés. Le calme n'est troublé que par le chant des oiseaux avec, en prime, une rivière et des lacs. Nous regrettons la présence d'une carrière, même si elle occupe l'autre rive de la rivière et qu'on ne la voit qu'à quelques reprises.

En vrac

Un des rares terrains où les employés d'entretien vous sourient et vous saluent.

J'ai bien aimé l'herbe haute qu'on laisse pousser naturellement sur certains trous.

Idéal pour…

Les amants de la nature et du golf.

+ NOUS AVONS AIMÉ

L'expérience de golf
Le site naturel
L'atmosphère

– NOUS N'AVONS PAS AIMÉ

Les mouches du mois de mai, même si elles respectent les vaporisateurs vendus à la boutique
Des conditions de jeu variables
La carrière

Carte de pointage

Trou	1	2	3	4	5	6	7	8	9	Aller	10	11	12	13	14	15	16	17	18	Retour	Total
Bleu	331	354	332	210	422	365	580	179	361	3134	163	380	386	597	323	151	523	150	393	3066	6200
Blanc	322	338	327	199	416	327	572	166	347	3014	143	368	373	545	314	123	506	140	340	2852	5866
Rouge	302	322	322	150	397	315	470	153	333	2764	107	230	340	495	277	96	459	130	322	2456	5220
Normale	4	4	4	3	4/5	4	5	3	4	35/36	3	4	4	5	4	3	5	3	4	35/36	70/71

Évaluation : ■ **Bleu 68,9 / 118** □ **Blanc 67,5 / 114** ■ **Rouge 69,5 / 113**

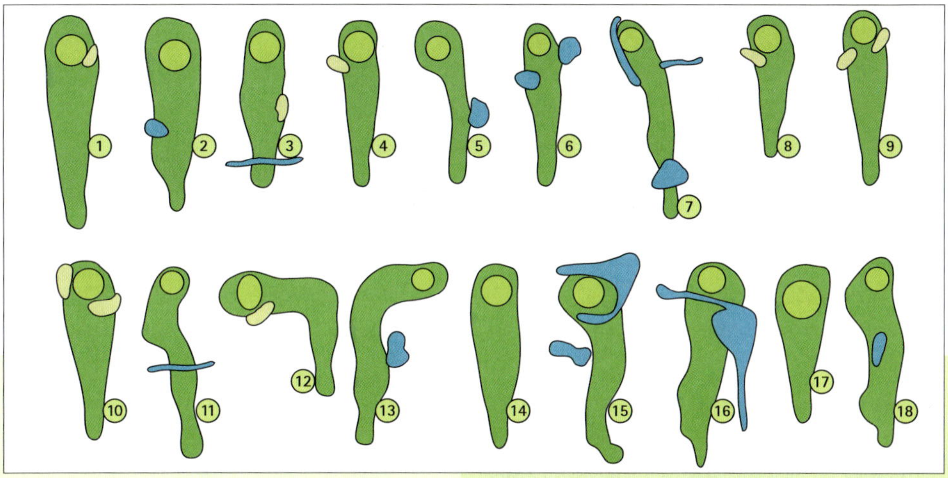

Conditions de jeu

- Verts ●●●○○
- Allées ●●●○○
- Sable ●●●○○
- Herbe longue ●●●○○
- Tertres ●●●○○

Design

- Verts + fosses ●●●○○
- Variété ●●●●○
- Harmonie + équilibre ●●●●○
- Pour tous ●●●●○
- Circuit ●●●○○

Environnement

- Visuel ●●●○○
- Nature ●●●○○
- Calme ●●●○○

Plaisir

- Délassement ●●●●○
- Verts ●●●●○
- Allées ●●●●○
- Tertres ●●●○○
- Manucure ●●●○○
- Entraînement ●●●○○
- Agrément ●●●●○
- Récupération ●●●○○

VERDICT ●●●◐○

- Ce terrain mérite une visite pour son défi juste, son environnement séduisant et un plaisir assuré.

Temps de jeu suggéré
4 h 30 ; temps habituel : 4 h 50.

Accueil
Cordial et plein d'humour.

Indications et signalisation
Bonnes.

Tenue générale
Bonne.

Aire d'entraînement
Étroite et longe le trou n° 3.

Améliorations
Les sentiers pour voiturettes motorisées et les soins esthétiques feront l'objet d'une attention particulière.

Au féminin
En établissant une comparaison avec les départs des hommes, votre parcours compte 650 verges de trop.

Pavillon
Accueillant.

Boutique du pro
Correcte.

Divers
On a conservé une grange qu'on exploite de plusieurs façons.

Tarif : $$

MONTPELLIER

440, avenue Stéphane-Richer
Montpellier
J0V 1M0
(819) 428-4653
1 800 927-4653

Un terrain sur son 44

En 1964 a lieu l'ouverture du premier neuf, conçu par M. Beauchesne, le tout premier professionnel que connaîtra le club. Le second neuf suivra trois ans plus tard. À cette époque, probablement pour s'attirer les faveurs du ciel, les propriétaires autorisaient tous les curés des paroisses avoisinantes à y jouer gratuitement. Ce n'est plus le cas, mais cela n'a rien à voir avec Stéphane Richer qui en est le propriétaire unique depuis 1998.

Le parcours

Ce terrain a du caractère et si vous en avez aussi, l'affrontement risque de donner lieu à des sautes d'humeur. En effet, une pente latérale affecte quelques allées, ce qui ne permet pas à votre balle de demeurer longtemps à l'endroit où elle touche le sol. C'est ce qui s'appelle une partie fertile en rebondissements. En ajoutant les dénivellations et les buttes ou monticules, Montpellier se qualifie facilement de golf de montagne.

Les verts qui servent de conclusion aux allées les plus accidentées sont plus agréables que les autres. Relativement plats (sans ondulation), circulaires et au même niveau que l'allée, ils s'accommodent bien de cet environnement tourmenté. Leur dimension varie énormément, passant de l'infiniment grand à, disons, plus petit. Les fosses de sable ne manquent pas ; on en compte quatre ou plus autour de la moitié des verts. Les rares verts qui n'en comptent aucune voient leur sécurité confiée à une ceinture de petits monticules ou à un obstacle d'eau.

En raison de son relief accidenté, le parcours ne se fait pas facilement à pied, surtout qu'une grande distance sépare certains trous.

La difficulté

Chaque trou présente un degré de difficulté assez élevé. Des coups à l'aveuglette s'ajoutent aux pentes latérales et aux dénivellations intimidantes. Comme si ce n'était pas suffisant, la petite dimension de quelques verts les rend difficiles à atteindre.

Les conditions de jeu

Parce que l'herbe longue maintient une hauteur respectable, elle ne fait pas de quartiers, sauf aux endroits fréquemment empruntés par les voiturettes motorisées. Les verts ont connu un départ plutôt lent, mais ils devraient se trouver dans le peloton de tête au fil d'arrivée. La qualité du sable varie d'une fosse à l'autre et certaines contiennent de petits cailloux.

L'environnement

Les arbres se veulent la carte cachée de ce terrain. Ils sont particulièrement efficaces sur les trous à pente latérale qu'ils délimitent de chaque côté. Le lac Simon et la montagne offrent un excellent spectacle dans les parties du terrain qui jouissent d'une bonne élévation.

En vrac...

Plusieurs indices rappellent l'identité du propriétaire des lieux. Le terrain porte même l'adresse suivante : 440, avenue Stéphane-Richer.

Idéal pour...

Le golfeur aguerri y trouvera plus de plaisir que le débutant. À la condition de ne pas vouloir y réussir son meilleur pointage à vie, le golfeur intermédiaire en aura pour son argent.

+ NOUS AVONS AIMÉ

L'environnement
La densité du gazon
La variété des trous

– NOUS N'AVONS PAS AIMÉ

Le passage d'un trou à l'autre, toujours compliqué
Le degré de difficulté trop élevé pour un golfeur moyen
Le nombre de coups à l'aveuglette

Carte de pointage

Trou	1	2	3	4	5	6	7	8	9	Aller	10	11	12	13	14	15	16	17	18	Retour	Total
Bleu	360	195	412	120	260	360	340	350	505	2902	320	560	200	325	360	350	295	170	500	3080	5982
Blanc	360	145	400	105	245	340	335	340	500	2770	305	540	185	300	320	335	290	125	500	2900	5670
Rouge	340	140	390	105	210	310	325	280	430	2530	280	460	140	300	315	270	230	115	440	2550	5080
Normale	4	3	4/5	3	4	4	4	4	5	35/36	4	5	3	4	4	4	4	3	5	36	71/72

Évaluation : ■ Bleu - / - □ Blanc - / - ■ Rouge - / -

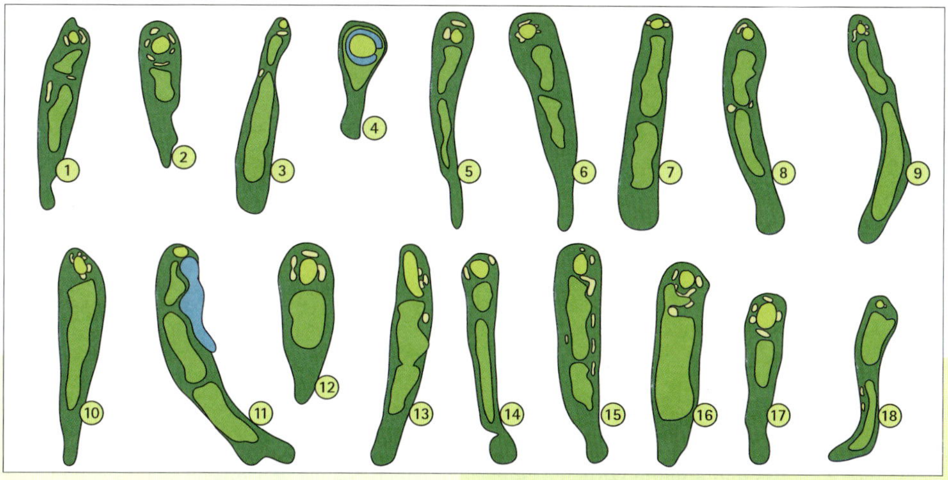

Conditions de jeu

- Verts ●●●○○
- Allées ●●●○○
- Sable ●●○○○
- Herbe longue ●●●○○
- Tertres ●●●○○

Design

- Verts + fosses ●●●●○
- Variété ●●●●○
- Harmonie + équilibre ●●●○○
- Pour tous ●●●○○
- Circuit ●●●○○

Environnement

- Visuel ●●●●○
- Nature ●●●●○
- Calme ●●●●●

Plaisir

- Délassement ●●●○○
- Verts ●●●○○
- Allées ●●●○○
- Tertres ●●●○○
- Manucure ●●●○○
- Entraînement ●○○○○
- Agrément ●●●○○
- Récupération ●●●○○

VERDICT ●●●○○

- Terrain au relief accidenté, dont les trous sont très variés.

Temps de jeu suggéré
4 h 30.

Indications et signalisation
Bien que nombreuses, les indications ne sont pas du tout efficaces.

Tenue générale
Bonne.

Aire d'entraînement
Ne sert qu'au petit jeu.

Améliorations
On a complété récemment l'installation d'un système permettant l'arrosage simultané des allées.

Au féminin
Le comité féminin y est très actif. Il faut croire qu'une bonne promenade de santé n'a jamais tué personne.
Les visiteuses apprécieront la vue et l'environnement.

Pavillon
A été rénové et peut recevoir près de 500 personnes.

Boutique du pro
Les gens de la boutique sont très accueillants.

Tarif : $$$

MONT SAINTE-MARIE

76, chemin de la Montagne
Lac-Sainte-Marie
J0X 1Z0
(819) 467-3111
1 800 567-1256

Un pur délice

Les golfeurs ont habituellement d'excellentes raisons de se réjouir quand Intrawest se porte acquéreur d'un terrain situé près de chez eux. Cela signifie la réalisation de travaux importants qui changeront le visage du terrain en question.

Mont Sainte-Marie se trouve à l'ouest de la réserve faunique Papineau-Labelle, que l'on atteint en suivant la route 105 jusqu'à Lac-Sainte-Marie. Comme ce n'est pas tout à fait la porte d'à côté, voyons s'il vaut le déplacement.

Le parcours

Les cinq premiers trous du neuf d'aller forment une espèce de demi-lune, alors que les quatre derniers rebroussent chemin pour nous ramener au point de départ. Sur le second neuf, cinq trous se placent en parallèle, ce qui oblige le golfeur à jouer un trou dans une direction et le suivant dans le sens contraire. Habituellement, cette formule n'accouche pas d'un parcours imaginatif. Ce n'est intéressant ni pour le défi ni pour la variété. Sommes-nous en présence de l'exception qui confirme la règle? Probablement, car avec un (parfois deux) obstacles d'eau et en moyenne trois fosses de sable à chaque trou, l'ensemble n'a rien de monotone, bien au contraire.

Les verts s'allongent au pied de conifères qui leur servent de toile de fond, et ce dessin leur sied bien. Du reste, la forme et la profondeur des fosses de sable qui les voisinent ne gâchent rien.

Les dénivellations se refusent à autant d'excentricités que celles d'autres parcours de la région. À mon avis, cela les rend tout simplement plus accessibles pour un plus grand nombre de joueurs. Dans la vallée, certaines allées sont installées sur un relief plus plat, mais n'ayez aucune crainte, vous ne vous y ennuierez pas une seule seconde.

La difficulté

D'une part, les verts et leurs ondulations pourraient vous causer les pires maux de tête. D'autre part, en tenant compte de leur première lisière d'herbe longue, les allées vallonnées offrent une cible fort invitante, comme il y en a une deuxième...

Les conditions de jeu

Il s'agit très certainement d'un des terrains les mieux entretenus et manucurés de la région. Cela se reflète nécessairement sur les conditions de jeu. Lors de la tournée, les verts ne laissaient aucun doute sur ce qu'allait être leur condition estivale: très bonne. Malgré leur dimension modeste, les tertres de départ offrent des conditions qui plaident en leur faveur.

L'environnement

Même un non-golfeur passera un merveilleux moment à observer les montagnes, la vallée et les lacs. Entre les trous se trouvent des zones protégées pour la conservation des habitats naturels.

Idéal pour...

Les amants de la nature, les bons golfeurs, les vacanciers, mon oncle, ma tante... bref, tout le monde.

+ NOUS AVONS AIMÉ

L'environnement
Le calme
Le dessin

− NOUS N'AVONS PAS AIMÉ

Certains trous manquent d'arbres et sont plus vulnérables au vent
Sa mise en marché pas très agressive
La ligne téléphonique et la route

Carte de pointage

Trou	1	2	3	4	5	6	7	8	9	Aller	10	11	12	13	14	15	16	17	18	Retour	Total
Bleu	423	152	370	515	353	357	193	493	416	3272	184	523	369	361	376	411	506	198	409	3337	6609
Blanc	403	133	349	495	334	337	174	489	396	3110	146	500	354	351	366	384	483	172	397	3153	6263
Rouge	392	124	253	436	280	226	116	438	324	2589	125	472	295	302	319	348	447	150	385	2843	5432
Normale	4/5	3	4	5	4	4	3	5	4	36/37	3	5	4	4	4	4	5	3	4/5	36/37	72/74

Évaluation : ■ **Bleu 71,6 / 128** □ **Blanc 69,9 / 126** ■ **Rouge 71,6 / 123**

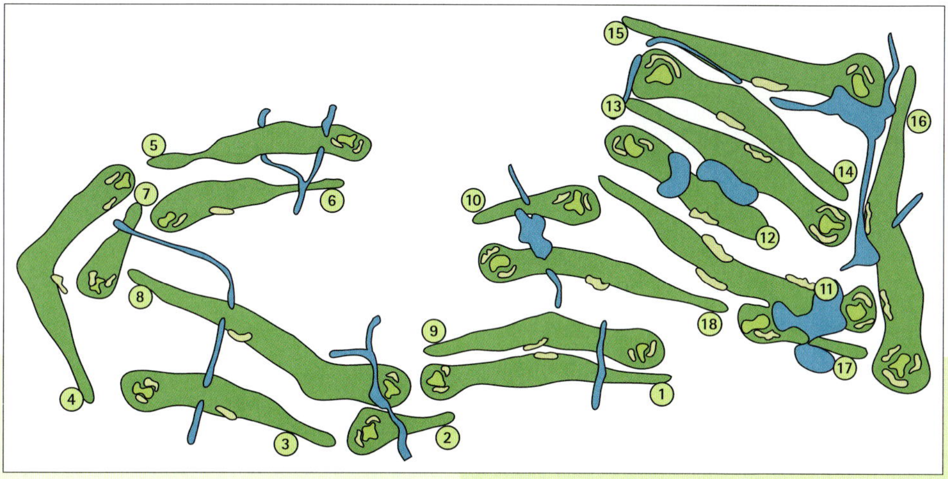

Conditions de jeu

- Verts ●●●●○
- Allées ●●●●○
- Sable ●●●●○
- Herbe longue ●●●●○
- Tertres ●●●●○

Design

- Verts + fosses ●●●●●
- Variété ●●●●●
- Harmonie + équilibre ●●●●○
- Pour tous ●●●●○
- Circuit ●●●●○

Environnement

- Visuel ●●●●●
- Nature ●●●●●
- Calme ●●●●●

Plaisir

- Délassement ●●●○○
- Verts ●●●●○
- Allées ●●●●○
- Tertres ●●●○○
- Manucure ●●●●○
- Entraînement ●●●○○
- Agrément ●●●●○
- Récupération ●●●○○

VERDICT ●●●●○

- Ce terrain se démarque tant par son environnement que par son dessin, son entretien et l'intelligence de son défi, avec du plaisir en prime.

Temps de jeu suggéré

4 h 30 ; attention au jeu lent.

Accueil

Correct.

Indications et signalisation

Bonnes.

Tenue générale

Très bonne.

Aire d'entraînement

Correcte.

Au féminin

Normale 74 intéressante avec ses six normales 5.
Plusieurs normales 4 bien adaptées, quelques-unes encore trop longues.

Boutique du pro

Bien garnie.

Divers

Des forfaits intéressants offerts aux jeunes.

Tarif : $$

ROYAL PAPINEAU

65, chemin du Golf
Notre-Dame-de-la-Salette
J0X 2L0
(819) 766-1626
1 800 966-2626

Atomes crochus

Le Royal Papineau loge à Notre-Dame-de-la-Salette, à quelques kilomètres au nord de Buckingham. Il n'y a pas si longtemps, ce terrain n'avait de royale que la vue. En effet, des carences dans l'entretien et des conditions de jeu médiocres n'avaient rien pour attirer la clientèle. Le curleur québécois Pierre Charette a fait le ménage de la maison; il a passé le balai, quoi! Il est maintenant copropriétaire du terrain. Voyons comment il s'en tire.

Le parcours

Le site naturel ne manque pas d'intérêt. Le parcours se trouve dans une vallée modulée par des dénivellations aussi nombreuses qu'importantes. Vous aurez très certainement plus de plaisir à jouer en voiturette motorisée qu'à pied. D'ailleurs, leur utilisation devient obligatoire les fins de semaine.

Le premier neuf a été inauguré en 1976 à partir des plans de Howard Watson, mais il aura fallu attendre vingt ans avant que le second fasse son entrée. L'architecte a bien exploité ce relief accidenté. Il l'a apprêté à toutes les sauces, sans pour autant tomber dans l'exagération ou le burlesque.

À l'aller, la majorité des départs se situent en haute altitude et offrent un coup d'œil remarquable. Ils surplombent des allées larges et ouvertes que le golfeur ne peut rater à partir de ces bases de lancement. Des fosses de sable de bonne dimension entourent les verts. Non seulement ils empruntent une foule de formes, mais leur transformation vient d'être complétée avec l'ajout de sable blanc, ce qui garantit un effet saisissant.

La difficulté

Le vent vient du lac de l'Argile et s'engouffre dans la vallée, avec l'aide des montagnes qui le canalisent. Son efficacité est redoutable.

Il est pratiquement impossible de perdre une balle au Royal Papineau, un paradis pour ceux qui aiment s'élancer sans retenue. Mais attention, vous devrez être attentif au choix du bâton que compliquent les dénivellations et le vent.

Les conditions de jeu

Rome ne s'est pas construite en un seul jour. Même si elles sont en nette progression, les conditions de jeu n'atteignent pas encore l'excellence. Cependant, si la tendance se maintient, ça ne devrait pas tarder. Pour l'instant, les conjonctures sont bonnes sans plus, ce qui ne pose aucun problème sur les tertres de départ et dans l'allée. Parfois, l'apparence des verts inquiète, mais cela n'a aucun effet sur les roulés.

L'environnement

Je vous laisse deviner ce qu'une partie automnale peut représenter sur ce terrain.

Idéal pour...

Les golfeurs qui croient fermement qu'une allée de plus de 20 verges n'a pas besoin de porter la mention « largeur excessive ».

+ NOUS AVONS AIMÉ

- Le site naturel
- Les trous spectaculaires et équitables
- Les allées larges et ouvertes

− NOUS N'AVONS PAS AIMÉ

- Les conditions de jeu encore perfectibles
- La petite dimension de certains tertres de départ
- Signalisation insuffisante

Carte de pointage

Trou	1	2	3	4	5	6	7	8	9	Aller	10	11	12	13	14	15	16	17	18	Retour	Total
Bleu	515	385	360	129	378	360	150	515	324	3116	355	485	395	150	505	450	225	515	180	3260	6376
Blanc	505	370	355	107	360	340	125	484	307	2953	345	475	378	140	495	440	220	495	175	3163	6116
Rouge	420	360	335	85	338	303	103	355	282	2581	320	405	252	130	435	330	165	420	120	2577	5158
Normale	5	4	4	3	4	4	3	5	4	36	4	5	4	3	5	4	3	5	3	36	72

Évaluation : ■ **Bleu - / -** □ **Blanc - / -** ■ **Rouge - / -**

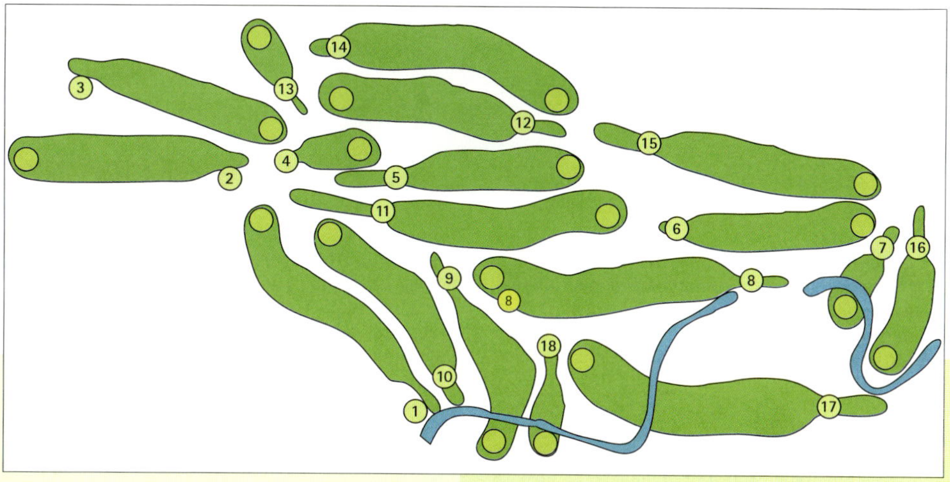

Conditions de jeu

- Verts ●●●○○
- Allées ●●●○○
- Sable ●●●○○
- Herbe longue ●●●○○
- Tertres ●●●○○

Design

- Verts + fosses ●●●●○
- Variété ●●●●○
- Harmonie + équilibre ●●●●○
- Pour tous ●●●●●
- Circuit ●●●●○

Environnement

- Visuel ●●●●●
- Nature ●●●●○
- Calme ●●●●●

Plaisir

- Délassement ●●○○○
- Verts ●●●○○
- Allées ●●●●●
- Tertres ●●●○○
- Manucure ●●●●○
- Entraînement ●●●○○
- Agrément ●●●●○
- Récupération ●●●●●

VERDICT ●●●◐○

- À visiter absolument pour la vue et le plaisir.
Défi intéressant pour la majorité.

Temps de jeu suggéré
4 h 15 ; temps habituel : 4 h 30.

Accueil
Très bon.

Indications et signalisation
Déficientes, ce qui conduit même à des choix de trou erronés.

Tenue générale
En progression.

Aire d'entraînement
Correcte.

Améliorations
Travaux de drainage, réaménagement des fosses de sable.

Au féminin
Quatre obstacles d'eau à survoler, un relief accidenté et quelques trous un peu longs risquent de vous faire oublier la beauté du paysage.

Pavillon
Bien tenu.

Boutique du pro
Bien garnie.

Tarif : $$

TECUMSEH

5, avenue du Golf
Gatineau
J8P 6J2
(819) 663-4460

Golf-loisir

Le Club de golf Tecumseh se trouve à Gatineau. Il a entrepris ses activités en 1929 avec l'aménagement d'un parcours de trois trous construits par des employés de la CIP. En 1930, il est devenu un parcours de neuf trous, puis William Simpson l'a complété vers 1964.

Le parcours

Quand même curieux qu'un terrain qui porte le nom d'un guerrier indien soit maintenant cerné par des rues et des industries. Aux heures de pointe, la circulation est suffisamment dense pour compliquer l'accès au stationnement, c'est vous dire. Imaginez à présent les trous qui longent les rues avec leurs feux de circulation…

À l'image de ces boulevards, trop d'allées se ressemblent : planes, larges et droites. L'intérêt et le coup d'œil y gagneraient beaucoup si elles étaient coupées de manière à épouser des formes vivantes, mais ce n'est pas le cas.

Le joueur est envahi par une impression de déjà vu, même si les trous ont rarement la même longueur et qu'ils lui permettent d'utiliser toute une gamme de bâtons. Il faudrait leur ajouter quelques monticules et y insérer des fosses de sable. D'ailleurs, les trous qui présentent des ondulations, des obstacles d'eau ou des dénivellations se tirent très bien d'affaire. Même confinés à l'avant d'un vert ou d'un tertre de départ, ils animent l'ensemble et brisent sa monotonie. Les verts ne se démarquent pas faute de mordant. Ils manquent de caractère et ne réussissent pas à créer d'intérêt visuel. À dire vrai, ils pénalisent davantage le parcours que ne le font les allées. Ces dernières ont au moins le mérite d'arborer une bonne quantité d'arbres matures et de nous faire travailler un peu. Par contre, la balade en voiturette motorisée est d'un tel désagrément que seuls ceux qui apprécient être secoués comme un pommier devraient s'y risquer.

Sur un site parsemé d'arbres où l'espace ne manque pas, il suffirait de peu de chose pour redonner un second souffle à ce terrain.

La difficulté

Il s'agit d'un terrain facile qui ne vous complique pas vraiment la vie, même après un coup raté. Les normales 4 apparaissent un peu plus difficiles sur le second neuf qui compte également une longue normale 3. Les sept trous qui se frottent à la ville sont évidemment bordés de hors-limite.

Les conditions de jeu

Même si les verts atteignent la note de passage et que les fosses de sable sont bien entretenues, les conditions de jeu demeurent perfectibles.

L'environnement

Heureusement, il y a pas mal d'arbres, même s'ils sont parfois plantés l'un derrière l'autre.

En vrac

Tecumseh est un guerrier indien intelligent et perspicace qui s'est battu pour sauver ses terres contre l'empiétement des Américains, il collabora à la sauvegarde du Haut-Canada.

Idéal pour…

Les résidents du coin.

+ NOUS AVONS AIMÉ

Quelques trous un peu moins fades
Le pavillon
La vocation golf-loisir

– NOUS N'AVONS PAS AIMÉ

Le manque de défi
Les trous répétitifs
Le manque de caractère du terrain

Carte de pointage

Trou	1	2	3	4	5	6	7	8	9	Aller	10	11	12	13	14	15	16	17	18	Retour	Total
Bleu	326	495	167	388	535	155	536	363	180	3145	415	515	150	476	393	228	363	389	358	3336	6481
Blanc	314	483	154	375	524	143	483	350	165	2991	399	498	134	471	382	214	346	384	345	3173	6164
Rouge	302	431	109	335	478	132	444	221	155	5206	310	420	117	426	297	150	295	321	308	2644	5206
Normale	4	5	3	4	5	3	5	4	3	36	4	5	3	5	4	3	4	4	4	36	72

Évaluation : ■ Bleu 68,7 / 116 □ Blanc 68,5 / 116 ■ Rouge 69,4 / 120

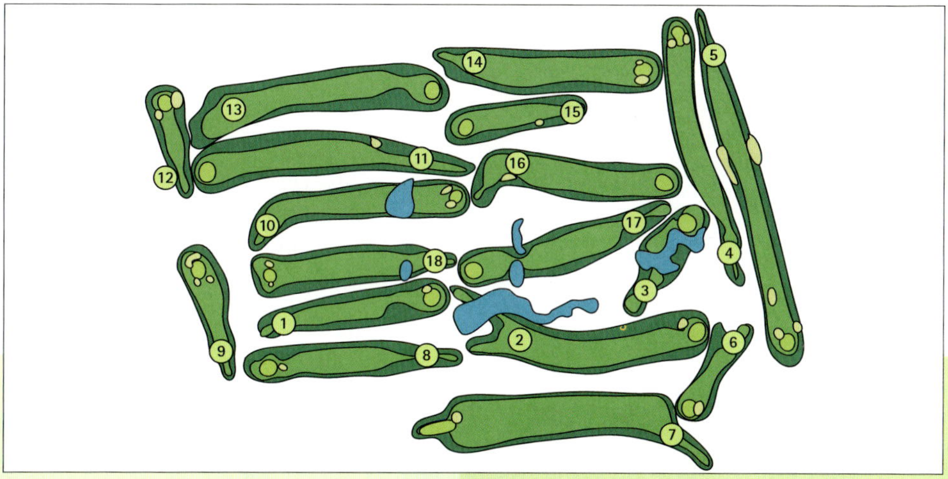

Conditions de jeu

- Verts ●●●○○
- Allées ●●○○○
- Sable ●●●○○
- Herbe longue ●●○○○
- Tertres ●●●○○

Design

- Verts + fosses ●●○○○
- Variété ●○○○○
- Harmonie + équilibre ●●○○○
- Pour tous ●●●●○
- Circuit ●●○○○

Environnement

- Visuel ●●●○○
- Nature ●●●○○
- Calme ●○○○○

Plaisir

- Délassement ●●●○○
- Verts ●●●○○
- Allées ●●●●●
- Tertres ●●●○
- Manucure ●●○○○
- Entraînement ○○○○○
- Agrément ●●●○○
- Récupération ●●●●○

VERDICT ●●○○○

- Terrain qui manque d'attrait. Les débutants et les golfeurs d'occasion de la région y trouveront leur compte.

Temps de jeu suggéré
Il n'est pas précisé, mais comme vous n'avez pas à chercher votre balle...

Accueil
Bon.

Indications et signalisation
Nettement insuffisantes.

Règles locales
Décrivent parfaitement quels sont les obstacles inamovibles et comment appliquer la règle en pareille occasion.

Tenue générale
Correcte.

Aire d'entraînement
Aucune.

Au féminin
Un peu long et un peu terne. Conditions de jeu ordinaires.

Pavillon
Rebâti à la suite d'un incendie en 1987.

Boutique du pro
Elle a fait partie de cette reconstruction pour son plus grand bien.

Tarif : $$

BAS-SAINT-LAURENT • GASPÉSIE

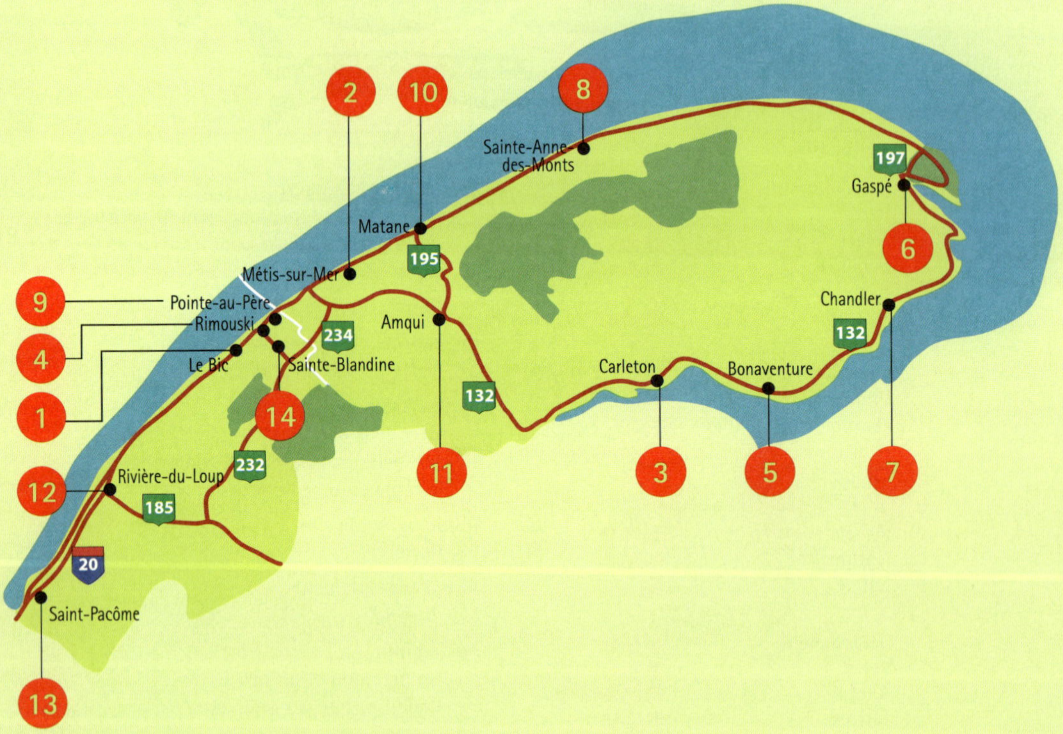

1 > BIC
Le Bic

2 > BOULE ROCK
Métis-sur-Mer

3 > CARLETON
Carleton

4 > DES SAULES
Rimouski

5 > FAUVEL BONAVENTURE
Bonaventure

6 > FORT PRÉVEL
Gaspé

7 > GRAND PABOS-CHANDLER
Chandler

8 > LE GASPÉSIEN
Sainte-Anne-des-Monts

9 > L'EMPRESS
Pointe-au-Père

10 > MATANE
Matane

11 > REVERMONT
Amqui

12 > RIVIÈRE-DU-LOUP
Rivière-du-Loup

13 > SAINT-PACÔME
Saint-Pacôme

14 > VAL-NEIGETTE
Sainte-Blandine

BIC

150, route du Golf
Le Bic
G0L 1B0
(418) 736-5733

Unique

«Si la naissance du Bic remonte à 1932, c'est en 1963 que le club prit vraiment son essor par l'agrandissement du terrain qui passait de 9 à 18 trous. La conception du nouveau parcours fut confiée à Howard Watson.»

Le parcours

Ce parcours rappelle par moments certains terrains de type *links*. La proximité du fleuve, la forme légèrement soulevée des fosses de sable, principalement celles entourant les verts, et la présence du vent y font pour beaucoup. À l'image des terrains écossais, le Bic n'est ni spectaculaire ni exceptionnel, mais il s'avère unique en son genre.

Même si les arbres ferment plusieurs allées, ils maintiennent un corridor suffisamment large, même pour le golfeur moyen. Des pentes légères et des bosses modulent ces allées, sauf pour quelques tertres de départ juchés sur un plateau. Le dessin des verts reste sage et il s'harmonise parfaitement avec l'environnement. Ils adoptent souvent la forme d'une poire.

L'enchaînement entre les trous coule naturellement. Même si plusieurs allées sont orientées dans la même direction, elles ne paraissent jamais répétitives. Cela tient probablement aux paysages qui retiennent toute l'attention.

Au-delà de toute compilation et au-delà des comparaisons, ce terrain unique et différent se classe parmi les coups de cœur malgré ses défauts et peut-être même à cause de ses défauts.

La difficulté

Avec 6230 verges à partir des jalons bleus et 5991 verges des blancs, ce tracé est vraiment court. Cependant, il commande une approche différente qui ne nous est pas familière. Plusieurs caractéristiques prêchent en faveur de la créativité et de l'imagination dans l'exécution de l'élan et le choix du bâton. Qu'il suffise de penser aux verts et aux départs qui habitent un plateau, aux différentes dénivellations, aux allées bosselées et au vent qui, en bordure du fleuve, devient un facteur déterminant.

Les conditions de jeu

Ce terrain parfaitement manucuré offre de très bonnes conditions de jeu du tertre de départ jusqu'au vert. Seules quelques cavités occasionnelles dans les allées peuvent se révéler désagréables si votre balle choisit de s'y réfugier.

L'environnement

Voisinant la municipalité de Bic, surnommée la petite Suisse du Québec, le parcours réside sur le site enchanteur des îles du Bic. Les montagnes forment des monticules irréguliers qui s'inscrivent entre des récifs et des falaises abruptes qui en font un endroit unique.

En vrac

À l'époque, ce club était réservé à des anglophones qui venaient passer leurs vacances dans la région pour pratiquer un sport faisant partie de leur culture.

Idéal pour...

Même si ses trous portent des noms tels «Le Défi», «La Bourrasque» et «L'île au massacre», faites preuve de courage et passez à l'abordage...

+ NOUS AVONS AIMÉ

L'environnement
Son caractère distinct
L'accueil

– NOUS N'AVONS PAS AIMÉ

Tout est relatif, mais c'est quand même un peu loin (moins que l'Écosse tout de même)

Carte de pointage

Trou	1	2	3	4	5	6	7	8	9	Aller	10	11	12	13	14	15	16	17	18	Retour	Total
Bleu	511	351	130	400	276	322	161	512	387	3050	407	161	386	342	496	209	493	334	352	3180	6230
Blanc	490	343	116	387	262	311	149	503	372	2933	392	155	369	342	478	193	474	326	329	3058	5991
Rouge	438	269	102	376	219	299	134	474	298	2609	375	135	341	322	408	150	408	314	281	2734	5343
Normale	5	4	3	4/5	4	4	3	5	4	36/37	4/5	3	4	4	5	3	5	4	4	36/37	72/74

Évaluation : Bleu - / - Blanc - / - Rouge - / -

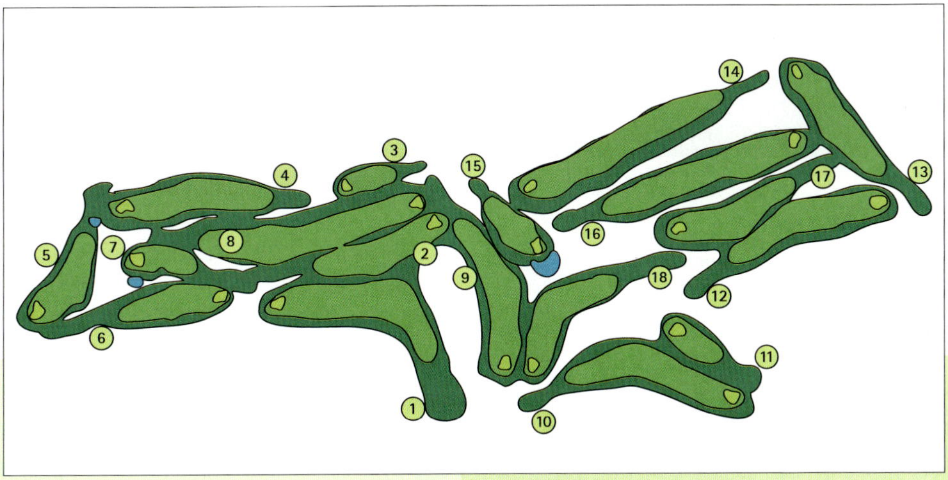

Conditions de jeu

- Verts ●●●●●
- Allées ●●●●○
- Sable ●●●●●
- Herbe longue ●●●●○
- Tertres ●●●●●

Design

- Verts + fosses ●●●●○
- Variété ●●●●●
- Harmonie + équilibre ●●●●●
- Pour tous ●●●●○
- Circuit ●●●●○

Environnement

- Visuel ●●●●●
- Nature ●●●●○
- Calme ●●●●●

Plaisir

- Délassement ●●●●○
- Verts ●●●●○
- Allées ●●●●○
- Tertres ●●●●●
- Manucure ●●●●●
- Entraînement ●●●●○
- Agrément ●●●●●
- Récupération ●●●●○

VERDICT ●●●●○

- Subjectivement, un des plus beaux parcours du Québec.

Temps de jeu suggéré
4 h 30.

Accueil
Excellent.

Indications et signalisation
Bonnes.

Tenue générale
Très bonne.

Aire d'entraînement
Un peu exiguë.

Au féminin
Un parcours à visiter.
Les normales 4 du deuxième neuf sont un peu longues.

Pavillon
Ne pèche pas par orgueil. Il est tout à fait dans le ton.

Boutique du pro
On y trouve des vêtements chauds en quantité.

Tarif : $$$$

210, route 132
Métis-sur-Mer
G5H 3K9
(418) 936-3407
866 936-3407

Étriqué

Selon certains, le parcours Boule Rock aurait ouvert ses portes en 1919. Quoi qu'il en soit, une chose est sûre, il tient son nom de l'île de roc qui émerge du fleuve à la hauteur de Métis-sur-Mer.

Le parcours

Ce terrain se compose de deux neuf totalement différents. Le premier est plus facile, même s'il compte 533 verges de plus que le second. Cela s'explique par ses allées larges, droites et parallèles. Une seule rangée d'arbres sépare les premiers trous. Une pente ascendante ou descendante module des allées coupées de manière à laisser un motif qui ajoute un effet visuel dans le gazon.

Le second neuf présente un visage plus boisé et plus accidenté. Faute d'espace, il peine à flanc de montagne pour réussir à faire une place à ses allées étroites. Une voie ferrée passe à travers deux trous, comme si on avait dû s'y résigner, faute d'option alternative.

Pour vous faire une meilleure idée de l'emplacement, jetez un coup d'œil sur le plan du parcours. Imaginez une pente douce qui descend vers la route à partir de la voie ferrée. La différence d'élévation se fait vraiment sentir à la hauteur des départs des 8e et 17e trous et la pente continue en montant jusqu'au deuxième rang.

La distribution des normales laisse à désirer. Par exemple, ces trois normales 3 qui envahissent les trous n°s 14 à 17 et cette unique normale 4 du 3e au 6e trou. La distance entre les trous reste trop grande, mais comme certains passages s'effectuent dans des boisés, il ne faut pas trop s'en plaindre.

La difficulté

Avec 6061 verges des jalons bleus et 5633 des blancs, ce terrain souffre de nanisme. Écoutez, ne partons pas de guéguerre. Ça n'enlève rien à son charme et à son intelligence, mais il est court, un point c'est tout. Le bon golfeur risque d'y effectuer une « balade dans le parc », sauf peut-être à l'approche des verts de petite dimension.

Pour le golfeur moyen, la difficulté viendra du relief accidenté des allées. En effet, en plus de positions malaisées à l'adresse, il aura à composer avec l'exécution de coups à l'aveuglette. Attention à l'étroitesse de quelques trous sur le neuf de retour ; il faudra faire preuve de précision, d'autant plus que l'herbe longue porte bien son nom.

Les conditions de jeu

Les allées et les tertres de départ sont mieux manucurés que les verts et les fosses de sable. En général, ce parcours présente de bonnes conditions.

L'environnement

Le bruit de la circulation sur la route 132 et la voie ferrée que nous devons traverser à plusieurs reprises font contrepoids au magnifique paysage qu'offre le fleuve Saint-Laurent.

Idéal pour...

Les vacanciers qui se la coulent douce.

+ NOUS AVONS AIMÉ

Les fosses de sable
Quelques jolis points de vue

– NOUS N'AVONS PAS AIMÉ

Les obstacles d'eau placés en embuscade pour protéger les trous trop courts
Le premier neuf et ses allées parallèles
Le manque d'espace pour le second neuf

Carte de pointage

Trou	1	2	3	4	5	6	7	8	9	Aller	10	11	12	13	14	15	16	17	18	Retour	Total
Bleu	373	450	446	391	451	210	400	129	447	3297	521	291	273	347	137	253	160	232	515	2729	6091
Blanc	360	409	423	367	433	185	379	129	404	3089	492	278	234	323	120	242	150	213	464	2516	5584
Rouge	340	435	402	339	438	164	354	90	324	2886	431	265	228	284	102	231	141	227	436	2345	5241
Normale	4	4/5	5	4	5	3	4	3	4	36/37	5	4	4	4	3	4	3	3/4	5	35/36	71/73

Évaluation : ■ **Bleu 69,9 / -** □ **Blanc 68 / -** ■ **Rouge 70,7 / -**

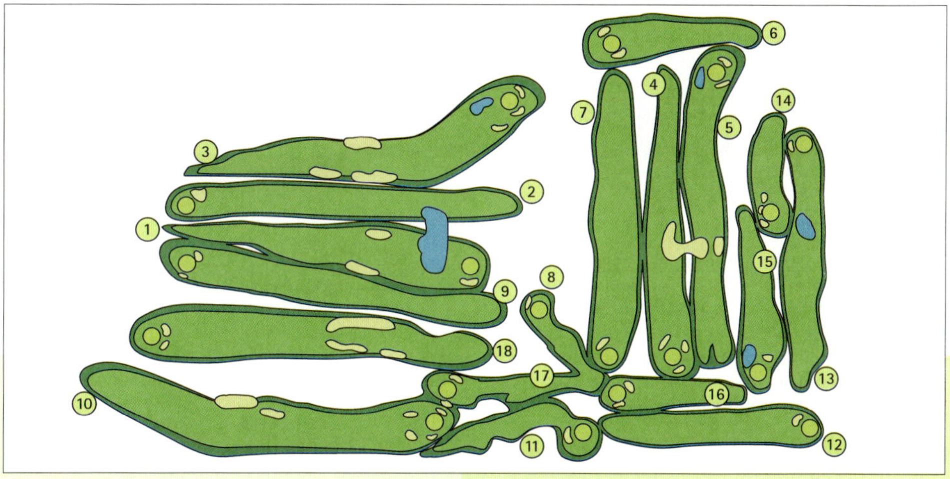

Conditions de jeu

- Verts ●●●○○
- Allées ●●●○○
- Sable ●●●●●
- Herbe longue ●●●●○
- Tertres ●●●○○

Design

- Verts + fosses ●●○○○
- Variété ●●○○○
- Harmonie + équilibre ●●○○○
- Pour tous ●●●○○
- Circuit ●●○○○

Environnement

- Visuel ●●●●○
- Nature ●●●●○
- Calme ●●●○○

Plaisir

- Délassement ●●○○○
- Verts ●○○○○
- Allées ●●○○○
- Tertres ●●●●●
- Manucure ●●●○○
- Entraînement ●●○○○
- Agrément ●●●●○
- Récupération ●●●○○

VERDICT ●●◐○○

- Terrain de divertissement qui s'adresse au golfeur moyen.

Temps de jeu suggéré
5 h 00 !

Accueil
Correct.

Indications et signalisation
Bonnes.

Tenue générale
Bonne.

Aire d'entraînement
Aires de départ avec du gazon en bonne condition. Le reste laisse à désirer.

Au féminin
2896 verges pour le premier neuf, 500 verges de plus que pour le second... Pourquoi les jalons jaunes présentent-ils des normales 4 aussi longues que : 340, 320, 340 et 324 verges et aussi courtes que 170 et 110 verges ?

Boutique du pro
Propre et convenable.

Carte de pointage
Sous impression lors de mon passage.

Tarif : $$$$

CARLETON

939, boulevard Perron
Carleton
G0C 1J0
(418) 364-3434

Surf and Turf

Comme le mets du même nom, ce terrain plaira autant aux amateurs de mer qu'à ceux qui préfèrent la forêt. Carleton a longtemps été constitué d'un seul neuf trous, tous situés en bordure du fleuve. Il en comptera 18 au moment où vous lirez ces lignes. Pour avoir visité le neuf en construction, je peux vous assurer que vous ne perdez rien pour attendre.

Le parcours

Découvrons ensemble le second neuf. Il s'est caché de l'autre côté de la rue et vous ne pouvez y accéder qu'en passant dans un tunnel. Il occupe un site enchanteur, complètement boisé, qui vous offre une vue extraordinaire sur le mont Saint-Joseph. Des fosses de sable à l'écossaise, très profondes avec une paroi gazonnée, le caractérisent. On a construit des verts de dimension moyenne, mais on n'a pas lésiné sur la superficie accordée aux tertres de départ.

De manière générale, les allées étroites et la densité de la forêt vous invitent à la plus grande précision. À certains endroits, des monticules placés en plein centre de l'allée la divisent en deux. Les essences d'arbres ont été plantées par séquences. Sur certains trous vous retrouvez des cèdres en nombre effarant, sur d'autres ce sont des concentrations de bouleaux et sur d'autres encore les conifères prennent toute la place.

Il est quand même gênant de ne parler du premier neuf qu'à la toute fin. Il longe la côte et en regardant les vagues déferler sur le sable, on se félicite d'avoir choisi Carleton comme destination de golf. Son relief accidenté fait toute la différence, avec le trou n° 2 comme point culminant, une des plus belles normales 5 de la province.

La difficulté

Les allées ouvertes et dénivelées du premier neuf sont laissées en pâture au vent qui les balaie du revers de la main. Le second neuf, parce qu'il est plus boisé, demande plus de précision. Même dans l'allée, les obstacles d'eau et de sable ne peuvent être ignorés.

Les conditions de jeu

Sur le premier neuf, les conditions de jeu n'auront d'égal que l'environnement de ce parcours. Pour un terrain aussi accidenté et situé en bordure d'une grande étendue d'eau salée, les conditions se révèlent imbattables. Mes espions m'indiquent cependant que le second neuf n'est pas encore à la hauteur.

L'environnement

Époustouflant ! Le premier neuf présente probablement ce qu'il y a de mieux au Québec avec ses trous situés sur un promontoire qui surplombe la baie des Chaleurs. Par moments, on se croirait en Californie. Le second neuf n'est pas en reste avec l'imposant mont Saint-Joseph.

En vrac

Avec trois normales 3 à l'aller (par 35), deux normales 5 et une normale 6 au retour (par 38), la différence de 682 verges entre les deux neuf s'explique un peu mieux.

Idéal pour…

Voilà une expérience que les golfeurs aguerris ne risquent pas d'oublier de sitôt. Les autres n'ont pas fini de parler de l'environnement.

+ NOUS AVONS AIMÉ

- Un site naturel incroyable
- Les bonnes conditions de jeu du premier 9
- La qualité des deux neuf trous malgré leurs différences appréciables

– NOUS N'AVONS PAS AIMÉ

- La proximité de la route 132
- Des trous du premier neuf pourraient être dangereux (balles égarées)
- Les verts du second neuf auraient vraiment pu être plus grands

Carte de pointage

Trou	1	2	3	4	5	6	7	8	9	Aller	10	11	12	13	14	15	16	17	18	Retour	Total
Bleu	360	446	335	177	396	360	334	158	393	2959	360	446	335	177	396	360	334	158	393	2959	5918
Blanc	334	418	315	154	386	317	298	130	377	2729	334	418	315	154	386	317	298	130	377	2729	5458
Rouge	298	418	303	135	376	307	285	120	367	2609	298	418	303	135	376	307	285	120	367	2609	5218
Normale	4	5	4	3	4/5	4	4	3	4/5	35/37	4	5	4	3	4/5	4	4	3	4/5	35/37	70/74

Évaluation : Bleu - / - | Blanc - / - | Rouge - / -

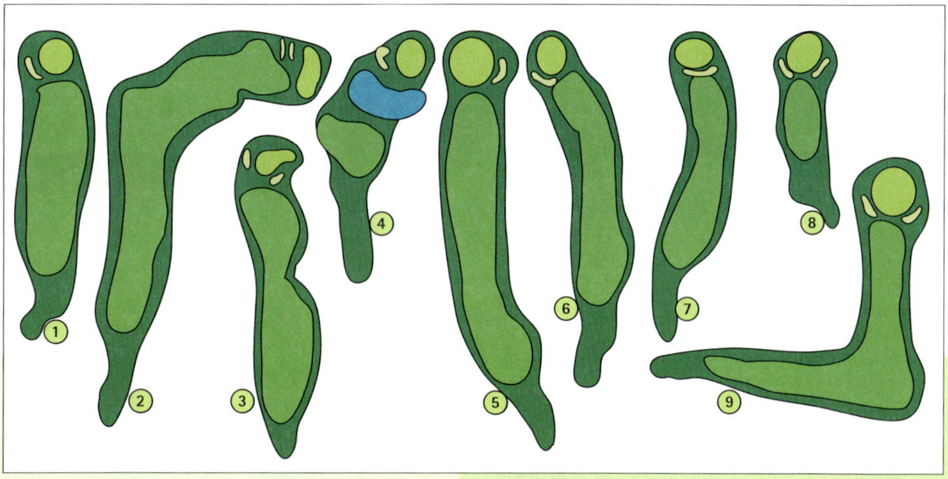

Conditions de jeu

- Verts ●●●●○
- Allées ●●●●○
- Sable ●●●●●
- Herbe longue ●●●●○
- Tertres ●●●●○

Design

- Verts + fosses ●●●○○
- Variété ●●●●●
- Harmonie + équilibre ●●●●○
- Pour tous ●●○○○
- Circuit ●●●●○

Environnement

- Visuel ●●●●●
- Nature ●●●●●
- Calme ●●●●●

Plaisir

- Délassement ●●●○○
- Verts ●●●○○
- Allées ●●●●○
- Tertres ●●●●○
- Manucure ●●●●○
- Entraînement ●●●●●
- Agrément ●●●●●
- Récupération ●●●●○

VERDICT ●●●●○

- À visiter à tout prix, quitte à utiliser une voiturette motorisée pour surmonter (c'est le cas de le dire) le premier neuf.

Temps de jeu suggéré
4 h 30.

Accueil
Excellent.

Indications et signalisation
Non disponible.

Règles locales
Devraient prévenir le joueur de fermer la bouche malgré la splendeur du spectacle, il risque d'avaler des mouches...

Tenue générale
Excellente.

Aire d'entraînement
À la fois complète et spectaculaire.

Au féminin
Le premier neuf pour la vue,
le second pour ses distances parfaitement adaptées.

Pavillon
Ça vaut la peine de s'y arrêter, ne serait-ce que pour la vue incomparable qu'offre sa terrasse.

Boutique du pro
Répond aux besoins.

Tarif : $$$

DES SAULES

261, montée des Saules
Rimouski
G5L 8Y9
(418) 723-1929

Local et familial

Basé à Rimouski, le club de golf Des Saules se tourne résolument vers l'avenir. En effet, pas moins de 130 jeunes en sont membres et leur nombre est contingenté puisqu'on pourrait en accueillir le double. On évalue les jeunes à chaque printemps et on leur dispense des cours afin d'assurer leur progression. À la suite de cette estimation, la plupart se voient assignés à un neuf trous à normale 3 appelé le Défi. Ils pourront y parfaire leur connaissance du jeu et leur technique. Une fois l'objectif atteint, ils peuvent évoluer sur le Boisé, parcours de 18 trous que nous évaluons dans ces pages.

Le parcours

Le neuf de retour est celui qui a été inauguré le premier en 1972 ; l'autre a suivi vers 1987 sous la gouverne de l'architecte John Watson. Cela donne deux neuf totalement différents. L'aller propose des allées droites et bordées d'arbres espacés. Elles sont placées en parallèle et plusieurs joueurs laissent leur sac entre elles pour ne pas avoir à l'emporter jusqu'au vert. Ils le reprennent en revenant sur leurs pas, après leur prochain coup de départ. Par le fait même, il existe une grande proximité entre les verts et les tertres de départ. Les allées reposent en territoire plat, sauf pour la dénivellation entre le plateau et la vallée. Heureusement, on les découpe soigneusement et leur tonte laisse de jolis motifs à observer à partir du plateau.

Le second neuf surpasse le premier à bien des égards. Il est plus fluide, moins monotone et plus imaginatif. Même les conditions de jeu y semblent supérieures. Il profite également d'un relief plus accidenté que l'architecte a su exploiter avec quelques points de vue imprenables sur le fleuve.

Le moins qu'on puisse dire, c'est que la répartition des normales brise les conventions. Vous rencontrerez six normales 5 et autant de normales 3. Les trois normales 5 de l'aller sont groupées du 6e au 9e trou, alors que deux autres se suivent sur les 14e et 15e trous. Le retour compte quatre normales 3, dont deux consécutives aux 17e et 18e trous !

La difficulté

Le terrain est court avec ses 6100 verges des jalons bleus et 5900 verges des blancs. Prenez note qu'à partir des jalons bleus, le second neuf compte 366 verges de plus que le premier.

Trois normales 4 n'ont pas 300 verges et une normale 5 compte 427 verges. Le vent du fleuve fait bien son possible, mais ce n'est pas suffisant pour transformer cette normale 71 en monstre.

Les conditions de jeu

Des sous-bois bien nettoyés et des verts en bonne condition justifient probablement l'armée de golfeurs rencontrés lors de notre visite. D'après les commentaires recueillis, les verts s'améliorent chaque année. Notez les deux hauteurs d'herbe longue et les roches dans les fosses de sable.

L'environnement

Les six trous qui offrent une vue panoramique sur le Saint-Laurent valent le détour.

Idéal pour…

Du golf de vacances. L'inverse n'est pas vrai.

+ NOUS AVONS AIMÉ

Les points de vue sur le fleuve
Certains trous du second neuf

– NOUS N'AVONS PAS AIMÉ

Le premier neuf, ses conditions de jeu et son dessin
Une ligne de transport d'énergie électrique

Carte de pointage

Trou	1	2	3	4	5	6	7	8	9	Aller	10	11	12	13	14	15	16	17	18	Retour	Total
Bleu	273	265	157	386	201	575	403	535	438	3233	186	434	179	280	521	579	373	125	190	2867	6100
Blanc	268	251	142	378	194	495	403	525	438	3094	176	427	164	280	521	563	368	117	190	2806	5900
Rouge	234	247	142	325	182	401	360	438	385	2714	166	327	156	262	426	496	305	114	146	2398	5112
Normale	4	4	3	4	3	5	4	5	5	37	3	5	3	4	5	5	4	3	3	35	72

Évaluation : ■ **Bleu** - / - □ **Blanc** - / - ■ **Rouge** - / -

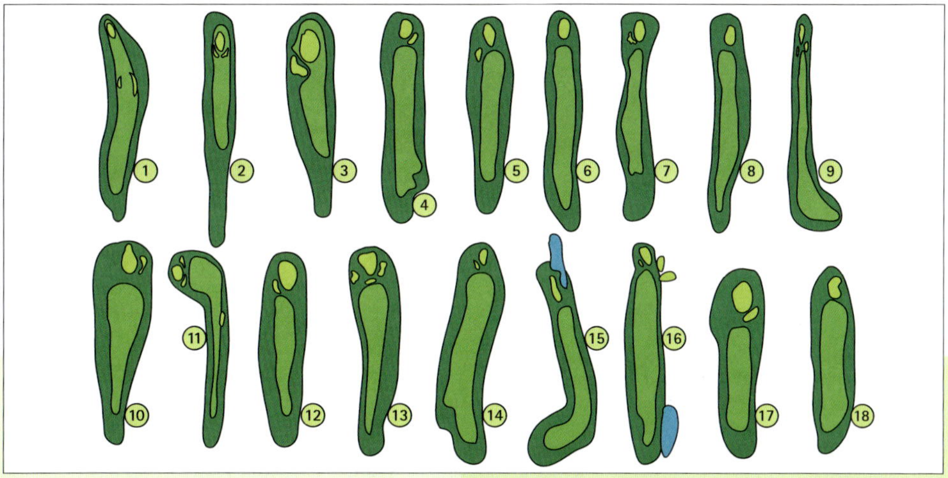

Conditions de jeu

- Verts ●●●○○
- Allées ●●●○○
- Sable ●●○○○
- Herbe longue ●●○○○
- Tertres ●●○○○

Design

- Verts + fosses ●●●○○
- Variété ●●○○○
- Harmonie + équilibre ●●●○○
- Pour tous ●●●○○
- Circuit ●●○○○

Environnement

- Visuel ●●●●●
- Nature ●●●●○
- Calme ●●●●○

Plaisir

- Délassement ●●●○○
- Verts ●●●○○
- Allées ●●●○○
- Tertres ●●●○○
- Manucure ●●○○○
- Entraînement ●●○○○
- Agrément ●●●○○
- Récupération ●●●○○

VERDICT ●●○○○

- Terrain à vocation régionale résolument axé sur le développement des jeunes.

Temps de jeu suggéré
4 h 00.

Accueil
Très bon.

Règles locales
La maison est peu sévère sur l'étiquette et la tenue vestimentaire.

Tenue générale
Bonne.

Aire d'entraînement
À l'extrémité du parcours, à l'opposé du pavillon.

Au féminin
Ce terrain est très fréquenté par les femmes et pour être franc, je ne comprends pas pourquoi.

Pavillon
Animé.
La clientèle se répartit également entre les hommes et les femmes.

Tarif : $$

FAUVEL BONAVENTURE

361, route 1:
r

(418,
1 800 468-1872

Diseur de bonne aventure

Fondé en 1976 par le gouvernement du Québec, le Club de golf Fauvel changea de mains en 1983. John Watson avait d'abord créé un parcours de neuf trous, puis le surintendant Wade Gifford a complété le tout en 1995. Le Fauvel devenait ainsi le premier parcours de 18 trous de la baie des Chaleurs, pour la plus grande fierté des habitants de Bonaventure.

Le parcours

Ce qui fait la particularité de ce terrain, c'est la largeur de ses allées qui varie énormément d'un trou à l'autre et parfois sur un même trou. Il en va de même pour la dimension des tertres de départ, parfois trop petits pour suffire à la tâche et parfois tellement grands qu'ils vous laisseront béat.

Chacune des allées s'entoure d'arbres assez rapprochés les uns des autres mais qui ne forment jamais de bosquet dense. Le dessin des verts et des fosses qui les protègent reste conservateur. Si le tout s'exprimait en une seule phrase, il faudrait parler de beaucoup de diversité, de beaux *flashes* et d'un sens de l'esthétique hors du commun.

La difficulté

À moins que les normales 3 vous en découragent, les jalons bleus devraient obtenir votre préférence puisqu'ils ne comptent que 6259 verges. Avant de faire un choix définitif, prenez connaissance de l'évaluation Slope de 123 pour les bleus et de 120 pour les blancs. Sachez aussi que les obstacles d'eau abondent et que le vent guette.

Avec leurs verts légèrement ondulés et leurs distances intimidantes, les normales 3 ne constituent pas une proie facile. En effet, en plus de leur longueur de 196, 185, 204, 171 et 172 verges, l'eau menace la majorité d'entre elles.

Les conditions de jeu

Les conditions de ce terrain surpassent celles des autres parcours de la région immédiate. Autant les allées que les verts sont couverts de gazon dense et bien fourni. Cependant, les fosses de sable contiennent quelques roches et leur manucure n'est pas uniforme.

J'ai été surpris d'apprendre que l'arrosage des allées se fait manuellement. Comme l'entretien du terrain est tributaire d'un budget serré, l'administration a opté pour ne procéder à l'arrosage que dans les cas de sécheresse. Il peut donc arriver que vous retrouviez des allées légèrement jaunies.

L'environnement

Le site abrite plusieurs plans d'eau et des arbres à profusion. Le dessin des trous nous force à passer à plusieurs reprises dans un endroit restreint, ce qui trouble la tranquillité des lieux et la concentration.

En vrac

Les obstacles d'eau latéraux sont identifiés par une ligne que l'engrais a brûlée dans le gazon. Cela enlève tout doute quant à l'emplacement exact de l'obstacle. Bravo !

Idéal pour…

Ce terrain a tout pour plaire.

+ NOUS AVONS AIMÉ

Les plans d'eau d'aspect naturel
L'environnement boisé
L'équilibre de l'ensemble

– NOUS N'AVONS PAS AIMÉ

Le chassé-croisé de sentiers entre les différents trous
Les allées arrosées rarement
Les jalons bleus et blancs qui ont trop souvent la même longueur

Carte de pointage

Trou	1	2	3	4	5	6	7	8	9	Aller	10	11	12	13	14	15	16	17	18	Retour	Total
Bleu	534	331	196	506	295	333	185	372	399	3151	495	420	380	204	500	171	305	172	462	3108	6259
Blanc	523	320	165	495	295	333	178	362	388	3059	480	400	370	172	490	137	305	164	462	2980	6039
Rouge	437	245	94	394	183	220	120	315	293	2301	380	330	313	114	344	86	220	140	403	2330	4631
Normale	5	4	3	5	4	4	3	4	4	36	5	4	4	3	5	3	4	3	5	36	72
	Évaluation :				Bleu - / -						Blanc - / -						Rouge - / -				

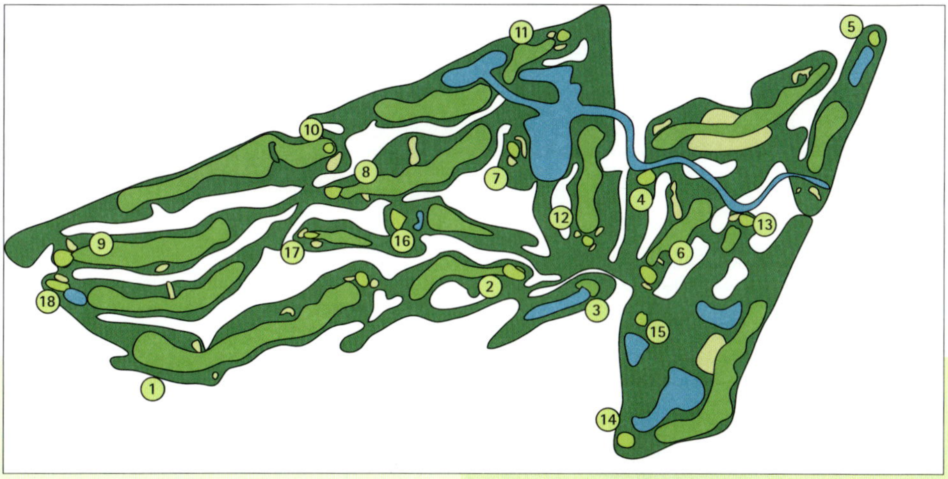

Conditions de jeu

- Verts ●●●●○
- Allées ●●●●○
- Sable ●●○○○
- Herbe longue ●●●○○
- Tertres ●●●○○

Design

- Verts + fosses ●●●○○
- Variété ●●●●●
- Harmonie + équilibre ●●●●●
- Pour tous ●●●●●
- Circuit ●●●●●

Environnement

- Visuel ●●●●○
- Nature ●●●●○
- Calme ●●●●○

Plaisir

- Délassement ●●●●●
- Verts ●●●●●
- Allées ●●●●●
- Tertres ●●●●○
- Manucure ●●●○○
- Entraînement ●●●●●
- Agrément ●●●●●
- Récupération ●●●●●

VERDICT ●●●●○

- Un terrain agréable à fréquenter pour tous. Bel environnement ; beau dessin ; conditions de jeu variables.

Temps de jeu suggéré
4 h 30.

Accueil
Très bon.

Indications et signalisation
Nous aurions apprécié pouvoir bénéficier du graphique des trous à chacun des départs.

Tenue générale
Excellente.

Aire d'entraînement
Vaste et accueillante, mais le gazon pourrait y être en meilleure condition.

Au féminin
Les deux jalons de départ accommodent toutes les golfeuses ; à vous de choisir le bon.
Trop d'obstacles d'eau à survoler.

Pavillon
Fort modeste.

Boutique du pro
Très rudimentaire.

Tarif : $$$

2053, boulevard Douglas
Gaspé
G0C 2X0
(418) 368-6957

Fers et Mer

Lors de la Seconde Guerre mondiale, Fort Prével assurait la protection de la base navale de Gaspé. Sa puissante batterie de contre-bombardement était positionnée stratégiquement à l'entrée de la baie. Soixante ans plus tard, deux canons et des murs de béton, toujours à leur emplacement original, témoignent du passé.

Située à Saint-Georges-de-Malbaie, la place fortifiée a été remplacée depuis par un centre de villégiature. Après avoir évolué sur un seul neuf trous pendant des années, les golfeurs profitent maintenant de 18 trous.

Le parcours

Dans le premier neuf, les allées larges et semi-fermées s'alignent parallèlement en suivant une pente légère. Les verts de petite dimension adoptent habituellement la forme circulaire. Comme ils sont peu surélevés, on y accède facilement en faisant rouler la balle. On a placé les tertres de départ dans des endroits qui favorisent la vue sur le fleuve. Ce choix nuit à la circulation entre les trous, car il nous oblige à revenir sur nos pas et à faire face aux joueurs qui frappent dans d'autres allées.

Mieux réussi, le dessin du second neuf contribue à établir un parcours équilibré. Comme l'espace ne manque pas, l'enchaînement entre les trous coule plus naturellement. Il se signale avec des verts immenses transfigurés par de grosses ondulations et quelques paliers.

En résumé, le premier neuf est facile, court et offre des points de vue spectaculaires, alors que le second assure un plus grand défi avec des allées au relief accidenté et bordées de conifères.

La difficulté

À l'aller, les arbres ne vous empêchent pas de retrouver les balles quand vous commettez la maladresse de rater des allées pourtant généreuses. Au retour, les jalons bleus totalisent 3555 verges, soit presque 700 de plus que le premier neuf, dans un environnement moins permissif.

Les conditions de jeu

Les verts offrent de bonnes conditions. Les fosses de sable gris, bien entretenues, présentent une qualité supérieure sur le second neuf, mais c'est le contraire pour le gazon, qui manque de maturité. Cependant, cela se manifeste davantage dans l'herbe longue et dans les espaces entourant les tertres de départ. On travaille sans relâche au nettoyage des sous-bois.

L'environnement

Pour notre plus grand bonheur, le premier neuf est construit le long du fleuve qui demeure une source d'émerveillement.

En vrac

Le départ du deuxième trou est aménagé sur les murs de béton qui abritaient un canon. Ce promontoire offre une vue imprenable sur le fleuve. À noter cependant que l'on doit frapper à partir d'une surface artificielle.

Idéal pour...

Le premier neuf pour du golf en vacances, le second pour des vacances de golf.

+ NOUS AVONS AIMÉ

L'environnement
Le second neuf

– NOUS N'AVONS PAS AIMÉ

Le manque de fluidité du premier neuf
Ses petits verts
Ses chassés-croisés dangereux

Carte de pointage

Trou	1	2	3	4	5	6	7	8	9	Aller	10	11	12	13	14	15	16	17	18	Retour	Total
Bleu	140	356	360	113	479	412	190	492	331	2873	412	702	352	506	175	344	176	383	505	3555	6428
Blanc	135	350	355	108	445	358	178	482	321	2732	342	633	332	452	158	290	140	338	450	3135	5867
Rouge	125	326	340	95	435	306	160	402	293	2482	292	544	267	385	95	229	101	253	415	2581	5063
Normale	3	4	4	3	5	4	3	5	4	35	4	6	4	5	3	4	3	4	5	38	73

Évaluation : ■ **Bleu - / 125** □ **Blanc - / 118** ■ **Rouge - / 113**

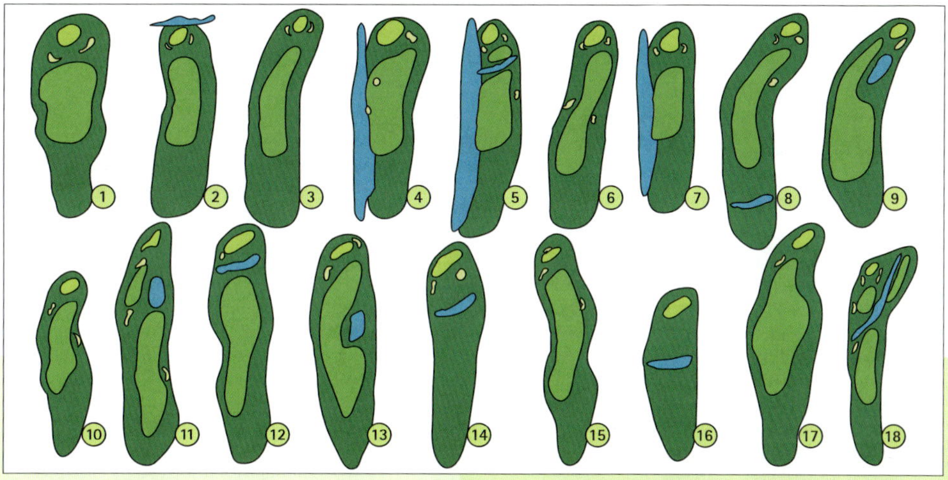

Conditions de jeu

- Verts ●●●○○
- Allées ●●○○○
- Sable ●●●○○
- Herbe longue ●●●○○
- Tertres ●●●○○

Design

- Verts + fosses ●●●○○
- Variété ●●●○○
- Harmonie + équilibre ●●●○○
- Pour tous ●●●○○
- Circuit ●●○○○

Environnement

- Visuel ●●●●○
- Nature ●●●●○
- Calme ●●●○○

Plaisir

- Délassement ●●○○○
- Verts ●●●○○
- Allées ●●●●○
- Tertres ●●●●○
- Manucure ●●○○○
- Entraînement ●●●●○
- Agrément ●●●●○
- Récupération ●●●●○

VERDICT ●●◐○○

- Le premier neuf conviendra mieux au golfeur occasionnel. Le golfeur aguerri appréciera le second.

Temps de jeu suggéré

4 h 30, mais ça s'étire un peu plus.

Accueil

Correct.

Indications et signalisation

Elles sont nombreuses et bien placées. Heureusement, car le passage d'un trou à un autre n'est pas évident.

Tenue générale

Bonne.

Aire d'entraînement

Vaste et agréable à fréquenter ; les aires de frappe sont en bonne condition.

Améliorations

Sur le premier neuf, on se propose de remplacer le sable des fosses et d'agrandir les verts.

Au féminin

Un écran protecteur à chaque tertre de départ sur le premier neuf.
Les normales 4 du premier neuf sont trop longues.

Pavillon

Pratiquement neuf.

Boutique du pro

Complète.

Tarif : $$$

200, rue Commerciale Ouest
Chandler
G0C 1K0
(418) 689-3255

Grand ménage

Autrefois, seule une compagnie d'importance pouvait assumer les coûts d'entretien d'un terrain de golf. À Chandler, une papetière s'en chargea longtemps, mais elle finit par céder le terrain qui ne comptait que neuf trous. Il est actuellement en pleine transformation avec la construction d'un second neuf, le réaménagement de plusieurs des trous actuels et la construction de cinq nouveaux verts en remplacement des anciens.

Le parcours

Il vous faudra donc oublier tout ce que vous connaissez de ce terrain. Pendant les travaux, on s'est fait un devoir de protéger l'état naturel de l'environnement qui compte des zones marécageuses. Elles deviennent des obstacles d'eau dans le meilleur intérêt de la nature et du défi, sans oublier le coup d'œil. La largeur des allées étonne, ce qui pourrait inciter les plus hardis à prendre un raccourci sur les trous coudés. Cependant, on se propose de laisser pousser l'herbe longue au maximum pour protéger le degré de difficulté de ces trous.

Au moment de la visite, les nouveaux verts laissaient découvrir leurs dimensions imposantes et leurs nombreuses ondulations. Déjà, leur condition donnait à penser que le meilleur reste à venir. Environ la moitié d'entre eux sont surélevés et non protégés par des fosses de sable. La majorité des trous ont trouvé refuge en bas du plateau, au niveau du fleuve. Les autres ont décidé de rester en haut pour profiter de la vue. Malgré quelques dénivellations, le parcours se marche facilement.

Le premier neuf recevra trois normales 3 et autant de normales 5. Le second neuf se contentera d'une seule normale 5, mais conservera trois normales 3.

La difficulté

Les verts nous ont semblé difficiles à lire et le vent sera un facteur non négligeable sur la majorité des trous. Pour le reste, la hauteur de l'herbe longue fera foi de tout sur ce terrain court aux allées larges. Une fois complété, le terrain comptera 6035 verges à partir des jalons bleus.

Les conditions de jeu

La qualité du sable choisi pour les fosses laisse à désirer. Même s'il m'est difficile d'extrapoler pour le neuf en construction, les verts donnent des signes encourageants.

L'environnement

Le fleuve tient le rôle principal, alors que les arbres matures qui dessinent quelques-uns des trous se contentent d'un rôle de soutien. Malheureusement, le terrain reste dans la cour de son ancien propriétaire, de sorte que l'usine de papier et la ligne de transport d'énergie électrique affectent l'ensemble du parcours. D'ailleurs, le terrain a fait l'objet de travaux importants, car il fallait composer avec des déchets de fabrication qu'on y déposait depuis toujours. Cette situation a causé certains problèmes pendant la construction.

Idéal pour...

Les gens de la région pour qui ce nouveau parcours constitue une bonne nouvelle.

+ NOUS AVONS AIMÉ

La présence du fleuve
L'accueil
Les marécages naturels

– NOUS N'AVONS PAS AIMÉ

La présence de l'usine et des fils électriques
Le sable de mauvaise qualité
Le dessin du premier neuf

Carte de pointage

Trou	1	2	3	4	5	6	7	8	9	Aller	10	11	12	13	14	15	16	17	18	Retour	Total
Bleu	453	152	190	565	329	356	229	531	156	2961	342	204	385	338	512	194	385	362	352	3074	6035
Blanc	433	137	175	554	314	337	215	509	145	2816	323	178	356	323	494	181	330	320	333	2838	5654
Rouge	344	129	118	449	259	292	160	404	132	2287	-	117	274	218	377	139	265	258	265	-	-
Normale	-	-	-	-	-	-	-	-	-	-	-	-	-	-	-	-	-	-	-	-	-

Évaluation : ■ **Bleu** - / - □ **Blanc** - / - ■ **Rouge** - / -

Conditions de jeu

- Verts ●●●○○
- Allées ●●●○○
- Sable ●○○○○
- Herbe longue ●●●○○
- Tertres ●●●○○

Design

- Verts + fosses ●●●○○
- Variété ●●●○○
- Harmonie + équilibre ●●●○○
- Pour tous ●●●●○
- Circuit ●●●○○

Environnement

- Visuel ●●●○○
- Nature ●●●●○
- Calme ●●●○○

Plaisir

- Délassement ●●●○○
- Verts ●●●●○
- Allées ●●●●○
- Tertres ●●●●○
- Manucure ●●○○○
- Entraînement ●●●○○
- Agrément ●●●●○
- Récupération ●●●○○

VERDICT ●●◐○○

- Le deuxième neuf constitue un ajout important.
  S'adresse au golfeur occasionnel.

Temps de jeu suggéré
Non disponible.

Accueil
Excellent.

Indications et signalisation
Non disponibles.

Règles locales
Modifiées prochainement, de même que la carte de pointage (heureusement).

Tenue générale
Non disponible.

Aire d'entraînement
Correcte.

Au féminin
5220 verges, c'est un peu long pour une normale 72.
Degré de difficulté raisonnable.
Terrain équitable.

Pavillon
Sympathique.

Boutique du pro
Rudimentaire.

Tarif : $$

40, 28e Rue Ouest
Sainte-Anne-des-Monts
G0E 2G0
(418) 763-7416

Fiable

Situé à Sainte-Anne-des-Monts en Haute-Gaspésie, au pied des monts Chic-Chocs, le Gaspésien a vu le jour en 1987. L'implication financière de la population a d'abord permis la construction du premier neuf, suivi du second huit ans plus tard.

Le parcours

Le Gaspésien s'allonge sur un terrain plutôt plat et on y joue facilement à pied, même si le second neuf compte quelques dénivellations. Comme plusieurs allées ne sont pas délimitées par des arbres ou des monticules, de l'herbe longue plus haute aurait permis de les découper en suivant des courbes harmonieuses. D'ailleurs, même les allées qui bénéficient d'un environnement boisé ne se démarquent pas particulièrement.

Au propre comme au figuré, vous risquez de connaître un lent départ parce que les trous nos 1 et 3 sont des normales 3. Comme si ce n'était pas suffisant, les trois normales 5 du neuf de retour se concentrent sur les cinq premiers trous. Finalement, sept trous sont placés en parallèle et épousent la même forme coudée.

Les verts un peu plus grands se parent d'ondulations plus prononcées, ce qui leur sied bien. La proximité des tertres de départ demande beaucoup de discipline de la part des golfeurs.

La difficulté

Généralement de petite dimension, les verts compensent pour les largesses du terrain. Les fosses se font rares sur ces allées généreuses et plutôt ouvertes. On leur a préféré des essences d'arbres à forme arrondie qui s'imposent comme un obstacle qui rétrécit l'allée. Les concepteurs du second neuf se sont servi de plans d'eau sur sept trous pour désaltérer le golfeur. Attention, les fosses de verts pourraient vous causer des ennuis avec leur bordure élevée.

Les conditions de jeu

Même si les conditions de jeu varient parfois, les allées n'inquiètent pas et les fosses de sable sont bien entretenues, malgré du sable légèrement granulé. Les verts gardent la forme, contrairement aux tertres de départ qui manquent d'aplomb. Dans les deux cas, le gazon est en bonne condition. Allées et herbe longue ont peu à se reprocher à part de petites bosses occasionnelles qui compliquent la tonte du gazon.

L'environnement

Le parcours est entouré de chaînes de montagnes. Vous apprécierez la tranquillité de l'endroit.

En vrac

Nul doute qu'on a voulu faire du trou no 9 le trou vedette du Gaspésien. Cette normale 3 de 103 verges est entourée d'eau et elle anime les discussions du 19e trou.

Idéal pour...

Le golfeur intermédiaire y prendra du plaisir alors que les dames seront tout simplement ravies.

+ NOUS AVONS AIMÉ

- L'environnement montagneux
- La tranquillité
- La tenue des lieux

– NOUS N'AVONS PAS AIMÉ

- Le manque d'aplomb des tertres de départ
- La qualité du sable
- Les allées mal définies

Carte de pointage

Trou	1	2	3	4	5	6	7	8	9	Aller	10	11	12	13	14	15	16	17	18	Retour	Total
Bleu	168	515	191	380	522	358	373	333	103	2943	468	278	513	126	492	349	315	150	413	3104	6047
Blanc	160	499	175	364	506	342	357	317	95	2815	452	262	497	126	476	333	299	142	397	2984	5799
Rouge	152	404	122	294	392	284	252	260	87	2247	386	212	405	118	418	283	245	111	287	2465	4712
Normale	3	5	3	4	5	4	4	4	3	35	5	4	5	3	5	4	4	3	4	37	72

Évaluation : ■ **Bleu - / -** □ **Blanc - / -** ■ **Rouge - / -**

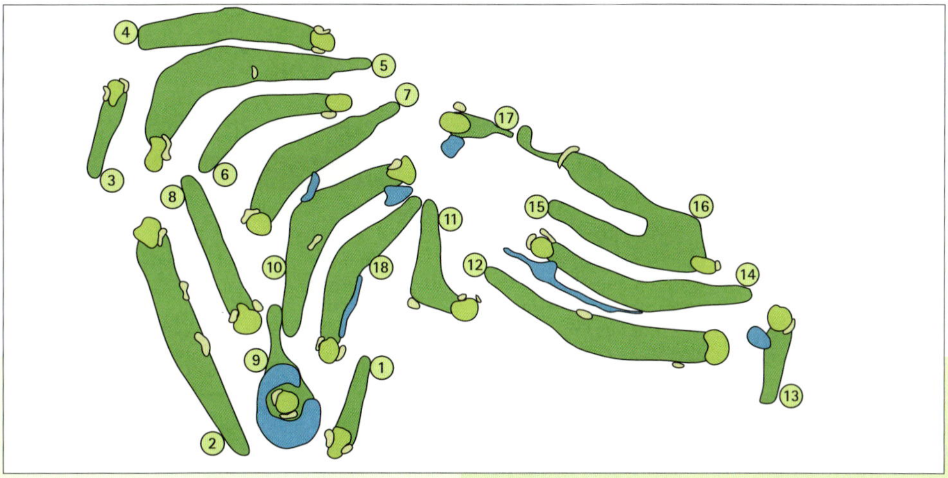

Conditions de jeu

- Verts ●●●○○
- Allées ●●●●○
- Sable ●●●●○
- Herbe longue ●●●○○
- Tertres ●●●○○

Design

- Verts + fosses ●●●○○
- Variété ●●●○○
- Harmonie + équilibre ●●●○○
- Pour tous ●●●●○
- Circuit ●●○○○

Environnement

- Visuel ●●●●○
- Nature ●●●●○
- Calme ●●●●○

Plaisir

- Délassement ●●●○○
- Verts ●●●○○
- Allées ●●●○○
- Tertres ●●●○○
- Manucure ●●●○○
- Entraînement ●●●○○
- Agrément ●●●●●
- Récupération ●●●●○

VERDICT ●●●○○

- Terrain qui se défend bien. L'absence de faiblesse majeure et un environnement agréable plaident en sa faveur.

Accueil
Bon.

Indications et signalisation
Déficientes.

Tenue générale
Très bonne.

Aire d'entraînement
Vaste et agréable à fréquenter.

Au féminin
Un bijou.
Bonnes distances, bel environnement, défi intelligent.

Pavillon
Modeste mais il offre une très belle vue sur le parcours, notamment à partir de la terrasse.

Boutique du pro
Rudimentaire.

Divers
Crampons mous obligatoires.
Stationnement : vraiment trop juste.

Tarif : $$

365, rue du Gof
Pointe-au-Père
G5M 1R1
(418) 721-0018

Ado

Le 28 mai 1914, *l'Empress of Ireland* quitte le port de Québec avec 1 477 personnes à son bord. Vers 1 h 30 le matin du 29 mai, dans un épais brouillard, le *Storstad*, un charbonnier norvégien, entre en collision avec le paquebot. En moins de quinze minutes, l'*Empress* sombre en entraînant dans la mort 1 012 personnes. Ce jeune terrain d'à peine six ans, situé à 8 kilomètres du centre-ville de Rimouski, commémore cette tragédie.

Le parcours

Il s'agit d'un terrain plat et plutôt boisé. Une espèce de bordure a été aménagée sur le côté des allées, afin d'empêcher la balle de rouler dans un fossé latéral ou dans le bois. C'est comme si on avait soulevé le terrain pour faire un petit rempart.

On compte habituellement quatre tertres de départ de dimension raisonnable à chaque trou. Même si cela requiert davantage de travail de la part des préposés à l'entretien, le concept demeure intéressant. Les fosses de sable trouvent refuge dans les pentes près des verts. Leur taille s'ajuste à ces derniers de manière que chacun en tire profit. La forme et la grandeur des verts varient énormément, mais une chose ne change pas : ils contiennent toujours de bonnes ondulations. Les petites fosses d'allées ne se débrouillent pas aussi bien que leurs grandes sœurs ; elles ont l'air d'âmes esseulées.

La difficulté

Sur 13 trous, les obstacles d'eau tiennent le premier rôle par leur nombre et leur emplacement tactique. Un coup d'œil sur le plan du parcours vous en convaincra. Ne commettez pas l'erreur de sous-estimer ce terrain court malgré cinq jalons de départ différents. D'une part, certaines allées plus étroites sont bordées de boisés qu'il vaut mieux éviter. D'autre part, ses 60 fosses de sable, 10 hors-limite et 9 trous coudés commandent quand même un certain respect.

Les conditions de jeu

C'est comme si ce terrain accusait un mois de retard par rapport aux autres parcours de la région. Une injection prochaine de sommes d'argent devrait permettre à l'*Empress* non seulement de rester à flots, mais de naviguer dans des eaux plus tranquilles.

Pour le moment, les tertres de départ manquent d'aplomb, les fosses de sable manquent d'entretien et certaines portions d'allées manquent de gazon. Le sable utilisé pour les fosses contient trop de roches et la condition des allées reste inégale. Parfois très belles, on y trouve aussi des portions de gazon de mauvaise qualité. Avec de la chaleur et un peu de chance, les verts devraient atteindre une bonne condition sur toute leur superficie.

L'environnement

Les arbres ont la physionomie de ceux qui poussent dans les climats froids. Ils affichent une allure frigorifiée et sont un peu chétifs. Par ailleurs, on entend les bruits de circulation de l'autoroute 20.

Idéal pour…

D'ici à ce que les conditions de jeu s'améliorent, seuls les débutants ou les résidents y trouveront leur compte grâce à des tarifs raisonnables.

+ NOUS AVONS AIMÉ

- Le dessin des verts
- Les normales 3
- Les obstacles d'eau

– NOUS N'AVONS PAS AIMÉ

- L'entretien du terrain
- Les arbres d'apparence frêle
- Les conditions de jeu

Carte de pointage

Trou	1	2	3	4	5	6	7	8	9	Aller	10	11	12	13	14	15	16	17	18	Retour	Total
Bleu	491	336	318	169	374	400	335	529	165	3117	377	359	132	551	400	182	380	523	383	3287	6404
Blanc	456	306	297	162	359	382	319	509	148	2938	350	332	114	511	369	167	365	496	364	3068	6006
Rouge	389	286	280	147	347	303	301	454	130	2637	334	271	97	462	315	130	324	448	309	2690	5327
Normale	5	4	4	3	4	4	4	5	3	36	4	4	3	5	4	3	4	5	4	36	72

Évaluation : Bleu - / - Blanc - / - Rouge - / -

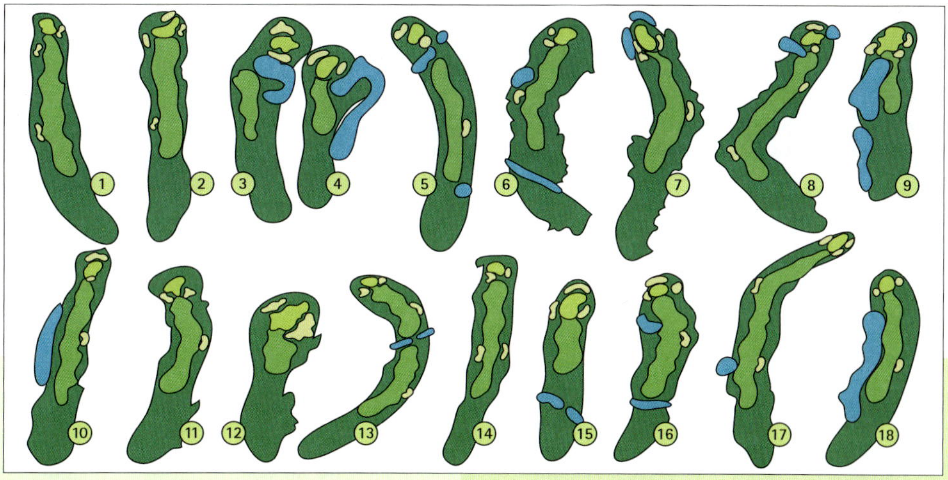

Conditions de jeu

- Verts ●●○○○
- Allées ●●●○○
- Sable ●○○○○
- Herbe longue ●●○○○
- Tertres ●●○○○

Design

- Verts + fosses ●●●○○
- Variété ●●○○○
- Harmonie + équilibre ●●●○○
- Pour tous ●●●●○
- Circuit ●●●●●

Environnement

- Visuel ●●●○○
- Nature ●●●○○
- Calme ●●●○○

Plaisir

- Délassement ●●●●○
- Verts ●●●○○
- Allées ●●●○○
- Tertres ●●●●○
- Manucure ●●○○○
- Entraînement ●●●●○
- Agrément ●●●○○
- Récupération ●●●○○

VERDICT ●●○○○

- Les mauvaises conditions de jeu l'emportent sur le reste, notamment sur quelques bons trous.

Temps de jeu suggéré
4 h 30.

Accueil
Bon enfant.

Indications et signalisation
Absence presque totale d'indications. Les graphiques de départ sont bien conçus et bien situés.

Tenue générale
Médiocre.

Aire d'entraînement
Vaste ; peut accueillir plusieurs golfeurs. Elle compte aussi une fosse de sable.

Au féminin
On vous propose deux jalons de départ. Même si les rouges sont mieux adaptés, ils demeurent trop longs.

Pavillon et boutique du pro
Aménagés temporairement dans des maisons mobiles en attendant la construction prochaine de la nouvelle bâtisse.

Divers
Jalons de départ : une réplique du célèbre paquebot *l'Empress*.

Tarif : $$

MATANE

679, route 195, C.P. 186
Matane
G4W 3N1
(418) 562-4915

Dans le vent

À 4 kilomètres du centre-ville et à proximité des champs d'éoliennes, le Club de golf de Matane vous attend les bras ouverts. Il y règne une ambiance presque familiale où tout le monde connaît tout le monde.

Le parcours

Après un arrêt à la boutique, vous amorcez votre circuit dans un environnement vallonné. Même s'il est inhabituel, le dessin des trous n'est pas gratuit. Les allées qui siègent sur différentes élévations favorisent une plus grande diversité. On se trouve rarement côte à côte avec des golfeurs qui évoluent sur un autre trou. Parfois, c'est à travers de grandes fenêtres aménagées entre les arbres que les voisins d'en haut ou d'en bas nous apparaissent.

L'enchaînement entre les trous semble plus naturel et plus fluide sur le premier neuf. Pourtant, à l'aller comme au retour, les trous se placent pour former une sorte de boucle qui commence et qui finit au pavillon. En raison du relief accidenté de l'endroit, il n'est pas facile de jouer à pied.

La difficulté

En gros, il s'agit d'un terrain court et relativement facile. Cependant, le grand espace qui sépare le début de l'allée et le tertre de départ pourrait ennuyer sérieusement le golfeur qui éprouve des difficultés avec ses coups de départ. De larges allées débouchent fréquemment sur des verts surélevés peu commodes à maîtriser. Les fosses de sable dans l'allée cèdent le pas aux obstacles d'eau qui courtisent la plupart des trous.

Comme le terrain se trouve à côté d'un champ d'éoliennes, vous vous doutez bien que le vent devient un facteur important.

Les conditions de jeu

Le terrain, en raison de son sol argileux, reste spongieux après quelques jours de pluie. Comme la plupart des allées ne bénéficient pas de système de gicleurs, les périodes de sécheresse ne tardent pas à les rendre plus dures.

Peu importe l'endroit où vous vous trouvez, l'herbe est dense, à moins que la canicule vienne changer la donne. Les fosses de sable devront être améliorées avec du sable de meilleure qualité. Ah oui ! j'oubliais, à Matane il faut dire madame le surintendant ; qui s'en plaindra ?

L'environnement

En plus des caractéristiques naturelles déjà décrites, vous admettrez que les terrains qui vous offrent la vue sur une concentration d'éoliennes ne sont pas nombreux. Malheureusement, les lignes de transport d'électricité sont aux éoliennes ce que les épines sont à la rose.

En vrac

« Observer l'étiquette, c'est respecter ceux qui nous suivent… et être respecté par ceux qui nous précèdent ! »

Idéal pour…

Les golfeurs aguerris apprécieront la qualité du défi. Seuls ceux qui préfèrent les terrains plats devraient s'abstenir.

+ NOUS AVONS AIMÉ

L'environnement et les points de vue
Le dessin des allées
La variété

– NOUS N'AVONS PAS AIMÉ

Les allées qui deviennent spongieuses après quelques jours de pluie
Les pylônes électriques
Les cailloux dans les fosses de sable

Carte de pointage

Trou	1	2	3	4	5	6	7	8	9	Aller	10	11	12	13	14	15	16	17	18	Retour	Total
Bleu	345	140	345	470	320	200	490	165	430	2870	480	95	310	380	380	310	140	540	390	3060	5930
Blanc	325	125	325	455	305	180	425	155	420	2650	450	90	275	350	370	290	130	475	370	2865	5515
Rouge	250	100	290	375	265	170	410	200	320	2380	425	85	245	260	280	225	120	425	275	2340	4720
Normale	4	3	4	5	4	3	5	3/4	4	35/36	5	3	4	4	4	4	3	5	4	36	71/72

Évaluation : ■ Bleu 70,2 / 125 □ Blanc 67,5 / 110 ■ Rouge 68,8 / 111

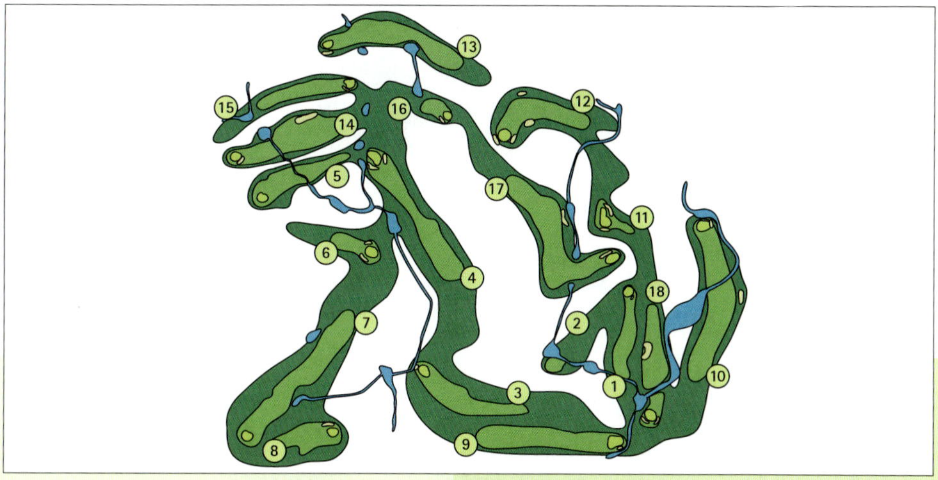

Conditions de jeu

> Verts ●●●○○
> Allées ●●●○○
> Sable ●○○○○
> Herbe longue ●●●○○
> Tertres ●●●○○

Design

> Verts + fosses ●●●○○
> Variété ●●●●○
> Harmonie + équilibre ●●●●○
> Pour tous ●●●○○
> Circuit ●●●○○

Environnement

> Visuel ●●●●○
> Nature ●●●●○
> Calme ●●●○○

Plaisir

> Délassement ●●○○○
> Verts ●●●○○
> Allées ●●●●○
> Tertres ●●●●○
> Manucure ●●●○○
> Entraînement ●●●○○
> Agrément ●●●●○
> Récupération ●●●○○

VERDICT ●●●○○

Terrain pittoresque au relief accidenté qui présente une belle variété de trous.

Temps de jeu suggéré
4 h 30 ; les recherches de balles sont limitées à trois minutes.

Accueil
Bon.

Indications et signalisation
Pour un visiteur, elles ne sont pas suffisantes.

Tenue générale
Bonne.

Aire d'entraînement
Contient une dizaine de départs, tous synthétiques.

Au féminin
Les distances sont bien adaptées.
Les golfeuses intermédiaires trouvent le terrain accidenté.
Défi intéressant pour les meilleures.

Pavillon
Propre.

Boutique du pro
Spacieuse.

Carte de pointage
Ingénieuse, efficace et respectueuse.

Tarif : $$

REVERMONT

146, chemin du Golf
Amqui
GOJ 1BO
(418) 629-5417

Rêver éveillé

Ce parcours se trouve dans la municipalité d'Amqui. Il est l'œuvre de l'architecte Marcel Notz. La conception et la réalisation des neuf premiers trous datent de 1969, mais ce n'est qu'en 1985 que furent complétés les neuf derniers.

Au fait, savez-vous d'où vient le nom de ce terrain? Étant construit au pied d'une montagne, il se situe donc sur le revers d'un mont, d'où l'appellation Revermont.

Le parcours

«Ce qui m'a inspiré, de mentionner M. Notz, c'est surtout la rivière, plus précisément les approches de la rivière Matapédia qui traverse le parcours. C'est un site assez exceptionnel malgré quelques débordements printaniers mineurs qui ne durent pas. Ce n'est pas souvent qu'on peut construire un golf le long d'un cours d'eau aussi majestueux et qui plus est, d'une rivière à saumons. Du point de vue topographique, la particularité du second neuf est la digue de contrôle des eaux aménagée pour empêcher les inondations. C'est assez particulier et on ne voit pas ça souvent», assure l'architecte.

Le Revermont se qualifie sous le vocable de terrain de style traditionnel, avec des allées extrêmement boisées et un relief légèrement accidenté. Il a juste ce qu'il faut d'ondulations et de pentes pour briser la monotonie de trous plats, sans pour autant sombrer dans les travers de certains golfs de montagne.

Malgré le relief peu accidenté de ce terrain, la distance entre les trous fait qu'il est désagréable de jouer à pied, ce qui allonge inutilement la durée d'une partie.

La difficulté

Par leur grande dimension, les verts offrent une cible invitante même pour le golfeur moyen. L'emplacement du drapeau peut être modifié à volonté. On y trouve des ondulations qui compliquent la tâche de celui qui manque de précision à l'approche. La largeur des allées compense pour les obstacles d'eau qui affectent 14 trous.

Les conditions de jeu

Ce terrain est en excellente condition, autant ses allées que ses verts vous en convaincront. Les tertres de départ réservés aux jalons blancs ne sont pas d'assez grande dimension vu l'affluence qu'on y retrouve. Assez curieusement, aucune mesure n'est prise pour tenir les voiturettes motorisées et les chariots à bonne distance des verts. Le sable dans les fosses est de bonne qualité, mais elles manquent d'entretien. Le terrain reçoit de bons soins esthétiques.

L'environnement

La rivière Matapédia et les ruisseaux qui traversent le terrain sont un actif considérable pour la plupart des trous. La clarté de l'eau y est remarquable. La route 132, qui longe quelques allées, vient briser la tranquillité des lieux.

Idéal pour...

Le slogan de Revermont est «Le parcours d'une véritable nature», mais ça pourrait tout aussi bien être «La véritable nature d'un parcours».

+ NOUS AVONS AIMÉ

Les conditions de jeu
Le dessin des trous
L'environnement

– NOUS N'AVONS PAS AIMÉ

La présence de la route 132
Le manque d'entretien des fosses autour des verts
La trop grande distance entre les trous

Carte de pointage

Trou	1	2	3	4	5	6	7	8	9	Aller	10	11	12	13	14	15	16	17	18	Retour	Total
Bleu	524	200	410	374	385	175	380	476	336	3260	392	528	115	490	352	170	353	351	396	3147	6407
Blanc	509	182	370	360	367	164	367	464	362	3109	361	512	108	475	330	157	318	338	376	2975	6084
Rouge	468	170	312	274	334	157	280	432	316	2743	335	455	97	373	320	100	296	252	284	2512	5255
Normale	5	3	4	4	4	3	4	5	4	36	4	5	3	5	4	3	4	4	4	36	72

Évaluation : ■ **Bleu 71,1 / 125** □ **Blanc 69,8 / 123** ■ **Rouge 70,4 / 120**

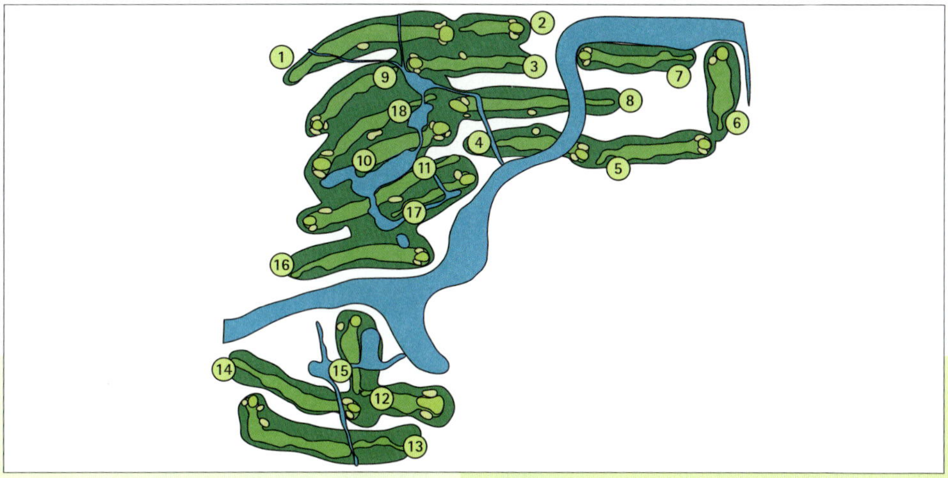

Conditions de jeu

> Verts ●●●●○
> Allées ●●●●○
> Sable ●●●○○
> Herbe longue ●●●●○
> Tertres ●●●○○

Design

> Verts + fosses ●●●○○
> Variété ●●●○○
> Harmonie + équilibre ●●●●●
> Pour tous ●●●●○
> Circuit ●●●●○

Environnement

> Visuel ●●●●●
> Nature ●●●●●
> Calme ●●●●○

Plaisir

> Délassement ●●●○○
> Verts ●●●●○
> Allées ●●●○○
> Tertres ●●●○○
> Manucure ●●●●○
> Entraînement ●●●○○
> Agrément ●●●●○
> Récupération ●●●●○

VERDICT ●●●◐○

> À essayer absolument pour la variété de ses trous, ses conditions de jeu et son environnement.

Temps de jeu suggéré

4 h 30 ; temps habituel : entre 4 h 15 et 4 h 45.

Accueil

Bon.

Indications et signalisation

À améliorer ABSOLUMENT.

Tenue générale

Bonne.

Aire d'entraînement

Suffisamment vaste pour accueillir plusieurs golfeurs, cependant la condition du tertre de départ laisse grandement à désirer.

Améliorations en cours

Nettoyage des sous-bois.

Au féminin

Deux jalons de départ, mais pour la moitié des trous, cela ne fait aucune différence. Vous devez survoler l'eau à sept reprises, c'est trop.

Boutique du pro

L'inventaire est complet.

Divers

Crampons mous obligatoires.

Tarif : $$

RIVIÈRE-DU-LOUP

132, route de la Montagne
Rivière-du-Loup
G0L 1Y0
(418) 862-7745

Centenaire

Dès 1902, un groupe de vacanciers incorporés sous le nom de The St. Patrick Golf Club aménage les trois premiers trous. En 1927, le premier neuf est complété. Depuis 1979, le parcours compte 18 trous. Son nom n'a été changé qu'en 1980.

Le parcours

La plupart des trous s'orientent dans l'axe est-ouest, avec la route 132 qui longe le fleuve Saint-Laurent à un bout et la montagne à l'autre bout. Cela signifie que l'un ou l'autre vous servira de toile de fond lorsque vous marcherez en direction du vert.

Le pavillon prend place sur le plateau qui divise le terrain en deux parties. En bas, la vallée abrite six trous d'un côté du chemin d'accès et cinq trous de l'autre. En haut, le plateau accueille quatre trous, alors que trois autres se laissent moduler par la dénivellation qui sert de lien entre le haut et le bas.

Généralement larges et droites, peu importe où l'on se trouve, les allées suivent un dénivelé qui descend vers le fleuve. Certaines (ça doit être l'âge) accueillent ce qui ressemble à des nids-de-poule. Cela pourrait faire bondir la balle dans une direction imprévue ou pénaliser injustement un coup de départ frappé en plein centre de l'allée.

On peut accéder aux verts au moyen d'approches roulées. Certains se creusent plus ou moins en imitant la forme d'une cuvette ; c'est inattendu, différent et amusant. Les autres offrent une bonne cible, mais leur surface adopte une pente calquée sur celle de l'allée avec des ondulations qui font la fête.

La difficulté

Vous le croirez sans peine, le vent constitue un élément de premier plan à cause de la proximité du fleuve. Un très grand nombre d'allées sont larges et ouvertes, mais les verts compliquent la fin de chacune d'elles. Par exemple, les verts des 10e et 11e trous paraissent inéquitables en raison de l'étroitesse de leur entrée et de la sévérité de leurs ondulations.

Tous ceux qui n'apprécient pas les hors-limite seront déçus en découvrant qu'il y en a sur la droite de neuf trous, sur la gauche de sept trous et à l'arrière de quatre verts. Soyons positifs, trois trous n'en ont pas !

Les conditions de jeu

En général, les conditions de jeu se comparent à la moyenne québécoise, mais celles des verts lui sont supérieures malgré un manucure timide.

L'environnement

Évidemment, avec le fleuve à proximité et les montagnes qui se profilent sur l'autre rive, le dessin du parcours vient de passer au second rang.

À Rivière-du-Loup, on se targue d'offrir quelques-uns des plus beaux couchers de soleil au monde, et pourquoi pas ?

Idéal pour…

Les golfeurs qui frappent fort et qui aiment les couchers de soleil.

+ NOUS AVONS AIMÉ

- Le majestueux Saint-Laurent
- Le dessin des verts original et varié
- Leur condition

– NOUS N'AVONS PAS AIMÉ

- Les nids-de-poule dans certaines allées
- La proximité des verts et des tertres de départ
- Certaines approches au vert

Carte de pointage

Trou	1	2	3	4	5	6	7	8	9	Aller	10	11	12	13	14	15	16	17	18	Retour	Total
Bleu	345	529	155	353	415	115	481	446	182	2906	418	379	246	185	467	206	395	380	524	3200	6106
Blanc	337	506	148	353	415	115	472	415	178	2939	405	365	238	170	454	191	378	367	502	3090	6029
Rouge	327	486	140	279	338	109	430	400	136	2645	390	351	230	170	440	176	307	351	421	2836	5481
Normale	4	5	3	4	4	3	5	4	3	35	5	4	4	3	5	3	4	4	5	37	72

Évaluation : ■ Bleu - / - □ Blanc - / - ■ Rouge - / -

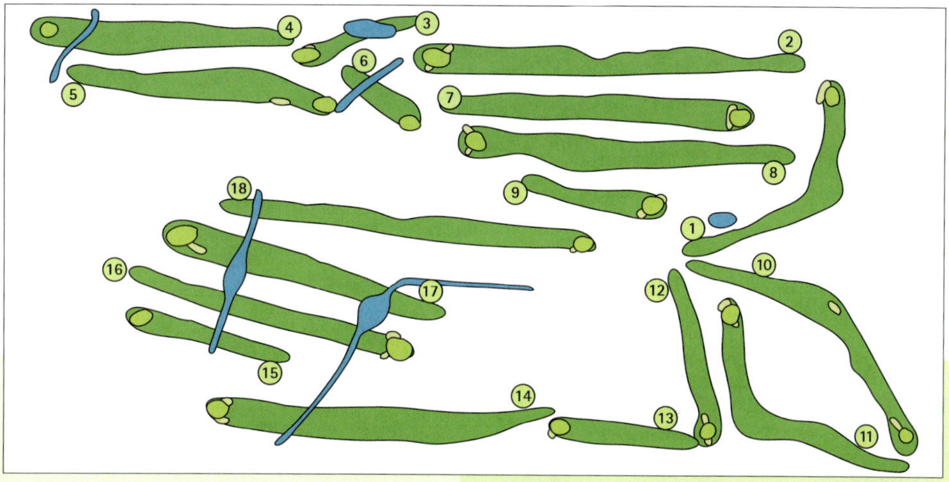

Conditions de jeu

- Verts ●●●●○
- Allées ●●●○○
- Sable ●●●○○
- Herbe longue ●●●○○
- Tertres ●●●○○

Design

- Verts + fosses ●●●●○
- Variété ●●●○○
- Harmonie + équilibre ●●●○○
- Pour tous ●●●●○
- Circuit ●●●○○

Environnement

- Visuel ●●●●●
- Nature ●●●●○
- Calme ●●●●○

Plaisir

- Délassement ●●●○○
- Verts ●●●●○
- Allées ●●●●○
- Tertres ●●●○○
- Manucure ●●●○○
- Entraînement ●●●○○
- Agrément ●●●●○
- Récupération ●●●●○

VERDICT ●●●○○

- Terrain intéressant dont l'environnement surpasse le dessin.

Temps de jeu suggéré
4 h 15.

Accueil
Très bon.

Indications et signalisation
Correctes.

Tenue générale
Bonne.

Aire d'entraînement
Encerclée par six trous qui la tiennent prisonnière au pied du plateau.

Au féminin
Inutile de discourir très longtemps, 5491 verges c'est beaucoup trop long.

Pavillon
Placé stratégiquement pour vous faire profiter d'une vue sur le fleuve.

Boutique du pro
Assez bien garnie.

Divers
Crampons de métal prohibés.

Tarif : $$$

SAINT-PACÔME

40, rue William
Saint-Pacôme
G0L 3X0
(418) 852-2395

Lame à deux tranchants

Le premier neuf se nomme La Pruchière. Un groupe de citoyens de Saint-Pacôme l'a conçu et réalisé en 1971. Le deuxième neuf, baptisé Saint-Pacôme, n'apparaîtra qu'en 1995 à partir des plans imaginés par Marcel Notz. Il ne peut quand même pas s'écouler vingt-cinq ans entre la construction de deux neuf trous sans que cela ne laisse des traces.

Le parcours

Sur le premier neuf, certains trous agacent par leur dessin douteux. Le trou n° 2 vous force à frapper un coup de départ de 200 verges dans une aire d'atterrissage très étroite assise sur un plateau. Un léger manque de précision vers la droite entraînera votre balle plus bas. Au 3e trou, des arbres protègent la gauche de l'allée. Pour plus de sûreté, vous voudrez favoriser le côté droit, là où on a placé un hors-limite. Le trou n° 4 est une normale 3 de ±170 verges avec un départ perché sur un palier. De là, vous devez atteindre un vert de moins de 3000 pieds carrés avec le vent qui secoue la trajectoire de la balle. Trop d'allées se placent en parallèle mais heureusement, quelques arbres et un peu d'herbe longue les séparent.

À l'opposé, le deuxième neuf occupe un espace complètement ouvert. Ses trous savamment dessinés explorent un relief vallonné qui leur donne un effet de mouvement. Les verts s'associent à de très grandes fosses de sable et à des monticules pour faire un numéro que vous apprécierez. Leur grande dimension et leurs ondulations créent le caractère et le cachet qui manquaient affreusement au premier neuf. Les allées sinueuses se glissent entrent des lacs menaçants. Il faut dire que leur design californien plaide en leur faveur.

Un premier neuf étroit, chiche et mesquin ne supporte pas la comparaison avec un deuxième neuf aussi élégant et généreux que bien pensé.

La difficulté

Le vent affecte régulièrement la conjoncture. Le premier neuf vous attend avec ses verts surélevés et ses allées étroites. Sur le deuxième neuf, prenez garde aux lacs et aux fosses de sable.

Au total, 17 hors-limite affectent 13 trous, des obstacles d'eau baignent la moitié des allées et 40 fosses de sable (25 sur le second neuf) vous guettent.

Les conditions de jeu

Au moment de la tournée, les verts étaient en convalescence et on ne sait trop pour combien de temps encore. Les conditions de jeu de ce terrain supportent la comparaison avec celles de plusieurs autres.

L'environnement

Le premier neuf profite de la présence de la montagne et d'arbres qui s'imposent entre les trous. Le village marque l'environnement visuel d'un site naturel qui ne manque pas d'intérêt.

Idéal pour...

Terrain difficile qui devrait convenir davantage aux meilleurs joueurs.

+ NOUS AVONS AIMÉ

Le dessin du deuxième neuf
Le défi du deuxième neuf
La vue sur le village et la montagne

– NOUS N'AVONS PAS AIMÉ

Trop de verts sont situés sur un plateau : cela devient répétitif, monotone et inéquitable
Le dessin du premier neuf

Carte de pointage

Trou	1	2	3	4	5	6	7	8	9	Aller	10	11	12	13	14	15	16	17	18	Retour	Total
Bleu	570	390	480	167	370	310	150	370	380	3187	405	160	425	145	329	166	475	326	530	2963	6150
Blanc	520	350	470	167	350	310	135	370	350	3022	366	141	400	115	301	148	440	296	501	2708	5730
Rouge	455	320	405	150	270	300	87	270	285	2542	343	127	330	95	276	90	400	257	438	2556	4898
Normale	5	4	5	3	4	4	3	4	4	36	4	3	4	3	4	3	5	4	5	35	71

Évaluation : ■ **Bleu** - / - □ **Blanc** - / - ■ **Rouge** - / -

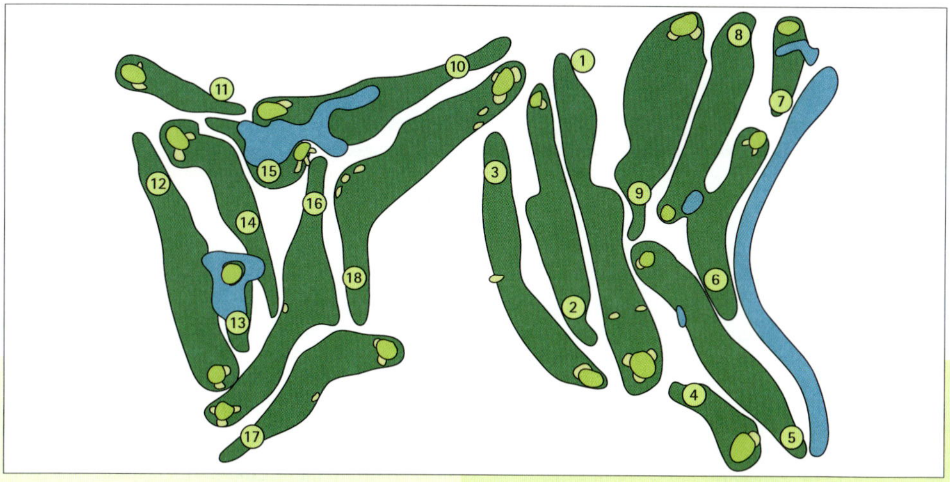

Conditions de jeu

- Verts ●●●○○
- Allées ●●●○○
- Sable ●●●○○
- Herbe longue ●●●○○
- Tertres ●●●○○

Design

- Verts + fosses ●●●○○
- Variété ●●●○○
- Harmonie + équilibre ●●○○○
- Pour tous ●●●○○
- Circuit ●●●○○

Environnement

- Visuel ●●●●○
- Nature ●●●●○
- Calme ●●●●○

Plaisir

- Délassement ●●○○○
- Verts ●●●○○
- Allées ●●●○○
- Tertres ●●●○○
- Manucure ●●○○○
- Entraînement ●○○○○
- Agrément ●●●○○
- Récupération ●●●○○

VERDICT ●●◐○○

- L'excellent 9 de retour fait oublier le premier 9.

Temps de jeu suggéré

4 h 30, avec deux minutes consacrées aux recherches de balles.

Accueil

Bon.

Indications et signalisation

Pas toujours claires.

Tenue générale

Bonne.

Aire d'entraînement

Un filet sert de terrain d'exercice.

Au féminin

À 4898 verges, on peut parler de distances raisonnables. Cependant, c'est grâce aux normales 3 dont quatre ont moins de 100 verges.

Environnement agréable.

Pavillon

On y a ajouté une salle communautaire.

Boutique du pro

Offre le nécessaire.

Tarif : $

3, rue du Verglas
Sainte-Blandine
G0K 1J0
(418) 735-2299
1 877 735-2299

Dans les petits pots...

On a longtemps souhaité l'aménagement d'un parcours de golf à Val-Neigette. Le projet bénéficiait autant du soutien des adeptes de la station de ski que des golfeurs de la région. On a donc retenu les services de l'architecte John Watson et au printemps 1982, on procédait à l'ouverture du premier neuf. Le parcours de 18 trous fut enfin complété le 31 août 1986. Sainte-Blandine, la municipalité qui l'accueille, se trouve dans une vallée au cœur d'un paysage de montagnes, à quelques minutes de l'autoroute 20, au sud de Rimouski.

Le parcours

De prime abord, ce qui surprend, c'est l'étroitesse des allées. Les boisés denses qui les côtoient ne manquent pas d'alimenter cette impression. Un sentiment d'insécurité s'empare du golfeur peu habitué à des pistes d'atterrissage aussi réduites. Non seulement les trous se taillent un passage exigu à travers des arbres matures, mais ils doivent quand même subir les assauts des pentes latérales qui soulèvent l'allée d'un côté. Avec ou sans arbres, ils adoptent différentes élévations pour éviter que deux allées parallèles ne se retrouvent à la même hauteur.

La difficulté

À 6070 verges des jalons bleus et 5653 des jalons blancs, il s'agit bien sûr d'un terrain court. Cependant, les allées étroites et boisées se liguent avec les petits verts ondulés pour vous forcer à faire preuve de beaucoup de précision.

Grâce à la participation de la rivière Bois-Brûlé, 13 trous courtisent un plan d'eau alors que 6 hors-limite vous attendent de pied ferme. Quand même étonnant que l'évaluation Slope ne montre que 119 à partir des jalons bleus.

Les conditions de jeu

Les verts vous réservent la plus grosse surprise. Ils excellent autant par leur uniformité et leur couleur que par leur coupe. Au moment de la visite, les allées n'attendaient que la chaleur de l'été pour s'épanouir. Un bémol, cependant : comme le tiers d'entre elles ne bénéficie pas de système d'arrosage, gare aux portions de roc affleurant ou de terre dépourvues de gazon. Sur une même allée, la condition du gazon peut varier énormément d'un endroit à l'autre.

Préposés à l'entretien, pourquoi aller contre la nature ? Cessez de vous battre avec les parois abruptes des fosses. Laissez-y pousser l'herbe pour donner un petit cachet écossais à l'ensemble.

L'environnement

Au sens propre comme au sens figuré, le terrain s'allonge à l'ombre du mont Val-Neigette. Les arbres, les cours d'eau et le site naturel font le reste.

En vrac

Le club de golf Val-Neigette s'est vu décerner, par la revue *Golf International,* la mention d'excellence régionale (rapport qualité-prix) pour la saison 1998.

Idéal pour...

Les femmes et tous ceux qui aiment les terrains courts et étroits. Les gens de la région semblent l'avoir adopté à en juger par le nombre de jeunes et de dames qui le fréquentent.

+ NOUS AVONS AIMÉ

L'excellente condition des verts
Le dessin des fosses
L'environnement

– NOUS N'AVONS PAS AIMÉ

L'étroitesse de quelques trous qui ne conviendra pas à tous
La condition inégale des allées
Sa timide mise en marché

Carte de pointage

Trou	1	2	3	4	5	6	7	8	9	Aller	10	11	12	13	14	15	16	17	18	Retour	Total
Bleu	315	489	400	107	324	382	508	169	344	3038	138	554	380	319	300	497	322	206	316	3032	6070
Blanc	299	476	379	98	304	352	492	140	323	2863	125	520	319	311	278	481	283	167	306	2790	5653
Rouge	273	409	353	79	213	278	385	104	263	2357	119	497	265	223	226	377	253	104	282	2346	4703
Normale	4	5	4	3	4	4	5	3	4	36	3	5	4	4	4	5	4	3	4	36	72

Évaluation : ■ Bleu 68,8 / 119 □ Blanc 67,2 / 114 ■ Rouge 66,5 / 109

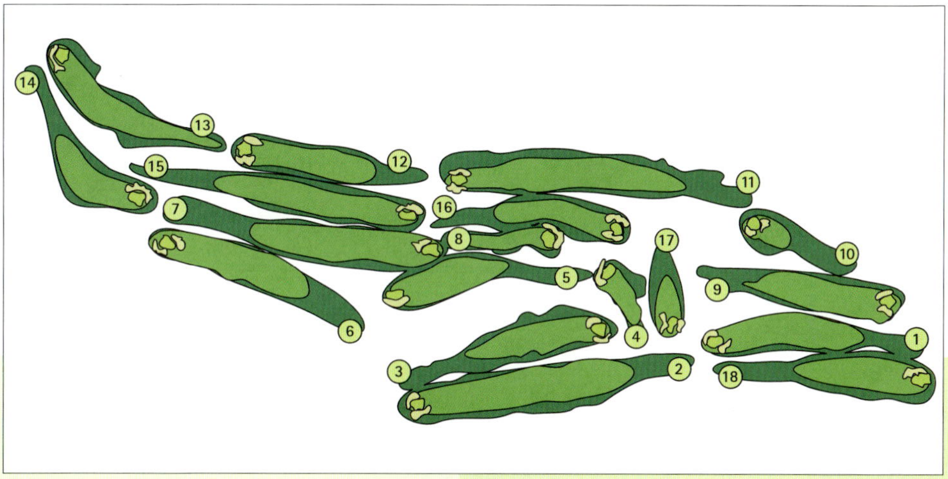

Conditions de jeu

- Verts ●●●●●
- Allées ●●●○○
- Sable ●●●●○
- Herbe longue ●●●●○
- Tertres ●●●●○

Design

- Verts + fosses ●●●●○
- Variété ●●●○○
- Harmonie + équilibre ●●●○○
- Pour tous ●●●○○
- Circuit ●●●●○

Environnement

- Visuel ●●●●●
- Nature ●●●●●
- Calme ●●●●●

Plaisir

- Délassement ●●●○○
- Verts ●●●○○
- Allées ●●○○○
- Tertres ●●●●○
- Manucure ●●●●○
- Entraînement ●●●●○
- Agrément ●●●●○
- Récupération ●●○○○

VERDICT ●●●◐○

- À visiter pour ses verts, son environnement et le test de précision qu'il propose.

Accueil

Employés sympathiques et souriants.

Indications et signalisation

Graphiques de départ très explicites sur les obstacles et les verts.

Tenue générale

Bonne.

Aire d'entraînement

Correcte.

Au féminin

Deux jalons de départ pour satisfaire toutes les catégories de golfeuses.

Pourquoi ne pas transformer le 11e trou en normale 6 de 520 verges?

Le 3e trou devrait être raccourci avec un départ près de la rivière, permettant ainsi d'éviter les fosses.

Pavillon

Sympathique, propre et accueillant.

Boutique du pro

Dispose de marques prestigieuses dont vous pouvez faire l'essai.

Divers

Site Internet : excellent, il vous fait vraiment découvrir le parcours.

Tarif : $$

BOIS-FRANCS • MAURICIE

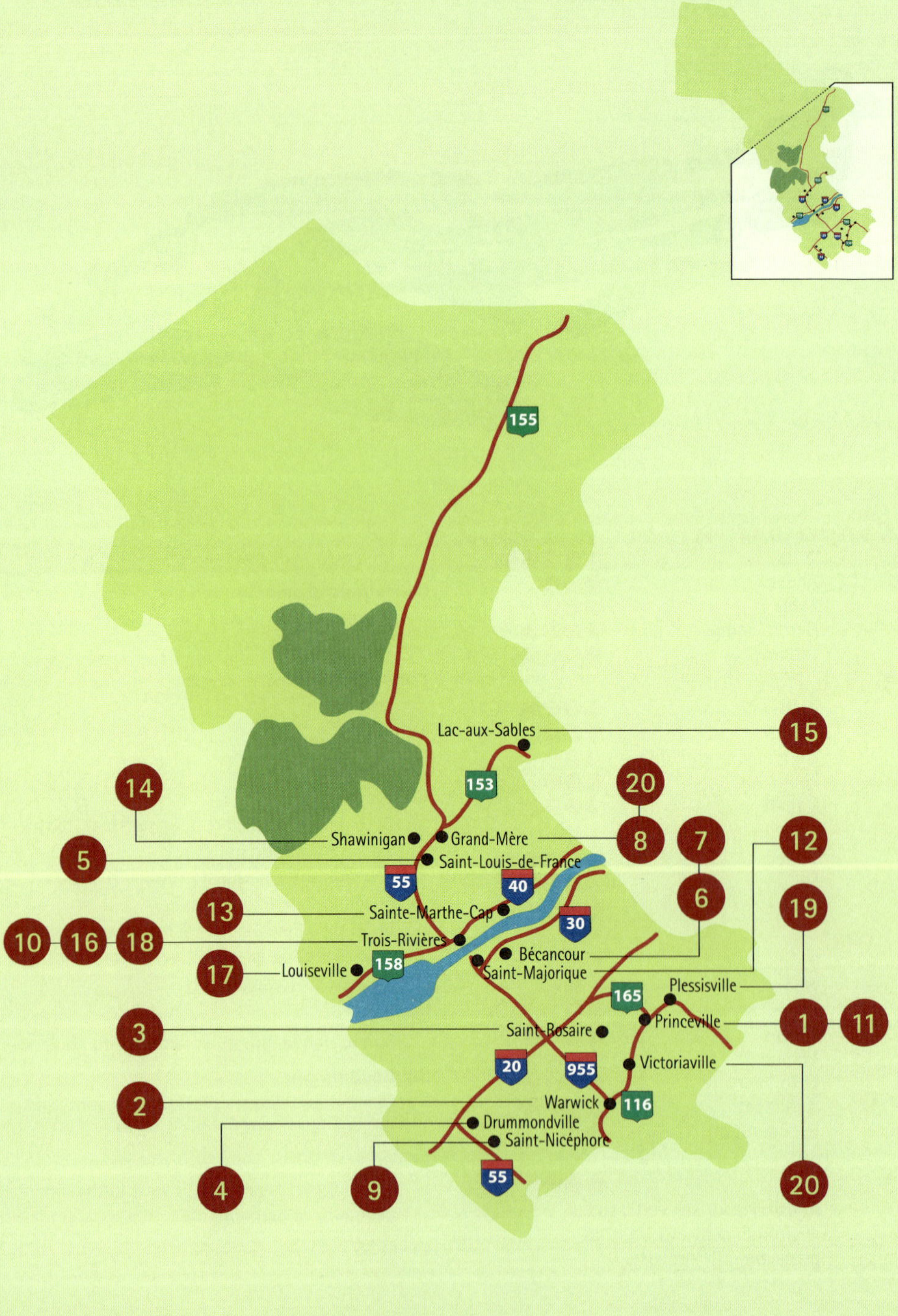

1 > BOIS-FRANCS
Princeville

2 > CANTON
Warwick

3 > CRISTAL
Saint-Rosaire

4 > DRUMMONDVILLE
Drummondville

5 > DU MOULIN
Saint-Louis-de-France

6 > GENTILLY
Bécancour

7 > GODEFROY
Bécancour

8 > GRAND-MÈRE
Grand-Mère

9 > HÉRIOT
Saint-Nicéphore

10 > KI-8-EB
Trois-Rivières

11 > LAURIER
Princeville

12 > LE DRUMMOND
Saint-Majorique

13 > LE MARTHELINOIS
Sainte-Marthe-Cap

14 > LE MÉMORIAL
Shawinigan-Sud

15 > LE SAINT-RÉMI
Lac-aux-Sables

16 > LES VIEILLES FORGES
Trois-Rivières

17 > LINKS O'LOUP DE LOUISEVILLE
Louiseville

18 > MÉTABOURITAIN
Trois-Rivières

19 > PLESSISVILLE
Plessisville

20 > SAINTE-FLORE
Grand-Mère

21 > VICTORIAVILLE
Victoriaville

25, rue du lac Nord
Princeville
G6L 3X8
(819) 364-7117
866 664-7117

Monsieur Net

C'est en 1992 que le premier neuf est inauguré. Huit ans plus tard, le labeur des nouveaux propriétaires porte ses fruits avec l'ouverture du second neuf. Le directeur général et copropriétaire, M. Cloutier, a conçu le neuf de retour. Il n'a aucune formation d'architecte mais des idées, ça, il en a, ainsi qu'une espèce d'obsession pour le travail bien fait, les choses propres et ordonnées.

Le parcours

Le terrain est plat et parsemé d'arbres. Cela donne des allées plutôt étroites et semi-fermées. Par bonheur, leur chantournement (découpage) améliore le coup d'œil. Cependant, le premier neuf se décline dans un espace restreint et on s'y sent à l'étroit en raison de la proximité des trous.

Les verts comptent en moyenne 5000 pieds carrés de superficie. Ils adoptent différentes formes et les ondulations ne manquent pas. Ils maintiennent un bon ratio entre leur dimension et leur pente. Les fosses de sable les protègent adéquatement et elles s'imposent d'ailleurs comme une caractéristique du terrain En raison de leur situation, de leur dimension et de leur forme variée, elles ne passent jamais inaperçues.

À plusieurs reprises, des arbres ceinturent les tertres de départ ; c'est meilleur pour le coup d'œil que pour les conditions de jeu. Ces tertres n'ont pas été laissés pour compte par leur concepteur. Leur emplacement varie énormément d'un jalon à l'autre, pour maintenir un angle d'attaque complètement différent selon le tertre utilisé. C'est plus intéressant que lorsqu'ils ne servent qu'à modifier la distance à parcourir.

Ce terrain se distingue de plusieurs autres façons. Il offre des aménagements qui marquent l'imagination du golfeur. Je pense entre autres au tertre de départ surélevé par des pierres et entouré d'eau, au vert soutenu par des roches et qui forme une île et à un tunnel lardé de troncs d'arbres.

Le neuf de retour, de conception plus récente, s'avère plus solide que le premier. Il est mieux dessiné, plus intéressant et plus équilibré. C'est là que se trouvent les plus beaux trous.

La difficulté

Avec des allées étroites, plusieurs hors-limite et une bonne quantité d'obstacles d'eau et de sable, on s'assure que vous aurez envie de prendre votre revanche.

Les conditions de jeu

Sur le premier neuf, elles sont moyennes, sans plus. D'une part, les allées ne sont pas irriguées et, d'autre part, le gazon des verts semble fragile. Le second neuf fait meilleure figure. Dans les deux cas, cependant, les verts s'avèrent lents.

L'environnement

Les arbres n'étant pas très gros, on tente de compenser par leur nombre. La proximité des verts et des tertres doit certainement nuire au calme et à la concentration.

Idéal pour...

Une balade décontractée.

+ NOUS AVONS AIMÉ

Le second neuf
Les aménagements particuliers
Les fosses de sable

– NOUS N'AVONS PAS AIMÉ

L'impression d'être un peu à l'étroit
La proximité des autres joueurs
La distance trop longue entre les trous pour les jalons bleus et or

Carte de pointage

Trou	1	2	3	4	5	6	7	8	9	Aller	10	11	12	13	14	15	16	17	18	Retour	Total
Bleu	520	167	376	340	347	155	425	333	491	3154	398	197	382	363	381	166	518	334	528	3267	6421
Blanc	512	154	360	322	332	136	419	323	484	3042	328	152	357	345	369	115	506	301	476	2949	5991
Rouge	419	141	278	244	281	118	285	210	442	2418	222	140	285	273	261	96	387	257	398	2319	4737
Normale	5	3	4	4	4	3	4	4	5	36	4	3	4	4	4	3	5	4	5	36	72

Évaluation : ■ **Bleu - / -** □ **Blanc - / -** ■ **Rouge - / -**

Conditions de jeu

- Verts ●●●○○
- Allées ●●●○○
- Sable ●●●○○
- Herbe longue ●●○○○
- Tertres ●●○○○

Design

- Verts + fosses ●●●○○
- Variété ●●●○○
- Harmonie + équilibre ●●●○○
- Pour tous ●●●○○
- Circuit ●●●○○

Environnement

- Visuel ●●●●○
- Nature ●●●●○
- Calme ●●●●○

Plaisir

- Délassement ●●●○○
- Verts ●●●○○
- Allées ●●●○○
- Tertres ●●●●○
- Manucure ●●●○○
- Entraînement ●●●○○
- Agrément ●●●●●
- Récupération ●●●●●

VERDICT ●●●○○

- Terrain bon enfant, sans prétention, qui saura vous divertir.

Temps de jeu suggéré

4 h 30.

Accueil

Très bon.

Indications et signalisation

Explicites.

Tenue générale

Excellente.

Aire d'entraînement

Longe un lac. On utilise donc des balles flottantes.

Améliorations

Leur importance a nécessité une réévaluation du terrain en 2002.

Au féminin

Aucune normale 4 de plus de 300 verges : bravo !

Joli à regarder et bien tenu.

Terrain agréable à fréquenter.

Trop d'obstacles d'eau à survoler.

Pavillon

Propre et accueillant.

Boutique du pro

Digne de mention pour la vue qu'elle offre du terrain et pour sa forme octogonale.

Tarif : $$

CANTON

5, route 116 Ouest
Warwick
J0A 1M0
(819) 358-6769
1 888 287-2874

Bucolique

Situé à Warwick, entre Drummondville et Victoriaville, ce parcours qui approche la trentaine vous invite à lui rendre visite.

Le parcours

Le Canton se distingue par le dénivelé de ses allées, leur étroitesse et des pentes latérales qui viennent compliquer les positions de frappe. Le terrain est pratiquement divisé en deux par la route 116. La moitié des trous demeurent du côté du pavillon et longent les limites du terrain, le long d'un champ ou d'une route. Ils surplombent ceux du milieu, placés en contrebas au fond d'une petite vallée. En raison du grand nombre de hors-limite sur les trous de pourtour, les trous en contrebas et ceux qui se retrouvent de l'autre côté du chemin public vous paraîtront à la fois plus équitables et plus intéressants.

Il n'est pas facile de jouer à pied sur ce terrain, pas tellement en raison de ses nombreuses dénivellations, mais bien à cause des grandes distances qui séparent les trous. Les fosses de sable s'avèrent décevantes par leurs formes et leur petite dimension. La proximité des allées et le fait que vous devez revenir sur vos pas en direction du prochain tertre de départ augmentent la dangerosité du terrain.

La difficulté

De façon générale, l'étroitesse des allées combinée aux dénivellations et aux pentes vous compliqueront la tâche. Souvent, elles aboutissent sur des verts étroits qui demandent beaucoup de précision. Malgré leur exiguïté, vous pourrez frapper un coup de récupération à partir d'allées voisines ou encore entre les arbres dans un sous-bois propre, propre, propre. Mieux vaut éviter l'herbe longue en raison de sa hauteur et de sa densité.

Les conditions de jeu

Les conditions de jeu ne constituent pas véritablement le point fort du Canton. Sans parler de mauvaises conditions, il faut s'attendre à un état des lieux moyen. Cela s'applique autant aux verts qu'aux allées. Les fosses contiennent une qualité de sable très inégale et elles manquent d'entretien et de manucure. En résumé, l'état des allées, de l'herbe longue et des verts varie trop.

L'environnement

Ce qui distingue le Canton et fait son charme, c'est son merveilleux environnement. À tout moment se dessinent devant vous de gros vallons agrémentés de jolies fermes. À l'occasion, celles-ci pourront même vous servir de point de repère. La montagne, les arbres et un ruisseau enjambé par des ponts se chargeront de vous faire oublier les bruits de circulation provenant de la route 116.

En vrac

Les sentiers pour voiturettes motorisées et les ponts ne pèchent pas par une largeur excessive. Ces mêmes sentiers prennent tout de même beaucoup trop de place dans quelques allées pas très larges.

Idéal pour...

Des joueurs qui possèdent une certaine habileté et qui ont envie de jouer sur un nouveau terrain.

+ NOUS AVONS AIMÉ

Les arbres
Le relief des allées
Le coup d'œil sur la campagne

– NOUS N'AVONS PAS AIMÉ

Les sentiers mal aménagés
Les conditions de jeu inégales
Une certaine dangerosité

Carte de pointage

Trou	1	2	3	4	5	6	7	8	9	Aller	10	11	12	13	14	15	16	17	18	Retour	Total
Bleu	517	389	186	361	346	165	511	389	370	3234	321	348	391	140	578	371	376	216	411	3152	6386
Blanc	492	364	151	332	331	143	486	367	347	3013	293	325	363	119	554	351	365	198	389	2988	6001
Rouge	459	335	116	317	301	130	376	292	324	2650	279	309	289	98	420	331	350	140	377	2593	5243
Normale	5	4	3	4	4	3	5	4	4	36	4	4	4	3	5	4	4	3	4	35	71

Évaluation : ■ **Bleu 71 / 123** □ **Blanc 69,9 / 118** ■ **Rouge 69,9 / 119**

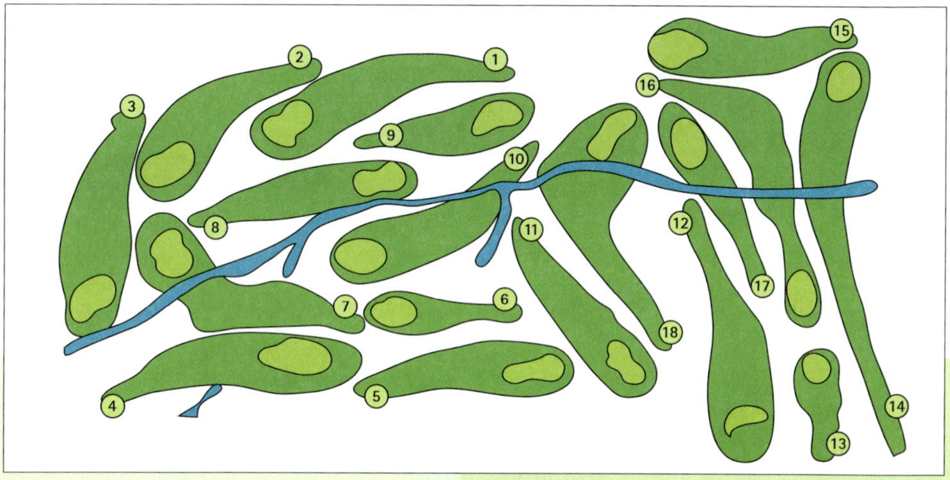

Conditions de jeu

- Verts ●●●○○
- Allées ●●●○○
- Sable ●●○○○
- Herbe longue ●●●○○
- Tertres ●●●○○

Design

- Verts + fosses ●●●○○
- Variété ●●●○○
- Harmonie + équilibre ●●●○○
- Pour tous ●●●●○
- Circuit ●●●○○

Environnement

- Visuel ●●●●○
- Nature ●●●●○
- Calme ●●●○○

Plaisir

- Délassement ●●○○○
- Verts ●●●○○
- Allées ●●●○○
- Tertres ●●●○○
- Manucure ●●●○○
- Entraînement ○○○○○
- Agrément ●●●○○
- Récupération ●●●●○

VERDICT ●●◐○○

- Terrain à vocation régionale avec des conditions de jeu moyennes. L'environnement est intéressant.

Temps de jeu suggéré

4 h 15. « Ensemble, combattons le jeu lent. N'oubliez pas, le golf est un jeu pour le bon plaisir de tous, alors relaxez, suivez le rythme et amusez-vous. »

Accueil

Bon.

Indications et signalisation

Correctes.

Tenue générale

Bonne.

Aire d'entraînement

Vert d'exercice seulement.

Au féminin

Encore des normales 4 trop longues. Vous devez survoler quelques cours d'eau.

Pavillon

Sa terrasse, un atout appréciable.

Boutique du pro

Assez bien garnie.

Tarif : $$

CRISTAL

251, route 162
Saint-Rosaire
G0Z 1K0
(819) 751-4653
1 888 751-4646

Fer à cheval ou fer droit ?

À cause du vieillissement de la population, le camping et le golf seraient devenus des activités compatibles. C'est du moins le pronostic de la famille Poisson du club de golf Cristal de Saint-Rosaire. Le paternel en tête, on a misé sur l'association de ces deux occupations. « Mon père avait commencé avec le camping il y a trente-cinq ans, explique l'un des fils, et nous avons finalement pu livrer notre premier parcours de neuf trous il y a huit ans. Le second neuf existe depuis quatre ans. Si nous avons privilégié l'approche du golf, c'est que plusieurs gens qui faisaient du camping étaient aussi intéressés par ce sport. Nous voulions un parcours un peu du genre de Myrtle Beach, avec beaucoup d'eau, des dunes et de bonnes fosses de sable. À partir des plans dessinés par John Watson, un architecte de Lachute, nous avons décidé de faire les travaux nous-mêmes. C'était une bonne façon de contrôler les coûts. De plus, nous avons semé 180 acres de gazon, de sorte que c'est propre partout, même dans les sous-bois[1]. »

Le parcours

Voilà pour le *making of*. Ajoutons que les verts se démarquent par leur grande dimension et par leur dessin. Jumelés aux fosses de sable, ils constituent une fin heureuse ou inattendue au déroulement de chaque trou. Ils y parviennent au moyen de pentes prononcées, d'emplacements en contrebas ou sur une île, et quoi encore ? Les tertres de départ, démesurément grands, s'imposent presque comme la marque de commerce du terrain.

Sur chaque neuf, on trouve trois normales 5 (dont deux consécutives) et trois normales 3. Cela devient un choix douteux lorsque, comme sur le second neuf, se présente une séquence de cinq trous sans aucune normale 4.

La difficulté

Le terrain peut paraître court avec ses 6142 verges pour les tertres de départ les plus éloignés. Il ne faut cependant pas oublier la présence des six normales 3. Comme toujours, il est primordial de choisir les jalons de départ qui correspondent à vos habiletés. N'ayez pas les yeux plus grands que la panse car, malgré la générosité des allées, 42 fosses de sable les pilonnent et 17 lacs les parsèment.

Les conditions de jeu

En début de saison, les conditions de jeu accusaient un retard important sur celles des autres terrains de la région. De toute évidence, la chaleur de l'été produira des verts en bon état (ce qui a été confirmé par une visite automnale). Les sous-bois s'affirment comme un modèle de propreté et deviennent presque agréables à fréquenter. On ne peut en dire autant des fosses de sable et des tertres de départ.

L'environnement

Les arbres ne manquent pas, s'interposant pour séparer les allées. Le terrain de camping côtoie quelques trous.

Idéal pour…

Les golfeurs intermédiaires.

1. Labbé, Réal, *Le Soleil*, Québec, 31 juillet 2002.

+ NOUS AVONS AIMÉ

- Le dessin des allées et des verts
- Le style Myrtle Beach
- Le relief des allées

– NOUS N'AVONS PAS AIMÉ

- Le voisinage
- La condition des tertres de départ
- La distribution des différentes normales

Carte de pointage

Trou	1	2	3	4	5	6	7	8	9	Aller	10	11	12	13	14	15	16	17	18	Retour	Total
Bleu	535	165	335	462	508	155	383	331	152	3026	437	205	368	188	469	465	129	502	353	3116	6142
Blanc	515	145	308	440	454	135	362	315	135	2809	373	193	358	148	448	456	115	492	341	2924	5733
Rouge	464	128	297	412	397	114	338	304	129	2583	363	169	331	110	408	420	106	349	305	2561	5144
Normale	5	3	4	5	5	3	4	4	3	36	4	3	4	3	5	5	3	5	4	36	72

Évaluation : ■ **Bleu 68 / 116** □ **Blanc 66 / 109** ■ **Rouge 68 / 110**

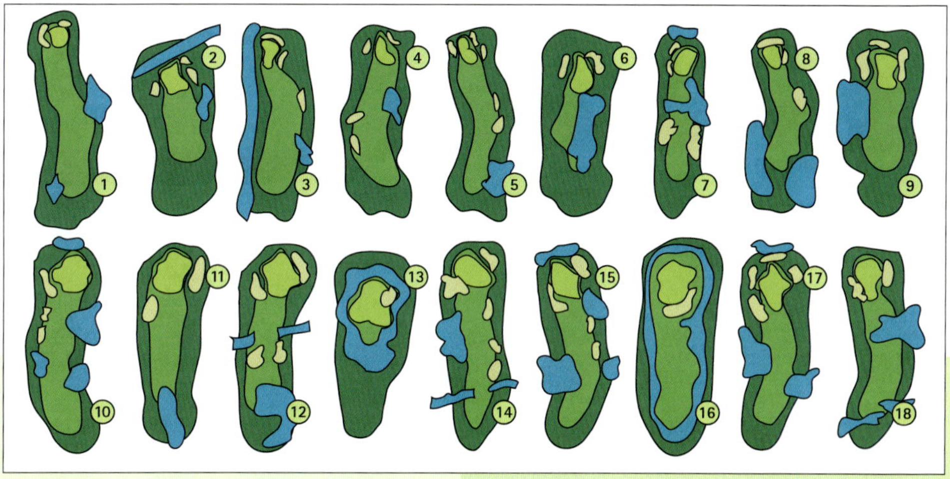

Conditions de jeu

- Verts ●●●○○
- Allées ●●●○○
- Sable ●●●○○
- Herbe longue ●●●○○
- Tertres ●●○○○

Design

- Verts + fosses ●●●●○
- Variété ●●●●○
- Harmonie + équilibre ●●●●○
- Pour tous ●●●○○
- Circuit ●●●●○

Environnement

- Visuel ●●●●○
- Nature ●●●●○
- Calme ●●●●○

Plaisir

- Délassement ●●●●○
- Verts ●●●●●
- Allées ●●●●●
- Tertres ●●●●○
- Manucure ●●●○○
- Entraînement ●●●●○
- Agrément ●●●●○
- Récupération ●●●●●

VERDICT ●●●◐○

- Style intéressant.
  Agréable d'y jouer.

Temps de jeu suggéré
4 h 30.

Accueil
Bon.

Indications et signalisation
Correctes.

Tenue générale
Bonne.

Aire d'entraînement
Reproduit le relief d'une allée vallonnée et cela ajoute au plaisir.

Améliorations
Plusieurs projets sont dans l'air, mais ils ne seront peut-être pas entrepris à court terme.

Au féminin
Ce terrain frise la perfection, à deux reproches près : les trous n°s 1 et 10. Le défi est sur mesure, autant pour les distances que pour les obstacles. Vous adorerez.

Pavillon
Modeste, mais les installations du camping viennent en renfort occasionnellement.

Boutique du pro
Rudimentaire.

Tarif : $$

DRUMMONDVILLE

400, chemin du Golf
Drummondville
J2B 6W3
(819) 478-4484

Solide

Il fut un temps où le club de golf de Drummondville faisait partie des ténors provinciaux. C'était avant la venue des jeunes parcours à allées de gazon de type agrostide, construits grâce à des budgets pratiquement illimités. Voyons comment ce chantre des terrains classiques se débrouille face à ces nouveaux talents.

Le parcours

Fondé en 1924, le terrain côtoie maintenant le milieu urbain. Il ne faut donc pas s'étonner si une dizaine de trous longent des résidences. On parle évidemment d'un terrain mature où les arbres abondent. Cependant, sur certains trous ils font la file indienne, ce qui nuit un peu à l'aspect naturel.

Comme il s'agit d'un terrain traditionnel, il nous sert les habituelles allées semi-fermées et peu accidentées. Cela n'empêche pas certaines d'entre elles de présenter un relief intéressant grâce à leurs dénivellations bien dosées. Les verts nous réjouissent par leur dessin et les nombreux arbres qui les entourent contribuent largement au coup d'œil.

La difficulté

Il nous semble que les allées manquent de fosses de sable aux endroits stratégiques. De plus, celles qui s'y trouvent ne misent ni sur leur profondeur ni sur un rebord pour nous compliquer la vie. Par contre, autour des verts, la bordure impose un peu plus de respect. On a plutôt choisi de maintenir le défi au moyen d'allées coupées sur une largeur de 20 à 25 verges, ce qui laisse plus de place pour l'herbe longue. Vous avez intérêt à prendre avantage des quatre normales 4 un peu courtes car, avec 14 hors-limite, on a l'impression de marcher en équilibre sur un fil de fer au-dessus des chutes du Niagara.

Les conditions de jeu

Drummondville s'impose par la qualité de ses conditions de jeu. Même si ses verts mènent la marche, les autres éléments restent bien supérieurs à la moyenne. Une attention particulière est apportée à la tonte du gazon, ce qui donne lieu à un heureux chevauchement de couleurs. Comme l'irrigation a été améliorée, dorénavant l'herbe longue sera en aussi bonne condition que les allées.

L'environnement

Il faut composer avec un environnement bicéphale. Des arbres matures en abondance et des rivières, dont la Saint-François, essaient de faire contrepoids à une tour de transmission d'énergie électrique franchement agaçante et à l'autoroute 20 qui se fait entendre haut et fort.

En vrac

Avec la rivière sur votre droite, un hors-limite à votre gauche et une allée étroite, le n° 1 est l'un des trous de départ les plus corsés de la province.

Idéal pour...

Avec ses bonnes conditions de jeu et son défi intéressant, Drummondville demeure un bon choix pour ceux qui veulent se mesurer à un parcours de l'ancienne garde.

+ NOUS AVONS AIMÉ

La maturité des arbres
Les conditions de jeu
La volonté de la direction de faire respecter l'étiquette du golf

– NOUS N'AVONS PAS AIMÉ

Le pylône d'Hydro-Québec
L'autoroute 20
L'emplacement de l'aire d'entraînement

Carte de pointage

Trou	1	2	3	4	5	6	7	8	9	Aller	10	11	12	13	14	15	16	17	18	Retour	Total
Bleu	493	358	420	316	161	326	346	381	153	2954	339	482	181	387	555	351	430	424	420	3569	6523
Blanc	475	345	397	307	150	316	334	368	143	2835	320	475	152	371	512	337	410	398	396	3371	6206
Rouge	428	300	380	300	103	296	280	294	138	2519	306	461	128	349	443	252	302	320	390	2951	5470
Normale	5	4	4/5	4	3	4	4	4	3	35/36	4	5	3	4	5	4	4	4	4/5	37/38	72/74

Évaluation : ■ Bleu 72,1 / 128 □ Blanc 70,8 / 124 ■ Rouge 70,9 / 122

Conditions de jeu

- Verts ●●●●○
- Allées ●●●●●
- Sable ●●●●○
- Herbe longue ●●●●○
- Tertres ●●●●○

Design

- Verts + fosses ●●●●○
- Variété ●●●●○
- Harmonie + équilibre ●●●●○
- Pour tous ●●●●○
- Circuit ●●●●○

Environnement

- Visuel ●●●●○
- Nature ●●●●○
- Calme ●●○○○

Plaisir

- Délassement ●●●●●
- Verts ●●●●○
- Allées ●●●○○
- Tertres ●●●●○
- Manucure ●●●●○
- Entraînement ●●○○○
- Agrément ●●●●○
- Récupération ●●●●○

VERDICT ●●●◐○

- Parcours toujours aussi intéressant. L'arrivée de nouveaux terrains, l'autoroute et un pylône le font reculer dans le classement.

Temps de jeu suggéré
4 h 15 ; temps habituel : 4 h 20.

Accueil
Excellent.

Indications et signalisation
Correctes.

Tenue générale
Très bonne.

Aire d'entraînement
Mal située, petite et ses filets longent plusieurs trous.

Améliorations
Lacs creusés et oxygénés afin d'améliorer la qualité de l'eau.

Au féminin
Six normales 4 montrent ±300 verges. Avec ses 5470 verges, il n'est pas destiné à toutes.

Pavillon
Accueillant ; offre une belle vue sur le parcours.

Boutique du pro
Spacieuse et bien garnie.

Tarif : $$$

DU MOULIN

841, route des Pins
Saint-Louis-de-France
G8W 2K1
(819) 378-2819

Coude à coude

C'est à Saint-Louis-de-France, une municipalité voisine de Cap-de-la-Madeleine, qu'on trouve le club de golf Du Moulin. La topographie de cette municipalité peut être décrite comme étant relativement plane, sauf le long de la rivière Saint-Maurice où de sévères dénivellations peuvent même provoquer des glissements de terrain. Évidemment, une partie de notre parcours jouxte la Saint-Maurice…

La construction et l'aménagement de ce terrain furent confiés à l'architecte Robert Paris et c'est le 24 juin 1970 que se fit entendre le premier coup de départ. À l'origine, neuf trous étaient en activité ; un an plus tard, un second neuf trous s'ajouta. Le premier pavillon épousait la forme d'un moulin, mais il fut complètement rasé par les flammes en 1987.

Le parcours

Un peu à l'image de deux frères, il est toujours étonnant de constater la différence de caractère entre les deux neuf d'un même parcours. Ici, le premier montre des allées larges et ouvertes. Des ondulations les modulent à la manière de vagues successives et, comme elles traversent l'allée sur toute sa largeur, on croirait observer le passage d'une caravane de chameaux. Les trous placés parallèlement reposent à des élévations différentes, ce qui fait office de protection contre la monotonie. À l'opposé, parce qu'il est complètement boisé, le neuf de retour nous apparaît dans toute son exiguïté. Des paliers y servent d'appui à un tertre de départ ou à un vert, contrairement aux allées tout en rondeurs du premier neuf.

Malgré leur grande dimension, les tertres de départ restent conservateurs, autant par leurs formes que par leur emplacement qui ne favorise pas un angle d'attaque différent d'une série de jalons à l'autre. Le dessin des verts m'a laissé froid. Petits, ils s'écrasent au ras de l'allée, nez à nez avec elle. Plus de la moitié des trous adoptent une apparence coudée et plusieurs tournent à angle droit ou aigu. Cela vous oblige à atteindre une cible précise pour pouvoir vous rendre au vert avec le coup suivant.

La difficulté

Ce n'est pas vraiment un terrain difficile, à preuve son évaluation Slope de 116 pour les jalons bleus. Cependant, il laisse suffisamment de corde pour vous pendre. Je pense à la précision exigée sur les trous coudés. Je pense aussi aux sous-bois où vous trouvez la balle, mais qui laissent peu d'espace pour se faufiler entre les arbres. Je pense encore à ces grands conifères qui viennent rapetisser l'allée et que vous devez frôler pour rejoindre le drapeau caché derrière.

Les conditions de jeu

Les verts arrivent bons premiers, suivis des allées et des tertres de départ. L'herbe longue supporte difficilement le passage des voiturettes motorisées, alors que de gros cailloux embêtent dans les fosses de sable.

L'environnement

De grands conifères jalonnent le parcours et ce n'est pas sans raison qu'on a baptisé le chemin qui mène au golf « Route des Pins ».

Idéal pour…

Le Du Moulin peut vraiment accueillir tous les genres de golfeurs.

+ NOUS AVONS AIMÉ

L'environnement
Le relief des allées
L'atmosphère

– NOUS N'AVONS PAS AIMÉ

Les trous coudés serrés
Le dessin des verts
La qualité du sable des fosses

Carte de pointage

Trou	1	2	3	4	5	6	7	8	9	Aller	10	11	12	13	14	15	16	17	18	Retour	Total
Bleu	392	510	331	154	334	402	544	195	442	3304	502	159	363	322	410	362	156	539	395	3208	6512
Blanc	384	490	272	143	316	377	534	185	387	3088	476	147	354	315	375	328	144	532	390	3061	6149
Rouge	370	415	262	135	260	291	428	170	308	2639	432	132	329	304	348	315	134	427	375	2706	5435
Normale	4	5	4	3	4	4	5	4	3	36	5	3	4	4	4	4	3	5	4	36	72

Évaluation : ■ Bleu 70,8 / 124 □ Blanc 69,4 / 121 ■ Rouge 70,2 / 116

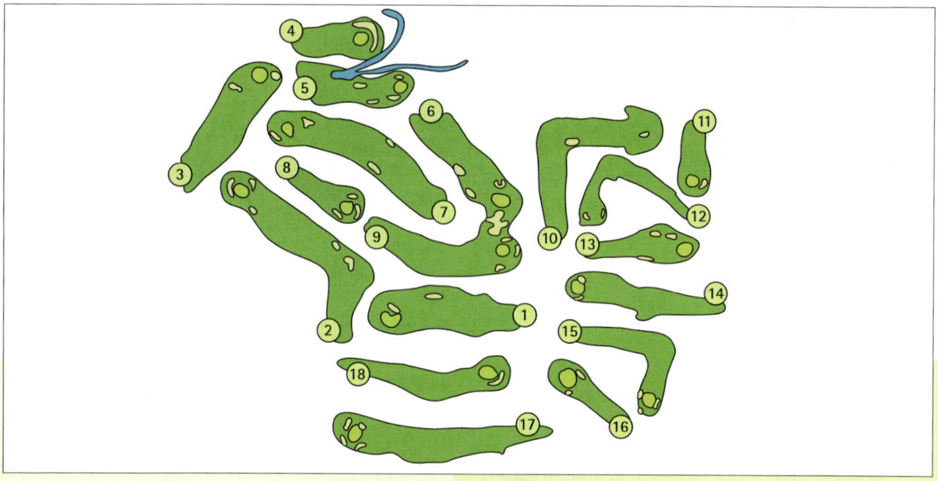

Conditions de jeu

- Verts ●●●●○
- Allées ●●●○○
- Sable ●●○○○
- Herbe longue ●●●○○
- Tertres ●●●○○

Design

- Verts + fosses ●●○○○
- Variété ●●●○○
- Harmonie + équilibre ●●●○○
- Pour tous ●●●●○
- Circuit ●●●○○

Environnement

- Visuel ●●●●●
- Nature ●●●●○
- Calme ●●●●●

Plaisir

- Délassement ●●●●●
- Verts ●●●○○
- Allées ●●●○○
- Tertres ●●●○○
- Manucure ●●●○○
- Entraînement ●●●●●
- Agrément ●●●●●
- Récupération ●●●●●

VERDICT ●●●○○

- Terrain dans la moyenne qui présente un défi bien calibré pour la majorité.

Temps de jeu suggéré
Non disponible.

Accueil
Très bon.

Indications et signalisation
Bonnes.

Tenue générale
Bonne.

Aire d'entraînement
Un peu loin de la boutique, mais tout à fait propice à une bonne préparation.

Au féminin
Trop long.
Beaux aménagements paysagers.
Pas d'obstacles d'eau à survoler.

Pavillon
Propre et fonctionnel.

Boutique du pro
Accueillante et bien garnie.

Divers
La rivière Saint-Maurice demeure presque invisible, même si elle baigne les limites du terrain. Dommage.

Tarif : $

GENTILLY

3625, rue Albatros
Bécancour
G9H 3Y2
(819) 298-3131

Rudimentaire

Ce 18 trous a vu le jour avec un premier neuf en 1990. Une partie des plans avait été ébauchée par André Morency, mais le propriétaire a poursuivi seul les travaux.

Le parcours

Ce terrain ne brille pas par l'originalité de son dessin. Ses allées droites, planes et bordées d'arbres se placent parallèlement. À un certain moment, vous en retrouverez six côte à côte. Sur le premier neuf, les verts ne font pas bonne impression. Non seulement ils sont en mauvaise condition, mais leur dessin fait défaut tout comme la qualité de leur surface. Comme ils sont situés au même niveau que l'allée, on peut y accéder en faisant rouler la balle. À chaque trou, un seul tertre de départ contient les trois différents jalons. De forme rectangulaire et sans aplomb, ils vous permettront de vous sentir comme à la maison, car ils sont recouverts de gazon domestique.

Le second neuf semble plus intéressant. Ses verts et ses tertres de départ adoptent des dimensions et des formes davantage inspirées. D'ailleurs, des fosses de sable viennent animer les allées. De plus, vous aurez l'occasion de croiser quelques obstacles d'eau qui brisent la monotonie installée un peu plus tôt.

On retrouve deux normales 5 consécutives aux 12e et 13e trous, sensiblement de la même longueur.

La difficulté

Des fossés latéraux longent plusieurs trous et un hors-limite en menace sept autres. Il faut s'interroger sur certaines entrées au vert tellement petites qu'elles en deviennent inéquitables. Pour le reste, ce terrain n'est pas du tout difficile. À noter les cinq normales 4 de moins de 325 verges.

Les conditions de jeu

Vous devrez faire votre deuil des soins esthétiques dans ces allées coupées pleine largeur et dépourvues d'herbe longue. La machinerie utilisée ne semble pas vraiment efficace puisqu'elle laisse des lisières de gazon non coupées dans l'allée. D'ailleurs, la tonte du gazon n'est pas effectuée régulièrement et les allées ne bénéficient d'aucun système d'arrosage. En revanche, les sous-bois sont bien nettoyés. La condition des verts est tout simplement inquiétante.

L'environnement

Ce n'est probablement pas très exotique pour les résidents de l'endroit, mais les visiteurs apprécieront la tranquillité des lieux, le chant des oiseaux et le peu d'affluence.

Les innombrables arbres matures compensent pour l'absence de dessin des trous, en plus d'agrémenter la marche en plein air.

En vrac

Certaines voiturettes motorisées rafistolées datent d'une autre époque, du jamais vu. Par bonheur, le terrain n'est pas accidenté.

Idéal pour...

Les débutants qui, en raison du peu d'achalandage, pourront y évoluer en toute quiétude.

+ NOUS AVONS AIMÉ

Le chant des oiseaux
Les sous-bois
La tranquillité

– NOUS N'AVONS PAS AIMÉ

Les conditions de jeu
Les voiturettes motorisées
Le dessin des verts

Carte de pointage

Trou	1	2	3	4	5	6	7	8	9	Aller	10	11	12	13	14	15	16	17	18	Retour	Total
Bleu	475	358	383	168	325	410	176	325	555	3175	133	380	525	538	345	325	143	303	445	3137	6312
Blanc	457	345	361	149	307	393	146	310	542	3010	123	365	512	524	325	307	132	280	423	2991	6001
Rouge	385	334	339	124	288	320	127	292	440	2649	113	340	450	448	315	292	120	252	351	2681	5330
Normale	5	4	4	3	4	4	3	4	5	36	3	4	5	5	4	4	3	4	4	36	72

Évaluation : ■ **Bleu** - / - □ **Blanc** - / - ■ **Rouge** - / -

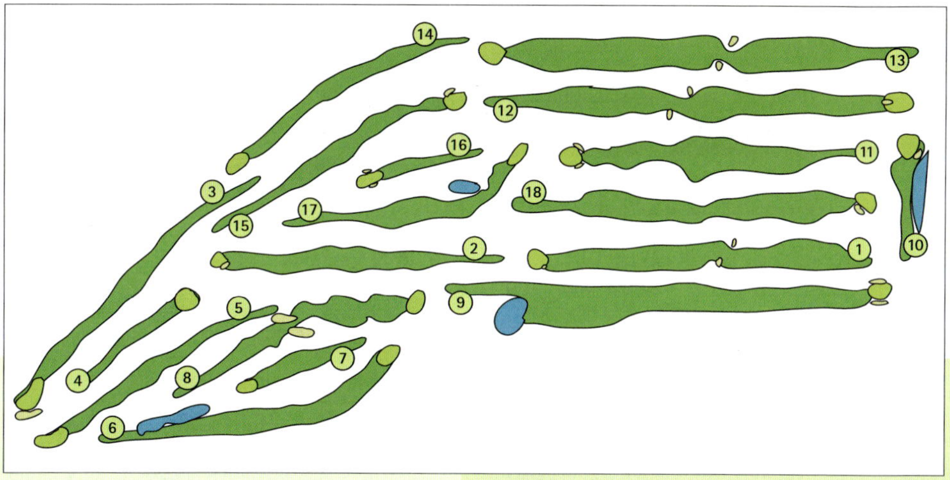

Conditions de jeu

- Verts ●○○○○
- Allées ○○○○○
- Sable ○○○○○
- Herbe longue ○○○○○
- Tertres ○○○○○

Design

- Verts + fosses ●○○○○
- Variété ●●○○○
- Harmonie + équilibre ●●●○○
- Pour tous ●●●○○
- Circuit ●●●○○

Environnement

- Visuel ●●●○○
- Nature ●●●○○
- Calme ●●●●●

Plaisir

- Délassement ●●○○○
- Verts ●○○○○
- Allées ●●●○○
- Tertres ●○○○○
- Manucure ●○○○○
- Entraînement ●●○○○
- Agrément ●●○○○
- Récupération ●●●●○

VERDICT ●●○○○

- Terrain aux conditions douteuses qui manque d'entretien.

Temps de jeu suggéré

L'étiquette et le temps de jeu ne font pas l'objet de surveillance.

Accueil

Correct.

Indications et signalisation

Correctes.

Tenue générale

Mauvaise.

Aire d'entraînement

Spacieuse.

Au féminin

Bon endroit pour commencer à l'abri des regards indiscrets.

Il n'est pas nécessaire de réserver un temps de départ.

Les conditions de jeu ne sont pas très bonnes, les bâtons loués non plus.

Pavillon

Très rudimentaire.

Boutique du pro

Très rudimentaire.

Divers

Voiturettes motorisées inquiétantes.

Tarif : $

GODEFROY

17500, boulevard Bécancour
Bécancour
G0X 2T0
(819) 233-2699

Carrefour giratoire

Ce terrain est situé sur la rive sud du fleuve Saint-Laurent, à l'ombre du pont Laviolette de Trois-Rivières. Il est en activité depuis 1974.

Le parcours

Les allées s'allongent sur un terrain généralement plat. Elles sont larges, légèrement vallonnées et semi-fermées par des arbres. Elles se disputent l'espace disponible avec l'herbe longue et jusqu'à maintenant, le juste équilibre est maintenu. Leur dessin et leur découpe ajoutent à la beauté du site.

On peut remettre en question la conception des verts, voire leur adresser des reproches. L'élévation de certains laisse perplexe. Ils reposent sur un plateau aux termes de l'escalade d'une pente si soudaine qu'elle manque de naturel. Au lieu d'être plats et vastes pour équilibrer la difficulté, ils adoptent la forme d'un dos de cuillère… Ceux d'entre eux qui flânent au même niveau que l'allée plaisent davantage malgré leurs dimensions lilliputiennes.

Trop souvent, verts et tertres de départ surpeuplent un même environnement, ce qui ne manque pas de constituer une source de distraction. Pensons aux trous n°s 3, 4, 5, 6 et 15 dont les tertres de départ ou les verts se regroupent dans un endroit restreint, ce qui crée trop de circulation dans trop peu d'espace. L'enchaînement des trous manque de fluidité et vous avez souvent à revenir sur vos pas pour vous présenter au tertre suivant.

Cette courte normale 70 (5880 verges pour les jalons bleus) n'offre aucune normale 5 sur son second neuf. Comme les deux normales 5 sont regroupées aux trous n°s 7 et 9, cela laisse un amas de normales 4 qui ébranle l'équilibre du circuit.

La difficulté

Même si le vent du fleuve fait sentir sa présence partout, les verts représentent le défi principal du parcours. Ils restent compliqués à atteindre en raison de leur petitesse et de leur configuration. Un mauvais rapport entre leur étendue et l'importance de leur pente les rend presque impossibles à maîtriser. C'est comme si on avait voulu protéger artificiellement la normale. Autrement, ce terrain ne serait pas difficile, son évaluation Slope de 117 à partir des jalons bleus ne ment pas.

Les conditions de jeu

Sauf pour les tertres de départ, les conditions de jeu se situent dans la moyenne. On est quand même loin des débuts du club alors que les membres parcouraient le terrain avec des petits sacs pour le débarrasser de ses nombreuses roches.

L'environnement

Malgré son emplacement, l'environnement n'est pas le point fort du Godefroy. En effet, les lignes d'Hydro-Québec importunent sur la moitié des trous et la circulation du pont Laviolette se fait clairement entendre. Heureusement, à certains endroits des arbres matures amenuisent ces inconvénients.

Idéal pour…

La majorité des golfeurs de la région qui jouent pour le plaisir et les clients de l'auberge. Le Godefroy est un terrain très fréquenté.

+ NOUS AVONS AIMÉ

Les allées bien découpées
Les fosses autour des verts
La combinaison sentier/voiturette

– NOUS N'AVONS PAS AIMÉ

Les lignes d'Hydro-Québec
Le dessin des verts
L'affreuse fontaine du départ

Carte de pointage

Trou	1	2	3	4	5	6	7	8	9	Aller	10	11	12	13	14	15	16	17	18	Retour	Total
Bleu	420	351	145	349	317	130	451	358	486	3007	174	406	300	367	356	154	369	380	367	2873	5880
Blanc	396	330	136	337	291	121	436	331	450	2828	162	362	291	345	325	146	348	364	355	2698	5526
Rouge	411	309	127	326	265	112	421	290	381	2642	144	400	282	320	277	138	294	348	343	2546	5278
Normale	4/5	4	3	4	4	3	5	4	5	36/37	3	4/5	4	4	4	3	4	4	4	34/35	70/72

Évaluation : ■ Bleu 67,1 / 117 □ Blanc 65,5 / 114 ■ Rouge 69,7 / 119

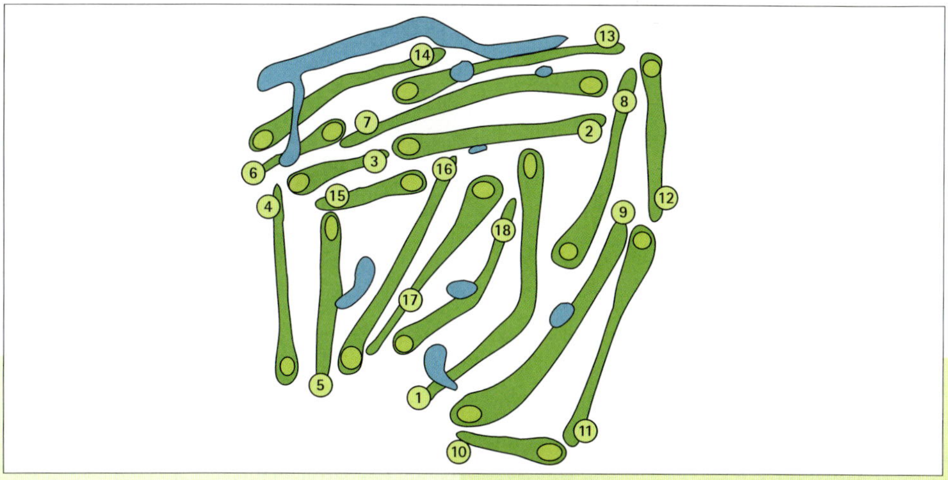

Conditions de jeu

- Verts ●●●○○
- Allées ●●●○○
- Sable ●●●○○
- Herbe longue ●●●○○
- Tertres ●●○○○

Design

- Verts + fosses ●○○○○
- Variété ●●○○○
- Harmonie + équilibre ●●○○○
- Pour tous ●●●○○
- Circuit ●●○○○

Environnement

- Visuel ●●●○○
- Nature ●●●○○
- Calme ●●○○○

Plaisir

- Délassement ●●○○○
- Verts ●○○○○
- Allées ●●●●○
- Tertres ●●○○○
- Manucure ●●○○○
- Entraînement ●●●○○
- Agrément ●●●○○
- Récupération ●●●●○

VERDICT ●●○○○

- Terrain de golf très fréquenté, probablement parce qu'il est facile. Son dessin et son environnement laissent à désirer.

Accueil

Correct.

Règles locales

Prévoient les situations où la balle rencontre des fils électriques, des filets et des arrêts-balles...

Tenue générale

Bonne.

Aire d'entraînement

Correcte.

Au féminin

Ce terrain convient probablement mieux aux femmes qu'aux hommes.
Cependant, quelques normales 4 trop longues et des verts de conception douteuse vous rendront la tâche difficile.

Pavillon

Bien situé pour le coup d'œil qu'il offre sur le terrain.

Boutique du pro

Bien garnie.

Divers

Tout ce qui est commercialisable a été exploité.

Tarif : $$

GRAND-MÈRE

1, chemin du Golf
Grand-Mère
G9T 5K8
(819) 538-3560

Tradition...

Pour divertir les employés de la compagnie Laurentide Paper, trois trous furent arrangés en 1910 à proximité de l'usine. L'aménagement de ces trous respectait la plus pure tradition écossaise, avec du gazon importé directement d'un club de golf nommé St. Andrews en Écosse... Le 18 trous a été complété en 1925 et le pavillon actuel, construit en 1922, adopte le style « vieille France ».

Le parcours

La renommée de ce terrain a rapidement dépassé les frontières puisque, en 1920, un journal de New York le qualifiait de meilleur terrain de golf canadien. Fidèle à ses origines, il est sillonné d'innombrables vallons qui façonnent ses allées meublées de monticules à l'allure rustique. Ce terrain se distingue également par la présence de quelques ravins qui ne manqueront pas d'impressionner le golfeur occasionnel.

Il faut qu'une porte soit ouverte ou fermée. Les *links* écossais ne sont pas des terrains parfaitement manucurés ni tourbés de gazon de type agrostide. Pour être conséquent, il faut donc accepter de jouer le jeu et s'attendre à des buttons jaunis, à des fosses dont les parois intérieures sont recouvertes d'herbe et de terre ou encore dont le rebord semble vouloir s'effriter avec l'usure du temps. Le contraste des couleurs sera également moins frappant et les soins esthétiques pratiquement absents.

Accepter de jouer le jeu, c'est aussi ne pas juger ce terrain en fonction des mêmes critères de design que les terrains modernes et le reconnaître pour ce qu'il est.

La difficulté

Un bon conseil à l'intention du golfeur débutant : ce n'est pas l'endroit pour faire ses premiers pas. Au contraire, il faut de bonnes habiletés pour s'extraire de certaines fosses de sable en contrebas des verts ou pour atteindre le vert lorsque votre balle s'immobilise au milieu d'un button. Je ne parle même pas des ravins...

Autant vous faire à l'idée tout de suite, votre balle bondira de façon capricieuse à quelques reprises durant la partie et le vent sera présent.

Les conditions de jeu

Elles ne font pas l'unanimité, mais elles s'harmonisent parfaitement avec le concept.

L'environnement

Ses conifères centenaires impressionnent sans réussir à étouffer totalement le bruit de l'autoroute 55.

En vrac

À l'époque, des moutons s'occupaient de brouter l'herbe qui poussait dans le ravin du 10e trou. Il paraît qu'une fois le travail terminé, les animaux avaient tellement engraissé qu'ils éprouvaient de la difficulté à sortir de là.
Les parois de certains monticules sont recouvertes de thym écossais qui change de couleur au fil de la saison.

Idéal pour...

Tous les passionnés de golf qui ne jurent pas uniquement par des conditions de jeu impeccables.

+ NOUS AVONS AIMÉ

- Le concept écossais
- Les fosses de sable
- Le dessin des verts

– NOUS N'AVONS PAS AIMÉ

- L'aire d'entraînement exiguë
- Le second trou coudé à 90°
- Les coups à l'aveuglette

Carte de pointage

Trou	1	2	3	4	5	6	7	8	9	Aller	10	11	12	13	14	15	16	17	18	Retour	Total
Bleu	508	409	418	312	144	390	358	157	462	3158	398	408	355	181	545	340	418	210	458	3313	6471
Blanc	474	359	390	280	129	373	280	145	444	2874	386	398	332	153	505	315	394	162	447	3092	5966
Rouge	385	359	328	256	116	349	276	121	419	2609	301	277	313	133	483	315	385	128	407	2742	5351
Normale	5/4	4	4	4	3	4	4	3	5	36/35	4	4	4	3	5	4	4	3	4/5	35/36	71

Évaluation : ■ **Bleu 69,3 / 122** □ **Blanc 70 / 119** ■ **Rouge 71,1 / -**

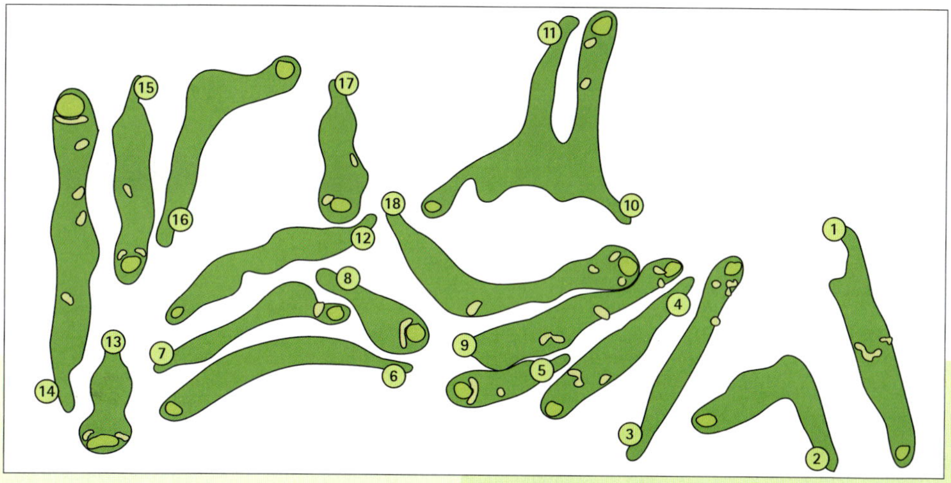

Conditions de jeu

Verts	●●●●○
Allées	●●●○○
Sable	●●○○○
Herbe longue	●●●○○
Tertres	●●○○○

Design

Verts + fosses	●●●●○
Variété	●●●○○
Harmonie + équilibre	●●●●○
Pour tous	●●●○○
Circuit	●●●○○

Environnement

Visuel	●●●●○
Nature	●●●●○
Calme	●●●○○

Plaisir

Délassement	●●●○○
Verts	●●●○○
Allées	●●●●○
Tertres	●●●○○
Manucure	●●○○○
Entraînement	●○○○○
Agrément	●●●○○
Récupération	●●●○○

VERDICT ●●●○○

Si vous n'y avez jamais joué, vous aimerez la différence, d'autant plus qu'une partie y est pas mal moins dispendieuse qu'un voyage en Écosse.

Temps de jeu suggéré
4 h 00 pour 18 trous.

Accueil
Très bon.

Tenue générale
Bonne.

Aire d'entraînement
Complète mais petite.

Au féminin
Terrain conçu à une époque où le golf était une affaire d'hommes.
Les normales 4 beaucoup trop longues ne plairont qu'aux meilleures golfeuses.

Pavillon
Architecture de type « vieille France » ; il contient une multitude de photos d'époque.

Boutique du pro
Bien garnie.

Tarif : $

HÉRIOT

4205, chemin Tourville
Saint-Nicéphore
J2B 6V2
(819) 398-5255

Golf détente

C'est dans la municipalité de Saint-Nicéphore, juste à côté de Drummondville, qu'on retrouve le Hériot. Depuis sa naissance en 1964 et malgré l'apparition de son second neuf en 1968, il a grandi dans l'ombre de la réputation du gros terrain de Drummondville. Voyons voir.

Le parcours

La direction du Hériot ne fait pas de cachettes. Elle vise une clientèle de golfeurs moyens, qui pratiquent le golf comme loisir et qui privilégient le plaisir. Au cours des années, des fosses de sable ont été aplanies, d'autres sont carrément disparues tout comme certains canaux. On désire maintenir un temps de jeu inférieur à 4 h 30 et on prend tous les moyens pour y parvenir.

Les arbres ont beaucoup poussé au Hériot depuis vingt-cinq ans car auparavant, presque tous les trous étaient ouverts. Il n'en demeure pas moins que le relief, l'orientation et la disposition des allées n'ont pas changé. Alignées dans le même sens, planes et parallèles, elles risquent de créer une certaine répétition, source de monotonie. La présence d'arbres sur la plus grande partie du terrain ne réussit pas à faire oublier le manque de créativité du dessin.

Considérant la petitesse des verts, on les a gardés plutôt plats ; il aurait été difficile de faire autrement. Les ensembles verts-fosses de sable ne provoquent pas l'admiration, malgré leur apparence équilibrée.

Les allées du second neuf progressent en terrain boisé, parce que plus fréquemment ponctuées de plans d'eau. Il semble plus intéressant que le premier.

La difficulté

La configuration des arbres permet de retrouver sa balle facilement. Avec des allées planes et des obstacles dont la difficulté a été réduite (à la demande des membres), on ne peut parler d'un grand défi de golf. Pour compenser, la dimension des verts est à l'échelle lilliputienne, ce qui est assez curieux si l'on considère les décisions précédentes. Paradoxalement, sur certains trous, des arbres rendent l'accès du vert encore plus difficile ; c'est à n'y rien comprendre.

Les conditions de jeu

Les verts et les fosses de sable font partie du peloton. Les travaux de drainage effectués chaque année ont fini par produire les résultats espérés. Par contre, les allées et les tertres de départ ne supportent pas la comparaison et leur état devra s'améliorer.

L'environnement

Rien pour faire tomber le golfeur à la renverse. Un coin relativement calme et boisé, en terrain plat.

En vrac

De manière générale, les normales 5 ressortent du groupe.

Les allées planes laissent plusieurs fossés d'égouttement, mais la combinaison sentier-voiturette est excellente.

Idéal pour...

Avec 35 000 parties annuellement, il faut croire que ce terrain répond aux besoins de sa clientèle cible.

+ NOUS AVONS AIMÉ

- La vocation avouée du terrain
- La combinaison sentier voiturette
- La possibilité de jouer sur des jalons (jaunes) avancés

– NOUS N'AVONS PAS AIMÉ

- Le dessin des trous
- Les verts trop petits
- La condition des allées et des tertres

Carte de pointage

Trou	1	2	3	4	5	6	7	8	9	Aller	10	11	12	13	14	15	16	17	18	Retour	Total
Bleu	348	185	311	547	417	145	536	306	409	3204	363	154	383	515	347	403	169	524	414	3272	6476
Blanc	335	176	299	531	397	135	526	296	393	3088	343	145	351	502	341	392	158	512	402	3146	6234
Rouge	314	160	299	381	417	116	430	296	368	2781	330	145	284	274	336	300	158	418	402	2647	5428
Normale	4	3	4	5/4	4/5	3	5	4	4	36	4	3	4	5/4	4	4	3	5	4/5	36	72

Évaluation : ■ **Bleu 70,1 / 127** □ **Blanc 69 / 124** ■ **Rouge 71,5 / 119**

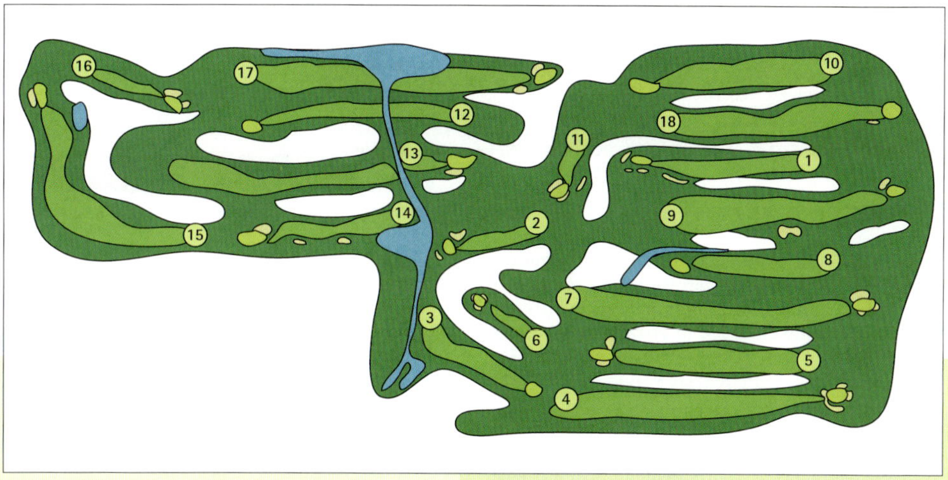

Conditions de jeu

Verts	●●●○○
Allées	●●○○○
Sable	●●●○○
Herbe longue	●●○○○
Tertres	●●○○○

Design

Verts + fosses	●●●○○
Variété	●●○○○
Harmonie + équilibre	●●●○○
Pour tous	●●●●○
Circuit	●●○○○

Environnement

Visuel	●●●○○
Nature	●●●○○
Calme	●●●●○

Plaisir

Délassement	●●●●●
Verts	●●○○○
Allées	●●●○○
Tertres	●●○○○
Manucure	●●○○○
Entraînement	●●●○○
Agrément	●●●○○
Récupération	●●●○○

VERDICT ●●◐○○

> Terrain facile et plat dans un environnement calme.

Temps de jeu suggéré

4 h 30 ; avec horloges et patrouilleur. On a même réduit la difficulté du parcours pour accélérer la vitesse du jeu.

Indications et signalisation

Bonnes.

Tenue générale

Bonne.

Aire d'entraînement

Correcte.

Améliorations

Des milliers de pieds de drain sont rajoutés chaque année et on refait une dizaine de fosses de sable chaque automne.

Au féminin

Imaginez des normales 4 de 381, 368, 334 et 333 verges : faut le faire !
Bien sûr il y a les jalons jaunes, mais ils sont au même endroit que les rouges sur 12 trous...

Pavillon

Refait récemment.

Boutique du pro

Refaite récemment.

Tarif : $$

KI-8-EB

8200, boulevard Des Forges
Trois-Rivières
G9A 5H5
(819) 375-4564

Un trésor caché?

Le mot Ki-8-Eb (prononcez Ki-Huit-Eb) évoque l'épopée d'un jeune Algonquin qui accepta d'affronter une bande d'Annontagués qui terrorisait les colons. Fondé en 1923, le terrain ne comportait au début que sept trous qui furent complétés en 1925. Le second neuf ne suivra qu'en 1952.

Le parcours

Une partie au Ki-8-Eb représente toujours quelque chose de particulier. L'environnement, le défi et l'atmosphère de golf qui y règnent n'y sont certainement pas étrangers.

Les allées hébergent plusieurs pentes et seuls quelques plateaux vous autorisent une position de balle conventionnelle. Les trous coudés se fraient un passage entre des conifères immenses qui ne font cependant pas obstacle aux recherches de balles. Si les verts ne captent pas le feu des projecteurs, c'est qu'ils servent de point terminal à ces pentes qui occupent toute la scène. Pareille topographie vous assure une bonne dose de variété et de plaisir.

À eux seuls, quelques tertres de départ valent le déplacement. En plus de proposer des points de vue privilégiés, ils se blottissent au creux d'une forêt de pins centenaires qui impose le respect. Au fil des années, plusieurs trous ont été modifiés afin d'améliorer le parcours, mais jamais les arbres n'ont fait les frais de ces changements.

Le second neuf se compose essentiellement d'allées qui montent ou qui descendent en succession. Pour le visiteur occasionnel, cela ne constitue pas vraiment une source d'irritation, mais après plusieurs visites, cette formule répétée *ad nauseam* perd de son efficacité.

La difficulté

De nouveaux membres affirment qu'il faut du temps pour maîtriser les positions de balle que les dénivellations imposent. Les trous coudés, pour leur part, vous obligent à atteindre une aire d'atterrissage restreinte à partir du départ. Avec ses 5877 verges à partir des jalons blancs, le terrain est très court et c'est ce qui lui confère une évaluation Slope de seulement 116.

Les conditions de jeu

Vous serez heureux de constater que les allées et l'herbe longue ne souffrent pas du relief accidenté. Les fosses de sable profitent de bons soins esthétiques, mais quelques tertres de départ tolèrent mal l'absence de soleil.

L'environnement

Le parcours longe la rivière Saint-Maurice à la hauteur de Trois-Rivières. La maturité des arbres et le calme qui se dégage de l'endroit vous assurent une partie agréable. Une légende veut qu'un trésor soit caché quelque part sur le terrain. Avec pareil environnement, cessez les fouilles, le trésor a déjà été trouvé.

Idéal pour...

Tous. Cependant, ceux qui ne jurent que par les terrains plats et qui pestent dès que la position à l'adresse devient inconfortable devraient s'abstenir. Si vous hésitez entre la marche et la voiturette, optez pour cette dernière.

+ NOUS AVONS AIMÉ

Les arbres et la rivière
La disposition des trous à différentes élévations le long de la rivière
La tranquillité

– NOUS N'AVONS PAS AIMÉ

Le trop grand nombre d'allées en pente qui, à la longue, perdent de leur saveur
Le manque d'information sur les distances à atteindre sur les trous coudés du neuf de retour, qui peuvent devenir répétitifs

Carte de pointage

Trou	1	2	3	4	5	6	7	8	9	Aller	10	11	12	13	14	15	16	17	18	Retour	Total
Bleu	328	350	399	500	189	432	486	421	154	3259	355	485	333	137	401	449	418	167	419	3164	6423
Blanc	304	338	375	465	165	382	468	375	132	3004	336	466	313	128	326	420	400	142	342	2873	5877
Rouge	280	290	330	452	147	370	430	330	90	2719	318	448	262	124	316	380	300	129	317	2594	5313
Normale	4	4	4	5	3	4	5	4	3	36	4	5	4	3	4	5	4	3	4	36	72

Évaluation : Bleu 71 / 122 Blanc 68,1 / 116 Rouge 70,4 / 116

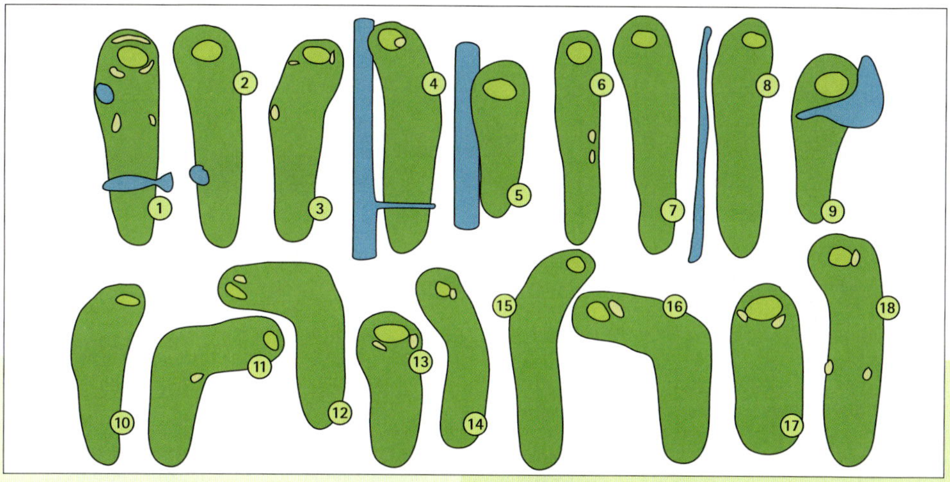

Conditions de jeu

- Verts ●●●●○
- Allées ●●●●○
- Sable ●●●●○
- Herbe longue ●●●●●
- Tertres ●●●○○

Design

- Verts + fosses ●●●○○
- Variété ●●●●○
- Harmonie + équilibre ●●●●●
- Pour tous ●●●●○
- Circuit ●●●○○

Environnement

- Visuel ●●●●●
- Nature ●●●●●
- Calme ●●●●●

Plaisir

- Délassement ●●●●○
- Verts ●●●●○
- Allées ●●●●○
- Tertres ●●●○○
- Manucure ●●●●○
- Entraînement ●●●●○
- Agrément ●●●●○
- Récupération ●●●●○

VERDICT ●●●●○

- Terrain qui vaut le déplacement. Son site enchanteur et son caractère vous plairont.

Temps de jeu suggéré

4 h 24, avec horloges et patrouilleur.

Accueil

Très bon.

À noter la présence d'un neuf trous à normales 3 pour ceux qui voudraient se familiariser avec ce sport.

Tenue générale

Très bonne.

Aire d'entraînement

Correcte.

Au féminin

Beaucoup trop long. Le 6e trou est une normale 4 de 370 verges en montant. Pour golfeuses chevronnées.

Pavillon

Offre une belle vue sur le parcours; son histoire est relatée sur des plaques ornant ses murs.

Boutique du pro

Complète.

Divers

Les voiturettes motorisées sont neuves. Stationnement un peu juste.

Tarif : $$

LAURIER

651, 12e Rang Ouest
Princeville
G6L 4K5
(819) 364-7861

Populiste

Le premier neuf vient de fêter son dixième anniversaire, alors que le second a été inauguré en 1997. Il s'agit donc d'un terrain relativement jeune. Dans le but de desservir le plus grand nombre possible de golfeurs, le Club de Golf de Victoriaville s'est porté acquéreur du Laurier il y a quelques années. À vrai dire, il s'agit d'une clientèle totalement différente de celle très « sélecte » que l'on retrouve dans ce club semi-privé.

Le parcours

Le Laurier s'adresse aux golfeurs qui ne veulent pas assumer les frais élevés qui sont le lot des terrains plus huppés. Inutile de chercher dans le terrain de stationnement des rangées de voitures de luxe témoignant du statut social de leur propriétaire. Au Laurier, l'habitué désire pratiquer son sport favori au plus bas coût possible et, si on en juge par le nombre impressionnant de membres, ce terrain répond parfaitement aux exigences de sa clientèle.

Le parcours étant situé en terrain plat, on peut très facilement y jouer à pied. Certains trous sont immensément larges et les arbustes qu'on y a plantés n'y changent rien pour le moment. D'autres, situés dans la portion la plus éloignée du pavillon, sont beaucoup plus boisés et pas mal moins généreux. Il s'agit des trous les plus intéressants et les mieux dessinés. Sans parler de chefs-d'œuvre, on peut dire qu'ils surpassent largement les autres.

Chaque neuf présente trois normales 3 et autant de normales 5, ce qui est de nature à plaire à l'habitué. On apprécie l'apport des trous coudés qui mettent de la vie sur un terrain aussi plat où le dessin fait défaut.

La difficulté

Écoutez, on ne se contera pas de peurs, le Laurier est un terrain facile et son évaluation Slope de 114 (jalons blancs) en témoigne.

Avec 6243 verges des jalons les plus éloignés et 5861 verges pour les autres, vous ne risquez pas l'entorse lombaire. Comme aucune fosse de sable n'obstrue ces allées planes, des plans d'eau ont été ajoutés sur 12 trous de façon à maintenir un certain défi. Un hors-limite monte la garde sur quatre trous.

Les conditions de jeu

Malgré des conditions de jeu inférieures à la moyenne, il faut mettre les choses en perspective. Nous sommes en présence d'un terrain qui n'a pas toujours bénéficié de budgets d'entretien adéquats sous l'ancienne administration. En pareilles circonstances, il faut plus de temps au gazon pour atteindre son plein potentiel. Le propriétaire actuel a du rattrapage à effectuer, surtout que la moitié des allées ne sont pas irriguées.

L'environnement

L'endroit est relativement tranquille. Une ancienne carrière a été transformée en lac et retient l'attention à partir de la terrasse du pavillon.

Idéal pour….

Monsieur et Madame Tout-le-monde qui pratique le golf en dilettante.

+ NOUS AVONS AIMÉ

- Les plans d'eau
- Six normales 3 et six normales 5
- La vocation avouée de ce terrain

– NOUS N'AVONS PAS AIMÉ

- L'absence de dessin des trous
- Les conditions de jeu
- Le manque de caractère du terrain

Carte de pointage

Trou	1	2	3	4	5	6	7	8	9	Aller	10	11	12	13	14	15	16	17	18	Retour	Total
Bleu	550	155	345	480	125	520	340	164	354	3033	341	475	184	390	172	530	370	540	208	3210	6243
Blanc	522	142	330	455	115	500	306	153	328	2851	312	461	168	367	160	512	320	525	185	3010	5861
Rouge	482	130	315	440	100	462	295	142	318	2684	300	428	155	350	144	390	295	450	155	2667	5351
Normale	5	3	4	5	3	5	4	3	4	36	4	5	3	4	3	5	4	5	3	36	72

Évaluation : ■ **Bleu 69 / 118** □ **Blanc 67,9 / 114** ■ **Rouge 68,6 / 115**

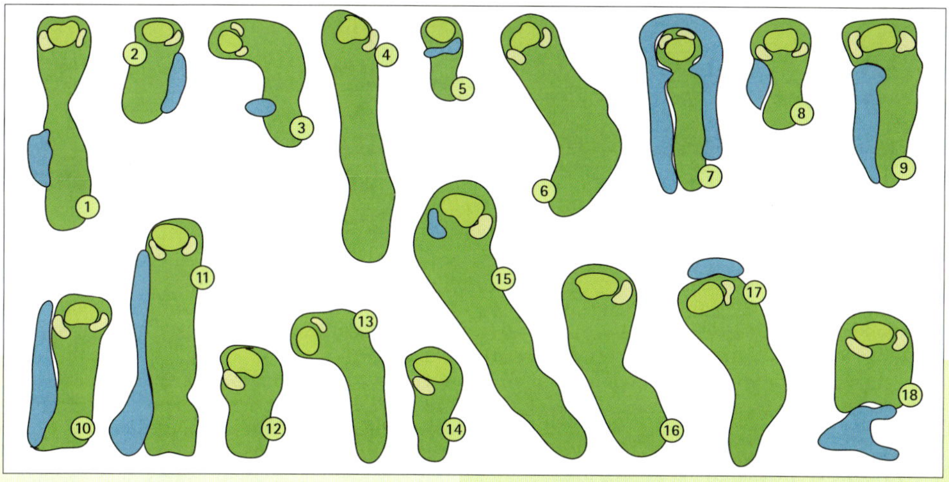

Conditions de jeu

- Verts ●●●○○
- Allées ●●○○○
- Sable ●●○○○
- Herbe longue ●●○○○
- Tertres ●●○○○

Design

- Verts + fosses ●●○○○
- Variété ●●●○○
- Harmonie + équilibre ●●●○○
- Pour tous ●●●●○
- Circuit ●●●○○

Environnement

- Visuel ●●●○○
- Nature ●●●○○
- Calme ●●●●●

Plaisir

- Délassement ●●●●○
- Verts ●●●○○
- Allées ●●●○○
- Tertres ●●○○○
- Manucure ●●○○○
- Entraînement ●●●○○
- Agrément ●●●○○
- Récupération ●●●○○

VERDICT ●●◐○○

- Terrain qui vise une clientèle précise.

Temps de jeu suggéré
4 h 12 (14 minutes par trou). Recherches de balles limitées à trois minutes.

Indications et signalisation
À améliorer.

Tenue générale
Bonne.

Aire d'entraînement
Correcte.

Améliorations
Terminer l'installation du système d'arrosage.

Au féminin
Un autre terrain avec des normales 3 et 4 trop longues.
Pour le reste, son degré de difficulté est raisonnable et il est facile de le parcourir à pied.

Pavillon
Doté d'une jolie terrasse et conçu pour accommoder membres et tournois.

Boutique du pro
Spacieuse et bien située.

Tarif : $

2164, boulevard Saint-Joseph
Saint-Majorique
J2B 8A8
(819) 475-3660
1 877 475-3660

Links ou pas, j'y vais pareil

Ouvert depuis 1991, ce terrain a changé de mains en 1995 et connaît depuis un nouveau départ. En effet, les nouveaux propriétaires investissent des sommes importantes pour améliorer un circuit qui en avait bien besoin. Ils ne comptent pas s'arrêter maintenant.

Le parcours

Telle la vague sur le rocher, on martèle sans cesse l'idée que ce terrain est de type *links*. Malheureusement, ce n'est pas vraiment le cas. St. Andrews, Muirfield, Carnoustie, Turnberry et les Royal Troon, Dornoch et St. George's, pour ne nommer que ceux-là, partagent plus ou moins les mêmes caractéristiques. Des fosses profondes, des *pot bunkers*, des allées ravagées par une multitude de monticules qui leur donnent un air tourmenté, presque lunaire, du foin long qui s'approche jusqu'à 3 ou 4 mètres des verts, enfin bref, la nature à l'état brut.

Au Drummond, il faut plutôt parler d'un parcours plat et facile à parcourir à pied, malgré la grande distance qui sépare certains trous. Aucun accident de terrain ne vient perturber la partie et les arbres se font rares (quand même curieux que l'on ait choisi un arbre comme logo du club). Il y a bien ces espaces couverts de foin blond, mais ils ne pénalisent que les très mauvais coups. Le Drummond ressemble davantage à ces terrains de Floride, lisses, à l'apparence soignée, mais truffés de fosses de sable et d'obstacles d'eau. Sans quoi que ce soit pour bloquer la vue, on a la fausse impression de pouvoir observer tous les autres trous. Cela tient peut-être au fait qu'ils sont placés parallèlement par groupes de quatre. En effet, 16 des 18 trous ont adopté la même orientation ou le même axe, si vous préférez. Soixante pour cent des normales 4 sont comprises entre 345 et 360 verges et toutes les normales 3 ont 150 verges…

Le second neuf surpasse le premier. Il nous a paru plus solide et mieux dessiné que l'autre qui n'est pourtant pas dénué d'intérêt. Tertres de départ et fosses de sable se lancent des défis pour savoir lequel des deux éléments fera meilleure impression. À l'occasion, le calibrage des verts fait défaut dans l'équation dimension, pente et longueur de l'approche.

La difficulté

Même si ce terrain ne propose que deux jalons de départ pour les hommes, chacun appréciera le défi qu'on lui propose. En résumé, 6671 verges des jalons bleus et 6091 verges des blancs, des obstacles d'eau qui baignent 15 trous et 6 hors-limite (tous sur la gauche). Les arbres sont trop petits pour causer problème, sauf lorsqu'ils occupent les fosses de sable, ce qui est très répandu. Ah oui ! comment oublier le vent ?

Les conditions de jeu

La tonte des allées sert aussi à leur découper de belles formes, même quand le trou est droit. Bonnes conditions de jeu du début à la fin, le terrain jouissant de bons soins esthétiques.

L'environnement

Foin blond et tranquillité.

Idéal pour…

Tous. Parcours sympathique, agréable à fréquenter et distrayant. Vous y aurez beaucoup de plaisir, à moins d'espérer jouer sur un véritable *links*.

+ NOUS AVONS AIMÉ

- Les grandes fosses de sable
- Les nombreux plans d'eau
- La convivialité du terrain

– NOUS N'AVONS PAS AIMÉ

- Le manque de relief du terrain
- Le dessin de quelques verts
- La trop grande distance entre les trous

Carte de pointage

Trou	1	2	3	4	5	6	7	8	9	Aller	10	11	12	13	14	15	16	17	18	Retour	Total
Bleu	370	553	327	182	389	470	172	401	423	3287	416	523	399	180	410	379	177	444	456	3384	6671
Blanc	360	541	320	150	379	460	151	345	350	3056	350	480	359	150	346	371	152	380	447	3035	6091
Rouge	329	496	300	132	342	360	144	312	392	2707	296	456	319	111	308	294	96	386	397	2663	5370
Normale	4	5	4	3	4	5	3	4	4	36	4	5	4	3	4	4	3	4/5	5	36/37	72/73

Évaluation : ■ **Bleu 70,5 / 122** □ **Blanc 69,3 / 115** ■ **Rouge - / -**

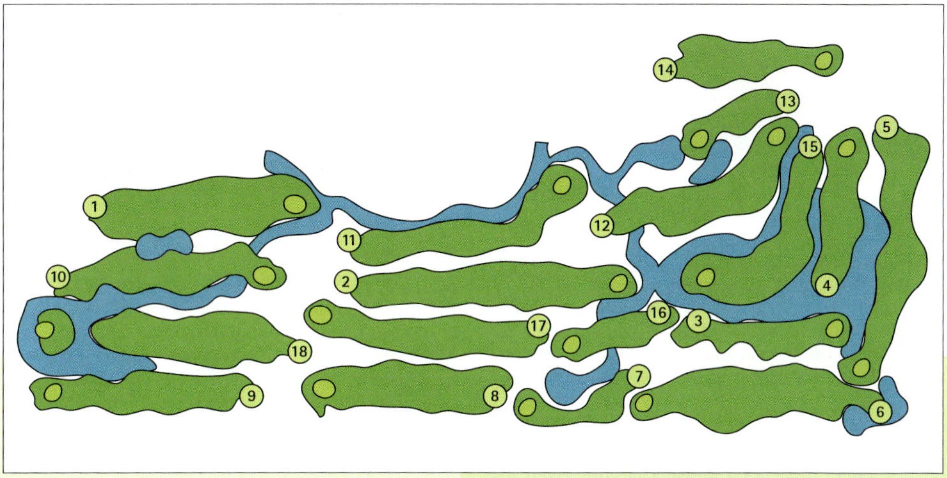

Conditions de jeu

- Verts ●●●●○
- Allées ●●●●○
- Sable ●●●●○
- Herbe longue ●●●●○
- Tertres ●●●●○

Design

- Verts + fosses ●●●○○
- Variété ●●●○○
- Harmonie + équilibre ●●●●●
- Pour tous ●●●●●
- Circuit ●●●●○

Environnement

- Visuel ●●●○○
- Nature ●●●○○
- Calme ●●●●●

Plaisir

- Délassement ●●●●●
- Verts ●●●○○
- Allées ●●●●●
- Tertres ●●●●○
- Manucure ●●●●●
- Entraînement ●●●●○
- Agrément ●●●●○
- Récupération ●●●●●

VERDICT ●●●◐○

- Terrain à visiter pour son équilibre, son défi bien calibré et le plaisir qu'il procure.

Temps de jeu suggéré
4 h 30.

Accueil
Bon.

Indications et signalisation
Bonnes.

Tenue générale
Excellente.

Aire d'entraînement
Bien située, suffisamment vaste, mais ne semble offrir que des départs synthétiques.

Améliorations
On ne les compte plus.

Au féminin
Vous aimerez les départs, la propreté et la tranquillité.
Un tiers des trous sont inatteignables en coups réglementaires.
Même pour une normale 73, 5370 verges, c'est trop long.

Pavillon
L'arrière est nettement mieux réussi que la façade.

Boutique du pro
Très rudimentaire.

Tarif : $$

LE MARTHELINOIS

1000, 5e Rue
Sainte-Marthe-Cap
G8V 2P7
(819) 697-1214

Terrain d'avenir

Pendant longtemps, la municipalité de Sainte-Marthe a été à la recherche d'un propriétaire capable de bâtir un terrain de golf et d'assurer le développement résidentiel du voisinage. Comme le site était marécageux, l'intérêt n'était pas très grand jusqu'à ce que le groupe UFO s'implique.

Le parcours

Le parcours prend la forme d'un circuit. Les trous s'enchaînent l'un à la suite de l'autre formant une boucle qui ne revient au pavillon qu'à la fin de chaque neuf. Fini les trous alignés parallèlement. Le Marthelinois est situé en terrain plat ; il est donc facile de jouer à pied, même si la distance est trop longue entre les trous.

Ce terrain fait bonne impression avec ses allées qui embrassent des pentes douces où se prélassent d'immenses fosses de sable. Chaque trou peut compter sur de multiples tertres de départ et des verts de bonne dimension. Leur dessin plaira même aux plus exigeants. Dans ces allées ouvertes et balayées par le vent, vous risquez de vous amuser beaucoup. En jetant un coup d'œil sur la carte de pointage, vous serez heureux (?) d'apprendre qu'à partir des jalons bleus, vous devrez parcourir 6810 verges, et 6483 verges à partir des blancs. Intéressant, n'est-ce pas ?

La difficulté

Le Marthelinois propose un bon défi. Avec 72 fosses de sable, la moitié de ses trous qui croisent un lac et des vents qui balaient sans relâche des allées à découvert, il n'est pas facile. Son évaluation Slope se situe d'ailleurs à 126 pour les jalons bleus et à 122 pour les jalons blancs.

Les conditions de jeu

La condition des verts et des tertres de départ était nettement supérieure à celle qui prévalait sur les autres terrains de la région au même moment. Dans les allées, cependant, le gazon ne semblait pas très dense, ayant été ensemencé il n'y a pas si longtemps. Attendons de voir ce que la chaleur de l'été et les années donneront comme résultat.

L'environnement

Le site étant marécageux au départ, les arbres qui y poussent sont plutôt chétifs. Ce n'est pas tant leur nombre que leur état de santé qui laisse perplexe.

Le visage de ce terrain changera au fil des années. En effet, il fait partie d'un développement résidentiel auquel s'ajouteront bientôt 200 constructions. Ces résidences seront érigées sur les terrains actuellement vacants en bordure de plusieurs trous.

En vrac

C'est parce que la majorité des travaux de remplissage ont été effectués en hiver que la construction de ce terrain s'est réalisée aussi rapidement. Par contre, certaines portions d'allées ont été refaites de manière à consolider leurs assises.

Idéal pour…

Ce terrain semble présenter un défi équitable pour tous les types de golfeurs.

+ NOUS AVONS AIMÉ

- Les fosses de sable
- La condition des verts et des tertres de départ
- Le plaisir que procure ce terrain

– NOUS N'AVONS PAS AIMÉ

- Les arbres un peu frêles
- L'absence de sentier pour les voiturettes motorisées
- Une ligne d'Hydro-Québec

Carte de pointage

Trou	1	2	3	4	5	6	7	8	9	Aller	10	11	12	13	14	15	16	17	18	Retour	Total
Bleu	395	545	200	450	565	300	152	388	382	3377	500	362	420	210	390	382	552	172	445	3433	6810
Blanc	375	484	175	430	555	280	140	374	370	3183	485	354	400	190	375	372	532	163	429	3300	6483
Rouge	285	410	140	363	418	238	120	310	295	2579	386	270	322	122	287	316	462	150	344	2659	5238
Normale	4	5	3	4	5	4	3	4	4	36	5	4	4	3	4	4	5	3	4	36	72

Évaluation : ■ **Bleu 71,7 / 126** □ **Blanc 70,2 / 122** ■ **Rouge 66,3 / 114**

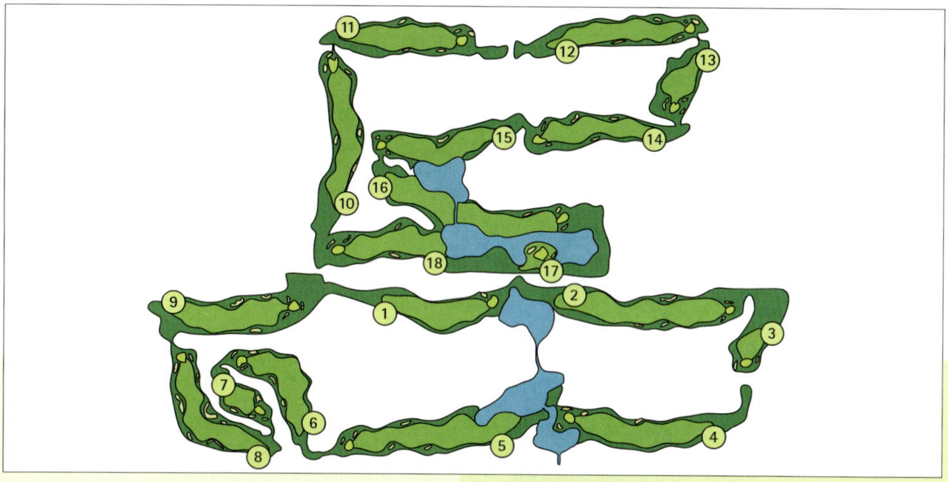

Conditions de jeu

- Verts ●●●●●
- Allées ●●●○○
- Sable ●●●●●
- Herbe longue ●●●○○
- Tertres ●●●●●

Design

- Verts + fosses ●●●●○
- Variété ●●●●○
- Harmonie + équilibre ●●●○○
- Pour tous ●●●●○
- Circuit ●●●●●

Environnement

- Visuel ●●○○○
- Nature ●●●○○
- Calme ●●○○○

Plaisir

- Délassement ●●●●●
- Verts ●●●●●
- Allées ●●●●●
- Tertres ●●●●●
- Manucure ●●●●○
- Entraînement ●●●●○
- Agrément ●●●●○
- Récupération ●●○○○

VERDICT ●●●◐○

Son dessin moderne, le défi qu'il présente et des conditions de jeu en nette progression sauront vous plaire.

Temps de jeu suggéré
Non disponible.

Accueil
Très bon.

Indications et signalisation
Correctes.

Tenue générale
Bonne.

Aire d'entraînement
Donne vraiment le goût de la fréquenter.

Au féminin
Terrain agréable pour toutes.
Degré de difficulté élevé.
Tertres de départ bien aménagés.

Pavillon et boutique du pro
Récemment construits ; sobres et de bon goût.

Carte de pointage
Un modèle à imiter, avec une description du parcours, en plus des grilles habituelles.

Divers
Il est possible de réserver longtemps d'avance un temps de départ.

Tarif : $$

LE MÉMORIAL

3005, 125e Rue Est
Shawinigan-Sud
G9P 4E8
(819) 537-0500

Électrique

Le Mémorial existe à son emplacement actuel depuis 1965. Il est situé dans le secteur Shawinigan-Sud de la Cité de l'énergie.

Le parcours

Le terrain ne manque pas d'intérêt, car la variété est au rendez-vous. Le site naturel, aux abords de la rivière Saint-Maurice, y est pour beaucoup. Les allées bénéficient de dénivellations naturelles qui côtoient souvent des ravins menaçants.

Certains tertres de départ prennent assise sur une élévation d'où ils dominent des allées vallonnées qui se détachent en contrebas. Même s'il ne s'agit pas d'un golf de montagne, son relief accidenté propose au golfeur une randonnée sportive. Les verts, de bonne dimension, forment un tout homogène avec les fosses de sable qui les côtoient. Les arbres n'en sont jamais bien loin.

Une route traverse le terrain, mettant en retrait les quatre trous qui se trouvent de l'autre côté, dont le trou n° 11, une longue normale 3 qui monte jusqu'au vert.

À noter la séquence de neuf trous consécutifs sans normale 5 du 3e au 11e trou inclusivement et le 17e trou, cette espèce de suppôt de Satan, une normale 4 de 460 verges (bleus) longée par un hors-limite. On peut franchir la montée qui sépare les verts des 9e et 18e trous du pavillon à l'aide d'un monte-charge sur rails (Dieu merci). Quelques départs sont situés trop près d'un vert, ce qui met en péril le golfeur.

La difficulté

Même si les allées présentent une largeur équitable, ce n'est pas ce qui retiendra votre attention. En effet, 16 d'entre elles sont agrémentées (?) d'un hors-limite et/ou de coulées à partir desquelles il est impossible de frapper la balle : bonne chance ! C'est sûrement ce qui explique une évaluation Slope de 127 pour les 6513 verges que comptent les jalons bleus. Quant à eux, les verts se parent d'ondulations importantes.

Plusieurs fosses de sable reposent en contrebas de la surface du vert. Cela laisse une sortie difficile, car la balle doit prendre rapidement de la hauteur.

Les conditions de jeu

Les fosses d'allée prennent de la place et leur position n'a pas été laissée au hasard. Heureusement, leur entretien les rend presque conviviales. L'herbe longue est bien fournie, mais lors de la visite, les verts et les allées attendaient impatiemment que la chaleur de l'été les aide à se refaire une beauté.

L'environnement

Des arbres à profusion qui évitent de cacher la vue sur la campagne avoisinante ou la rivière Saint-Maurice.

Idéal pour...

Ce terrain sera apprécié davantage par les golfeurs aguerris, car son degré de difficulté reste élevé.

+ NOUS AVONS AIMÉ :

La variété des trous
Le dessin des verts
Le relief des allées

− NOUS N'AVONS PAS AIMÉ :

Le degré de difficulté élevé pour un golfeur moyen
Le fait que le sol devient dur rapidement lorsque les précipitations se font rares
Les conditions de jeu variables

Carte de pointage

Trou	1	2	3	4	5	6	7	8	9	Aller	10	11	12	13	14	15	16	17	18	Retour	Total
Bleu	400	560	401	151	405	196	348	359	375	3195	375	224	494	406	167	363	480	460	349	3318	6513
Blanc	379	500	390	138	380	180	333	315	360	2975	360	174	470	366	157	310	442	415	332	3026	6001
Rouge	362	460	335	122	342	130	313	288	295	2647	309	142	451	282	141	275	390	400	246	2636	5283
Normale	4	5	4	3	4	3	4	4	4	35	4	3	5	4	3	4	5	4/5	4	36/37	71/72

Évaluation : ■ Bleu 71,9 / 127 □ Blanc 69,5 / 121 ■ Rouge 70 / 120

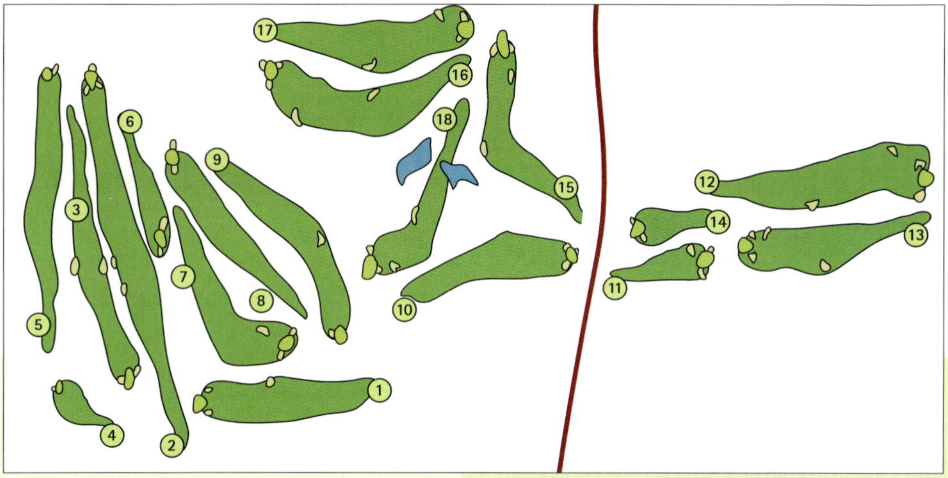

Conditions de jeu

- Verts ●●●●○
- Allées ●●●●○
- Sable ●●●○○
- Herbe longue ●●●●●
- Tertres ●●●○○

Design

- Verts + fosses ●●●●○
- Variété ●●●●○
- Harmonie + équilibre ●●●●○
- Pour tous ●●○○○
- Circuit ●●●○○

Environnement

- Visuel ●●●●○
- Nature ●●●●○
- Calme ●●●●●

Plaisir

- Délassement ●●●○○
- Verts ●●●●○
- Allées ●●●●○
- Tertres ●●●○○
- Manucure ●●●●○
- Entraînement ●●●○○
- Agrément ●●●●○
- Récupération ●●○○○

VERDICT ●●●◐○

- Terrain solide qui présente un bon défi et qui est situé dans un bel environnement.

Temps de jeu suggéré

4 h 30 ; lors de la visite, c'était beaucoup plus long.

Accueil

Bon.

Indications et signalisation

Correctes.

Tenue générale

Bonne.

Aire d'entraînement

Attention, elle longe le chemin qui donne accès au terrain.

Au féminin

Normales 4 trop longues sur le premier neuf.
Degré de difficulté élevé.
Normales 35-37.

Pavillon

Spacieux et sa décoration récente lui donne des airs de jeunesse.

Boutique du pro

Pas très grande mais on y trouve de tout.

Tarif : $$$

LE SAINT-RÉMI

660, route 153
Lac-aux-Sables
G0X 1M0
(418) 289-2644

Pas tout à fait

Le Club de golf Le Saint-Rémi se trouve dans la municipalité de Lac-aux-Sables. Il s'agit d'un coin davantage reconnu pour ses activités récréatives estivales que pour son golf.

En 1970, l'abbé Édouard Beaubien, voulant promouvoir le golf dans la région de Mékinac, créa une corporation à but non lucratif sous le nom de Club de Golf Tawachiche. Dix-huit ans plus tard, grâce à la participation financière de nombreux résidents de la région, la corporation s'est portée acquéreur de nouveaux terrains et c'est ainsi que le Club de golf Le Saint-Rémi a vu le jour dans sa configuration actuelle de 18 trous.

Le parcours

Pour dire le moins, le dessin du premier neuf ne passera pas à l'histoire. Que dire d'allées droites et très larges, pouvant même atteindre 80 ou 100 verges, qui ne présentent ni découpage ni herbe longue ? Que dire de verts aux dimensions inversement proportionnelles qui manquent d'élévation, tout comme les tertres de départ d'ailleurs ? Le tracé nous force à revenir sur nos pas à quelques reprises et certains trous sont sans intérêt.

Le second neuf, de conception plus moderne, corrige un peu la situation. Bien que totalement ouvert, il fait preuve de moins de générosité. On y trouve des fosses beaucoup plus profondes, des allées et des verts mieux dessinés. Il faudra attendre encore longtemps avant que les jeunes pousses qu'on y a plantées deviennent des arbres et donnent un peu plus de cachet à ce dessin qui en a bien besoin.

À noter les cinq normales 4 consécutives des trous n°s 6 à 10, deux normales 5 successives aux 14e et 15e trous et les allées parallèles et complètement dégagées du second neuf.

La difficulté

Ce terrain plaira à ceux qui ont besoin de rebâtir leur confiance. Il est court et facile. Seulement deux trous vous opposent des obstacles d'eau.

Cependant, le vent y souffle pratiquement en permanence et pourrait compliquer l'accès aux verts minuscules du premier neuf. Attention aux 10 hors-limite dont sept consécutifs aux trous n°s 7 à 13.

Les conditions de jeu

On confie l'irrigation des allées aux caprices de la nature, ce qui n'est pas un gage de succès. La petitesse des tertres de départ les sert mal et les verts sont corrects, sans plus.

L'environnement

Dans un lieu de villégiature aussi reconnu que le Lac-aux-Sables, vous ne serez pas étonnés d'apprendre que le site du terrain de golf est baigné par la tranquillité. De là-haut sur le plateau, vous pourrez admirer la campagne environnante.

Idéal pour...

Les résidents de la région et les vacanciers pour qui le golf n'est qu'un loisir.

+ NOUS AVONS AIMÉ

La campagne environnante
Le site naturel
L'accueil

– NOUS N'AVONS PAS AIMÉ

Le dessin du parcours
Les conditions de jeu
Certains trous nettement plus faibles

Carte de pointage

Trou	1	2	3	4	5	6	7	8	9	Aller	10	11	12	13	14	15	16	17	18	Retour	Total
Bleu	272	375	188	485	138	415	300	379	340	2892	216	460	450	170	515	460	335	124	296	3026	5918
Blanc	265	368	182	481	135	405	290	375	310	2811	208	435	390	160	502	440	320	112	283	2850	5661
Rouge	258	280	150	380	130	315	275	370	290	2448	200	420	350	155	390	423	271	105	273	2587	5035
Normale	4	4	3	5	3	4	4	4/5	3	35/36	4	5	4	3	5	5	4	3	4	37	72/73

Évaluation : ■ Bleu 68,2 / 116 □ Blanc 66,5 / 108 ■ Rouge 66,5 / 108

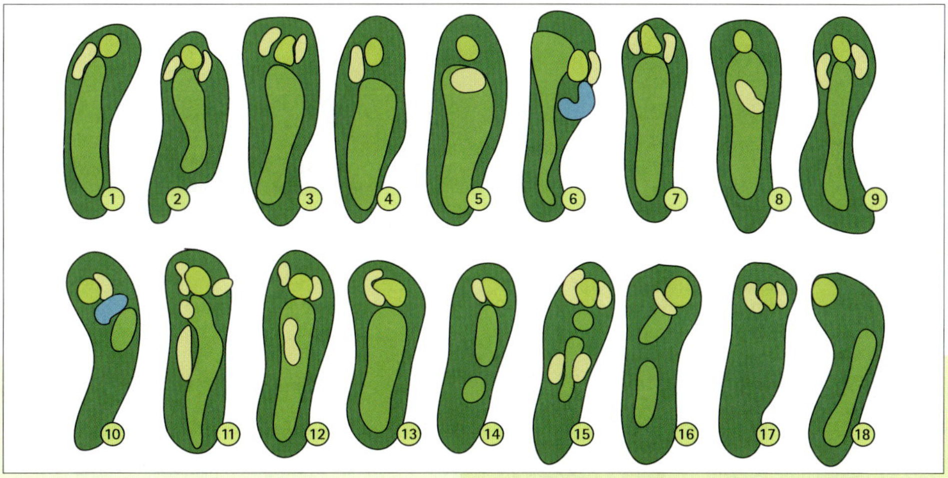

Conditions de jeu

- Verts ●●○○○
- Allées ●○○○○
- Sable ●○○○○
- Herbe longue ○○○○○
- Tertres ●○○○○

Design

- Verts + fosses ●●○○○
- Variété ●●●○○
- Harmonie + équilibre ●●●●○
- Pour tous ●●●●○
- Circuit ●●○○○

Environnement

- Visuel ●●●●○
- Nature ●●●●○
- Calme ●●●●●

Plaisir

- Délassement ●●●○○
- Verts ●●○○○
- Allées ●●●●○
- Tertres ●●○○○
- Manucure ○○○○○
- Entraînement ●●●○○
- Agrément ●●●○○
- Récupération ●●●●○

VERDICT ●●○○○

- Terrain très moyen.
Manque de soins esthétiques.

Temps de jeu suggéré
Non disponible.

Accueil
Très bon.

Indications et signalisation
Déficientes.

Tenue générale
Correcte.

Aire d'entraînement
Spacieuse avec ses 80 verges de large, elle peut accueillir 30 golfeurs à la fois.

Au féminin
Longueur totale de 5035 verges bien adaptée, d'autant plus qu'elle se répartit sur une normale 73.
Enfin, un terrain qui tient compte de la présence féminine.

Pavillon
Réaménagé de façon à le rendre plus convivial.

Boutique du pro
Rudimentaire.

Tarif : $

1975, rue Grimard
Trois-Rivières
G8Y 4N3
(819) 379-7477

Retraite dorée

L'architecte John Watson fils a conçu ce parcours qui a ouvert ses portes en 1974 avec un premier neuf, le second neuf s'ajoutant dès l'année suivante. Le terrain est propriété d'une entreprise familiale depuis le début ; les Bourassa n'ont jamais cessé d'en assurer la gestion.

Le parcours

Les membres apprécient l'atmosphère qui règne dans le pavillon et les activités qui s'y tiennent sur une base régulière. Retraités pour plusieurs, ils aiment marcher dans ses allées courtes, planes et entourées d'arbres. C'est un parcours sans prétention qui privilégie la détente et le plaisir.

La multiplication d'allées semblables, bordées de conifères de taille moyenne, laisse rapidement au visiteur une impression de déjà vu. Privé de larges lisières d'herbe longue et d'obstacles d'eau qui donneraient à réfléchir, l'ensemble montre peu de caractère.

En jetant un coup d'œil au plan du parcours, vous aurez l'impression que les allées sont placées parallèlement les unes aux autres. C'est vrai à demi, puisque le tracé ne vous oblige pas à jouer consécutivement ces trous limitrophes. Les verts emboîtent le pas avec un dessin conservateur qui les dessert bien dans les circonstances. Ils ne souffrent d'aucun problème de conception, même si dans l'ensemble ils flirtent un peu fort avec les boisés avoisinants.

La difficulté

Écoutez, inutile de discourir très longtemps, il s'agit d'un des terrains les plus faciles de la province. Cette normale 70 de 5651 verges montre une évaluation Slope de 104 à partir des jalons bleus, c'est tout dire. Une quarantaine de fosses de sable et des arbres solitaires qui referment certaines allées offrent des éléments intéressants, mais ne suffisent pas à la tâche.

Les conditions de jeu

Les habitués demandent des verts en bonne condition et ils sont bien servis. En prime, les sous-bois n'ont absolument rien à se reprocher et ils permettent de repérer rapidement les balles. Malheureusement, les tertres de départ et les allées sont à peine convenables, dans la mesure où ils manquent carrément de gazon à plusieurs endroits. Les fosses de sable ne reçoivent pas un entretien assidu.

L'environnement

Les nombreux conifères présentent l'immense avantage de permettre des fins de saison en toute quiétude, en plus de servir d'écran protecteur entre les allées. Pour le reste, pas d'émotions fortes, le calme est au rendez-vous.

En vrac

À cause de son sol sablonneux, le terrain absorbe l'eau, ce qui lui permet d'ouvrir tôt au printemps. Des résidences ont remplacé la carrière de sable qui longeait autrefois quelques trous.

Idéal pour...

La clientèle de tournois et les retraités.

+ NOUS AVONS AIMÉ

- Les arbres
- Le dessin des verts
- La qualité des sous-bois

− NOUS N'AVONS PAS AIMÉ

- Le terrain trop court
- Les trous répétitifs
- Les conditions de jeu inégales

Carte de pointage

Trou	1	2	3	4	5	6	7	8	9	Aller	10	11	12	13	14	15	16	17	18	Retour	Total
Bleu	328	154	458	379	362	444	139	358	167	2862	529	159	385	113	373	361	332	131	479	2862	5651
Blanc	319	150	448	369	352	434	129	348	158	2784	519	152	375	106	363	351	323	126	469	2707	5491
Rouge	310	145	364	313	305	386	107	311	148	2406	386	145	325	99	310	300	314	121	406	2389	4795
Normale	4	3	5	4	4	5	3	4	3	35	5	3	4	3	4	4	4	3	5	35	70

Évaluation : ■ Bleu 65,3 / 104 □ Blanc 64 / 102 ■ Rouge 65,8 / 106

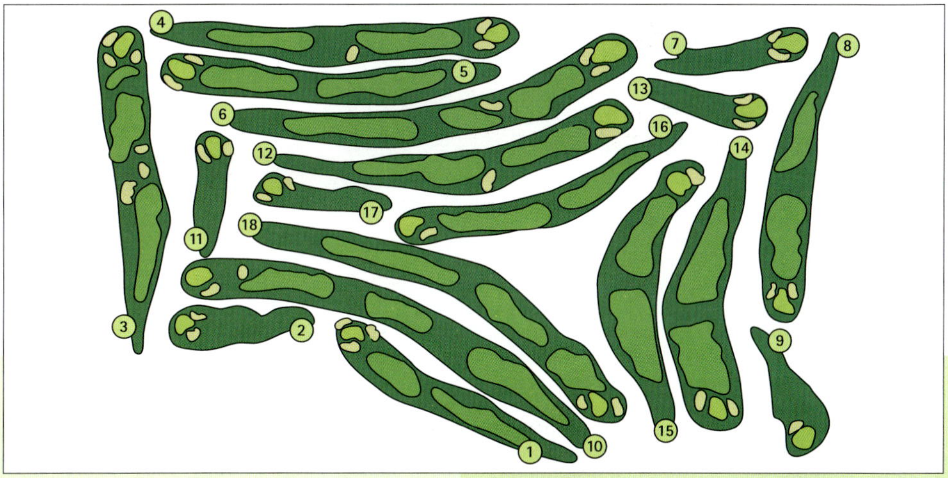

Conditions de jeu

- Verts ●●●●○
- Allées ●●○○○
- Sable ●●○○○
- Herbe longue ●●○○○
- Tertres ●●○○○

Design

- Verts + fosses ●●●●○
- Variété ●●○○○
- Harmonie + équilibre ●●●○○
- Pour tous ●●●●○
- Circuit ●●○○○

Environnement

- Visuel ●●●●○
- Nature ●●●○○
- Calme ●●●●○

Plaisir

- Délassement ●●●●○
- Verts ●●●●○
- Allées ●●●○○
- Tertres ●●○○○
- Manucure ●●○○○
- Entraînement ●●●○○
- Agrément ●●●●○
- Récupération ●●●●●

VERDICT ●●◐○○

- Pour ceux qui aiment les terrains plats, courts et faciles. Conditions de jeu perfectibles, allées monotones.

Temps de jeu suggéré

4 h 30 et je ne vois aucune raison pour que ce soit plus long.

Accueil

Correct.

Indications et signalisation

Bonnes.

Tenue générale

Correcte.

Aire d'entraînement

Complète et bien aménagée. Vous bénéficiez de tout l'espace nécessaire, d'une fosse et du vert habituel.

Au féminin

Malheureusement, toutes les normales 4 ont plus ou moins 310 verges. Pour le reste, c'est un terrain qui en vaut bien d'autres.

Pavillon

Vaste, moderne et fonctionnel.

Boutique du pro

Spacieuse et vous y serez bien servi.

Tarif : $$

LINKS O'LOUP DE LOUISEVILLE

580, chemin du Golf
Louiseville
J5V 2L6
(819) 228-3951

Entre chien et… *links*

Ce terrain fut inauguré avec un premier neuf en 1964. Dans les années 1980, Robert Rousseau, un ancien porte-couleurs du Canadien de Montréal, s'est porté acquéreur du parcours auquel il apporta plusieurs modifications. Il dira plus tard : « J'avais acquis un parcours quasi abandonné, qui était jadis le club privé de la Dominion Textile. L'endroit était vraiment délabré. J'ai presque travaillé au pic et à la pelle pour en faire un parcours à mon goût. Ça m'a pris quatorze ans pour changer la réputation d'un champ de patates en un terrain où le golfeur a le goût de revenir. » Ses enfants ont depuis pris la relève.

Le parcours

La transformation de la chenille en papillon n'est pas tout à fait complétée. On aspire à en faire un parcours de style écossais, sous le nom de Club de Golf le Links O'Loup de Louiseville. Sur un plateau balayé par le vent, des buttons à l'allure rustique ont été aménagés sur les côtés de chaque allée. Souvent, des fosses de sable les habitent pour créer cette atmosphère tout écossaise.

Malgré l'ampleur des travaux exécutés jusqu'à maintenant, il faudra maintenir le cap. Avec la construction de monticules au milieu des allées et de pot bunkers, ce terrain ne manquerait pas de se démarquer. Comme Rome ne s'est pas construite en un seul jour et que la direction actuelle possède l'expérience et les compétences nécessaires, faisons-lui confiance.

Le trou n° 6 est nouveau et amélioré. Il ressemblait antérieurement à un trou temporaire qui aurait utilisé un vert d'exercice laissé là par hasard. L'affreux petit canard offre maintenant un joli point de vue et demande deux coups de golf précis ou un coup de canon audacieux.

La difficulté

Il faut parler du vent, des verts et de votre capacité à planifier votre parcours. Rien de nouveau sous le soleil. Avec leurs ondulations, les verts ne laissent aucun répit au golfeur et votre approche devra trouver refuge au bon endroit. Cependant, si le vent est de la partie, cela pourrait bien demeurer un vœu pieux.

Les conditions de jeu

Je qualifierais les conditions de jeu de tout à fait acceptables, avec des verts en très bonne condition. Toutefois, on pourrait pousser l'audace encore plus loin en maintenant un entretien semblable à celui des terrains écossais, très peu axés sur le manucure. Cela demeurerait une excellente façon de se signaler et de créer des conditions de jeu inhabituelles pour les golfeurs québécois.

L'environnement

Évidemment, les arbres se font rares. Les trous n°s 8 à 12, qui faisaient partie du neuf trous d'origine, se trouvent dans une espèce de petite vallée intérieure au relief nettement plus accidenté. Cela donne beaucoup de caractère à l'ensemble.

Idéal pour…

Le parcours présente un défi à la mesure de la plupart des golfeurs. Cependant, si la tendance écossaise se maintenait, ce parcours pourrait devenir un véritable loup.

+ NOUS AVONS AIMÉ

Le concept
Les améliorations apportées au terrain
La sculpture à l'effigie du propriétaire

– NOUS N'AVONS PAS AIMÉ

La formule exploitée partiellement
La petite normale 3 du 13e trou
La séquence des trous n°s 11 à 15 qui comprend trois normales 3

Carte de pointage

Trou	1	2	3	4	5	6	7	8	9	Aller	10	11	12	13	14	15	16	17	18	Retour	Total
Bleu	510	350	150	422	545	365	350	190	342	3224	374	136	404	142	409	159	512	416	494	3046	6270
Blanc	497	346	135	402	541	357	338	153	322	3091	368	122	385	117	392	153	490	409	488	2924	6015
Rouge	467	329	125	347	495	295	310	136	275	2779	346	107	360	102	352	134	470	357	442	2670	5449
Normale	5	4	3	4	5	4	4	3	4	36	4	3	4/5	3	4	3	5	4	5	35/36	71/72

Évaluation : ■ Bleu - / - □ Blanc - / - ■ Rouge -/ -

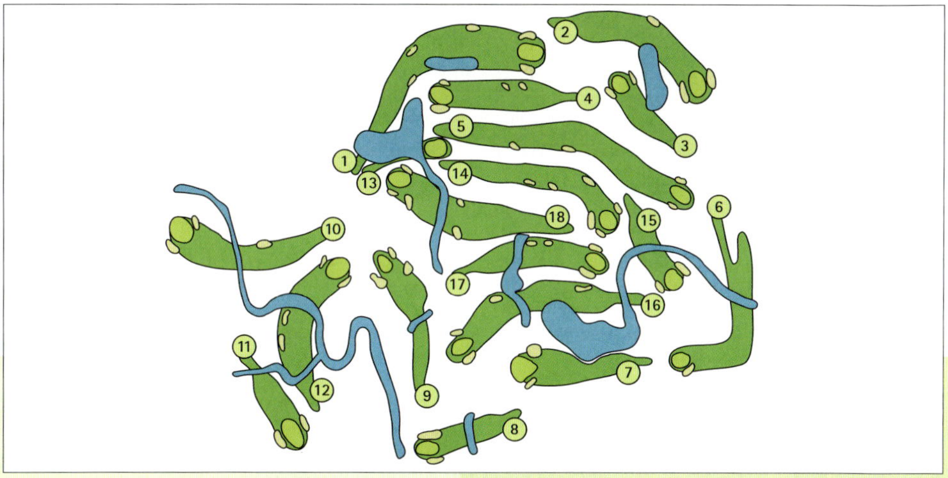

Conditions de jeu

- Verts ●●●●○
- Allées ●●○○○
- Sable ●●●○○
- Herbe longue ●●●○○
- Tertres ●●●○○

Design

- Verts + fosses ●●●●○
- Variété ●●●●○
- Harmonie + équilibre ●●●○○
- Pour tous ●●●○○
- Circuit ●●●○○

Environnement

- Visuel ●●●○○
- Nature ●●●●○
- Calme ●●●●○

Plaisir

- Délassement ●●●●○
- Verts ●●●●○
- Allées ●●●●○
- Tertres ●●●○○
- Manucure ●●○○○
- Entraînement ●●●○
- Agrément ●●●○○
- Récupération ●●●○○

VERDICT ●●●○○

- Terrain nettement amélioré qui présente un intérêt certain. Selon la direction que l'on adoptera, il pourrait devenir unique.

Temps de jeu suggéré
Non disponible.

Accueil
Bon.

Indications et signalisation
À améliorer.

Tenue générale
Bonne.

Aire d'entraînement
Complète.

Améliorations
Chaque année, on retouche une partie du terrain.

Au féminin
Des normales 4 de 329, 347, 346, 352 et 357 verges, c'est beaucoup trop long. Les trous n°s 6, 10 et 13 sont difficiles.

Pavillon
Confortable.

Boutique du pro
Rudimentaire.

Carte de pointage
Rudimentaire.

Tarif : $$$

5, Île Saint-Christophe
Trois-Rivières
G9A 5E3
(819) 375-4242

Au féminin

En 1925, des employés de l'usine CIP de Trois-Rivières fondent le Métaberoutain Country Club. On a ainsi voulu reprendre le nom que les Algonquins avaient donné à la rivière Saint-Maurice et qui signifie «exposé aux vents».

Le parcours

Le terrain est situé à Trois-Rivières, sur l'île Saint-Christophe, à la rencontre de la rivière Saint-Maurice et du fleuve Saint-Laurent.

Les allées débordent les unes sur les autres et les arbres ne réussissent pas à faire oublier la situation. À vrai dire, ce terrain ne comptait que neuf trous jusqu'en 1993, et c'est pourquoi on s'y sent à l'étroit depuis l'ajout de neuf nouveaux trous. D'ailleurs, sa longueur totale ne montre que 5284 verges à partir des jalons blancs, c'est vous dire.

Le parcours compte cinq normales 5 et six normales 3. Quant aux normales 4, jugez par vous-même. 282, 339, 346, 313, 261, 298 et 308 verges à partir des jalons blancs, c'est trop court. À noter que vous ne rencontrerez aucune d'entre elles sur les cinq premiers trous.

La difficulté

Avec pareilles distances, vous ne serez pas surpris d'évoluer sur des allées très étroites qui à l'occasion longent la rivière. Les entrées pour certains verts sont suffisamment larges pour y faire passer une automobile, mais assez curieusement, quand il s'agit d'une balle de golf, c'est un peu juste.

La configuration de quelques verts demande autant d'habileté et de précision lors de l'approche que de… chance. Cela peut devenir frustrant.

Les conditions de jeu

En général, il faut parler de conditions de jeu qui se perdent dans la moyenne des golfs du Québec. Les verts et les allées sont bien, alors que les tertres de départ sont parfois marqués jusqu'à la terre.

L'environnement

Malgré la présence d'une quantité importante d'arbres, on a procédé au printemps 2002 à la transplantation de 76 pins pouvant atteindre jusqu'à 20 pieds (6 m) de hauteur. La Saint-Maurice longe le terrain, mais le pont Duplessis qui prend appui sur l'île amène avec lui des bruits de circulation continus. Nous aurions pu nous passer des pylônes d'Hydro-Québec qui encombrent un espace déjà restreint.

En vrac

Déjà en 1999, un millier d'épinettes avaient été transplantées sur le terrain.

Idéal pour…

Surtout pour les dames et les gens de la région qui ne ressentent pas le besoin de jouer sur un parcours de 7000 verges. Il s'agit probablement du terrain par excellence pour les Québécoises. Ce terrain intelligent leur présente deux degrés de difficulté différents à partir des jalons rouges et jaunes. Bravo.

+ NOUS AVONS AIMÉ

- Le site naturel
- Les arbres
- Les allées vallonnées

– NOUS N'AVONS PAS AIMÉ

- La proximité des trous entre eux
- Les pylônes d'Hydro-Québec
- Les distances trop courtes

Carte de pointage

Trou	1	2	3	4	5	6	7	8	9	Aller	10	11	12	13	14	15	16	17	18	Retour	Total
Bleu	500	181	441	130	448	301	358	158	355	2872	494	176	333	276	445	142	312	207	327	2712	5584
Blanc	481	155	431	121	420	282	339	141	346	2716	468	167	313	261	429	133	298	191	308	2568	5284
Rouge	424	125	374	113	324	213	302	126	269	2270	398	159	301	253	378	128	275	142	284	2318	4588
Normale	5	3	5	3	5	4	4	3	4	36	5	3	4	4	5	3	4	3	4	35	71

Évaluation : ■ Bleu 66 / - □ Blanc 64,5 / - ■ Rouge 66,3 / -

Conditions de jeu

- Verts ●●●○○
- Allées ●●●○○
- Sable ●●●○○
- Herbe longue ●●●○○
- Tertres ●○○○○

Design

- Verts + fosses ●●○○○
- Variété ●●○○○
- Harmonie + équilibre ●●●○○
- Pour tous ●●●○○
- Circuit ●●○○○

Environnement

- Visuel ●●●○○
- Nature ●●●●○
- Calme ●●●○○

Plaisir

- Délassement ●○○○○
- Verts ●●○○○
- Allées ●●○○○
- Tertres ●●○○○
- Manucure ●●○○○
- Entraînement ●●○○○
- Agrément ●●●●○
- Récupération ●●●○○

VERDICT ●●◐○○

- Terrain court qui représente un intérêt certain pour les golfeurs de la région qui n'ont plus vingt-quatre ans.

Accueil

Excellent.

Indications et signalisation

Pour un visiteur, nettement insuffisantes.

Tenue générale

Bonne.

Aire d'entraînement

Vous vous doutez bien qu'elle n'est pas très grande.

Améliorations

Plantation de nombreux arbres.

Au féminin

Ce terrain est fait sur mesure pour vous. Vous devriez le prendre d'assaut et en interdire l'accès aux hommes.

Pavillon

Un peu vieillot, mais les membres y sont actifs.

Boutique du pro

Il s'agit tout simplement de la mieux nantie de la province ; on dirait un magasin à grande surface.

Tarif : $

PLESSISVILLE

328, rang du Golf
Plessisville
G6L 2Y2
(819) 362-3387

Oreilles de crisse

Une partie sur ce parcours situé dans la capitale mondiale de l'érable présente certaines similitudes avec une visite à la cabane à sucre. On y retrouve une atmosphère bon enfant et un accueil à la bonne franquette. On en ressort rassasié, même s'il ne s'agit pas d'un cinq fourchettes. Il ne faudrait pas oublier qu'on y va aussi pour le simple plaisir de se sucrer le bec. Inauguré en 1970, ce terrain a maintenant dépassé la trentaine; jetons-y un coup d'œil.

Le parcours

Sans être regroupés sous forme de boisé très dense, les arbres y sont nombreux. Ils laissent quand même aux allées une largeur suffisante pour que le golfeur s'y sente à l'aise, d'autant qu'ils ne les ferment que partiellement. On se retrouve à la campagne, dans la nature, avec des allées qui s'étirent négligemment le long de pentes légères. C'est bon autant pour la variété des trous que pour maintenir un certain degré de difficulté.

Le terrain n'aurait certainement pas le même charme sans la présence de ses deux cours d'eau, la rivière Noire et la rivière à Goulet. On a su les intégrer au parcours de manière qu'elles rafraîchissent notre passage sur sept trous.

Les verts impressionnent par leurs formes variées et l'équilibre entre leur dimension et la sévérité des pentes qui les affectent. Plusieurs tertres s'entourent d'arbres et on a pris soin de les placer dans des angles complètement différents sur un même trou. Ils peuvent même être distancés les uns des autres de 150 verges. Les fosses de sable ont un petit côté rustique, un peu comme si elles manquaient de fini; rien d'alarmant.

Parfois, l'enchaînement entre les trous est étrange. Il faut rebrousser chemin et descendre la pente que l'on vient tout juste de monter pour accéder au tertre suivant qui jouxte celui que l'on vient d'utiliser. Cela retarde le jeu inutilement et affecte la fluidité de la circulation, sans parler du danger qui croît avec l'usage…

La difficulté

Des normales 4 de 440, 420, 420 et 410 verges (ajoutez 20 verges pour les jalons bleus), une normale 5 de 590 verges et une normale 3 de 200 verges avec le vert sur un plateau, n'ont rien de rassurant. Mais ne vous en faites pas, les autres trous sont plus conciliants puisque les jalons bleus ne montrent que 6356 verges. Les verts faisant généralement l'objet d'une étroite surveillance, la précision est de mise.

Les conditions de jeu

Peu importe l'élément examiné, elles demeurent dans la moyenne, sans plus. Le terrain manque de manucure.

L'environnement

Les arbres, la montagne qui se dessine au loin et les points de vue sur la campagne confèrent beaucoup de charme à l'ensemble.

Idéal pour…

Une balade pas stressée, juste pour l'agrément. Les retraités s'y plaisent bien.

+ NOUS AVONS AIMÉ

Son côté naturel
Les arbres
Les fosses de sable près des verts

– NOUS N'AVONS PAS AIMÉ

La dangerosité de certains trous
Les conditions de jeu honnêtes, sans plus
La circulation des joueurs dans un espace restreint qui dérange

Carte de pointage

Trou	1	2	3	4	5	6	7	8	9	Aller	10	11	12	13	14	15	16	17	18	Retour	Total
Bleu	400	505	388	300	187	345	410	170	530	3235	367	158	365	465	200	381	567	116	502	3121	6356
Blanc	390	485	369	285	173	336	390	154	505	3087	334	142	348	430	178	358	550	100	478	2918	6005
Rouge	317	400	324	226	148	255	298	134	440	2542	308	124	332	412	83	335	496	83	385	2558	5100
Normale	4	5	4	4	3	4	4	3	5	36	4	3	4	5	3	4	5	3	5	36	72

Évaluation : ■ **Bleu 70,2 / 124** □ **Blanc 68,9 / 120** ■ **Rouge 69 / 110**

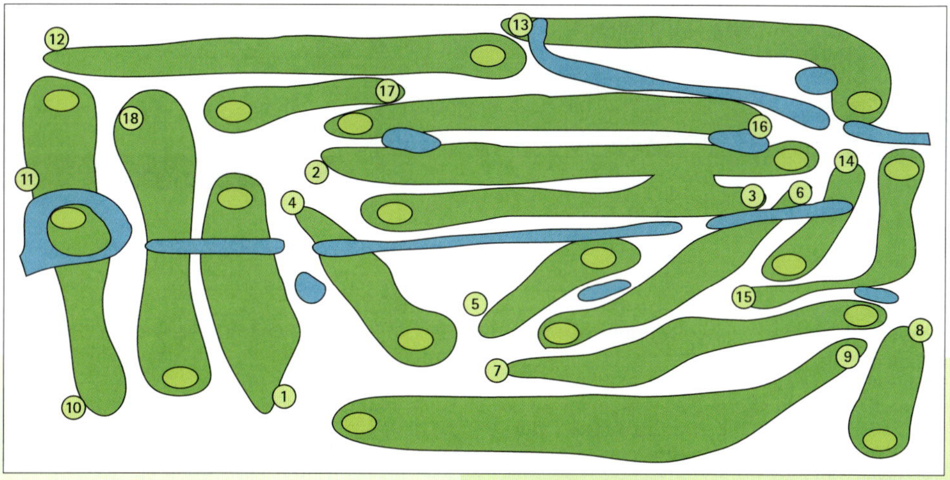

Conditions de jeu

- Verts ●●●○○
- Allées ●●●○○
- Sable ●●●○○
- Herbe longue ●●●○○
- Tertres ●●●○○

Design

- Verts + fosses ●●●○○
- Variété ●●●○○
- Harmonie + équilibre ●●●○○
- Pour tous ●●●●○
- Circuit ●●●●○

Environnement

- Visuel ●●●●●
- Nature ●●●●●
- Calme ●●●●●

Plaisir

- Délassement ●●●○○
- Verts ●●●●○
- Allées ●●●○○
- Tertres ●●●○○
- Manucure ●●●○○
- Entraînement ●●○○○
- Agrément ●●●●○
- Récupération ●●●●○

VERDICT ●●●○○

- Terrain bon enfant, sans prétention, qui saura vous divertir.

Temps de jeu suggéré
4 h 30.

Indications et signalisation
Déficientes.

Tenue générale
Très bonne.

Aire d'entraînement
Correcte.

Au féminin
Trop de normales 4 de plus de 300 verges.
Joli à regarder.
Terrain agréable à fréquenter.

Boutique du pro
Peut vous dépanner.

Atmosphère
Bon enfant.

Verts
Ne sont pas protégés par des toiles pendant l'hiver

Allées
Manquent de définition et de manucure.

Tarif : $

SAINTE-FLORE

5401, 35e Rue
Grand-Mère
G9T 3N5
(819) 533-4555

Pas d'émotions fortes

Ma visite précédente remontait à quinze ans alors que Sainte-Flore ne comptait toujours que sur un seul neuf trous, inauguré en 1972. Depuis, Annie et Patrick Ladouceur (frère et sœur) en sont devenus les propriétaires et ne cessent d'y apporter des améliorations. Les professionnels « seniors » québécois y ont même tenu un tournoi pendant la saison 2001.

Le parcours

Cette normale 71 compte 13 normales 4, ce qui ne laisse que 2 normales 5 (une sur chacun des neuf) et 3 normales 3.

Ses allées droites et planes favorisent la marche, certes, mais à la longue cela devient monotone. Depuis quinze ans, les arbres ont poussé en taille et en sagesse et c'est tant mieux. Ils ferment modérément les allées, ils ajoutent au défi et au paysage et font obstacle au vent autant qu'aux balles provenant d'allées voisines.

La variété fait défaut à Sainte-Flore. Trop d'allées d'apparence et de conception semblables se placent parallèlement les unes aux autres. À l'occasion, on en dénombre pas moins de six de largeur. La plupart d'entre elles se plient comme un coude et cela arrive à point nommé. La conception des verts et des tertres de départ reste sans éclat et les fosses de sable se font tout à fait discrètes. Vous ne risquez pas l'infarctus.

Le trou n° 2, une normale 3 de 123 verges avec un vert construit sur une île, représente un attrait certain. Le point d'allègement pour ceux qui ratent l'île se trouve sur le vert, ce qui évite de causer des embouteillages dès le départ.

La difficulté

Vous ne serez pas étonné d'apprendre qu'il ne s'agit pas d'un terrain difficile. Son évaluation Slope de 119 à partir des jalons bleus et de 108 à partir des jalons blancs vend la mèche. Le golfeur imprécis pourrait s'en tirer avec un bon pointage puisque les allées permettent d'espérer une normale même avec un coup de départ erratique. Vous devrez cependant vous méfier du vent et de huit hors-limite, dont cinq consécutifs sur le second neuf.

Les conditions de jeu

Seuls les verts et les tertres de départ bénéficient d'un système d'arrosage. Les allées sont donc plus vulnérables en période de sécheresse. On y retrouve d'ailleurs plusieurs fossés d'égouttement. De façon générale, les conditions de ce terrain s'améliorent d'année en année et lors du rendez-vous, elles étaient acceptables.

L'environnement

La carte maîtresse de Sainte-Flore, c'est sa montagne qui reste visible à partir de presque tous les trous. Le terrain en bénéficie grandement.

En vrac

Ce parcours profiterait certainement de l'ajout de quelques monticules ici et là.

Idéal pour...

Les golfeurs qui recherchent les terrains plats, avec un faible degré de difficulté. Si en plus vous êtes une bonne fourchette, cette petite municipalité devient alors une destination de choix.

+ NOUS AVONS AIMÉ

- Le dynamisme des propriétaires
- Le caractère abordable de ce terrain
- Les améliorations apportées au cours des ans

− NOUS N'AVONS PAS AIMÉ

- La répartition des différentes normales
- La ligne électrique
- Les trous répétitifs

Carte de pointage

Trou	1	2	3	4	5	6	7	8	9	Aller	10	11	12	13	14	15	16	17	18	Retour	Total
Bleu	328	123	285	413	351	346	524	424	199	2993	280	426	364	542	396	353	140	413	307	3221	6214
Blanc	323	110	280	348	346	341	476	383	165	2772	275	420	359	465	391	348	135	408	302	3103	5875
Rouge	318	90	275	348	315	301	404	332	155	2538	270	414	285	422	335	343	130	350	257	2806	5344
Normale	4	3	4	4	4	4	5	4	3	35	4	4/5	4	5	4	4	3	4	4	36/37	71/72

Évaluation : ■ Bleu 68 / 119 □ Blanc 67,5 / 108 ■ Rouge 70,1 / 116

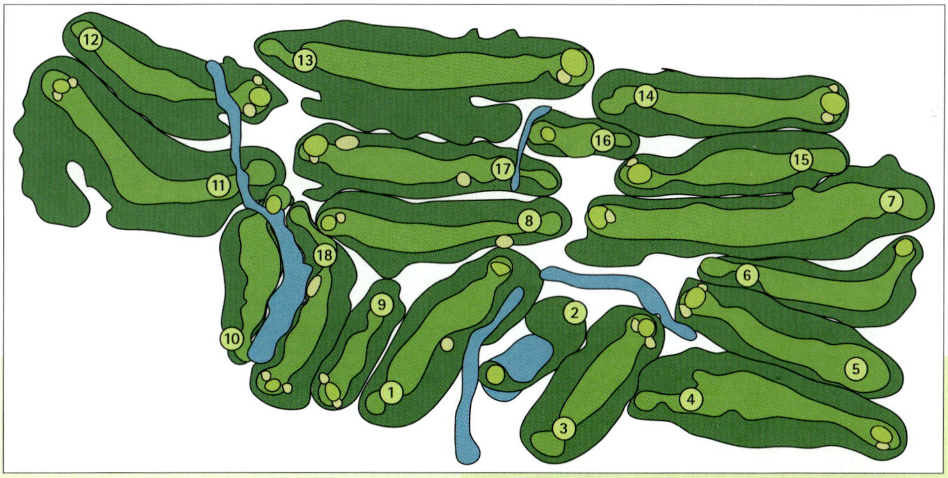

Conditions de jeu

- Verts ●●●○○
- Allées ●●●○○
- Sable ●●●○○
- Herbe longue ●●●○○
- Tertres ●●●○○

Design

- Verts + fosses ●●○○○
- Variété ●○○○○
- Harmonie + équilibre ●●○○○
- Pour tous ●●●●●
- Circuit ●●○○○

Environnement

- Visuel ●●●○○
- Nature ●○○○○
- Calme ●○○○○

Plaisir

- Délassement ●●●●●
- Verts ●●●○○
- Allées ●●●●●
- Tertres ●●●●○
- Manucure ●●●○○
- Entraînement ●●●●○
- Agrément ●●●●●
- Récupération ●●●●●

VERDICT ●●◐○○

- Ce terrain plat privilégie avant tout le divertissement et la détente.

Temps de jeu suggéré
Non disponible.

Accueil
Excellent.

Indications et signalisation
À améliorer.

Règles locales
Précisent qu'il faut respecter le cordage en tout temps

Tenue générale
Très bonne.

Aire d'entraînement
Éclairée, elle compte deux verts et des fosses de sable.

Au féminin
La majorité des femmes s'y plaira à coup sûr. Il faudrait absolument ajouter d'autres tertres de départ afin de réduire la longueur des normales 4.

Pavillon
Joli et fonctionnel.

Boutique du pro
Bien garnie.

Tarif : $

VICTORIAVILLE

223, rue Perreault
Victoriaville
G6P 6S8
(819) 752-2133

L'expérience

On raconte qu'en 1941, à Victoriaville, des mordus s'amusent déjà à frapper des balles dans un champ d'aviation. En 1944, neuf trous y sont aménagés avec des verts recouverts de sable. On nivelle leur surface au moyen de sacs en jute imbibés d'huile et deux baraques militaires servent de pavillon.

À partir de 1978, le prestigieux Omnium du Québec s'y déroulera à 11 reprises, l'expérience se poursuivant avec l'Omnium Greg Norman en septembre 2002. Joli palmarès, n'est-ce pas?

Le parcours

Comme bien d'autres parcours de cet âge dessinés par Howard Watson, Victoriaville constitue un parcours résolument traditionnel. En parcourant un site aussi boisé, il est difficile de croire que chacun de ces arbres a un jour été transplanté. L'histoire ne dit pas comment cela a été réalisé, mais on observe que chaque trou accueille une concentration d'arbres d'une même essence. Pour protéger les acquis environnementaux, le club a adopté la méthode Audubon.

C'est le genre de terrain qui gagne à être connu, car ce n'est qu'après plusieurs visites que l'on peut l'apprécier à sa juste valeur. Il n'appartient pas à la dernière tendance et ne se transforme pas au gré des modes comme en font foi ses trous peu spectaculaires et son relief relativement plat. Les verts et les fosses de sable n'ont rien pour vous décrocher la mâchoire d'admiration. Mais ne vous y trompez pas, on a affaire à un vieux routier qui en a vu d'autres. Il vous propose un test de golf équitable, dans un environnement agréable, avec suffisamment de diversité et de caractère pour s'élever au-dessus de la mêlée.

Les allées s'étendent le long de pentes douces, animant le spectacle avec le concours des arbres qui leur tiennent compagnie. Les verts peu surélevés et de grandes dimensions semblent s'être endormis, mais méfiez-vous de l'eau qui dort, ils ont ce petit quelque chose qui rend un roulé difficile à lire.

La difficulté

C'est du côté des verts qu'il faut regarder quand on veut savoir pourquoi Victoriaville a si bonne réputation. Même si ce terrain a su résister à plusieurs des golfeurs œuvrant actuellement sur le circuit américain (Omniums du Québec), le golfeur moyen peut s'y mesurer et avoir du plaisir. C'est une des qualités qui n'appartiennent qu'aux meilleurs terrains.

Les conditions de jeu

L'absence de gazon de type agrostide ne pénalise nullement ce parcours. Certes, le gazon traditionnel ne peut afficher un contraste de couleurs aussi frappant, mais vous n'aurez pas à vous plaindre des soins esthétiques ou de la coupe soignée dont il fait l'objet.

L'environnement

Aux arbres d'essences variées qui embellissent différents trous, il faut ajouter le mont Saint-Michel qui se profile à proximité et la rivière qui longe quelques trous.

Idéal pour...

Tous ceux qui aiment le golf.

+ NOUS AVONS AIMÉ

- Le défi équitable
- Les arbres
- L'équilibre de l'ensemble

– NOUS N'AVONS PAS AIMÉ

- Le dessin conservateur
- Le stationnement un peu juste
- Le pavillon

Carte de pointage

Trou	1	2	3	4	5	6	7	8	9	Aller	10	11	12	13	14	15	16	17	18	Retour	Total
Bleu	315	187	505	127	501	184	377	537	384	3117	393	152	497	470	416	204	553	200	347	3232	6349
Blanc	304	169	485	118	483	174	356	495	357	2941	374	142	464	453	399	187	516	178	316	3029	5970
Rouge	287	142	417	108	454	153	337	418	330	2646	342	132	433	419	354	139	445	155	281	2700	5346
Normale	4	3	5	3	5	3	4	5	4	36	4	3	5	5	4	3	5	3	4	36	72

Évaluation : ■ Bleu 69,5 / 121 □ Blanc 68 / 118 ■ Rouge 69,7 / 114

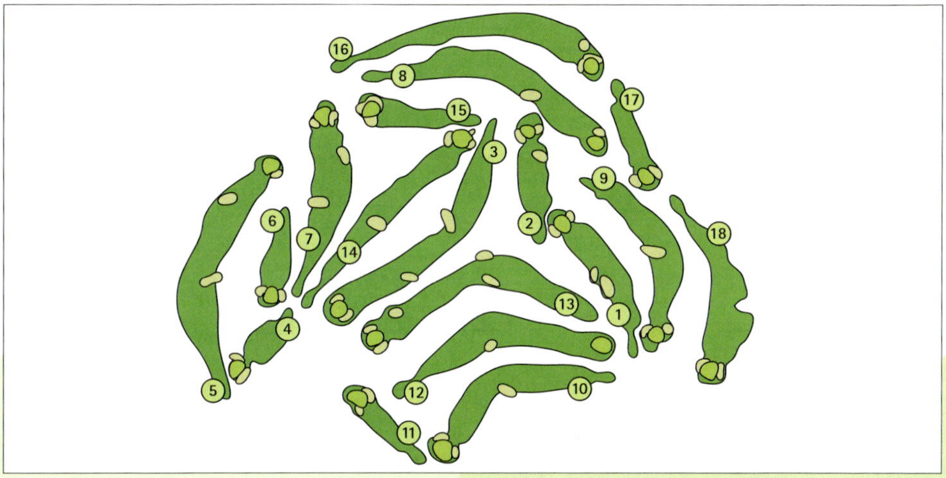

Conditions de jeu

> Verts	●●●●○
> Allées	●●●●○
> Sable	●●●●○
> Herbe longue	●●●○○
> Tertres	●●●○○

Design

> Verts + fosses	●●●●○
> Variété	●●●●○
> Harmonie + équilibre	●●●●●
> Pour tous	●●●●●
> Circuit	●●●●●

Environnement

> Visuel	●●●●○
> Nature	●●●●○
> Calme	●●●●○

Plaisir

> Délassement	●●●●●
> Verts	●●●●○
> Allées	●●●●○
> Tertres	●●●○○
> Manucure	●●●●○
> Entraînement	●●●○○
> Agrément	●●●●○
> Récupération	●●●●○

VERDICT ●●●●○

> À visiter si vous appréciez les terrains traditionnels.

Temps de jeu suggéré
On ne flâne pas à Victo.

Indications et signalisation
Bonnes.

Tenue générale
Très bonne.

Aire d'entraînement
Correcte.

Améliorations
Corrections aux trous longeant la rivière afin de minimiser les inondations printanières.

Au féminin
Deux jalons de départ, mais même les jaunes proposent des normales 4 essoufflantes... Pour golfeuses aguerries, à cause du rythme de jeu et du défi.

Pavillon
Garde son style vieillot.

Boutique du pro
Très bien garnie.

Divers
Bonne collaboration.

Tarif : $$$

CANTONS-DE-L'EST

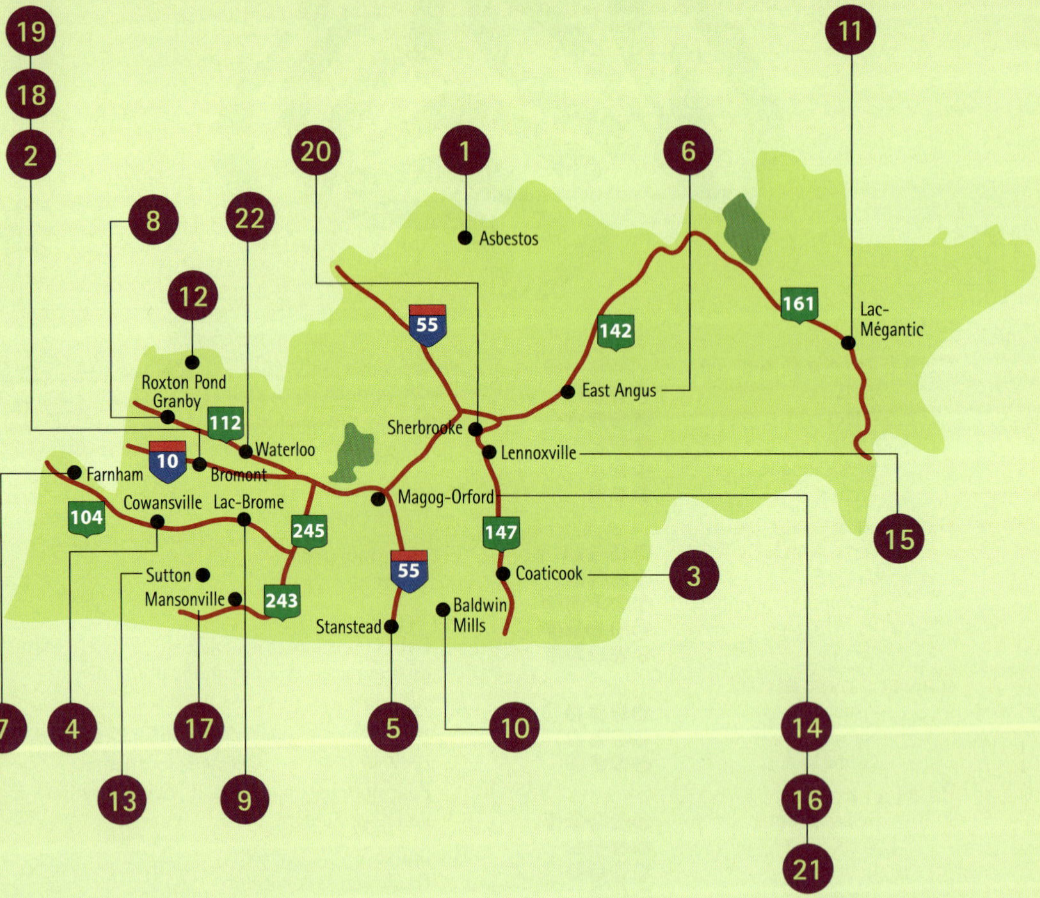

1 > ASBESTOS
Asbestos

2 > BROMONT
Bromont

3 > COATICOOK
Coaticook

4 > COWANSVILLE
Cowansville

5 > DUFFERIN HEIGHTS
Stanstead

6 > EAST ANGUS
East Angus

7 > FARNHAM
Farnham

8 > GRANBY/SAINT-PAUL
Granby

9 > INVERNESS
Lac-Brome

10 > LAC LYSTER
Baldwin Mills

11 > LAC-MÉGANTIC
Lac-Mégantic

12 > LE ROCHER DE ROXTON POND
Roxton Pond

13 > LES ROCHERS BLEUS
Sutton

14 > MANOIR DES SABLES
Orford

15 > MILBY
Lennoxville

16 > MONT-ORFORD
Orford

17 > OWL'S HEAD
Mansonville

18 > PARCOURS DU VIEUX-VILLAGE
Bromont

19 > ROYAL BROMONT
Bromont

20 > SHERBROOKE
Sherbrooke

21 > VENISE
Magog

22 > WATERLOO
Waterloo

375, chemin du Golf
Asbestos
J1T 3M7
(819) 879-5266
1 888 377-5266

Gris poudre ?

En 1945, la compagnie minière John Manville procède à l'ouverture d'un premier neuf trous. Ce n'est qu'en 1967 que le terrain atteint 18 trous sous la supervision de la firme Watson. En 1990, la compagnie fondatrice met fin à sa longue implication et se retire du dossier au profit d'un groupe d'industriels de la région.

Le parcours

Seules des fosses de sable grises et poussiéreuses rappellent la vocation minière de la ville. Leur pouvoir d'attraction assure la qualité du défi et rehausse l'apparence des verts en leur donnant bonne mine…

Chacune des allées présente une dénivellation qui ne vous laissera pas indifférent. Elle garantit la diversité des trous et augmente d'autant le plaisir. D'ailleurs, une bonne quantité de trous coudés veille à ce que le visiteur reste sur le qui-vive. Ils tournent autant vers la gauche que vers la droite dans des manœuvres parfois serrées. Les arbres matures qui les ferment totalement découragent ceux qui pourraient vouloir abuser de leur largesse. Toutes ces composantes laissent quelques coups à l'aveuglette inquiétants pour celui qui ne connaît pas le parcours. La disposition des trous varie mais laisse quelques endroits mal protégés des balles maladroites.

Pour ceux que se sentent d'attaque, les jalons bleus proposent trois normales 3 de 200 verges et plus.

La difficulté

Vous voudrez éviter les fosses de sable, car il n'est pas facile de s'en extraire à cause de leur profondeur et de leur rebord. D'ailleurs, on a pris soin de les placer de telle manière qu'il faille les survoler pour atterrir sur le vert. Les trous coudés vous imposent souvent de privilégier un côté de l'allée, car la taille des arbres complique l'accès au vert. Bien entendu, les dénivellations vous obligeront à effectuer des coups à partir de positions peu commodes. Finalement, pour atteindre un vert assis sur un plateau ou blotti dans le creux d'une vague, vous devrez redoubler d'ardeur et faire preuve d'adresse.

Les conditions de jeu

Malgré certains tertres de départ plus amochés, dans l'ensemble, l'état du terrain est satisfaisant. Cela vaut autant pour les verts que pour les allées. L'entretien des fosses de sable ne fait pas défaut.

L'environnement

Les environs ne laissent jamais oublier que l'on se trouve à Asbestos. Sur plusieurs trous, vous verrez apparaître une montagne formée de résidus des matériaux excavés. Heureusement, les arbres ne manquent pas, notamment les conifères. Leur gabarit donne un coup d'œil vraiment intéressant partout sur le parcours, même s'ils ne réussissent pas toujours à protéger les tertres de départ de l'ardeur de balles fugueuses.

Idéal pour…

En raison des nombreuses dénivellations, de la densité du bois qui longe les allées et de la profondeur des fosses de sable, ce parcours ne favorise pas le golfeur débutant.

+ NOUS AVONS AIMÉ

La maturité du terrain
Le dessin des verts
La qualité des fosses de sable
La diversité des trous

– NOUS N'AVONS PAS AIMÉ

Quelques trous qui, en raison de leur relief accidenté, ne sont pas à la portée de tous
La condition des tertres de départ
La voiturette motorisée

Carte de pointage

Trou	1	2	3	4	5	6	7	8	9	Aller	10	11	12	13	14	15	16	17	18	Retour	Total
Bleu	331	358	210	526	361	474	391	164	404	3219	351	215	508	415	505	396	197	453	419	3459	6678
Blanc	317	344	155	490	340	461	379	164	388	3038	318	156	458	399	484	378	172	429	406	3200	6238
Rouge	294	320	116	397	276	439	339	149	340	2670	296	132	430	327	455	309	149	401	355	2854	5524
Normale	4	4	3	5	4	5	4	3	4	36	4	3	5	4	5	4	3	4	4	36/37	72/73

Évaluation : Bleu 73,1 / 132 — Blanc 70,7 / 126 — Rouge 70 / 126

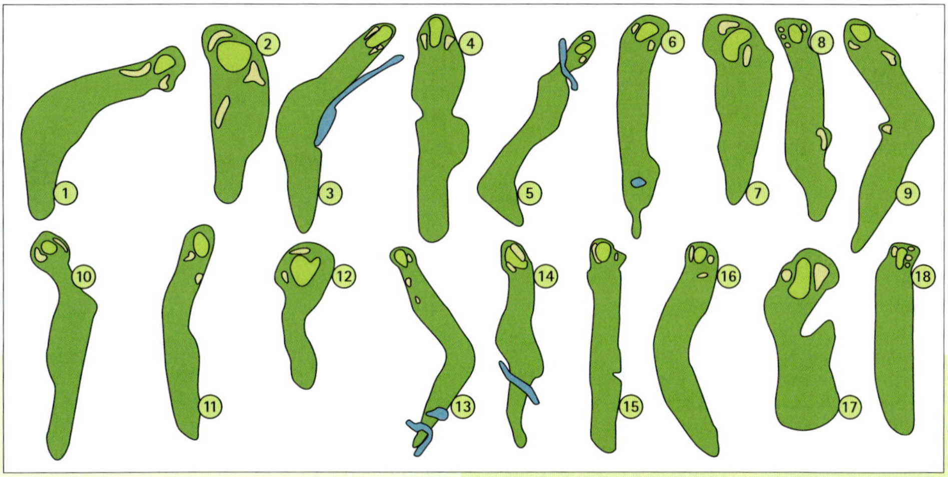

Conditions de jeu

- Verts ●●●○○
- Allées ●●●○○
- Sable ●●●○○
- Herbe longue ●●●○○
- Tertres ●○○○○

Design

- Verts + fosses ●●●●○
- Variété ●●●●○
- Harmonie + équilibre ●●●●○
- Pour tous ●●○○○
- Circuit ●●●○○

Environnement

- Visuel ●●●○○
- Nature ●●●○○
- Calme ●●○○○

Plaisir

- Délassement ●○○○○
- Verts ●●●●○
- Allées ●●●●○
- Tertres ●●○○○
- Manucure ●●●○○
- Entraînement ●●○○○
- Agrément ●●○○○
- Récupération ●●○○○

VERDICT ●●●○○

- Bon terrain pour les golfeurs aguerris et en forme.

Temps de jeu suggéré
4 h 15.

Accueil
Bon.

Tenue générale
Bonne.

Aire d'entraînement
M'a parue un peu à l'étroit entre tous ces trous.

Améliorations
On travaille à la réfection de certains tertres.

Au féminin
Trop long avec ses 5524 verges et ses 6 normales 4 de plus de 320 verges. Pas mal accidenté.

Divers
Si vous louez une voiturette, assurez-vous d'avoir la meilleure possible. La nôtre n'était pas fameuse. Jumelé avec le club de golf Le Canton : les membres peuvent jouer sur les deux terrains sans frais supplémentaires.

Tarif : $$

BROMONT

95, Montmorency
Bromont
J2L 2J1
(450) 534-1199
1 877 946-5325

Irrésistible, en octobre

Conçu par Graham Cooke en 1968, ce terrain est rattaché à l'auberge du même nom. Après une visite du parcours, on se demande si tous les sites exceptionnels sont propices à la construction d'un terrain de golf. En effet, en présence d'un tel site, l'architecte doit-il abandonner toutes notions de variété et d'équilibre ?

Le parcours

Imaginez un parcours de montagne sans arbres. Imaginez que chaque allée vous oblige à grimper une pente prononcée ou à la dévaler ou, pire encore, à faire les deux successivement.

La montagne vole le spectacle à elle seule. Elle est là tout le temps. Dès le seuil de la boutique, elle vous regarde droit dans les yeux de l'autre côté de la vallée. Entre les deux, les trous qui montent et qui descendent.

Le site est extraordinaire pour pique-niquer, faire une promenade ou encore glisser avec les enfants. Mais pour jouer au golf, qu'en est-il ? Il ne suffit pas de répondre : allez-y et vous verrez bien ! Les allées s'alignent, raides et droites, complètement ouvertes, presque sans arbre ni obstacle. À moins d'être une chèvre, il est inutile d'essayer de parcourir à pied ces trous pentus et parfois trop distancés. En voiturette motorisée, la partie devient presque agréable, même si la suspension du véhicule en prend pour son rhume. À noter les normales 4 consécutives du 3e au 7e trou et du 14e au 17e.

La difficulté

Le défi consiste à bien évaluer les dénivelés et leur effet sur la distance pour les coups d'approche au vert. C'est rock and roll, mais si le vent se met de la partie, cela devient *heavy metal*.

Les conditions de jeu

L'état des verts n'inspire aucune crainte. Pour le reste, je me contenterai de dire que les conditions n'égalent pas celles des deux autres parcours de la région immédiate.

L'environnement

Tout est là. La montagne sort ce parcours de l'anonymat. À cause d'elle, une partie de golf à Bromont n'est jamais ordinaire. C'est une source de plaisir, une expérience agréable à partager avec n'importe quel golfeur. Ne vous en privez pas. En prime, quatre autres montagnes se dessinent à l'horizon.

En vrac

Il faut traverser une route passante à cinq reprises, la vigilance est de mise.

Ce terrain ne possède pas d'évaluation Slope…

La vue qu'offre le village de Bromont est chouette.

Le club de golf de Bromont est un bel exemple de la difficulté que représente l'évaluation objective des terrains de golf. Dans un cas extrême comme ici, faut-il privilégier l'environnement ou le dessin ?

Idéal pour…

Tous, à la condition de jouer en voiturette motorisée et de savoir exactement à quoi s'attendre. Vive la différence.

+ NOUS AVONS AIMÉ

La montagne
La montagne
La montagne

– NOUS N'AVONS PAS AIMÉ

Les conditions de jeu
La route
Certains trous « rock and roll »

Carte de pointage

Trou	1	2	3	4	5	6	7	8	9	Aller	10	11	12	13	14	15	16	17	18	Retour	Total
Bleu	379	166	367	366	434	373	395	156	487	3123	357	131	468	125	371	257	430	471	535	3145	6268
Blanc	362	142	359	343	402	351	372	148	459	2938	330	12	443	116	347	227	407	462	502	2956	5894
Rouge	314	133	347	268	371	266	315	143	399	2556	297	95	393	91	326	144	326	415	460	2547	5103
Normale	4	3	4	4	4	4	4	3	5	35	4	3	5	3	4	4	4	4	5	36	71

Évaluation : ■ Bleu - / - □ Blanc - / - ■ Rouge - / -

Conditions de jeu

- Verts ●●●○○
- Allées ●●○○○
- Sable ●●●○○
- Herbe longue ●●○○○
- Tertres ●○○○○

Design

- Verts + fosses ●●○○○
- Variété ●●○○○
- Harmonie + équilibre ●●●●○
- Pour tous ●●●●○
- Circuit ●○○○○

Environnement

- Visuel ●●●●●
- Nature ●●●●●
- Calme ●●●○○

Plaisir

- Délassement ●●○○○
- Verts ●●●○○
- Allées ●●●○○
- Tertres ●●●○○
- Manucure ●○○○○
- Entraînement ●●●●●
- Agrément ●●●○○
- Récupération ●●●●●

VERDICT ●●◐○○

- Terrain différent, pittoresque et amusant.
  Allez-y pour la montagne.
  Petit terrain de golf selon les critères classiques.

Temps de jeu suggéré
Non disponible.

Accueil
Correct.

Indications et signalisation
À améliorer.

Tenue générale
Bonne.

Au féminin
Pas vraiment recommandable.
À mon grand étonnement, j'y ai vu plusieurs femmes.
Trop accidenté, trop long.

Boutique du pro
Rudimentaire.

Forfaits
Mini billets de saison offerts.
À considérer, surtout que le terrain est situé au pied de l'Auberge Bromont.

Tarif : $$$$

660, rue Merril, C.P. 40
Coaticook
J1A 2S8
(819) 849-9876

Golf pour tous

Ce club semi-privé ouvert depuis 1961 a été conçu par l'architecte Richard Faucher.

Le parcours

Trente années séparent la construction du neuf d'aller de celle du neuf de retour et cela se voit. Le premier maintient harmonie, équilibre et variété ; il abrite les plus beaux trous. Le second manque de maturité et d'expérience, sa croissance n'étant pas terminée.

Les allées épousent parfaitement le site et ses différents dénivelés, ce qui nous laisse avec quelques coups à l'aveuglette, certes, mais sans mauvaise surprise. Les verts ne sont pas véritablement surélevés et acceptent les approches roulées. Il arrive fréquemment qu'aucune fosse ne les protège, à cause de leur petite dimension et de la précision requise pour le coup d'approche.

Pas très grandes, les fosses exposent quand même leur rebord et font preuve d'une certaine profondeur. Pour une meilleure variété, les jalons de départ gagneraient à être répartis sur un plus grand nombre de tertres. D'ailleurs, certains d'entre eux occupent une zone dangereuse à proximité du vert précédent. Dans l'ensemble, les normales 3 manquent de caractère.

La difficulté

Ce n'est pas un terrain difficile, comme le prouve son évaluation Slope de 115 à partir des jalons bleus. Ses 6055 verges, toujours des mêmes jalons, y sont sûrement pour quelque chose. Le neuf de retour pénalise moins le golfeur imprécis parce qu'il est plus ouvert et moins boisé. En effet, ses arbres maigrelets permettent une plus grande marge de manœuvre.

Les verts, qu'ils soient en pente ou ondulés, vous compliqueront la tâche. Si vous respectez le terrain, vous réussirez un bon pointage, car il suffit de rester à l'intérieur de vos limites et d'utiliser le bâton que le trou commande. Attention au vent sur les trous plus ouverts.

Les conditions de jeu

Les verts et les allées sont en meilleure condition que les tertres de départ qui manquent d'aplomb. Je m'en voudrais de ne pas mentionner l'état exceptionnel de tous les sous-bois du parcours. Il est pratiquement impossible d'y perdre une balle et quand vous la retrouvez, il vous reste encore quelques options à explorer.

L'environnement

Sur le premier neuf, plusieurs trous dévoilent la vallée environnante, un vrai plaisir pour les yeux. Le paysage semble toujours différent et on ne s'en lasse jamais. C'est ce qui manque au second neuf.

En vrac

Axé sur le plaisir plus que sur le défi, Coaticook reste amusant à fréquenter. Les dénivellations, les trous coudés et les arbres y sont pour beaucoup. Même s'il ne faut pas s'attendre à de très grands trous de golf, ils sont jolis et plaisants.

Idéal pour…

Ceux qui veulent d'abord s'amuser. Si vous passez dans le coin, n'hésitez pas à y faire un arrêt.

+ NOUS AVONS AIMÉ

La vocation pour tous de ce terrain
La variété des trous
L'environnement du premier neuf

– NOUS N'AVONS PAS AIMÉ

Le second neuf
Certains tertres de départ
Les coups à l'aveuglette

Carte de pointage

Trou	1	2	3	4	5	6	7	8	9	Aller	10	11	12	13	14	15	16	17	18	Retour	Total
Bleu	330	290	480	270	165	350	370	165	320	2790	525	125	360	480	385	410	325	440	165	3265	6055
Blanc	310	270	460	260	150	320	320	150	300	2540	485	115	340	450	365	375	310	410	150	3000	5540
Rouge	255	265	450	255	145	285	280	140	295	2370	415	115	280	410	340	325	285	330	140	2640	5010
Normale	4	4	5	4	3	4	4	3	4	35	5	3	4	5	4	4	4	4	3	36	71

Évaluation : ■ Bleu 68 / 115 □ Blanc 66 / 111 ■ Rouge 71 / 113

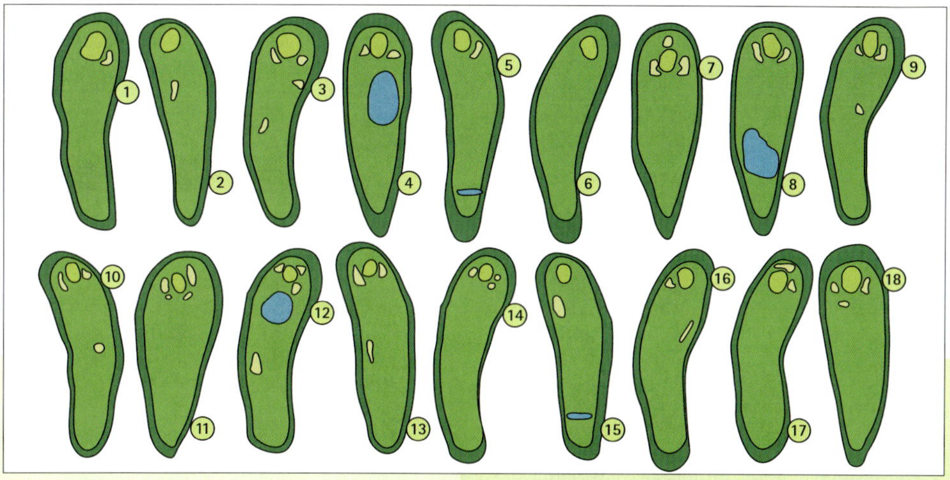

Conditions de jeu

Verts	●●●○○
Allées	●●●○○
Sable	●●●○○
Herbe longue	●●●○○
Tertres	●●○○○

Design

Verts + fosses	●●●○○
Variété	●●●○○
Harmonie + équilibre	●●●○○
Pour tous	●●○○○
Circuit	●●●○○

Environnement

Visuel	●●●●○
Nature	●●●●○
Calme	●●●○○

Plaisir

Délassement	●●●●●
Verts	●●●●○
Allées	●●●●○
Tertres	●●○○○
Manucure	●●○○○
Entraînement	●●●●○
Agrément	●●●●●
Récupération	●●●●●

VERDICT ●●●○○

> Terrain sans prétention, où il est agréable de jouer.

Temps de jeu suggéré

4 h 30 ; temps habituel : 4 h 15. Les gens de Coaticook ne sont pas des lambins.

Accueil

Excellente collaboration de la direction. Nous avons apprécié.

Indications et signalisation

Très bonnes.

Tenue générale

Très bonne.

Aire d'entraînement

Bien située, spacieuse, agréable à l'œil et attirante.

Améliorations

Nouvelle machinerie en 2002 et parachèvement des sentiers pour voiturettes motorisées en 2003.

Au féminin

Le premier neuf est un pur plaisir. Les distances sont bien adaptées, il est amusant et joli à regarder.

Le deuxième neuf compte trois normales 4 qui sont trop longues.

Pavillon

Confortable et procure une vue magnifique sur le parcours.

Tarif : $

COWANSVILLE

235, avenue du Golf
Cowansville
J2K 3H1
(450) 263-1332
1 800 574-7997

Classique

Ce terrain dont la réputation n'est plus à faire a ouvert ses portes en 1964. D'abord réalisé à partir des plans de l'architecte Howard Watson, il a connu plusieurs améliorations au fil des ans.

Le parcours

Des allées coudées caractérisent le parcours. En effet, la moitié d'entre elles adoptent cette configuration en tournant autant vers la gauche que vers la droite. Parfois, cette courbe prononcée nous oblige à atteindre une certaine distance depuis le départ jusqu'à l'ouverture pour le vert. Lorsque la courbe est plus douce, sa forme arquée vous invite à tenter le diable en courtisant des arbres pour gagner quelques verges additionnelles. À chaque trou, des pentes modulent les allées, ce qui ajoute énormément d'intérêt au terrain. On ne parle pas de ravins ou de coteaux, juste d'une dénivellation bien sentie pour rendre la marche plus sportive.

À Cowansville, la variété et l'équilibre priment. Qu'il s'agisse de la longueur des trous, de la présence d'obstacles ou de la largeur des allées, vous aurez constamment de nouveaux éléments à considérer. Cette diversité s'affirme sans aucun doute comme source de plaisir pour le golfeur. Bien qu'il s'agisse d'un terrain exigeant, il est agréable d'y jouer et on ne s'en lasse jamais. Comme le bon vin, il s'améliore en vieillissant. Au lieu de passer de mode, il nous ramène chaque fois à l'essence du golf, malgré l'apparition des terrains modernes qui ont vu le jour récemment au Québec.

Un bon mot pour les verts qui forment un ensemble discret mais harmonieux avec les fosses de sable et l'environnement immédiat.

La difficulté

Quelles que soient vos habiletés, l'un des quatre jalons de départ vous conviendra. Mais attention, c'est un parcours où vous risquez d'utiliser tous vos bâtons, même si les plans d'eau ne sont pas plus nombreux que les fosses de sable. Les sous-bois vous permettent systématiquement de revenir dans l'allée et pourtant, vous ne pouvez vous allouer beaucoup de fantaisie. Les grands verts ondulés et rapides requièrent une lecture attentive.

Les conditions de jeu

Il faut parler de conditions au-dessus de la moyenne. Les sous-bois frisent la perfection, les verts sont fiables et le sable des fosses de bonne qualité. L'herbe longue dense et uniforme se classe parmi ce qui se fait le mieux au Québec. Les allées, quoique imparfaites, ne justifient pas de commentaires négatifs.

L'environnement

Comment parler de Cowansville sans mentionner ses arbres extraordinaires, son calme et sa tranquillité ?

Idéal pour...

Les vrais amateurs de golf qui n'évaluent pas un terrain en fonction de leur pointage. C'est un classique.

+ NOUS AVONS AIMÉ

- L'équilibre général
- La maturité des arbres
- La tranquillité
- Le défi

– NOUS N'AVONS PAS AIMÉ

- Certaines parties du parcours qui vous brassent la voiturette
- Les hors-limite
- La distance entre certains trous

Carte de pointage

Trou	1	2	3	4	5	6	7	8	9	Aller	10	11	12	13	14	15	16	17	18	Retour	Total
Bleu	363	205	410	492	157	372	345	507	411	3262	415	511	358	372	150	527	354	172	404	3263	6525
Blanc	355	174	392	480	135	360	335	458	399	3088	396	487	327	360	125	508	349	162	390	3104	6192
Rouge	300	169	322	407	128	290	330	443	394	2783	340	422	326	300	107	445	277	157	335	2709	5492
Normale	4	3	4	5	3	4	4	5	4/5	36/37	4	5	4	4	3	5	4	3	4	36	72/73

Évaluation : ■ **Bleu 71,1 / 120** □ **Blanc 70 / 118** ■ **Rouge 71,3 / 121**

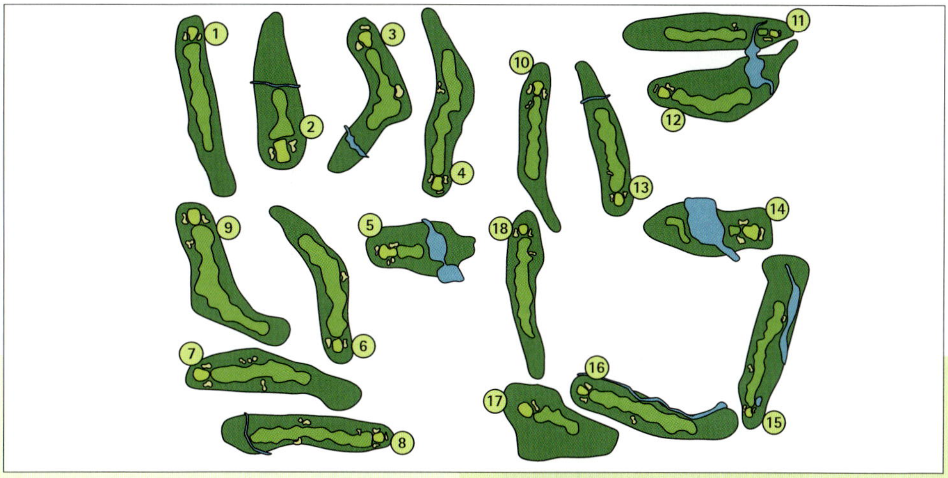

Conditions de jeu

- Verts ●●●●○
- Allées ●●●●○
- Sable ●●●●●
- Herbe longue ●●●●●
- Tertres ●●●●○

Design

- Verts + fosses ●●●●○
- Variété ●●●●●
- Harmonie + équilibre ●●●●●
- Pour tous ●●●○○
- Circuit ●●●●●

Environnement

- Visuel ●●●●●
- Nature ●●●●○
- Calme ●●●●○

Plaisir

- Délassement ●●●●○
- Verts ●●●●●
- Allées ●●●●●
- Tertres ●●●●○
- Manucure ●●●●●
- Entraînement ●●●●●
- Agrément ●●●●○
- Récupération ●●●●○

VERDICT ●●●●○

- Beau test de golf.
  Bel environnement.
  Un classique.

Temps de jeu suggéré

4 h 20, et on vous a à l'œil…

Accueil

Bon.

Indications et signalisation

Manquent parfois de clarté.

Tenue générale

Bonne.

Aire d'entraînement

Très agréable à fréquenter quoique légèrement en retrait.

Au féminin

Malgré une normale 73, 5500 verges, c'est trop long.

Pour golfeuses aguerries qui aiment marcher.

Pavillon

Propre et bien tenu.

Le casse-croûte est bien situé.

Boutique du pro

Bien qu'elle laisse paraître son âge, l'accueil est excellent et les gens y sont affairés.

Tarif : $$$

DUFFERIN HEIGHTS

4115, route 143
Stanstead
J0B 3E0
(819) 876-2113

La mélodie du bonheur

Dufferin Heights est situé à Stanstead, village frontalier avec l'État du Vermont. À vrai dire, c'est plus que du voisinage. L'édifice abritant la bibliothèque et la salle d'opéra Haskell chevauche la frontière canado-américaine. Une ligne noire trace d'ailleurs la frontière sur le plancher. Que dire de la rue Canusa où, d'un côté, vous êtes chez l'oncle Sam alors que de l'autre flotte l'unifolié ? Surpris ? Poussez donc l'audace jusqu'au club de golf.

Le parcours

Pour s'y rendre, il faut gravir un chemin qui vous amènera, à son point culminant, au pavillon. De quoi vous rappeler la célèbre prise de vue où « sister Maria » chante sa mélodie du bonheur sur un sommet autrichien. Spectaculaire !

Le premier neuf débute avec deux normales 5 parallèles, de l'inédit. Ensuite, du 4e au 11e trou, une séquence de huit trous avec rien de moins que quatre normales 3, du jamais vu. Seul un golf de montagne peut se permettre pareille fantaisie sans être accusé de tous les péchés du monde. Le second neuf adopte la forme d'un circuit, ce qui ajoute à la variété et à l'intérêt, même dans un endroit aussi remarquable.

C'est un pur et dur. On n'a pas triché avec le site naturel qui dicte sa loi. Les dogmes d'architecture golfique ne tiennent plus, c'est un parcours qui ne fait pas de compromis et tant pis pour les normales 4 de 250, 300 ou 320 verges. Au total, six d'entre elles ont moins de 330 verges.

Même si plusieurs braves parcourent le terrain sac sur le dos, il faut éviter cette bravade que seule une minorité de personnes peuvent réaliser. Peut-être sont-ils alpinistes, après tout ? Mieux vaut se faire secouer le pommier dans une voiturette motorisée qui sautille sur des allées bosselées.

Dans pareil scénario, chaque trou est ni plus ni moins qu'un chapitre de ce suspense qui vous tient en haleine du début à la fin. Vous serez probablement heureux d'apprendre que les verts sont relativement plats et circulaires et que plusieurs allées se révèlent, toutes proportions gardées, plutôt larges et semi-fermées.

La difficulté

Oubliez la longueur totale de 5877 verges à partir des jalons bleus ou l'évaluation Slope de 121. Ça ne veut plus rien dire. Avec un relief aussi accidenté où tous les coups sont permis, c'est le cas de le dire, on ne fait pas de quartiers. Aucune pitié pour le pauvre golfeur qui devra affronter le vent, les coups à l'aveuglette et des positions à l'adresse qui défieront son équilibre.

Les conditions de jeu

Les verts et les fosses de sable sont en bonne condition et les allées ressemblent à celles des autres golfs de montagne.

L'environnement

Vue extraordinaire, époustouflante, le « top du top », le « boutte du boutte ».

Idéal pour...

Les photographes.

+ NOUS AVONS AIMÉ

- L'expérience unique
- La vue indescriptible sur la campagne environnante
- Son caractère

– NOUS N'AVONS PAS AIMÉ

- Certains hors-limite sont exagérés vu les circonstances
- Pratiquement impossible de jouer à pied
- Les coups à l'aveuglette

Carte de pointage

Trou	1	2	3	4	5	6	7	8	9	Aller	10	11	12	13	14	15	16	17	18	Retour	Total
Bleu	545	464	308	156	517	333	150	428	175	3076	314	108	380	490	160	310	466	322	251	2801	5877
Blanc	443	448	300	144	492	264	126	384	145	2746	274	92	345	433	140	265	437	310	245	2541	5287
Rouge	485	394	300	130	449	264	105	343	145	2615	274	92	345	418	115	265	411	249	229	2398	5013
Normale	5	5	4	3	5	4	3	4	3	36	4	3	4	5	3	4	5	4	4	36	72

Évaluation : ■ Bleu 73,1 / 126 □ Blanc 69,9 / 122 ■ Rouge 68,2 / 117

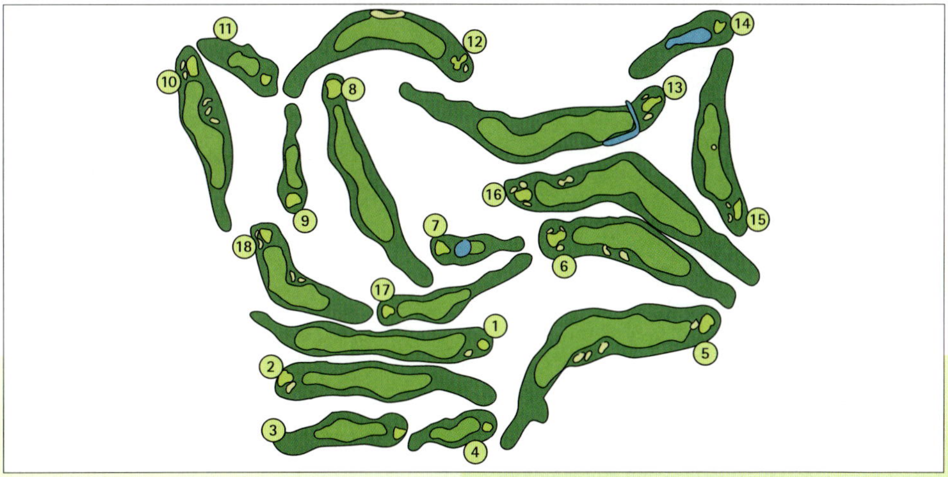

Conditions de jeu

- Verts ●●●●○
- Allées ●●●○○
- Sable ●●●○○
- Herbe longue ●●●○○
- Tertres ●●●○○

Design

- Verts + fosses ●●●○○
- Variété ●●●○○
- Harmonie + équilibre ●●●●○
- Pour tous ●○○○○
- Circuit ●●○○○

Environnement

- Visuel ●●●●●
- Nature ●●●●●
- Calme ●●●●●

Plaisir

- Délassement ●○○○○
- Verts ●●○○○
- Allées ●●●○○
- Tertres ●●●○○
- Manucure ●●○○○
- Entraînement ●●●●○
- Agrément ●●●○○
- Récupération ●●○○○

VERDICT ●●●◐○

- Terrain au relief accidenté profitant d'un environnement spectaculaire.

Temps de jeu suggéré
Non disponible.

Accueil
Bon.

Indications et signalisation
Correctes.

Tenue générale
Bonne.

Aire d'entraînement
S'ouvre sur une pente descendante qui offre une fort jolie vue sur les fermes voisines.

Au féminin
Pas sûr.

Pavillon
Est un peu sombre comme ceux des chalets anglophones d'une autre époque.

Divers
Tout le monde parle du trou n°10 et de sa descente vertigineuse. Les tertres de départ de cette normale 4 se situent déjà à 1387 pieds, alors que le vert repose 150 pieds plus bas.

Tarif : $$

171, Angus Nord
East Angus
J0B 1R0
(819) 832-3643

Double personnalité

Les employés du moulin à papier St. Lawrence ont bâti le premier neuf en 1935 et ce n'est qu'en 1994 qu'est apparu le second.

Le parcours

Probablement en raison de leur différence d'âge, les deux neuf affichent un caractère totalement différent. Le premier a plus de maturité et d'équilibre, il offre les plus beaux paysages. Le second montre la force, la témérité et l'audace de sa jeunesse. Sa séquence de trous médians est spectaculaire. Vous aurez à franchir des ravins et à gravir des falaises, à un point tel qu'il devient presque héroïque de jouer à pied. Les verts de petite dimension sont habituellement circulaires et situés au même niveau que l'allée. Heureusement, ils retiennent bien la balle lors des coups d'approche.

Les allées tournent tantôt sur la droite, tantôt sur la gauche et doivent supporter les caprices du relief. Bref, de trou en trou, ce terrain nous réserve plein de surprises, habituellement agréables.

La difficulté

Même si la plupart des trous proposent un défi, la petitesse des verts demeure la principale difficulté. On a même dû se résoudre à faire disparaître quelques fosses de sable qui rendaient leur abordage inéquitable. En effet, les verts peuvent se réfugier derrière un plan d'eau, s'asseoir sur un plateau ou se cacher au bout d'une allée coudée.

La dénivellation des allées impose des positions de frappe peu commodes. Finalement, les trous coudés amplifient l'importance d'un bon coup de départ qui augmente les chances d'atteindre le vert en coups réglementaires.

Les conditions de jeu

Malgré un budget limité, le surintendant réussit à maintenir le terrain en bonne condition. Même en début de saison, les verts et les allées étaient à la hauteur. Les sous-bois reçoivent la visite de l'équipe d'entretien et ça se voit. On continue à améliorer les tertres de départ qui en ont besoin.

L'environnement

Des fils électriques viennent flirter avec certaines parties du terrain, sans réussir à faire oublier les beaux paysages du premier neuf. Les arbres font sentir leur présence à chaque trou. Le fond de l'air ramène parfois des odeurs propres au genre d'industries qui sont installées à East Angus.

En vrac

De gros travaux ont été exécutés sur le second neuf afin de remplir les ravins qui devenaient pratiquement impossibles à franchir pour le commun des mortels.

Idéal pour…

Malgré un second neuf au relief accidenté, plus de la moitié des joueurs ont au-delà de cinquante ans.

+ NOUS AVONS AIMÉ

- Les sous-bois bien nettoyés
- Le premier neuf
- La diversité des trous

– NOUS N'AVONS PAS AIMÉ

- Le second neuf n'est pas à la portée de tous
- Quelques trous difficiles à maîtriser pour le golfeur moyen au retour
- Les verts petits et difficiles d'accès

Carte de pointage

Trou	1	2	3	4	5	6	7	8	9	Aller	10	11	12	13	14	15	16	17	18	Retour	Total
Bleu	378	346	320	390	339	140	486	410	185	2994	360	464	118	530	392	174	344	410	183	2975	5969
Blanc	354	324	310	376	309	110	470	394	175	2822	353	424	94	503	338	155	321	393	169	2750	5573
Rouge	329	255	233	320	288	105	344	392	141	2407	340	358	70	395	270	121	222	381	155	2312	4719
Normale	4	4	4	4	4	3	5/4	4	3	35	4	5	3	5	4	3	4	4	3	35	70/71

Évaluation : Bleu - / - Blanc - / - Rouge - / -

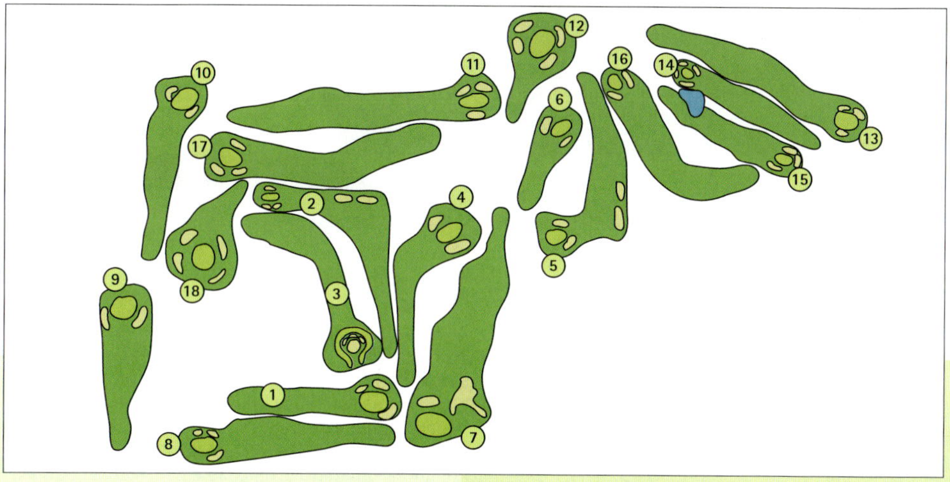

Conditions de jeu

- Verts ●●●●○
- Allées ●●●○○
- Sable ●●●○○
- Herbe longue ●●●○○
- Tertres ●●●○○

Design

- Verts + fosses ●●○○○
- Variété ●●●○○
- Harmonie + équilibre ●●○○○
- Pour tous ●●○○○
- Circuit ●●○○○

Environnement

- Visuel ●●●○○
- Nature ●●●○○
- Calme ●●●○○

Plaisir

- Délassement ●●○○○
- Verts ●●○○○
- Allées ●●○○○
- Tertres ●●○○○
- Manucure ●●●○○
- Entraînement ●●●○○
- Agrément ●●●○○
- Récupération ●●●●○

VERDICT ●●◐○○

> Terrain qui progresse rapidement. Il est fortement pénalisé par la petitesse de ses verts et le relief de son second neuf.

Temps de jeu suggéré
4 h 30 avec horloges et patrouilleur.

Tenue générale
Bonne.

Aire d'entraînement
Correcte.

Améliorations
Déplacer certains tertres pour les remettre d'aplomb et pour les rendre plus sécuritaires.

Au féminin
Malgré ses 4719 verges, quatre normales 4 sont trop longues.
Vous aimerez la propreté de l'endroit, peut-être moins le deuxième neuf.

Boutique du pro
Accueillante et bien éclairée, le personnel est sympathique.

Architecte
Frank Reed.

Carte de pointage
Laconique. On devrait utiliser les blancs pour informer davantage le golfeur.

Tarif : $$

FARNHAM

55, chemin du Golf
Farnham
J2N 2R4
(450) 293-3164
1 877 293-3164

Dans la cour des grands

À moins d'une heure de Montréal, à 30 kilomètres de l'autoroute 10, se trouve Farnham: «Une ville à découvrir». Située au cœur d'un territoire reconnu pour son potentiel agricole élevé, Farnham a longtemps été le centre d'un important réseau ferroviaire. Voyons donc à quoi ressemble son golf ouvert depuis 1957.

Le parcours

Le parcours siège dans une plaine légèrement ondulée. C'est, à vrai dire, un site idéal pour accueillir un terrain traditionnel qui se bonifie en vieillissant. Les pentes douces créent une belle variété de trous mis en valeur par des arbres matures. Vous aimerez le coup d'œil qu'offrent les allées découpées par des zones d'herbe longue bien fournie. Les trous sont joliment dessinés et ne laissent aucun doute sur l'objectif à atteindre.

Les verts ne s'en laissent pas imposer. Ils forment un ensemble solide et homogène. Leur sécurité est assurée par les petits monticules qui les entourent et par des fosses de sable immenses et profondes. Ailleurs, de grandes fosses d'allée ne se contentent pas d'un rôle de figurant puisqu'elles collent dans votre collimateur. En tenant compte des plans d'eau, c'est à chaque trou qu'il faut garder l'œil ouvert, et le bon.

Les retouches effectuées au fil des années ont poli cette pierre brute qui prend de plus en plus de valeur. Des normales 3 vraiment réussies méritent une bonne note, autant pour leur esthétique que pour l'intelligence de leur défi.

La difficulté

Farnham ne peut être considéré comme faisant partie des terrains difficiles. Cependant, aucun trou ne se rend sans combattre. Si vous manquez d'attention, de prudence ou d'adresse, vous serez lourdement pénalisé par les hors-limite, les arbres ou l'herbe longue particulièrement dense. Même si les opinions diffèrent, le deuxième neuf semble plus exigeant, parce que plus boisé.

Les conditions de jeu

Rien à redire sur la condition des verts qui offrent une belle combinaison de vitesse, de dimension et de manucure. À l'exception de quelques cailloux, les fosses de sable impressionnent. L'herbe longue obtient une très bonne note et les sous-bois font régulièrement l'objet de travaux de nettoyage. Les allées et les tertres de départ se situent dans la moyenne.

L'environnement

Plusieurs choses plaisent à Farnham, mais l'environnement paisible et calme de la campagne nous réjouit à chaque occasion. Même si le terrain est coupé en deux par la route, c'est un endroit que vous retrouverez toujours avec plaisir.

Idéal pour...

C'est vraiment le genre de terrain où tout le monde trouve son compte. Il est facile à parcourir à pied et le défi est équitable, notamment sur le plan du ratio pénalité-récompense.

+ NOUS AVONS AIMÉ

- Le calme
- L'équilibre
- Les verts

– NOUS N'AVONS PAS AIMÉ

- Quelques distances trop longues entre les trous
- Le fait que l'aire d'entraînement longe quelques trous
- Le 18ᵉ trou un peu fade

Carte de pointage

Trou	1	2	3	4	5	6	7	8	9	Aller	10	11	12	13	14	15	16	17	18	Retour	Total
Bleu	539	170	402	160	409	548	368	200	387	3183	312	496	160	567	391	163	400	366	405	3260	6443
Blanc	517	152	377	143	364	530	330	167	378	2958	310	458	154	541	384	155	392	357	400	3142	6100
Rouge	495	129	330	126	348	454	269	161	316	2628	246	427	148	428	310	147	317	348	320	2691	5319
Normale	5	3	4	3	4	5	4	3	4	35	4	5	3	5	4	3	4	4	4	36	71

Évaluation : ■ Bleu 69,8 / 122 □ Blanc 68,3 / 120 ■ Rouge 70,6 / 124

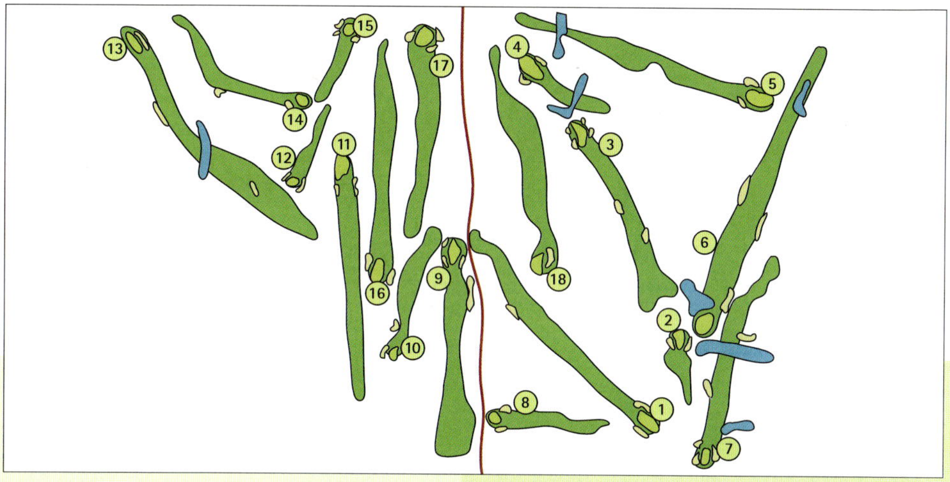

Conditions de jeu

- Verts ●●●●●
- Allées ●●●○○
- Sable ●●●●●
- Herbe longue ●●●●○
- Tertres ●●●○○

Design

- Verts + fosses ●●●●○
- Variété ●●●●○
- Harmonie + équilibre ●●●●○
- Pour tous ●●●●●
- Circuit ●●●●○

Environnement

- Visuel ●●●●○
- Nature ●●●●○
- Calme ●●●●●

Plaisir

- Délassement ●●●●●
- Verts ●●●●○
- Allées ●●●●○
- Tertres ●●●○○
- Manucure ●●●●○
- Entraînement ●●●●○
- Agrément ●●●●○
- Récupération ●●●●○

VERDICT ●●●●○

- Terrain méconnu et sous-estimé qui mérite mieux. Une valeur sûre.

Temps de jeu suggéré
4 h 30.

Accueil
bon.

Indications et signalisation
Bonnes.

Tenue générale
Excellente.

Aire d'entraînement
Correcte.

Au féminin
Vous aimerez les aménagements paysagers et le pavillon.
Parcours beaucoup trop long. Seules celles qui frappent loin ont une chance de le maîtriser.

Pavillon
J'ai bien aimé sa terrasse et l'atmosphère qui y règne.

Boutique du pro
Accueillante et bien garnie.

Divers
Le surintendant prend un soin jaloux de son terrain, notamment par temps froid.

Tarif : $$

1415, rue Principale
Granby
J2G 3E9
(450) 378-9848
1 800 363-1247

Tout doux !

Qui dit Granby, dit jardin zoologique. Depuis toujours, ses animaux sauvages fascinent les visiteurs. Granby accueille aussi un centre de golf qui compte 45 trous, soit le Granby (18 trous), le Canton (9 trous) et le Saint-Paul (18 trous). Ce dernier constituant le plus grand défi, il fera l'objet de notre analyse.

Le parcours

À Granby, c'est uniquement au jardin zoologique que vous retrouverez des animaux féroces, car le terrain de golf ne s'avère pas très vorace. Plutôt plat, il comporte des allées où la marche est aisée et les obstacles ne représentent pas une menace.

Même s'ils n'ont aucune chance d'être cités en exemple dans les livres d'architecture, les verts présentent différents visages. Parfois, ils se faufilent entre des monticules qui les mettent à l'abri, parfois ce sont des fosses… de sable qui font les cent pas dans un rôle dissuasif. À l'occasion, ils s'élèvent un peu plus, mais vous pouvez toujours les atteindre avec une approche roulée.

Chaque trou comporte son lot d'arbres et c'est probablement l'argument principal de ce complexe de golf. Pour le reste, le Saint-Paul reste discret avec des allées fermées et peu accidentées et des tertres de départ peu sophistiqués. Il arrive que la fluidité fasse défaut pour passer d'un trou à l'autre. Le complexe étant composé de pas moins de 45 trous, ceux-ci semblent éparpillés ici et là, ce qui occasionne parfois de longs déplacements pour atteindre le départ suivant.

Les distances sont bien réparties entre les différentes normales, ce qui fournit des munitions à ce terrain qui manque de piquant et de fantaisie. Vous n'y retrouverez pas de très grands trous de golf, mais plusieurs ont suffisamment d'intérêt pour être considérés comme bons.

Le Granby – Saint-Paul maintient le cap sur sa vocation récréative et se concentre sur ce qu'il fait de mieux, c'est-à-dire attirer et bien servir sa clientèle de tournois.

La difficulté

Le Saint-Paul n'est pas un terrain vraiment difficile. Les jalons bleus montrent 5923 verges, alors que les jalons blancs s'échelonnent sur 5542 verges avec une évaluation Slope de 115. Bien sûr, il s'agit d'une normale 70.

Même si les plans d'eau baignent 13 trous, ils ne représentent une source de danger que pour le golfeur intermédiaire.

Les conditions de jeu

Pour un terrain qui a la réputation d'être très fréquenté, les conditions de jeu surprennent. En effet, lors de la visite, tous les éléments sans exception étaient en très bon état.

L'environnement

Les montagnes se profilent au loin à plusieurs endroits et les arbres ne manquent pas. Vous croiserez à plusieurs reprises une petite rivière. Le bruit continu provenant des routes avoisinantes agace.

Idéal pour...

Les golfeurs débutants ou ayant des habiletés restreintes ou encore qui désirent simplement faire une promenade de santé.

+ NOUS AVONS AIMÉ

- Le caractère convivial du terrain
- L'environnement visuel
- La diversité des verts

– NOUS N'AVONS PAS AIMÉ

- L'environnement sonore
- Les trous répétitifs
- Le manque de fosses d'allée

Carte de pointage

Trou	1	2	3	4	5	6	7	8	9	Aller	10	11	12	13	14	15	16	17	18	Retour	Total
Bleu	380	162	490	170	380	455	530	220	340	3127	306	195	515	130	275	345	150	355	525	2796	5923
Blanc	360	135	480	152	370	430	510	200	325	2962	285	165	475	115	260	300	140	340	500	2580	5542
Rouge	350	125	470	142	360	315	460	150	315	2687	200	105	465	105	240	265	115	325	440	2260	4947
Normale	4	3	5	3	4	4	5	3	4	35	4	3	5	3	4	4	3	4	5	35	70

Évaluation : ■ **Bleu** - / - □ **Blanc** - / - ■ **Rouge** - / -

Conditions de jeu

- Verts ●●●●○
- Allées ●●●●○
- Sable ●●●○○
- Herbe longue ●●●○○
- Tertres ●●●○○

Design

- Verts + fosses ●●●○○
- Variété ●●●○○
- Harmonie + équilibre ●●●○○
- Pour tous ●●●●○
- Circuit ●●●○○

Environnement

- Visuel ●●●○○
- Nature ●●●●○
- Calme ●●●○○

Plaisir

- Délassement ●●●●○
- Verts ●●●●○
- Allées ●●●●○
- Tertres ●●●○○
- Manucure ●●●○○
- Entraînement ●●●○○
- Agrément ●●●○○
- Récupération ●●●●○

VERDICT ●●●○○

- Terrain sans prétention, facile à jouer et où la marche est agréable, avec de bonnes conditions de jeu.

Temps de jeu suggéré

4 h 30, mais le temps de jeu réel peut être pas mal plus long.

Accueil

Bon.

Indications et signalisation

Vraiment excellentes.

Règles locales

Bien décrite sur la carte de pointage où une attention particulière est accordée au jeu lent.

Tenue générale

Très bonne.

Aire d'entraînement

Correctes.

Au féminin

Plusieurs obstacles d'eau à survoler.

Dans le premier neuf, des normales 4 de 350 et 360 verges (les deux autres ont plus de 300 verges) et une normale 5 de 470 verges sont mal calibrées.

Le deuxième neuf compte 427 verges de moins.

Pavillon

Aménagé de manière à recevoir de gros tournois.

Tarif : $$

INVERNESS

511, chemin Bondville
Lac-Brome
J0E 1V0
(450) 242-1595
1 800 468-1595

Fin finaud

Situé sur les rives du lac Brome, tout près du pittoresque village de Knowlton, ce parcours a été créé par John Watson il y a une douzaine d'années.

Le parcours

Que l'on idolâtre ou non les terrains recouverts de gazon de type agrostide, il faut reconnaître qu'ils favorisent le contraste des couleurs, de bonnes conditions de jeu et une apparence presque veloutée. Il s'agit habituellement de parcours récents conçus par un architecte, qui dessine ses allées en les faisant serpenter autour des obstacles naturels. Inverness ne fait pas exception.

Ici tout est dans la note, du pavillon jusqu'à la grange qui sert d'entrepôt pour la machinerie. Sans être un terrain éblouissant, il faut admettre qu'il a beaucoup de charisme. Les verts ont été soigneusement dessinés. Tout en nuances et pleins de subtilité, ils ne demandent qu'à être apprivoisés. Cependant, vous devrez y mettre le temps, la patience et certainement tout votre savoir-faire. Les tertres de départ répondent sensiblement au même principe. De nature réservée, ils s'intègrent tout naturellement à l'ensemble, sans surdose d'aménagements paysagers. Une note négative toutefois: la promiscuité entre certains trous entraîne un danger dont on se passerait.

Les fosses de sable s'apparentent en quelque sorte aux verts, car il y en a pour tous les goûts. Elles partagent cependant la caractéristique commune d'être assez profondes.

La difficulté

C'est un terrain où le design tient un très grand rôle. Il vous permettra de vérifier non seulement vos habiletés de golfeur, mais votre capacité à planifier un parcours, la stratégie y étant fort importante.

On y trouve des allées étroites et fermées par la forêt de chaque côté ou un peu plus larges en terrain plus ouvert. Vous aurez des obstacles à éviter pratiquement à chaque coup et notamment, de nombreux plans d'eau. Des monticules vous obligent parfois à modifier votre itinéraire en utilisant un trajet qui longe les fosses de sable. Ajoutez à cela des verts pas très grands.

Les conditions de jeu

Des conditions de jeu supérieures justifient à elles seules le déplacement. De la cave au grenier, comme du tertre de départ jusqu'au vert, elles sauront vous satisfaire.

L'environnement

Que de bons mots pour décrire les vallons naturels, les arbres et les montagnes qui pointent à l'horizon. Une ligne téléphonique longe le chemin que l'on croise à quelques reprises.

En vrac

Malheureusement, les trous de finition (n°s 9 et 18) se ressemblent trop.

Idéal pour...

Il y en a pour tous les calibres de golfeurs, mais surtout pour ceux qui sont précis.

+ NOUS AVONS AIMÉ

Les conditions de jeu et le look de ce terrain en agrostide
Le défi
Les vallons

– NOUS N'AVONS PAS AIMÉ

La similarité des 9e et 18e trous
Le fait que le terrain soit un peu court
Les poteaux de téléphone

Carte de pointage

Trou	1	2	3	4	5	6	7	8	9	Aller	10	11	12	13	14	15	16	17	18	Retour	Total
Bleu	332	153	348	462	393	539	327	155	359	3068	433	195	431	415	357	535	180	310	402	3258	6326
Blanc	319	140	339	452	385	482	315	140	300	2872	372	160	385	368	350	528	172	295	390	3020	5892
Rouge	304	128	260	370	306	407	278	131	250	2434	400	120	335	294	289	448	122	290	310	2608	5042
Normale	4	3	4	5	4	5	4	3	4	36	4	3	4	4	4	5	3	4	4	35/36	71/72

Évaluation : ■ Bleu 70,6 / 130 □ Blanc 68,6 / 122 ■ Rouge 68,6 / 125

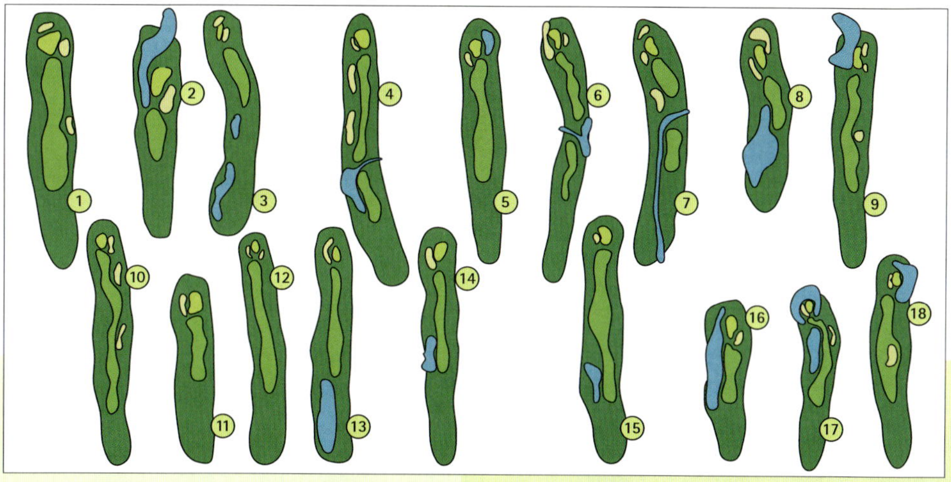

Conditions de jeu

- Verts ●●●●●
- Allées ●●●●○
- Sable ●●●●○
- Herbe longue ●●●●○
- Tertres ●●●●○

Design

- Verts + fosses ●●●●○
- Variété ●●●●○
- Harmonie + équilibre ●●●●○
- Pour tous ●●●●○
- Circuit ●●●●○

Environnement

- Visuel ●●●●○
- Nature ●●●●●
- Calme ●●●●○

Plaisir

- Délassement ●●●○○
- Verts ●●●○○
- Allées ●●●○○
- Tertres ●●●○○
- Manucure ●●●●○
- Entraînement ●●●○○
- Agrément ●●●●●
- Récupération ●●●○○

VERDICT ●●●●○

- Solide.

Terrain à visiter pour son style, ses conditions de jeu et le défi qu'il représente.

Temps de jeu suggéré

4 h 30 ; temps habituel : 4 h 45 avec patrouilleur.

Accueil

Très bon.

Règles locales

Elles prévoient que les fossés non indiqués par des repères sont considérés comme du terrain en réparation.

Tenue générale

Très bonne.

Aire d'entraînement

Correcte.

Améliorations

Réfection des départs sur l'aire d'entraînement et le 18e trou.

Au féminin

Même si les normales 4 ne sont pas d'une longueur excessive, elles ne vous laissent aucun répit.

Les normales 3 sont réussies.

S'adresse davantage aux golfeuses de talent.

Pavillon

Un charmant manoir d'inspiration écossaise.

Boutique du pro

Elle pourrait bien vous faire succomber.

Tarif : $$$

1181, chemin des Chalets
Baldwin Mills
J1A 2S4
(819) 849-2845

En vacances

Il était une fois… un monsieur qui était propriétaire de terrains avoisinant le lac Lyster. Grand amateur de golf, il décida avec ses compagnons de jeu habituels de concevoir un parcours sur ses propres terres. Chacun mit la main à la pâte, avec une bonne volonté indéniable. C'est ainsi que vit le jour en 1985 le premier neuf. Cinq ans plus tard, le second neuf fut complété avec, cette fois, la complicité d'un dessinateur plus expérimenté.

Le parcours

Il nous arrive de nous demander ce que deux personnes font ensemble tellement elles sont différentes. C'est le cas des deux neuf trous du lac Lyster. Bien qu'affectés par la pente qui dévale vers le lac, tous les trous du premier neuf demeurent bien sages. Comment pourrait-il en être autrement avec des allées droites et larges placées côte à côte? Séparées seulement par quelques conifères, elles se ressemblent toutes.

Ce n'est guère mieux du côté des verts. Petits, circulaires et peu surélevés, leur dessin ne fera pas école. À l'occasion, une ou deux fosses de sable assurent leur sécurité, ce qui n'a rien de rassurant, considérant leur petite taille. Dans pareil scénario, vous ne serez pas étonné d'apprendre que les tertres de départ ne se démarquent pas davantage avec leur forme rectangulaire et leur manque d'envergure. On en compte un seul pour accueillir les trois jalons. Navrant.

Après avoir traversé un chemin public, nous accédons au neuf de retour. À cause de son relief, il ressemble davantage à un centre de ski qu'à un terrain de golf. Autant le premier neuf est à découvert, terne et sans éclat, autant le second se révèle accidenté, difficile et boisé. Ses dénivellations importantes et ses allées étroites tranchent avec le neuf précédent. Deux de ces trous coudés tournent à 90°, ce qui n'est pas toujours un gage de succès.

La difficulté

Le neuf d'aller est facile, même si la petite dimension des verts complique la tâche. Le lac ne manquera pas de vous fournir le vent nécessaire pour vous rafraîchir. Le neuf de retour est exigeant et demande énormément de précision et d'adresse. Considérant l'étroitesse des allées, la configuration des trous laisse trop de coups à l'aveuglette. Curieusement, le second neuf compte 310 verges de plus que le premier.

Les conditions de jeu

Les allées s'avèrent acceptables, ce qui n'est pas le cas pour les fosses de sable et pour les petits tertres de départ qui manquent d'aplomb. On s'affaire à nettoyer les sous-bois sur le second neuf, mais ce n'est pas une mince affaire.

L'environnement

À eux seuls, le lac Lyster et le mont Pinacle valent le déplacement.

En vrac

Au 16e trou, une borne détermine la frontière avec les États-Unis, vestige du traité de Washington signé en 1842.

Idéal pour…

Les golfeurs de la région immédiate. Si vous êtes en vacances dans le coin, vous apprécierez l'environnement.

+ NOUS AVONS AIMÉ

- Le cadre naturel
- Les départs qui laissent une étroite fenêtre entre les arbres pour atteindre l'allée
- La présence du roc sur le second neuf

– NOUS N'AVONS PAS AIMÉ

- La petitesse des verts et des tertres de départ
- Les trous répétitifs du premier neuf
- Le manque de fluidité entre les trous

Carte de pointage

Trou	1	2	3	4	5	6	7	8	9	Aller	10	11	12	13	14	15	16	17	18	Retour	Total
Bleu	-	-	-	-	-	-	-	-	-	-	-	-	-	-	-	-	-	-	-	-	-
Blanc	264	229	184	227	248	260	373	323	504	2612	275	342	157	570	170	380	375	285	368	2922	5534
Rouge	250	215	166	215	236	246	293	237	438	2296	251	332	148	446	164	283	280	273	302	2479	4775
Normale	4	4	3	3/4	4	4	4	4	5	35/36	4	4	3	5	3	5	4	4	4	36	71/72

Évaluation : Bleu - / - Blanc - / - Rouge - / -

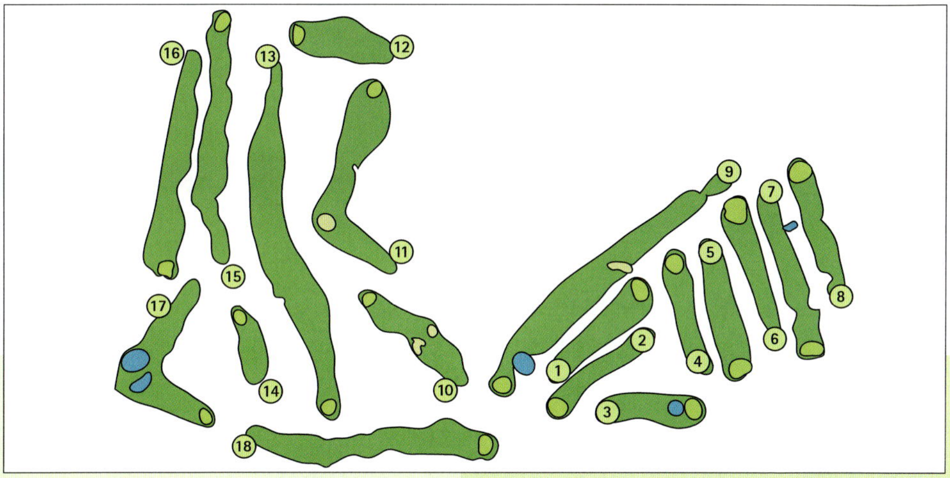

Conditions de jeu

- Verts ●●○○○
- Allées ●●●○○
- Sable ●○○○○
- Herbe longue ●●●○○
- Tertres ●○○○○

Design

- Verts + fosses ○○○○○
- Variété ●●●○○
- Harmonie + équilibre ●●○○○
- Pour tous ●●●○○
- Circuit ●○○○○

Environnement

- Visuel ●●●●●
- Nature ●●●●●
- Calme ●●●●●

Plaisir

- Délassement ●●○○○
- Verts ○○○○○
- Allées ●●○○○
- Tertres ●○○○○
- Manucure ●○○○○
- Entraînement ●●●○○
- Agrément ●●●○○
- Récupération ●●○○○

VERDICT ●●○○○

- Terrain qui convient pour une partie de golf pendant les vacances et non pas pour des vacances de golf.

Indications et signalisation

Correctes.

Règles locales

Elles stipulent que le joueur encourt une pénalité si sa balle frappe une plaque de roc puis rebondit sur une autre allée...

Tenue générale

Honnête.

Aire d'entraînement

Vraiment intéressante. Vaste, elle donne sur le lac et la montagne.

Au féminin

Le premier neuf est acceptable.
Le deuxième neuf, pas vraiment.
Si vous êtes dans le coin de toute façon, apportez vos bâtons.

Pavillon

Correct, sans plus.

Boutique du pro

Vraiment rudimentaire.

Divers

Deux ponts, dont l'un est une réplique du célèbre pont de la rivière Kwaï et l'autre, du pont suspendu de Coaticook.

Tarif : $

LAC-MÉGANTIC

1039, route 161
Lac-Mégantic
G6B 2S5
(819) 583-4810
1 888 551-4810

Bottes de sept lieues

Aux confins des Cantons-de-l'Est, dans la région frontalière près du poste de Coburn Gore, se trouve ce terrain semi-privé qui compte 350 membres. L'architecte John Watson s'est chargé de la conception du premier neuf qui accueille les golfeurs depuis 1965. Le second neuf quant à lui est l'œuvre de Richard Faucher et sa naissance remonte à 1991.

Le parcours

Dès le départ, on a cherché un endroit avec vue sur le magnifique lac Mégantic. Le choix s'est arrêté sur la terre d'un cultivateur qui, quoique très bien située, était loin d'être aussi boisée qu'aujourd'hui. Le site naturel très vallonné laissait entrevoir plusieurs possibilités tout en gardant l'œil sur cette grande étendue d'eau.

Nous voici donc avec un parcours qui présente une belle variété de trous, parce qu'il mélange des allées larges et ouvertes avec d'autres fermées par des arbres matures. Un décor aussi pittoresque oblige cependant à composer avec des vallons et des dénivellations qui rendent la marche plus difficile. Le relief a d'ailleurs une influence sur le temps de jeu qui dépasse largement les 4 h 30.

L'enchaînement entre les trous n'est pas fluide. Il peut même devenir dangereux parce qu'on nous oblige à rebrousser chemin en direction des gens qui frappent sur le tertre de départ. D'ailleurs, à cause de ces chassés-croisés, trop de golfeurs circulent dans un endroit restreint. Cela devient une source de distraction pour tout le monde.

Les trente-six années qui séparent la naissance des deux neuf ont laissé des traces. Ainsi, le second neuf compte 300 verges de plus que le premier, avec trois normales 5 qui ont pour conséquence de congestionner les cinq premiers trous. Le neuf de retour n'en compte qu'une seule au total. Finalement, les trois normales 3 de l'aller font contraste avec l'unique du retour, mais enfin.

La difficulté

Le parcours présente une évaluation Slope de 123 à partir des jalons les plus éloignés. Cependant, c'est le golfeur moyen qui peinera le plus à Lac-Mégantic. Il devra faire preuve d'un minimum de précision sur les trous boisés aux allées étroites, mais il devra aussi démontrer de la puissance pour survoler des ravins et braver les dénivellations.

Les conditions de jeu

Curieusement, lors de la visite, on maintenait le gazon beaucoup trop long partout sur le parcours. Cela donne des verts qui mordent bien, mais dont la lenteur agace. D'ailleurs, les roulés ont tendance à sautiller sur une telle surface, surtout qu'elle porte des marques de balle. Cela donne aussi de l'herbe haute dense et en très bonne condition. Étrangement, le manucure est adéquat mais les fosses de sable sont inégales. Une bonne note pour les sous-bois.

L'environnement

Les points de vue sur les montagnes du Maine et sur le lac Mégantic sont superbes.

Idéal pour...

Les gens de la région qui n'ont pas peur de la marche sportive.

+ NOUS AVONS AIMÉ

Les arbres
Les différents points de vue
La variété des trous

– NOUS N'AVONS PAS AIMÉ

Le manque de fluidité d'un trou à l'autre
Une certaine dangerosité
Le gazon trop long

Carte de pointage

Trou	1	2	3	4	5	6	7	8	9	Aller	10	11	12	13	14	15	16	17	18	Retour	Total
Bleu	470	168	505	340	490	106	313	180	380	3006	365	386	145	390	340	570	460	340	385	3381	6387
Blanc	455	150	490	320	430	145	280	170	370	2810	350	360	115	350	320	535	400	310	370	3110	5920
Rouge	400	130	415	260	395	140	175	135	290	2340	330	300	144	310	232	485	350	135	310	2596	4936
Normale	5	3	5	4	5	3	4	3	4	36	4	4	3	4	4	5	4/5	4/3	4	36	72

Évaluation : ■ **Bleu 69,5 / 123** □ **Blanc 68 / 117** ■ **Rouge 67,9 / 116**

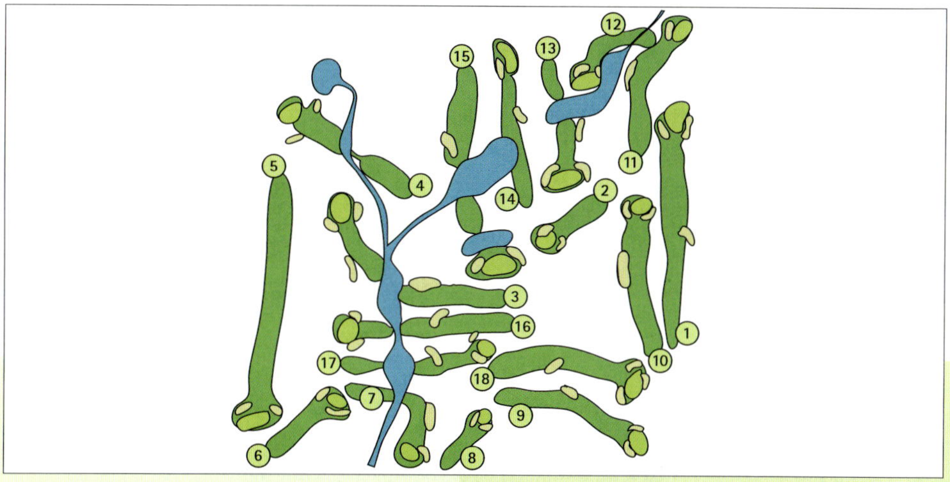

Conditions de jeu

- Verts ●●●○○
- Allées ●●●○○
- Sable ●●●○○
- Herbe longue ●●●●○
- Tertres ●●●○○

Design

- Verts + fosses ●●●○○
- Variété ●●●●○
- Harmonie + équilibre ●●●●○
- Pour tous ●●●○○
- Circuit ●●○○○

Environnement

- Visuel ●●●●●
- Nature ●●●●●
- Calme ●●●●●

Plaisir

- Délassement ●●○○○
- Verts ●●●○○
- Allées ●●●○○
- Tertres ●●●○○
- Manucure ●●●○○
- Entraînement ●●●○○
- Agrément ●●●●○
- Récupération ●●●●○

VERDICT ●●●○○

- Terrain un peu éloigné avec un environnement supérieur à la moyenne.

Temps de jeu suggéré
4 h 30 ; temps habituel : 4 h 45 et plus.

Accueil
Très bon.

Indications et signalisation
À améliorer.

Règles locales
Bien décrites sur la feuille de pointage.

Tenue générale
Bonne.

Aire d'entraînement
Longe quelques trous.

Améliorations
Travaux importants effectués sur les coulées.

Au féminin
Terrain difficile à cause de ses dénivellations prononcées et des obstacles d'eau qu'il faut franchir.

Pavillon
Deux terrasses ; entrée accueillante.

Tarif : $$

LE ROCHER DE ROXTON POND

821, rang 4
Roxton Pond
J0E 1Z0
(450) 777-5888
1 888 850-5888

Garantie prolongée

Roxton Pond se trouve à une dizaine de minutes de Granby (13 kilomètres). Son terrain de golf, inauguré en 1989, a été acquis en 1993 par Léo-Paul Morin un concessionnaire d'automobiles. Depuis, celui-ci ne cesse d'investir dans l'héritage qu'il destine à son fils Stéphane. À preuve, tous les tertres de départ ont vu leur superficie agrandie et de spectaculaires aménagements de grosses roches y jouent le rôle de faire-valoir. Ce n'est pas tout. Les sous-bois ont fait l'objet d'un grand nettoyage, quelques verts ont pris de l'expansion, de nouvelles fosses de sable sont apparues et on a même procédé à l'astiquage de rochers (vous avez bien lu).

Résultat, le nombre annuel de visiteurs a doublé. Ce terrain semi-privé accueille environ 120 membres dont 40 % sont des femmes.

Le parcours

La publicité nous rappelle que «ce parcours de 18 trous se distingue par son allure de pleine nature. Ses trous, ceinturant le bas des rochers, présentent beaucoup d'ondulations et quelques allées légèrement inclinées. Une bonne utilisation du décor naturel et du terrain a permis de dessiner un parcours de golf avec une grande variété d'allées».

Toutefois, quelques précisions s'imposent. C'est vrai que les dénivellations sont bien équilibrées, mais elles entraînent leur lot de coups à l'aveuglette. Malgré tout, le relief accueille volontiers les golfeurs qui préfèrent la marche.

Les allées filiformes restent équitables quand on considère qu'elles ne s'allongent pas indûment. Si vous faites le bon choix de bâton, elles savent reconnaître que les golfeurs sont humains... Par contre, si la puissance de votre moteur surclasse la précision de votre direction, vous allez rapidement vous ramasser dans le paysage. Dans la même veine, les verts et les fosses de sable ne font pas d'embonpoint; leur petite taille pourrait même faire damner plusieurs golfeurs. Jaloux, va!

Dans les fosses, le sable brun s'est transformé en sable blanc, après être passé dans la chambre à peinture du carrossier. Les normales 3 possèdent un équipement remarquable qui, à défaut de vous procurer un confort plus grand, vous impressionnera.

La difficulté

Ce terrain court, à normale 71, ne compte que 5940 verges des jalons les plus éloignés. Notez les deux normales 3 de plus de 190 verges et une autre entourée d'eau. Pour faire contrepoids, on vous offre aussi quatre normales 4 de moins de 320 verges.

Les conditions de jeu

Les conditions de jeu continuent de s'améliorer d'année en année. Les affreux verts de 1998-1999 ne sont plus qu'un souvenir; tenez-vous-le pour dit. Les allées et les fosses excellent et les sous-bois s'imposent presque comme la référence en la matière. Seuls les tertres manquent de constance.

L'environnement

L'endroit est spécialement tranquille et une grande quantité d'arbres vient agrémenter le coup d'œil.

Idéal pour...

Le golfeur prudent capable de respecter le code qu'impose le tracé. Bonne route!

+ NOUS AVONS AIMÉ

- Les normales 3
- Les aménagements pour les tertres de départ
- L'intelligence de ce terrain court

− NOUS N'AVONS PAS AIMÉ

- Les verts et les fosses de sable trop petits
- L'enchaînement entre certains trous qui manque de fluidité
- Les coups à l'aveuglette

Carte de pointage

Trou	1	2	3	4	5	6	7	8	9	Aller	10	11	12	13	14	15	16	17	18	Retour	Total
Bleu	520	380	300	135	310	150	350	420	370	2935	405	190	320	195	310	600	125	435	425	3005	5940
Blanc	500	370	290	125	305	135	340	410	350	2825	390	150	305	185	300	585	120	425	405	2865	5690
Rouge	460	330	276	120	265	115	264	355	271	2456	320	110	278	140	255	471	105	345	372	2396	4852
Normale	5	4	4	3	4	3	4	5	4	36	4	3	4	3	4	5	3	5	4/5	35/36	71/72

Évaluation : ■ **Bleu 68,4 / 122** □ **Blanc 67,3 / 119** ■ **Rouge 67,7 / 120**

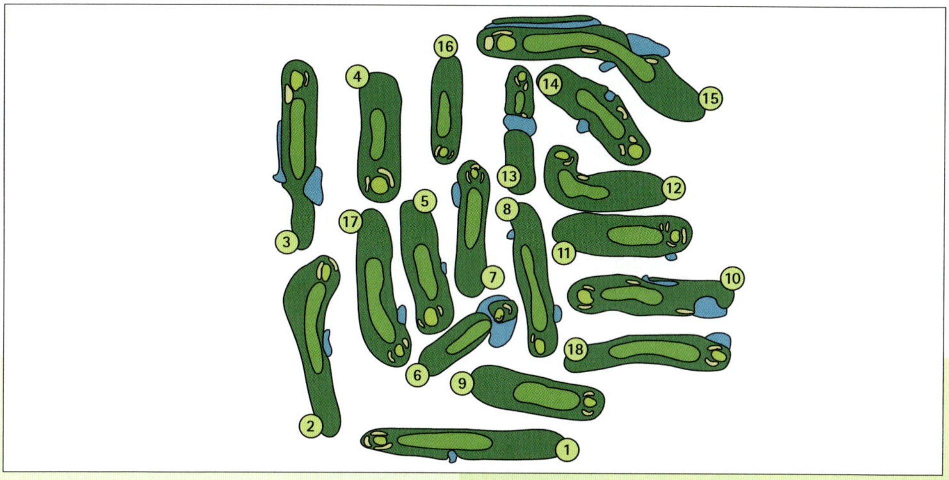

Conditions de jeu

- Verts ●●●●○
- Allées ●●●●○
- Sable ●●●●○
- Herbe longue ●●●●○
- Tertres ●●●○○

Design

- Verts + fosses ●●●○○
- Variété ●●●●○
- Harmonie + équilibre ●●●●●
- Pour tous ●●●●●
- Circuit ●●●○○

Environnement

- Visuel ●●●●○
- Nature ●●●●●
- Calme ●●●●●

Plaisir

- Délassement ●●●●○
- Verts ●●○○○
- Allées ●●●○○
- Tertres ●●●●○
- Manucure ●●●●○
- Entraînement ●●●○○
- Agrément ●●●●●
- Récupération ●●●●●

VERDICT ●●●◐○

- Probablement le plus beau des terrains courts.
Défi intéressant.
Environnement agréable.

Temps de jeu suggéré
4 h 20, avec deux patrouilleurs. Recherche de balles limitée à deux minutes.

Indications et signalisation
Correctes.

Tenue générale
Très bonne.

Aire d'entraînement
On y est un peu à l'étroit.

Améliorations
Chaque année voit son lot de changements.

Au féminin
Vous êtes à la porte du paradis. Pour la franchir, les tertres des trous nos 1, 2, 10 et 15 devront être avancés de 40 verges.

Pavillon
Axé surtout sur la clientèle de tournoi.

Boutique du pro
Vous y trouvez de tout.

Carte de pointage
Avise les visiteurs que les casse-croûte sont ouverts selon l'achalandage.

Divers
Crampons mous obligatoires, espadrilles acceptées.
Attention à votre tenue vestimentaire.

Tarif : $$

550, route 139
Sutton
J0E 2K0
(450) 538-2324
1 800 361-2468

Sans artifice

La publicité vante les mérites d'une expérience de golf différente en raison d'allées étroites, de tertres de départ surélevés, des nombreuses fosses de sable et des lacs. On continue en affirmant que le tout est aménagé en harmonie avec la nature dans un boisé et une vallée qui offrent toute une vue. Il faut admettre que les gens de marketing montrent un talent certain quand vient le temps de dorer la pilule, sauf que dans le cas présent, ils disent vrai.

Le parcours

Vous allez apprécier ce terrain si vous aimez les choses au naturel, car il ne s'agit pas d'un parcours qui donne dans le fla-fla. À Sutton, on a su préserver l'essence du golf, un peu comme on continue à le faire en Écosse et en Irlande. Il ne fait aucun doute que ce petit côté champêtre a son charme.

Même si les verts ne sont ni coupés très courts ni moulés à partir de formes savantes, leur design porte la mention «avec succès». Ils laissent toute la place à la nature et se fondent en elle en parfaite harmonie. L'architecte n'a pas tenté de laisser une signature ou d'impressionner, il s'est mis au service du site. Chapeau ! C'est comme si les verts acceptaient de jouer les seconds rôles afin de mettre le trou en évidence. Leur style, leur forme et leur dimension sont tributaires de l'allure de ce dernier.

La route 139 sépare les deux neuf. Le second neuf, plus étroit, propose des verts de dimension plus modeste. Toutes les allées trouvent le moyen de tourner d'un côté ou de l'autre et certaines débouchent sur un petit vert qui apparaît au bas d'une pente. On ne s'ennuie pas sur ce terrain. Sa force réside dans le relief de ses allées. Les pentes et les ondulations varient de trou en trou, sans jamais tomber dans l'excès. Vous serez agréablement surpris par les trous dans la vallée surplombés d'arbres qui poussent en amont et en aval et par les tertres de départ et leurs aménagements paysagers. Diversité, bon goût et harmonie sont au rendez-vous : franchement réussi.

La difficulté

Ce parcours n'est pas à mettre entre les mains de tous. Ses allées étroites, une dizaine de plans d'eau, quelques hors-limite et ses dénivellations bien senties constituent un défi pour toutes les catégories de golfeurs.

Les conditions de jeu

Il faut parler de conditions tout à fait honnêtes, même si elles n'atteignent pas celles d'autres terrains où l'on a la main plus leste sur les produits chimiques. Les verts à Sutton en valent bien d'autres ; les allées aussi, d'ailleurs.

L'environnement

Évidemment, qui dit Sutton dit nature et plein air. La montagne est présente, la forêt et les lacs également.

Idéal pour...

Le golfeur aguerri qui aime bien les terrains accidentés et qui privilégie l'environnement plutôt que les conditions de jeu maintenues artificiellement.

+ NOUS AVONS AIMÉ

La belle réussite visuelle que sont les verts
Son petit côté rustique
La différence entre les trous situés dans le boisé et ceux de la vallée

− NOUS N'AVONS PAS AIMÉ

La condition des tertres de départ
Le danger que représente la route
L'incertitude causée par le dessin inhabituel de certaines allées

Carte de pointage

Trou	1	2	3	4	5	6	7	8	9	Aller	10	11	12	13	14	15	16	17	18	Retour	Total
Bleu	308	182	385	291	348	299	491	208	519	3031	538	364	375	507	170	352	364	172	357	3199	6230
Blanc	302	172	377	286	343	294	485	169	511	2939	532	353	365	490	158	347	320	165	344	3074	6013
Rouge	296	170	357	281	315	288	436	152	461	2756	511	326	286	469	143	313	310	157	340	2855	5611
Normale	4	3	4	4	4	4	5	3	5	36	5	4	4	5	3	4	4	3	4	36	72

Évaluation : ■ **Bleu - / -** □ **Blanc - / -** ■ **Rouge - / -**

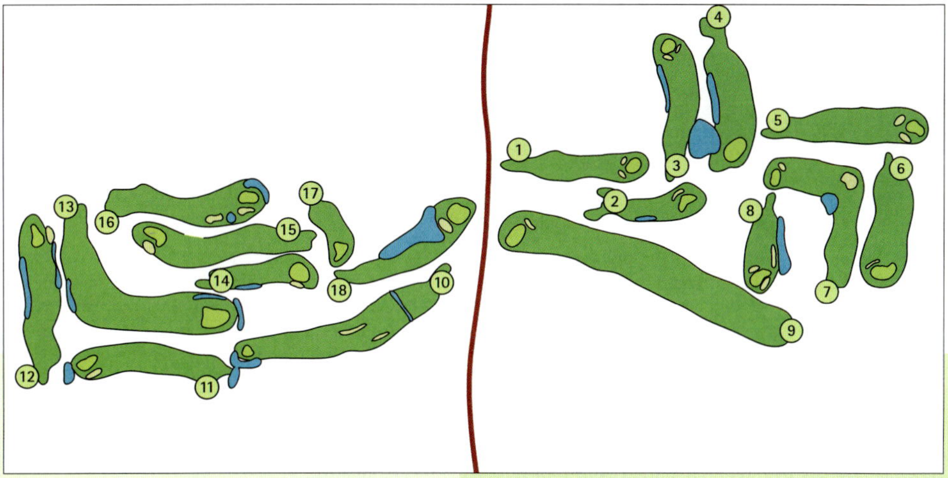

Conditions de jeu

- Verts ●●●○○
- Allées ●●●○○
- Sable ●●●○○
- Herbe longue ●●●○○
- Tertres ●●○○○

Design

- Verts + fosses ●●●●●
- Variété ●●●●●
- Harmonie + équilibre ●●●●○
- Pour tous ●●○○○
- Circuit ●●○○○

Environnement

- Visuel ●●●●●
- Nature ●●●●●
- Calme ●●●●●

Plaisir

- Délassement ●●●○○
- Verts ●●●○○
- Allées ●●●○○
- Tertres ●●●○○
- Manucure ●●○○○
- Entraînement ●●●○○
- Agrément ●●●●○
- Récupération ●●○○○

VERDICT ●●●◐○

- Ce terrain a du caractère et ne tombe pas dans les clichés. Bel environnement.

Temps de jeu suggéré
Veuillez suivre le groupe devant vous.

Accueil
Bon.

Indications et signalisation
Correctes.

Tenue générale
Très bonne.

Aire d'entraînement
Complète quoique trop éloignée du pavillon.

Au féminin
600 verges de trop.
Si vous n'êtes pas en vacances,
prenez ça relax.

Pavillon
Spacieux et accueillant avec sa terrasse qui surplombe le vert du neuvième trou.

Divers
Attention à la route 139 que vous devez traverser à deux reprises. Les véhicules y circulent à haute vitesse.

Tarif : $$

MANOIR DES SABLES

90, avenue des Jardins
Orford
J1X 6M6
(819) 847-4299

Préjugés

Le terrain se situe à Magog, dans l'environnement immédiat du mont Orford. Les parcours construits par des néophytes et ceux qui servent de faire-valoir pour un centre de villégiature ne donnent pas toujours des résultats intéressants. Mettons de côté nos préjugés et allons voir de plus près.

Le parcours

Il faut vous attendre à du golf de montagne avec ses avantages et ses inconvénients. Cela veut dire plusieurs trous (très) accidentés, agrémentés de points de vue qui font regretter de ne pas avoir apporté un appareil photo. Le site naturel favorise la diversité dans les paysages et dans le tracé des trous. Pareil relief ne favorise pas la marche, même si plusieurs braves ne se laissent pas arrêter par si peu.

Les habitués apprécient le défi qui demande habileté, précision et stratégie. Gardez l'œil ouvert et le bon ! La montagne dicte sa loi et elle n'a rien à foutre des archétypes et de la tradition du golf. Par exemple, ces quatre normales 4 consécutives du 4e au 7e trou ou l'absence de normale 5 des trous n°s 2 à 12. Un parcours en terrain plat ne pourrait se permettre ce genre de fantaisies sans être rapidement mis au pilori pour manque d'équilibre.

Les verts demeurent toujours très discrets, mais à plusieurs occasions, cela dessert le dessin du trou. Les tertres de départ sont trop petits.

La difficulté

Quelques dénivellations impressionnent, tout comme l'étroitesse de certaines allées. Ce n'est pas vraiment l'endroit pour faire de grandes démonstrations de puissance, puisque vous aurez souvent à effectuer des coups à l'aveuglette.

Les conditions de jeu

Le gazon semble être maintenu un peu long même en pleine saison. Tenons pour acquis qu'il s'agit de mesures préventives pour maintenir de bonnes conditions de jeu malgré la présence de nombreuses dénivellations et d'arbres. Comme c'est souvent le cas dans semblable environnement, allées et tertres de départ restent plus fragiles. Le découpage des allées ne fait qu'ajouter au spectacle offert par les autres éléments.

L'environnement

Au golf du Manoir des Sables, la nature a priorité sur tout le reste. La configuration des trous permet d'observer, voire d'admirer, les montagnes environnantes. Certains points de vue tiennent du privilège. De grands arbres vous accompagnent tout au long de la partie et avec les lacs et les rivières qui complètent le tableau, le golf reprend sa place toute relative.

En vrac

Ce terrain offre trop de trous spectaculaires pour être qualifié de simple terrain d'appoint à un centre de villégiature.

Idéal pour…

Les golfeurs qui apprécient les parcours accidentés.

+ NOUS AVONS AIMÉ

Les points de vue spectaculaires
Les arbres
La forme des allées

– NOUS N'AVONS PAS AIMÉ

Les coups à l'aveuglette
Les conditions de jeu variables
La petitesse des tertres de départ

Carte de pointage

Trou	1	2	3	4	5	6	7	8	9	Aller	10	11	12	13	14	15	16	17	18	Retour	Total
Bleu																					
Blanc	475	365	165	360	305	396	356	125	375	2931	410	185	333	535	162	511	375	140	538	3189	6120
Rouge	417	325	150	345	285	370	315	110	335	2652	326	128	255	481	147	405	345	130	505	2722	5372
Normale	5	4	3	4	4	4	4	3	4	35	4	3	4	5	3	5	4	3	5	36	71

Évaluation : ■ Bleu - / - □ Blanc - / - ■ Rouge - / -

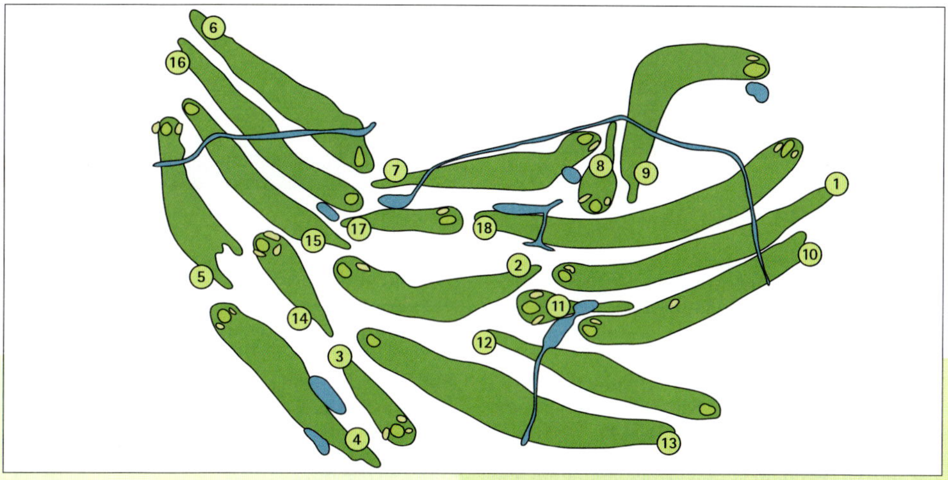

Conditions de jeu

- Verts ●●●○○
- Allées ●●●○○
- Sable ●●●○○
- Herbe longue ●●●○○
- Tertres ●●●○○

Design

- Verts + fosses ●●●○○
- Variété ●●●●○
- Harmonie + équilibre ●●●●○
- Pour tous ●●○○○
- Circuit ●●●○○

Environnement

- Visuel ●●●●●
- Nature ●●●●●
- Calme ●●●●●

Plaisir

- Délassement ●●●○○
- Verts ●●●○○
- Allées ●●●○○
- Tertres ●●●○○
- Manucure ●●●○○
- Entraînement ●○○○○
- Agrément ●●●●○
- Récupération ●●○○○

VERDICT ●●●○○

- Joli terrain dont les allées étroites et accidentées offrent des points de vue intéressants et un haut niveau de difficulté.

Temps de jeu suggéré

4 h 30. Il ne faudrait pas vous étonner si votre partie dure plus longtemps. En effet, la clientèle du Manoir est là principalement pour se détendre et relaxer.

Accueil

Excellent.

Indications et signalisation

À améliorer.

Tenue générale

Très bonne.

Aire d'entraînement

Ne comprend que des verts d'exercice.

Au féminin

Ce genre de terrain n'est pas propice à la réalisation de bons pointages.
Si vous acceptez ce fait, vous aurez sûrement du plaisir.

Boutique du pro

Bien garnie.

Tarif : $$

2200, chemin Bowers
Lennoxville
J1M 1Z6
(819) 562-4260

Légende urbaine

Le club de golf Milby se trouve dans la municipalité de Lennoxville, non loin de Sherbrooke. Création de l'architecte John Watson, il a vu le jour en 1964. À l'avant-garde de tout le monde dans le domaine de la reconversion et dans le but de garder une partie du cachet original de l'endroit, le pavillon a été aménagé à même l'ancienne grange du premier propriétaire. Depuis, on y a accueilli à plusieurs reprises le Championnat des Professionnels du Québec de même que celui des amateurs.

Le parcours

Grâce à certains de ces championnats, tout le monde a entendu parler de la rapidité des verts de Milby. La difficulté de s'en sortir est presque devenue une légende urbaine, au détriment du dessin des trous qui mérite pourtant beaucoup mieux que d'être oublié. En effet, la topographie du site, avec ses ondulations naturellement irrégulières, a donné naissance à des trous très variés.

Ces trous se répartissent selon trois pôles d'orientation, ce qui permet d'éviter que le vent frappe les allées toujours dans le même angle. Même s'il est difficile de remettre en question un terrain aussi bien équilibré, il n'en demeure pas moins que trois normales 5 apparaissent sur les cinq premiers trous et deux autres aux trous n°s 15 et 17 ; qui plus est, trois d'entre elles ont à peu près la même longueur.

La difficulté

À en croire chose au bureau qui connaît le gars qui se trouve à être le gendre de l'homme qui a vu l'homme qui a vu l'ours, les verts de Milby sont injouables. Plusieurs golfeurs les clouent au pilori sans autre forme de procès. S'il est vrai que par le passé, pour certaines occasions spéciales, leur coupe a pu être trop courte dans le ratio vitesse-inclinaison, cela n'est plus le cas. Ceux qui reposent sur un plateau nécessitent une connaissance approfondie du terrain et les fosses de sable n'ont donc pas besoin d'être grandes ou profondes pour constituer des obstacles imposants. L'herbe haute, sans être trop sévère, hypothèque sérieusement vos chances de réussir la normale.

Les conditions de jeu

Les verts de Milby se distinguent à plus d'un point de vue. La neige venait à peine de disparaître qu'ils avaient déjà été coupés à 14 reprises. Leur condition aurait fait la joie de bien d'autres terrains en plein mois de juillet. Les allées par contre présentaient un état inférieur à la qualité des autres terrains de la région.

L'environnement

Le terrain profite de points d'observation naturels sur la région avoisinante. Pour le plus grand plaisir du joueur, des fermes apparaissent à travers une multitude de vallons. Les allées bordées de conifères ont subi les affres de la tempête de vent de juillet 1999 ; les arbres ont été déracinés par dizaines.

On pourrait facilement se passer de la ligne téléphonique qui afflige quelques trous dont le trou étoile (signature) au n° 16.

Idéal pour...

Les vrais golfeurs apprécieront le défi proposé et l'ambiance de golf qui y règne. Il faut pouvoir exécuter une grande variété de coups sur ce terrain ; un débutant n'y trouvera pas par conséquent autant de plaisir.

+ NOUS AVONS AIMÉ

- Le dynamisme de l'administration
- Les arbres
- Le paysage
- Le dessin des trous

– NOUS N'AVONS PAS AIMÉ

- Le degré de difficulté des verts situés sur un plateau
- La condition des allées
- Les poteaux de téléphone qui hantent quelques trous

Carte de pointage

Trou	1	2	3	4	5	6	7	8	9	Aller	10	11	12	13	14	15	16	17	18	Retour	Total
Bleu	340	490	373	508	486	132	376	155	359	3219	364	354	175	268	400	483	164	465	376	3049	6268
Blanc	335	475	360	491	476	125	335	145	339	3081	347	338	160	255	365	410	139	460	250	2724	5805
Rouge	327	430	350	470	466	118	322	125	311	2919	285	255	118	245	350	403	102	448	244	2450	5369
Normale	4	5	4	5	5	3	4	3	4	37	4	4	3	4	4	5	3	5	4	36	73

Évaluation : ■ **Bleu 69,8 / 121** □ **Blanc 67 / 113** ■ **Rouge 70,8 / 125**

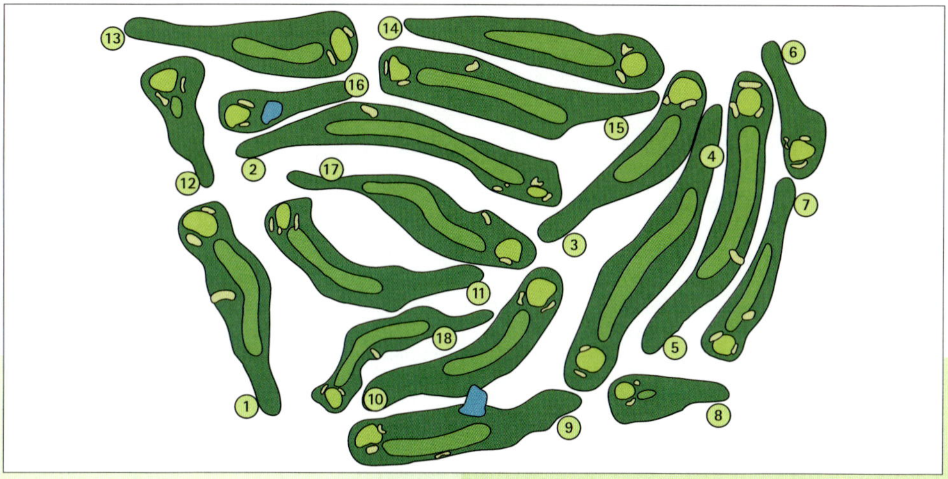

Conditions de jeu

- Verts ●●●●●
- Allées ●●●●○
- Sable ●●●○○
- Herbe longue ●●●●○
- Tertres ●●●○○

Design

- Verts + fosses ●●●●○
- Variété ●●●●●
- Harmonie + équilibre ●●●●●
- Pour tous ●●●●●
- Circuit ●●●●○

Environnement

- Visuel ●●●●○
- Nature ●●●●●
- Calme ●●●●●

Plaisir

- Délassement ●●●●○
- Verts ●●●●○
- Allées ●●●●○
- Tertres ●●●○○
- Manucure ●●●○○
- Entraînement ●●●●○
- Agrément ●●●●●
- Récupération ●●●●●

VERDICT ●●●●○

- Terrain traditionnel qui demande quelques visites avant de se laisser apprivoiser. Bel équilibre.

Temps de jeu suggéré

4 h 15 et le patrouilleur fait le nécessaire.

Accueil

Excellent. Merci pour l'excellente collaboration.

Tenue générale

Très bonne.

Aire d'entraînement

Correctes.

Améliorations

Une dizaine de départs ont été refaits récemment.

Au féminin

Le deuxième neuf affiche presque 500 verges de moins que le premier, dont les normales 4 s'échelonnent entre 311 et 350 verges.

Pavillon

Son cachet est indiscutable, même s'il y fait sombre.

Tarif : $$$

MONT-ORFORD

3074, chemin du Parc, C.P. 10
Orford
J1X 3W7
(819) 843-5688
1 800 567-2772

Au cœur de la nature

Depuis son acquisition par Intermont, ce terrain a fait peau neuve. Le nouveau pavillon inauguré au printemps 2002 en est l'illustration la plus tangible. Le terrain existe tout de même depuis 1939 et, c'est le cas de le dire, il a vu neiger. Faisons le tour du propriétaire.

Le parcours

Situé en pleine nature, au cœur du Parc national du Mont-Orford, ce site au relief accidenté ne laisse aucun doute sur sa véritable identité : il s'agit d'un golf de montagne. Toutes ces pentes et dénivellations le rendent difficile à parcourir à pied, mais on ne demande pas mieux que de vous prêter une unité de la toute nouvelle flotte de voiturettes motorisées.

Le parcours vallonné présente des allées fermées par une multitude d'arbres aux essences variées. Malgré tout, le défi demeure raisonnable en raison de la largeur de la cible à atteindre et c'est bien ainsi. On ne peut en dire autant de tous les golfs de montagne.

Il s'agit d'un parcours pittoresque qui promet la variété, aussi bien pour le dessin de ses trous que pour ses différents panoramas. Dans ce sens, le site naturel a été bien exploité, ce qui n'est pas le cas pour la disposition des trous. Plusieurs se placent en parallèle, ce qui implique des verts et des tertres de départ trop près les uns des autres. C'est le genre de danger inutile qu'on ne devrait jamais rencontrer, et surtout pas sur un terrain de cet âge aussi boisé.

Les verts retiennent l'attention, car on en trouve tout un assortiment. Comme ils rendent leur prestation dans un environnement très relevé, la qualité du spectacle est assurée. Les tertres de départ entourés d'arbres font bonne impression, mais comme toujours, cette configuration affecte les conditions de jeu.

La difficulté

D'importantes dénivellations affectent sept trous, des obstacles d'eau embêtent également sept trous et six hors-limite se terrent en embuscade. Il vaut mieux modérer ses élans. Méfiez-vous des positions de balle non conventionnelles et des coups à l'aveuglette.

Les conditions de jeu

Laissées aux bons soins de mère Nature, les conditions de jeu varient en raison de l'absence d'un système d'irrigation pour les allées. Paradoxalement, on vous offre des verts en bonne condition alors que l'ensemble manque de soins esthétiques (était-ce à cause du début de saison ?).

L'environnement

Ce terrain est situé dans un environnement plus nature que nature avec des arbres en quantité, la montagne, l'air pur et le calme. Il est à visiter, particulièrement à l'automne, sans compter qu'alors les conditions de jeu risquent d'être meilleures.

Idéal pour…

Tous ceux qui se plaisent bien dans l'environnement d'un golf de montagne.

+ NOUS AVONS AIMÉ

- Le dessin des allées
- Les arbres
- Le site

– NOUS N'AVONS PAS AIMÉ

- Les tertres de départ
- Les conditions de jeu incertaines
- Le danger causé par la proximité de certains verts
- Le trou n° 13

Carte de pointage

Trou	1	2	3	4	5	6	7	8	9	Aller	10	11	12	13	14	15	16	17	18	Retour	Total
Bleu	-	-	-	-	-	-	-	-	-	-	-	-	-	-	-	-	-	-	-	-	-
Blanc	504	346	323	133	506	323	326	381	186	3028	425	333	171	451	324	139	371	331	518	3063	6091
Rouge	488	301	307	121	449	228	315	311	186	2706	409	304	155	406	308	124	356	316	415	2793	5499
Normale	5	4	4	3	5	4	4	4	3	36	4	4	3	5	4	3	4	4	5	36	72

Évaluation : ■ **Bleu – / –** □ **Blanc 69 / 125** ■ **Rouge 73 / 126**

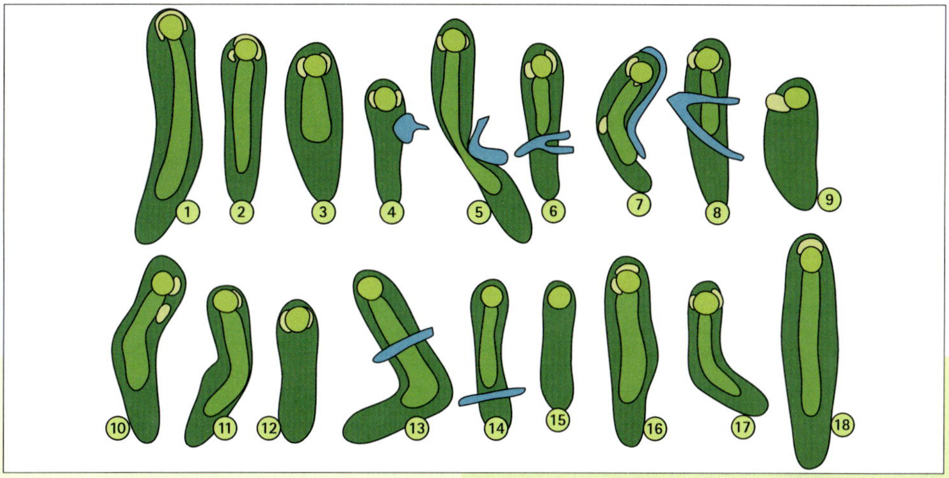

Conditions de jeu

- Verts ●●●●○
- Allées ●●○○○
- Sable ●●○○○
- Herbe longue ●●●○○
- Tertres ●●○○○

Design

- Verts + fosses ●●●●○
- Variété ●●●●○
- Harmonie + équilibre ●●●●○
- Pour tous ●●●○○
- Circuit ●●●○○

Environnement

- Visuel ●●●●●
- Nature ●●●●●
- Calme ●●●●●

Plaisir

- Délassement ●●○○○
- Verts ●●●○○
- Allées ●●●●○
- Tertres ●●●○○
- Manucure ●●○○○
- Entraînement ●●●○○
- Agrément ●●●○○
- Récupération ●●●○○

VERDICT ●●●◐○

- Pour un golf de montagne, son degré de difficulté reste acceptable. Beau dessin, bel environnement. Conditions de jeu déterminées par la nature.

Temps de jeu suggéré

4 h 30. La carte de pointage répartit le temps entre chaque trou. Bonne idée.

Indications et signalisation

Bonnes.

Tenue générale

Très bonne.

Aire d'entraînement

En construction lors de la saucette.

Améliorations

Des tertres de départ pourraient être refaits ou déplacés pour améliorer la sécurité des joueurs.

Au féminin

5312 verges, c'est un peu long, même pour une normale 74.
Autrement, le degré de difficulté est raisonnable.
Le retour compte 268 verges de plus que l'aller.

Pavillon

Nouvelle construction dont la surface vitrée donne sur le paysage environnant.

Boutique du pro

Toute neuve, spacieuse et bien garnie.

Tarif : $$$

OWL'S HEAD

187, chemin Owl's Head
Mansonville
J0S 1X0
(450) 292-3666

Spectaculaire

On a longtemps cru que « Owl's Head » devait son nom au sommet de la montagne que l'on disait ressembler à une tête de hibou, mais il n'en est rien. Ce nom provient plutôt d'une tribu abénakise qui décida de commémorer la mémoire de son grand chef Owl (hibou) décédé, pour que son esprit vive à jamais. On baptisa la montagne locale « Owl's Head » (tête de hibou), parce qu'elle leur rappelait le profil du grand chef à son dernier repos.

Conçu par l'architecte Graham Cooke en 1992, le terrain possède déjà une réputation enviable. Il a été classé 3 ½ étoiles par *Golf Digest* (mars 1999) et Platine par le *Canada's Golf Ranking Magazine* en 1998.

Le parcours

Le site naturel se situe dans une vallée au pied du versant ouest du mont Owl's Head. Le tracé bénéficie d'un environnement semblable à celui d'un golf de montagne, sans que le relief des allées ait à en faire une profession de foi. Vous devrez certes composer avec des pentes ascendantes et descendantes, mais elles ne sont pas abruptes.

Le neuf d'aller a caché ses trous dans un environnement boisé, alors que le noyau du neuf de retour n'a d'yeux que pour son lac. Les trous n°s 14 à 17 batifolent autour d'une étendue d'eau, un peu comme des enfants. Le résultat est toujours le même: c'est amusant, mais ils en ressortent trempés. Dans l'ensemble, les trous du premier neuf m'apparaissent supérieurs, mais ceux du second divertissent, surtout lorsqu'ils nous invitent à survoler les flots pour gagner quelques verges.

Fidèle à son habitude, M. Cooke s'est assuré que verts et fosses de sable aient fière allure. Difficile de trouver deux verts qui se ressemblent ou un groupe de fosses conçues à partir de la même recette.

La difficulté

Les allées seraient suffisamment larges pour ne pas vous inquiéter si ce n'était des 25 fosses de sable de silice blanc qui les habitent, des obstacles d'eau qui mouillent les pieds de sept trous et de quatre hors-limite. L'évaluation Slope indique 124 à partir des jalons bleus, pour une distance de 6351 verges.

Les conditions de jeu

Le gazon de type agrostide favorise l'apparence d'un terrain, spécialement lorsqu'il est bien manucuré. Au moment de mes rendez-vous, tous les éléments du tracé se signalaient par leur bonne condition. On entend souvent dire que l'état de ce parcours varie énormément d'une année à l'autre, mais aucun de nos face à face n'a permis de corroborer ces rumeurs.

L'environnement

Quel spectacle que cette vue panoramique sur les Appalaches, Jay Peak au Vermont et le mont Owl's Head ! Ce dernier possède sûrement un don d'ubiquité puisqu'il semble présent partout en même temps.

Idéal pour...

Le plaisir qu'il procure, son défi raisonnable et son environnement supérieur en font un terrain pour tous.

+ NOUS AVONS AIMÉ

- L'environnement
- Le relief des allées
- Les conditions de jeu
- L'arrière du pavillon

– NOUS N'AVONS PAS AIMÉ

- Les poteaux de téléphone
- Les gicleurs qui n'indiquent pas toujours la distance à parcourir
- La difficulté d'obtenir certaines heures de départ

Carte de pointage

Trou	1	2	3	4	5	6	7	8	9	Aller	10	11	12	13	14	15	16	17	18	Retour	Total
Bleu	425	325	190	485	370	415	175	475	357	3217	170	365	454	360	550	355	140	315	425	3134	6351
Blanc	390	305	150	455	335	380	130	455	344	2944	150	350	430	330	520	320	130	300	375	2905	5849
Rouge	315	260	125	425	290	330	120	420	304	2589	135	315	386	300	485	280	100	270	350	2621	5210
Normale	4	4	3	5	4	4	3	5	4	36	3	4	5	4	5	4	3	4	4	36	72

Évaluation : ■ Bleu 71,1 / 124 □ Blanc 69 / 119 ■ Rouge 69,3 / 119

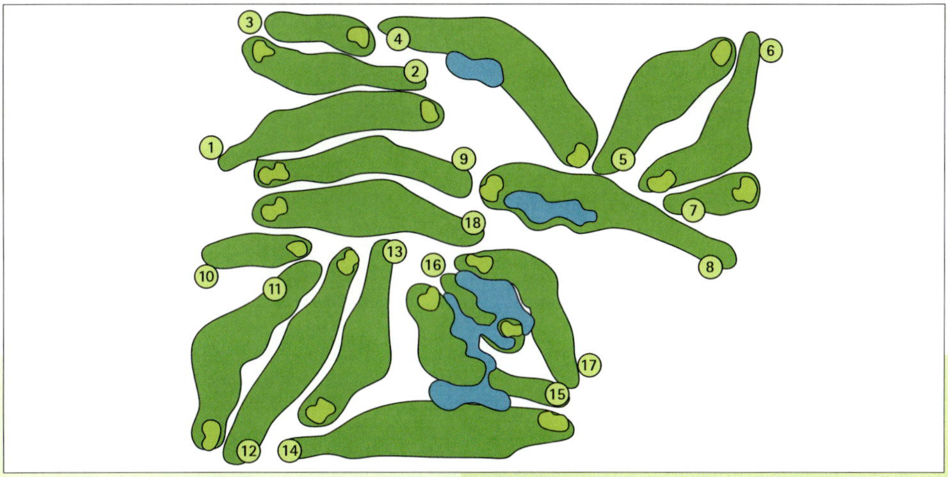

Conditions de jeu

- Verts ●●●●○
- Allées ●●●●○
- Sable ●●●○○
- Herbe longue ●●●●○
- Tertres ●●●●○

Design

- Verts + fosses ●●●●○
- Variété ●●●●○
- Harmonie + équilibre ●●●●●
- Pour tous ●●●●○
- Circuit ●●●●●

Environnement

- Visuel ●●●●●
- Nature ●●●●●
- Calme ●●●●●

Plaisir

- Délassement ●●●●●
- Verts ●●●●○
- Allées ●●●●●
- Tertres ●●●●●
- Manucure ●●●●●
- Entraînement ●●●●●
- Agrément ●●●●●
- Récupération ●●●●○

VERDICT ●●●●●

- Un terrain à visiter absolument.
  Aucun point faible.
  Environnement idéal.

Temps de jeu suggéré

Non disponible.

Accueil

Correct.

Indications et signalisation

Bonnes à la condition d'avoir en main la brochure décrivant chacun des trous.

Tenue générale

Très bonne.

Aire d'entraînement

Verts d'exercice, vaste terrain d'exercice et fosses de sable vous donnent envie d'y passer plus de temps.

Au féminin

Vous aimerez le 19e trou.
Très beau terrain, mais trop long.

Pavillon

Cette bâtisse en pierre des champs dépose ses plafonds hauts de 13,5 mètres sur des poutres de pin de la Colombie-Britannique et abrite également la boutique de golf. La partie arrière qui donne sur le terrain est spectaculaire.

Tarif : $$$

PARCOURS DU VIEUX VILLAGE

50, rue de Bourgmestre
Bromont
J2L 2R8
(450) 534-1166
1 888 793-3392

Pour les dames?

Ce terrain, propriété de la famille Fortin, a pignon sur rue à Bromont depuis 1994. Comme on n'est jamais aussi bien servi que par soi-même, c'est sa propre firme, la Canadian Golf Landscaping, qui a pris en charge la conception et la construction du Vieux Village.

Le parcours

Le Vieux Village retient l'attention parce qu'il est construit comme un véritable circuit. Adoptant la forme d'un huit, il vous invite à circuler sur ces trous qui se succèdent sans véritablement se rencontrer. Le visiteur doit donc composer avec un vent qui, selon les trous, frappe l'allée dans des angles différents. Le golfeur moyen appréciera de rencontrer les trois normales 3 et 5 que lui présente le premier neuf. Le vieux village de Bromont en profite pour présenter son école et son clocher d'église qui vous servira éventuellement de repère.

En plus de contenir quatre jalons, les tertres de départ se distinguent par des formes et des emplacements différents. La dimension de la fenêtre qu'ils ouvrent sur l'allée et l'angle d'attaque qu'ils proposent diffèrent totalement selon le tertre utilisé.

Ces jalons présentent des distances mieux adaptées pour les femmes que pour les hommes. En effet, à 4564 verges pour les rouges et 5221 verges pour les verts, les dames seront bien servies quel que soit leur calibre de jeu. Pour les hommes, les jalons blancs montrent 5900 verges contre 6600 pour les bleus, ce qui ne conviendra pas à tout le monde.

Vous le savez peut-être, Bromont accueille trois parcours de golf. Le Vieux Village a choisi de se positionner quelque part entre les deux autres, pour plaire à un plus grand nombre de joueurs. Il n'est donc ni un parcours de montagne ni un parcours haut de gamme.

La difficulté

Pour l'essentiel, l'eau est en jeu sur 11 trous et les allées se couvrent de grandes fosses de sable. Les verts aussi s'étendent longtemps. Leur rapidité et leurs ondulations constituent la principale difficulté du parcours. Comme il leur arrive de recevoir des paliers, il faudra être prévoyant.

Les jours sans vent, le golfeur prudent ne devrait pas avoir trop de difficulté à maîtriser ce terrain qui présente une évaluation Slope de 117 des jalons blancs.

Les conditions de jeu

Vous apprécierez votre séjour au Vieux Village. Les verts mordent bien et vous n'avez rien à craindre des allées et des tertres de départ. En passant, vous apprécierez les soins accordés à la découpe et à la tonte des allées.

L'environnement

Le paysage rappelle un *patchwork* ou une catalogne, cet assemblage de morceaux de tissus de formes et de couleurs disparates. Dans l'ordre et dans le désordre, les montagnes, les résidences du village, celles du rang et du nouveau quartier résidentiel se succèdent au cours de votre progression. Entre certains trous, d'immenses espaces sont laissés en friche.

Idéal pour...

Les obstacles d'eau ainsi que la dimension des verts et des fosses de sable ne conviennent pas à un joueur sans expérience.

+ NOUS AVONS AIMÉ

- Le dessin des verts et des fosses de sable
- La disposition et la forme des tertres de départ

– NOUS N'AVONS PAS AIMÉ

- La distance de marche entre les trous
- Les normales 3 un peu plus faibles
- La proximité des nouvelles résidences

Carte de pointage

Trou	1	2	3	4	5	6	7	8	9	Aller	10	11	12	13	14	15	16	17	18	Retour	Total
Bleu	415	138	535	186	491	145	477	385	382	3154	421	235	573	430	355	165	435	328	508	3450	6604
Blanc	381	130	495	135	465	121	460	303	373	2863	363	210	498	378	318	144	365	290	472	3038	5901
Rouge	270	100	414	105	384	100	380	235	254	2242	263	115	425	296	205	108	280	230	400	2322	4564
Normale	4	3	5	3	5	3	5	4	4	36	4	3	5	4	4	3	4	4	5	36	72

Évaluation : ■ Bleu 71,2 / 119 □ Blanc 67,5 / 117 ■ Rouge 66 / 111

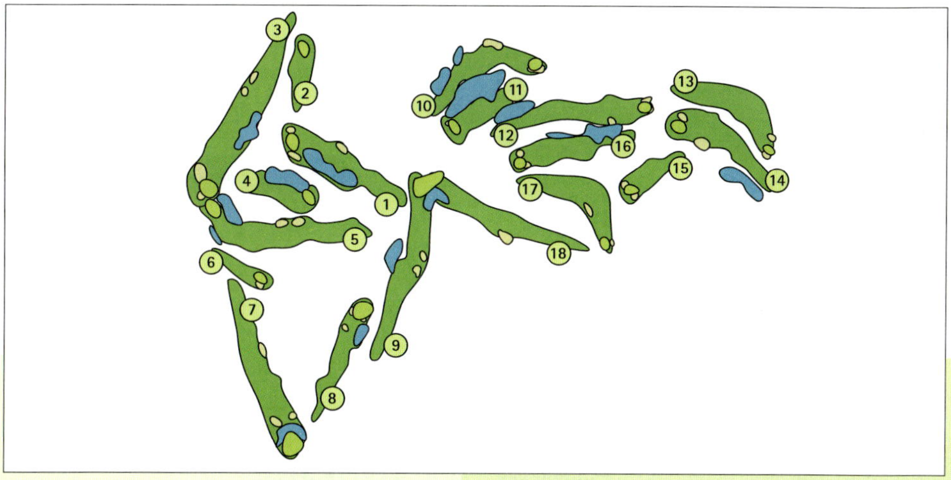

Conditions de jeu

- Verts ●●●●○
- Allées ●●●●○
- Sable ●●●●●
- Herbe longue ●●●●○
- Tertres ●●●●○

Design

- Verts + fosses ●●●●○
- Variété ●●●○○
- Harmonie + équilibre ●●●●○
- Pour tous ●●●●○
- Circuit ●●●●○

Environnement

- Visuel ●●●●○
- Nature ●●●●○
- Calme ●●●●○

Plaisir

- Délassement ●●●○○
- Verts ●●●●●
- Allées ●●●●○
- Tertres ●●●●●
- Manucure ●●●●●
- Entraînement ●●●●●
- Agrément ●●●●●
- Récupération ●●●●●

VERDICT ●●●◐○

- Terrain agréable par son dessin et ses conditions de jeu. Extraordinaire pour les femmes.

Temps de jeu suggéré

4 h 25 et l'administration semble faire le nécessaire afin qu'il soit respecté. Bravo.

Accueil

Très bon.

Indications et signalisation

Bonnes.

Tenue générale

Bonne.

Aire d'entraînement

Un peu à l'écart. Profitez-en pour arriver plus tôt, vous en bénéficierez pleinement.

Au féminin

C'est ce qui se fait de mieux.
Les distances sont bien adaptées.
Les tertres de départ ont été spécialement conçus pour vous.
Les deux degrés de difficulté devraient satisfaire toutes les golfeuses.

Boutique du pro

Accueillante, elle dispose de vêtements de qualité.

Tarif : $$

ROYAL BROMONT

400, chemin Compton
Bromont
J2L 1E9
(450) 534-4653
1 888 281-0017

Symphonie inachevée

Voici ce que nous annonçait la publicité du Royal Bromont il y a dix ans. « Issu de la recherche d'un juste équilibre entre la nature et son apprivoisement, [...] le R. B. compte un volet résidentiel de 180 terrains dont l'aménagement a été conçu [...] pour être intégré au parcours de golf privé de 18 trous, où ses 350 membres pratiqueront leur sport favori dans des conditions exceptionnelles. Conçu par l'architecte de golf réputé Graham Cooke, le parcours offre un défi de taille aux amateurs et experts. »

Hélas ! le projet n'a jamais levé. Il a laissé 150 terrains en friche et un parcours obligé d'ouvrir ses portes au grand public faute de membres.

Le parcours

Le premier neuf a été conçu pour faire partie d'un quartier résidentiel, mais les maisons n'ont jamais été construites. La présence majestueuse des monts Bromont, Gale et Shefford ne réussit pas à combler tous les vides. Les terrains vacants, les rues en gravier et les lignes téléphoniques prennent trop de place, c'est dommage. Visuellement, le second neuf est nettement supérieur au premier. La nature reprend sa place et remplit les promesses initiales. Le dessin du parcours fait preuve de doigté et d'intuition. Les monticules conçus par l'architecte viennent pimenter les allées situées en terrain plat. Ailleurs, impossible de dire s'il s'agit du relief naturel ou d'une fantaisie du concepteur. Les allées vallonnées éclosent sur des verts qui retiennent toute l'attention. Leur aspect est extra tout en offrant un bon degré de difficulté. Le jeu autour des verts prend donc toute son importance.

Une attention particulière a été accordée aux tertres de départ. Leur présentation impeccable s'appuie sur leurs formes et leurs dimensions variées. Leur grand nombre décuple les possibilités d'un trou à l'autre. Plusieurs s'incorporent même à l'intérieur d'une flopée de petits monticules.

La difficulté

Parlons maintenant de ces grands verts ondulés et inclinés. Leur rapidité souligne au crayon rouge leur relief capricieux. Avec une cote de 10 sur l'instrument de mesure Stimp, ils risquent de vous donner des maux de tête.

Cinq jalons permettent à la fois d'accueillir des compétitions d'envergure et d'accommoder le golfeur du dimanche. Les plans d'eau se font rares, mais leur positionnement stratégique vient faire la différence sur quelques trous.

Les conditions de jeu

Il faut se rendre à l'évidence. Un terrain de gazon de type agrostide bien entretenu, avec des allées et des verts bien manucurés, c'est dur à battre ! Par contre, les fosses contiennent des cailloux et leur manucure n'est pas aussi soigné.

L'environnement

Vous le savez déjà. Les terrains en friche du premier neuf font contrepoids aux montagnes qui se profilent au loin. Les trous qui bénéficient du passage de la rivière en sortent gagnants.

Idéal pour...

Les golfeurs qui veulent se mesurer à un bon test de golf dans de bonnes conditions de jeu.

+ NOUS AVONS AIMÉ

- Les conditions de jeu
- Le dessin du parcours
- Le défi

– NOUS N'AVONS PAS AIMÉ

- L'environnement immédiat du neuf d'aller
- La distance de marche entre les trous
- Le sable des fosses

Carte de pointage

Trou	1	2	3	4	5	6	7	8	9	Aller	10	11	12	13	14	15	16	17	18	Retour	Total
Bleu	385	361	145	335	505	349	160	508	375	3123	316	474	150	395	350	370	475	172	362	3064	6187
Blanc	350	312	114	304	500	339	150	466	349	2884	307	436	144	361	331	355	435	149	307	2825	5709
Rouge	343	307	95	247	445	317	127	456	311	2648	285	397	119	351	291	284	401	128	277	2533	5181
Normale	4	4	3	4	5	4	3	5	4	36	4	5/4	3	4/5	4	4	5	3	4	36	72

Évaluation : ■ Bleu 70,3 / 123 □ Blanc 67,8 / 117 ■ Rouge 70,3 / 123

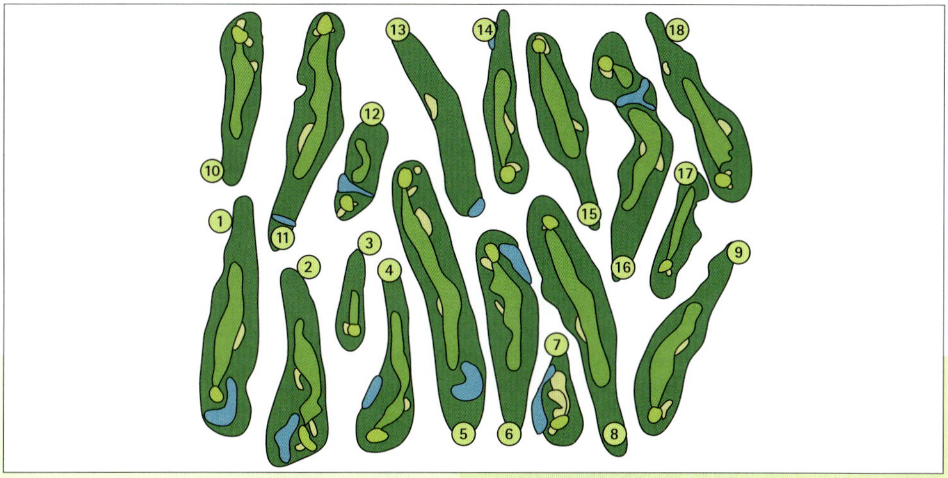

Conditions de jeu

- Verts ●●●●●
- Allées ●●●●●
- Sable ●●●○○
- Herbe longue ●●●●●
- Tertres ●●●●●

Design

- Verts + fosses ●●●●●
- Variété ●●●●●
- Harmonie + équilibre ●●●○○
- Pour tous ●●●○○
- Circuit ●●●●○

Environnement

- Visuel ●●●○○
- Nature ●●●●○
- Calme ●●●●○

Plaisir

- Délassement ●●●○○
- Verts ●●●●●
- Allées ●●●●●
- Tertres ●●●●●
- Manucure ●●●●●
- Entraînement ●○○○○
- Agrément ●●●●○
- Récupération ●●●●○

VERDICT ●●●●○

- Bonnes conditions de jeu.
  Beau design.
  Concept inachevé.

Temps de jeu suggéré

4 h 30, avec horloges et patrouilleur. Si vous marchez, il vous faudra adopter une cadence sportive à cause de la distance entre les trous.

Tenue générale

Très bonne.

Aire d'entraînement

Elle jure dans le décor avec ses 10 départs de tapis synthétique, son filet protecteur et sa distance d'à peine 150 verges.

Au féminin

Beaux tertres de départ.
Vous aimerez l'après-golf.
Pour golfeuses aguerries qui aiment jouer en voiturette motorisée.

Pavillon

On y mange très bien.
Terrasse. Mérite que l'on s'y arrête.

Boutique du pro

Complète. Cependant, le personnel semble faire très attention pour ne pas se faire de rides...

Divers

Voiturettes à main parmi les meilleures.

Tarif : $$$$

SHERBROOKE

1000, rue Musset
Sherbrooke
J1J 3X4
(819) 563-4987

Environnement urbain

À soixante-quinze ans, Sherbrooke fait partie des terrains du Québec de l'âge d'or. C'est un terrain de contrastes avec son environnement urbain qui fait se côtoyer arbres et plans d'eau. Josée Pérusse y occupe le poste de professionnelle.

Le parcours

Toutes les allées montrent un dénivelé important qui nous rappelle que nous sommes dans les Cantons-de-l'Est. Paradoxalement, les verts restent plats et au même niveau que l'allée. Leur petite dimension et leur forme circulaire manquent d'étoffe, faute de pente, d'ondulation et de fosses de sable. Deux d'entre eux s'assoient sur un plateau impossible à atteindre en faisant rouler sa balle. En général, trop peu de distance les sépare les uns des autres. Comme certains tertres de départ prennent position dans la ligne de tir d'une autre allée, ce terrain peut devenir menaçant.

Certains trous possèdent deux séries de tertres de départ qui s'orientent différemment. On les utilise en alternance selon les périodes de l'année ou l'importance de la compétition : voilà une très bonne idée.

Il va de soi qu'une pente affecte la position des pieds et de la balle. Il n'est cependant pas normal que des coups parfaitement frappés dans l'allée restent à la merci du hasard. Selon qu'elle s'arrête un peu plus à gauche ou plus à droite, la balle aboutira sur une bosse ou dans un trou.

Heureusement, ces allées vous laissent toujours la possibilité de récupérer un coup maladroit. En effet, les arbres qui les ceinturent abondent, mais on a laissé une distance raisonnable entre eux. Pour la vaste majorité des golfeurs, il s'agit d'une situation idéale.

La difficulté

Il ne fait pas de doute que la petitesse des verts vous causera des problèmes. Nous espérons que les nombreuses bosses de l'allée ne vous en causeront pas trop. À défaut d'être un habitué, vous passerez probablement beaucoup de temps à essayer de déterminer l'emplacement exact du drapeau et sa distance véritable. Les coups à l'aveuglette et les nombreux hors-limite (12) compensent largement le petit nombre de fosses de sable.

Les conditions de jeu

Les verts excellent. Les tertres de départ méritent également une excellente note, non seulement pour leur aplomb, mais aussi en raison de l'acharnement du personnel à réparer les marques de bâton. Les fosses de sable sont irréprochables et l'herbe longue tout à fait convenable.

L'environnement

Sur le terrain, deux tours d'habitation abritent des dizaines d'appartements détenus en copropriété.

Idéal pour…

Tout compte fait, c'est un parcours dont les qualités sont plus grandes que les défauts. Il est susceptible de vous procurer plus de plaisir au fur et à mesure que vous ferez connaissance.

+ NOUS AVONS AIMÉ

La condition des verts
La condition des tertres de départ
Les dénivellations des allées

– NOUS N'AVONS PAS AIMÉ

La conception des verts et des fosses de sable
Les allées bosselées
La proximité des voisins

Carte de pointage

Trou	1	2	3	4	5	6	7	8	9	Aller	10	11	12	13	14	15	16	17	18	Retour	Total
Bleu	542	403	333	186	367	152	446	383	188	3000	529	316	469	346	161	415	181	301	402	3120	6120
Blanc	531	386	322	166	353	139	427	377	178	2879	484	306	461	335	151	408	174	289	389	2997	5876
Rouge	406	370	312	139	289	122	377	337	141	2493	403	295	391	331	145	400	167	283	362	2777	5270
Normale	5	4	4	3	4	3	5	4	3	35	5	4	5	4	3	4/5	3	4	4/5	36/38	71/73

Évaluation : Bleu **68,6 / 118** — Blanc **68 / 116** — Rouge **69,9 / 120**

Conditions de jeu

Verts	●●●●●
Allées	●●●○○
Sable	●●●●●
Herbe longue	●●●●○
Tertres	●●●●●

Design

Verts + fosses	●○○○○
Variété	●●●●○
Harmonie + équilibre	●●●●●
Pour tous	●●●●○
Circuit	●●●●○

Environnement

Visuel	●●●○○
Nature	●●●○○
Calme	●●●○○

Plaisir

Délassement	●●○○○
Verts	●○○○○
Allées	●●●●●
Tertres	●●●●●
Manucure	●●●●○
Entraînement	●●●○○
Agrément	●●●○○
Récupération	●●●●○

VERDICT ●●●○○

Terrain de ville en très bonne condition qui vous permet de dépenser de l'énergie sur ses allées vallonnées.

Indications et signalisation

Très bonnes.

Tenue générale

Excellente.

Aire d'entraînement

On y est à l'étroit.

Au féminin

Jalons jaunes et rouges trop semblables sur le premier neuf trous.
Excellent second neuf.
Excellentes conditions de jeu.

Pavillon

Il est vraiment très grand et bénéficie d'une terrasse accueillante.
Un excellent trou de départ.

Boutique du pro

Elle est accueillante et l'atmosphère respire le golf.

Divers

Le premier trou s'avère un excellent trou de départ.

Tarif : $$

VENISE

1519, chemin de la Rivière
Magog
J1X 3W5
(819) 864-9891

Perdu dans la foule

Ce terrain de 36 trous accueille les visiteurs depuis 1977. Le compte rendu portera sur le Venise, l'aîné des deux parcours, le plus jeune ayant pour nom le Deauville. Le propriétaire s'est lui-même chargé de la conception ; voyons ce que cela donne.

Le parcours

Le site naturel profite du plateau qui surplombe le petit lac Magog. Les invités apprécieront la vue privilégiée qu'il offre sur le mont Orford.

Le dessin du Venise nous laisse sur notre appétit. Les verts, les fosses de sable et les tertres de départ ne réussissent pas à se démarquer. Autrement dit, les trous manquent de gueule. Heureusement, de légères dénivellations dans les allées, des arbres et la vue sur la montagne rachètent l'ensemble. Ces allées gagneraient à être découpées selon des formes plus audacieuses, de façon à leur donner la prestance qui leur manque actuellement. Cela améliorerait autant le coup d'œil que la précision du dessin. La majorité des trous sont disposés selon une même orientation et par bonheur, c'est celle du mont Orford.

Le neuf d'aller propose quatre normales 4 sur les cinq derniers trous, alors que le neuf de retour renferme quatre normales 4 consécutives aux trous n°s 13 à 16. Notons au passage que trois d'entre elles sont les plus longues de tout le parcours. Des quatre normales 5 du Venise, deux ont moins de 455 verges, alors qu'aucune des normales 3 ne dépasse 170 verges. L'addition de toutes ces verges donne un total de 6120 à partir des jalons blancs, le second neuf comptant presque 300 verges de plus que le premier.

De tous les terrains visités pendant la tournée du Québec, Venise obtient la palme du plus achalandé. Les golfeurs occupaient chaque trou, sans intervalle entre les différents groupes. Personne ne semblait se plaindre de rien, bien au contraire. C'est donc que ce terrain répond parfaitement aux besoins de sa clientèle.

La difficulté

L'évaluation Slope montre un 119 à partir des jalons blancs. Malgré certaines allées plus étroites, le terrain ne semble pas difficile. La majorité des fosses de sable et des plans d'eau est concentrées autour des verts.

Les conditions de jeu

Au moment de la visite, en début de saison, le terrain ne pouvait évidemment pas se présenter dans le même état que quelques semaines plus tard. Cependant, un examen attentif permet de croire qu'il retrouvera bientôt son état normal. Une réserve en ce qui concerne les tertres de départ et les fossés d'égouttement dans les allées.

L'environnement

Le mont Orford et le petit lac Magog redorent le blason du Venise.

En vrac

Le Deauville compte une normale 6 de 626 verges et une normale 3 dont le vert a établi domicile sur une presqu'île.

Idéal pour...

Le golf de récréation.

+ NOUS AVONS AIMÉ

- La vue du mont Orford
- Les trop rares trous qui laissent une vue sur le lac
- Les légères dénivellations des allées

− NOUS N'AVONS PAS AIMÉ

- Le dessin des verts-fosses de sable
- Les chemins de voiturettes motorisées qui ne sont pas suffisamment en retrait sur certains trous
- Le manque de caractère de l'ensemble

Carte de pointage

Trou	1	2	3	4	5	6	7	8	9	Aller	10	11	12	13	14	15	16	17	18	Retour	Total
Bleu	468	385	148	519	326	382	146	340	370	3084	380	530	175	423	420	380	405	185	460	3358	6442
Blanc	445	367	125	504	309	360	131	324	355	2920	367	495	160	409	402	345	397	170	455	3200	6120
Rouge	390	337	100	387	281	310	110	291	340	2546	315	420	133	315	372	303	280	160	412	2710	5256
Normale	5	4	3	5	4	4	3	4	4	36	4	5	3	4	4	4	4	3	5	36	72

Évaluation : ■ Bleu 70,5 / 124 □ Blanc 69 / 119 ■ Rouge 69,7 / 116

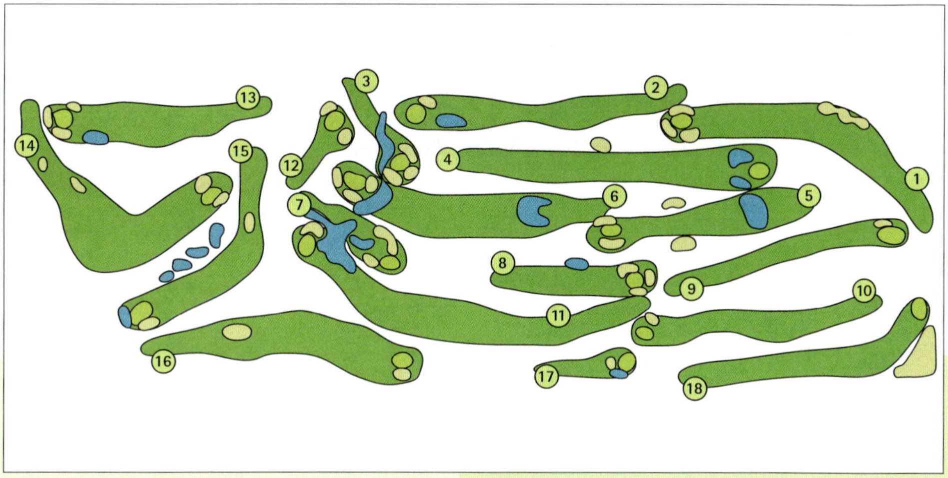

Conditions de jeu

- Verts ●●●○○
- Allées ●●●○○
- Sable ●●●○○
- Herbe longue ●●●○○
- Tertres ●●○○○

Design

- Verts + fosses ●●○○○
- Variété ●●●○○
- Harmonie + équilibre ●●●○○
- Pour tous ●●●●○
- Circuit ●●○○○

Environnement

- Visuel ●●●●○
- Nature ●●●●○
- Calme ●●●●○

Plaisir

- Délassement ●●●●○
- Verts ●●●○○
- Allées ●●●○○
- Tertres ●●●○○
- Manucure ●●●○○
- Entraînement ●●●○○
- Agrément ●●●●○
- Récupération ●●●●○

VERDICT ●●◐○○

- Terrain moyen en raison principalement de son dessin qui manque d'audace.

Temps de jeu suggéré

4 h 30.

Accueil

Correct.

Aire d'entraînement

Correcte.

Tenue générale

Bonne.

Au féminin

Avec ses 4931 verges, le parcours Deauville représente un meilleur choix, puisqu'il compte 300 verges de moins que le Venise. Il offre d'ailleurs cinq normales 3 et une normale 6 de 436 verges, ce qui nous semble plus intéressant.

Pavillon

À noter, sa terrasse immense et sa très grande fenestration qui permettent d'admirer le paysage.

Boutique du pro

Vraiment très grande.

Tarif : $

360, chemin Leclerc
Waterloo
J0E 2N0
(450) 539-1055
1 800 567-1055

Despote ou des putts ?

Le Club de golf de Waterloo ouvre ses portes pour la toute première fois en 1961 avec un neuf trous (Parcours Waterloo). À l'automne de 1973, un incendie rase le pavillon qu'on reconstruira ailleurs. Le compte rendu porte sur le parcours Napoléon, inauguré au printemps de 1991. En 1997, un autre neuf s'est ajouté pour compléter le Waterloo.

Le parcours

D'importantes dénivellations caractérisent le site naturel et malgré la présence de nombreux arbres, les allées réussissent à imposer leur largeur. Les verts qui restent nez à nez avec les allées privilégient la forme circulaire. Ils s'entourent de monticules qui s'attachent ensemble à la manière des grains d'un chapelet. À l'occasion, ces buttons forment une clôture pour fermer l'arrière du vert. Soyez attentif, car ce qui ressemble à un roulé facile et droit finit toujours par dévier légèrement.

Les fosses de sable font l'objet de travaux importants. Elles tireront profit d'un remodelage et feront le plein d'un sable de meilleure qualité, ce qui constituera une nette amélioration sur la situation actuelle.

Le Napoléon ne se laisse pas arpenter facilement. Non seulement il affiche un relief accidenté, la distance qui sépare ses trous reste trop grande. À la suite d'un réaménagement, il a perdu de sa fluidité et de son naturel, et des tertres de départ sont laissés à eux-mêmes au milieu de nulle part.

Cinq normales 4 consécutives suivies de deux normales 5 aux trois trous suivants nous convainquent que la distribution des normales fait défaut sur le premier neuf. Rendons à César ce qui lui appartient, les nombreux dénivelés et les trous coudés atténuent cette lacune en amenant juste ce qu'il faut de variété.

La difficulté

Ce terrain s'adresse aux bons golfeurs. Les débutants devront faire leur apprentissage ailleurs. Avec 6247 verges à partir des jalons blancs, 6733 verges des bleus et 7006 verges des jalons or, vous avez intérêt à n'oublier aucun de vos bâtons à la maison. À partir des jalons blancs, l'évaluation Slope de 117 semble trop basse. Si vous ratez l'allée, vous n'aurez d'autre choix que d'y revenir bien sagement, le terrain ne vous permettant pas de tenter le tout pour le tout avec le coup suivant.

Les conditions de jeu

Avec leurs conditions tout simplement impeccables, les verts décuplent le plaisir du match. On ne peut en dire autant des tertres de départ inégaux, plusieurs laissant même à désirer. Les allées dépassent les attentes et ne méritent aucun reproche.

L'environnement

Dans un décor de vallées et de montagnes, la nature se présente sous son jour le meilleur avec ses feuillus, ses ruisseaux et ses lacs. Chaque fois, votre partie se déroule dans la paix et la tranquillité.

Idéal pour...

Plusieurs y trouveront leur compte, mais il vaut mieux posséder un minimum d'habileté.

+ NOUS AVONS AIMÉ

La séquence des trous n°s 14 à 18 avec ses allures écossaises
Le plaisir que ce terrain procure
L'environnement

– NOUS N'AVONS PAS AIMÉ

Le manque de fluidité entre les trous
L'emplacement de quelques tertres
Le drapeau difficile à repérer sur certains verts

Carte de pointage

Trou	1	2	3	4	5	6	7	8	9	Aller	10	11	12	13	14	15	16	17	18	Retour	Total
Bleu	395	390	410	427	375	501	192	498	365	3552	145	385	180	490	406	503	401	160	511	3181	6733
Blanc	362	360	373	375	345	476	176	483	340	3290	135	365	164	480	363	475	367	140	468	2957	6247
Rouge	354	321	331	332	300	433	141	418	285	2915	115	330	152	420	300	444	334	132	398	2625	5540
Normale	4	4	4	4	4	5	3	5	4	37	3	4	3	5	4	5	4	3	5	36	73

Évaluation : ■ **Bleu 71,3 / 122** □ **Blanc 69,1 / 117** ■ **Rouge 72,1 / 127**

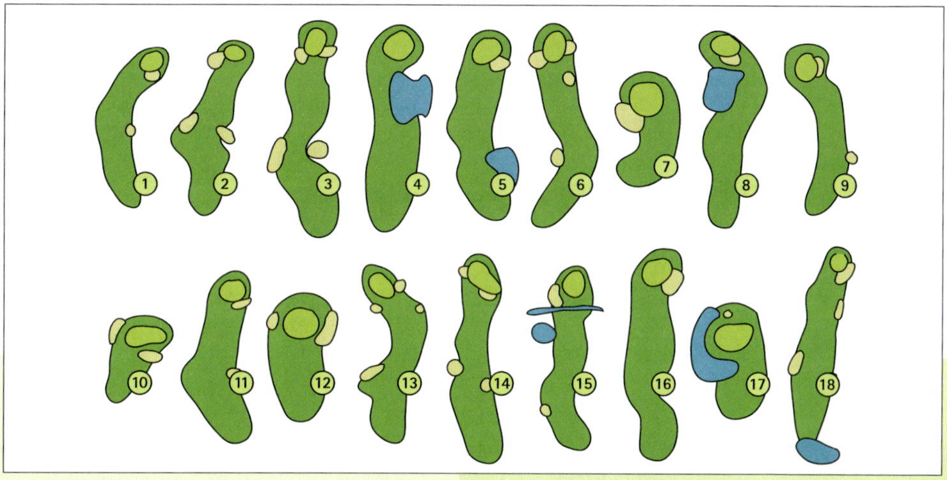

Conditions de jeu

- Verts ●●●●●
- Allées ●●●●○
- Sable ●●○○○
- Herbe longue ●●●○○
- Tertres ●●○○○

Design

- Verts + fosses ●●○○○
- Variété ●●●○○
- Harmonie + équilibre ●●●●○
- Pour tous ●●○○○
- Circuit ●●○○○

Environnement

- Visuel ●●●●●
- Nature ●●●●●
- Calme ●●●●●

Plaisir

- Délassement ●●○○○
- Verts ●●●●○
- Allées ●●●●●
- Tertres ●●●●○
- Manucure ●●●○○
- Entraînement ●●●●●
- Agrément ●●●●●
- Récupération ●●●●○

VERDICT ●●●◐○

- Bon exemple d'un parcours qui garde son intérêt indépendamment de la performance du golfeur. Environnement supérieur.

Temps de jeu suggéré
4 h 30.

Indications et signalisation
À améliorer.

Tenue générale
Bonne.

Aire d'entraînement
Beaucoup trop en retrait.
Cependant, un trou d'échauffement (n° 0), une normale 4 de 402 verges, permet de mettre au point votre élan.

Améliorations
Les fosses de sable seront refaites.

Au féminin
Avec presque 400 verges en moins, le Waterloo nous paraît plus raisonnable, même s'il compte deux normales 4 de 363 verges. Bel environnement.

Pavillon
Moderne et confortable. Il accueille la boutique du pro et un casse-croûte au rez-de-chaussée.

Tarif : $

CHARLEVOIX • CÔTE-NORD • SAGUENAY–LAC-SAINT-JEAN

1 > BAIE-COMEAU
Baie-Comeau

2 > BAIE-SAINT-PAUL
Baie-Saint-Paul

3 > CHICOUTIMI
Saguenay (secteur Chicoutimi)

4 > LAC-SAINT-JEAN
Saint-Gédéon

5 > MANOIR RICHELIEU
La Malbaie

6 > MURRAY BAY
La Malbaie

7 > PORT-ALFRED
Saguenay (secteur La Baie)

8 > SAGUENAY-ARVIDA
Saguenay (secteur Jonquière)

9 > SEPT-ÎLES
Sept-Îles

10 > SAINT-PRIME
Saint-Prime

BAIE-COMEAU

1700, de Bretagne
Baie-Comeau
G5C 3S3
(418) 295-1819

Conservateur...

Situé en plein cœur de la ville de Baie-Comeau, sur un site longeant la rivière Amédée, ce terrain est l'œuvre de l'architecte Graham Cooke. Voyons comment cette jeunesse (ouvert en 1993) se débrouille dans le climat de la Côte-Nord.

Le parcours

Le parcours occupe un terrain boisé où l'on trouve principalement des trembles matures. Sur chaque trou, on s'est fait un devoir de respecter et de mettre en valeur la couverture végétale. C'est le trait de caractère principal de ce terrain. Les trous qui adoptent un relief légèrement accidenté s'avèrent plus agréables que les autres. Additionnés aux sept trous coudés, ils relèvent le goût d'une sauce qui risquait d'être fade.

Le dessin des verts reste dans la moyenne et on remarque davantage ceux qui sont entourés d'arbres. Leur dimension varie de moyenne à grande et ils épousent différentes formes. Les nombreuses fosses de sable qui les protègent s'insèrent habituellement à l'intérieur de petits monticules qui rehaussent l'ensemble.

Fidèle à son habitude, l'architecte n'a pas lésiné sur le nombre de tertres de départ et sur leur dimension. Ce terrain se distingue particulièrement par ses normales 3 amusantes et imaginatives ; on en compte d'ailleurs trois dans le premier neuf.

La difficulté

En raison de la largeur de ses allées, de son relief peu accidenté et de sa longueur, ce terrain ne représente pas un grand défi. Son évaluation Slope de 117 à partir des jalons bleus en demeure une preuve tangible. Les fosses de sable qui côtoient les verts restent timides, alors que celles qui habitent l'allée ne tolèrent pas l'indifférence en raison de leur emplacement judicieux. L'herbe longue est... trop courte.

De façon à augmenter le degré de difficulté, des hors-limite ont été rajoutés à des endroits où leur présence ne se justifie pas.

Les conditions de jeu

On retrouve à Baie-Comeau les conditions de jeu que l'on trouve habituellement sur les jeunes terrains, spécialement lorsqu'ils se situent dans un climat aussi rigoureux. Les tertres de départ sont en mauvais état, malgré la présence de plusieurs boîtes de terreautage sur les normales 3. La qualité et la densité du gazon laissent à désirer, particulièrement sur les verts. L'herbe longue abrite trop de trèfle et de mauvaises herbes. Il faudrait nettoyer les sous-bois et mieux manucurer les fosses de sable.

L'environnement

Les arbres ne manquent pas, même si les essences ne sont pas très variées. On n'a pas lésiné sur la quantité d'aménagements paysagers. Comment reprocher à Baie-Comeau la présence d'une ligne de transport d'énergie électrique, même lorsqu'elle longe quelques trous ?

Par contre, dans une région de grands espaces comme Baie-Comeau, une allée qui longe une route bardée de logos de multinationales, c'est paradoxal.

Idéal pour...

Les gens de la région qui profitent déjà d'un bon terrain qui s'améliorera avec les années.

+ NOUS AVONS AIMÉ

L'environnement boisé
La tranquillité des lieux
Les normales 3

– NOUS N'AVONS PAS AIMÉ

La condition des verts
Le dessin conservateur des trous
La qualité de l'herbe longue

Carte de pointage

Trou	1	2	3	4	5	6	7	8	9	Aller	10	11	12	13	14	15	16	17	18	Retour	Total
Bleu	465	155	366	427	162	421	565	195	364	3120	194	389	362	580	402	530	138	321	420	3336	6456
Blanc	426	137	321	391	144	377	525	140	334	2795	183	376	315	543	331	509	118	305	359	3039	5834
Rouge	372	135	306	272	125	406	474	100	283	2473	121	320	270	505	311	420	104	280	335	2666	5139
Normale	5	3	4	4	3	4/5	5	4	3	35/36	3	4	4	5	4	5	3	4	4	36	71/72

Évaluation : ■ **Bleu 70 / 117** □ **Blanc 67,8 / 114** ■ **Rouge 68 / 114**

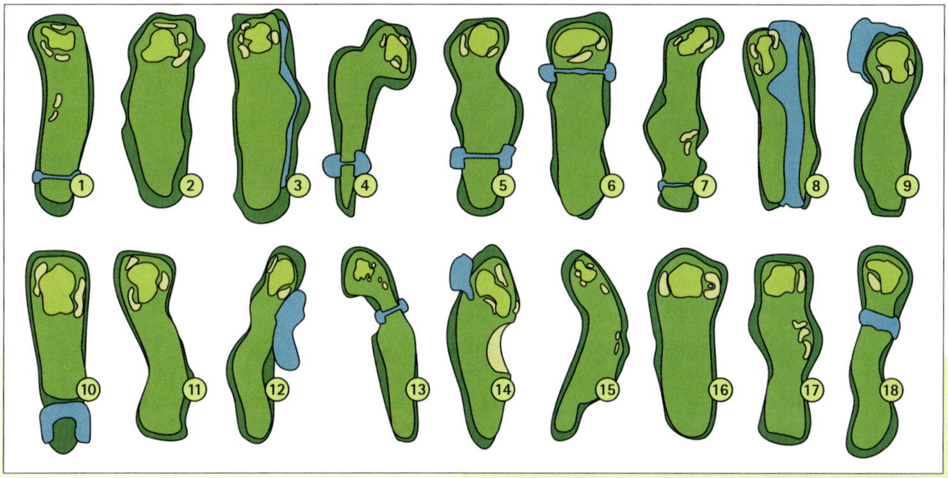

Conditions de jeu

- Verts ●●○○○
- Allées ●●●○○
- Sable ●●●●○
- Herbe longue ●●○○○
- Tertres ●●●○○

Design

- Verts + fosses ●●●○○
- Variété ●●●○○
- Harmonie + équilibre ●●●●●
- Pour tous ●●●●●
- Circuit ●●●●○

Environnement

- Visuel ●●●●○
- Nature ●●●●●
- Calme ●●●○○

Plaisir

- Délassement ●●●●●
- Verts ●●●○○
- Allées ●●●○○
- Tertres ●●●○○
- Manucure ●●●○○
- Entraînement ●●●●○
- Agrément ●●●●●
- Récupération ●●●○○

VERDICT ●●●○○

- Terrain honnête situé dans un bel environnement. Si vous passez par là, n'hésitez pas, même si les conditions de jeu manquent d'homogénéité.

Temps de jeu suggéré
Non disponible.

Accueil
Très bon.

Indications et signalisation
Déficientes. Devront être améliorées.
Les graphiques de départ sont originaux.

Tenue générale
Bonne.

Aire d'entraînement
Comporte une vingtaine d'aires de frappe sur le gazon qui est d'ailleurs en bonne condition. Terrain spacieux, plusieurs cibles, fosse d'entraînement et vert pour les coups d'approche. Il est malheureusement situé trop loin du pavillon.

Au féminin
Malgré les longues normales 4 du deuxième neuf, ce terrain vous plaira assurément.

Pavillon
Moderne, propre et accueillant.

Boutique du pro
Spacieuse.

Tarif : $$

BAIE-SAINT-PAUL

40, chemin de L'Équerre
Baie-Saint-Paul
G3Z 2Y7
(418) 435-2117

Mission accomplie

Ce terrain municipal est ouvert depuis 1972. Il constitue un atout de plus pour une région qui ne manque pourtant pas d'attrait.

Le parcours

Il s'agit d'un terrain accidenté et relativement court. Il ne se qualifie cependant pas comme golf de montagne, malgré des allées pentues marquées de dénivellations parfois importantes. Même si les arbres ne manquent pas, ils ne viennent pas serrer les allées dans des entonnoirs à goulot étroit. C'est même le contraire. Les trous gagneraient en apparence avec des allées mieux découpées par de l'herbe longue plus dominante. À l'heure actuelle, leur dessin manque de précision, ce qui ajoute à l'impression de grands espaces qui se dégage de l'endroit.

Le parcours manque de fluidité en raison de la trop grande distance de marche entre les trous. D'ailleurs, il arrive souvent qu'il faille revenir sur ses pas pour rejoindre le prochain tertre de départ. Comme les indications manquent parfois de clarté...

La difficulté

Nous sommes en présence d'un terrain concis qui ne totalise que 5777 verges depuis les jalons blancs. Avec sept normales 4 de moins de 315 verges et des allées larges, il est à espérer que le vent s'impose sur ces trous. Bien sûr, certains suivent une pente ascendante, mais quand même...

Vous aurez tôt fait de constater que les verts constituent le défi principal à Baie-Saint-Paul. De petites dimensions, ils n'hésitent pas à se cacher sur un plateau d'où ils vous attendent de pied ferme. Vous avez intérêt à ne pas rater la cible. Même une fois rendu à destination, leur pente et leurs ondulations risquent de vous donner des maux de tête.

Les conditions de jeu

Par bonheur, ces verts gardent la forme, alors que les tertres de départ se contentent de conditions acceptables. Cependant, tous deux manquent de manucure. Les allées ne bénéficient pas d'un système d'arrosage, ce qui les rend vulnérables lors des périodes sans précipitations. Comme le terrain est déjà court, des allées dures qui suivent une pente descendante dénaturent certains trous. Lorsque la pente affecte l'allée latéralement, la balle peut être projetée bien loin de son point d'atterrissage.

L'environnement

Toutes les raisons sont bonnes pour une visite à Baie-Saint-Paul. S'il vous arrivait de prendre votre partie trop à cœur, le terrain ne manquera pas de vous rappeler que vous êtes dans Charlevoix. Relaxez-vous et admirez la vue sur la baie et les montagnes. La proximité du village ajoute au caractère et à l'identité du parcours.

En vrac

Les golfeuses interrogées trouvent le terrain difficile, mais elles apprécient la vue, les paysages et la variété dans le relief des allées.

Idéal pour...

Les joueurs qui aiment s'élancer sans retenue.

+ NOUS AVONS AIMÉ

- Le panorama
- La vocation municipale de l'endroit
- Les allées larges

– NOUS N'AVONS PAS AIMÉ

- L'absence d'irrigation des allées
- Le manque de dessin des allées
- La distance de marche entre les trous

Carte de pointage

Trou	1	2	3	4	5	6	7	8	9	Aller	10	11	12	13	14	15	16	17	18	Retour	Total
Bleu	395	155	356	377	546	201	487	351	354	3222	311	118	300	322	182	534	427	504	318	3070	6292
Blanc	371	142	308	331	494	183	456	335	348	2968	302	109	264	313	156	499	374	481	311	2809	5777
Rouge	305	128	256	315	402	138	439	300	298	2581	299	99	257	303	133	437	360	443	300	2631	5212
Normale	4	3	4	4	5	3	5	4	4	36	4	3	4	4	3	5	4	5	4	36	72

Évaluation : ■ Bleu - / 126 □ Blanc - / 117 ■ Rouge - / 115

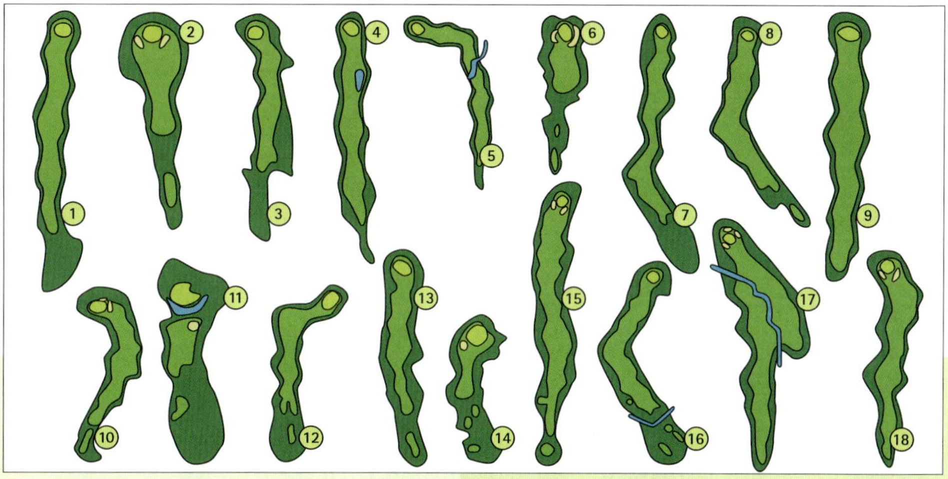

Conditions de jeu

- Verts ●●●●○
- Allées ●●○○○
- Sable ●●●○○
- Herbe longue ●●○○○
- Tertres ●●●○○

Design

- Verts + fosses ●●●○○
- Variété ●●●●○
- Harmonie + équilibre ●●●●●
- Pour tous ●●●○○
- Circuit ●●●○○

Environnement

- Visuel ●●●●●
- Nature ●●●●●
- Calme ●●●●●

Plaisir

- Délassement ●●●○○
- Verts ●●●○○
- Allées ●●●○○
- Tertres ●●●○○
- Manucure ●●○○○
- Entraînement ●●●●●
- Agrément ●●●○○
- Récupération ●●●●○

VERDICT ●●●○○

- Terrain municipal axé d'abord et avant tout sur le plaisir et la détente. Attention aux périodes de sécheresse. Beaux points de vue.

Temps de jeu suggéré
4 h 30.

Accueil
Bon pour un terrain municipal.

Indications et signalisation
À améliorer.

Tenue générale
Bonne.

Aire d'entraînement
Vert d'exercice seulement.

Au féminin
Terrain difficile en raison des verts surélevés et des dénivellations importantes.
Beau panorama.

Pavillon
Petit mais dans le ton.

Boutique du pro
Bien garnie.

Tarif : $$

CHICOUTIMI

2743, boulevard Talbot
Saguenay (secteur Chicoutimi)
G7H 5C8
(418) 549-0749

Dans la force de l'âge

Lors de la conception des neuf premiers trous en 1955, l'architecte Howard Watson était loin de se douter que presque cinquante ans plus tard, ce terrain allait être situé en milieu urbain. Le 18 trous a été complété en 1967.

Le parcours

Le relief des allées pourrait pourtant faire croire au golfeur qu'il se trouve loin de la ville. En effet, plusieurs embrassent une pente latérale ou des dénivellations qui n'ont rien à envier aux terrains situés à flanc de montagne. Ces attributs animent l'ensemble et assurent une bonne dose de variété, même lorsque les allées sont placées en parallèle.

Restons calmes, le boulevard Talbot ne traverse quand même pas la jungle. Malgré tout, même si les arbres matures ne manquent pas, la direction en a planté des centaines qui n'ont cependant pas encore atteint l'âge adulte.

Par leur dessin et leur découpage, les allées et les tertres de départ font bonne figure et ajoutent au plaisir. Les fosses se singularisent davantage par la quantité de sable qu'elles contiennent que par leur dimension ou leur profondeur.

Chicoutimi est un bon exemple d'un terrain de style traditionnel sur lequel il faut jouer à plusieurs reprises avant de pouvoir en apprécier toutes les subtilités.

La difficulté

Attention aux obstacles d'eau qui arrosent la moitié des trous. Leur emplacement stratégique vous donnera à réfléchir au moment d'exécuter un coup. Les pentes que vous connaissez déjà pourraient vous imposer une position de frappe pas commode.

En raison de leur grande dimension, les verts pourraient surprendre le visiteur, même si leur vitesse n'est pas excessive.

Les conditions de jeu

D'excellentes conditions de jeu constituent sans l'ombre d'un doute la carte maîtresse dans le jeu du Chicoutimi. Que vous regardiez du côté des verts (leur rapidité, leur capacité à retenir la balle et leur uniformité) ou des allées, ce terrain n'a rien à envier à aucun autre. D'ailleurs, chacun de ces éléments fait l'objet de soins esthétiques attentionnés. Les tertres de départ et l'herbe longue ne sont pas en reste, mais le sable des fosses n'est pas terrible.

L'environnement

Même si on entend des bruits de circulation, la forêt est tellement dense sur certains trous qu'il est difficile de croire qu'il s'agit d'un terrain de ville. Les aménagements paysagers ne manquent pas. Chicoutimi est membre du programme environnemental Audubon, c'est pourquoi le pourtour des plans d'eau est laissé à l'état naturel, par respect pour le milieu aquatique.

Idéal pour...

Les résidents de Chicoutimi sont choyés de pouvoir bénéficier d'un aussi beau terrain à quelques minutes de leur résidence.

+ NOUS AVONS AIMÉ

Les excellentes conditions de jeu
Un degré de difficulté qui saura plaire à toutes les catégories de golfeurs
Terrain facile d'accès

– NOUS N'AVONS PAS AIMÉ

Les signes de l'environnement urbain très visibles sur quelques trous
Les trous placés parallèlement
La qualité du sable dans les fosses

Carte de pointage

Trou	1	2	3	4	5	6	7	8	9	Aller	10	11	12	13	14	15	16	17	18	Retour	Total
Bleu	390	400	333	497	390	483	156	420	175	3244	527	375	125	360	398	396	176	360	493	3210	6454
Blanc	372	388	320	456	385	480	154	408	162	3125	512	364	123	343	394	380	154	350	477	3097	6222
Rouge	337	326	239	387	276	416	137	297	149	2564	426	318	118	278	354	289	150	320	421	2674	5238
Normale	4	4	4	5	4	5	3	4	3	36	5	4	3	4	4	4	3	4	5	36	72

Évaluation : ■ **Bleu 72,1 / 131** □ **Blanc 69,6 / 123** ■ **Rouge 68 / 118**

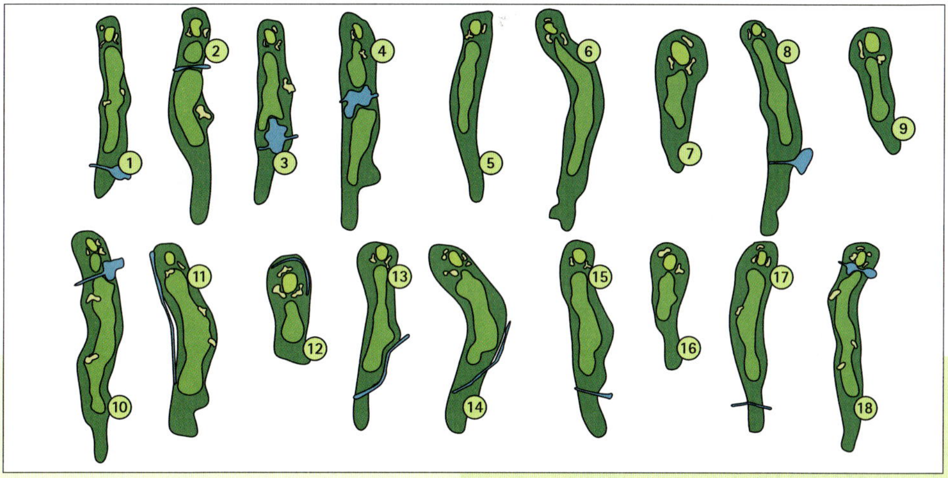

Conditions de jeu

Verts	●●●●●
Allées	●●●●●
Sable	●●○○○
Herbe longue	●●●●○
Tertres	●●●●○

Design

Verts + fosses	●●●●○
Variété	●●●●○
Harmonie + équilibre	●●●●○
Pour tous	●●●●○
Circuit	●●●●●

Environnement

Visuel	●●●●○
Nature	●●●●○
Calme	●●●○○

Plaisir

Délassement	●●●●○
Verts	●●●●○
Allées	●●●●○
Tertres	●●●●●
Manucure	●●●●●
Entraînement	●●●○○
Agrément	●●●●○
Récupération	●●●●●

VERDICT ●●●◐○

> Terrain bien équilibré qui ne manque pas d'intérêt, surtout qu'il présente d'excellentes conditions de jeu.

Temps de jeu suggéré
4 h 20 ; temps habituel : 4 h 30.

Accueil
Bon.

Indications et signalisation
Carrément déficientes.

Tenue générale
Très bonne.

Aire d'entraînement
A été améliorée récemment.

Améliorations
On procède à l'amélioration des fosses avec du sable de meilleure qualité.

Au féminin
En plus des conditions de jeu exceptionnelles, vous apprécierez les rosiers qui entourent plusieurs de vos tertres de départ.
Terrain trop long ; il n'y a pas suffisamment de différence entre les jalons jaunes et les jalons rouges.

Pavillon
À l'écart de la boutique et fera l'objet de quelques retouches dès cette année.

Tarif : $$$$

18, chemin Rang des Îles
Saint-Gédéon
G0W 2P0
(418) 345-8877

La découverte de l'année

La municipalité de Saint-Gédéon s'enorgueillit de son club de golf depuis 1984. Ce parcours est le dernier-né des 18 trous de la région du Saguenay–Lac-Saint-Jean. À quoi s'attendre de ce jeune adulte dont les connaisseurs de Montréal ne parlent jamais?

Le parcours

Il s'agit d'un des terrains qui offrent le plus de variété dans toute la province. Il réussit le tour de force de présenter 18 trous complètement différents; chaque fois c'est l'étonnement. Son décor naturellement boisé et son caractère sont ses meilleurs arguments. Il a autant de gueule que certains terrains de montagne, sans en présenter les écarts de conduite. Le tout se décline dans le respect de la ligne directrice qu'impose le site naturel.

Les tertres de départ nichent sur les parties surélevées du terrain avec l'aide d'aménagements de pierres naturelles. Le relief accidenté des allées et leur pluralité de dénivellations et de largeur vous surprendront à chaque trou. On y trouve d'ailleurs du sable et de l'eau à profusion. Comment résister à des obstacles aussi généreux et accueillants que les gens du Lac?

En plus de tirer le maximum du site naturel, l'architecte Marcel Notz s'exprime dans la conception de ses verts. On en retrouve de toutes les formes et de toutes les dimensions et ils constituent presque toujours une fin heureuse au trou.

La difficulté

Le niveau de difficulté varie d'un trou à l'autre selon le relief et la largeur des allées. Les arbres ne tolèrent pas les écarts de conduite et quelques trous vous obligent à exécuter des coups à l'aveuglette. L'étroitesse de l'allée, que ce soit au départ ou à l'atterrissage, peut même devenir intimidante. Puisque 11 trous observent un régime à l'eau, vous aurez compris qu'il faut de la méthode et de la finesse dans le geste.

J'ai été surpris de constater que l'évaluation Slope ne s'élève qu'à 122 pour les jalons bleus, surtout que son évaluation montre 72. Il me semble qu'avec trois normales 3 de ±190 verges et une longueur totale de 6602 verges, ce terrain boisé mérite un peu plus de respect.

Les conditions de jeu

De manière générale, les verts et les tertres de départ sont dans la bonne moyenne et ne vous causeront pas d'ennui. Les fosses de sable sont bien entretenues en dépit de la présence de cailloux. Les allées se signalent par un découpage qui sert bien leur dessin audacieux. Attention aux débuts de saison, alors que le terrain prend un certain temps avant d'atteindre sa forme optimale.

L'environnement

Les allées semblent avoir été arrachées à la forêt et les arbres paraissent avoir un don d'ubiquité. L'endroit est tranquille.

Idéal pour...

Le golfeur précis.

+ NOUS AVONS AIMÉ

- L'incroyable diversité des trous
- Le site naturel
- Le caractère du terrain

− NOUS N'AVONS PAS AIMÉ

- Le fait que plusieurs trous pénalisent sévèrement le golfeur imprécis
- Dans certains passages dans le bois, les sentiers pour voiturettes sont étroits
- Le manque de publicité pour ce terrain

Carte de pointage

Trou	1	2	3	4	5	6	7	8	9	Aller	10	11	12	13	14	15	16	17	18	Retour	Total
Bleu	500	386	400	190	346	377	396	524	190	3309	434	370	449	510	380	396	184	482	148	3353	6602
Blanc	480	285	392	181	325	340	378	493	169	3043	383	331	432	470	360	362	159	470	133	3100	6143
Rouge	426	223	282	165	244	266	324	468	153	2551	296	303	308	406	345	344	142	389	116	2649	5200
Normale	5	4	4	3	4	4	4	5	3	36	4	4	4	5	4	4	3	5	3	36	72

Évaluation : ■ Bleu - / 122 □ Blanc - / 116 ■ Rouge - / 113

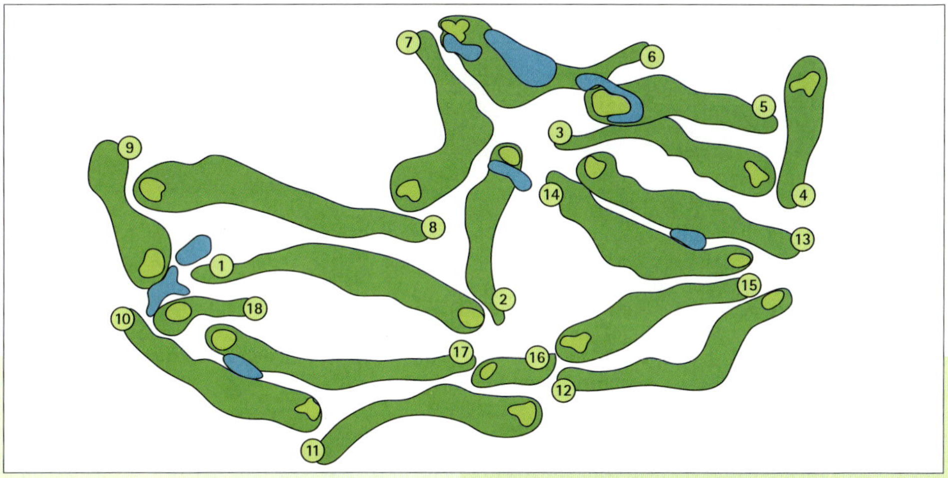

Conditions de jeu

- Verts ●●●○○
- Allées ●●●●○
- Sable ●●○○○
- Herbe longue ●●●○○
- Tertres ●●●○○

Design

- Verts + fosses ●●●●○
- Variété ●●●●●
- Harmonie + équilibre ●●●●●
- Pour tous ●●○○○
- Circuit ●●●●●

Environnement

- Visuel ●●●●●
- Nature ●●●●●
- Calme ●●●●●

Plaisir

- Délassement ●●●●○
- Verts ●●●○○
- Allées ●●●○○
- Tertres ●●●●○
- Manucure ●●●●○
- Entraînement ●●●●○
- Agrément ●●●●●
- Récupération ●●○○○

VERDICT ●●●●○

- Terrain difficile avec une diversité de trous étonnante. Environnement agréable. À visiter.

Temps de jeu suggéré

4 h 15 : « Pour que la partie soit plus intéressante pour tout le monde et que ça roule un peu plus rapidement. »

Accueil

Très bon.

Indications et signalisation

Correctes.

Tenue générale

Très bonne.

Aire d'entraînement

Ne dispose que de départs synthétiques.

Au féminin

Terrain très fréquenté par la gent féminine. Il demeure top long à 5200 verges.

Pavillon

Témoin des nombreuses activités de ses membres.

Boutique du pro

Elle est bien garnie mais trop exiguë.

Tarif : $$$

MANOIR RICHELIEU

585, côte Bellevue
La Malbaie
G5A 1X7
(418) 665-2526
1 800 441-1414

Transfiguration

Dès son arrivée à La Malbaie en 1993, Norman T. Doyle, l'homme au cigare, a transformé plusieurs trous. Cela a certainement influencé favorablement la revue *Golf Ranking* qui, en 1999, a attribué au golf du Manoir Richelieu la médaille double platine dans la catégorie centre de villégiature.

La construction d'un troisième neuf a transformé la physionomie des lieux. Un paysage nettement plus dégagé donne un nouveau caractère de modernité à ce terrain auquel son paysage et ses arbres donnaient un air résolument traditionnel. On soumettra d'ailleurs plusieurs des trous actuels à une cure de rajeunissement, sans pour autant en changer l'essence. Le parcours tel qu'il avait été conçu par l'architecte britannique Herbert Strong en 1925 en est donc à ses dernières heures.

Le parcours

Lors d'une visite au Manoir, on ne cesse d'admirer le spectacle qu'offre le fleuve à partir des tertres de départ surélevés. Des endroits comme ceux-là rappellent l'importance de l'environnement dans l'appréciation de terrains de golf. Quel dur métier !

La cible à atteindre n'est pas toujours aussi large que souhaité ; cela tient à la place qu'occupent les arbres matures et l'herbe haute. Le relief des allées laisse croire au joueur qu'elles sont plus étroites qu'en réalité, car elles sont tourmentées et jalonnées de dénivellations bien senties. C'est donc un terrain qui ne manque pas de caractère et le golfeur risque de se batailler avec lui tout au long des 18 trous. Soyez attentif à la trajectoire de la balle, car personne n'est à l'abri de bonds capricieux.

Attention à la profondeur des fosses qui entourent les verts. Il faut dire que celles qui hantent les allées ne sont pas en reste avec leur caractère bouillant. Pour éviter ces embûches, vous devrez faire preuve de méthode et de précision.

La difficulté

C'est connu, les verts du Manoir sont difficiles à maîtriser (bien que le directeur du golf soit d'opinion contraire). Leur élévation, leurs ondulations et leur lecture font front commun pour se dresser contre vous. Le grain du gazon ne pousse pas toujours dans la même direction que la pente. Vous verrez, ça prend un certain temps avant de s'y habituer.

Les conditions de jeu

Nous sommes en présence d'un terrain très bien manucuré. Les pentes et les dénivellations ne réussissent pas à compromettre les conditions de jeu. Les verts et les tertres de départ se distinguent particulièrement.

L'environnement

Un des plus beaux panoramas de la province. Les récents travaux ont permis d'aérer davantage le terrain, de sorte que le fleuve y prend encore plus d'importance. Au Manoir Richelieu, on ne s'est pas contenté d'avoir un beau site, on a su l'exploiter.

Idéal pour…

Tous, du fait qu'on y retrouve autant de golfeurs occasionnels que de vacanciers.

+ NOUS AVONS AIMÉ

Les points de vue
Le fait qu'on s'y sent bien
Les soins apportés au terrain

– NOUS N'AVONS PAS AIMÉ

La difficulté du jeu
Le fait qu'on ne peut pas jouer à pied
La proximité de certains trous

Carte de pointage

Trou	1	2	3	4	5	6	7	8	9	Aller	10	11	12	13	14	15	16	17	18	Retour	Total
Bleu	450	155	475	190	485	340	390	385	165	3035	395	590	310	490	350	185	360	160	350	3190	6225
Blanc	445	125	465	175	465	330	365	370	160	2900	380	545	260	470	335	180	335	145	320	2970	5870
Rouge	420	125	455	145	365	290	325	325	155	2605	280	490	235	450	290	115	320	140	270	2590	5195
Normale	4/5	3	5	3	5	4	4	4	3	35/36	4	5	4	5	4	3	4	3	4	36/36	71/72

Évaluation : ■ Bleu 70 / 131 □ Blanc 69,5 / 125 ■ Rouge 72 / 115

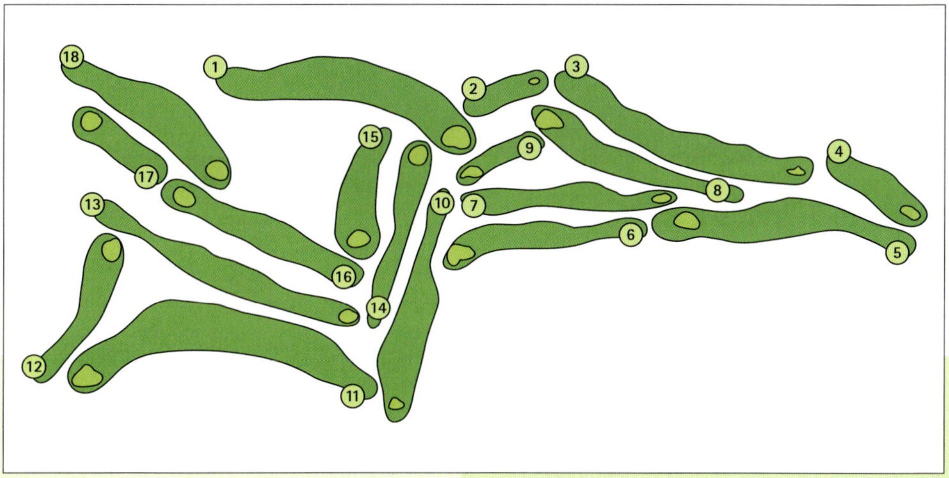

Conditions de jeu

- Verts ●●●●○
- Allées ●●●●○
- Sable ●●●●○
- Herbe longue ●●●●○
- Tertres ●●●●○

Design

- Verts + fosses ●●●●○
- Variété ●●●●●
- Harmonie + équilibre ●●●●●
- Pour tous ●●●●○
- Circuit ●●●○○

Environnement

- Visuel ●●●●●
- Nature ●●●●●
- Calme ●●●●●

Plaisir

- Délassement ●●●○○
- Verts ●●●○○
- Allées ●●●●○
- Tertres ●●●●○
- Manucure ●●●●●
- Entraînement ●●●●●
- Agrément ●●●●●
- Récupération ●●●●○

VERDICT ●●●●○

- Le golf du Manoir Richelieu est un terrain tellement atypique qu'aucune évaluation objective ne tient.

Temps de jeu suggéré
Non disponible.

Accueil
Bon.

Indications et signalisation
On verra avec le nouveau parcours.

Tenue générale
Très bonne.

Aire d'entraînement
On est à en finaliser la construction. Elle sera située sur le point le plus élevé de l'endroit : Wow !

Améliorations
En pleine construction.

Au féminin
Son caractère de golf de montagne ne conviendra pas à toutes.
Environnement dur à battre.

Pavillon
En bois rond et la vue à partir de la terrasse fait oublier son caractère vétuste.

Boutique du pro
Spacieuse et bien garnie.

Tarif : $$$$

MURRAY BAY

1013, chemin du Golf
La Malbaie
G5A 1H1
(418) 665-2494
1 877 665-2494

Pour l'ensemble de son œuvre

Comme Murray Bay est le doyen des parcours de notre ouvrage, le troisième plus vieux club en Amérique et le plus ancien toujours situé au même endroit, nous avons pensé lui accorder un compte rendu honorifique.

On ne demande pas aux aînés de compétitionner avec des jeunôts dans la force de l'âge et au sommet de leurs habiletés athlétiques. Pourquoi le ferait-on avec Murray Bay qui, à titre de précurseur, a bien mérité cet hommage?

Afin de coller le plus possible à la réalité de notre récipiendaire, ce texte est essentiellement composé d'extraits d'articles parus dans la revue *Golf de Murray Bay* publiée à l'occasion des fêtes entourant la célébration de ses cent vingt-cinq ans d'histoire.

Racines lointaines

On peut croire que dès le début des années 1870, on jouait au golf de façon informelle dans la seigneurie de Murray Bay. En effet, si un parcours de golf de type *links* a déjà existé au Canada, il se situait dans les pâturages à l'ouest de ladite seigneurie. En Écosse, le mot *links* désigne un parcours naturel situé au bord de la mer ou sur un bras de mer.

Les débuts

Au fil des années, le golf devient tellement populaire qu'en 1876, les habitants ne s'étonnent plus de voir des gentilshommes et leurs compagnes passer de longues journées dans les champs à poursuivre de petites balles blanches.

Le 24 juillet 1894, un groupe de 35 golfeurs décide de mettre sur pied un véritable club de golf sous le nom de Murray Bay Golf Club. Leurs buts étaient simples: améliorer les conditions de jeu du terrain et augmenter l'intérêt pour le jeu. On signe donc un bail de cinq ans avec un M. Bouchard. Pour 20 $ par année, on obtient le droit exclusif de jouer dans son champ.

Les animaux

Malgré cette entente, les golfeurs doivent jouer sur un terrain constitué de pâturages pour les animaux et de labours. Le jeu et les règles sont alors adaptés aux circonstances. Les golfeurs suivent les sillons et si par mégarde leur balle frappe une vache, ils peuvent rejouer leur coup sans pénalité. Si la balle s'immobilise dans vous savez quoi, elle peut être ramassée, nettoyée et frappée de nouveau…

Lors du renouvellement de l'entente, en 1904, on obtient que de juin à septembre, les vaches n'occupent le pâturage que les dimanches (traditionnellement réservés au repos du gazon et des golfeurs) et entre 19 h 30 et 7 h 30 les jours de semaine. Comme les animaux broutaient et entretenaient gratuitement le parcours, on s'opposa à l'arrosage des verts qui n'aurait eu comme effet que de les attirer dans cet espace restreint.

Carte de pointage

Trou	1	2	3	4	5	6	7	8	9	Aller	10	11	12	13	14	15	16	17	18	Retour	Total
Bleu	308	188	130	405	172	340	350	385	170	2448	465	203	520	370	250	198	365	340	390	3101	5549
Blanc	303	180	125	395	168	335	335	375	160	2376	450	190	475	365	245	193	350	325	375	2968	5344
Rouge	290	115	110	390	160	322	305	305	120	2117	360	135	437	335	240	190	340	310	360	2707	4824
Normale	4	3	3	4/5	3	4	4	4	3	32/33	5/4	3	5	4	4	3	4	4	4	36/35	68/68
		Évaluation :				Bleu - / -						Blanc - / -					Rouge - / -				

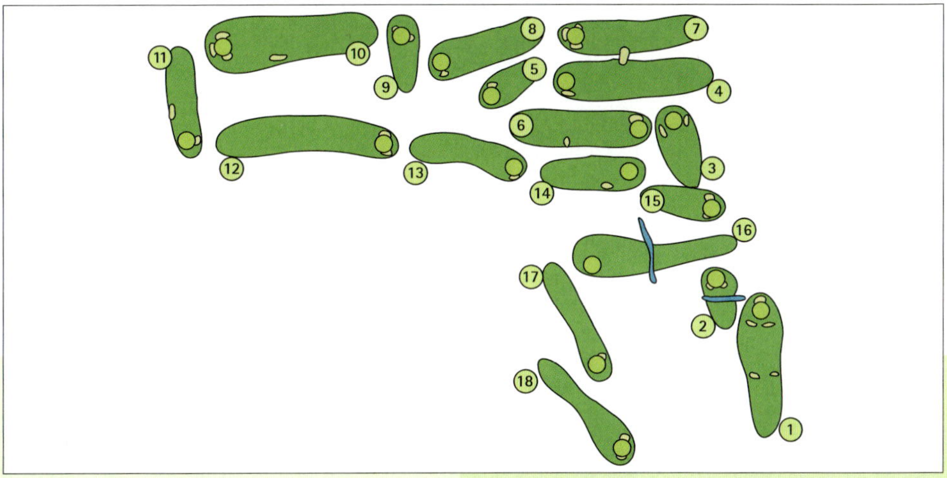

Les caddies

L'histoire des caddies, c'est l'histoire des premiers Canadiens français à avoir foulé le parcours de Murray Bay. Écoutons M. Harold Lajoie nous raconter ses souvenirs. « L'été, les étrangers arrivaient par bateau ou par train. Mon père me coupait les cheveux et m'envoyait au golf. Je suis devenu caddie à l'âge de huit ans ; ça nous permettait de gagner un peu d'argent pour aider nos parents.

« On arrivait tôt le matin. Habituellement, on partait vers 8 h pour finir les 18 trous à midi. Après avoir avalé un sandwich, on repartait pour quatre heures encore, suivies parfois d'un autre petit neuf. Nos pieds étaient tellement durs qu'ils crevassaient. Au début, on recevait 0,25 $ pour un 18 et 0,15 $ pour un 9 trous.

« Vous savez, le terrain de golf était là pour les Américains. Les Canadiens n'avaient pas le droit de jouer, mais le soir on jouait en cachette derrière les buttes. La première fois que nous avons eu le droit de jouer, c'était en 1943 ou 1944. Le colonel Donohue nous a donné la permission de jouer quelques trous à la condition de porter notre uniforme de soldat. Ce n'est qu'en 1953 qu'on est devenus membres ; nous avons été les premiers Canadiens acceptés par les Américains sur le terrain. »

De nos jours

Un trajet d'environ deux heures à partir de Québec vous mènera jusque dans la municipalité de La Malbaie. Vous y trouverez un parcours loin d'être vétuste ou périmé, puisqu'il a accueilli en juin 2002 la compétition du Skins Game des golfeurs professionnels du Québec. Fermez les yeux et imaginez-vous à une autre époque.

PORT-ALFRED

851, 4e Rue
Saguenay (secteur La Baie)
G7B 2A6
(418) 697-5108

« Explorer » de l'espace

Situé à Saguenay, dans l'arrondissement La Baie, ce terrain divertit les résidents depuis 1930, même si le second neuf a vu le jour beaucoup plus récemment (1991).

Le parcours

Le premier neuf est installé sur un terrain à flanc de colline. À tout moment, vous pouvez observer la ville qui occupe le versant opposé ou le fjord qui sommeille à ses pieds. Avec pareille vue, il ne faut pas s'étonner de faire face (littéralement) à des allées en pente ascendante ou descendante. Cela rend ce terrain difficile à parcourir à pied mais, que voulez-vous, c'est ce qui fait son charme. Les trous ne brillent pas particulièrement par leur dessin, car ils se contentent de faire corps avec la pente. Ça reste suffisant pour retenir l'attention.

En parfaite opposition avec le relief des allées, des verts à l'horizontale choisissent la forme circulaire et leur dimension varie de moyenne à petite.

Le passage du 6e au 7e trou s'effectue au moyen d'une navette Voyageur qui vous amène véritablement sur une autre planète. À compter du 7e trou, les allées nichent sur un plateau à partir duquel la ville disparaît presque complètement au profit de la campagne environnante. On n'y perd rien au change. Les plans d'eau compensent et malgré la présence de monticules, les allées s'assagissent et acceptent de se plier en forme de coude. Le contraste est frappant. L'envolée se poursuit jusqu'au 15e trou et, à compter du 16e, ce sera votre retour vers le futur.

L'aller compte 3034 verges pour une normale 35, contre 3529 verges au retour pour une normale 37. C'est quand même une différence de presque 500 verges.

La difficulté

Le vent a davantage de prise sur les trous du plateau (nos 7 à 15), à cause de leur élévation et du nombre d'arbres réduit. Ailleurs, les pentes prononcées qui accueillent les autres trous imposent des positions de frappe inhabituelles. La distance nous séparant du vert devient alors difficile à évaluer correctement.

Les conditions de jeu

Même à la mi-juillet, les verts présentaient encore des portions plus ou moins dépourvues d'herbe, un peu comme en début de saison. Ce n'est pas tant que les conditions soient franchement mauvaises, mais elles semblent fragiles à en juger par la densité et la qualité du gazon.

L'environnement

Chaque trou ouvre une fenêtre sur un paysage intéressant. Parfois, il s'agit des quartiers de La Baie qui s'agrippent au flanc de la montagne, parfois ce sont les vallons environnants.

En vrac

Malgré la navette, la distance entre le 6e et le 7e trou reste invraisemblable. Cela nuit à la fluidité de la circulation et au temps de jeu, sans compter que cet arrêt risque de briser le momentum du golfeur.

Idéal pour…

Les résidents. C'est un golf à vocation régionale qui offre plusieurs beaux trous.

+ NOUS AVONS AIMÉ

Les points de vue sur la ville et la campagne
La différence entre les anciens et les nouveaux trous

– NOUS N'AVONS PAS AIMÉ

Les conditions de jeu
Les trous en pente qui deviennent répétitifs
Le danger dû à l'emplacement de certains tertres de départ

Carte de pointage

Trou	1	2	3	4	5	6	7	8	9	Aller	10	11	12	13	14	15	16	17	18	Retour	Total
Bleu	375	334	363	404	167	291	472	185	418	3034	358	546	363	207	385	420	555	347	342	3529	6563
Blanc	345	316	335	394	155	281	436	158	368	2815	309	488	353	159	373	412	536	330	334	3278	6093
Rouge	330	233	279	383	155	272	392	109	300	2453	272	439	299	121	297	282	470	311	204	2695	5148
Normale	4	4	4	4/5	3	4	5	3	4	35/36	4	5	4	3	4	4	5	4	4	37	72/73

Évaluation : ■ Bleu 70,7 / 123 □ Blanc 68,2 / 115 ■ Rouge 71,1 / 113

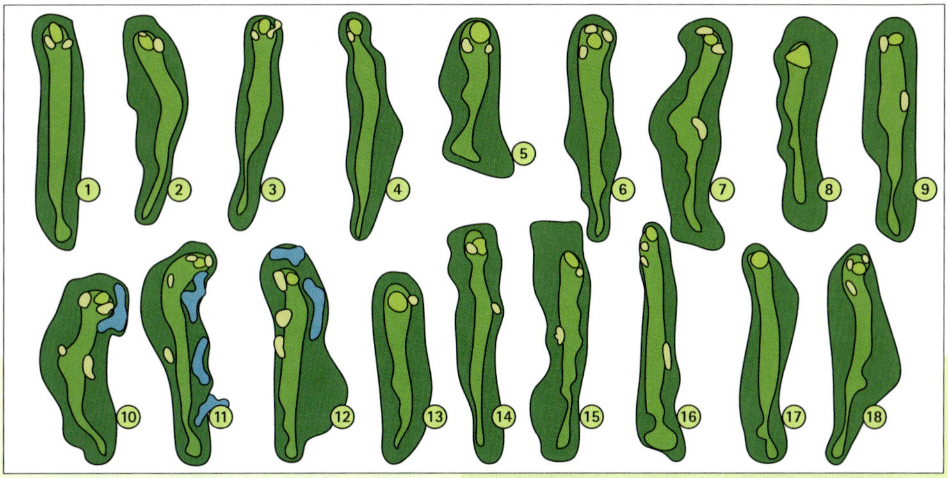

Conditions de jeu

- Verts ●●●○○
- Allées ●●●○○
- Sable ●●●○○
- Herbe longue ●●●○○
- Tertres ●●●○○

Design

- Verts + fosses ●●○○○
- Variété ●●●○○
- Harmonie + équilibre ●●●○○
- Pour tous ●●●○○
- Circuit ●●○○○

Environnement

- Visuel ●●●●○
- Nature ●●●○○
- Calme ●●●○○

Plaisir

- Délassement ●●○○○
- Verts ●●○○○
- Allées ●●●●●
- Tertres ●●●○○
- Manucure ●●●○○
- Entraînement ●●●○○
- Agrément ●●●○○
- Récupération ●●●●○

VERDICT ●●◐○○

- Terrain non dénué d'intérêt en raison de son relief et des points de vue qu'il offre. Ses conditions de jeu sont cependant perfectibles.

Temps de jeu suggéré
4 h 30 ; temps habituel : 5 h 00.

Accueil
Correct.

Indications et signalisation
À améliorer.

Règles locales
13 hors-limite, c'est trop.

Tenue générale
Correcte.

Aire d'entraînement
Correcte.

Améliorations
Réfection de quelques départs.

Au féminin
Seulement si vous aimez le golf de montagne et que les 2700 verges du deuxième neuf ne vous rebutent pas.

Boutique du pro
Très rudimentaire.

Tarif : $$

SAGUENAY-ARVIDA

2680, boulevard Du Saguenay
Saguenay (secteur Jonquière)
G7S 4L1
(418) 548-1188

Combinaison gagnante

Ce parcours, créé par l'architecte Stanley Thompson, longe la rivière Saguenay. Maintenant qu'il a atteint l'âge respectable de soixante-quinze ans, voyons comment il se porte.

Le parcours

Dès votre arrivée, vous ne manquerez pas d'observer que le pavillon et le champ d'entraînement logent sur un plateau. Les trous, quant à eux, se profilent plus bas dans la vallée, ce qui offre au golfeur une vue remarquable sur l'ensemble.

Ce terrain a tout pour se faire aimer. En plus de ses allées bordées d'une végétation luxuriante, il fournit au joueur l'occasion d'admirer le Saguenay. À cause des buttons qui peuvent occuper aussi bien l'allée qu'une fosse ou l'entourage d'un vert, il se donne (à l'occasion) des airs rappelant l'Écosse.

C'est un endroit agréable à fréquenter, autant pour son environnement que pour ses tertres de départ qui surplombent des allées larges et pour la variété des trous. Le dessin des verts passe le test avec succès et un voisinage naturellement boisé les met en évidence.

La normale 70 dicte sa loi. Comme elle se limite à deux normales 5, une séquence de cinq normales 4 consécutives apparaît aux trous n°s 7 à 11. Malgré 6240 verges des jalons bleus et 5923 verges des blancs, elle impose des normales 4 costaudes de 426, 412, 439 et 418 verges. Forcément, elles font contrepoids à d'autres de 335, 290, 325 et 303 verges.

La difficulté

À quelques exceptions près, des allées généreuses vous accueillent. Il faudra quand même éviter le bois, surtout que les entrées aux verts en forme d'entonnoir demandent de l'adresse. Parlant des verts, leur dimension moyenne et leurs ondulations pourraient vous causer maints problèmes. L'herbe longue ne pénalise pas trop le golfeur imprécis.

Les conditions de jeu

Il faut parler d'un terrain bien entretenu qui présente des tertres de départ et des allées en bon état. Toutefois, on devra améliorer la condition des fosses qui manquent parfois de sable et contiennent trop de cailloux. Les verts sont au-dessus de tout soupçon.

L'environnement

S'il fallait présenter ce terrain dans les petites annonces, on pourrait lire : « Site naturel exceptionnel avec végétation luxuriante en bordure du Saguenay, cherche golfeur exigeant encore capable de s'émerveiller devant pareil panorama. » Cet endroit tranquille doit composer avec quelques clôtures de protection et autres fils électriques.

En vrac

Les allées occupent des élévations différentes en forme de plateau, là où le terrain longe la rivière.

Idéal pour...

Attention, certains trouveront ce terrain difficile à parcourir à pied, mais à pied ou en voiturette motorisée, le plaisir est au rendez-vous.

+ NOUS AVONS AIMÉ

Le plaisir que procure ce parcours
L'environnement
Son petit côté écossais

− NOUS N'AVONS PAS AIMÉ

La condition variable de quelques allées
La condition des fosses de sable
Signalisation insuffisante

Carte de pointage

Trou	1	2	3	4	5	6	7	8	9	Aller	10	11	12	13	14	15	16	17	18	Retour	Total
Bleu	426	200	335	355	197	500	391	384	412	3200	290	325	233	497	385	439	428	140	303	3040	6240
Blanc	385	183	325	350	178	464	385	363	405	3038	282	320	210	480	340	429	414	130	280	2885	5923
Rouge	325	147	281	286	175	431	324	296	402	2667	280	276	178	430	290	345	410	116	275	2600	5267
Normale	4	3	4	4	3	5	4	4	4/5	35/36	4	4	3	5	4	4	4/5	3	4	35/36	70/72

Évaluation : ■ Bleu 69,5 / 126 □ Blanc 68,1 / 123 ■ Rouge 69,1 / 120

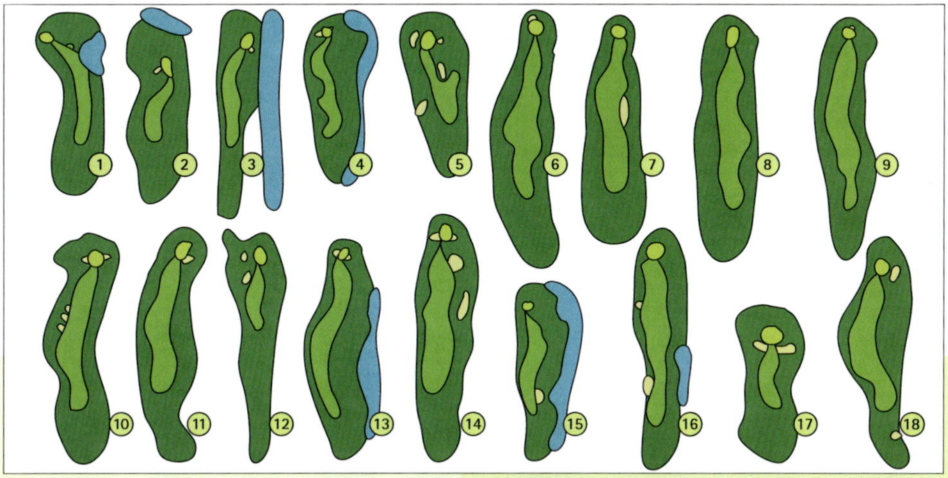

Conditions de jeu

- Verts ●●●●○
- Allées ●●●●○
- Sable ●○○○○
- Herbe longue ●●●○○
- Tertres ●●●○○

Design

- Verts + fosses ●●●○○
- Variété ●●●●○
- Harmonie + équilibre ●●●●●
- Pour tous ●●●●●
- Circuit ●●●○

Environnement

- Visuel ●●●●●
- Nature ●●●●○
- Calme ●●●●●

Plaisir

- Délassement ●●●●○
- Verts ●●●○○
- Allées ●●●●●
- Tertres ●●●●○
- Manucure ●●●●○
- Entraînement ●●●●○
- Agrément ●●●●●
- Récupération ●●●○○

VERDICT ●●●◐○

- Terrain à visiter pour le plaisir qu'il procure et pour son environnement.

Temps de jeu suggéré
4 h 30 ; temps habituel : 4 h 17.

Accueil
Très bon.

Indications et signalisation
Insuffisantes pour les non-initiés ; certains passages d'un trou à l'autre sont mal indiqués.

Règles locales
Donnent la définition du « point d'allègement ».

Tenue générale
Bonne.

Aire d'entraînement
Placée face à une pente ascendante, ce qui rend les distances pratiquement impossibles à évaluer correctement.

Au féminin
Par rapport à la distance à partir des jalons blancs, ce terrain compte 500 verges de trop.

Pavillon
Érigé sur un plateau: vue magnifique sur la vallée et sur le Saguenay.

Boutique du pro
Il n'y manque rien.

Tarif : $$

SAINT-PRIME

776, rue Principale
Saint-Prime
G8J 1T9
(418) 251-2831

Divertissant

Avec l'aide de professionnels en poste dans les clubs voisins et beaucoup de bénévolat, un premier neuf a vu le jour en 1976. Il faudra cependant attendre jusqu'en 1994 pour que cette municipalité soit dotée de son 18 trous.

Le parcours

La différence entre les deux neuf saute aux yeux. À l'aller, on compte habituellement un tertre de départ pour chacun des trois jalons et ils se positionnent dans des angles d'attaque différents. C'est l'héritage des neuf trous d'origine qu'il fallait jouer deux fois pour en totaliser 18. Pour garder l'intérêt, on avait construit des tertres différents pour le second passage. Côté dessin, les allées manquent de prestance, la plupart embrassant la ligne droite. Heureusement, quelques trous coudés sauvent la face.

Le neuf de retour se démarque du premier par un relief moins plat. L'apparence vallonnée de ses allées signale une plus grande imagination. Plus attirantes, elles ne se laissent quand même pas prendre d'assaut par le premier venu. Les grandes fosses de sable et les plans d'eau aussi nombreux qu'importants ralentiront les ardeurs des plus téméraires. Les arbres y sont à la fois moins nombreux et moins matures et on y trouve des sentiers pour voiturettes motorisées.

Les verts se caractérisent par leur dimension qui varie de l'infiniment petit à l'infiniment grand. Sur certains trous, les départs se trouvent trop près des allées voisines ce qui augmente inutilement le danger.

La difficulté

Le premier neuf exhibe des allées larges (plus de 35 verges) avec peu d'obstacles. Les verts ne présentent que très peu d'ondulations même s'ils suivent régulièrement une pente.

Les vents dominants qui viennent des terres affectent davantage les allées mal protégées du second neuf. Plus étroit, il s'impose davantage même s'il compte 360 verges de moins que le premier.

Le degré de difficulté de ce terrain augmentera au fur et à mesure que ses arbres prendront de la maturité. D'ici là, il faut tout de même composer avec 13 hors-limite et 17 plans d'eau, ce qui amène l'évaluation Slope à 126 pour les jalons bleus.

Les conditions de jeu

À Saint-Prime, les conditions de jeu se comparent à la moyenne provinciale. Sans agrostide, les allées présentent tout de même une surface généralement bien fournie. La même remarque vaut pour les tertres de départ. On observe deux coupes de hauteurs différentes pour l'herbe longue. Certaines fosses manquent de sable et elles pourraient être mieux manucurées.

L'environnement

Le site naturel en bordure du lac Saint-Jean constitue l'argument de vente principal de ce terrain. Les trous qui côtoient le lac lui donnent des allures de bord de mer. On ne peut en dire autant de la scierie et de la voie ferrée.

Idéal pour...

Le golfeur moyen qui appréciera l'environnement et le degré de difficulté.

+ NOUS AVONS AIMÉ

Son caractère convivial
Les points de vue sur le lac Saint-Jean
La différence entre les deux neuf

– NOUS N'AVONS PAS AIMÉ

Sur le second neuf, trop de verts et de tertres de départ sont concentrés dans un espace restreint
Le second neuf manque d'arbres
Treize hors-limite, c'est trop

Carte de pointage

Trou	1	2	3	4	5	6	7	8	9	Aller	10	11	12	13	14	15	16	17	18	Retour	Total
Bleu	380	405	444	555	382	207	482	156	380	3391	524	313	143	330	368	321	521	167	352	3039	6430
Blanc	368	366	404	524	351	175	468	142	369	3167	489	285	127	289	338	306	500	142	332	2808	5975
Rouge	290	322	351	475	297	155	360	125	300	2955	446	261	114	266	296	291	427	120	290	2511	5206
Normale	4	4	4	5	4	3	5	3	4	36	5	4	3	4	4	4	5	3	4	36	72

Évaluation : ■ Bleu 70,2 / 126 □ Blanc 68,0 / 121 ■ Rouge 69,5 / 119

Conditions de jeu

- Verts ●●●○○
- Allées ●●●○○
- Sable ●○○○○
- Herbe longue ●●●●○
- Tertres ●●●○○

Design

- Verts + fosses ●●●○○
- Variété ●●○○○
- Harmonie + équilibre ●●○○○
- Pour tous ●●●●○
- Circuit ●●●○○

Environnement

- Visuel ●●●●○
- Nature ●●●○○
- Calme ●●●○○

Plaisir

- Délassement ●●○○○
- Verts ●●●○○
- Allées ●●●●○
- Tertres ●●●○○
- Manucure ●●●●○
- Entraînement ●●●●○
- Agrément ●●●●●
- Récupération ●●●●○

VERDICT ●●◐○○

- Terrain plat, avec un degré de difficulté idéal pour le golfeur moyen, le tout près « du lac ».

Temps de jeu suggéré
4 h 10, mais attendez-vous plutôt à 4 h 30.

Accueil
Bon.

Indications et signalisation
Très bonnes, et les graphiques de départ sont jolis.

Tenue générale
Très bonne.

Aire d'entraînement
Elle longe le chemin d'accès au terrain et compte quelques départs synthétiques et plusieurs sur gazon naturel.

Améliorations
Un nouveau chalet devait venir remplacer l'ancien pavillon qui était modeste.

Au féminin
Le deuxième neuf, de conception plus récente, vous plaira grandement.
Le premier neuf bénéficierait largement d'un 3e trou plus court.

Tarif : $$

700, boulevard Montagnais
Sept-Îles
G4R 4K5
418) 962-4653

Indicible

La ville de Sept-Îles se trouve au nord du 50e parallèle, sur la rive nord du golfe Saint-Laurent. Elle courtise la rivière Moisie, reconnue mondialement pour la pêche au saumon. La ville se dresse au bord d'une baie circulaire de 45 kilomètres carrés dont l'entrée est protégée par un rempart naturel constitué de sept îles qui lui ont donné son nom. À l'image de son terrain de golf, cette ville offre un dépaysement hors du commun. Ses paysages saisissants vous convient à y faire des découvertes de toutes sortes.

Sept-Îles profite d'un climat dit « tempéré maritime ». En raison de l'air moins humide que dans les grands centres, la chaleur de l'été se supporte plus facilement et les hivers restent plus doux. Bien sûr, il arrive que le mercure descende très bas en hiver, mais le froid se tolère mieux qu'ailleurs. Sept-Îles a le plus haut taux d'ensoleillement en janvier, février, avril et décembre. (Ce texte est tiré du site Web de la ville de Sept-Îles.)

Ah oui, j'oubliais (pas vraiment), la ville compte aussi un terrain de golf ouvert au public. Les croyants seront heureux d'apprendre qu'on y applique le principe de la Sainte-Trinité à savoir que l'architecte, le président et le propriétaire ne font qu'une seule et même personne. Vous vous demandez quelle mouche m'a piqué? Comme vous insistez vraiment et que je vous dois la vérité, toute la vérité et rien que la vérité… procédons!

Le parcours

Il s'agit d'une normale 72 de 5925 verges pour les jalons bleus et 5528 verges pour les blancs. Le premier neuf compte trois normales 5.

Le site naturel recèle un intérêt certain. On y trouve quelques plans d'eau et par moments, des arbres agrémentent la vue. Vallons et dénivellations ne demandent qu'à être mis en valeur, mais ce qu'on en a fait défie l'entendement. Avec ses verts plats et circulaires pour la plupart, ses tertres de départ pareils à un monticule de baseball et ses fosses de sable analogues à un terrain en réparation, on est confronté à un dessin insipide.

La difficulté

Ce terrain est tellement mal foutu qu'il est pratiquement impossible d'y jouer.

Les conditions de jeu

Elles sont (et de loin) les pires de tous les terrains visités. Il faudrait peut-être songer à y laisser brouter les moutons de temps en temps. L'herbe dans les fosses de sable n'est pas toujours très bien coupée, les tertres de départ sont petits et leur relief est accidenté. Oui, oui, vous avez bien lu.

L'environnement

C'est tranquille, n'en doutez pas.

En vrac

Sûrement, le seul terrain en Amérique du Nord qui a conservé exactement les mêmes conditions de jeu que lors de l'invention du sport.

Idéal pour…

Les moutons.

+ NOUS AVONS AIMÉ

Euh…

– NOUS N'AVONS PAS AIMÉ

Les tertres de départ
Le dessin des verts
Les conditions de jeu

Carte de pointage

Trou	1	2	3	4	5	6	7	8	9	Aller	10	11	12	13	14	15	16	17	18	Retour	Total
Bleu	310	460	500	320	460	160	320	520	160	3210	310	115	360	120	480	380	340	310	300	2715	5925
Blanc	300	380	460	300	430	150	310	515	125	2970	303	110	310	110	465	350	330	290	290	2558	5528
Rouge	270	440	450	270	390	100	160	420	120	2620	140	100	160	95	330	160	225	230	150	1590	4210
Normale	4	4	5	4	5	3	4	5	3	37	4	3	4	3	5	4	4	4	4	35	72

Évaluation : ■ **Bleu - / -** □ **Blanc - / -** ■ **Rouge - / -**

Conditions de jeu

- Verts ●○○○○
- Allées ○○○○○
- Sable ○○○○○
- Herbe longue ●○○○○
- Tertres ○○○○○

Design

- Verts + fosses ○○○○○
- Variété ●●○○○
- Harmonie + équilibre ●○○○○
- Pour tous ●○○○○
- Circuit ●○○○○

Environnement

- Visuel ●●○○○
- Nature ●●●○○
- Calme ●●●●●

Plaisir

- Délassement ●○○○○
- Verts ●○○○○
- Allées ●○○○○
- Tertres ○○○○○
- Manucure ○○○○○
- Entraînement ●○○○○
- Agrément ●○○○○
- Récupération ●○○○○

VERDICT ○○○○○

- Bon dernier.

Temps de jeu suggéré
Non disponible.

Indications et signalisation
À améliorer.

Tenue générale
Pitoyable.

Aire d'entraînement
Qu'en pensez-vous ?

Améliorations
Euh...

Au féminin
En jetant un coup d'œil à la carte de pointage, vous découvrirez des normales 4 de 440, 160, 160, 160, 150 et 140 verges.

Pavillon
C'est ce qu'il y a de mieux sur ce terrain.

Boutique du pro
Pour les tés seulement.

Tarif : $$

CHAUDIÈRE • APPALACHES

1 > BEAUCE
Sainte-Marie

2 > BEAUCEVILLE
Beauceville

3 > BELLECHASSE
Saint-Damien-de-Buckland

4 > CHARNY
Charny

5 > DORCHESTER
Frampton

6 > LAC-ETCHEMIN
Lac-Etchemin

7 > L'AUBERIVIÈRE
Lévis

8 > LE GRAND HÉRON
Saint-Benjamin

9 > LÉVIS
Lévis

10 > LOTBINIÈRE
Saint-Gilles

11 > MONT-ADSTOCK
Thetford Mines

12 > MONTMAGNY
Montmagny

13 > SAINT-GEORGES
Saint-Georges

14 > SAINT-MICHEL
Saint-Michel-de-Bellechasse

15 > SAINT-PAMPHILE
Saint-Pamphile

16 > STASTNY
Saint-Nicolas

17 > THETFORD MINES
Thetford Mines

18 > TROIS-SAUMONS
Saint-Jean-Port-Joli

1425, rang Saint-Étienne Nord
Sainte-Marie
G6E 3B6
(418) 387-5892

Savoir-faire et savoir plaire

Ouvert en 1962 avec un premier neuf trous, ce parcours compte 18 trous depuis 1976. Au fil des ans, il a été retouché par les architectes Howard Watson et Graham Cooke. Il accueille maintenant 425 membres, en plus d'une soixantaine de jeunes.

Dès l'arrivée, la tenue impeccable de l'endroit ne laisse aucun doute sur ce qui nous attend. À l'accueil comme sur le parcours, le personnel est stylé, affable et aimable. Bravo ! Cette administration fait l'impossible pour répondre aux attentes des golfeurs.

Le parcours

La plupart des trous adoptent la ligne droite et une même orientation, parce qu'ils sont placés parallèlement les uns aux autres. On apporte donc une attention particulière à la découpe des allées afin de leur imprégner des courbes qui vont briser ces formes rectilignes. Il suffirait de garder l'herbe longue un peu plus haute pour accentuer le contraste. Heureusement, les allées se collent à des pentes plus ou moins prononcées. Cela leur donne de la couleur, sans y rendre la marche difficile pour autant.

De bonne dimension, les verts et les fosses de sable assurent la qualité du défi. Leur apparence vous plaira. Bien que rarement surélevés, ces verts attirent l'attention par leur emplacement et leur couleur qui contraste avec celle de l'allée.

La difficulté

Le parcours ne s'impose pas par sa longueur excessive, bien au contraire. Même à partir des jalons bleus, une seule normale 4 compte plus de 400 verges, les autres n'atteignant même pas 380 verges. Des jalons plus rapprochés, les normales 5 montrent 475, 430, 483 et 436 verges. Ajoutons à cela la rareté des obstacles d'eau et moins de 50 fosses de sable.

Les conditions de jeu

Les verts se signalent particulièrement. Ils assurent un roulement uniforme de la balle qui ne vous fera jamais faux bond. Des fosses de sable et des tertres de départ sans bavure, des allées supérieures à la moyenne, mais de l'herbe longue moins homogène complètent le portrait. Dans l'ensemble, le terrain bénéficie de soins esthétiques appropriés.

L'environnement

Vous aurez le plaisir de longer une érablière ; de grands conifères assurent pour leur part la diversité des essences. On ne se lasse jamais de les admirer. Une excellente note également pour les luxuriants aménagements paysagers qui s'intègrent à l'ensemble grâce au bon goût dont ils font preuve : ils ne sont pas tape-à-l'œil pour cinq sous. Pour ces raisons et pour le calme absolu, cet environnement justifie à lui seul une visite à Sainte-Marie de Beauce.

En vrac

Sur le parcours, une ancienne maison a été transformée en casse-croûte qui dessert plusieurs trous. Une golfeuse non membre m'en a vanté les mérites.

Idéal pour…

Tous.

+ NOUS AVONS AIMÉ

Le savoir-faire de la direction
L'atmosphère 100 % golf
L'équilibre du parcours

− NOUS N'AVONS PAS AIMÉ

Les trous qui sont bordés de conifères plantés à la queue leu leu
Une relative proximité entre quelques tertres de départ et certains verts

Carte de pointage

Trou	1	2	3	4	5	6	7	8	9	Aller	10	11	12	13	14	15	16	17	18	Retour	Total
Bleu	364	491	385	157	447	375	341	140	356	3056	432	359	209	543	344	467	373	127	378	3232	6288
Blanc	347	475	376	146	430	360	311	132	320	2897	417	344	200	485	331	436	353	123	353	3042	5939
Rouge	332	464	352	138	421	307	293	121	306	2734	344	337	156	454	260	423	332	120	329	2755	5489
Normale	4	5	4	3	5	4	4	3	4	36	4	4	3	5	4	5	4	3	5	36	72

Évaluation : ■ Bleu 71 / 121 □ Blanc 71 / 121 ■ Rouge 73 / 128

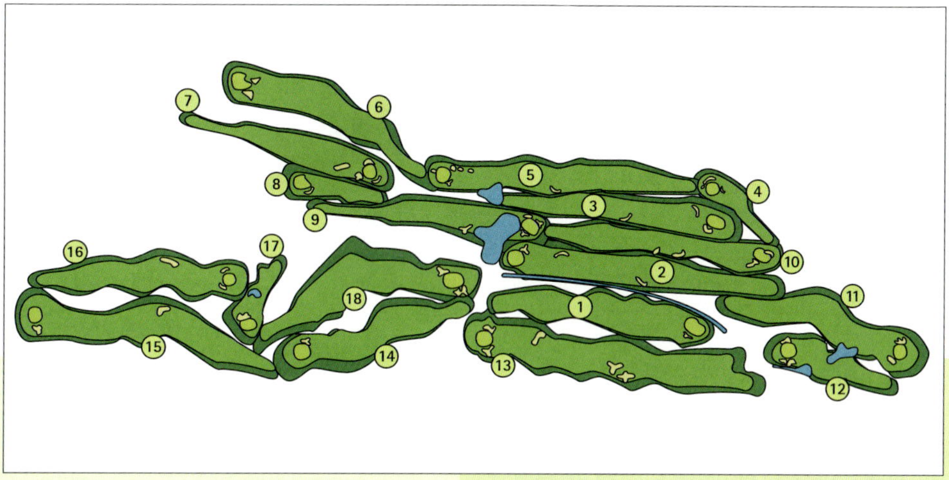

Conditions de jeu

> Verts	●●●●●
> Allées	●●●●○
> Sable	●●●●○
> Herbe longue	●●●○○
> Tertres	●●●●○

Design

> Verts + fosses	●●●●○
> Variété	●●●●○
> Harmonie + équilibre	●●●●○
> Pour tous	●●●●○
> Circuit	●●●●○

Environnement

> Visuel	●●●●○
> Nature	●●●●○
> Calme	●●●●●

Plaisir

> Délassement	●●●●●
> Verts	●●●●○
> Allées	●●●●○
> Tertres	●●●●●
> Manucure	●●●●○
> Entraînement	●●●●○
> Agrément	●●●●●
> Récupération	●●●●○

VERDICT ●●●●○

> Terrain à visiter pour ses conditions de jeu, son environnement et sa tenue impeccable.

Temps de jeu suggéré

4 h 15 ; avec patrouilleur et horloges.

Accueil

Excellent.

Indications et signalisation

Les obstacles, quelle que soit leur situation, sont parfaitement identifiés et délimités.

Tenue générale

Irréprochable.

Améliorations

Sentiers pour voiturettes, réfection de certaines fosses de sable.

Le pavillon faisait l'objet de travaux importants lors de notre passage.

Au féminin

Terrain long qui conviendra mieux aux golfeuses de talent.

Les autres devront se rabattre sur les fleurs, les conditions de jeu et une tenue digne des plus beaux jardins...

Tarif : $$$

721, route du Golf
Beauceville
G5X 2T8
(418) 774-4141

Jouvenceau

Ouvert depuis 1990, ce parcours est l'œuvre de Graham Cooke. Il compte pas moins de 450 membres et on y accueille quelques tournois chaque année.

Le parcours

De façon générale, il faut parler d'allées très larges et ouvertes. Dans ce cadre, les trous vallonnés retiennent notre attention davantage que ceux situés en terrain plat. Il en va de même pour les allées bordées d'arbres, même de petite taille, qui ressortent mieux que celles qui sont dessinées en terrain ouvert, qui manquent de définition. Le contour de ces dernières reste vague, presque flou, ce qui complique parfois le choix d'une cible précise. À défaut d'arbres, il aurait fallu accorder un rôle plus important à l'herbe longue. Malgré tout, la cambrure des allées et leur rébellion en territoire plus accidenté suffisent pour maintenir l'intérêt. On peut facilement jouer sa partie à pied.

Les verts présentent une cible invitante en raison de leur dimension charitable. Les tertres de départ d'envergure nous proposent une surface tout à fait d'aplomb.

Le premier neuf à normale 37 compte trois normales 5, alors que le neuf de retour présente trois normales 3 pour une normale 35. À noter les deux normales 5 consécutives des 6e et 7e trous, les trois normales 4 de ±367 verges et les trois normales 3 de 170 verges.

La difficulté

Les obstacles auraient pu être plus nombreux considérant le relief et la largeur des allées. En effet, les fosses d'allées se font rares et les plans d'eau encore plus. Même l'herbe longue prêche l'indulgence, de sorte que le golfeur fautif n'a même pas besoin d'éprouver de repentir. Les trous situés aux extrémités du terrain doivent supporter la présence de hors-limite.

Pour toutes ces raisons et compte tenu du fait que le terrain n'est pas particulièrement long à partir des tertres avancés, seuls des verts difficiles à maîtriser peuvent justifier la Slope de 120 qu'affichent les jalons blancs.

Les conditions de jeu

Les fosses de sable, pourtant bien entretenues, contiennent malheureusement trop de petits cailloux. Du côté des allées, l'adjectif «passable» résume bien la situation. Elles présentent plusieurs manques et le gazon ne brille ni par sa densité ni par sa qualité. Malgré ses quatorze ans, c'est comme si le terrain manquait encore de maturité. Une bonne note pour les verts qui s'avèrent beaucoup plus remarquables que les autres éléments.

L'environnement

Plusieurs trous complètement ouverts offrent de jolis points de vue sur la campagne environnante. Les boisés qui foisonnent sur ces grands vallons contribuent largement au plaisir de disputer une partie à Beauceville.

Idéal pour...

Tous les types de joueur, car la rapidité des verts vient compliquer la tâche des meilleurs.

+ NOUS AVONS AIMÉ

La dimension, le dessin et la profondeur des fosses de sable
La dimension et la surface des verts
La dimension et l'aplomb des tertres de départ

– NOUS N'AVONS PAS AIMÉ

La condition perfectible des allées
Leur découpe imprécise
Les cailloux dans les fosses

Carte de pointage

Trou	1	2	3	4	5	6	7	8	9	Aller	10	11	12	13	14	15	16	17	18	Retour	Total
Bleu	383	516	186	353	439	531	462	429	213	3512	395	134	539	191	290	344	515	210	372	2990	6502
Blanc	367	506	170	341	424	480	452	367	170	3277	375	123	502	170	282	336	460	200	365	2813	6090
Rouge	324	469	131	302	388	428	410	332	145	2929	355	108	484	138	251	310	420	142	338	2546	5475
Normale	4	5	3	4	4	5	5	4	3	37	4	3	5	3	4	4	5	3	4	35	72

Évaluation : ■ Bleu 69,9 / 121 □ Blanc 69 / 120 ■ Rouge 70 / 116

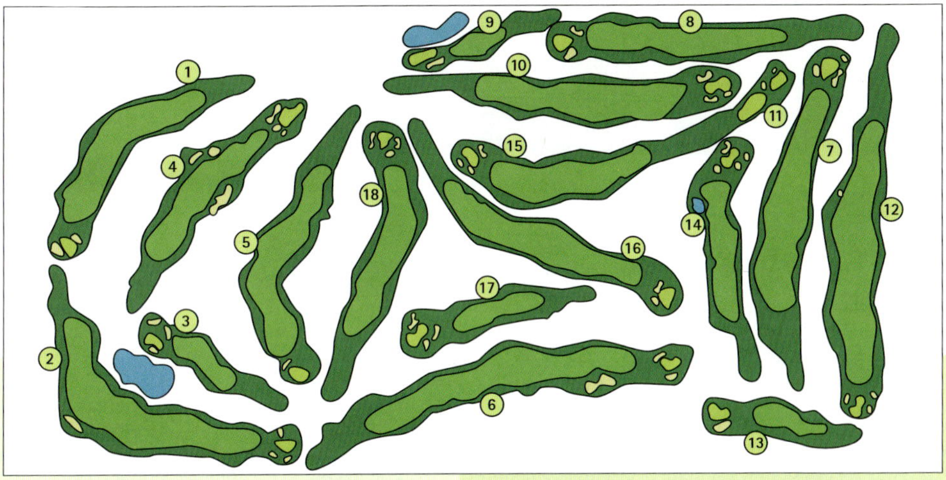

Conditions de jeu

- Verts ●●●●○
- Allées ●●○○○
- Sable ●●○○○
- Herbe longue ●●○○○
- Tertres ●●●○○

Design

- Verts + fosses ●●●○○
- Variété ●●●○○
- Harmonie + équilibre ●●●○○
- Pour tous ●●●●○
- Circuit ●●●○○

Environnement

- Visuel ●●●●○
- Nature ●●●●○
- Calme ●●●●○

Plaisir

- Délassement ●●●●○
- Verts ●●●●○
- Allées ●●●●○
- Tertres ●●●●○
- Manucure ●●○○○
- Entraînement ●●●○○
- Agrément ●●●●○
- Récupération ●●●●○

VERDICT ●●●○○

- Jeune terrain axé principalement sur le plaisir, dont le degré de difficulté augmentera à mesure que ses arbres pousseront.

Temps de jeu suggéré

4 h 15.

Accueil

Très bon.

Indications et signalisation

Bonnes.

Les graphiques de départ ne précisent pas la distance qui nous sépare des obstacles.

Tenue générale

Bonne.

Aire d'entraînement

Bien aménagée avec, notamment, un endroit réservé aux débutants. Le gazon n'y est pas en bonne condition.

Au féminin

Bravo pour la dimension des tertres de départ.

Malheureusement, le premier neuf a 400 verges de plus que le second. Dommage.

Pavillon

Propre et spacieux, peut accueillir jusqu'à 300 personnes.

Boutique du pro

Bien garnie.

Tarif : $$

505, route 279
Saint-Damien-de-Buckland
G0R 2Y0
(418) 789-2008
1 800 459-2008

Petit ou gros gibier ?

Un premier neuf trous apparaît en 1985, « après des heures d'engagement bénévole et de travaux ardus de défrichage ». Depuis 1990, ce 18 trous fait la fierté des gens de Saint-Damien-de-Buckland.

Le parcours

Le Bellechasse est un parcours boisé. Il se compose de plusieurs trous fermés et d'allées légèrement dénivelées. À leur dessin précis s'additionnent des monticules ou même des arbres isolés qui viennent en rétrécir momentanément la largeur. L'orientation des trous varie parce qu'on les a disposés de façon à éviter de les placer bêtement côte à côte. Comme la moitié d'entre eux sont coudés, on ne risque pas de s'ennuyer.

Avec quatre différents jalons de départ, chacun devrait être en mesure de choisir la distance totale qui lui convient. Les jalons verts, avec leurs 5528 verges, accommodent une catégorie de golfeurs trop souvent oubliée.

Chacun des deux neuf contient une séquence de quatre normales 4 consécutives. Heureusement, plusieurs d'entre elles tournent d'un côté ou de l'autre. Sept trous s'accommodent de la phobie de tous les golfeurs : le hors-limite. Qui plus est, ils gardent tous la droite du trou.

Les grands verts ondulés et pentus se retranchent à l'abri des 33 fosses de sable et des six plans d'eau qui montent la garde. Ils apparaissent sous leur meilleur jour lorsque l'environnement immédiat comporte plusieurs arbres. Ils présentent une belle variété dans leur pente et leurs ondulations, même si les deux tiers sont inclinés vers l'avant.

La difficulté

Comme le terrain ne semble pas avoir été évalué, la Slope demeure un mystère. Chose certaine, le défi principal provient des verts. À cause de leur relief et de leur grande dimension, il vaut mieux atterrir le plus près possible de la coupe. Compte tenu du vent et de l'étroitesse de certaines allées, cela ne sera peut-être pas une sinécure.

Pour le reste, l'herbe longue permet de s'en sortir facilement alors que les sous-bois laissent la chance au coureur… des bois. L'eau tient le premier rôle sur six trous.

Les conditions de jeu

Vous serez heureux de trouver des fosses de sable bien entretenues, des verts, des allées et de l'herbe longue en bonne condition. La superficie des tertres de départ suffit largement pour déplacer régulièrement les jalons et maintenir les aires de frappe en bon état.

L'environnement

Ce terrain boisé de conifères et de feuillus nous permet d'admirer les chaînes de montagnes de la région.

Idéal pour…

C'est un terrain bien calibré qui combine parfaitement le plaisir du golfeur avec un défi adapté à ses habiletés. Juste ce qu'il faut d'épices dans la sauce.

+ NOUS AVONS AIMÉ

- Les fosses d'allée
- Les dénivellations bien dosées
- Le plaisir que procure ce terrain

– NOUS N'AVONS PAS AIMÉ

- Les conditions de jeu irrégulières d'un début de saison
- Quelques tertres de départ plus petits
- Le bruit des véhicules circulant sur la route

Carte de pointage

Trou	1	2	3	4	5	6	7	8	9	Aller	10	11	12	13	14	15	16	17	18	Retour	Total
Bleu	411	353	417	360	539	382	188	519	147	3316	419	190	504	376	360	372	387	180	525	3313	6629
Blanc	388	325	392	338	483	365	172	503	127	3093	356	162	463	360	342	358	362	166	505	3074	6167
Rouge	289	279	334	300	418	258	142	446	115	2581	314	105	351	311	260	326	325	145	415	2552	5133
Normale	4	4	4	4	5	4	3	5	3	36	4	3	5	4	4	4	4	3	5	36	72

Évaluation : ■ **Bleu** - / - □ **Blanc** - / - ■ **Rouge** - / -

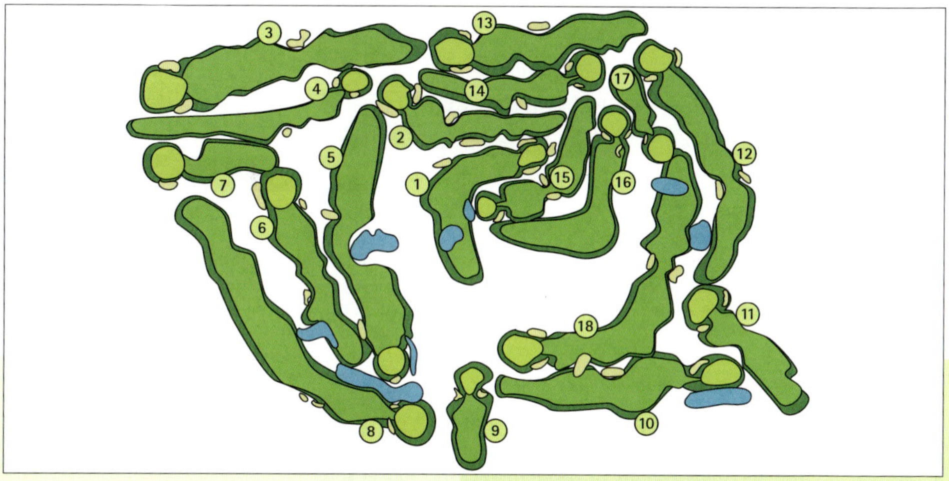

Conditions de jeu

- Verts ●●●●○
- Allées ●●●○○
- Sable ●●●●○
- Herbe longue ●●●○○
- Tertres ●●●○○

Design

- Verts + fosses ●●●○○
- Variété ●●●○○
- Harmonie + équilibre ●●●●○
- Pour tous ●●●●○
- Circuit ●●●○○

Environnement

- Visuel ●●●●○
- Nature ●●●●●
- Calme ●●●●○

Plaisir

- Délassement ●●●●○
- Verts ●●●●○
- Allées ●●●○○
- Tertres ●●●○○
- Manucure ●●●○○
- Entraînement ●●●●○
- Agrément ●●●●○
- Récupération ●●●○○

VERDICT ●●●○○

- Terrain agréable à fréquenter qui permet aux joueurs de s'élancer malgré la présence d'obstacles.

Temps de jeu suggéré
4 h 30 ; surveillé attentivement.

Accueil
Bon.

Indications et signalisation
Les graphiques de départ sont instructifs. Les obstacles y sont parfaitement identifiés.

Règles locales
Position préférentielle.

Tenue générale
Bonne.

Aire d'entraînement
Filets de protection visibles sur quelques trous. Espace restreint et conditions du gazon perfectibles.

Au féminin
Trop de trous ont la même distance à partir des jalons rouges et des jalons verts. Trop long pour la golfeuse moyenne.

Guide du parcours
En vente à la boutique, il présente le dessin des trous et une description de la meilleure stratégie. Il donne également la largeur de l'allée, son élévation et sa dénivellation à la hauteur du 150 verges.

Tarif : $$$

CHARNY

2441, avenue de la Rotonde
Charny
G6X 2M2
(418) 832-4432

Court métrage

Le premier neuf a été conçu par Howard Watson et il est ouvert depuis 1965, alors que le second a vu le jour au milieu des années 1990.

Le parcours

La différence d'âge entre les deux parcours nous amène aux constatations suivantes. Le neuf de retour a littéralement été construit autour du neuf d'aller, de sorte que sept de ses trous longent les limites de la propriété. Ce second neuf ressemble davantage à un circuit dans lequel les trous s'enchaînent les uns à la suite des autres pour former une espèce de fer à cheval. À l'opposé, les trous du premier neuf se côtoient à l'occasion et l'on revient fréquemment sur nos pas pour accéder au trou suivant. Ils sont tous circonscrits à l'intérieur du fer à cheval en question.

On alterne donc entre des allées ouvertes et planes et d'autres plus accidentées et boisées. Les tertres de départ desservent sans peine l'achalandage annuel en raison de leur grande dimension et leur aplomb rassure. Ceux qu'il faut gravir retiennent davantage notre attention. Les verts ne se laissent pas approcher facilement. En effet, leur espace restreint, leurs ondulations et la présence de fosses de sable nous font hésiter. En bout de ligne, leur dessin réussi contribue à la solidité des ensembles qu'ils forment avec les fosses de sable.

La difficulté

Il ne fait aucun doute que ces petits verts ondulés constituent le principal élément à maîtriser. Ailleurs, la densité des boisés qui accompagnent quelques allées plus étroites nous rappelle qu'il vaut mieux éviter les sous-bois.

Il n'en demeure pas moins que ce terrain se range dans la catégorie «pygmée» avec 5865 verges pour les jalons bleus et 5553 verges pour les blancs. Il est donc tout à fait normal de rencontrer des obstacles qui cherchent à compenser un peu pour cette courte normale 71.

Les conditions de jeu

Pour une fois, l'herbe longue porte véritablement son nom et vous serez bien avisé de trouver le centre de l'allée, car le gazon est bien fourni.

Les verts ont peu à se reprocher, mais les fosses de sable contiennent quelques cailloux. Dans l'ensemble, les tertres de départ s'en tirent bien.

L'environnement

C'est un endroit facile d'accès qui peut accommoder une bonne partie des golfeurs du grand Québec métropolitain. Les trous qui donnent sur la montagne nous offrent vraiment un joli coup d'œil.

En vrac

Le propriétaire de Charny possède également le Saint-Laurent qui est situé à l'île d'Orléans.

Les voiturettes sans toit et à gaz sont désagréables à cause de l'odeur qu'elles dégagent.

Idéal pour...

Les joueurs de la région qui aiment les terrains courts et boisés.

+ NOUS AVONS AIMÉ

- La montagne
- La vocation du terrain qui saura plaire à certains

– NOUS N'AVONS PAS AIMÉ

- Le trou n° 12, une normale 3 où le vert est invisible à partir du départ
- La proximité entre certains trous
- La petitesse des verts
- Le trou n° 16 qui est tiré par les cheveux

Carte de pointage

Trou	1	2	3	4	5	6	7	8	9	Aller	10	11	12	13	14	15	16	17	18	Retour	Total
Bleu	498	108	300	348	118	405	340	170	459	2746	361	543	185	385	130	506	282	328	399	3119	5865
Blanc	482	99	285	330	109	380	312	150	439	2586	347	523	175	361	124	486	257	308	386	2967	5553
Rouge	465	85	267	311	100	366	287	135	420	2436	334	455	120	282	118	466	206	267	307	2555	4991
Normale	5	3	4	4	3	4	4	3	5	35	4	5	3	4	3	5	4	4	4	36	71

Évaluation : ■ Bleu 66,3 / 117 □ Blanc 66,2 / 117 ■ Rouge 67,7 / 108

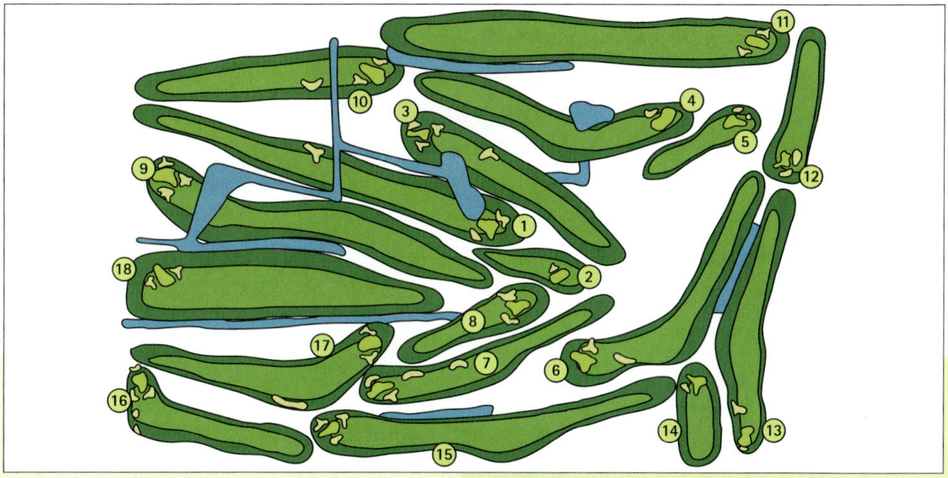

Conditions de jeu

- Verts ●●●●○
- Allées ●●●○○
- Sable ●●●○○
- Herbe longue ●●●○○
- Tertres ●●●○○

Design

- Verts + fosses ●●●○○
- Variété ●●●○○
- Harmonie + équilibre ●●●○○
- Pour tous ●●●●○
- Circuit ●●○○○

Environnement

- Visuel ●●●●○
- Nature ●●●●○
- Calme ●●●○○

Plaisir

- Délassement ●●●○○
- Verts ●●○○○
- Allées ●●●○○
- Tertres ●●●○○
- Manucure ●●●○○
- Entraînement ●●●○○
- Agrément ●●●○○
- Récupération ●●○○○

VERDICT ●●◐○○

- Terrain court, rendu difficile par des verts trop petits.
  Le premier neuf est nettement plus solide que le deuxième.

Temps de jeu suggéré
4 h 30.

Accueil
Correct.

Indications et signalisation
Correctes.

Règles locales
Interdisent le port de souliers à crampons de métal.

Tenue générale
Bonne.

Aire d'entraînement
Longe le 10e trou.

Au féminin
Ses 4991 verges sont trompeuses, car vous devrez négocier quand même des normales 4 de 311, 366, 334 et 307 verges et des normales 5 de 465, 455 et 466 verges !

Pavillon
Petit mais propre.

Boutique du pro
Également petite, mais on peut dispenser des cours dans le sous-sol.

Tarif : $$

DORCHESTER

29, route 275, C.P. 88
Frampton
G0R 1M0
(418) 479-5225

Au milieu du peloton

Le premier neuf a été réalisé en 1970 grâce au bénévolat des gens du milieu. En 1985, avec la contribution de Graham Cooke, la municipalité de Saint-Édouard-de-Frampton était dotée d'un 18 trous. Dans la jeune trentaine, on le dit agréable et invitant; faites donc sa connaissance.

Le parcours

Le premier neuf met en évidence des bassins d'eau qui occupent une place significative sur les quatre derniers trous. Ils servent de prétextes à l'introduction d'aménagements paysagers qui enjolivent le coup d'œil et agrémentent la partie. Le second neuf circule davantage dans des régions boisées qui permettent même aux joueurs de côtoyer une érablière.

Les allées légèrement accidentées ajoutent au plaisir des yeux et au défi, sans qu'il soit difficile d'y marcher pour autant. Même si les sous-bois ont été libérés de la végétation indésirable, on y trouve toujours une quantité importante de roches. Ce n'est pas véritablement une tare, bien au contraire, sauf lorsque la balle décide de se blottir contre l'une d'elles.

Les verts rejoignent la plupart du temps le même niveau que l'allée et, malgré leur dimension imposante, les fosses ne retiennent pas véritablement l'attention. Plusieurs départs prennent place sur une élévation qui domine l'allée.

La distance de marche entre certains trous s'éternise. Comme il faut parfois revenir sur ses pas pour rejoindre le prochain tertre, attention aux joueurs qui vous précèdent qui n'auraient pas effectué leur coup de départ. Une chose en entraînant une autre, le déroulement des trous ne coule pas de source.

La différence dans le dessin et le calibre des différents trous surprend. C'est comme s'ils avaient été conçus par des personnes différentes, à des époques différentes. À noter les deux normales 5 consécutives des 13ᵉ et 14ᵉ trous, qui s'apparentent drôlement puisqu'elles comptent respectivement 490 et 480 verges. Au total, seulement deux trous sont coudés, ce qui laisse plusieurs allées droites. Heureusement, les arbres contribuent à amoindrir cet état de fait.

La difficulté

L'étroitesse des allées bordées d'arbres vous forcera à vous montrer aussi précis qu'un archer, non seulement à partir du départ, mais également à l'approche des petits verts. Comme ils sont pentus, vous n'êtes pas au bout de vos peines.

Les conditions de jeu

Des fosses bien entretenues s'ajoutent à des tertres de départ bien d'aplomb et de bonne dimension, mais le gazon n'y est pas très dense. Au printemps, il arrive que les allées tardent à présenter de bonnes conditions.

L'environnement

Plusieurs trous longent une érablière et tant pis pour la ligne de téléphone qui en suit d'autres.

Idéal pour…

Les golfeurs précis et le divertissement.

+ NOUS AVONS AIMÉ

L'érablière
Les plans d'eau
La vocation récréative

– NOUS N'AVONS PAS AIMÉ

Les allées imbriquées entre les rangées de conifères transplantés en ligne droite
Le dessin des verts
Les conditions de jeu inégales

Carte de pointage

Trou	1	2	3	4	5	6	7	8	9	Aller	10	11	12	13	14	15	16	17	18	Retour	Total
Bleu	372	364	524	420	349	198	508	178	388	3301	430	208	402	500	491	149	376	395	156	3107	6408
Blanc	362	355	516	410	309	172	496	150	378	3148	418	195	393	490	479	130	366	380	150	3001	6149
Rouge	320	306	400	360	280	146	398	122	265	2597	365	175	290	415	385	120	315	298	140	2503	5100
Normale	4	4	5	4	4	3	5	3	4	36	4	3	4	5	5	3	4	4	3	35	71

Évaluation : ■ Bleu 70,3 / 122 □ Blanc 69,1 / 119 ■ Rouge 69,8 / 123

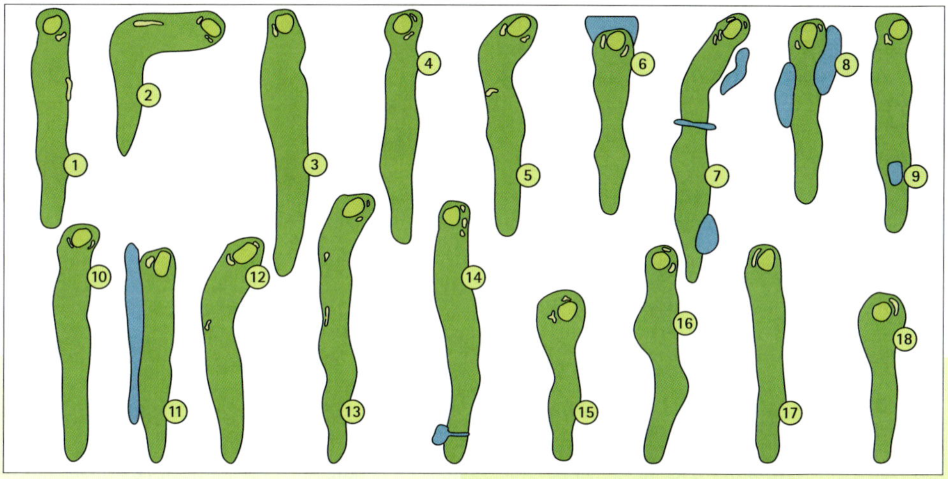

Conditions de jeu

- Verts ●●●○○
- Allées ●●○○○
- Sable ●●●○○
- Herbe longue ●●●○○
- Tertres ●●○○○

Design

- Verts + fosses ●●○○○
- Variété ●●●○○
- Harmonie + équilibre ●●●○○
- Pour tous ●●●○○
- Circuit ●●●○○

Environnement

- Visuel ●●●○○
- Nature ●●●●○
- Calme ●●●●○

Plaisir

- Délassement ●●●●○
- Verts ●●○○○
- Allées ●●●○○
- Tertres ●●●○○
- Manucure ●●●○○
- Entraînement ●●●○○
- Agrément ●●●●○
- Récupération ●●●○○

VERDICT ●●●○○

- Terrain sans défaut majeur mais qui n'a pas les qualités nécessaires pour s'élever au-dessus de la masse.

Temps de jeu suggéré

«Un 18 trous se joue facilement en 4 h 15.»

Accueil

Bon.

Indications et signalisation

Déficientes.

Règles locales

Prévoient ce qu'il faut faire quand la balle frappe un fil de transmission ou atterrit dans le stationnement...

Tenue générale

Très bonne.

Aire d'entraînement

Correcte.

Au féminin

Beaucoup de femmes fréquentent ce terrain. Elles m'ont dit apprécier le défi équitable et le paysage. Elles aiment l'ambiance qui y règne et l'accueil.
Six normales 4 sur 9 ont 300 verges et plus et une normale 3 montre 175 verges.

Pavillon

Accueillant et chaleureux.

Boutique du pro

Bien garnie, spacieuse et bien tenue.

Tarif : $$

LAC-ETCHEMIN

355, route du Golf
Lac-Etchemin
G0R 1S0
(418) 625-2711

Beau p'tit terrain

Une randonnée de cinquante-cinq minutes à partir des ponts de la ville de Québec suffit pour atteindre ce terrain ouvert depuis 1970. Il vous propose la disponibilité d'heures de départ variées et le décor des Appalaches.

Le parcours

Autant vous le dire tout de suite, ce terrain n'a pas beaucoup de points faibles. Un peu comme un prétendant bien coiffé, propre de sa personne, bien habillé, poli et avec une belle diction, mais qui ne parviendrait pas à retenir l'attention de sa belle.

On ne peut rien lui reprocher, sauf qu'il ne réussit pas à nous toucher. C'est un peu comme si on était dans un monde de demi-tons et de « pas tout à fait ». Il manque de caractère, de gueule et de mordant. Un beau petit terrain qui saura plaire à ceux qui jouent au golf pour le plein air et la vie sociale du pavillon. Ceux-là se connaissent et sont capables de reconnaître que les terrains longs, difficiles et accidentés ne leur sont pas destinés. Ne vous méprenez pas, la majorité des trous sont jolis, agréables à regarder et presque reposants, peut-être même un peu trop.

Le second neuf débute avec quatre normales 4 consécutives. À partir des jalons blancs, elles ont toutes moins de 325 verges. Ensuite, vous devez négocier deux normales 5 consécutives d'une même longueur (15e et 16e). A-t-on manqué d'espace ? Placées en retrait, elles nuisent un peu à la fluidité du parcours.

La difficulté

Avec ses 5907 verges, ce terrain est court, surtout lorsque l'on considère la largeur de plusieurs allées et l'herbe longue inoffensive. Seule la présence d'obstacles d'eau sur 14 trous peut justifier son évaluation Slope de 121, et encore... Au total, une quarantaine de fosses viennent jouer les trouble-fête, dont plusieurs dans le voisinage de verts de petite dimension.

Les conditions de jeu

Lors de la visite, les fosses de sable n'avaient pas été raclées depuis quelque temps et certaines contenaient beaucoup trop de roches. La condition des verts et des allées était tout juste acceptable. Malgré plusieurs distributeurs de terreautage, l'état des tertres de départ devra s'être amélioré.

L'environnement

Vous retrouverez les décors paisibles et invitants coutumiers de cette région. Seule la proximité de la route vient parfois en troubler le calme. À noter les nombreux aménagements paysagers.

En vrac

Sur les neuf normales 4, huit font moins de 335 verges. À l'opposé, toutes les normales 5 font plus de 500 verges.

Le vert du 14e trou, une normale 3 de 139 verges, est situé sur une île.

Idéal pour...

En toute objectivité, c'est un terrain qui en vaut bien d'autres et qui saura plaire à un grand nombre de golfeurs, mais il ne fait pas partie de nos préférés.

+ NOUS AVONS AIMÉ

La campagne
La tranquillité
Les plans d'eau

– NOUS N'AVONS PAS AIMÉ

Les conditions de jeu
L'impression de jouer sur des trous miniatures
Le manque de caractère du terrain

Carte de pointage

Trou	1	2	3	4	5	6	7	8	9	Aller	10	11	12	13	14	15	16	17	18	Retour	Total
Bleu	586	189	310	328	425	146	349	136	535	3004	356	383	340	335	158	519	522	217	355	3185	6201
Blanc	561	173	282	313	401	135	335	127	522	2849	310	326	311	324	139	504	506	176	325	2921	5907
Rouge	488	153	263	295	370	125	269	110	437	2510	297	255	237	269	110	454	437	150	278	2487	4997
Normale	5	3	4	4	4/5	3	4	3	5	35/36	4	4	4	4	3	5	5	3	4	36	71/72

Évaluation : ■ **Bleu 69,9 / 124** □ **Blanc 67,8 / 121** ■ **Rouge 68,8 / 114**

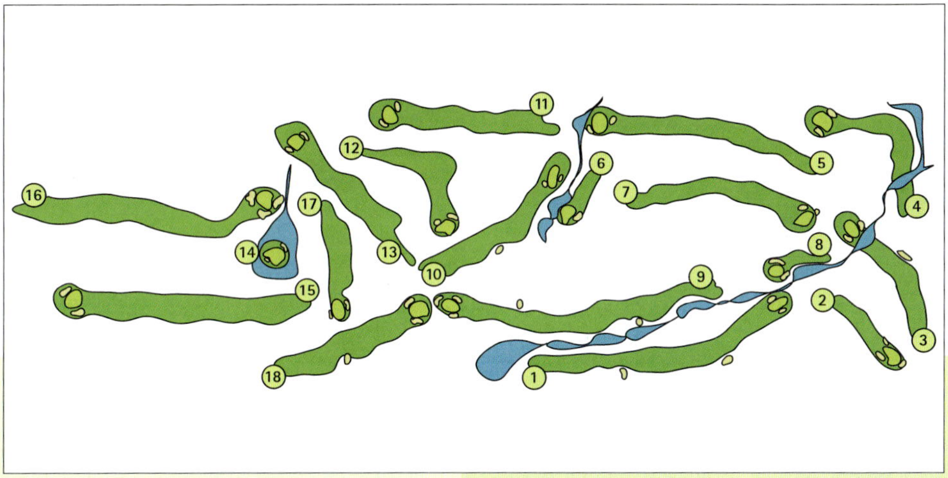

Conditions de jeu

- Verts ●●○○○
- Allées ●●○○○
- Sable ●●○○○
- Herbe longue ●●○○○
- Tertres ●●○○○

Design

- Verts + fosses ●●●○○
- Variété ●●●○○
- Harmonie + équilibre ●●●●○
- Pour tous ●●●●○
- Circuit ●●●○○

Environnement

- Visuel ●●●●○
- Nature ●●●●○
- Calme ●●●●○

Plaisir

- Délassement ●●●●○
- Verts ●●●○○
- Allées ●●●●○
- Tertres ●●●○○
- Manucure ●●●○○
- Entraînement ●●●●○
- Agrément ●●●●○
- Récupération ●●●●○

VERDICT ●●●○○

- Petit terrain chouette qui plaira au golfeur occasionnel.
Attention aux conditions de jeu.

Temps de jeu suggéré
Non spécifié.

Accueil
Bon.

Indications et signalisation
Correctes.

Tenue générale
Très bonne.

Aire d'entraînement
Complète.

Au féminin
Bravo pour les normales 4 qui sont très bien adaptées.
Terrain bien équilibré qui saura vous plaire autant par son environnement que par son défi bien calibré.

Pavillon
Propre et invitant.

Boutique du pro
Sert bien ses habitués.

Divers
Pour accéder au départ du 10e trou, il faut circuler entre les verts des 9e et 18e trous.

Tarif : $$

L'AUBERIVIÈRE

777, rue Alexandre
Lévis
G6V 7M5
(418) 835-0480

Huile de coude

Un bon matin, à Lévis, près de Québec, M. Dion décide de construire un golf sur ses terrains en bordure de l'autoroute 20. L'histoire ne dit pas s'il avait commencé à y réfléchir un peu la veille… Comme on n'est jamais mieux servi que par soi-même, il s'occupe lui-même de la conception et de la construction en y mettant « de l'huile de coude », comme il se plaît à dire.

Ce n'est que lorsque ses neveux lui font remarquer que la plupart des parcours comptent 18 trous qu'il ajoute un deuxième neuf au premier ouvert deux ans plus tôt (1990). Vous l'aurez peut-être deviné, M. Dion n'avait jamais mis les pieds sur un terrain de golf avant d'amorcer son audacieux projet. Il rajoutera finalement un neuf trous à normales 3. Résolument tourné vers l'avenir, L'Auberivière investit dans la relève avec des cours pour les jeunes pendant tout l'été. Une soixantaine d'entre eux s'inscrivent chaque année.

Le parcours

Malgré certaines appréhensions (largement confortées d'ailleurs par le premier trou), nous avons découvert que le dessin des allées, sans être un modèle du genre, garde un intérêt. Le concepteur a su mettre à profit son gros bon sens afin de bien exploiter le site naturel. Cela apporte un regard neuf et différent dans le style des trous. Ainsi, à partir de certains tertres de départ, la balle doit trouver une fenêtre entre les arbres pour prendre son envol.

Par contre, l'architecture des verts manque de certains ingrédients qui en auraient relevé le goût. Un peu fades, ils se distinguent à peine de l'allée et leurs bonnes dimensions ne justifient absolument pas l'absence de fosses de sable.

La difficulté

À cause du second neuf qui ne totalise que 2746 verges, ce terrain n'est pas très long (5913 verges). Il montre une évaluation Slope de 121 qui se justifie par des allées semi-fermées et de largeur moyenne. On utilise l'herbe haute pour influencer cette largeur et déterminer la difficulté d'un trou.

Les conditions de jeu

Au moment de la visite, l'état des verts et des tertres de départ laissait à désirer. Ailleurs, malgré de meilleures conditions de jeu, le terrain manque de soins esthétiques (manucure), notamment les fosses. On y trouve pourtant du sable en quantité et les sorties sont faciles à évaluer.

Il faudra être attentif au trèfle qui commence à pousser dans l'allée et dans l'herbe haute. L'herbe est dense presque partout, mais la coupe semble un peu longue dans les allées.

L'environnement

Le terrain longe l'autoroute 20 et côtoie une raffinerie Ultramar. Les deux voisins ne manquent pas de faire entendre leur présence. La petite rivière À la Scie et la rivière des Couture enjolivent les lieux. Au départ, le terrain était totalement couvert d'arbres ; il a donc fallu arracher chacune des allées à la forêt.

Idéal pour…

Les golfeurs moyens qui ne se préoccupent pas des bruits émanant de l'autoroute et de la raffinerie.

+ NOUS AVONS AIMÉ

Les arbres
La fraîcheur amenée par le regard neuf du concepteur

– NOUS N'AVONS PAS AIMÉ

Les voisins
Le terrain nous a semblé court
La condition des verts

Carte de pointage

Trou	1	2	3	4	5	6	7	8	9	Aller	10	11	12	13	14	15	16	17	18	Retour	Total
Bleu	340	357	460	175	555	430	470	178	400	3365	380	378	312	193	368	201	335	270	500	2937	6302
Blanc	320	326	440	160	535	402	442	162	380	3167	355	335	302	175	354	175	315	260	475	2746	5913
Rouge	300	280	383	140	472	338	424	130	350	2817	322	308	292	156	282	135	290	250	450	2485	5302
Normale	4	4	5	3	5	4	5	3	4	37	4	4	4	3	4	3	4	4	5	35	72

Évaluation : ■ Bleu 69 / 123 □ Blanc 68,3 / 121 ■ Rouge 69,4 / 116

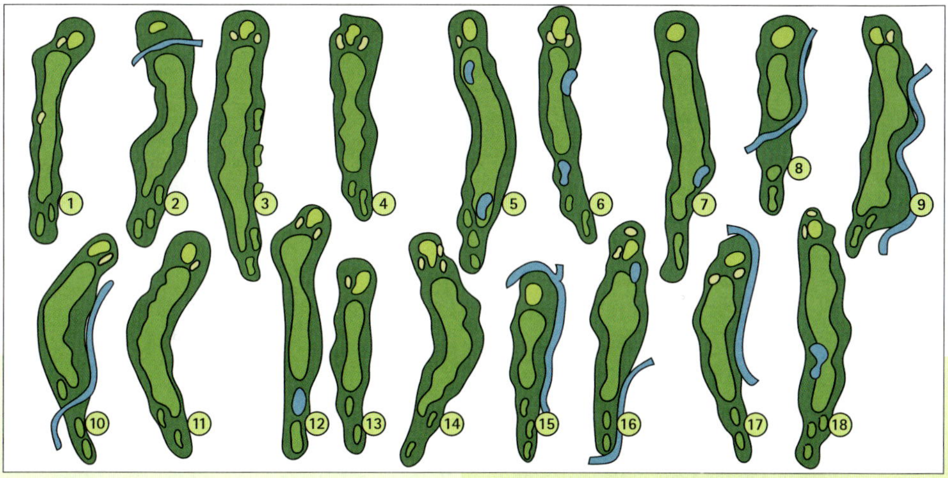

Conditions de jeu

- Verts ●●○○○
- Allées ●●●○○
- Sable ●●●○○
- Herbe longue ●●●○○
- Tertres ●●○○○

Design

- Verts + fosses ●●○○○
- Variété ●●●○○
- Harmonie + équilibre ●●●○○
- Pour tous ●●●●○
- Circuit ●●●○○

Environnement

- Visuel ●●●○○
- Nature ●●●●●
- Calme ●○○○○

Plaisir

- Délassement ●●●●○
- Verts ●●●○○
- Allées ●●●○○
- Tertres ●●●○○
- Manucure ●○○○○
- Entraînement ●○○○○
- Agrément ●●●○○
- Récupération ●●●○○

VERDICT ●●◐○○

- Terrain pour les golfeurs qui habitent à proximité.

Temps de jeu suggéré

«Toujours suivre le groupe qui vous précède».

Accueil

Bon.

Indications et signalisation

Nombreuses et bien conçues.

Tenue générale

Bonne.

Aire d'entraînement

Correcte.

Au féminin

Avec des normales 4 de 300, 338, 350, 322 et 308 verges et des normales 5 de 472 et 450 verges, ce terrain ne convient pas à toutes.

Pavillon

Modeste mais chaleureux.

Boutique du pro

Pourra vous dépanner pour l'essentiel.

Divers

Crampons souples obligatoires.

Tarif : $$

LE GRAND HÉRON

490, rue du lac Saint-Benjamin
Saint-Benjamin
G0M 1N0
(418) 594-4555

Allez hop, cascade !

L'année 1988 a marqué l'ouverture du premier neuf; le second a suivi dix ans plus tard.

Le parcours

Ces deux neuf n'ont absolument rien en commun. On a bâti le premier à flanc de montagne dans un espace restreint. Forcément, ses allées sont en pente et disons qu'elles ne brillent pas par leur dessin. Il compte d'ailleurs 540 verges de moins que le neuf de retour, c'est vous dire…

En y réfléchissant bien, le neuf d'aller souffre d'un vice de construction. En effet, il compte neuf trous dans un espace qui aurait dû en recevoir tout au plus quatre ou cinq. Cela résulte en des allées étriquées, des verts minuscules et des tertres indignes de ce nom. Comble de malheur, on ne s'est pas contenté d'ajouter des obstacles d'eau, on les a placés en embuscade, hors de la vue du golfeur. Avec sa surface dure et ses pentes latérales, ce parcours réussit même à envoyer la balle dans le bois ou dans l'eau même si les coups sont parfaitement exécutés. Et que dire des verts à deux paliers très dénivelés, déposés sur un plateau qui entraîne votre balle dans le bois si vous ne réussissez pas à l'arrêter à temps?

Le neuf de retour posera un baume sur vos blessures. De conception plus récente, l'espace qu'il occupe autour du lac se prête beaucoup plus facilement à l'aménagement de trous équilibrés. On peut parler de plaisir et même de défi équitable. D'ailleurs, un coup d'œil sur le plan du parcours suffira à vous convaincre. Les trous du neuf d'aller sont ratatinés et comprimés dans un espace restreint qui les stresse. Ceux du neuf de retour s'allongent paresseusement autour du lac comme le ferait un chat au soleil.

Les normales 5 sont confinées à deux des trois premiers trous et à trois des quatre derniers, ce qui laisse une séquence de 11 trous avec des normales 3 et 4.

La difficulté

Inutile d'y revenir, le premier neuf n'est même pas drôle. Au retour, seul le vent pourrait venir vous compliquer la tâche sur ces allées larges, planes et ouvertes. Même les verts font leur part avec leur dimension plus généreuse.

On ne trouve aucune fosse de sable dans les allées. Les jalons bleus s'étendent sur 6082 verges et les blancs sur 5819 verges. La normale 73 donne une évaluation Slope de 118 difficile à commenter.

Les conditions de jeu

Comme les allées se contentent de l'arrosage naturel distribué par dame Nature, leur état varie énormément selon qu'elles sont en pente ou non, exposées au soleil ou pas. Attendez-vous à n'importe quoi entre des conditions bonnes et inacceptables. C'est d'ailleurs la même inconstance qu'on retrouve un peu partout.

L'environnement

Ce parcours donne sur le magnifique lac Busque. Il nous accompagne sur plusieurs trous pour notre plus grand bonheur. On y dénombre au-delà d'une centaine d'espèces d'oiseaux qui en ont fait leur habitat.

Idéal pour…

L'ornithologie.

+ NOUS AVONS AIMÉ

Le lac
La vue sur le village
Les grands espaces du second neuf

– NOUS N'AVONS PAS AIMÉ

Le premier neuf
Les conditions de jeu

Carte de pointage

Trou	1	2	3	4	5	6	7	8	9	Aller	10	11	12	13	14	15	16	17	18	Retour	Total
Bleu	445	280	376	370	246	145	333	398	165	2758	378	345	155	335	408	550	519	165	469	3324	6082
Blanc	430	262	364	350	235	139	323	376	160	2639	365	335	145	335	377	525	505	155	448	3180	5819
Rouge	375	211	265	212	199	115	254	332	108	2071	308	287	130	260	258	424	429	125	375	2596	4667
Normale	5	4	5	4	4	3	4	4	3	36	4	4	3	4	4	5	5	3	5	37	73
	Évaluation :					Bleu - / 118						Blanc - / 116						Rouge - / 115			

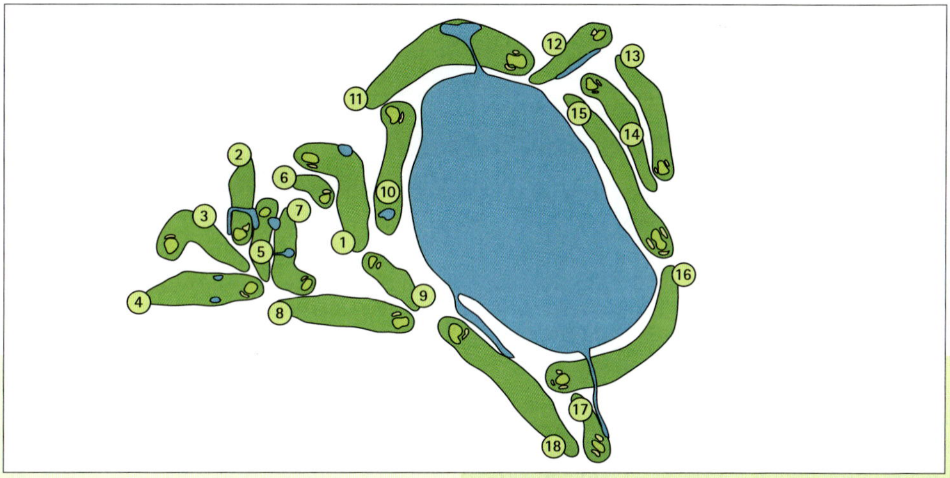

Conditions de jeu

Verts	●●○○○
Allées	●○○○○
Sable	●●○○○
Herbe longue	●●○○○
Tertres	●○○○○

Design

Verts + fosses	●○○○○
Variété	●●●○○
Harmonie + équilibre	●●○○○
Pour tous	●○○○○
Circuit	●○○○○

Environnement

Visuel	●●●●○
Nature	●●●●●
Calme	●●●●○

Plaisir

Délassement	●●○○○
Verts	●○○○○
Allées	●●○○○
Tertres	●●○○○
Manucure	●●○○○
Entraînement	○○○○○
Agrément	●●●○○
Récupération	●●○○○

VERDICT ●◐○○○

Vocation locale.

Temps de jeu suggéré
Non précisé, mais le premier neuf promet d'être long.

Accueil
Correct.

Indications et signalisation
Correctes.
Graphiques de départ bien conçus avec toute l'information nécessaire. La carte de pointage peut servir d'aide-mémoire.

Règles locales
Il aurait fallu indiquer que deux ou trois minutes étaient allouées à la recherche de balles.

Tenue générale
Correcte.

Aire d'entraînement
Aucune.

Au féminin
Les distances ont de l'allure, c'est le premier neuf qui n'en a pas.

Pavillon
Modeste mais spacieux.

Boutique du pro
Rudimentaire.

Tarif : $

6100, boulevard de la Rive-Sud
Lévis
G6V 8Z7
(418) 837-2924

Histoire et tradition

Maintenant situé au cœur de la ville, ce terrain imaginé par Hugh E. Weyman a été inauguré en 1923 avec un premier neuf. Le parcours actuel est apparu en 1965 à partir de plans mis au point par Howard Watson.

Ce terrain, fier de ses origines, affiche encore aujourd'hui la devise suivante : « Un divertissement sain dans la quiétude. » Ses armoiries représentent un golf sur les terres de la Couronne, destiné aux deux communautés d'une région dont l'économie est axée sur son chantier naval.

Selon le *Quebec Chronicle Telegraph*, c'est sur les hauteurs de Lévis, au début de 1860, qu'on a joué au golf pour la première fois en Amérique du Nord. Évidemment, aucun de ces pionniers ne fait partie des 525 membres actuels qui se partagent la majorité des parties qui y sont disputées.

Le parcours

Même si les allées ont grandi en terrain plat pour la plupart, force est de constater que l'âge aidant, plusieurs courbent le dos légèrement. On remarque donc plus d'ondulations qu'avant, surtout que des monticules ont été rajoutés autant par souci de modernisme que de sécurité. Il n'en demeure pas moins qu'il s'agit d'abord et avant tout d'un terrain résolument traditionnel. Il y a quinze ans, un coup de départ erratique restait impuni. Aujourd'hui, les arbres devenus matures se chargent de sanctionner lourdement pareille maladresse.

L'étendue des tertres de départ impressionne, mais c'est pour une bonne cause, car ils accueillent les quatre jalons de départ à la fois. De plus, le gazon y est maintenu vraiment très court. Malgré leur dessin conventionnel, les verts se démarquent par leur couleur et la qualité des soins esthétiques qu'on leur apporte.

Les trous se présentent dans une suite logique et le passage de l'un à l'autre se fait en douceur et sans inconvénient majeur. Le premier neuf, une normale 36, présente trois normales 5 et autant de normales 3. Au retour, on remarque deux courtes normales 4 consécutives aux trous n°s 12 et 13. Au total, la moitié des trous sont coudés.

La difficulté

Deux jalons pour les hommes et autant pour les dames, pour ce terrain à l'évaluation Slope de 122 qui montre 6158 verges à partir des jalons blancs.

Vous aurez à composer avec des obstacles d'eau sur la plupart des trous. Ne vous fiez pas aux apparences, car même parfaitement nettoyés, les sous-bois constituent de mauvaises fréquentations en raison de la quantité et de la taille des arbres qu'on y trouve.

Les conditions de jeu

Les longs tertres de départ facilitent le déplacement des jalons et le maintien de bonnes conditions de jeu, ce que ce terrain offre dans l'ensemble.

L'environnement

Malgré les arbres, la ville est tout (trop) près.

Idéal pour…

Soixante et un pour cent des membres ont plus de cinquante ans. Le terrain plat et boisé n'y est pas étranger.

+ NOUS AVONS AIMÉ

Les soins esthétiques accordés au parcours
Les allées fermées par des arbres et leurs sous-bois impeccables
La maturité du terrain

– NOUS N'AVONS PAS AIMÉ

La présence de la ville qui ne se fait même pas discrète avec ses centres commerciaux, boulevards et magasins à grande surface

Carte de pointage

Trou	1	2	3	4	5	6	7	8	9	Aller	10	11	12	13	14	15	16	17	18	Retour	Total
Bleu	424	158	431	520	201	527	405	195	520	3381	504	195	340	317	520	455	408	217	370	3326	6707
Blanc	395	145	385	480	165	477	379	160	475	3061	481	170	324	303	480	435	382	172	350	3097	6158
Rouge	332	129	320	410	95	440	301	138	415	2580	402	120	279	260	426	395	338	134	315	2669	5249
Normale	4	3	4	5	3	5	4	3	5	36	5	3	4	4	5	4/5	4	3	4	36/37	72/73

Évaluation : ■ Bleu 72 / 127 □ Blanc 69 / 122 ■ Rouge 69 / 113

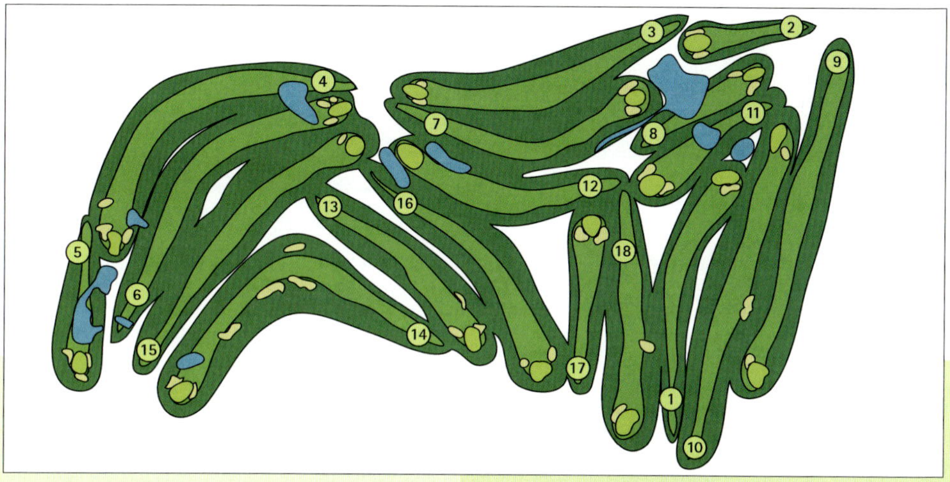

Conditions de jeu

- Verts ●●●●○
- Allées ●●●○○
- Sable ●●●●●
- Herbe longue ●●●○○
- Tertres ●●●●○

Design

- Verts + fosses ●●●●○
- Variété ●●●●○
- Harmonie + équilibre ●●●●●
- Pour tous ●●●●●
- Circuit ●●●●●

Environnement

- Visuel ●●●○○
- Nature ●●●○○
- Calme ●●○○○

Plaisir

- Délassement ●●●●○
- Verts ●●●●○
- Allées ●●●●○
- Tertres ●●●●●
- Manucure ●●●●●
- Entraînement ●●●○○
- Agrément ●●●●○
- Récupération ●●●●●

VERDICT ●●●◐○

- Terrain équilibré, traditionnel et boisé situé dans un environnement urbain.

Temps de jeu suggéré
4 h 22 soit 2 h 07 à l'aller et 2 h 15 au retour ; temps et habituel : 4 h 30.

Accueil
Bon.

Indications et signalisation
Très claires.

Tenue générale
Très bonne.

Aire d'entraînement
Correctes.

Améliorations
Nivellement et réfection de quelques départs, création d'un nouveau sentier, réaménagement des tertres de l'aire d'entraînement.

Au féminin
Terrain long mais où il est facile de marcher. Les aménagements paysagers et les fleurs n'y manquent pas.

Pavillon
Sa terrasse est invitante.

Boutique du pro
Bien garnie.

Tarif : $$$$

LOTBINIÈRE

269, route 269
Saint-Gilles
G0S 2P0
(418) 888-4221

L'ABC

Le terrain Lotbinière, ouvert depuis 1976, se trouve à Saint-Gilles le long de la route 269. N'étant pas illettrés, les membres de la direction ont choisi de baptiser chacun des parcours de son complexe de 27 trous comme suit : A, B et C. Pour simplifier les choses, les trous sont numérotés de 1 à 27. C'est à la suggestion de la préposée au départ que nous avons étudié comme premier neuf le parcours A et le C comme second.

Le parcours

Le premier neuf s'enchâsse entre les deux autres et semble comprimé dans un espace restreint. Les trous, trop près les uns des autres, jouent du coude pour se faire une place au soleil. Non seulement c'est dangereux, mais les réactions des joueurs qui se trouvent à proximité dérangent. Le tiers des trous tourne à gauche ou à droite et, en général, des arbres de taille moyenne ferment partiellement les allées. Avec leur manque d'élévation et leur forme circulaire, les verts passent inaperçus.

Le deuxième neuf (19-27), de conception plus récente, surpasse le premier grâce à ses allées plus larges, à ses verts plus grands et à son dessin. Situé aux limites de la propriété, il dispose d'ailleurs de plus d'espace.

La taille des tertres de départ en impose alors que les golfeurs imprécis apprécieront la propreté des sous-bois. En résumé, le parcours A nous a laissés de glace alors que le parcours C nous a semblé fort intéressant à plus d'un point de vue. Il présente plus de variété, autant dans le dessin des trous que dans les coups qu'il demande d'exécuter. Par contre, sa répartition de normales sonne faux. C'est comme si elles avaient été soigneusement placées en rang pour faire un défilé. Pour ouvrir et fermer la marche : une normale 5, ensuite en milieu de peloton, cinq normales 4 se succèdent, suivies coup sur coup par les deux normales 3. Par bonheur, six trous coudés adoucissent un peu cette symétrie des nombres.

La difficulté

Un terrain plutôt court avec des verts relativement plats et mal protégés et des allées semi-fermées, cela devient plus facile à maîtriser. D'ailleurs, son évaluation Slope montre 113 des jalons blancs, pour une distance de 6072 verges. Les jalons bleus pourraient donc s'avérer un meilleur choix.

Les conditions de jeu

Même ici, les deux parcours ont peu en commun, les conditions du second supplantant celles du premier. Seuls les verts trahissent leur jeune âge.

La condition des tertres de départ reste perfectible, malgré la présence d'un distributeur de terreau sur chacun des jalons pour les normales 3.

L'environnement

Ce joli coin de campagne longe la rivière Chaudière. À cause de la proximité des trous, ce sont les joueurs qui troublent la quiétude des lieux.

Idéal pour...

Quand on parle de l'abc d'un sport, on réfère à ses rudiments, à ses éléments essentiels et à ses notions élémentaires. Finalement, c'est pas mal ce dont il s'agit.

+ NOUS AVONS AIMÉ

La présence de la rivière Chaudière
La vocation pour tous de ce 27 trous
Le dessin du parcours C

− NOUS N'AVONS PAS AIMÉ

Le dessin quelconque des verts
La proximité des allées
La condition des tertres de départ

Carte de pointage

Trou	1	2	3	4	5	6	7	8	9	Aller	10	11	12	13	14	15	16	17	18	Retour	Total
Bleu	508	146	330	380	375	186	491	329	337	3082	553	348	402	383	346	383	207	189	529	3340	6422
Blanc	460	129	320	369	366	166	446	319	319	2894	540	335	382	368	340	371	156	171	515	3178	6072
Rouge	437	115	291	339	341	145	403	301	286	2658	443	321	359	354	320	288	138	153	430	2806	5464
Normale	5	3	4	4	4	3	5	4	4	36	4	3	4	4	4	5	3	4	5	36	72

Évaluation : ■ Bleu 69,2 / 117 □ Blanc 67,4 / 113 ■ Rouge 70 / 116

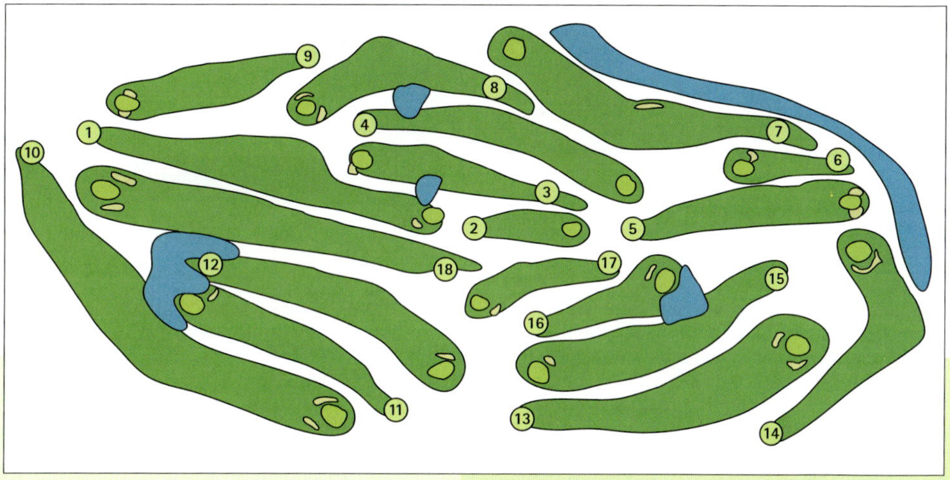

Conditions de jeu

Verts	●●○○○
Allées	●●○○○
Sable	●●●○○
Herbe longue	●●●●○
Tertres	●○○○○

Design

Verts + fosses	●●●○○
Variété	●●●○○
Harmonie + équilibre	●●●○○
Pour tous	●●●○○
Circuit	●●●○○

Environnement

Visuel	●●●○○
Nature	●●●○○
Calme	●●●○○

Plaisir

Délassement	●●●○○
Verts	●●●○○
Allées	●●●○○
Tertres	●●●○○
Manucure	●●●○○
Entraînement	●●●●○
Agrément	●●●●○
Récupération	●●●●○

VERDICT ●●○○○

> Petit terrain à vocation récréative.

Temps de jeu suggéré
4 h 30, avec deux minutes maximum pour les recherches de balle.

Accueil
Correct.

Indications et signalisation
Pourraient être plus claires, d'autant plus qu'il nous arrive souvent de circuler dans le même environnement.

Tenue générale
Bonne.

Aire d'entraînement
Correctes.

Au féminin
Très intéressant, à la condition d'accepter de jouer à partir des jalons jaunes qui totalisent 4613 verges.

Divers
Nous ne connaissons pas d'autre terrain qui possède des trous numérotés de 1 à 27. Les emplacements choisis pour les téléphones, à chaque 9e trou, surprennent.

Tarif : $$

MONT-ADSTOCK

120, route du Mont-Adstock
Thetford Mines
G6G 5S5
(418) 422-2242

La montagne à son mieux

Inauguré en 1975, ce parcours conçu par l'architecte John Watson fait partie de la ville de Thetford Mines. Il prend place, vous vous en doutez bien, au pied du mont Adstock à 12 kilomètres du centre-ville. C'est toujours inquiétant quand un pavillon prend place au bas des pentes de ski. Voyons si l'appréhension est justifiée.

Le parcours

Effectivement, le parcours se blottit au flanc de la montagne. Il ne faut donc pas s'étonner d'y trouver des allées en pente et des dénivellations parfois raides. Oubliez la douceur d'une balade dans le parc avec grand-maman. Malgré la présence de quelques trous plus ouverts, la plus grande partie du terrain a été arrachée à la montagne. Ces trous montrent des allées étroites, complètement fermées par des arbres. Croyez-moi, on ne respire pas toujours très bien et cela n'a rien à voir avec l'altitude.

Les verts profitent d'un dessin réussi. Vous risquez même d'en avoir la larme à l'œil. Vous en doutez ? Gens de peu de foi ! Vous verrez, on vous traite aux petits oignons au mont Adstock. Cependant, cet émoi sera attribuable davantage à leur rapidité et aux 37 fosses de sable qui les protègent qu'à leur courbe harmonieuse. Trêve de plaisanterie, la dimension des verts reste équitable puisque, en moyenne, ils font environ 6500 pieds carrés. La forêt accompagne chaque trou.

À l'aller, la majorité des trous se placent en parallèle, ce qui signifie qu'ils ont la même orientation. La longueur des normales 4 varie, ce qui nous épargne l'habituel lot de trous de ± 365 verges. Bien que certains courtisent les 385 verges, leur dénivellation vous oblige à exécuter des coups différents. Par contre, trois normales 3 montrent ±143 verges.

La difficulté

Considérant l'étroitesse des allées, l'herbe haute pénalise le golfeur malhabile. Oh ! rien de catastrophique, mais assez pour préférer la précision à la puissance.

Tout cela, avec la rareté de coups roulés en ligne droite, entraîne une évaluation Slope de 127 pour les jalons bleus, ce qui n'est certes pas exagéré.

Les conditions de jeu

Des fosses de sable bien entretenues logent des petits cailloux. Considérant le rôle que jouent les arbres sur chaque trou, vous serez heureux d'apprendre que les sous-bois sont très bien nettoyés.

Comme les allées ne bénéficient pas d'un système d'arrosage et qu'elles sont situées à flanc de montagne, leur condition peut varier énormément selon les caprices de dame Nature.

L'environnement

Sur ce terrain extrêmement boisé, le mont Adstock et ses pentes de ski s'imposent à vous à plusieurs endroits. Le site laissé au naturel montre des parois de roc particulièrement impressionnantes.

Idéal pour…

Plus du quart des membres ont moins de trente ans et cela s'explique probablement par la difficulté du parcours et son relief accidenté.

+ NOUS AVONS AIMÉ

- Le dessin des verts
- Le relief des lieux
- L'organisation des allées

– NOUS N'AVONS PAS AIMÉ

- Les coups à l'aveuglette
- Les sentiers pour voiturettes motorisées
- Le fait que les périodes de sécheresse risquent d'éprouver lourdement les allées

Carte de pointage

Trou	1	2	3	4	5	6	7	8	9	Aller	10	11	12	13	14	15	16	17	18	Retour	Total
Bleu	394	362	156	404	408	155	503	315	552	3249	351	169	407	471	383	191	489	384	423	3268	6517
Blanc	386	339	143	397	384	146	454	284	497	3030	328	145	390	459	364	180	469	371	400	3106	6136
Rouge	354	297	115	328	329	129	427	268	426	2673	317	119	300	440	322	160	450	317	379	2804	5477
Normale	4	4	3	4	4	3	5	4	5	36	4	3	4	5	4	3	5	4	4	36	72

Évaluation : ■ Bleu 71,7 / 127 □ Blanc 70,1 / 123 ■ Rouge 70 / 119

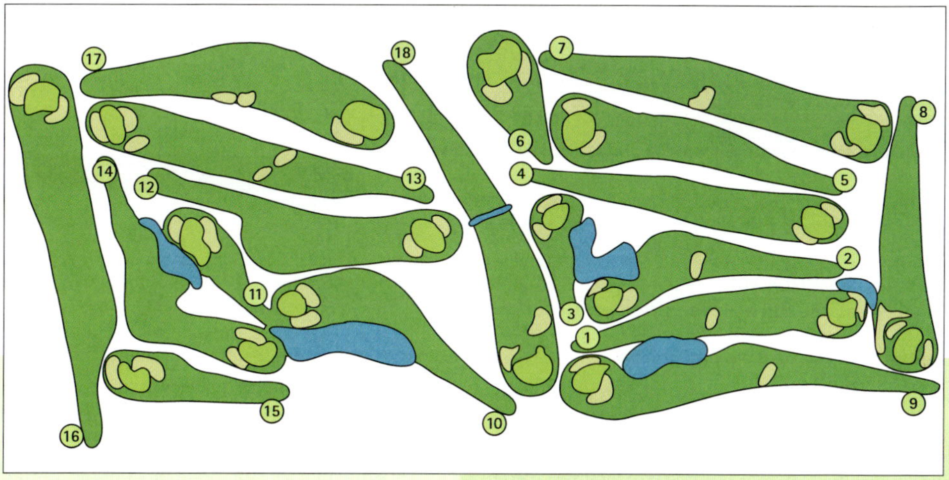

Conditions de jeu

- Verts ●●●●○
- Allées ●●○○○
- Sable ●●●○○
- Herbe longue ●●●○○
- Tertres ●●●○○

Design

- Verts + fosses ●●●●○
- Variété ●●●●○
- Harmonie + équilibre ●●●●○
- Pour tous ●●○○○
- Circuit ●●●●○

Environnement

- Visuel ●●●●●
- Nature ●●●●○
- Calme ●●●●●

Plaisir

- Délassement ●●●○○
- Verts ●●●●○
- Allées ●●○○○
- Tertres ●●●○○
- Manucure ●●●○○
- Entraînement ●●○○○
- Agrément ●●●●○
- Récupération ●●●○○

VERDICT ●●●○○

- De beaux verts et un environnement agréable, voilà un programme qui plaira à plusieurs.

Temps de jeu suggéré

4 h 30 au maximum ; temps habituel : 4 h 40 avec cartes poinçonnées et patrouilleur.

Accueil

Bon.

Indications et signalisation

Si seulement tous les terrains étaient aussi bien pourvus d'indications.

Tenue générale

Bonne.

Aire d'entraînement

Ne propose que des départs synthétiques, d'ailleurs pas en très grand nombre.

Améliorations

On a procédé à des travaux d'irrigation sur quatre trous et des départs ont été refaits.

Au féminin

Vous aimerez le paysage, un peu moins la vitesse des verts.
Jouer à pied, oui, à la condition d'être sportive.

Carte de pointage

Sans être sophistiquée, montre bien l'emplacement des obstacles et dénivellations.

Tarif : $$$

MONTMAGNY

437, chemin du Golf
Montmagny
G5V 3S3
(418) 248-1872
1 800 290-1872

D'une rive à l'autre

Ce terrain a vu le jour en 1964 sous la gouverne de Howard Watson qui a conçu le premier neuf. Il a cependant fallu attendre jusqu'en 1982 l'arrivée du second neuf. Ce terrain semi-privé compte pas moins de 400 membres.

Le parcours

Cet endroit particulièrement boisé offre des prises de vue imprenables sur le fleuve et sur le mont Sainte-Anne. Il pourrait presque être qualifié de golf de montagne à cause de ses plateaux et de ses allées rarement planes. Cependant, même ses dénivellations les plus importantes restent raisonnables et c'est ce qui fait l'intérêt de la plupart des trous.

Les arbres prennent place partout. De chaque côté des allées et derrière les verts, mais également autour des tertres de départ et des sentiers qui nous conduisent d'un trou à l'autre.

Les verts comptent 4500 pieds carrés en moyenne. Leur forme varie et les fosses de sable qui les protègent présentent un léger rebord interdisant l'utilisation du fer-droit. Dans l'ensemble, ils constituent une finale intéressante pour chaque trou. Leur élévation change autant que leur environnement immédiat.

La difficulté

La difficulté fluctue d'un trou à l'autre. Ce sera parfois de l'étroitesse de l'allée dont il faudra se méfier. Parfois, ce sera la dimension du vert qui vous laissera un coup roulé de plusieurs dizaines de mètres. Tantôt, le vent balaiera une allée plus ouverte et tantôt une dénivellation vous imposera l'exécution d'un coup à l'aveuglette.

Un seul trou vous oppose une fosse d'allée. Par contre, la moitié des trous accueillent un obstacle d'eau. Les jalons bleus et leurs 6366 verges montrent une évaluation Slope de 124 et devraient accueillir la majorité d'entre vous. Le golfeur occasionnel pourra toujours se rabattre sur les jalons blancs.

Les conditions de jeu

On remarque tout de suite le manucure des tertres de départ, leur aplomb et leur bonne condition. L'herbe longue reste dense et elle pourrait bien se glisser entre la face du bâton et la balle au moment du contact. Les verts font la fierté des membres avec leurs bons soins esthétiques et leur tablier qui compte deux frises totalisant près de 12 verges.
Au cours de ces dernières années, une attention particulière a été accordée aux sous-bois et cela se voit. On entretient les fosses régulièrement, ce qui ne les empêche pas de contenir des cailloux.

L'environnement

On l'a vu, le panorama représente l'atout majeur dans le jeu de Montmagny. Côté arbres, leurs essences variées rassemblent tous les arômes et toutes les couleurs de la saison.

Idéal pour...

Ce terrain reçoit une majorité de golfeurs intermédiaires et au moment du rendez-vous, les retraités et les femmes y étaient en grand nombre.

+ NOUS AVONS AIMÉ

Le caractère propre de ce terrain qui ne tombe presque jamais dans le déjà vu
Quelques verts immenses

– NOUS N'AVONS PAS AIMÉ

Les coups à l'aveuglette
Des clôtures de broches autour d'un vert
L'absence de fosses d'allée

Carte de pointage

Trou	1	2	3	4	5	6	7	8	9	Aller	10	11	12	13	14	15	16	17	18	Retour	Total
Bleu	370	354	505	377	358	188	370	137	495	3154	389	148	350	392	176	503	374	400	480	3212	6366
Blanc	339	335	483	360	347	168	352	130	484	2998	381	140	345	380	160	473	358	380	463	3080	6078
Rouge	322	324	394	309	253	125	323	121	410	2581	372	133	295	340	146	420	336	330	403	2775	5356
Normale	4	4	5	4	4	3	4	3	5	36	4	3	4	4	3	5	4	4	3	36	72

Évaluation : ■ **Bleu 69,4 / 124** □ **Blanc 68,9 / 122** ■ **Rouge 71,1 / 126**

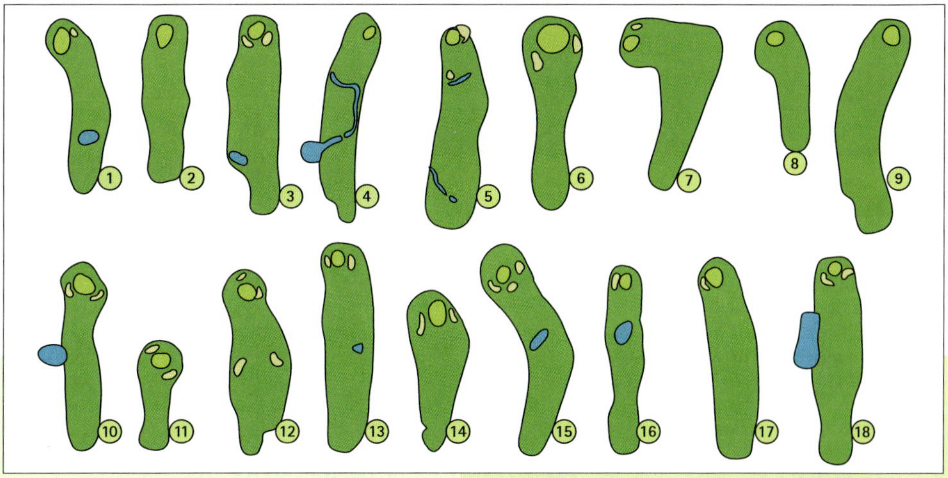

Conditions de jeu

- Verts ●●●●○
- Allées ●●●●○
- Sable ●●●○○
- Herbe longue ●●●○○
- Tertres ●●●●○

Design

- Verts + fosses ●●●○○
- Variété ●●●●●
- Harmonie + équilibre ●●●●○
- Pour tous ●●●○○
- Circuit ●●●●○

Environnement

- Visuel ●●●●●
- Nature ●●●●○
- Calme ●●●●○

Plaisir

- Délassement ●●●○○
- Verts ●●●●●
- Allées ●●●○○
- Tertres ●●●●○
- Manucure ●●●●○
- Entraînement ●●●○○
- Agrément ●●●●○
- Récupération ●●●○○

VERDICT ●●●◐○

- Terrain intéressant par son environnement, ses conditions de jeu et la diversité de ses trous.

Temps de jeu suggéré
4 h 30, avec horloges et patrouilleur.

Tenue générale
Bonne.

Aire d'entraînement
Correcte.

Améliorations
Le nouveau système d'arrosage pour les allées devrait permettre de les maintenir en parfaite condition.

Au féminin
Huit (presque neuf) normales 4 sur 10 comptent plus de 300 verges, c'est trop. Les conditions de jeu s'améliorent et la vue est intéressante.

Pavillon
Assez vaste pour recevoir plus de 300 personnes.

Boutique du pro
En plus d'être invitante, elle est complète.

Divers
Les sentiers pour voiturettes motorisées allongent inutilement la promenade sur quelques trous.

Tarif : $$

SAINT-GEORGES

11450, 90e Rue
Saint-Georges
G5Y 5C4
(418) 227-4653

100 % golf

Ce n'est ni le plus beau, ni le plus long, ni le plus difficile, ni même celui qui présente les plus belles conditions de jeu. Cependant, Saint-Georges vous offre par son équilibre et son environnement une expérience 100 % golf. Il faut dire qu'une conception de Howard Watson combinée à la maturité de la jeune quarantaine donnent habituellement de bons résultats.

Le parcours

Malgré des allées relativement planes et presque larges, ce parcours offre suffisamment de variété pour que l'on ne s'y ennuie pas une seconde. Il y parvient avec ses trous coudés dont on ne se lasse jamais, en raison de l'intelligence de leur dessin et du défi qu'ils posent. Il suffit parfois d'un détail : la coupe de gazon qui dessine la forme des allées va dans ce sens.

Les fosses d'allée hébergent du sable blanc, créant des illusions d'optique quant à la distance réelle qui sépare le joueur de verts bien dessinés. Ces derniers s'élèvent au-dessus de l'allée, mais restent généreux de leurs ondulations. Leur environnement immédiat se compose d'arbres de différentes essences qui acceptent de jouer un rôle de soutien afin de les mettre en valeur. C'est le golfeur qui sort gagnant de ce partenariat. Plusieurs tertres de départ s'assurent de la présence d'aménagements paysagers de bon goût. Ils sont d'aplomb quoique trop petits.

En terminant, le premier neuf nous offre des trous nettement plus fermés que ceux du deuxième qui compte trois normales 3 et autant de normales 5.

La difficulté

Les verts étant de dimension moyenne et tout en ondulations, certains emplacements de drapeau pourraient vous compliquer sérieusement la tâche. Heureusement, l'herbe longue est répartie de façon raisonnable, en tenant compte de la présence de plusieurs obstacles d'eau. L'évaluation Slope montre un 118 à partir des jalons blancs.

Les conditions de jeu

Même de petite dimension, les tertres de départ des normales 3 s'en tirent pas mal parce qu'ils sont bien pourvus en distributeurs de terreau. Les sentiers pour voiturettes motorisées contribuent à maintenir l'herbe longue en bon état. Que de bons mots pour les sous-bois qui, à la limite, sont accueillants. Ne vous sentez pas obligé d'accepter leur invitation. Les verts et l'herbe longue se distinguent particulièrement ; les allées manquent de constance et les tertres de départ devront s'améliorer.

L'environnement

Les arbres occupent tout le territoire et cela est d'autant plus agréable qu'ils dégagent des arômes naturels. Je ne parle pas du petit sapin qui se balance au rétroviseur de certaines autos. On apprécie la tranquillité de ce terrain boisé où la nature règne en maître. La présence de la rivière se veut un atout majeur pour tous les trous qu'elle côtoie.

Idéal pour…

Tous les golfeurs y trouveront défi et plaisir.

+ NOUS AVONS AIMÉ

L'environnement
Le dessin des verts
Les fosses de sable

– NOUS N'AVONS PAS AIMÉ

L'inconstance des allées
Les tertres de départ dont il faudrait améliorer le nombre et la condition

Carte de pointage

Trou	1	2	3	4	5	6	7	8	9	Aller	10	11	12	13	14	15	16	17	18	Retour	Total
Bleu	366	135	355	549	395	185	417	392	490	3284	540	408	533	157	401	227	504	200	417	3387	6671
Blanc	359	120	337	522	369	167	394	369	468	3105	514	387	500	144	377	177	492	170	379	3140	6245
Rouge	339	110	319	438	298	154	325	354	400	2737	450	323	451	127	317	152	445	145	321	2731	5468
Normale	4	3	4	5	4	3	4	4	5	36	5	4	5	3	4	3	5	3	4	36	72

Évaluation : ■ Bleu 70,2 / 121 □ Blanc 69,1 / 118 ■ Rouge 71,1 / 117

Conditions de jeu

- Verts ●●●●○
- Allées ●●●○○
- Sable ●●●●●
- Herbe longue ●●●○○
- Tertres ●●○○○

Design

- Verts + fosses ●●●●○
- Variété ●●●●○
- Harmonie + équilibre ●●●●○
- Pour tous ●●●●○
- Circuit ●●●●○

Environnement

- Visuel ●●●●●
- Nature ●●●●●
- Calme ●●●●●

Plaisir

- Délassement ●●●●○
- Verts ●●●●○
- Allées ●●●○○
- Tertres ●●●○○
- Manucure ●●●●●
- Entraînement ●●●●○
- Agrément ●●●●●
- Récupération ●●●●●

VERDICT ●●●●○

- Terrain solide, de style traditionnel, qui offre un bon défi dans un environnement de golf.

Temps de jeu suggéré

4 h 15.

Accueil

Bon.

Indications et signalisation

Correctes.

Tenue générale

Excellente.

Aire d'entraînement

Comprend des fosses de sable et des tertres en gazon naturel, le tout protégé par des conifères.

Au féminin

À 2 verges près, aucune des normales 4 n'a moins que 300 verges. Rajoutez trois normales 5 de 450 verges et une de 440 verges et cela devrait vous convaincre que ce parcours est trop long.

Pavillon

Spacieux et confortable, de sorte que les 450 membres s'y retrouvent toujours avec plaisir.

Divers

Le pont qui mène au deuxième trou est un clin d'œil au pont Pierre-Laporte.

Tarif : $$$

SAINT-MICHEL-DE-BELLECHASSE

333, chemin du Golf
Saint-Michel-de-Bellechasse
G0R 3S0
(418) 884-3672

Symphonie pastorale

Ce terrain est encore relativement jeune puisqu'il vient de fêter son 10e anniversaire. C'est en 1992 qu'il a été parachevé à partir de plans conçus par Phil Watson.

Le parcours

En général, les allées sont planes. Seuls quelques trous surprennent avec un tertre de départ ou un vert très surélevé. Les trous en question se répartissent entre un plateau et une vallée qui prennent place dans un décor totalement champêtre. L'élévation entre les deux paliers n'est jamais supérieure à 25 mètres (75 pieds), ce qui pourrait quand même y rendre la marche difficile pour certains.

Avec des allées aussi larges et ouvertes, leur dessin y gagnerait énormément si les lisières d'herbe longue étaient plus hautes. En effet, il arrive au golfeur d'hésiter sur l'emplacement de l'objectif, en l'absence de définition des allées situées dans la vallée. C'est comme si certains trous avaient été tracés d'avance par la nature, mais que le concepteur n'en avait pas tenu compte en les détournant de leur fonction première.

De bonne dimension, les verts acceptent de s'incliner devant vous ou de vous fournir en abondance des ondulations devant lesquelles vous devrez peut-être vous incliner.

La difficulté

Les trous étant ouverts, il ne fait aucun doute que le vent peut faire varier énormément le degré de difficulté selon sa force et sa provenance. Le parcours se fait indulgent pour le golfeur imprécis qui pourra, même après avoir raté l'allée, atteindre quand même le vert.

Les conditions de jeu

Les verts offrent généralement de bonnes conditions. Leur manucure se manifeste notamment par le maintien d'une très large frise d'environ 3 mètres (10 pieds). Le gazon sur les tertres de départ est dense, mais il gagnerait certainement à être coupé plus court.

Le gazon ne manque pas non plus dans l'allée mais, en raison d'un terrain détrempé, la qualité de la tonte laissait à désirer. Les fosses de sable renferment trop de roches concassées de bonne dimension.

L'environnement

Découvrez le charme absolu de la campagne. Les oiseaux gazouillent des chansons à répondre, la rivière les accompagne et le vent dirige le tout à partir du sommet des arbres, quel bonheur ! La paix, la sainte paix. Seul le bruit de l'autoroute gêne sur un trou ou deux.

En vrac

Saviez-vous que les assemblages de pierres qui imitent une forme humaine et qu'on rencontre sur certains terrains s'appellent des *inuksuk* ? Ils nous viennent des Inuits qui s'en servent comme repères géographiques.

Idéal pour...

La clientèle de ce terrain est formée de golfeurs avec peu d'expérience.

+ NOUS AVONS AIMÉ

La forme des verts et leur dimension
L'environnement idéal pour le golf
Le calme de l'endroit

– NOUS N'AVONS PAS AIMÉ

Le choix de l'emplacement de quelques trous
Le remplissage de fosses de sable par des surfaces gazonnées
La piètre qualité du sable de ces fosses

Carte de pointage

Trou	1	2	3	4	5	6	7	8	9	Aller	10	11	12	13	14	15	16	17	18	Retour	Total
Bleu	487	203	338	324	329	316	552	173	322	3044	489	431	201	399	346	395	402	182	548	3393	6437
Blanc	459	183	323	309	314	305	525	161	313	2892	456	379	187	380	329	391	390	170	535	3217	6109
Rouge	412	142	280	285	257	292	423	137	224	2452	413	291	142	277	296	359	335	136	407	2656	5108
Normale	5	3	4	4	4	4	5	3	4	36	5	4	3	4	4	4	4	3	5	36	72

Évaluation : ■ **Bleu 70,8 / 120** □ **Blanc 69,1 / 116** ■ **Rouge 69,5 / 119**

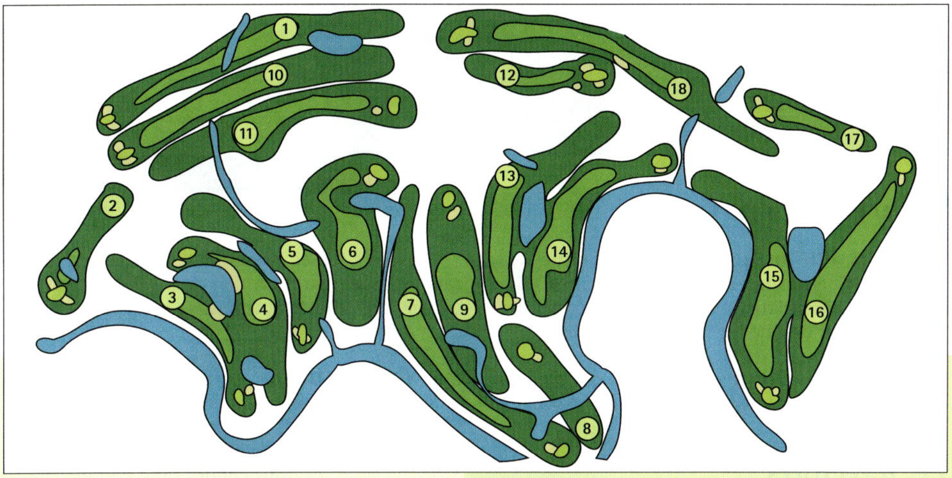

Conditions de jeu

- Verts ●●●○○
- Allées ●●●○○
- Sable ●○○○○
- Herbe longue ●●●○○
- Tertres ●●●○○

Design

- Verts + fosses ●●●○○
- Variété ●●○○○
- Harmonie + équilibre ●●●●○
- Pour tous ●●●●●
- Circuit ●●●○○

Environnement

- Visuel ●●●●○
- Nature ●●●●●
- Calme ●●●●○

Plaisir

- Délassement ●●○○○
- Verts ●●●●○
- Allées ●●●●○
- Tertres ●●●○○
- Manucure ●●●●○
- Entraînement ●●●●○
- Agrément ●●●●●
- Récupération ●●●●●

VERDICT ●●●○○

- Terrain en pleine campagne aux allées mal définies qui a ce qu'il faut pour procurer beaucoup de plaisir à la majorité des golfeurs.

Temps de jeu suggéré

4 h 30. Temps réel trop long. La direction y voit en laissant l'herbe longue plus courte et en éliminant des fosses de sable. Voilà pourquoi certaines allées sont moins bien dessinées.

Accueil

Très bon.

Indications et signalisation

Correctes.

Tenue générale

Bonne.

Aire d'entraînement

Immense. Départs synthétiques et naturels en excellente condition. Il suffirait de rajouter quelques cibles et une fosse de sable.

Au féminin

Wow ! Huit normales 4 sur 10 ont moins de 300 verges.

Terrain qui plaira davantage à la golfeuse intermédiaire.

Tarif : $$

STASTNY

537, Marie-Victorin
Saint-Nicolas
G7A 2X6
(418) 836-1259

Droit au but

Après avoir envisagé d'autres activités pour son après-carrière, Marian Stastny, ex-porte-couleurs des Nordiques de Québec, décida d'adopter sa terre d'accueil et d'investir dans le golf. C'est ainsi qu'il participa activement à la conception du tracé du premier neuf trous qu'il inaugura en 1994. Situé à Saint-Nicolas, à deux pas des ponts de Québec, ce parcours de 18 trous vient de se doter d'un hôtel qui lui permettra d'offrir plus de services à sa clientèle.

Le parcours

Le premier neuf présente un dessin peu inspiré qui, à la limite, manque de caractère. Pour mettre un peu de vie, ses allées planes se fraient un chemin à travers arbres et herbe longue. Par contre, ses verts circulaires reposent à la même hauteur que l'allée et s'entourent de fosses également circulaires, peu profondes et légèrement en retrait. Il arrive souvent que ces allées rectilignes s'accommodent sur toute leur longueur d'un obstacle d'eau latéral qui prend la forme d'un fossé. Les tertres de départ rectangulaires, quant à eux, se soulèvent à peine.

Les deux neuf n'ont pas été construits en même temps et le second a pu bénéficier de l'expérience acquise lors de l'élaboration du premier. Finies les fosses circulaires et peu profondes, ici leur rebord atteint régulièrement 45 centimètres (18 po). Les allées donnent l'impression d'être plus charitables du fait que les arbres s'y font plus rares. Elles attirent et retiennent l'attention par de belles dénivellations et quelques coudes particulièrement réussis. Cette fois, les verts se démarquent par la qualité de leur dessin et leur grande dimension. On y rencontre enfin les ondulations qui manquaient à ceux du premier neuf.

La difficulté

Malgré son relief relativement plat, ce terrain s'avère plus difficile qu'il n'y paraît en premier lieu. L'eau devient véritablement un enjeu sur plus de la moitié des trous et on compte presque 80 fosses de sable.

Sur le premier neuf, les allées fermées et la petite dimension des verts requièrent de la précision. Le second neuf laisse une marge de manœuvre plus grande ; par contre, le vent l'affecte davantage.

Les conditions de jeu

Le parcours présente des conditions de jeu semblables sur toute son étendue. Sans faiblesses majeures, il ne peut quand même être cité en exemple. La recherche de balles dans les sous-bois devient un problème.

L'environnement

Ce terrain reste tranquille et paisible, malgré le bruit lointain de l'autoroute.

En vrac

Les membres aiment le degré de difficulté du parcours, la facilité d'obtenir des temps de départ, l'atmosphère et la gentillesse de la direction.

Idéal pour...

Le golfeur qui joue pour le plaisir, qui appréciera les allées planes, l'environnement boisé et le degré de difficulté équitable.

+ NOUS AVONS AIMÉ

L'accueil
Le second neuf
L'accessibilité du parcours

– NOUS N'AVONS PAS AIMÉ

La condition inégale des verts
Le manque de relief des allées
Le premier neuf

Carte de pointage

Trou	1	2	3	4	5	6	7	8	9	Aller	10	11	12	13	14	15	16	17	18	Retour	Total
Bleu	359	195	519	351	370	153	415	337	643	3442	455	531	383	375	168	439	186	339	474	3350	6692
Blanc	345	175	507	335	354	142	400	322	538	3118	438	513	365	362	152	429	169	327	445	3200	6318
Rouge	331	100	495	318	339	131	386	306	523	2929	384	495	348	349	136	404	152	315	422	3005	5934
Normale	4	3	5	4	4	3	4	4	6/5	37/36	4	5	4	4	3	4	3	4	5	36	73/72

Évaluation : ■ **Bleu 71,8 / 126** □ **Blanc 70,7 / 123** ■ **Rouge 74 / 122**

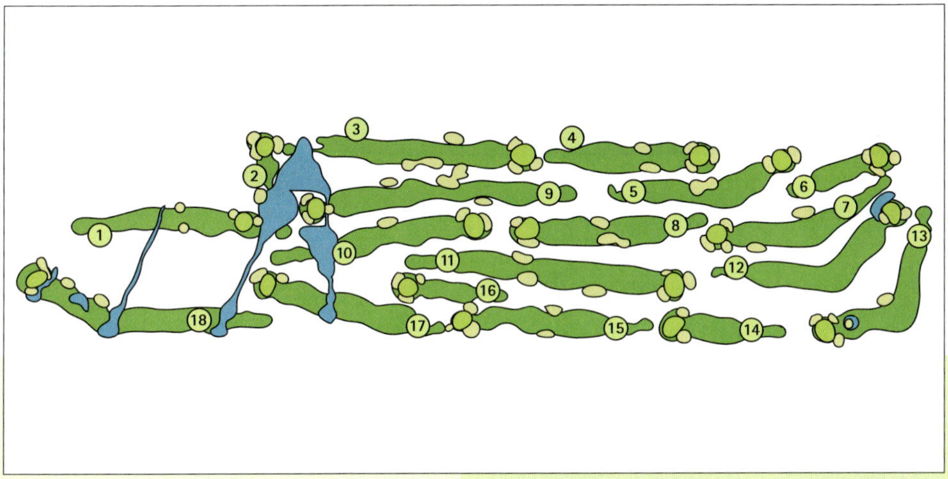

Conditions de jeu

- Verts ●●●○○
- Allées ●●●○○
- Sable ●●●○○
- Herbe longue ●●●○○
- Tertres ●●●○○

Design

- Verts + fosses ●●○○○
- Variété ●●●○○
- Harmonie + équilibre ●●●○○
- Pour tous ●●○○○
- Circuit ●●○○○

Environnement

- Visuel ●●●○○
- Nature ●●●○○
- Calme ●●●○○

Plaisir

- Délassement ●●●●○
- Verts ●●●○○
- Allées ●●●○○
- Tertres ●●●●○
- Manucure ●●●●○
- Entraînement ●●●●○
- Agrément ●●●●●
- Récupération ●●●●○

VERDICT ●●◐○○

- Terrain plat et convivial.
  Le deuxième neuf est nettement plus intéressant.

Temps de jeu suggéré
4 h 30.

Accueil
Très bon.

Indications et signalisation
Correctes.

Tenue générale
Bonne.

Aire d'entraînement
Elle longe le 18ᵉ trou. Ses départs sont synthétiques.

Améliorations
Après une pause pour la construction de l'hôtel, les projets ne manquent pas et les efforts seront concentrés sur le premier neuf.

Au féminin
Avec près de 6000 verges, une douzaine de trous sont hors de portée pour la plupart d'entre vous.

Pavillon
Les membres apprécient l'atmosphère.

Boutique du pro
Rudimentaire.

Tarif : $$

THETFORD MINES

1, rue du Golf
Thetford Mines
G6G 7Z9
(418) 335-9707

Bonne mine

Le parcours a été construit en 1921 sur un terrain appartenant à des compagnies minières. Elles souhaitaient attirer des gens de l'extérieur pour travailler dans les mines d'amiante, tout en leur procurant des loisirs attrayants comme le golf et le curling. Au début, il y avait cinq trous, puis neuf en 1923 et finalement 18 en 1976.

Le parcours

Les trous qui faisaient partie du neuf d'origine montent ou descendent successivement. Ils reçoivent de petites bosses et de petites cuves qui alimentent les discussions quotidiennes dans le pavillon. En effet, ces nids-de-poule peuvent faire bondir votre balle dans des directions aussi inattendues qu'injustes. Elles peuvent également vous mettre dans une position de frappe qui vous pénalise sans raison.

Sauf pour quelques trous, les allées restent bien droites et de largeur raisonnable. Cependant, les dénivellations, les arbres et les coudes apportent une touche de variété qui permet d'éviter toute monotonie.

Les verts ne se démarquent pas par leur dessin. Leur tracé circulaire, leur manque d'élévation et leur dos en forme de cuillère ne s'y prêtent pas plus que leur dimension qui varie de petite à moyenne. L'allée, quant à elle, commence toujours très près du tertre de départ. Cela avantagera les golfeurs débutants, leur balle ne restant pas coincée dans l'herbe longue après un coup de départ raté.

Le premier neuf longe les limites de la propriété tout en s'enroulant autour du second. Ses trous s'enchaînent donc dans une suite logique en formant une boucle qui revient à son point de départ. Bien qu'enfermé dans cette boucle, le second neuf respecte tant bien que mal le même principe, à l'exception des trois premiers trous qui s'alignent parallèlement au 18e trou.

La difficulté

Vous serez surpris par la rapidité des verts compte tenu de leur pente prononcée et de leur petite taille. Comme on ne craint pas de placer le drapeau à proximité de la frise, imaginez le pire.

En raison de la présence de boisés sur chacun des trous, ce terrain ne peut être qualifié de facile. D'ailleurs, les allées plus larges se voient octroyer d'immenses fosses de sable ou des arbres qui entravent l'accès au vert.

Les conditions de jeu

Les tertres de départ impressionnent par leur bon état, leur aplomb et leur dimension. Les verts ont connu un lent départ au printemps 2002, mais la chaleur de l'été les ramènera dans leur condition habituelle. Les fosses de sable reçoivent les soins appropriés.

L'environnement

Vous aimerez la tranquillité de ce terrain boisé, peuplé principalement de conifères, qui offre quelques points de vue sur la ville et les montagnes environnantes. Le parcours reste suffisamment en retrait pour ne pas être affecté par le paysage minier.

Idéal pour...

Trois membres sur quatre ont plus de cinquante ans.

+ NOUS AVONS AIMÉ

- Les fosses de sable
- Les tertres de départ
- Les arbres

– NOUS N'AVONS PAS AIMÉ

- Le dessin des verts
- Les trous et les bosses des allées
- Les trous de départ et d'arrivée qui semblent un peu près de l'aire d'entraînement

Carte de pointage

Trou	1	2	3	4	5	6	7	8	9	Aller	10	11	12	13	14	15	16	17	18	Retour	Total
Bleu	470	176	440	400	390	305	525	301	174	3181	505	410	168	330	458	354	500	155	407	3287	6468
Blanc	459	162	392	336	326	288	493	295	151	2902	480	379	162	316	429	339	428	140	394	3067	5969
Rouge	456	147	373	323	302	271	477	281	134	2764	410	363	145	302	400	330	413	104	380	2847	5611
Normale	5	3	4	4	4	4	5	4	3	36	5	4	3	4	4/5	4	5	3	4	36/37	72/73

Évaluation : ■ Bleu 70,2 / 123 □ Blanc 67,6 / 118 ■ Rouge 71 / 125

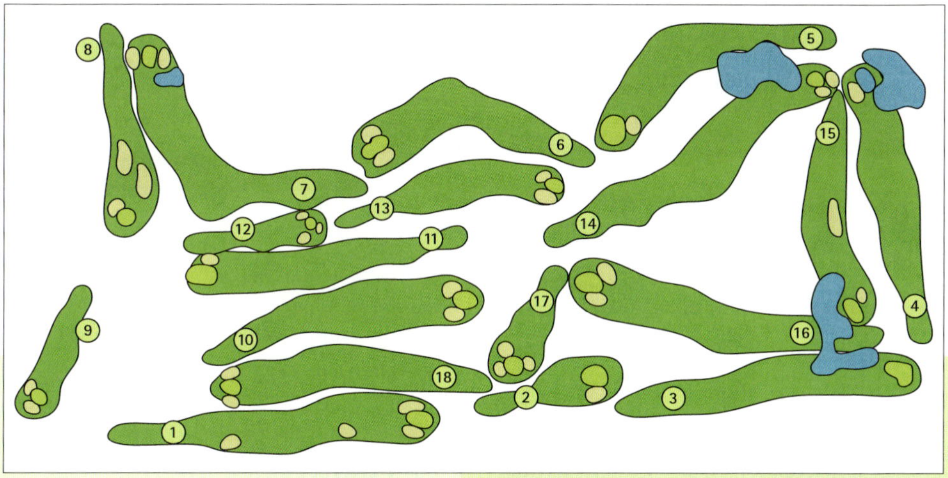

Conditions de jeu

- Verts ●●●○○
- Allées ●●●●○
- Sable ●●●●●
- Herbe longue ●●●○○
- Tertres ●●●●○

Design

- Verts + fosses ●●○○○
- Variété ●●●○○
- Harmonie + équilibre ●●●○○
- Pour tous ●●●●○
- Circuit ●●●○○

Environnement

- Visuel ●●●○○
- Nature ●●●○○
- Calme ●●●●○

Plaisir

- Délassement ●●●●○
- Verts ●●○○○
- Allées ●●●○○
- Tertres ●●●●●
- Manucure ●●●●○
- Entraînement ●●●○○
- Agrément ●●●●○
- Récupération ●●○○○

VERDICT ●●●○○

- Terrain boisé, bien entretenu, où il est agréable de jouer.

Temps de jeu suggéré
4 h 30 ; temps habituel : 4 h 30.

Accueil
Digne de mention. Bravo!

Indications et signalisation
Obstacles très bien indiqués.

Tenue générale
Bonne.

Aire d'entraînement
Comporte à la fois des départs synthétiques et du gazon naturel.

Améliorations
Drainage des verts, réfection des fosses de sable.

Au féminin
Les femmes forment la minorité parmi les joueurs, ce qui ne surprend guère avec un terrain de 5611 verges.

Pavillon et club de curling
Détruits par un incendie et reconstruits en 1987.

Divers
Balade en voiturette motorisée
Très agréable.

Tarif : $$

670, chemin du Golf
Saint-Jean-Port-Joli
G0R 3G0
(418) 598-9719
1 877 598-9719

Une marche dans le parc

Situé à Saint-Jean-Port-Joli, un endroit reconnu pour d'autres attraits que le golf, le parcours Les Trois Saumons fut inauguré en 1981.

Le parcours

Le terrain est plat et présente des allées ouvertes ou semi-fermées. Quelques-unes se placent parallèlement pour regarder dans la même direction. Heureusement, les motifs laissés par la tonte du gazon mettent un peu de vie dans cet ensemble qui en manque. Les allées auraient avantage à être mieux délimitées par l'herbe longue et à ne pas être coupées en ligne droite. Les trous qui longent les parties boisées sont nettement plus réussis.

Le dessin des verts, à l'image de celui des allées, manque de caractère et d'audace. Peu de variété, pas de surprise, le modèle devient éculé rapidement. Les tertres de départ, malgré l'effort consenti, demeurent trop petits pour accueillir à la fois les jalons blancs et les jalons bleus. Remarquez, ce n'est pas faute de travail puisque les membres collaborent généreusement aux aménagements paysagers et aux autres tâches.

Le second neuf est franchement supérieur au premier, notamment en raison de ses cinq derniers trous. C'est d'ailleurs celui des deux qui a été construit le premier. Il bénéficie donc des plus beaux emplacements et d'un gazon plus dense.

La difficulté

À partir des jalons blancs, vous devriez atteindre la normale 5 du trou n° 1 en deux coups. Par la suite, quatre normales 4 de moins de 335 verges pourraient vous aider à réaliser de bas pointages, aidé par la quasi-absence de fosses d'allée. Même s'ils rafraîchissent 14 trous, les obstacles d'eau n'augmentent pas beaucoup le degré de difficulté du parcours.

De toute façon, vous aurez compris qu'avec une évaluation Slope de 112, il s'agit d'un golf de détente qui n'a pas les dents longues.

Les conditions de jeu

Les verts présentent de bonnes conditions, mais ils ne profitent pas de soins esthétiques appropriés. L'allée et l'herbe longue se débrouillent pas mal, mais le sable des fosses contient trop de roches.

L'environnement

En été, les allées planes et sans dénivellation privent le joueur de la vue sur les montagnes qui n'apparaissent à l'horizon qu'aux deux extrémités du terrain. Malgré tout, les couleurs de l'automne ont leur charme. Ce terrain situé en zone rurale séduira sûrement le citadin en vacances.

En vrac

Par bonheur, on s'affaire à changer l'actuel sable blanc de certaines fosses. À vrai dire, ça ne ressemblait même pas à du sable.

Idéal pour...

Ce terrain ne représente pas un grand défi. Il est facile d'y jouer et d'y marcher et c'est ce qui fait le bonheur de plusieurs. N'ayez donc pas d'autres attentes que celles-là.

+ NOUS AVONS AIMÉ

Quelques trous du second neuf
Les verts qui mordent assez bien
L'accueil

– NOUS N'AVONS PAS AIMÉ

Le dessin conservateur
Le relief totalement plat
Le manque de défi

Carte de pointage

Trou	1	2	3	4	5	6	7	8	9	Aller	10	11	12	13	14	15	16	17	18	Retour	Total
Bleu	471	366	361	513	210	333	424	143	486	3307	340	163	502	375	372	577	166	362	344	3201	6508
Blanc	435	350	361	495	165	325	395	138	476	3140	325	153	475	322	356	505	158	354	334	2982	6122
Rouge	394	300	313	425	165	310	350	129	430	2816	300	124	445	305	312	440	158	300	318	2702	5518
Normale	5	4	4	5	3	4	4	3	5	37	4	3	5	4	4	5	3	4	4	36	73

Évaluation : ■ Bleu 70,5 / 116 □ Blanc 68,8 / 112 ■ Rouge 71,8 / 119

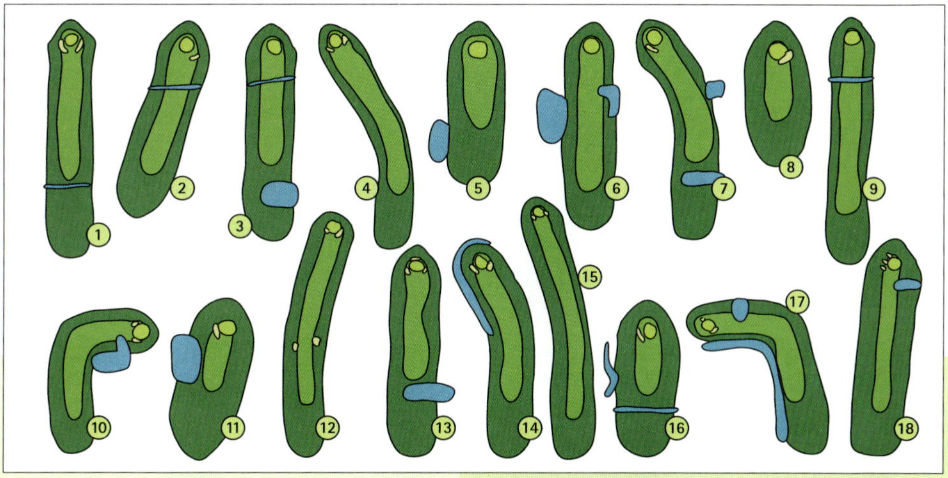

Conditions de jeu

- Verts ●●●●○
- Allées ●●●○○
- Sable ●●●○○
- Herbe longue ●●●○○
- Tertres ●●●○○

Design

- Verts + fosses ●●○○○
- Variété ●●○○○
- Harmonie + équilibre ●●●○○
- Pour tous ●●●●○
- Circuit ●●●○○

Environnement

- Visuel ●●●○○
- Nature ●●●○○
- Calme ●●●●○

Plaisir

- Délassement ●●●●○
- Verts ●●●○○
- Allées ●●●○○
- Tertres ●●●○○
- Manucure ●●○○○
- Entraînement ●●●○○
- Agrément ●●●●○
- Récupération ●●●●○

VERDICT ●◐○○○

- Terrain plat, facile et terne.

Temps de jeu suggéré

4 h 30 ; difficile de croire que le temps de jeu habituel puisse atteindre presque 5 h 00.

Accueil

Très bon.

Indications et signalisation

Insuffisantes d'un trou à l'autre.

Tenue générale

Bonne.

Aire d'entraînement

Correcte.

Améliorations

Pavage des sentiers pour voiturettes motorisées.

Au féminin

Avec des distances mieux adaptées, ce terrain serait digne d'intérêt. Pourquoi ne pas investir quelques sous pour en faire un rendez-vous féminin ?

Pavillon

Les membres y sont actifs.

Boutique du pro

Pourra vous dépanner au besoin.

Tarif : $$

LANAUDIÈRE

16 Saint-Michel-des-Saints
131
125
Saint-Donat
13
347
15 Saint-Jean-de-Matha
14 Sainte-Béatrix
131
2 Berthier
12 Rawdon
Saint-Charles-Borromée 5
341
Joliette
158
11 Saint-Liguori
1
Crabtree
4
158
341
138
7 L'Épiphanie
25
3 8 L'Assomption
10 Mascouche
17 9 Terrebonne
Lachenaie 6

1 > BASE-DE-ROC
Joliette

2 > BERTHIER
Berthier

3 > CENTRE DE GOLF LANAUDIÈRE
L'Assomption

4 > CRABTREE
Crabtree

5 > JOLIETTE
Saint-Charles-Borromée

6 > LE BOISÉ
Lachenaie

7 > L'ÉPIPHANIE
L'Épiphanie

8 > LE PORTAGE
L'Assomption

9 > LE VERSANT
Terrebonne

10 > MASCOUCHE
Mascouche

11 > MONTCALM
Saint-Liguori

12 > RAWDON
Rawdon

13 > SAINT-DONAT
Saint-Donat

14 > SAINTE-BÉATRIX
Sainte-Béatrix

15 > SAINT-JEAN-DE-MATHA
Saint-Jean-de-Matha

16 > SAINT-MICHEL-DES-SAINTS
Saint-Michel-des-Saints

17 > TERREBONNE
Terrebonne

BASE-DE-ROC

2870, boulevard Base-de-Roc
Joliette
J6E 3Z1
(450) 759-1818

Sympathique

En 1978, Base-de-Roc inaugure un premier neuf trous (l'actuel neuf de retour) qui sera suivi d'un second neuf en 1982. Le pavillon, quant à lui, fait son apparition deux ans plus tard.

Le parcours

Ce terrain semi-privé de style traditionnel se trouve à Joliette. Les trous coudés y sont légion. Ils ajoutent de la variété à l'ensemble grâce à l'intelligence de leur dessin. À noter le bel équilibre entre la longueur des trous, leur largeur et la sévérité des obstacles qui s'y trouvent.

De légères dénivellations sculptent la majorité des trous. Ces pentes ajoutent du piquant à la ronde, rendant les allées plus intéressantes à regarder et moins répétitives.

Du côté négatif, on remarque un filet protecteur collé sur le tertre de départ du 3e trou, l'interdiction d'atteindre le vert à partir du départ du 5e trou et la montée du calvaire (pour ne pas dire l'inverse) entre les 8e et 9e trous. Du côté positif, il faut noter la pittoresque normale 3 du 4e trou, celle du 11e trou et l'extraordinaire aménagement roc-cascade-plantes sur le neuf de retour.

Que diriez-vous de commencer votre ronde avec deux normales 5 consécutives et d'en retrouver deux autres aux trous n°s 14 et 15 ? En passant, la formule « 3-3 » (3 normales 3 et 3 normales 5) est utilisée sur le neuf de retour.

La difficulté

Le golfeur devra rester à l'intérieur de ses limites et éviter d'en faire trop sur les trous accidentés. Il devra se méfier des normales 5 atteignables en 2 et des normales 3 qui n'ont l'air de rien, comme ça à première vue. Elles pourraient vous rendre polyglotte en moins de temps qu'il n'en faut pour l'écrire.

Les conditions de jeu

Impossible de remettre en question la bonne condition des allées. Les verts se sont grandement améliorés depuis qu'on a augmenté leur vitesse à 8 sur l'échelle de l'instrument de mesure Stimp.

On accorde dorénavant une attention particulière au manucure du terrain et cela se voit.

L'environnement

Une rivière, plusieurs aménagements paysagers et beaucoup d'arbres agrémentent la promenade. Cependant, l'autoroute vient gâcher quatre trous du neuf de retour avec l'aide d'une ligne de transmission d'électricité.

En vrac

Ce terrain s'est beaucoup amélioré ces derniers temps ; il faut maintenir le cap.

En raison d'un achalandage assez important, on s'apprête à agrandir la surface des tertres de départ afin d'en améliorer la condition.

Idéal pour...

Les golfeurs qui se débrouillent bien sur un terrain y prendront beaucoup de plaisir. Ce n'est pas l'endroit idéal pour un apprenti.

+ NOUS AVONS AIMÉ

- Les normales 3
- Les arbres
- Le relief des allées
- Les plans d'eau

– NOUS N'AVONS PAS AIMÉ

- Les coups à l'aveuglette
- L'interdiction d'atteindre le vert du 4e trou
- L'autoroute et les fils électriques

Carte de pointage

Trou	1	2	3	4	5	6	7	8	9	Aller	10	11	12	13	14	15	16	17	18	Retour	Total
Bleu	505	526	317	130	246	415	399	187	427	3152	500	171	385	197	529	492	372	165	402	3213	6365
Blanc	476	505	309	125	236	365	384	170	397	2967	485	150	370	184	501	476	359	141	371	3037	6004
Rouge	411	418	286	108	210	267	301	145	326	2472	460	104	291	125	459	391	276	128	347	2581	2472
Normale	5	5	4	3	4	4	4	3	4	36	5	3	4	3	5	5	4	3	4	36	72

Évaluation : ■ Bleu 71 / 123 □ Blanc 69,5 / 119 ■ Rouge 68,3 / 112

Conditions de jeu

- Verts ●●●●○
- Allées ●●●●●
- Sable ●●●●○
- Herbe longue ●●●●○
- Tertres ●●●○○

Design

- Verts + fosses ●●●●○
- Variété ●●●●●
- Harmonie + équilibre ●●●●○
- Pour tous ●●●○○
- Circuit ●●○○○

Environnement

- Visuel ●●●○○
- Nature ●●●●○
- Calme ●●○○○

Plaisir

- Délassement ●●●●●
- Verts ●●●●●
- Allées ●●●●●
- Tertres ●●●○○
- Manucure ●●●●○
- Entraînement ●●●●●
- Agrément ●●●●●
- Récupération ●●○○○

VERDICT ●●●○○

- Terrain en nette progression.
- Amusant.
- N'hésitez pas à le visiter.

Temps de jeu suggéré
4 h 00 par l'Association de Golf du Québec (AGQ). Le temps habituel : 4 h 30.

Indications et signalisation
Bonnes.

Tenue générale
Excellente.

Aire d'entraînement
Vraiment spacieuse. Les conditions, la présentation, la superficie, tout y est. Le vert d'exercice est moins réussi.

Améliorations
Reconfiguration des fosses de sable, aménagement de la cascade, des verts coupés plus courts, agrandissement des tertres de départ.

Au féminin
Belle longueur totale (5053 verges).
Encore quatre trous trop longs.
Beau défi pour celles qui sont capables de soulever la balle facilement.
Du plaisir en perspective.

Pavillon
Propre et accueillant.

Boutique du pro
Rudimentaire.

Tarif : $$

BERTHIER

1480, Grande Côte
Berthier
J0K 1A0
(450) 836-4811

Dans le bon vieux temps...

Ouvert en 1959 sous la forme d'un 18 trous, ce terrain conçu par Howard Watson a été pendant trente ans un des plus beaux terrains de la province. Les professionnels québécois y ont d'ailleurs tenu leur championnat à plusieurs reprises.

En 1989, un troisième neuf a vu le jour et le tracé a été modifié de manière à répartir les nouveaux trous sur les trois parcours. Comme le Villeneuve compte à lui seul cinq nouveaux trous, notre analyse portera sur les parcours Berthelais et Saint-Laurent.

Le parcours

Berthier est un parcours traditionnel avec ses allées bordées de grands arbres. Il a perdu un peu de son équilibre et de sa fluidité des beaux jours, avec l'arrivée du troisième neuf (l'éternel triangle). On peut facilement jouer à pied sur ce terrain relativement plat.

Avec 6253 verges, les jalons bleus ont la faveur des golfeurs, mais un constat s'impose. Malgré un terrain refait, on dénombre sept normales 4 qui oscillent entre 374 et 384 verges. Les normales 5 présentent beaucoup d'intérêt en raison de leur rapport risque-récompense. Le golfeur a des décisions à prendre autant au départ que pour le deuxième coup.

La difficulté

Des allées presque toujours fermées et de grands arbres ne facilitent pas la tâche du joueur imprécis.

Cependant, on ne peut parler d'un terrain difficile comme le prouve son évaluation Slope de 118. Elle s'explique en partie par des approches au vert un peu courtes et son relief plat. Vous devrez vous méfier de ces verts immenses et rapides. Ils commandent le respect, car certains présentent des inclinaisons assez prononcées.

Les conditions de jeu

Bon an mal an, il est rare que ce terrain réserve de mauvaises surprises. Vous apprécierez la condition des verts. Découvrez ces allées bien taillées et ces sous-bois qui permettent de trouver la balle et de la frapper. Les tertres de départ portent peu de marques laissées par les bâtons.

L'environnement

La beauté de l'environnement, c'est certainement le point fort de Berthier. Les arbres matures, les plans d'eau et le calme favorisent autant la détente que la concentration.

En vrac

Sur le parcours Villeneuve, trois nouveaux trous longent le champ de blé d'Inde. Ils sont courts, à l'étroit et une coche inférieurs à leurs aînés.

Il y a plusieurs années, un incendie a forcé le transfert du pavillon vers la grange à deux étages qui abritait la machinerie. Rien n'y paraît.

On travaille à refaire certains tertres de départ et le drainage des allées.

Il est difficile de passer sous silence l'excellent rapport qualité-prix offert par Berthier.

Idéal pour...

Les golfeurs de tous les calibres y prendront plaisir. Berthier n'a peut-être plus l'équilibre d'antan, mais il demeure un terrain qu'il faut visiter.

+ NOUS AVONS AIMÉ

Les verts
Les arbres
Les tertres de départ refaits
Les fosses de sable

– NOUS N'AVONS PAS AIMÉ

Le manque de variété dans les distances des normales 4
Les modifications de 1989

Carte de pointage

Trou	1	2	3	4	5	6	7	8	9	Aller	10	11	12	13	14	15	16	17	18	Retour	Total
Bleu	470	276	372	381	156	372	178	385	507	3097	382	384	378	164	475	375	462	135	398	3153	6250
Blanc	460	266	356	357	142	352	168	344	454	2899	337	369	358	152	465	335	452	135	350	2953	5852
Rouge	449	254	327	357	132	279	145	334	454	2731	332	334	269	142	436	330	428	115	350	2736	5467
Normale	5	4	4	4	3	4	3	4	5	36	4	4	4	3	5	4	5	3	4	36	72

Évaluation : ■ Bleu 70 / 118 □ Blanc 73 / 125 ■ Rouge 70,6 / 120

Conditions de jeu

> Verts	●●●●●
> Allées	●●●○○
> Sable	●●●●○
> Herbe longue	●●●○○
> Tertres	●●●○○

Design

> Verts + fosses	●●●●●
> Variété	●●●○○
> Harmonie + équilibre	●●●●○
> Pour tous	●●●●○
> Circuit	●●●○○

Environnement

> Visuel	●●●●●
> Nature	●●●●●
> Calme	●●●●●

Plaisir

> Délassement	●●●●●
> Verts	●●●●●
> Allées	●●●●●
> Tertres	●●●●○
> Manucure	●●●○○
> Entraînement	●●●●○
> Agrément	●●●●○
> Récupération	●●●●○

VERDICT ●●●●○

> Terrain traditionnel à visiter pour ses verts, ses arbres et ses conditions de jeu.

Temps de jeu suggéré

4 h 30 ; temps habituel : 4 h 45, avec cartes poinçonnées, horloges et patrouilleur.

Indications et signalisation

Bonnes.

Tenue générale

Excellente.

Aire d'entraînement

Les aires de départ se dégradent au fil des mois, mais les autres installations sont de beaucoup supérieures à la moyenne.

Au féminin

Beaucoup trop long, comme la plupart des terrains de cet âge.

Pavillon

Accueillant et les membres s'y retrouvent volontiers.

Boutique du pro

À noter la gentillesse du personnel. Même remarque pour les gens de la restauration.

Tarif : $$

CENTRE DE GOLF LANAUDIÈRE

900, chemin de la Presqu'île
L'Assomption
J5W 3P3
(450) 654-4653

Le Tricolore

Ce complexe de 27 trous (bleu, blanc, rouge) a élu domicile dans une région où les terrains de golf ne manquent pas. Son ouverture en 1998 nécessitait une certaine audace de la part d'un propriétaire qui réalisait ainsi un vieux rêve.

Le parcours

Pour les fins de notre description, le parcours Blanc nous servira de neuf d'aller et le Bleu, de neuf de retour.

Le premier neuf se compose d'allées complètement ouvertes et balayées par le vent. Pour créer un intérêt visuel, les trous embrassent le style de Graham Cooke, mais pas avec le même doigté. En effet, les monticules manquent de hauteur et ne brisent pas vraiment le relief plat de l'ensemble. Dans ce genre d'environnement, il faut réussir à les faire ressortir d'une manière ou d'une autre. Il faudrait un découpage original, deux longueurs d'herbe haute et une tonte qui forme des motifs dans le gazon. Comme cela n'est pas le cas, l'effet visuel manque d'éclat. Il s'agit certes d'un terrain encore jeune qui a toute la vie devant lui pour s'améliorer. Après tout, si Rome ne s'est pas bâtie en un seul jour…

Le refrain est différent pour le neuf de retour. Dans un environnement plus boisé, les monticules réussissent mieux à se faire justice. Les trous ont de la gueule et du cachet. Les allées fermées nous laissent croire qu'elles sont étroites, impression accentuée par la présence de lacs et de fosses de sable sur presque tous les trous.

Près des verts, les fosses de sable pourraient montrer plus de mordant. Trop petites, de forme circulaire et sans rebord, elles auront même du mal à retenir une balle provenant de l'allée. Bravo pour la variété que procurent des verts de toutes les formes et dimensions. Les tertres de départ n'ont rien à se reprocher.

La difficulté

À l'aller, le vent est carrément un facteur important, en tout cas plus que sur le neuf de retour.

Avec certaines allées moins larges et de l'eau en jeu sur 13 trous, était-il vraiment nécessaire de rajouter 11 hors-limite ?

Les conditions de jeu

Même si les allées et les sous-bois excellent, le reste se tient au milieu du peloton. Quelques tertres de départ souffrent de la proximité des arbres.

L'environnement

Vraiment plus intéressant sur le neuf de retour.

En vrac

Les distances indiquées nous ont laissés perplexes sur quelques trous.

Les trous n°s 9 et 18 se ressemblent trop.

Les normales 3 amusent.

On a fait disparaître la fosse naturelle *(waste bunker)* qui ajoutait pourtant beaucoup de caractère au 8e trou.

Idéal pour…

Tout le monde. Un terrain avec plusieurs qualités.

+ NOUS AVONS AIMÉ

- Plusieurs tertres à chaque trou
- L'aire d'entraînement
- Les normales 3
- La polyvalence de 27 trous

– NOUS N'AVONS PAS AIMÉ

- Les allées mal définies
- Les distances indiquées qui laissent perplexe
- Le manque de maturité dû au jeune âge du terrain

Carte de pointage

Trou	1	2	3	4	5	6	7	8	9	Aller	10	11	12	13	14	15	16	17	18	Retour	Total
Bleu	444	395	542	182	405	178	370	384	522	3244	405	326	218	387	402	497	185	440	465	3325	6569
Blanc	398	352	522	173	376	151	330	352	471	3125	375	301	207	367	375	456	167	399	442	3089	6214
Rouge	322	297	459	147	289	93	290	310	390	2597	320	263	125	255	309	420	134	343	389	2558	5155
Normale	4	4	5	3	4	3	4	4	5	36	4	4	5	3	4	3	4	4	5	36	72

Évaluation : ■ **Bleu 72,1 / 127** □ **Blanc 70,1 / 121** ■ **Rouge 68,6 / 111**

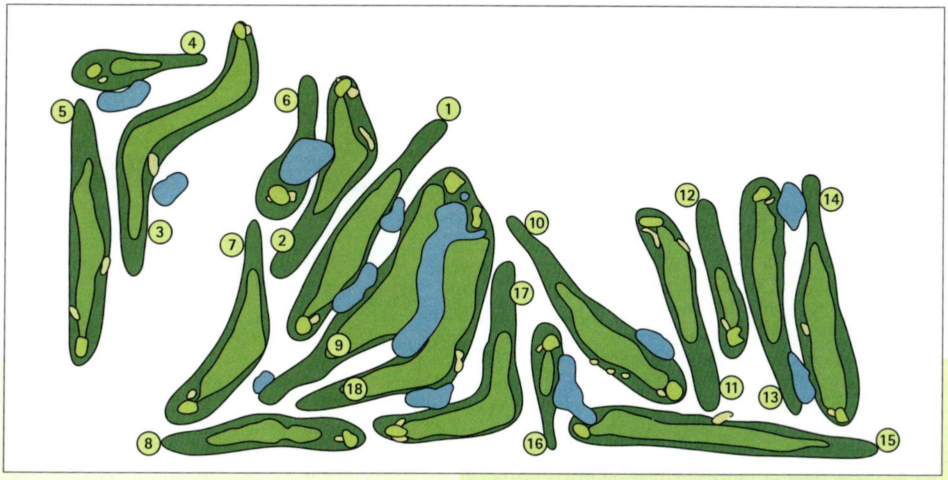

Conditions de jeu

- Verts ●●●○○
- Allées ●●●●○
- Sable ●●●○○
- Herbe longue ●●○○○
- Tertres ●●●○○

Design

- Verts + fosses ●●●○○
- Variété ●●●○○
- Harmonie + équilibre ●●●○○
- Pour tous ●●●●○
- Circuit ●●●○○

Environnement

- Visuel ●●●○○
- Nature ●●●○○
- Calme ●●●●○

Plaisir

- Délassement ●●●●○
- Verts ●●●●○
- Allées ●●●○○
- Tertres ●●●●○
- Manucure ●●○○○
- Entraînement ●●●●○
- Agrément ●●●●○
- Récupération ●●●○○

VERDICT ●●◐○○

- Jeune terrain en progression qui s'améliorera avec les années.

Temps de jeu suggéré
2 h 10 par neuf trous.

Indications et signalisation
Bons graphiques de départ. On précise les jalons qui devraient être utilisés selon votre calibre.

Tenue générale
Excellente.

Aire d'entraînement
Vaste, cibles nombreuses. Conditions, présentation, verts, fosses, tout y est.

Au féminin
Normales 4 un peu longues.
Degré de difficulté raisonnable.
Terrain équitable.
Bons tertres de départ.

Pavillon
Propre mais les joueurs s'attardent davantage au casse-croûte.

Boutique du pro
Très rudimentaire.

Tarif : $$

CRABTREE

1039, Archambault
Crabtree
JOK 1BO
(450) 754-2662
1 800 363-1799

Sans prétention

Vous pourrez établir tous les critères d'évaluation que vous voudrez, essayer d'être le plus objectif possible, vérifier et revérifier vos grilles d'analyse, certains terrains ne cadrent pas dans le portrait et c'est bien qu'il en soit ainsi. Chaque parcours a sa personnalité, sa vocation et sa clientèle cible. Si les usagers sont bien servis et que le club remplit ses promesses, en d'autres mots s'il livre la marchandise, je n'ai rien à redire. Il faut évaluer les terrains de golf pour ce qu'ils sont. C'est la loi du marché.

Historique

En 1974, trois pionniers achètent une terre dans le but d'y aménager un neuf trous. Ils sont si déterminés qu'ils annexent leur résidence à même ce qui servira éventuellement de pavillon. L'ouverture du premier neuf trous s'effectue en juillet 1975. En 1985, le 18 trous est finalement complété.

La vocation

Les propriétaires voulaient et veulent toujours que le club soit reconnu pour :

- des tarifs très bas ;
- un lieu où il fait bon se retrouver ;
- son service personnalisé ;
- son ambiance chaleureuse et familiale ;
- l'attention particulière accordée aux organisateurs de tournoi ;
- son soutien à la formation des jeunes golfeurs.

Le parcours

Imaginez un terrain plat avec des allées ouvertes. Les trous sont droits et cela nous laisse un peu sur notre appétit, faute d'éléments pour animer la partie.

La difficulté

Le vent balaie les allées et complique la tâche du golfeur. Les verts sont particulièrement difficiles à maîtriser en raison de leur inclinaison prononcée.

Les conditions de jeu

Le sol est de glaise bleu-noir. À l'occasion de périodes de sécheresse, la terre durcit et le gazon brûle facilement, parce que ses racines sont trop courtes pour cette base argileuse. Voilà ce qui explique que les allées, l'herbe longue et les tertres de départ soient de qualité inférieure à la moyenne.

En revanche, grâce à l'utilisation de trois variétés d'agrostide, on réussit à présenter des verts qui ont de l'allure. Le sable des fosses est ferme et peu abondant.

L'environnement

Ce n'est pas l'idéal. Les arbres se font rares et quatre trous passent carrément sous des lignes de transmission d'énergie électrique. L'autoroute se fait entendre sur la majorité du terrain.

En vrac

Il est très facile de jouer à pied, mais la balade en voiturette motorisée est ponctuée de secousses désagréables.

Les règles locales accordent le droit de déplacer sa balle quand il n'y a pas de gazon…

Idéal pour…

Le golfeur débutant ou celui qui préfère évoluer dans un cadre permissif.

+ NOUS AVONS AIMÉ

L'accueil
La vocation bien claire du terrain

– NOUS N'AVONS PAS AIMÉ

Les verts peu orthodoxes
Le dessin des trous
Les fils électriques sur quatre trous

Carte de pointage

Trou	1	2	3	4	5	6	7	8	9	Aller	10	11	12	13	14	15	16	17	18	Retour	Total
Bleu	-	-	-	-	-	-	-	-	-	-	-	-	-	-	-	-	-	-	-	-	-
Blanc	370	119	237	487	425	520	390	150	435	3133	305	300	500	400	160	328	180	500	330	3003	6136
Rouge	332	111	196	422	320	465	307	140	380	2673	238	258	415	286	138	272	169	443	270	2489	5162
Normale	4	3	4	5	4	5	4	3	4	36	4	4	5	4	3	4	3	5	4	36	72

Évaluation : ■ Bleu - / - □ Blanc 69 / 119 ■ Rouge 68 / 113

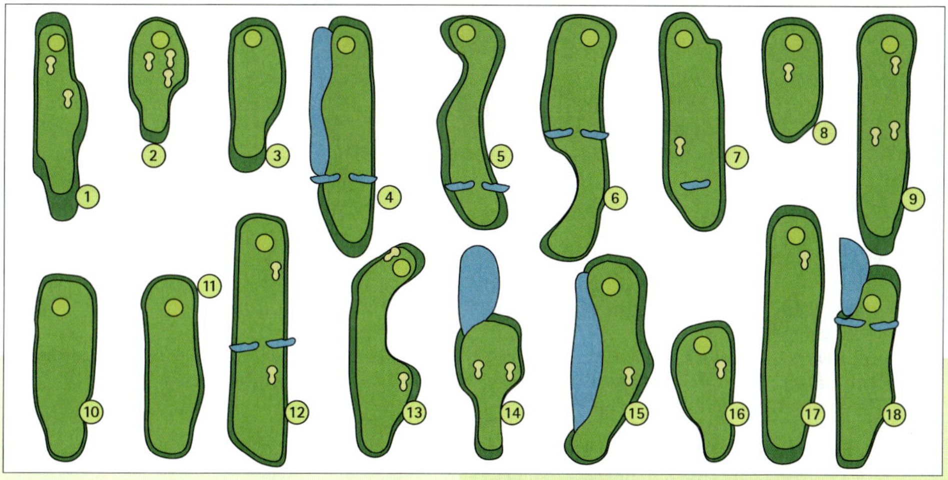

Conditions de jeu

- Verts ●●○○○
- Allées ●●○○○
- Sable ●○○○○
- Herbe longue ●○○○○
- Tertres ●●○○○

Design

- Verts + fosses ●○○○○
- Variété ●○○○○
- Harmonie + équilibre ●●○○○
- Pour tous ●●○○○
- Circuit ●○○○○

Environnement

- Visuel ●○○○○
- Nature ●○○○○
- Calme ●○○○○

Plaisir

- Délassement ●○○○○
- Verts ●○○○○
- Allées ●●○○○
- Tertres ●○○○○
- Manucure ●○○○○
- Entraînement ●○○○○
- Agrément ●●●○○
- Récupération ●●●●●

VERDICT ●◐○○○

- Seulement pour ceux qui font partie de la clientèle visée.

Temps de jeu suggéré
4 h 30 ; temps habituel : ± 5 h 00.

Indications et signalisation
À améliorer.

Règles locales
Précisent ce qu'il faut faire quand la balle heurte la ligne de transmission.

Tenue générale
Moyenne.

Aire d'entraînement
Rudimentaire.

Au féminin
Correct pour les débutantes ou celles qui demeurent tout près.
Terrain facile.

Boutique du pro
Très rudimentaire.

Pavillon
Modeste.

Tarif : $

221, chemin du Golf Est
Saint-Charles-Borromée
J6E 8L1
(450) 753-7459

Sa Majesté impériale

Fondé en 1951 avec un premier neuf trous, ce terrain sera complété à 18 trous en 1957. Imaginé par l'architecte Howard Watson, ce club semi-privé qui compte près de 500 membres vous accueille pendant la semaine.

Le parcours

Tout ce que vous en avez entendu dire est probablement en deçà de la vérité, car il n'est pas facile de rendre justice à ce parcours uniquement avec des mots.

Que l'on parle de test de golf, de circuit, d'environnement ou de caractère, vous pourrez toujours trouver d'autres terrains qui remportent la palme sur un aspect ou l'autre. Mais Joliette, c'est la force de l'ensemble, l'équilibre des masses et l'harmonie des couleurs.

Ses allées en pente coulent tout naturellement le long d'un dénivelé, sans jamais donner dans le spectaculaire. Des arbres les découpent pour accentuer leur dessin, notamment sur les trous coudés. Chaque vert a ce petit quelque chose qui fait la différence. Est-ce le dessin, l'environnement, la forme ? Difficile d'identifier précisément un seul élément ; habituellement, il faut considérer un ensemble de facteurs.

Joliette a la réputation d'être un parcours long. Pourtant, deux normales 5 sont atteignables en deux coups, deux normales 4 ont moins de 333 verges et trois normales 3 oscillent dans les 130 verges. D'ailleurs, les jalons blancs se jouent à 6025 verges et les bleus à 6406, ce qui n'a rien d'exagéré.

La difficulté

Malgré ces distances, l'évaluation Slope à partir des jalons blancs indique 122. Pour trouver une explication, il faut assurément regarder ailleurs. Dix hors-limite, des fosses de sable aussi accueillantes dans les allées que près des verts et des plans d'eau sur plusieurs trous fournissent une bonne partie de la réponse.

Est-il nécessaire de préciser que les verts commandent le respect avec leur pente et leurs ondulations bien dosées ?

Les conditions de jeu

Quant aux conditions de jeu, il s'agit d'un exemple à suivre pour les terrains sans gazon de type agrostide. Bien sûr, le contraste des couleurs étonne moins avec du gazon traditionnel, mais des soins esthétiques de qualité et une coupe maintenant deux longueurs d'herbe haute font des miracles.

Très bonne note pour les verts, les allées, les fosses de sable et les sous-bois. Bonne note pour les tertres de départ.

L'environnement

Ce terrain a souvent été qualifié de « jardin botanique » en raison de ses arbres aux essences variées. Que ce soit comme toile de fond pour un vert, comme écrin pour un tertre de départ ou comme frange pour l'allée, ils sont seuls dans la course à l'Oscar comme meilleur acteur de soutien.

Idéal pour...

Tous ceux qui aiment le golf.

+ NOUS AVONS AIMÉ

Le défi de golf
Les arbres
L'harmonie et l'équilibre de l'ensemble
Le circuit

− NOUS N'AVONS PAS AIMÉ

Le fait que, de façon générale, les allées sont coupées en ligne droite
La très grande distance de marche entre certains trous

Carte de pointage

Trou	1	2	3	4	5	6	7	8	9	Aller	10	11	12	13	14	15	16	17	18	Retour	Total
Bleu	462	408	139	382	396	410	201	488	350	3236	460	170	400	350	550	186	382	152	520	3170	6406
Blanc	450	395	130	354	360	384	186	468	335	3062	450	129	383	323	530	155	367	137	489	2963	6025
Rouge	440	330	130	332	300	335	167	450	333	2817	445	110	332	323	440	130	300	137	484	2701	5518
Normale	5	4	3	4	4	4	3	5	4	36	5	3	4	4	5	3	4	3	5	36	72

Évaluation : ■ Bleu 71,1 / 126 □ Blanc 69,3 / 122 ■ Rouge 70,6 / 120

Conditions de jeu

- Verts ●●●●●
- Allées ●●●●●
- Sable ●●●●●
- Herbe longue ●●●●●
- Tertres ●●●●○

Design

- Verts + fosses ●●●●●
- Variété ●●●●●
- Harmonie + équilibre ●●●●●
- Pour tous ●●●●●
- Circuit ●●●●●

Environnement

- Visuel ●●●●●
- Nature ●●●●●
- Calme ●●●●○

Plaisir

- Délassement ●●●●○
- Verts ●●●●●
- Allées ●●●●●
- Tertres ●●●○○
- Manucure ●●●●●
- Entraînement ●●●●○
- Agrément ●●●●●
- Récupération ●●●●●

VERDICT ●●●●◐

- Ne vous aventurez pas à discuter de golf si vous n'avez jamais joué à Joliette !

Temps de jeu suggéré
4 h 15.

Indications et signalisation
Bonnes.

Tenue générale
Excellente.

Aire d'entraînement
Bien aménagée, un peu exiguë.

Améliorations
Un plan d'aménagement est en cours de réalisation afin d'agrandir ceux des tertres de départ qui peinent un peu à la tâche.

Au féminin
Deux jalons de départ, mais même les jaunes vous proposent des normales 4 essoufflantes... Pour golfeuses aguerries, à cause du rythme de jeu et du défi.

Boutique du pro
Elle est bien garnie ; bonne collaboration.

Carte de pointage
Précise de jouer à partir des jalons de départ qui nous sont désignés.

Tarif : $$$$

LE BOISÉ

689, chemin du Côteau
Lachenaie
J6W 5H2
(450) 492-6071

Une pierre précieuse

Ouvert en 1989 à Lachenaie, Le Boisé a été conçu par les architectes Adrien Bigras et Dave Moote. Voyons un peu ce terrain semi-privé.

Le parcours

Il s'agit d'un parcours de ville, car Lachenaie fait sentir la présence de ses quartiers résidentiels, de ses rues et de son autoroute.

Ce magnifique parcours prend place dans une sorte de cuve puisque les terrains voisins surplombent de plusieurs mètres les allées. Celles du premier neuf gravitent dans un environnement nettement plus boisé que leurs cousines du neuf de retour. Loin de créer une distorsion, cette différence ajoute de la variété aux paysages et commande une approche différente qui n'avantage aucun type de golfeur.

Vous serez conquis par ces allées irrésistibles. On y retrouve un dosage parfait de tous les éléments qui composent leur relief. Lorsqu'elles se trouvent dans une partie boisée, elles se conjuguent avec les arbres et les fosses de sable à un temps plus que parfait. Leurs ondulations plus douces s'adaptent à l'environnement et offrent aux golfeurs un défi équitable. En l'absence d'arbres, les monticules, les buttes et les dénivellations se font plus sévères de façon à maintenir l'attrait visuel et un bon degré de difficulté.

Les trous n°s 1 et 9, 10 et 18 sont des normales 5. Cette formule intéressante a le défaut de laisser un chapelet de normales 4 qui s'égrènent sans fin sur chaque neuf. Cette impression provient en partie du fait que les normales 3 sont rapprochées les unes des autres. Finalement, sept des neuf trous coudés tournent vers la droite.

La difficulté

Des plans d'eau de bonne dimension mouillent 11 trous, sans compter les hors-limite qui menacent un trou sur deux. Les trois jalons de départ pour les hommes devraient satisfaire tout le monde.

Les conditions de jeu

On est impressionné par les conditions de jeu du début à la fin. Les grandes fosses qui entourent les verts ne manquent pas de profondeur. Elles contiennent du sable de qualité en bonne quantité. La balle roule bien sur les verts. Leur vitesse (8,5) se marie bien à leur relief. Les allées redéfinissent le terme « *summer rule* » et les départs sont impeccables. Ajoutez à cela des soins esthétiques attentionnés et l'ensemble devient un bijou.

L'environnement

Les terrains construits le long d'autoroutes, pour des raisons d'accessibilité et de rentabilité, doivent en payer le prix : c'est bruyant.

Pour le reste, les aménagements paysagers, les arbres et les plans d'eau donnent l'impression de déambuler dans un jardin anglais. La diversité des espèces et les formes vallonnées du terrain plongent les joueurs au milieu d'un paysage naturel. Les résidences sont là pour leur rappeler qu'ils sont en ville.

Idéal pour…

Un terrain à fréquenter absolument.

+ NOUS AVONS AIMÉ

Les conditions de jeu
Le dessin des allées
Le coup d'œil
Les plans d'eau

− NOUS N'AVONS PAS AIMÉ

La proximité de l'autoroute
La proximité des maisons
Le genre salon mondain

Carte de pointage

Trou	1	2	3	4	5	6	7	8	9	Aller	10	11	12	13	14	15	16	17	18	Retour	Total
Bleu	495	382	375	412	186	426	191	330	515	3312	528	390	372	425	411	185	392	182	547	3432	6744
Blanc	485	370	368	380	171	401	175	323	494	3467	515	381	351	402	358	178	375	155	518	3233	6408
Rouge	415	287	348	322	146	361	130	298	429	2736	472	337	259	359	299	102	312	130	437	2707	5443
Normale	5	4	4	4	3	4	3	4	5	36	5	4	4	4	4	3	4	3	5	36	72

Évaluation : ■ Bleu 72,1 / 127 □ Blanc 70,6 / 123 ■ Rouge 71,5 / 124

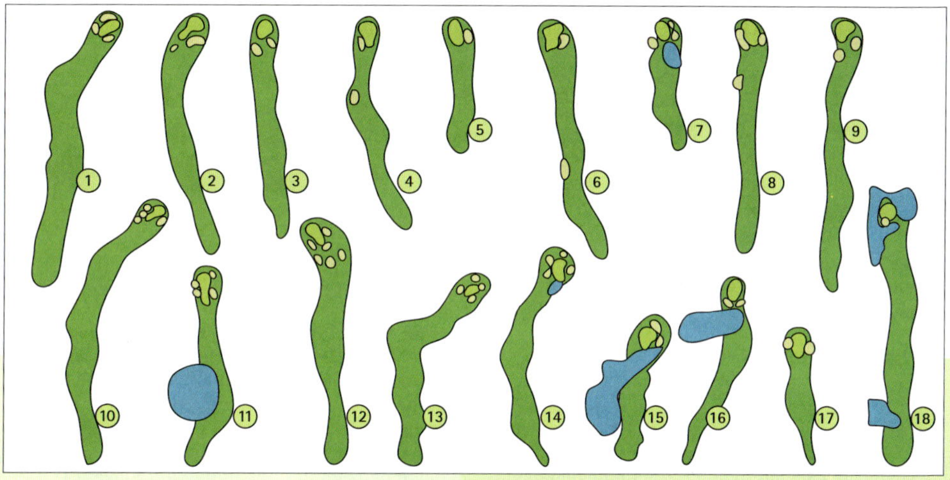

Conditions de jeu

- Verts ●●●●●
- Allées ●●●●●
- Sable ●●●●●
- Herbe longue ●●●●○
- Tertres ●●●●●

Design

- Verts + fosses ●●●●●
- Variété ●●●●○
- Harmonie + équilibre ●●●●●
- Pour tous ●●●○○
- Circuit ●●●○○

Environnement

- Visuel ●●●●○
- Nature ●●●●○
- Calme ●●○○○

Plaisir

- Délassement ●●●●●
- Verts ●●●●●
- Allées ●●●●●
- Tertres ●●●●●
- Manucure ●●●●●
- Entraînement ●●●●○
- Agrément ●●●○○
- Récupération ●●●○○

VERDICT ●●●●○

- Terrain à visiter. Un incontournable. Pas facile, mais il est agréable d'y jouer.

Temps de jeu suggéré

4 h 30.

Accueil

Correct.

Indications et signalisations

Excellents graphiques de départ.

Tenue générale

Excellente.

Aire d'entraînement

Correcte.

Au féminin

Terrain magnifique pour les bonnes golfeuses.

Un peu long.

Il y avait pas mal plus de femmes au pavillon que sur le terrain.

Pavillon

Les goûts ne sont pas à discuter, mais il semble faire la fierté de certains membres.

Boutique du pro

Spacieuse, bien aménagée et remplie de produits de qualité. En espérant que le préposé trouve le temps de vous accueillir...

Divers

Le préposé au départ est un pince-sans-rire.

Tarif : $$$$

200, rang du Golf
L'Épiphanie
J5X 2P6
(450) 588-5745

Métamorphose

Ouvert depuis 1963, ce parcours a été conçu par l'architecte Hugh Reid. C'est un terrain semi-privé de style traditionnel.

Le parcours

La préposée au départ et la secrétaire de direction avaient beau prévenir: «Le terrain a beaucoup changé, vous savez», le parcours ne s'était tout de même pas transfiguré comme Jésus sur le mont Thabor.

Si vous n'avez pas joué à L'Épiphanie depuis un certain temps, vous serez surpris. On y a procédé à une opération d'épuration du genre: peu, c'est mieux; moins c'est bien. Des fosses de sable ont disparu et des arbres solos qui trônaient au milieu de certaines allées ont filé à l'anglaise. Avec son mauvais vert, son mauvais tertre de départ et son dessin quelconque, la courte normale 3 du n° 6 a toujours été le mouton noir de ce terrain. Eh bien! croyez-le ou non, après plusieurs tentatives infructueuses, le petit canard boiteux est devenu le trou «signature» du parcours. Tout a été refait. L'aire de départ et le vert ont été surélevés, agrandis et dotés de plateaux. Le tout s'agrémente de magnifiques aménagements paysagers. Bravo!

Bien qu'ils ne brillent pas par la qualité de leur dessin, les verts ne constituent pas une source d'irritation. Même si leur dimension varie énormément d'un trou à l'autre, ils restent pratiquement au ras du sol et privilégient la forme circulaire. Parfois plats, parfois inclinés, on y retrouve peu d'ondulations. Des tertres de départ conventionnels de forme rectangulaire et peu surélevés complètent le tout.

Trois normales 5 sont atteignables en deux coups. Même si ce n'est pas un terrain particulièrement bien manucuré, il possède la plus grande de toutes les qualités: vous y éprouverez du plaisir à tout coup.

La difficulté

Sa longueur totale raisonnable et ses verts qu'on peut atteindre avec des approches roulées plairont au golfeur moyen. Les fosses de sable manquent de mordant et les verts aussi. À l'extérieur des allées, peu importe le genre de parages qui s'y trouve, l'herbe haute et les sous-bois permettent presque toujours les coups de récupération. Le golfeur peut s'en sortir d'une manière ou d'une autre, sauf s'il s'égare dans un des hors-limite qui longent la moitié des trous. Bref, il s'agit d'un terrain de difficulté moyenne.

Les conditions de jeu

Lors de la visite, les allées, les verts et les sous-bois affichaient des conditions exceptionnelles: bravo! Cependant, les soins esthétiques accordés aux fosses font défaut et elles contiennent du sable gravelé.

L'environnement

La taille des arbres et le fait qu'ils soient regroupés ou non en boisés constituent la particularité environnementale de L'Épiphanie. C'est vraiment un endroit calme, en retrait. Ici, pas de pollution par le bruit, sauf si les quatre-roues envahissent un sentier voisin.

Idéal pour...

Tout le monde. Si votre dernière visite remonte à quelque temps, vous serez agréablement surpris par les changements.

+ NOUS AVONS AIMÉ

- Les conditions de jeu
- Les arbres
- Les améliorations

– NOUS N'AVONS PAS AIMÉ

- Les tertres de départ
- L'aire d'entraînement un peu loin
- Les fosses gravelées

Carte de pointage

Trou	1	2	3	4	5	6	7	8	9	Aller	10	11	12	13	14	15	16	17	18	Retour	Total
Bleu	473	181	375	409	330	154	349	343	476	3090	349	182	471	348	389	157	369	360	520	3145	6235
Blanc	466	168	340	399	320	144	329	335	459	2960	340	176	454	310	380	157	358	346	504	3025	5985
Rouge	403	161	328	354	310	100	330	277	408	2671	326	147	447	294	339	142	338	288	463	2784	5455
Normale	5	3	4	4	4	3	4	4	5	36	4	3	5	4	4	3	4	4	5	36	72

Évaluation : ■ **Bleu 71,8 / 121** □ **Blanc 70,3 / 120** ■ **Rouge 71 / 117**

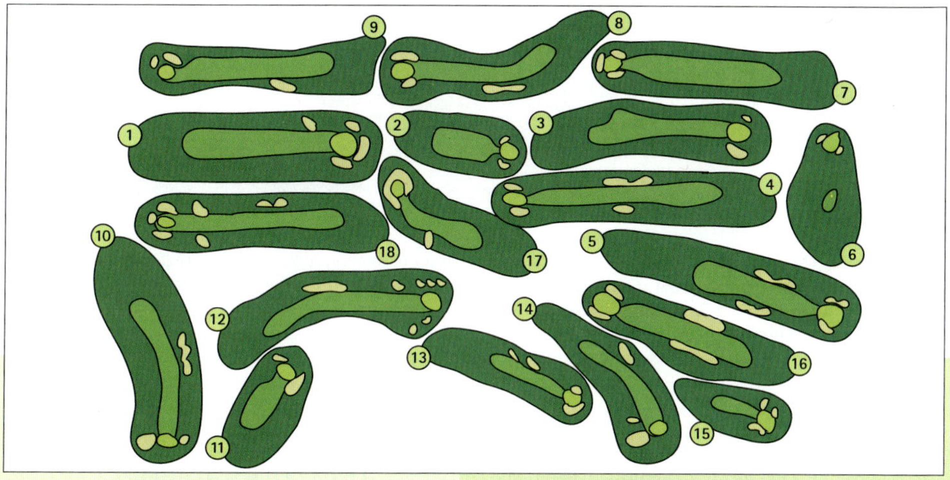

Conditions de jeu

- Verts ●●●●●
- Allées ●●●●●
- Sable ●●○○○
- Herbe longue ●●●●○
- Tertres ●●●○○

Design

- Verts + fosses ●●●●○
- Variété ●●●●○
- Harmonie + équilibre ●●●●●
- Pour tous ●●●●●
- Circuit ●●●●●

Environnement

- Visuel ●●●●●
- Nature ●●●●●
- Calme ●●●○○

Plaisir

- Délassement ●●●●●
- Verts ●●●●○
- Allées ●●●●○
- Tertres ●●○○○
- Manucure ●○○○○
- Entraînement ●●○○○
- Agrément ●●●●●
- Récupération ●●●●○

VERDICT ●●●◐○

- À fréquenter pour le plaisir qu'il procure.
  Bonnes conditions de jeu.

Indications et signalisation

À améliorer.

Règles locales

Comme le disait si justement la bande à Magoo, « le règuellment cé le règuellment, cé faite pour être suis. Lé ceuses pis lé celles qui veulent pas le suirre, ben, qui s'en vont ». Les préposées au départ sont dotées d'une main de fer dans un gant de velours. Un modèle à imiter. Bravo !

Tenue générale

Excellente.

Aire d'entraînement

En retrait près du stationnement vous obligeant à grimper une pente abrupte à deux reprises, avant même de commencer à jouer.

Au féminin

Trop long.

Il suffirait d'aménager quelques tertres surélevés et de les avancer pour en faire un éden.

Divers

Conditions de jeu inégales en début de saison 2003.

Tarif : $$$

LE PORTAGE

1020, chemin du Golf
L'Assomption
J5W 1K3
(450) 589-5686

Indémodable

Construit en 1963 par l'architecte Howard Watson, ce terrain semi-privé jouit d'une excellente réputation. Il faudra vous rendre jusqu'à L'Assomption, à trente-cinq minutes à l'est de Montréal par l'autoroute 40, pour pouvoir y jouer.

Le parcours

D'un terrain de cet âge, on anticipe des arbres en quantité et plusieurs allées fermées. On imagine un beau parcours qui ne fait pas dans la fioriture. Le Portage offre tout ça et plus. De très grands arbres accompagnent les golfeurs tout le long de la partie. Ils créent une certaine intimité tout en les protégeant contre les balles perdues. Avec plusieurs allées à demi closes, le joueur profite du paysage tout en n'étant pas sévèrement pénalisé pour ses mauvais coups.

De façon concise, on peut conclure à un premier neuf légèrement accidenté et à un second plus fermé, le premier étant forcément plus indulgent que le second.

Les différentes largeurs d'allée, leur dénivelé et les trous coudés contribuent à la variété de l'ensemble. Les verts et les fosses de sable prennent leurs aises ; ces dernières influencent autant l'aspect visuel que la stratégie à adopter.

Le Portage a consacré à ses tertres de départ tout son savoir-faire, un goût certain et des sommes importantes. Il faudrait maintenant faire disparaître les fossés d'égouttement qui importunent les allées.

La difficulté

Le golfeur qui aime les défis devrait s'y plaire puisque le niveau de confort n'est jamais très élevé sur ce terrain. Il ne suffit pas d'atteindre ces verts immenses et ondulés en coups réglementaires. Il faut atterrir au bon endroit, sinon le plaisir ne fait que commencer.

Des plans d'eau apparaissent sur les normales 3 et sur les normales 5, question de vous tenir éveillé. Sept hors-limite latéraux, en plus de ceux qui se cachent derrière les verts, vous empêcheront de dormir profondément.

Les conditions de jeu

Au moment de la visite, la condition des allées et de l'herbe longue apparaissait fort inégale. De nettement supérieure par endroits, on passait à très ordinaire sur d'autres trous.

Les tertres de départ, les fosses de sable et les sous-bois s'imposent comme des modèles à imiter. Les verts vous raviront.

L'environnement

Le Portage conjugue le meilleur de deux mondes. Le plaisir procuré par des arbres matures et nombreux, sans le déplaisir rattaché aux recherches de balles. C'est un terrain où il s'avère agréable de jouer en tout temps, mais l'automne demeure un moment privilégié.

En vrac

Au fil des années, les plans d'eau se sont bonifiés. À une autre époque, les coureurs des bois devaient quitter la rivière à cet endroit pour effectuer un portage.

Idéal pour...

Tout le monde. À visiter absolument. Il est par surcroît facile d'y jouer à pied.

+ NOUS AVONS AIMÉ

- Les verts
- Les arbres
- Les fosses de sable
- Le manucure du terrain

– NOUS N'AVONS PAS AIMÉ

- Les fossés d'irrigation dans les allées
- La condition de certaines allées
- La complexité des communications avec la direction

Carte de pointage

Trou	1	2	3	4	5	6	7	8	9	Aller	10	11	12	13	14	15	16	17	18	Retour	Total
Bleu	367	142	508	424	393	387	525	183	364	3271	501	387	152	354	344	389	175	474	358	3134	6405
Blanc	356	125	475	410	373	350	475	170	336	3070	472	367	152	326	324	365	160	464	350	2980	6050
Rouge	349	110	464	402	330	344	469	163	286	2917	463	300	148	308	315	359	154	436	340	2823	5740
Normale	4	3	5	4/5	4	4	5	3	4	36/37	5	4	3	4	4	4	3	5	4	36	72/73

Évaluation : ■ **Bleu - / -** □ **Blanc - / -** ■ **Rouge - / -**

Conditions de jeu

- Verts ●●●●●
- Allées ●●○○○
- Sable ●●●●●
- Herbe longue ●●●○○
- Tertres ●●●●●

Design

- Verts + fosses ●●●●●
- Variété ●●●●○
- Harmonie + équilibre ●●●●○
- Pour tous ●●●●○
- Circuit ●●●●○

Environnement

- Visuel ●●●●●
- Nature ●●●●○
- Calme ●●●●○

Plaisir

- Délassement ●●●●●
- Verts ●●●●●
- Allées ●●●●○
- Tertres ●●●●●
- Manucure ●●●●●
- Entraînement ●●●○○
- Agrément ●●●●○
- Récupération ●●●○○

VERDICT ●●●●○

- Bon test de golf.

Beau terrain.

Le hic : la condition inégale des allées.

Temps de jeu suggéré

4 h 30 et vous avez intérêt à le respecter.

Indications et signalisation

Bonnes.

Tenue générale

Excellente.

Aire d'entraînement

Sans être extraordinaire, elle est complète.

Au féminin

5315 verges, c'est trop long même pour une normale 73.

Superbe terrain pour des golfeuses aguerries.

Pour les autres, oubliez le pointage.

Pavillon

Sympathique et accueillant.

Divers

Nécessité fait loi, ce club se démocratise peu à peu.

Tarif : $$$$

LE VERSANT

2075, côte Terrebonne
Terrebonne
J6Y 1H6
(450) 964-2251

Pas de rose sans épines

En 1988, Le Versant accueille ses premiers golfeurs. Dès 1990, trois parcours étaient complétés. C'est en 1998, pour son dixième anniversaire, que le Versant inaugure son quatrième parcours de 18 trous. Il devient à ce moment le plus important complexe de golf au Canada avec ses 72 trous.

Le parcours

Avec le parcours Des Seigneurs, vous avez droit à deux terrains pour le prix d'un. En effet, les trous n°s 1 à 8 et 14 à 18 sont situés dans la partie basse du terrain, qui forme une espèce de vallée s'allongeant aux pieds d'un plateau. Les trous n°s 9 à 13 quant à eux prennent place sur les hautes terres.

La vallée vous offre un parcours extraordinaire, presque totalement dénué d'arbres. Imaginez une mer agitée avec des ondulations plus ou moins prononcées : c'est étonnant. À tout moment, vous pouvez apercevoir les autres trous et leurs fosses de sable racoleuses.

Mais il y a aussi le Versant d'en haut. À partir des trous n°s 9 et 13, vous avez une vue incroyable sur Montréal et sur les trous du Versant d'en bas. Les cinq trous qui s'y trouvent n'ont rien à voir avec les autres. Ils sont beaucoup plus conventionnels, étroits et boisés. Parce qu'on arrive d'en bas, ils nous paraissent plus ordinaires. Leur dessin demeure correct, mais les conditions de jeu y sont moins bonnes.

La difficulté

Si vous avez le malheur de jouer par une journée venteuse, vous risquez de trouver le temps long. Quant aux verts, leur surface accidentée requiert une attention particulière.

Les conditions de jeu

En bas spécialement, le gazon de type agrostide fait toute la différence. Le coup d'œil est difficile à surpasser et les conditions de jeu épatent. En haut, probablement à cause des arbres, les conditions ne supportent pas la comparaison.

L'environnement

Le plateau est protégé par nombre d'arbres, mais l'autoroute et les pylônes électriques gâchent une partie du plaisir. La vallée, même en l'absence d'arbres, fait la démonstration que d'autres configurations conviennent très bien au golf. Je pense que les Écossais avaient déjà compris cela.

En vrac

Les parcours Des Braves et Des Moulins, bien qu'ils présentent des trous intéressants et de bonnes conditions de jeu, ne peuvent d'aucune façon être comparés au Des Seigneurs.

En remplaçant les trous du parcours Des Seigneurs qui se trouvent près de l'autoroute (n°s 10 et 11) par ceux du parcours Des Braves qui sont dans la vallée (n°s 5, 6 ou 7), nous aurions droit à un très grand parcours.

À noter, le parcours Du Griffon : 18 normales 3 à l'intention des golfeurs débutants ou moins expérimentés.

Idéal pour…

C'est un terrain où il faut absolument avoir joué quand on est un golfeur aguerri.

+ NOUS AVONS AIMÉ

La différence
Le dessin
Le coup d'œil
Les allées, les verts, les tertres de départ

– NOUS N'AVONS PAS AIMÉ

Les trous sur le plateau
Jouer à pied
Les fils électriques et l'autoroute

Carte de pointage

Trou	1	2	3	4	5	6	7	8	9	Aller	10	11	12	13	14	15	16	17	18	Retour	Total
Bleu	506	385	207	526	437	207	547	155	382	3362	398	195	406	336	570	102	487	377	430	3301	6663
Blanc	482	368	182	490	401	173	519	139	361	3115	375	174	367	324	555	89	465	350	400	3099	6214
Rouge	437	311	143	447	377	161	468	121	345	2810	328	127	318	281	436	89	432	321	336	2668	5478
Normale	5	4	3	5	4	3	5	3	4	36	4	3	4	4	5	3	5	4	4	36	72

Évaluation : ■ **Bleu 71,2 / 128** □ **Blanc 69,2 / 124** ■ **Rouge 69,1 / 123**

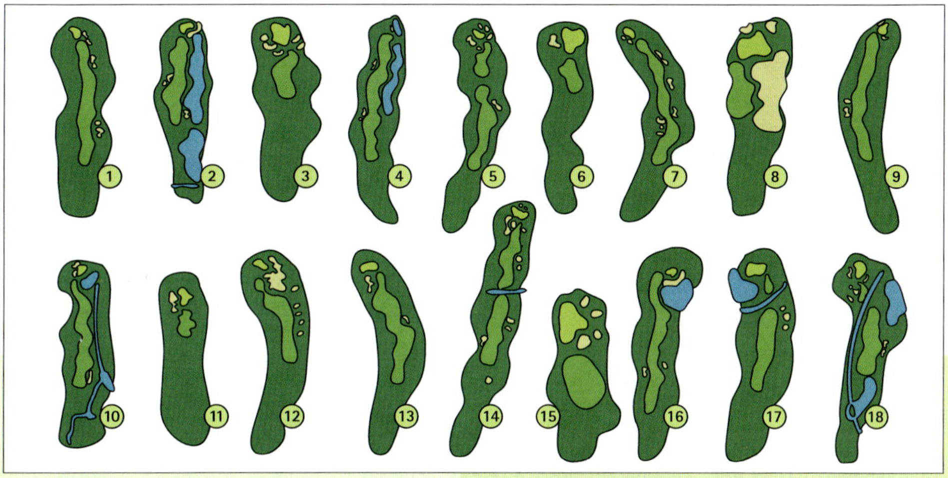

Conditions de jeu

- Verts ●●●●●
- Allées ●●●●○
- Sable ●●●●●
- Herbe longue ●●●○○
- Tertres ●●●●○

Design

- Verts + fosses ●●●●●
- Variété ●●●●●
- Harmonie + équilibre ●●●●○
- Pour tous ●●●○○
- Circuit ●●●●●

Environnement

- Visuel ●●●●○
- Nature ●●●●○
- Calme ●●○○○

Plaisir

- Délassement ●●●●○
- Verts ●●●●●
- Allées ●●●●●
- Tertres ●●●●○
- Manucure ●●●●●
- Entraînement ●●●●○
- Agrément ●●●●●
- Récupération ●●●●●

VERDICT ●●●●○

- Les huit premiers trous représentent une des plus belles séquences de la province. La vue, des trous n°s 9 et 13, est spectaculaire. Allez-y.

Temps de jeu suggéré
4 h 30.

Accueil
Très bon.

Indications et signalisation
À améliorer.

Tenue générale
Excellente.

Aire d'entraînement
Vous pouvez vous élancer douze mois par année.

Au féminin
Trop long.
Pour golfeuses chevronnées seulement.
Difficile à parcourir à pied.

Pavillon
Outre les services qui y sont dispensés, il présente une architecture intéressante.

Boutique du pro
L'une de nos préférées. Elle est bien garnie, spacieuse et attrayante.

Carte de pointage
Très bien conçue.

Tarif : $$$

MASCOUCHE

1020, chemin des Anglais
Mascouche
J7L 3R8
(450) 477-0590

Inégal

Le club de Mascouche a changé de visage à quelques reprises au cours des années. On a procédé à l'ouverture du premier neuf en 1959, puis du second en 1962.

En 1987, on amorce la première phase d'un plan de réaménagement devant s'échelonner sur plusieurs années. À cette occasion on refait trois trous, les 10e, 11e et 12e. Cinq trous passent au remodelage en 1993 puis, finalement, les trous n°s 1, 2, 3 et 17 complètent l'année suivante le tableau amorcé sept ans plus tôt. Ainsi retapé, le club de golf de Mascouche était d'attaque pour affronter les années 2000. Regardons-y de plus près.

Le parcours

C'est vraiment un terrain de contrastes. Autant certaines allées sont planes, droites et sans surprises, autant d'autres trous rappellent le golf de montagne tant les dénivelés y sont brusques et abrupts. Entre les deux, on trouve des allées en pente avec une inclinaison plus douce et mieux répartie. Ce sont les trous les mieux réussis. Ils ont du caractère, certes, mais juste ce qu'il faut pour rendre le défi intéressant. Dommage qu'ils constituent une minorité.

Sans ses arbres, ce terrain n'aurait pas grand-chose à offrir au visiteur. Ils séparent des allées qui autrement seraient trop près les unes des autres. À un certain moment, on compte neuf trous côte à côte…

La difficulté

Les verts représentent le principal écueil. La moitié d'entre eux sont si petits qu'ils deviennent très difficiles à atteindre. Les autres souffrent de la présence de bosses et d'inclinaisons déraisonnables. Finalement, l'étroitesse des allées peut même atteindre aussi peu que 12 ou 15 verges.

Avec cinq hors-limite à droite de l'allée et cinq autres à l'arrière du vert, vous devinez qu'il est préférable de ménager ses ardeurs, d'autant plus que les dénivellations compliquent le choix des bâtons. Pour clore, il vous faudra vivre avec de l'eau à votre gauche sur six trous, à votre droite sur trois trous et aussi entre le départ et le vert du 9e trou.

Les conditions de jeu

Même si elles ne s'attirent pas de reproches majeurs, les allées ne sont que convenables. Les verts et l'herbe longue manquent de constance alors que les tertres de départ sont franchement mauvais.

L'environnement

Vous le savez maintenant, les arbres demeurent l'atout premier de ce terrain. Beaucoup de dollars ont été investis dans certains aménagements paysagers franchement très réussis.

En vrac

Ce n'est pas un terrain où il est facile de jouer à pied.

Quelques trous sont dangereux parce qu'ils sont situés trop près d'un départ ou d'un vert voisin.

Idéal pour…

Le golfeur de fin de semaine.

+ NOUS AVONS AIMÉ

L'accueil
Les arbres
Le coup d'œil sur quelques trous

– NOUS N'AVONS PAS AIMÉ

Les tertres de départ
Le dessin des verts
La proximité des verts et des départs

Carte de pointage

Trou	1	2	3	4	5	6	7	8	9	Aller	10	11	12	13	14	15	16	17	18	Retour	Total
Bleu	530	350	305	300	225	295	325	470	120	2920	450	515	165	360	165	375	475	190	500	3195	6115
Blanc	510	345	285	290	215	290	315	455	115	2820	415	490	160	350	150	355	470	175	495	3060	5880
Rouge	470	320	260	375	170	260	300	430	100	2585	360	450	155	345	120	330	460	150	465	2835	5420
Normale	5	4	4	4	3	4	4	5	3	36	4	5	3	4	3	4	5	3	5	36	72

Évaluation : ■ Bleu 70,2 / 125 □ Blanc 67,5 / 110 ■ Rouge 68,8 / 111

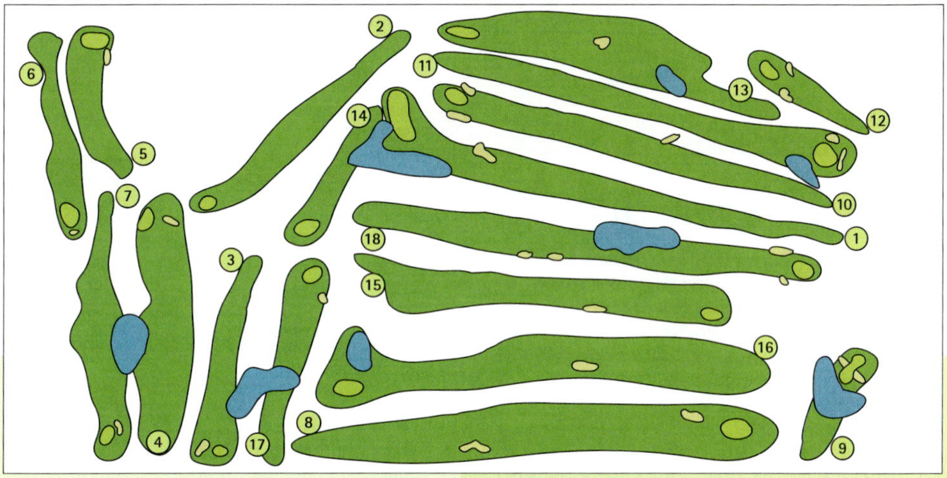

Conditions de jeu

- Verts ●○○○○
- Allées ●●○○○
- Sable ●●○○○
- Herbe longue ●●○○○
- Tertres ●○○○○

Design

- Verts + fosses ●○○○○
- Variété ●●●○○
- Harmonie + équilibre ●●●●○
- Pour tous ●●○○○
- Circuit ●●○○○

Environnement

- Visuel ●●●●○
- Nature ●●○○○
- Calme ●●●●○

Plaisir

- Délassement ●○○○○
- Verts ●○○○○
- Allées ●●○○○
- Tertres ●○○○○
- Manucure ●○○○○
- Entraînement ●○○○○
- Agrément ●●●○○
- Récupération ●●●●○

VERDICT ●◐○○○

- Dans l'ensemble, ce n'est pas un grand terrain, malgré quelques beaux trous. Parcours pas facile. Un gros hic : les verts.

Temps de jeu suggéré
4 h 30.

Accueil
Très bon.

Indications et signalisation
À améliorer.

Tenue générale
Bonne.
L'aire d'entraînement n'est pas sur le site même, sauf pour un vert rudimentaire.

Au féminin
Trop long.
Terrain difficile.
Difficile à parcourir à pied.

Pavillon
Semble privilégier la clientèle de tournoi avec sa salle de réception et sa terrasse.

Boutique du pro
Rudimentaire.

Tarif : $$

MONTCALM

1800, chemin Nadeau
Saint-Liguori
JOK 2X0
(450) 834-6981
1 800 363-2772

Un rendez-vous

En faisant route sur des chemins de campagne vers Saint-Liguori, vous vous laisserez séduire par les images bucoliques qui vous entourent. Attention, l'imprévisible vous guette. Tout à coup, vous verrez apparaître, comme ça sans avertissement, un pavillon de golf de plus de 2 millions de dollars. Ça surprend.

Au premier 18 trous, ouvert en 1977, se sont ajoutés un neuf trous en 1988, puis encore un autre en 1991. Notre analyse portera principalement sur la Seigneurie, l'aîné des deux parcours, le cadet ayant pour nom le Canton.

Le parcours

L'architecte John Watson s'est chargé de la conception du parcours. Il bénéficiait d'un magnifique lopin de terre qu'il a su exploiter. Parfois, les trous s'entourent de pins matures comme on en retrouve peu au Québec. Parfois, ils se plient volontiers aux caprices de la rivière Rouge et des dénivellations qu'elle commande. Chacune de ses apparitions est remarquée, mais le Canton, plus opportuniste, profite de sa présence pour signer les trous les plus spectaculaires.

À eux seuls, les verts valent le prix d'entrée. Par leur dessin réussi, ils constituent une fin heureuse à chaque trou. Les trous plats bordés de grands pins exploitent au maximum leur apparence. Les fosses de sable sont également mises à contribution dans ces allées qui, à la longue, auraient pu devenir répétitives. On les voit de loin, et leur emplacement nous laisse croire faussement qu'elles sont de grande taille. Cela déforme la réalité et crée illusion.

Malgré son relief légèrement accidenté, il demeure facile de parcourir ce terrain à pied. La grande distance qui sépare quelques trous nuit davantage à la fluidité du tracé.

Notez la concentration de trois normales 5 dans l'espace de quatre trous (du 9e au 12e).

La difficulté

Des obstacles d'eau baignent 12 trous et les fosses de sable font sentir leur présence, principalement autour des verts. D'ailleurs, ces derniers ne vous laissent aucun moment de répit avec leurs nombreuses ondulations.

Les conditions de jeu

Même sans gazon de type agrostide, les verts et les allées devancent facilement la moyenne provinciale. L'herbe longue et les tertres de départ se situent dans une classe à part. Attention aux mauvaises herbes qui poussent dans certaines fosses de sable.

L'environnement

La présence d'arbres compte pour une bonne partie du plaisir. Sur certains trous, une armée de pins géants voudrait nous faire croire que l'on se trouve pas mal plus au sud. Ailleurs, le pavillon et la rivière se disputent notre attention.

En vrac

Le Canton présente à la fois les trous les plus spectaculaires et les plus ordinaires. Il ne peut prétendre au même équilibre que la Seigneurie et il ne profite pas d'autant d'espace.

Idéal pour...

Vous !

+ NOUS AVONS AIMÉ

Les conditions de jeu
Le calme
Les arbres

– NOUS N'AVONS PAS AIMÉ

La distance entre les trous
Certains tertres qui pourraient être plus d'aplomb

Carte de pointage

Trou	1	2	3	4	5	6	7	8	9	Aller	10	11	12	13	14	15	16	17	18	Retour	Total
Bleu	360	318	133	368	149	483	395	364	508	3078	475	386	497	163	322	471	140	346	138	2938	6016
Blanc	310	297	112	317	137	469	335	346	438	2761	457	323	451	146	307	437	130	338	134	2723	5484
Rouge	300	244	92	307	127	461	325	340	423	2619	392	312	441	132	286	358	117	331	107	2476	5095
Normale	4	4	3	4	3	5	4	4	5	36	5	4	5	3	4	5	3	4	3	36	72

Évaluation : ■ Bleu 68,5 / 119 □ Blanc 71,2 / 123 ■ Rouge 68,4 / 114

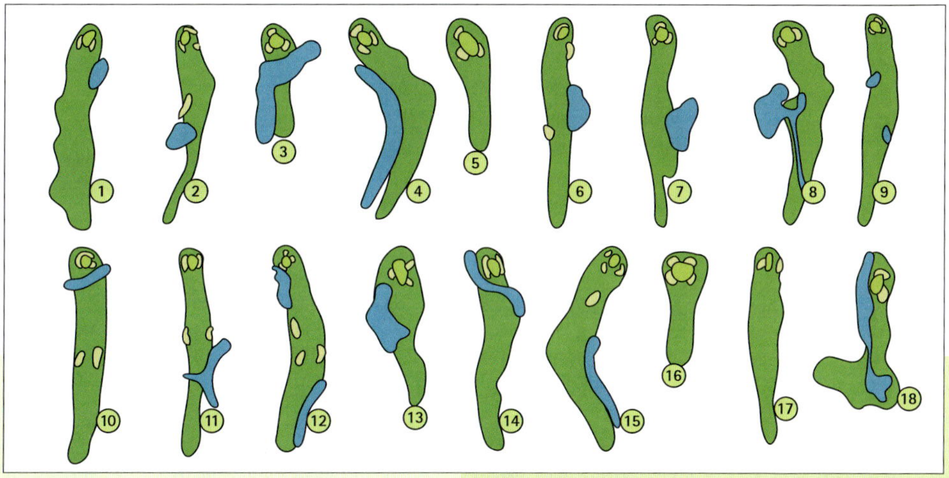

Conditions de jeu

- Verts ●●●●●
- Allées ●●●●○
- Sable ●●●●●
- Herbe longue ●●●●●
- Tertres ●●●●○

Design

- Verts + fosses ●●●●●
- Variété ●●●●○
- Harmonie + équilibre ●●●●●
- Pour tous ●●●●○
- Circuit ●●●●○

Environnement

- Visuel ●●●●●
- Nature ●●●●●
- Calme ●●●●●

Plaisir

- Délassement ●●●●○
- Verts ●●●●●
- Allées ●●●●●
- Tertres ●●●●○
- Manucure ●●●●●
- Entraînement ●●●●●
- Agrément ●●●●●
- Récupération ●●●●●

VERDICT ●●●◐○

- À visiter pour ses conditions de jeu, son environnement et son relief. La différence entre ses deux neuf représente un avantage.

Temps de jeu suggéré
4 h 30.

Accueil
Excellent.

Indications et signalisation
À améliorer.

Tenue générale
Excellente.

Aire d'entraînement
Complète avec fosse de sable, vert pour les approches et vert d'exercice.

Au féminin
Des tertres de départ en retrait, bien conçus et bien aménagés, de bonnes conditions de jeu et une bonne marche de santé. Quelques trous demeurent trop longs.

Pavillon
Certainement un des plus réussis. Son architecture est spectaculaire.

Boutique du pro
Bonne ambiance ; bien garnie.

Le Canton
Avec ses verts impeccables et ses allées étroites, voilà une alternative intéressante.

Tarif : $$

RAWDON

3999, Lakeshore
Rawdon
J0K 1S0
(450) 834-2320
1 800 363-8655

Singulier

On dit souvent qu'il y a peu de différence entre le génie et la folie. C'est sur cette ligne mince que nous entraîne ce terrain impossible à évaluer objectivement. Vous devrez tirer vos propres conclusions.

Le parcours

Imaginons que nous sommes en 1877. Je vous accompagne sur un terrain de golf montagneux d'Écosse. Nos sacs sont légers à porter avec nos quatre ou cinq bâtons. Nous jouerons jusqu'à l'épuisement, qu'il soit physique ou qu'il s'agisse de notre provision de balles.

Le cœur léger, nous nous adonnons à notre passe-temps préféré, sans arrière-pensées. C'est la nature qui décide si le terrain manque ou non d'arrosage. Rien ne nous semble anormal dans le fait que sept des huit premiers trous soient des normales 4 ou que trois normales 5 apparaissent du 12e au 16e trou. Le bonheur se résume souvent à peu de chose. On peut jaser tranquillement, dès qu'un de nous deux réussit à reprendre son souffle.

Même en 2004, il arrive que la réalité dépasse la fiction. Trois verts seulement sont protégés par des fosses de sable et c'est bien ainsi. Il s'agit sans aucun doute des verts les plus difficiles du Québec. Ils sont sans rival en raison de leur conception unique, de leur pente et de leurs ondulations. Certains rappellent la configuration fantaisiste d'un trou de miniputt. Pour atteindre celui du 16e trou, il faut survoler un muret de terre de 1 mètre (3 pieds) de hauteur.

La difficulté

Ce terrain devient tout simplement impossible à jouer si vous n'êtes pas accompagné d'un habitué. Les coups à l'aveuglette sont monnaie courante et ils peuvent pénaliser injustement le coup frappé dans l'ignorance du danger. Vous regretterez l'absence d'un cadet qui serait non seulement utile, mais tout à fait dans l'esprit et l'atmosphère des lieux.

Les conditions de jeu

Sauf pour les verts, ce terrain reproduit vraiment des conditions rudimentaires qui nous sont étrangères. Le gazon, l'herbe longue et même les tertres de départ rappellent ce qui existe sur un autre continent.

L'environnement

Grâce à des arbres à chaque trou et à un relief accidenté, vous découvrirez plusieurs points de vue intéressants.

En vrac

Allez, jouez le jeu. Voilà une expérience déroutante sur un terrain non orthodoxe. À la condition d'oublier ce que vous connaissez des terrains habituels, cela pourrait représenter un défi unique. Une chose est certaine, ce terrain a énormément de caractère. On s'y amuse ou pas, mais vous ne le confondrez jamais avec un autre parcours.

Soyez prudent car lors des «coups à l'aveuglette», il est impossible de savoir si le groupe précédent est hors de portée.

Ne faites pas l'erreur d'essayer de jouer à pied.

Idéal pour...

Les téméraires et les curieux, pourvu qu'ils soient des golfeurs aguerris.

+ NOUS AVONS AIMÉ

Le retour dans le temps
Les arbres
Le coup d'œil

– NOUS N'AVONS PAS AIMÉ

Certains verts qui défient toute logique
Certains trous aussi
Les nombreux «coups à l'aveuglette»

Carte de pointage

Trou	1	2	3	4	5	6	7	8	9	Aller	10	11	12	13	14	15	16	17	18	Retour	Total
Bleu	301	321	383	300	340	153	333	341	464	2936	247	362	443	217	492	137	451	361	335	3045	5981
Blanc	291	319	376	289	337	146	320	331	453	2862	246	355	439	204	489	133	447	356	332	3001	5863
Rouge	281	288	374	218	291	138	307	271	433	2601	244	349	435	175	449	130	409	296	320	2807	5408
Normale	4	4	4	4	4	3	4	4	5	36	4	4	5	3	5	3	5	4	4	37	73

Évaluation : ■ Bleu - / - □ Blanc - / - ■ Rouge - / -

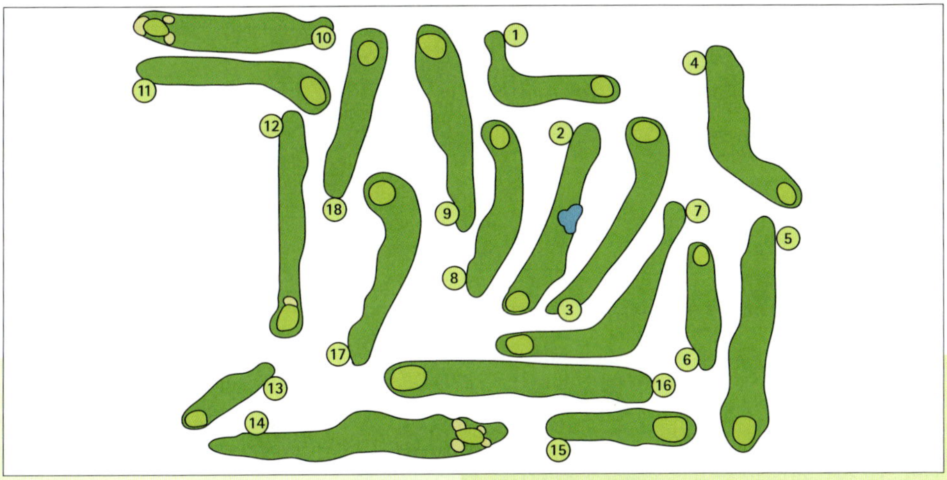

Conditions de jeu

> Verts	●○○○○
> Allées	●○○○○
> Sable	●●○○○
> Herbe longue	●○○○○
> Tertres	●○○○○

Design

> Verts + fosses	●●○○○
> Variété	●●●●●
> Harmonie + équilibre	●●●●○
> Pour tous	●○○○○
> Circuit	●●○○○

Environnement

> Visuel	●●●●●
> Nature	●●●●●
> Calme	●●●●●

Plaisir

> Délassement	●○○○○
> Verts	●○○○○
> Allées	●○○○○
> Tertres	●○○○○
> Manucure	●○○○○
> Entraînement	●○○○○
> Agrément	●○○○○
> Récupération	●○○○○

VERDICT ●◐○○○

> Malheureusement, nous devons noter ce parcours selon les mêmes critères que les autres, alors qu'il n'a rien en commun avec eux.

Temps de jeu suggéré
4 h 30. Cela m'apparaît un vœu pieux.

Accueil
Très, très poli...

Indications et signalisation
Insuffisantes.

Règles locales
Elles ont le mérite de proposer des solutions qui favorisent un bon rythme de jeu.

Tenue générale
Inférieure à la moyenne.

Aire d'entraînement
Aucune.

Au féminin
Pour les meilleures golfeuses qui veulent essayer quelque chose de différent. Autrement, le degré de difficulté est déraisonnable.

Pavillon
Trahi par son âge.

Boutique du pro
Très rudimentaire.

Tarif : $

92, route 329
Saint-Donat
J0T 2T0
(819) 424-2658
1 888 424-2658

Merlin l'enchanteur

Localisé aux portes du Parc du Mont-Tremblant, Saint-Donat est un village touristique des Laurentides, même s'il fait partie de la région administrative de Lanaudière. Il ne faut pas chercher à comprendre. Il héberge sur son territoire les deux plus grands lacs des Laurentides, soit les lacs Archambault et Ouareau ainsi qu'un terrain de golf. Le parcours de Saint-Donat, semi-privé, reçoit les golfeurs depuis 1964. Vous y êtes les bienvenus.

Le parcours

Le parcours correspond à la définition d'un golf de montagne avec son relief accidenté. Des pentes plus ou moins sévères affectent la plupart des allées, mais il ne s'agit pas d'un simple jeu d'échelles et de serpents qui vous font monter et descendre *ad nauseam*. En effet, la configuration des allées retient également l'attention avec des vallons, des ondulations ou des monticules. Cela ajoute au caractère du terrain et le singularise par rapport aux autres parcours de montagne des Laurentides. Comme on ne fait pas d'omelette sans casser d'œufs, il faut nécessairement s'attendre à devoir effectuer des coups à l'aveuglette. Dans cet environnement de montagnes et de lac, les verts font figure d'efrits, ces génies malfaisants de la mythologie arabe. Leur dimension lilliputienne et leur profil rock and roll nous font douter de la bonne foi de leurs concepteurs. Ils opèrent quelquefois seuls, quelquefois en groupe, puisqu'ils s'acoquinent parfois avec des fosses de sable petites et profondes qui n'annoncent rien de bon.

À l'opposé, les allées proviennent d'une bonne famille et cela se voit tout de suite. Elles ne jouent pas au nouveau riche, même si elles portent fièrement de petites fosses d'allée aussi précieuses que coûteuses. Elles font preuve de générosité et leur largesse les honore.

Une partie à Saint-Donat constitue un plaisir pour les yeux. Des roches géantes, des arbres à profusion et des points de vue incroyables font partie du décor de la plupart des trous. Cette normale 72 (35 à l'aller) compte trois normales 5 au retour. Bravo pour les normales 3, six au total, qui ne nous laissent pas insouciants.

La difficulté

Vous avez déjà fait connaissance avec ses verts et ses allées. Saint-Donat, ce sont aussi des coups à l'aveuglette, des élans à partir de positions inconfortables, des distances difficiles à jauger et des réactions de balle étonnantes.

Les conditions de jeu

Les conditions de jeu laissent songeur. Parlons donc de conditions variables qui sont attribuables, espérons-le, à un lent début de saison.

L'environnement

En automne, juste avant la chute des feuilles, c'est le plus beau terrain des Laurentides. En été, le lac Archambault se laisse admirer à partir de quelques trous et les montagnes, toujours aussi coquettes, attirent des regards admiratifs. Saint-Donat vous appelle, certes, mais il n'était pas nécessaire d'installer la ligne téléphonique au-dessus du premier tertre de départ.

Idéal pour...

Tous, sauf les débutants.

+ NOUS AVONS AIMÉ

Le paysage
La largeur des allées
Son caractère

– NOUS N'AVONS PAS AIMÉ

Les conditions de jeu variables
La petitesse des verts
L'absence d'aire d'entraînement

Carte de pointage

Trou	1	2	3	4	5	6	7	8	9	Aller	10	11	12	13	14	15	16	17	18	Retour	Total
Bleu	364	162	348	467	348	186	218	435	394	2922	138	508	365	440	525	190	495	200	530	3391	6313
Blanc	344	157	335	450	328	183	210	425	380	2812	134	483	344	420	507	180	480	195	515	3258	6070
Rouge	233	147	276	407	294	126	200	356	356	2395	129	380	280	386	445	175	350	179	400	2724	5119
Normale	4	3	4	5	4	3	3	5	4	35	3	5	4	4/5	5	3	5/4	3	5	37	72

Évaluation : ■ **Bleu 70,4 / -** □ **Blanc 69,4 / -** ■ **Rouge 69,4 / -**

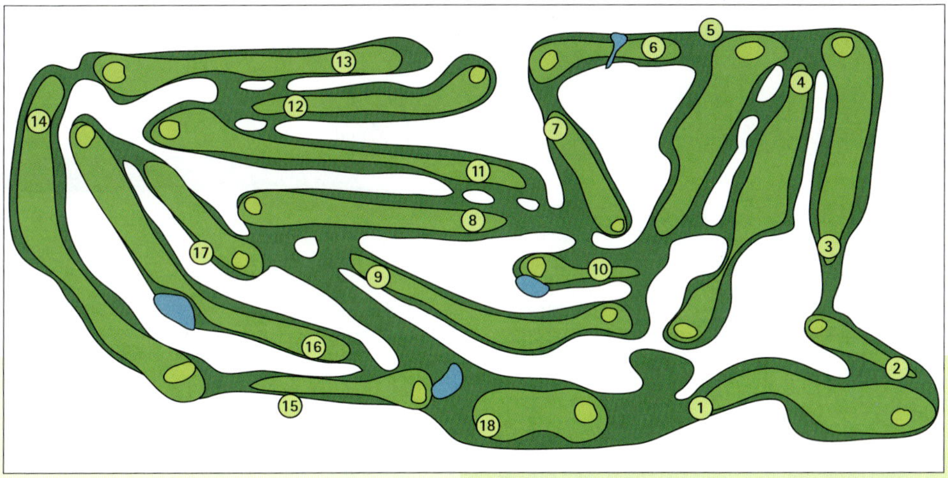

Conditions de jeu

- Verts ●●●○○
- Allées ●●●○○
- Sable ●●●○○
- Herbe longue ●●●○○
- Tertres ●●●○○

Design

- Verts + fosses ●●○○○
- Variété ●●●●○
- Harmonie + équilibre ●●●●○
- Pour tous ●●●●●
- Circuit ●●●○○

Environnement

- Visuel ●●●●●
- Nature ●●●●●
- Calme ●●●●●

Plaisir

- Délassement ●●●○○
- Verts ●○○○○
- Allées ●●●●○
- Tertres ●●●○○
- Manucure ●●●○○
- Entraînement ●○○○○
- Agrément ●●●●○
- Récupération ●●●○○

VERDICT ●●●○○

- À visiter pour son environnement. Terrain amusant.

Temps de jeu suggéré
Non disponible.

Accueil
Jovial.

Indications et signalisation
À revoir complètement.

Règles locales
Claires.

Tenue générale
Bonne.

Aire d'entraînement
Vous devrez vous satisfaire d'un vert d'exercice et d'un filet.

Au féminin
Terrain pittoresque qu'apprécieront davantage les meilleures golfeuses. Environnement extraordinaire.

Pavillon
Bien tenu, propre et fonctionnel.

Boutique
Bien éclairée, accueillante et spacieuse.

Divers
Crampons mous obligatoires.

Tarif : $$$

1124, rang Sainte-Cécile
Sainte-Béatrix
J0K 1Y0
(450) 883-1414
1 888 833-1414

Gulliver et les Lilliputiens

Tous connaissent l'histoire de Gulliver qui, à la suite d'un accident lui ayant fait perdre conscience, se réveille dans un pays où tout est minuscule, même ses habitants. Il y fait donc figure de géant.

Le parcours

À l'aller, tout apparaît microscopique alors qu'au retour, tout semble gigantesque voire hors de proportion.

Le premier neuf se démarque principalement par ses nombreux vallons. Des dénivellations obligent le golfeur à monter et à redescendre à plusieurs reprises. Les allées étriquées nous font sentir à l'étroit pratiquement partout. D'ailleurs, les passages sinueux pour accéder de l'un à l'autre donnent l'impression de tourner en rond et de revenir toujours au même endroit, un peu comme dans un labyrinthe. La petitesse des trous et des verts et l'étroitesse des allées contrastent avec la grandeur de l'environnement.

Sur le neuf de retour, la moitié des trous présentent des dénivellations semblables à un tremplin pour le saut à ski.

Le concepteur de ce parcours semble avoir un net penchant pour les fosses de sable et pour les arbres placés au beau milieu de l'allée, en face du vert.

La difficulté

Toutes proportions gardées, le premier neuf offre plus de raisons de se réjouir que le second. Il reste relativement abordable avec ses 2712 verges à partir des jalons avancés et 2840 verges des jalons arrière. Bien sûr, les allées restent étroites et les verts petits, mais ce n'est rien pour écrire à sa mère lorsqu'on le compare avec le neuf de retour.

Les conditions de jeu

Même si les conditions de jeu s'avéraient parfaites, ce qui est très loin d'être le cas, cela ne changerait rien au verdict.

L'environnement

Assez curieusement, les personnes interrogées n'en ont glissé mot. Il s'agit pourtant de la meilleure raison pour visiter Sainte-Béatrix. Les arbres y sont nombreux et une petite rivière agrémente quelques trous du premier neuf. Sur un même tableau, vous observerez vallons, montagnes et jolies fermes. On ne s'en lasse jamais.

Par malheur, cinq trous croisent l'aire d'entraînement, prisonnière de filets protecteurs et autres clôtures en matériaux plus rustiques.

En vrac

Sur le premier neuf, ceux des trous qui finissent sur un vert en contrebas sont les mieux réussis.

Certains joueurs affirment fréquenter le parcours en raison de tarifs réduits, d'autres à cause de la proximité de leur résidence ou du faible achalandage.

Idéal pour...

Ceux qui ont aimé l'histoire de Gulliver, ceux qui veulent perdre un excédent de poids et les golfeurs qui aiment affronter des défis, quels qu'ils soient.

+ NOUS AVONS AIMÉ

Les paysages du premier neuf
Les allées vallonnées du premier neuf
Le site Internet

– NOUS N'AVONS PAS AIMÉ

Le second neuf
La combinaison voiturette-sentier
Le dessin du parcours

Carte de pointage

Trou	1	2	3	4	5	6	7	8	9	Aller	10	11	12	13	14	15	16	17	18	Retour	Total
Bleu	435	469	285	135	375	170	380	86	505	2840	384	345	508	489	388	386	365	285	150	3310	6150
Blanc	435	459	285	125	365	150	350	86	457	2712	364	315	440	474	358	366	355	155	145	2972	5674
Rouge	410	440	260	115	355	135	270	75	410	2470	274	210	250	425	150	366	320	155	125	2275	4745
Normale	4	5	4	3	4	3	4	3	5	35	4	4	5	5	4	4	4	3/4	3	37	71/72

Évaluation : ■ Bleu 71,8 / 126 □ Blanc 70,4 / 123 ■ Rouge 69,3 / 114

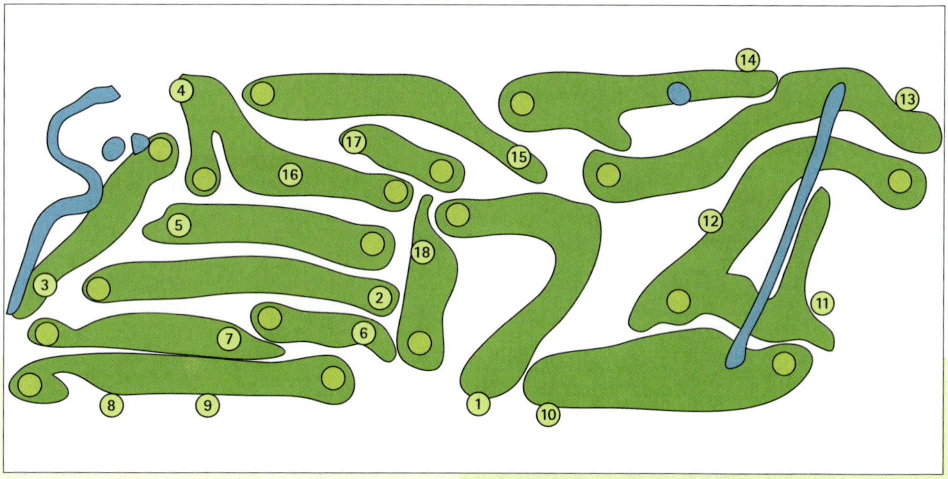

Conditions de jeu

- Verts ●●○○○
- Allées ●●○○○
- Sable ●●○○○
- Herbe longue ●●○○○
- Tertres ●●○○○

Design

- Verts + fosses ●○○○○
- Variété ●●○○○
- Harmonie + équilibre ●○○○○
- Pour tous ●○○○○
- Circuit ●○○○○

Environnement

- Visuel ●●●●○
- Nature ●●●●●
- Calme ●●●○○

Plaisir

- Délassement ●○○○○
- Verts ●○○○○
- Allées ●○○○○
- Tertres ●●○○○
- Manucure ●●○○○
- Entraînement ●●○○○
- Agrément ●●○○○
- Récupération ●●○○○

VERDICT ●○○○○

- Espérons que les habitués ont développé une stratégie pour limiter les dégâts. Pour les autres, profitez du plein air.

Temps de jeu suggéré

4 h 30. Vous méritez le plus grand respect et toute notre admiration si vous y parvenez en jouant à pied.

Accueil

Sans façon.

Indications et signalisation

À améliorer.

Aire d'entraînement

Emprisonnée entre des clôtures.

Au féminin

Le premier neuf est très certainement plus amusant.

Les conditions de jeu n'emballent pas.

Quant au deuxième neuf...

Boutique du pro

Offre des produits dans le créneau économique seulement.

Tarif : $$

SAINT-JEAN-DE-MATHA

945, route 131
Saint-Jean-de-Matha
J0K 2S0
(450) 886-9321
(450) 833-5050

Tour de force

Peu de gens savent que Louis Cyr, l'homme le plus fort de tous les temps, a rendu les armes devant une toute petite Mathaloise. C'est en effet à Saint-Jean-de-Matha, en 1882, que son mariage avec Mélina Comtois fut célébré. Certains prétendent qu'il s'agit de sa plus grande victoire.

Vous avez probablement entendu toutes sortes de choses au sujet de ce terrain et parfois, les versions sont contradictoires. Si votre dernière visite remonte à Mathusalem, vous aurez de la peine à vous y retrouver. La chenille s'est transformée en papillon.

Le parcours

Malgré ses nombreuses transformations, Saint-Jean-de-Matha demeure essentiellement un golf de montagne. L'envergure des travaux est à peine imaginable, certains trous ayant même été convertis au style Arizona, c'est vous dire.

La diversité est au rendez-vous. Les allées alternent entre le très large et le très étroit, les pentes ascendantes et descendantes, le style ouvert ou fermé. Les verts suivent la tendance avec des formes variées et des emplacements originaux fixés dans des décors naturels qui changent constamment. De dimension tout à fait raisonnable, ils sont maintenant recouverts d'agrostide. À partir des tertres de départ surélevés, d'immenses fosses de sable bien roulées ajoutent au coup d'œil, quand ce ne sont pas des fosses naturelles *(waste bunker)* qui transfigurent complètement le trou.

Le tour de force, c'est non seulement d'avoir transformé un parcours «Mickey Mouse» en parcours des années 2010, mais de l'avoir fait en harmonie avec le site naturel. Les modifications sont parfaitement intégrées et n'ont rien d'une contrefaçon.

Haro sur l'horrible distribution de normales offerte du 3e au 7e trou (3-5-5-3-3) Les trous qui n'ont pas encore été retouchés (nos 10, 13 et 18) n'arrivent pas à la cheville des autres. L'affreux petit canard qu'était le 17e trou en forme de fer à cheval s'est transformé en un cygne majestueux avec son allée droite et ascendante qui explose sur un vert en contrebas.

La difficulté

Les obstacles d'eau sont concentrés sur le second neuf; c'est dommage, car vous ne pouvez les manquer. Certains trous sont intimidants pour le golfeur moyen. Attention aux coups effectués dans les pentes.

Les conditions de jeu

Ce terrain ne souffre d'aucun complexe. Il est bien entretenu et bénéficie de soins esthétiques supérieurs. Les sous-bois sont dans une classe à part. Ailleurs, les conditions varient, notamment pour certains départs trop petits.

L'environnement

Les points de vue sur le village et les environs sont charmants.

Idéal pour...

Ce n'est pas l'endroit pour débuter une carrière. Les golfeurs d'expérience apprécieront.

+ NOUS AVONS AIMÉ

- La variété des trous
- La tenue impeccable du parcours
- Les transformations

– NOUS N'AVONS PAS AIMÉ

- Les «anciens» trous
- Le degré de difficulté pour un golfeur occasionnel
- La répartition des normales du premier

Carte de pointage

Trou	1	2	3	4	5	6	7	8	9	Aller	10	11	12	13	14	15	16	17	18	Retour	Total
Bleu	338	367	150	553	513	199	159	374	480	3133	319	167	378	280	387	518	178	505	368	3100	6233
Blanc	-	-	-	-	-	-	-	-	-	-	-	-	-	-	-	-	-	-	-	-	-
Rouge	250	292	125	527	400	135	144	308	452	2633	281	115	330	269	310	404	128	474	352	2663	5296
Normale	4	4	3	5	5	3	3	4	5	36	4	3	4	4	4	5	3	5	4	36	72

Évaluation : ■ Bleu - / - □ Blanc - / - ■ Rouge - / -

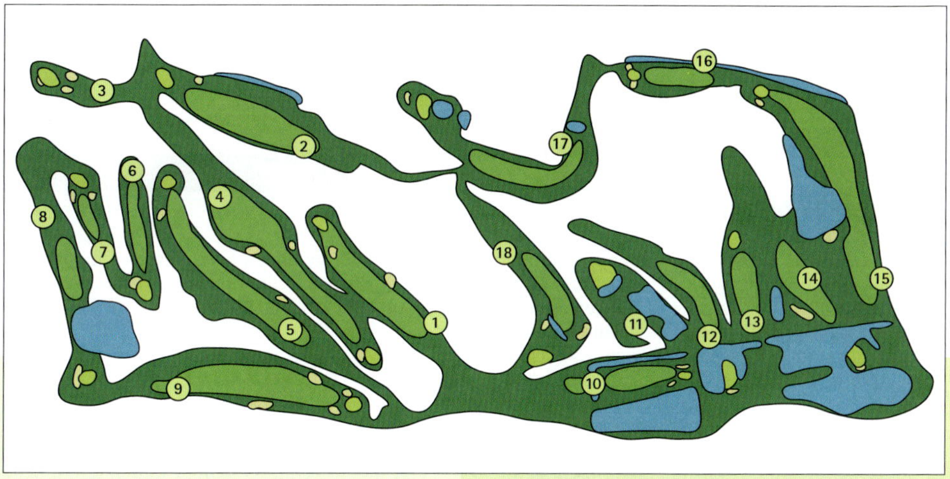

Conditions de jeu

- Verts ●●●●○
- Allées ●●●●○
- Sable ●●●●○
- Herbe longue ●●●●○
- Tertres ●●●○○

Design

- Verts + fosses ●●●●○
- Variété ●●●●●
- Harmonie + équilibre ●●●●●
- Pour tous ●●●○○
- Circuit ●●●○○

Environnement

- Visuel ●●●●○
- Nature ●●●●○
- Calme ●●●○○

Plaisir

- Délassement ●●●○○
- Verts ●●●●○
- Allées ●●●●○
- Tertres ●●●○○
- Manucure ●●●●○
- Entraînement ●●●●○
- Agrément ●●●●●
- Récupération ●●●●●

VERDICT ●●●●○

- Pour le golfeur esthète.
Terrain éclectique.
En deux mots : Bien agréable.

Temps de jeu suggéré
4 h 15 ; temps habituel : 4 h 15 à 4 h 45, avec patrouilleur et cartes poinçonnées.

Accueil
Très bon.

Indications et signalisation
Bonnes.

Tenue générale
Irréprochable.

Aire d'entraînement
Répond à tous vos besoins.

Améliorations
Ça n'arrête pas.

Au féminin
Presque la moitié des trous sont inatteignables en coups réglementaires. Vous adorerez les aménagements floraux, l'environnement, la tenue impeccable, l'accueil, alouette...

Pavillon
Fonctionnel et d'une propreté impeccable.

Boutique du pro
Spacieuse, bien équipée et super sympathique.

Tarif : $$$

SAINT-MICHEL-DES-SAINTS

220, chemin Mont-Trinité
Saint-Michel-des-Saints
J0K 3B0

Le gros bon sens

Ce terrain, situé dans la haute Matawin, se trouve à 1 h 40 de Montréal en suivant une route sinueuse. Arrivé sur place, vous ne retrouverez pas un stationnement rempli de « Béhême » et le pavillon ne vous jettera pas par terre. Escomptez un terrain de facture modeste et sans prétention.

Le parcours

Quand même étonnant, que ce terrain situé au pied du mont Sainte-Trinité soit plus plat que la majorité des parcours de ville. On y joue facilement à pied.

Les verts de dimension moyenne sont protégés par une grande fosse de sable. Avec son rebord d'environ 10 centimètres (4 pouces), elle fera fuir n'importe quel fer-droit. Leur couleur différente, le fait qu'ils sont en quelque sorte une continuation de l'allée et leur pente bien dosée rend les verts en harmonie avec leur environnement immédiat.

Les fosses de sable présentent un aspect rustique, 100 % nature. Leur petit côté rebelle est tout à fait indiqué dans les circonstances et ne peut être considéré comme un point négatif. Ceux qui ne jurent que par les terrains bien manucurés seront déçus.

Le voisinage laisse quelques points de repère à votre intention. Ainsi, vous verrez apparaître le clocher d'une église, le toit d'une ferme ou encore la croix du mont Sainte-Trinité. Cela ajoute au caractère du terrain et lui donne un certain cachet.

La difficulté

Un bon golfeur n'aura pas de mal à maîtriser cette normale 72 de 6038 verges à partir des jalons bleus. Cependant, le golfeur moyen devra se méfier des obstacles d'eau présents sur 90 % des trous et des verts difficiles d'accès. À l'occasion, des arbres les côtoient de près.

Les conditions de jeu

Oubliez les terrains totalement recouverts d'agrostide parfaitement manucuré, avec deux frises autour du vert et deux coupes d'herbe longue. Oubliez les allées qui serpentent entre des monticules savamment disposés. Anticipez plutôt des conditions de jeu honnêtes et sans broderie qui conviennent à du golf récréatif.

L'environnement

Deux rivières sont omniprésentes dont la Matawin. Cela a permis au concepteur de dessiner des trous qui longent leurs méandres et c'est très réussi. Les montagnes enjolivent le paysage et malgré la proximité du village, le calme baigne le parcours.

En vrac

Six normales 5, dont trois sur les quatre premiers trous…

Dix trous coudés vers la droite, contre deux légers crochets vers la gauche…

Idéal pour…

Les amants de la nature et les pêcheurs en qui sommeille un golfeur.

+ NOUS AVONS AIMÉ

- Le côté 100 % nature de ce terrain
- Le plaisir qu'il procure
- Les tentations qu'il propose

– NOUS N'AVONS PAS AIMÉ

- La distance entre le vert du 17e et le départ du 18e
- L'absence d'aire d'entraînement
- La répartition des normales

Carte de pointage

Trou	1	2	3	4	5	6	7	8	9	Aller	10	11	12	13	14	15	16	17	18	Retour	Total
Bleu	463	523	210	484	190	346	420	145	500	3281	479	130	391	170	309	415	130	372	361	2757	6038
Blanc	458	513	205	469	185	339	415	140	485	3209	472	125	376	165	304	410	125	272	354	2603	5812
Rouge	339	380	150	376	165	295	272	120	358	2455	319	110	300	158	295	386	120	214	241	2116	4571
Normale	5	5	3	5	3	4	4	3	5	37	5	3	4	3	4	5	3	4	4	35	72

Évaluation : ■ Bleu - / - □ Blanc - / - ■ Rouge - / -

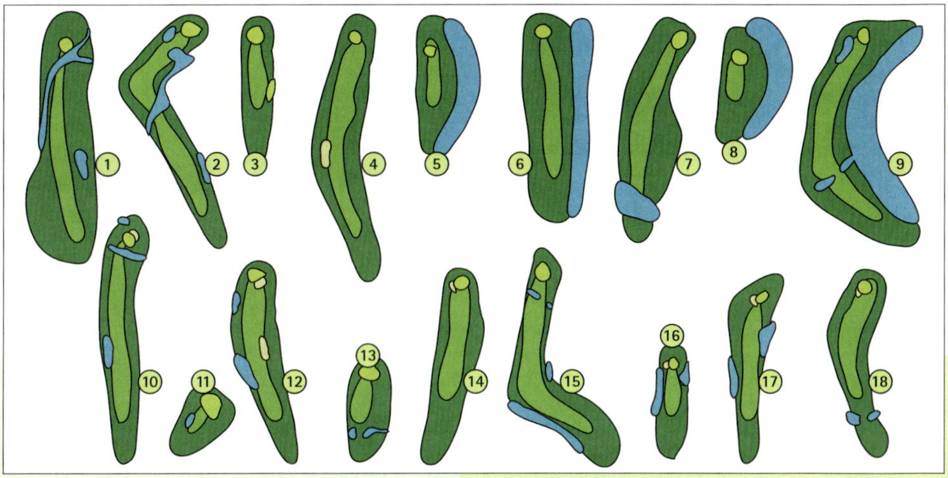

Conditions de jeu

- Verts ●●○○○
- Allées ●●○○○
- Sable ●●○○○
- Herbe longue ●●○○○
- Tertres ●●●○○

Design

- Verts + fosses ●●●○○
- Variété ●●●○○
- Harmonie + équilibre ●●●○○
- Pour tous ●●●●○
- Circuit ●●○○○

Environnement

- Visuel ●●●●○
- Nature ●●●●●
- Calme ●●●●○

Plaisir

- Délassement ●●●○○
- Verts ●●●○○
- Allées ●●●○○
- Tertres ●●○○○
- Manucure ●○○○○
- Entraînement ●○○○○
- Agrément ●●●○○
- Récupération ●●●○○

VERDICT ●●○○○

- Terrain sans prétention à ajouter à l'agenda si vous êtes déjà dans ce joli coin de pays.

Temps de jeu suggéré

4 h 30.

Accueil

Sans façon.

Indications et signalisation

Sobres mais efficaces. Chapeau !

Tenue générale

Bonne.

Améliorations

On est à refaire quelques tertres de départ et quelques fosses de sable.

Au féminin

Pour les femmes, les distances sont bien adaptées avec notamment des normales 5 de 339, 380, 376, 358, 319 et 386 verges.

Les tertres de départ sont d'aussi bonne qualité que ceux des hommes.

Aucun obstacle d'eau ne nous a paru infranchissable.

Les fosses de sable près des verts sont vraiment profondes.

Boutique du pro

Très rudimentaire.

Tarif : $

TERREBONNE

3555, chemin Martin
Terrebonne
J6X 4H4
(450) 477-1817

Copies conformes

Fondé en 1965, le Club de golf de Terrebonne se compose de deux parcours de 18 trous, le Terrebonne et le Saint-Louis. Le Terrebonne est l'aîné des deux parcours alors que le Saint-Louis, son cadet, a vu le jour en 1987. La publicité fait l'éloge de deux excellents classiques qui offrent plus de défis qu'on peut l'imaginer et qui sauront satisfaire même les golfeurs les plus chevronnés. Jetons un coup d'œil sur le parcours Terrebonne.

Le parcours

Aucun architecte ne réclame la paternité du parcours, et pour cause. Sept normales 4 gravitent dans des distances comprises entre 355 et 370 verges. Les normales 5 ont 500, 511, 512 et 517 verges... Les normales 3 sont mieux équilibrées.

La recette qui utilise des allées droites, planes, peu découpées et pratiquement dénuées de fosses de sable a fait ses preuves : elle manque de goût faute d'assaisonnement. Une impression de déjà vu s'installe rapidement. Les trous se répartissent entre le plateau complètement boisé et la plaine plutôt désertique. Ceux qui chevauchent les deux sont mieux réussies. On parle alors d'espace, de relief, de dénivellation et de points de vue différents.

En ce qui concerne la conception des verts, vous remarquerez une distorsion importante entre ceux qu'on a retouchés et les autres. Les premiers se surélèvent quelque peu et se parent d'ondulations qui leur donnent de l'allure. Les seconds rampent d'abord au ras de l'allée avant de grimper le long d'une pente prononcée. Considérant la petite dimension du vert, c'est gratuit et non justifié. Ils ne constituent d'ailleurs pas le point fort de ce terrain. Il en va de même avec les tertres de départ qui ne brillent ni par leur nombre ni par leur aménagement : ils se ressemblent tous.

Les fossés d'égouttement qui traversent les allées agacent et la distance de marche entre un vert et le tertre de départ suivant reste beaucoup trop grande.

La difficulté

Selon les joueurs interrogés, il s'agit d'un parcours facile et c'est une des raisons qui justifient leur présence à Terrebonne. À partir des jalons blancs, une évaluation Slope de 109 seulement vient confirmer leurs prétentions.

Malgré tout, les arbres qui ceinturent la majorité des allées nous donnent à penser que ce parcours mérite un peu plus de respect.

Les conditions de jeu

De manière générale, on peut parler d'herbe longue, de tertres de départ et d'allées inégales. Les verts passent du très ordinaire au très bon.

L'environnement

C'est probablement le meilleur atout de ce parcours. Les arbres matures font toute la différence avec leurs essences variées. Le contraste entre la plaine et le plateau est intéressant.

Idéal pour...

Les golfeurs de fin de semaine qui recherchent avant tout la détente.

+ NOUS AVONS AIMÉ

Certains points de vue
Les arbres
La polyvalence d'un 36 trous

– NOUS N'AVONS PAS AIMÉ

Certains points de vue
Les arbres
La polyvalence d'un 36 trous

Carte de pointage

Trou	1	2	3	4	5	6	7	8	9	Aller	10	11	12	13	14	15	16	17	18	Retour	Total
Bleu	535	353	199	396	387	335	531	166	390	3292	337	172	379	386	182	382	532	370	518	325	6550
Blanc	517	336	175	372	364	312	511	147	372	3106	328	148	360	365	163	362	512	354	500	3092	6798
Rouge	462	256	127	278	268	287	444	126	269	2517	300	123	342	250	142	342	429	336	390	2654	5171
Normale	5	4	3	4	4	4	5	3	4	36	4	3	4	4	3	4	5	4	5	36	72

Évaluation : ■ Bleu 69,6 / 112 □ Blanc 67,9 / 109 ■ Rouge 68,1 / 112

Conditions de jeu

- Verts ●●○○○
- Allées ●●●○○
- Sable ●●●○○
- Herbe longue ●●○○○
- Tertres ●●○○○

Design

- Verts + fosses ●○○○○
- Variété ●●○○○
- Harmonie + équilibre ●●●●○
- Pour tous ●●●●●
- Circuit ●●●○○

Environnement

- Visuel ●●●○○
- Nature ●●●●○
- Calme ●●○○○

Plaisir

- Délassement ●●○○○
- Verts ●○○○○
- Allées ●○○○○
- Tertres ●●○○○
- Manucure ●○○○○
- Entraînement ●●●●○
- Agrément ●●●●○
- Récupération ●●●○○

VERDICT ●●○○○

- À visiter pour la détente.
Quelques trous intéressants.
Pas un grand terrain.

Temps de jeu suggéré

5 h 00. Malheureusement, une partie de golf à Terrebonne, c'est long.

Indications et signalisation

À améliorer.

Tenue générale

Bonne.

Aire d'entraînement

Située un peu en retrait de l'autre côté de la route. Elle est de très grande dimension et particulièrement agréable avec ses vallons.

Au féminin

Malgré trois normales 4 un peu longues, les autres, à 256, 278, 268, 287, 269 et 250, sont vraiment un exemple à suivre.
Terrain agréable.

Carte de pointage

Représentative des parcours.

Tarif : $$$

LAURENTIDES

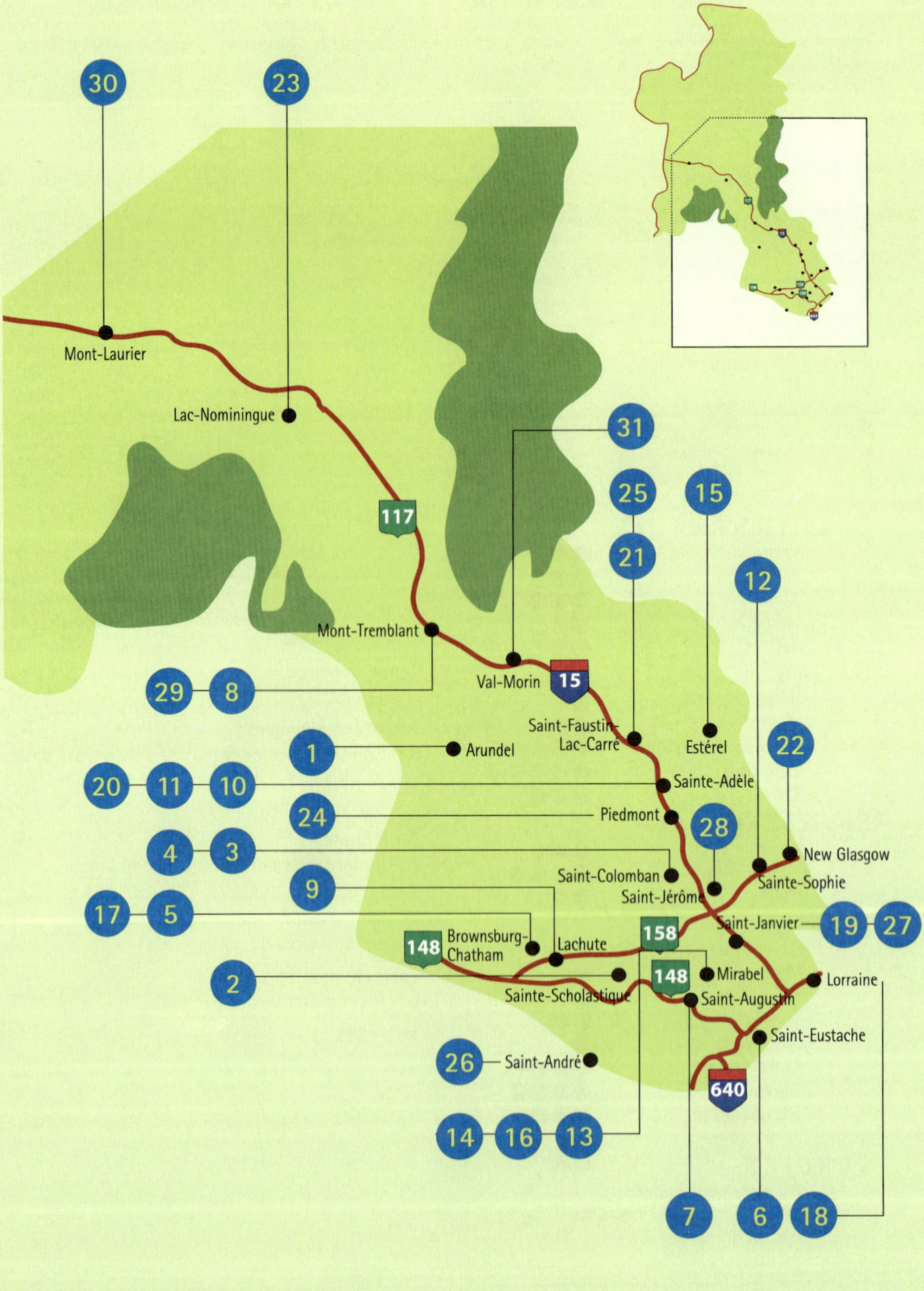

1 > ARUNDEL
Arundel

2 > BEL-AIR
Mirabel (secteur Sainte-Scholastique)

3 > BONNIEBROOK
Saint-Colomban

4 > CAPRI
Saint-Colomban

5 > CARLING LAKE
Brownsburg-Chatham

6 > DEUX-MONTAGNES
Saint-Eustache

7 > GLENDALE
Mirabel (secteur Saint-Augustin)

8 > GRAY ROCKS
Tremblant

9 > LACHUTE
Lachute

10 > LA VALLÉE DE SAINTE-ADÈLE
Sainte-Adèle

11 > LE CHANTECLER
Sainte-Adèle

12 > LE GRAND DUC
Sainte-Sophie

13 > LE MANOIR
Mirabel

14 > LES QUATRE DOMAINES
Mirabel

15 > L'ESTÉREL
Estérel

16 > LE VICTORIEN
Mirabel

17 > L'OASIS
Brownsburg-Chatham

18 > LORRAINE
Lorraine

19 > MIRABEL
Mirabel (secteur Saint-Janvier)

20 > MONT-GABRIEL
Sainte-Adèle

21 > MOUNTAIN ACRES
Saint-Faustin-Lac-Carré

22 > NEW GLASGOW
New Glasgow

23 > NOMININGUE
Lac-Nominingue

24 > PIEDMONT
Piedmont

25 > ROYAL LAURENTIEN
Saint-Faustin-Lac-Carré

26 > SAINT-ANDRÉ EST
Saint-André Est

27 > SAINT-JANVIER
Mirabel (secteur Saint-Janvier)

28 > SAINT-JÉRÔME
Saint-Jérôme

29 > TREMBLANT
Mont-Tremblant

30 > VALLÉE DE LA LIÈVRE
Mont-Laurier

31 > VAL-MORIN
Val-Morin

ARUNDEL

60, chemin du Golf
Arundel
G0T 1A0
(819) 687-8383

Parfaitement intégré

Ce terrain est situé dans la vallée de la rivière Rouge à seulement 10 minutes de Saint-Jovite. Ouvert depuis 1929, on vient d'y terminer le grand ménage du printemps. En effet, certains trous ont fait l'objet d'un réaménagement, alors que les nouveau-nés ont trouvé refuge dans la vallée, le long de la rivière.

Le parcours appartient à Dickie Moore depuis quelques années déjà. Les plus vieux se rappelleront ce fougueux ailier gauche du Canadien de Montréal qui, même s'il possédait un grand talent naturel, ne ménageait jamais ses efforts.

Le parcours

À l'image de son propriétaire, ce terrain a du caractère. Il ne donne pas dans la demi-mesure avec son relief accidenté et ses allées ondulées comme un dos de chameau. Quand elles font le «dos rond», c'est un avertissement dont il faut tenir compte. Il vaut mieux les traiter avec respect, sinon elles vous enverront paître assez rapidement.

Les ensembles verts/fosses de sable se démarquent davantage sur le neuf de retour. À noter les deux normales 5 consécutives des trous 6 et 7.

La difficulté

Les récents travaux ont porté la distance des jalons blancs à 6405 verges, ce qui constitue une légère augmentation par rapport à l'ancien parcours. Au moment d'écrire ces lignes, la nouvelle évaluation Slope n'était pas disponible. Elle ne devrait cependant pas être inférieure à la précédente qui se chiffrait à 120.

À l'aller, l'ondulation des verts augmente le degré de difficulté si l'on considère leur petite dimension. Ils se montrent plus généreux au retour, mais la tâche reste ardue à cause de leur élévation et de la présence menaçante de fosses de sable. Les derniers trous du second neuf longent la rivière et vous fourniront, à coup sûr, des moments exaltants...

Avec ses allées étroites et bordées d'arbres, le terrain ne laisse pas beaucoup de marge de manœuvre au golfeur moyen.

Les conditions de jeu

Les arbres et l'herbe longue délimitent des allées étroites, dont l'apparence s'enjolive de savants motifs laissés par une tonte soignée. Elles ne manqueront pas de faire votre bonheur, spécialement à partir des tertres de départ surélevés.

Les conditions de jeu semblent supérieures sur le second neuf.

L'environnement

Les Laurentides, la rivière Rouge et des arbres en quantité fournissent le dépaysement désiré. Les portions surélevées du parcours offrent de jolis points de vue sur la région immédiate.

En vrac

Je m'en voudrais de ne pas souligner l'accueil du propriétaire. Il est le meilleur exemple de l'anglophone parfaitement intégré dans son milieu.

Idéal pour...

Ceux qui aiment les terrains de montagne.

+ NOUS AVONS AIMÉ

Les arbres
Le coup d'œil
Les trous le long de la rivière

− NOUS N'AVONS PAS AIMÉ

Quelques trous du premier neuf qui sont répétitifs
La dimension et la forme des verts du premier neuf
Boutique qui est virtuelle

Carte de pointage

Trou	1	2	3	4	5	6	7	8	9	Aller	10	11	12	13	14	15	16	17	18	Retour	Total
Bleu	-	-	-	-	-	-	-	-	-	-	-	-	-	-	-	-	-	-	-	-	-
Blanc	350	350	205	375	150	485	490	365	430	3200	330	160	400	340	450	160	385	510	330	3065	6265
Rouge	317	295	165	315	140	410	430	340	400	2812	305	145	375	340	440	150	335	415	275	2780	5592
Normale	4	4	3	4	3	5	5	4	4	36	4	3	4	4	5	3	4	5	4	36	72

Évaluation : ■ Bleu - / - □ Blanc 70 / 118 ■ Rouge 72 / 119

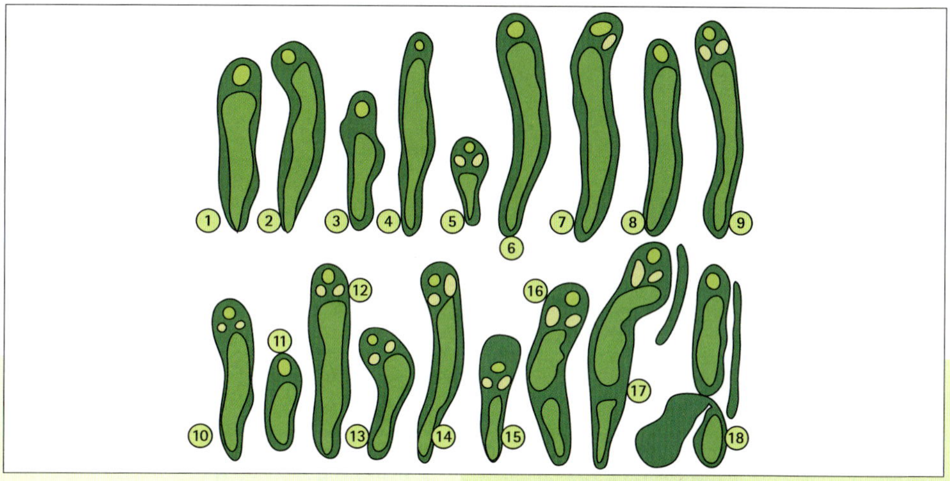

Conditions de jeu

- Verts ●●●○○
- Allées ●●●○○
- Sable ●●●○○
- Herbe longue ●●●○○
- Tertres ●●●○○

Design

- Verts + fosses ●●○○○
- Variété ●●●○○
- Harmonie + équilibre ●●●○○
- Pour tous ●●○○○
- Circuit ●●○○○

Environnement

- Visuel ●●●●○
- Nature ●●●●●
- Calme ●●●●○

Plaisir

- Délassement ●●●○○
- Verts ●●○○○
- Allées ●●○○○
- Tertres ●●●○○
- Manucure ●●●○○
- Entraînement ●●●○○
- Agrément ●●●○○
- Récupération ●●○○○

VERDICT ●●●○○

- Terrain de montagne situé dans un bel environnement, avec des tarifs abordables.

Temps de jeu suggéré

4 h 30. Mon petit doigt me dit que ça peut être plus long.

Indications et signalisation

À améliorer.

Tenue générale

Bonne.

Aire d'entraînement

À la suite du réaménagement de quelques trous, elle sera située à l'entrée du site. C'est cependant un peu loin de la boutique.

Améliorations

Des travaux de peaufinage à la suite de la transformation de certains trous.

Au féminin

Terrain accidenté qui ne plaira pas à toutes. Malgré les modifications, il est trop long. Bel environnement.

Pavillon

En bois rond, ce qui lui confère un certain style.

Boutique du pro

Plutôt rudimentaire.

Divers

Les crampons de métal ne sont pas permis.

Tarif : $$

BEL AIR

7410, chemin Verdon
Mirabel
(secteur Sainte-Scholastique)
J7N 2V1
(450) 258-4444

En progression

Ouvert en 1967 avec un premier neuf trous, ce terrain a changé de mains trente ans plus tard et compte maintenant 18 trous. Le propriétaire a lui-même conçu le neuf de retour, tout à fait conscient qu'il ne pouvait rivaliser avec les terrains appartenant aux grandes corporations. Il vise donc le golfeur moyen qui privilégie la détente.

Le parcours

Il existe une différence appréciable entre les premier et second neuf. À l'aller, de petits verts et des allées affligées de fossés d'égouttement nous laissent froid. Le retour compense un peu avec ses verts plus grands, de conception plus récente et recouverts de gazon de type agrostide. Ceux qui ont des arbres en arrière-plan s'avèrent plus agréables. Le neuf de retour accueille sans conteste les plus beaux trous.

Il n'en demeure pas moins que des allées droites, planes et disposées parallèlement ne donnent jamais de grands résultats. Avec pareil dessin, le joueur risque de s'ennuyer rapidement. Heureusement, on consacre beaucoup d'efforts au réaménagement de quelques trous dont le 9e qui vient terminer en beauté un premier neuf quelconque.

La difficulté

Il ne faut pas négliger le rôle du vent qui pourrait jouer les trouble-fête, surtout avec les petits verts du premier neuf. Pour le reste, ce terrain court, avec ses allées ouvertes et ses obstacles virtuels, peine à justifier sa Slope de 120.

Les conditions de jeu

Elles s'améliorent un peu chaque année, mais de façon générale, les verts restent inégaux, même si ceux du second neuf semblent voués à un plus bel avenir. Les tertres de départ demeurent nettement trop petits pour favoriser de bonnes conditions de jeu. Les allées sont passables et il reste du travail à faire dans les sous-bois du second neuf.

L'environnement

La vue à partir du plateau est intéressante, mais les arbres se font trop rares. La présence de cours d'eau embellit le circuit et les nouveaux aménagements paysagers devraient améliorer la situation.

En vrac

Le propriétaire ne ménage pas ses efforts pour améliorer son parcours. Le 9e trou a été complètement redessiné et cette normale 3 pourrait devenir le trou signature avec ses 207 verges. Deux lacs et des fosses de sable protègent un vert bordé d'aménagements paysagers spectaculaires. Le 18e trou est une normale 5 entourée d'arbres. Un cours d'eau le traverse à la hauteur du coup de départ et un arbre complique l'exécution du deuxième coup puisqu'il ferme l'allée à 125 verges du vert. Ces deux trous de finition ont de quoi animer les discussions qui auront cours dans le tout nouveau pavillon.

Idéal pour...

Le golfeur qui aime les terrains où il est facile de marcher et de jouer.

+ NOUS AVONS AIMÉ

L'accueil
Le pavillon
La vocation divertissement de ce terrain

– NOUS N'AVONS PAS AIMÉ

Le dessin des trous
Les conditions de jeu perfectibles
Les ensembles verts/fosses de sable

Carte de pointage

Trou	1	2	3	4	5	6	7	8	9	Aller	10	11	12	13	14	15	16	17	18	Retour	Total
Bleu	465	440	345	300	322	360	175	370	310	3087	297	175	355	467	448	145	390	355	505	3137	6224
Blanc	450	432	335	290	312	350	160	360	299	2988	287	165	345	457	435	135	380	335	490	3029	6017
Rouge	368	400	275	252	302	340	155	305	266	2663	236	160	307	417	388	125	310	300	365	2608	5271
Normale	5	4/5	4	4	4	4	3	4	4	36/37	4	3	4	5	4/5	3	4	4	5	36/37	72/74

Évaluation : ■ **Bleu - / -** □ **Blanc - / -** ■ **Rouge - / -**

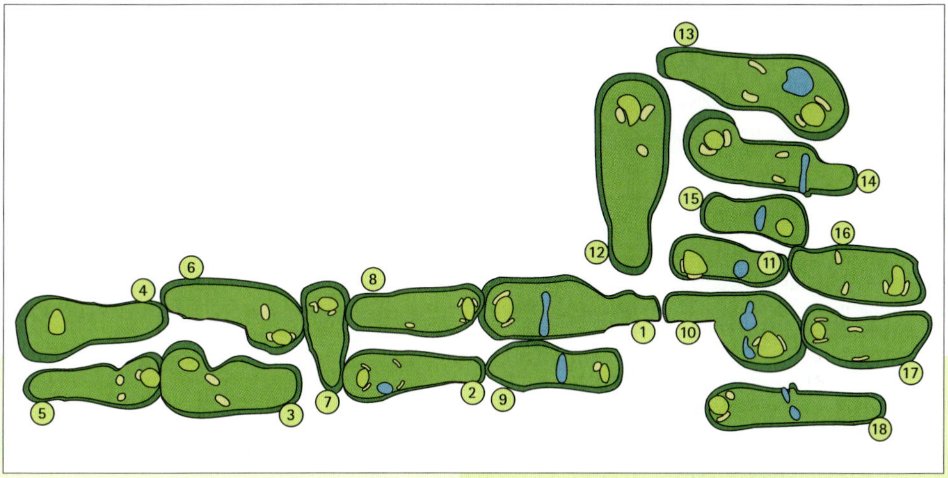

Conditions de jeu

- Verts ●●●○○
- Allées ●●○○○
- Sable ●●●○○
- Herbe longue ●●●○○
- Tertres ●●○○○

Design

- Verts + fosses ●●○○○
- Variété ●●○○○
- Harmonie + équilibre ●●○○○
- Pour tous ●●●●○
- Circuit ●●○○○

Environnement

- Visuel ●●●○○
- Nature ●●●○○
- Calme ●●●○○

Plaisir

- Délassement ●●○○○
- Verts ●●○○○
- Allées ●●●○○
- Tertres ●●●○○
- Manucure ●●●○○
- Entraînement ○○○○○
- Agrément ●●●○○
- Récupération ●●●○○

VERDICT ●●○○○

- Terrain facile avec des conditions de jeu qui s'améliorent lentement. Allées parallèles et ouvertes.

Temps de jeu suggéré
4 h 30.

Indications et signalisation
À améliorer.

Tenue générale
Bonne.

Aire d'entraînement
Se résume à un vert d'exercice.

Améliorations
Chaque année amène son lot de nouveautés. Pensons à l'agrandissement de tertres de départ, à un nouveau barrage pour augmenter le niveau des eaux. Heureusement, ce n'est pas fini.

Au féminin
Pour débutantes, malgré des distances trop longues.

Pavillon
D'allure moderne. Il fait la fierté du propriétaire.

Boutique du pro
Elle s'améliore d'année en année.

Tarif : $$

BONNIEBROOK

207, côte Saint-Paul
Saint-Colomban
J0R 1N0
(450) 438-4422

Super site

À la fin des années 1920, un des premiers parcours de golf des Laurentides est aménagé sur un domaine de chasse et de pêche traversé par une rivière. En 1988, Gilles Gareau acquiert le domaine et dessine un parcours de 18 trous, qui deviendra la pierre angulaire d'un projet résidentiel de Saint-Colomban. Où en sommes-nous seize ans plus tard ?

Le parcours

Ce site idéal pour toutes les activités de plein air ne fait pas exception pour le golf. Des arbres à profusion campent un cadre naturel pour chaque trou et l'architecte a su en tirer profit. Commençons avec les tertres de départ qui ne passent pas inaperçus grâce à leurs formes recherchées. Peu importe leur nombre, ils occupent des emplacements différents qui modifient nécessairement l'angle d'attaque. Cela permet d'adapter le degré de difficulté à toutes les catégories de golfeur et d'assurer le même intérêt pour tous.

La force de ce parcours réside toutefois dans la variété de ses trous. À chaque trou, le concepteur nous réserve un élément de surprise. Qu'il s'agisse d'un vert surélevé, d'une coulée, de l'apparition d'un plan d'eau ou d'une dénivellation, vous ne risquez pas de vous ennuyer. Même en petit nombre, les fosses d'allée se démarquent en prenant appui sur des monticules. Celles qui sont situées près des verts ont plus de profondeur et vous obligent à faire exploser le sable pour éviter leur rebord.

La difficulté

Les chiffres nous parlent de 12 plans d'eau, 55 fosses de sable, 4 jalons de départ et 6290 verges, le tout pour une évaluation Slope de 126. Mais vous le savez, les chiffres ne disent pas tout. Il faut également tenir compte de l'étroitesse des allées, des coups à l'aveuglette et des positions de frappe compliquées par les pentes. Tout compte fait, on se retrouve avec un terrain qui n'est pas facile.

Les conditions de jeu

Elles se situent à peine dans la moyenne. En dépit d'un terrain bien manucuré, de sous-bois nettoyés et de tertres de départ réparés régulièrement, il s'agit de conditions de jeu honnêtes, sans plus.

L'environnement

J'ai beaucoup aimé l'aspect naturel de Bonniebrook. Avec sa forêt mature aux essences multiples, sa pinède âgée de 300 ans le long du 10e trou, sa rivière et ses lacs, il fournit au joueur tout le dépaysement nécessaire. Jusqu'à maintenant, la construction résidentielle se développe en harmonie avec l'environnement ; les constructions se fondent dans le décor. La tranquillité des lieux en souffrira peut-être lorsque toutes les maisons seront érigées.

En vrac

À deux occasions, deux normales 5 se concentrent sur un court espace de trois trous.

Même si chaque neuf adopte la forme d'une boucle, la distance de marche entre quelques trous surprend.

Idéal pour…

Du plaisir pour tous et encore davantage pour les golfeurs précis.

+ NOUS AVONS AIMÉ

- Le site naturel
- La variété des trous
- Le dessin des fosses et des tertres de départ

– NOUS N'AVONS PAS AIMÉ

- La distance entre certains trous
- Les trous où le groupe précédent disparaît derrière une dénivellation
- Les conditions de jeu fragiles

Carte de pointage

Trou	1	2	3	4	5	6	7	8	9	Aller	10	11	12	13	14	15	16	17	18	Retour	Total
Bleu	343	361	492	430	475	142	330	396	182	3151	469	190	522	355	175	545	391	352	140	3151	6290
Blanc	290	346	481	410	466	135	320	386	177	3011	460	177	511	323	161	513	381	342	125	3011	6004
Rouge	247	309	412	308	394	92	314	322	157	2555	430	131	426	225	113	384	328	270	95	2555	4957
Normale	4	4	5	4	5	3	4	4	3	36	5	3	5	4	3	5	4	4	3	36	72

Évaluation : ■ Bleu 70,9 / 126 □ Blanc 69,2 / 122 ■ Rouge 70,5 / 122

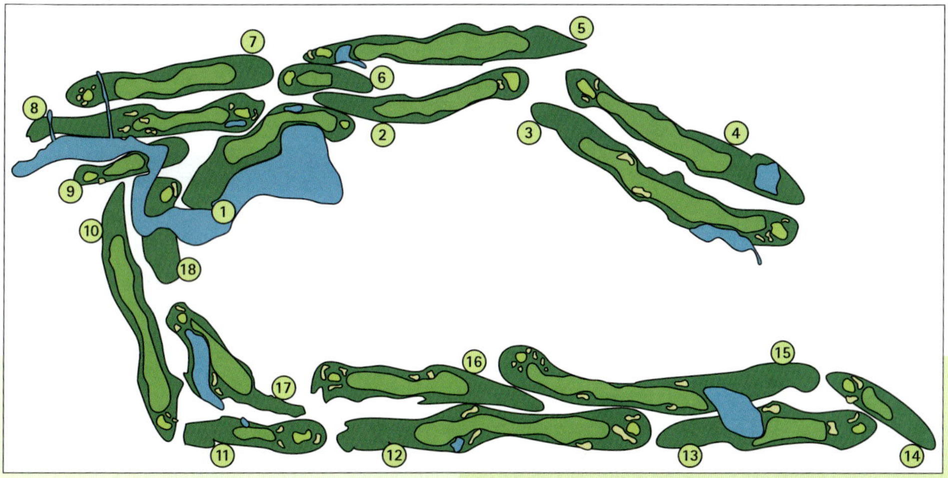

Conditions de jeu

- Verts ●●●○○
- Allées ●●●○○
- Sable ●●●○○
- Herbe longue ●●●○○
- Tertres ●●●○○

Design

- Verts + fosses ●●●●○
- Variété ●●●●●
- Harmonie + équilibre ●●●●●
- Pour tous ●●●●○
- Circuit ●●●○○

Environnement

- Visuel ●●●●○
- Nature ●●●●●
- Calme ●●●●○

Plaisir

- Délassement ●●○○○
- Verts ●●●○○
- Allées ●●●○○
- Tertres ●●●●○
- Manucure ●●●●○
- Entraînement ○○○○○
- Agrément ●●●●●
- Récupération ●●●●○

VERDICT ●●●○○

- Terrain qui brille par la variété de ses trous, son environnement naturel et sa tenue impeccable.
  Attention aux conditions de jeu.

Temps de jeu suggéré
Non disponible.

Accueil
Bon.

Indications et signalisation
Une petite brochure montre chaque trou de façon détaillée.

Tenue générale
Excellente.

Aire d'entraînement
Je suis toujours déçu quand un beau terrain ne nous offre qu'un vert d'exercice.

Améliorations
Les sous-bois sont nettoyés régulièrement.

Au féminin
Vous aimerez la tenue irréprochable des lieux et les petites attentions dont vos départs font l'objet.
Trous variés mais parfois un peu longs.

Pavillon
Tout à fait dans le ton.

Boutique du pro
Fait un peu chalet de ski, mais l'accueil y est très bon.

Tarif : $$

342, boulevard Kenna
Saint-Colomban
J0R 1N0
(450) 436-5261

Dr Jekyll et Mr Hyde

Capri est une île mesurant 6 kilomètres de long sur 3 kilomètres de large, située aux abords de la ville de Sorrente. Ancrée dans les eaux bleues de la Méditerranée, elle est réputée pour ses hôtels illustres, la variété de son décor, la richesse de ses constructions et ses boutiques de luxe. Il faut la découvrir dans le calme et la sérénité, bien loin de la multitude des touristes, assister au coucher du soleil et profiter alors de la quiétude de l'endroit. Tout cela, c'est Capri, en Italie. Qu'en est-il du golf Capri à Saint-Colomban ?

L'analogie s'arrête à l'orthographe du nom. Ce centre en est un quatre saisons qui est davantage connu pour ses activités hivernales. Le propriétaire se spécialisait dans le terrassement domiciliaire jusqu'au jour où il décida d'aménager ce complexe avec l'aide de ses enfants.

Dès votre arrivée sur les lieux, c'est l'étonnement. Vous faites face à une palissade de bois qui sert, en hiver, de base de lancement à des dizaines de glissades pour chambres à air. Ensuite, lors de votre inscription, vous découvrez un pavillon qui marie le style western avec le genre Elvis et dont le plancher de ciment est parsemé de troncs d'arbres.

Le parcours

Le propriétaire s'est donné la peine de nous faire visiter son parcours. Le premier neuf existe depuis 1965 et il fait partie d'un petit 18 trous de 5800 verges. Cependant, un nouveau neuf est ouvert depuis peu. Entièrement conçu par M. Arbic, il peut être jumelé à un des neuf existants pour augmenter la difficulté de la partie. Le propriétaire s'est fait un devoir de visiter des dizaines de terrains en Floride et à Myrtle Beach avant de commencer les travaux.

C'est ainsi qu'il accoucha du p'tit dernier. Avouons tout de suite qu'il n'a rien en commun avec les deux autres. Autant leur dessin simpliste, parfois même sans intérêt, est décevant, autant le nouveau a de la gueule, voire de la classe. Ses verts immenses et ses grandes fosses de sable trahissent la source d'inspiration du concepteur. Pour certains trous, il a fait preuve d'audace, choisissant un emplacement osé pour un tertre de départ ou même pour un vert. « Si cela ne marche pas, je le changerai de place », se disait-il au moment de la construction. Eh bien, cela a marché.

La difficulté

Aucune comparaison ne tient. Le nouveau neuf s'adresse à des golfeurs aguerris, alors que les anciens conviennent mieux à des débutants et à des golfeurs occasionnels.

Les conditions de jeu

Les tertres de départ sont en mauvais état, alors que les allées sont acceptables. Le gazon des verts manque de maturité mais il est en progression.

L'environnement

Le lac Capri enjolive quelques trous. Pour le reste, c'est comme si le travail était inachevé.

Idéal pour…

Les résidents de Saint-Colomban pour qui le golf est une activité occasionnelle (en attendant le prochain neuf).

+ NOUS AVONS AIMÉ

Le nouveau neuf, son dessin audacieux, la dimension de ses verts et de ses fosses, son défi

– NOUS N'AVONS PAS AIMÉ

Les deux autres neuf
Les conditions de jeu
Le pavillon

Carte de pointage

Trou	1	2	3	4	5	6	7	8	9	Aller	10	11	12	13	14	15	16	17	18	Retour	Total
Bleu	355	238	255	143	247	340	590	445	260	2873	169	250	315	297	446	413	247	333	192	2662	5535
Blanc	335	212	240	135	232	318	525	435	247	2679	164	225	300	276	440	408	240	322	174	2549	5228
Rouge	216	200	190	120	157	278	475	400	233	2269	155	215	245	250	381	353	225	267	150	2241	4510
Normale	5	4	4	5	4	4	4	3	3	36	5	4	4	5	4	4	4	3	3	36	72
	Évaluation :				**Bleu - / -**					**Blanc - / -**						**Rouge - / -**					

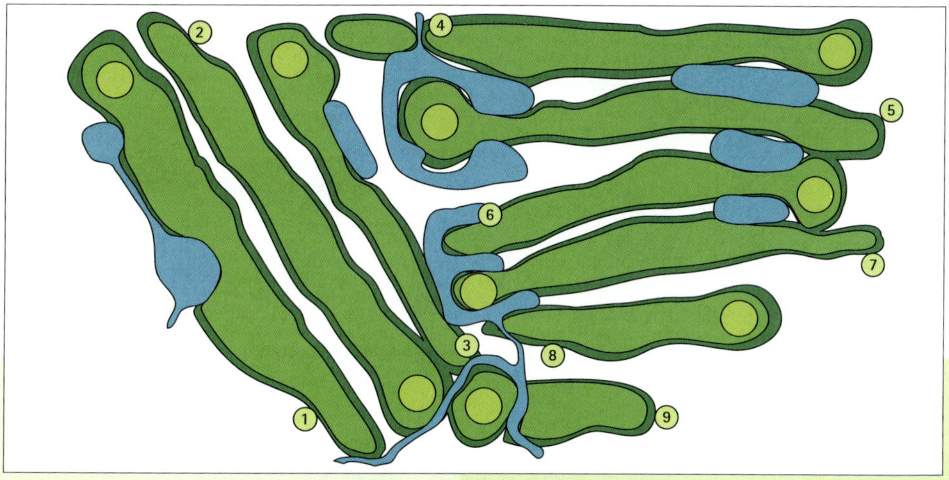

Conditions de jeu

- Verts ●●○○○
- Allées ●●○○○
- Sable ●●○○○
- Herbe longue ●●○○○
- Tertres ●○○○○

Design

- Verts + fosses ●●●○○
- Variété ●●●○○
- Harmonie + équilibre ●●○○○
- Pour tous ●●○○○
- Circuit ●●○○○

Environnement

- Visuel ●●●○○
- Nature ●●●○○
- Calme ●●●○○

Plaisir

- Délassement ●●○○○
- Verts ●●●○○
- Allées ●●●○○
- Tertres ●●●○○
- Manucure ●●○○○
- Entraînement ○○○○○
- Agrément ●○○○○
- Récupération ●●○○○

VERDICT ●●◐○○

- Le neuf de 3336 verges est intéressant mais pour le reste…

Temps de jeu suggéré
Disons que les gens sont plutôt accommodants.

Indications et signalisation
À améliorer.

Tenue générale
Inégale.

Aire d'entraînement
Vert d'exercice seulement.

Améliorations
Drainage, fossés, nouveaux trous, nouveaux tertres et j'en passe.

Au féminin
Une seule normale 4 de plus de 300 verges : bravo.
Plus intéressant pour vous que pour votre conjoint (ne l'amenez pas).

Pavillon
Unique en son genre.

Boutique du pro
Très rudimentaire.

Tarif : $

CARLING LAKE

Route 327 Nord, C.P. 670
Brownsburg-Chatham
J0V 1A0
(514) 337-1212

Bonne réputation

Fondé en 1961, ce parcours conçu par l'architecte québécois Howard Watson est administré par le golfeur québécois Jean Millaire depuis près de vingt ans. Carling Lake a toujours bénéficié d'une bonne réputation et d'un certain prestige qui s'est accru au cours des dix dernières années avec la construction d'un hôtel luxueux.

Le parcours

D'abord et avant tout, ce parcours présente un relief très accidenté avec des trous découpés à même la forêt. Vous ne serez donc pas étonné d'y trouver de nombreuses pentes et dénivellations, des verts ondulés ou des tertres de départ perchés dans la montagne. C'est le site naturel qui a dicté à l'architecte leur emplacement.

Heureusement, Carling Lake offre de bonnes voiturettes motorisées qui roulent sur des sentiers asphaltés, garantie d'une balade agréable, sécuritaire et confortable.

Le golf de montagne ne cesse jamais d'étonner, mais c'est presque sa nature. Ainsi, les quatre premiers trous de chacun des deux neuf sont des normales 4, tout comme les trous n°s 16, 17 et 18. En raison de l'environnement et des nombreuses dénivellations, la variété caractérise ces trous vraiment pittoresques.

La difficulté

Malgré l'opinion contraire de M. Millaire, ce terrain est vraiment difficile. Il n'est pas rare de rencontrer des allées qui ont 20 verges de largeur (ou moins), complètement fermées par des arbres de chaque côté. En tenant compte des dénivellations, des fosses profondes et parfois légèrement distancées du vert, vous comprendrez que l'évaluation Slope de ce terrain se chiffre à 122 à partir des jalons blancs.

Le parcours nous laisse avec quelques coups à l'aveuglette et plusieurs allées sont affectées par une pente latérale qui repousse la balle en bordure de l'herbe longue.

Les conditions de jeu

Les tertres de départ entourés d'arbres ne manqueront pas de faire bonne impression. L'envers de la médaille, c'est que la végétation fait ombrage aux tertres et que les conditions de jeu en souffrent, le gazon n'y étant jamais aussi fourni qu'ailleurs. On retrouve plusieurs petits cailloux dans les fosses d'allées. Au moment de la visite, les verts n'avaient pas récupéré de l'hiver précédent. Les allées semblent avoir tendance à retenir l'eau.

L'environnement

Les photographies que l'on retrouve dans le hall d'entrée du pavillon sont là pour le prouver, à Carling Lake, les arbres ne manquent pas.

En vrac

L'utilisation des voiturettes motorisées est obligatoire.

Idéal pour...

Les golfeurs qui prétendent être précis.

+ NOUS AVONS AIMÉ

Les arbres
Certains points de vue en plongée
Les sentiers pour voiturette motorisée

– NOUS N'AVONS PAS AIMÉ

Un degré de difficulté trop élevé pour la majorité des golfeurs
La condition des tertres de départ
L'absence d'aire d'entraînement

Carte de pointage

Trou	1	2	3	4	5	6	7	8	9	Aller	10	11	12	13	14	15	16	17	18	Retour	Total
Bleu	402	290	322	296	150	520	427	238	485	3130	437	391	423	412	580	108	428	410	391	3580	6710
Blanc	378	272	307	284	137	474	367	225	475	2919	392	379	413	402	569	99	397	398	359	3408	6327
Rouge	302	256	242	271	110	426	268	210	407	2492	381	316	365	284	432	87	345	385	334	2929	5421
Normale	4	4	4	4	3	5	4	3/4	5	36/37	4	4	4	4	5	3	4	4	4	36	72/73

Évaluation : ■ Bleu 72,5 / 126 □ Blanc 71 / 122 ■ Rouge 71,5 / 123

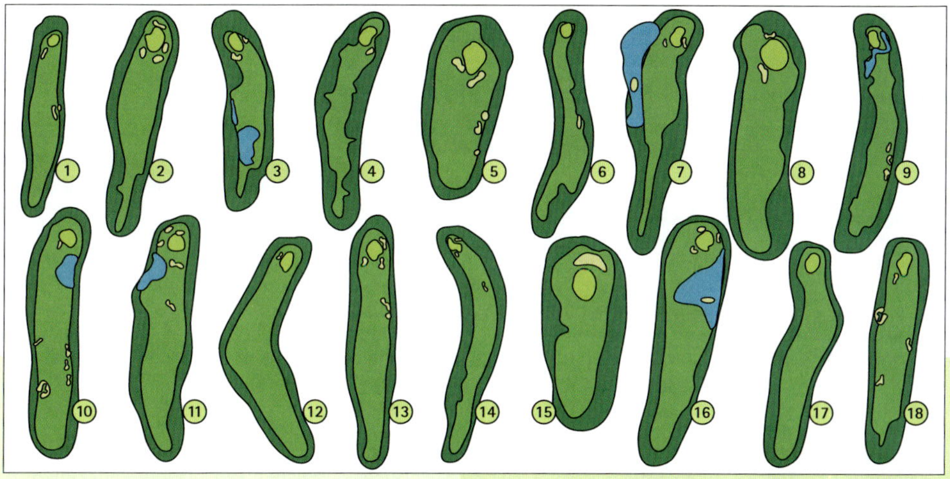

Conditions de jeu

- Verts ●●●○○
- Allées ●●●○○
- Sable ●●●○○
- Herbe longue ●●●○○
- Tertres ●●○○○

Design

- Verts + fosses ●●●●○
- Variété ●●●●○
- Harmonie + équilibre ●●●●○
- Pour tous ●○○○○
- Circuit ●●○○○

Environnement

- Visuel ●●●●●
- Nature ●●●●●
- Calme ●●●●●

Plaisir

- Délassement ●●●○○
- Verts ●●●○○
- Allées ●●○○○
- Tertres ●●○○○
- Manucure ●●●○○
- Entraînement ○○○○○
- Agrément ●●●●●
- Récupération ●●○○○

VERDICT ●●●○○

- À visiter si vous aimez le golf de montagne.

Temps de jeu suggéré

Ce terrain accueille plusieurs vacanciers qui ont tout leur temps.

Accueil

Très bon.

Indications et signalisation

Excellentes.

Tenue générale

Impeccable.

Au féminin

Une attention particulière est accordée à vos tertres de départ.
Vous apprécierez l'environnement et l'ambiance.
C'est un terrain vraiment difficile.

Pavillon

Beaucoup de cachet.

Boutique du pro

Bénéficie d'une vue magnifique sur le lac Carling.

Carte de pointage

Informe qu'une pénalité de deux coups est encourue pour une balle hors limite.

Divers

Voiturettes motorisées propres et confortables.

Tarif : $$$$

DEUX-MONTAGNES

555, chemin de la Rivière-Sud
Saint-Eustache
J7R 4K3
(450) 472-4653

Modèle réduit

Le club de golf Deux-Montagnes a pignon sur rue à Saint-Eustache. Propriété de la famille Cadieux, il propose deux parcours de 18 trous depuis 1986. L'Albatros et Le Patriote sont tous deux l'œuvre de John Watson et semblent constituer un choix populaire chez les organisateurs de tournois d'entreprises.

Le parcours

Examinons Le Patriote. Comme son jumeau, ce parcours accorde de l'importance à des détails qui auront l'heur de plaire à sa clientèle de tournoi. Je pense aux sentiers pour voiturettes motorisées, aux bordures qui protègent les alentours des tertres de départ et à la tenue générale de l'endroit. Même les indications sont conçues pour leur faciliter la tâche le plus possible.

Tout en faisant preuve de sobriété, le dessin des verts et des fosses de sable adopte de jolies formes. Les fosses notamment font preuve d'astuce. En effet, à cause de leur dessin et de leur dimension, elles paraissent plus menaçantes qu'elles ne le sont réellement. Cela fait partie du travail de l'architecte de faire croire à un trou plus difficile qu'il ne l'est réellement. Plusieurs allées sont droites et parallèles, ce qui n'a rien pour faire naître la passion. Heureusement, les trous n°s 8 à 14, plus boisés et plus étroits, apportent de la variété à l'ensemble, d'autant plus qu'ils sont marqués de quelques dénivellations.

Du côté de la distribution des différentes normales, aucune séquence malhabile ne vient nuire au déroulement de la partie. Trois courtes normales 4 compensent quatre autres plus longues, alors que trois normales 3 comptent plus de 170 verges.

La difficulté

Il s'agit d'un terrain particulièrement facile et c'est probablement une caractéristique appréciée de la clientèle de tournoi. Il est court, comme le prouvent ses 5886 verges à partir des jalons blancs et ses 6339 verges pour les jalons bleus. Bien sûr, la distance ne dit pas tout, mais avec une évaluation Slope de 114, un quatrième jalon aurait été apprécié des meilleurs golfeurs.

Plusieurs obstacles d'eau, quelques hors-limite et de grandes fosses de sable ne suffisent pas à compliquer la tâche au golfeur pour la peine.

Les conditions de jeu

J'aurais envie de dire que nous sommes en présence d'un beau petit terrain propre. Il est bien manucuré et bien entretenu. Les fosses de sable sont l'objet de soins quotidiens et les verts maintiennent la forme. Rien à redire sur les allées et l'herbe longue qui, sans être la référence en la matière, sont tout à fait acceptables considérant la quantité de golfeurs qui fréquentent l'endroit.

L'environnement

Les trous qui longent les limites de la propriété côtoient des bâtisses commerciales qui apparaissent entre les arbres. Ces derniers sont en nombre suffisant pour enjoliver la promenade.

Idéal pour...

La clientèle de tournoi et les golfeurs moyens.

+ NOUS AVONS AIMÉ

- La tenue des lieux
- Le souci du détail
- Les plans d'eau

– NOUS N'AVONS PAS AIMÉ

- Le manque de défi
- Les trous en parallèle
- Le sentiment d'être à l'étroit

Carte de pointage

Trou	1	2	3	4	5	6	7	8	9	Aller	10	11	12	13	14	15	16	17	18	Retour	Total
Bleu	318	365	185	505	349	345	172	497	389	3145	390	480	170	315	132	419	386	550	346	3188	6339
Blanc	300	355	140	460	335	325	145	486	345	3891	375	415	127	300	120	410	380	533	335	2995	5886
Rouge	280	293	97	440	322	300	140	386	330	2588	265	380	119	290	110	340	355	449	285	2588	5181
Normale	4	4	3	5	4	4	3	5	4	36	4	5	3	4	3	4	4	5	4	36	72

Évaluation : ■ Bleu 69,1 / 114 □ Blanc 67,5 / 112 ■ Rouge 68,1 / 115

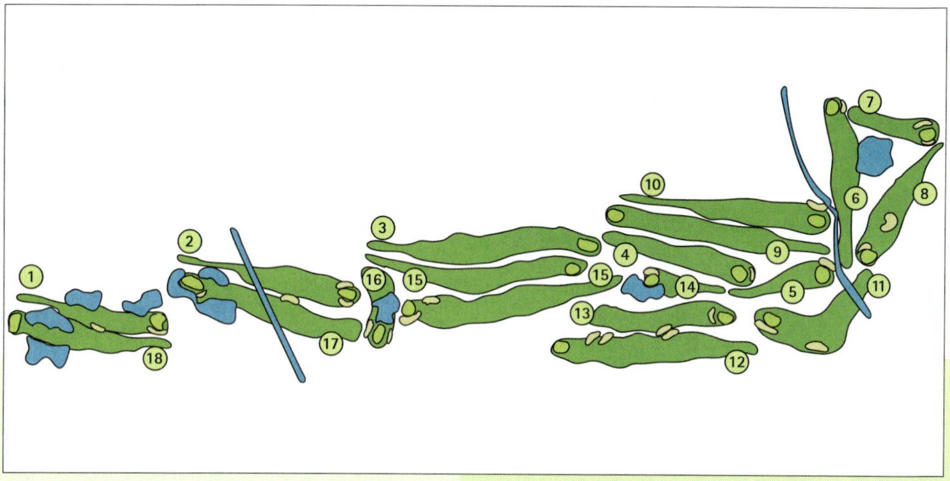

Conditions de jeu

- Verts ●●●●○
- Allées ●●●○○
- Sable ●●●●○
- Herbe longue ●●●○○
- Tertres ●●●○○

Design

- Verts + fosses ●●●●○
- Variété ●●●○○
- Harmonie + équilibre ●●●○○
- Pour tous ●●●●○
- Circuit ●●●○○

Environnement

- Visuel ●●●○○
- Nature ●●●○○
- Calme ●●●○○

Plaisir

- Délassement ●●●○○
- Verts ●●●○○
- Allées ●●●○○
- Tertres ●●●○○
- Manucure ●●●●○
- Entraînement ●●●●○
- Agrément ●●●●●
- Récupération ●●●●●

VERDICT ●●◐○○

- Ce terrain fera les délices de la clientèle visée.
  Pas un grand défi de golf.

Temps de jeu suggéré

Non disponible mais présence de patrouilleurs.

Indications et signalisation

Très bonnes, surtout grâce à la brochure qui illustre et décrit les trous.

Les jalons de départ sont clairement identifiés : jaunes pour débutants, rouges pour dames, blancs pour hommes et bleus pour classe A.

Tenue générale

Excellente.

Aire d'entraînement

Spacieuse et éclairée.

Au féminin

Curieux qu'un terrain si court pour les hommes soit si long pour les dames. Vous aimerez l'atmosphère, la propreté et les conditions de jeu.

Pavillon

Rappellent un peu le style « ranch », ce qui est loin d'être déplaisant.

Boutique du pro

Peut vous accommoder ou vous faire succomber à la tentation.

Tarif : $$

GLENDALE

9500, montée Sainte-Henriette
Mirabel (secteur Saint-Augustin)
J7J 2A1
(514) 990-8357

Discret

La famille St-Germain (Golf UFO) a acquis en 1986 le club privé Glendale qui ne comptait alors qu'un 18 trous, baptisé depuis L'Ancestral. En 1993, L'Élite s'est rajouté et depuis, ce complexe de 36 trous se cherche une identité. À l'heure actuelle, il se présente comme un parcours semi-privé pour des raisons qu'il ne m'appartient pas de discuter.

Le parcours

Attardons-nous au dernier-né, L'Élite. Le dessin du parcours a évidemment été confié à Richard St-Germain. Sur ce site plat et boisé, il a placé de petits monticules de chaque côté des allées afin d'animer l'ensemble. Ils se font discrets et ne brisent en rien la quiétude ou l'équilibre des lieux. Les fosses d'allée ne manqueront pas d'attirer votre attention avec leur sable blanc, même si leur dessin nous laisse sur notre appétit. On a même aménagé quelques fosses naturelles *(waste bunker)*. Le choix de la forme carrée ou rectangulaire pour les tertres de départ s'inscrit dans ce dessin déjà conservateur.

C'est beau la politesse, mais il ne faut pas pécher non plus par trop de discrétion et de sobriété. On finit par passer inaperçu avec des allées planes et un dessin aussi peu audacieux. Pire encore, on peut devenir ennuyeux. Ces allées étroites bordées de conifères, trou après trou, finissent par nous faire demander grâce. C'est comme le supplice de la goutte d'eau à la fin. Les cinq normales 4 quasi consécutives du second neuf complètent le tableau.

Le golfeur moyen devra choisir entre les jalons blancs à 6079 verges et les bleus à 6538 verges. L'étroitesse des allées explique ce dilemme, même si plusieurs préfèrent une distance totale oscillant entre 6200 et 6350 verges. En conséquence, les jalons rapprochés montrent des normales 4 de 349, 339, 303 et 325 verges, alors que dans les jalons bleus, quatre des normales 4 comptent plus de 400 verges ; elles n'entendent pas à rire.

La difficulté

Le dessin nous donne peut-être des trous un peu fades, mais il contribue largement au degré de difficulté du parcours. Contrairement à la tendance actuelle, on a implanté de petits verts protégés par des fosses profondes. Ils deviennent difficiles à atteindre en coups réglementaires. Dans des allées aussi étroites, les sous-bois ne peuvent que pénaliser le golfeur. À tout événement, l'évaluation Slope a le dernier mot : 129 des jalons bleus et 123 des blancs.

Les conditions de jeu

Des allées en bonne condition et bien découpées par l'herbe longue enrichiront votre partie. Les verts ne devraient pas trop vous décevoir avec une performance acceptable. Loin derrière, les tertres de départ ne parviennent pas à maintenir la cadence. Le sable des fosses ne vous laisse aucune excuse pour les sorties ratées.

L'environnement

Des arbres, des arbres et encore des arbres. Même si leurs essences ne sont pas variées, ils contribuent à assumer la tranquillité du terrain. C'est d'ailleurs ce que plusieurs recherchent.

Idéal pour...

Les membres qui peuvent profiter des deux terrains.

+ NOUS AVONS AIMÉ

Le calme
Le manucure
La condition des allées

− NOUS N'AVONS PAS AIMÉ

Le dessin discret
La petitesse des verts
La condition des tertres de départ

Carte de pointage

Trou	1	2	3	4	5	6	7	8	9	Aller	10	11	12	13	14	15	16	17	18	Retour	Total
Bleu	370	420	152	373	549	414	173	500	372	3323	491	364	322	400	161	361	425	183	508	3215	6538
Blanc	360	379	122	349	513	382	152	470	339	3066	463	352	303	373	135	325	400	172	490	3013	6079
Rouge	333	320	100	330	453	334	135	446	281	2732	435	334	265	323	113	300	366	142	469	2747	5479
Normale	4	4	3	4	5	4	3	5	4	36	5	4	4	4	3	4	4	3	5	36	72

Évaluation : ■ **Bleu 71,1 / 129** □ **Blanc 69,4 / 123** ■ **Rouge 71 / 123**

Conditions de jeu

Verts	●●●○○
Allées	●●●●○
Sable	●●●●○
Herbe longue	●●●●○
Tertres	●○○○○

Design

Verts + fosses	●●●○○
Variété	●●○○○
Harmonie + équilibre	●●●○○
Pour tous	●●●○○
Circuit	●●●○○

Environnement

Visuel	●●●●○
Nature	●●●●○
Calme	●●●●○

Plaisir

Délassement	●●●●○
Verts	●●○○○
Allées	●●●○○
Tertres	●●○○○
Manucure	●●●○○
Entraînement	●●●○○
Agrément	●●●○○
Récupération	●●●○○

VERDICT ●●●○○

Terrain dans la moyenne, sans plus.

Temps de jeu suggéré
4 h 30.

Indications et signalisation
Correctes.

Accueil
Courtois.

Tenue générale
Très bonne.

Aire d'entraînement
Vert étroit et aire de frappe également.

Au féminin
5479 verges, oui Madame !
Trop long, le reste ne compense pas.

Pavillon
Je n'y ai pas mis les pieds.

Boutique du pro
Complète.

Divers
Sentiers pour voiturettes motorisées non asphaltés.

Tarif : $$$$

355, Béthanie
Lachute
J8H 3X5
(450) 652-5228
514 990-0300

Peloton de tête

La toute première partie s'est déroulée à Lachute au début du mois de juin 1925. À l'époque, le parcours ne comptait que sept trous, résultat du travail de Stanley Thompson. En 1947, on demanda à l'architecte Howard Watson de repenser les neuf trous déjà existants et de concevoir un second neuf trous. Ces 18 trous correspondent au parcours n° 1 actuel que nous allons analyser. C'est là qu'a été disputée en 1977 la Classique Peter Jackson, étape du tournoi de la Ladies Professional Golf Association (LPGA).

Le parcours

Lachute n'est pas le genre de terrain qui réussira à vous décrocher la mâchoire par la conception de verts surélevés et de fosses de sable flamboyantes. Lachute ne fait pas appel à l'intimidation, aux astuces ou aux artifices. C'est un parcours équitable de par la largeur de ses allées, la dimension de ses verts et la disposition de ses obstacles. De nature conciliante, il vous offre la plupart du temps des sous-bois bien nettoyés. Il vous regarde droit dans les yeux en ayant l'air de vous dire « montre-moi ce que tu sais faire ». À partir de ce moment, vous ne connaîtrez aucun moment de répit.

Ce terrain est et a toujours été un des plus beaux parcours traditionnels de la province. Il le doit à la quantité et à la maturité de ses arbres qui encadrent magnifiquement ses allées bien dessinées. Son site est suffisamment accidenté pour le rendre intéressant tout en restant facile à parcourir à pied. Aucun trou n'est ordinaire.

La difficulté

Ce parcours est long. On y trouve des normales 4 de 465, 430, 415 et 410 verges, une normale 5 ascendante de 552 verges et une normale 3 de 222 verges. Qui a dit que « la distance n'a pas d'importance » ? Ajoutez à cela des allées qui ne favorisent pas le roulement de la balle et vous aurez une bonne idée de ce qui vous attend. Si cela peut vous consoler, sachez que le parcours n° 2 (habituellement réservé aux membres) est encore plus long.

Les conditions de jeu

Malgré la réputation de « terrain à tournois » que Lachute s'est forgée au fil des années, ce parcours est en très bon état. Il ne bénéficie peut-être pas de soins esthétiques aussi sophistiqués que d'autres terrains, mais tout y est en excellente condition.

Vous retrouvez quelques cailloux dans les fosses immenses et les arbres affectent parfois certains tertres de départ, mais rien de grave.

L'environnement

Il s'agit du point fort de Lachute. À chaque visite, la maturité de ses arbres et leur nombre nous émerveillent.

En vrac

Même s'ils sont faits du même bois, chacun des deux terrains justifie amplement plusieurs visites.

Idéal pour...

Les bons golfeurs. Les autres risquent de le trouver long.

+ NOUS AVONS AIMÉ

- Les arbres
- La maturité du terrain
- La force de chaque trou

– NOUS N'AVONS PAS AIMÉ

- Un peu long pour le golfeur moyen
- Sauf en tournoi, l'après-golf laisse à désirer

Carte de pointage

Trou	1	2	3	4	5	6	7	8	9	Aller	10	11	12	13	14	15	16	17	18	Retour	Total
Bleu	465	168	597	473	249	400	409	503	167	3431	430	499	344	132	542	162	345	207	529	3280	6711
Blanc	465	161	552	430	222	357	375	462	153	3178	415	476	328	120	507	127	410	190	516	3089	6267
Rouge	417	143	484	369	169	342	349	431	141	2845	395	439	286	103	423	102	376	189	486	2799	5644
Normale	4/5	3	5	5/4	3	4	4	5	3	36	4	5	4	3	5	3	4	3	5	36	72

Évaluation : ■ Bleu 72,5 / 120 □ Blanc 71 / 117 ■ Rouge 73 / 115

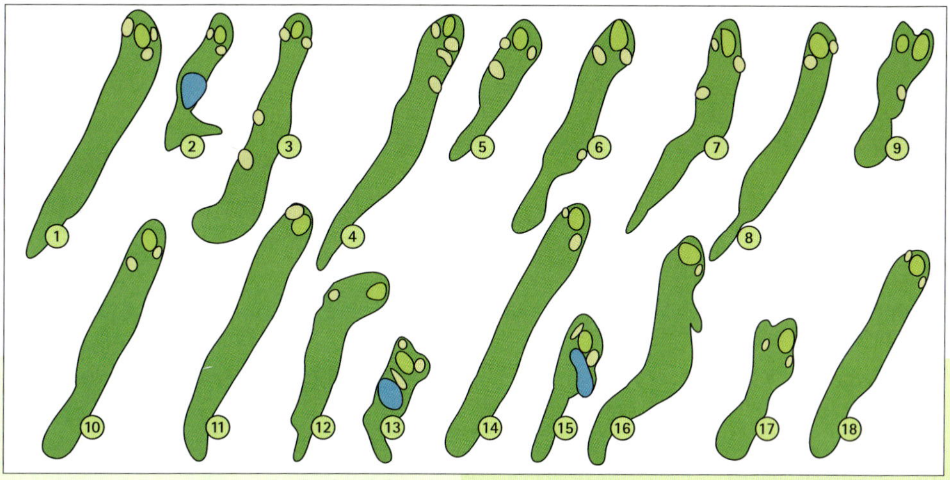

Conditions de jeu

- Verts ●●●●●
- Allées ●●●●○
- Sable ●●●●○
- Herbe longue ●●●●○
- Tertres ●●●●○

Design

- Verts + fosses ●●●●○
- Variété ●●●●●
- Harmonie + équilibre ●●●●●
- Pour tous ●●●●○
- Circuit ●●●●●

Environnement

- Visuel ●●●●●
- Nature ●●●●●
- Calme ●●●●●

Plaisir

- Délassement ●●●●●
- Verts ●●●●●
- Allées ●●●●○
- Tertres ●●●●○
- Manucure ●●●○○
- Entraînement ●●●●○
- Agrément ●●●●○
- Récupération ●●●●●

VERDICT ●●●●◐

- Terrain traditionnel, offrant un défi qui n'a d'égal que son environnement. Les golfeurs qui frappent loin voudront s'y mesurer.

Accueil
Très bon.

Indications et signalisation
Bonnes.

Tenue générale
Bonne.

Aire d'entraînement
Bien aménagée mais se trouve trop loin du parcours n° 1.

Au féminin
Terrain conçu par des hommes, pour des hommes. Jetez un coup d'œil à la carte de pointage.

Pavillon
En dehors des tournois, il ne s'y passe pas grand-chose.

Boutique du pro
Complète et spacieuse.
Vous y trouverez de tout.

Tarif : $$$

LA VALLÉE DE SAINTE-ADÈLE

465, rue de la Vallée-du-Golf
Sainte-Adèle
J8B 1A4
(450) 229-4653

Mini mini

La Vallée de Sainte-Adèle accueille les golfeurs depuis dix ans. Si le pavillon semble un endroit idéal pour les mariages, voyons comment c'est lorsqu'on est déjà marié avec le golf.

Le parcours

Nous voilà encore une fois en présence d'un parcours difficile à évaluer avec les grilles d'analyse habituelles. Il n'offre que deux jalons de départ et les plus longs ne font pas 5700 verges, malgré leur normale 72. Il ne faut donc pas s'étonner si 10 des 12 normales 4 font moins de 325 verges. Avec des trous aussi courts, la séquence de neuf trous sans normale 5 nous laisse sur notre appétit.

Il serait facile de conclure qu'il ne s'agit que d'un simulacre de terrain, mais le plaisir à tirer de ce parcours dépend essentiellement du genre de golf que vous pratiquez. Si vous êtes de ceux qui recherchent des parcours où il est agréable de marcher ou qui frappent moins loin mais aiment bien avoir la chance d'inscrire quelques normales, c'est l'endroit à visiter.

Quant aux autres golfeurs, avant de l'écarter trop rapidement, considérez ses conditions de jeu, son environnement et son équilibre général. Si vous êtes un client du bois n° 1, vous pourriez le regretter. D'ailleurs, son évaluation Slope de 116 surpasse celle de quelques terrains plus longs.

Il reste que sa superficie restreinte laisse peu d'espace entre les trous. Cela fait craindre autant pour la sécurité des joueurs que pour leur concentration.

La difficulté

L'évaluation Slope d'un terrain se compose de plusieurs éléments. La longueur des allées en est un au même titre que leur largeur. Dans le cas présent, il serait plus juste de parler de leur étroitesse. Ici, elle étouffe les coups de départ puisque par endroits, les allées n'ont pas 10 verges de largeur. Là, elle congestionne l'accès au vert, car des arbres se penchent vers lui comme pour lui murmurer quelque chose à l'oreille. Il est de bonne guerre d'exiger plus de précision du joueur qui utilise un fer court.

Les conditions de jeu

La petitesse de certains tertres de départ les pénalise, trop de joueurs s'exécutant dans un espace restreint. D'ailleurs, les plus grands offrent de bien meilleures conditions.

Les soins esthétiques attirent l'attention sur le contraste des couleurs, ce qui sert aussi bien les allées que les verts. Cela ne fait aucun doute, ce terrain est bien tenu.

L'environnement

Le parcours se trouve enclavé au fond d'une cuve bornée par la rivière du Nord, l'autoroute des Laurentides et quelques maisons. D'un côté, les arbres et la vue sur la montagne, de l'autre un environnement sonore impossible à ignorer.

Idéal pour…

Tous les joueurs qui n'ont plus ou qui n'ont pas encore les habiletés nécessaires pour fréquenter les parcours de championnat.

+ NOUS AVONS AIMÉ

La rivière
La montagne
La vocation spéciale du terrain

– NOUS N'AVONS PAS AIMÉ

Le dessin des verts
L'autoroute des Laurentides
L'espace restreint

Carte de pointage

Trou	1	2	3	4	5	6	7	8	9	Aller	10	11	12	13	14	15	16	17	18	Retour	Total
Bleu	-	-	-	-	-	-	-	-	-	-	-	-	-	-	-	-	-	-	-	-	-
Blanc	498	282	175	326	305	460	140	295	336	2817	335	315	360	132	255	295	483	325	308	2808	5625
Rouge	433	260	160	275	290	445	110	270	300	2543	300	284	346	112	210	224	367	286	275	2404	4947
Normale	5	4	3	4	4	5	3	4	4	36	4	4	4	3	4	4	5	4	4	36	72

Évaluation : ■ Bleu - / - □ Blanc - / - ■ Rouge - / -

Conditions de jeu

- Verts ●●●●○
- Allées ●●●○○
- Sable ●●●○○
- Herbe longue ●●●○○
- Tertres ●●●○○

Design

- Verts + fosses ●●○○○
- Variété ●●●○○
- Harmonie + équilibre ●●●○○
- Pour tous ●●●○○
- Circuit ●●●○○

Environnement

- Visuel ●●●●○
- Nature ●●●●●
- Calme ●●○○○

Plaisir

- Délassement ●●●●○
- Verts ●●●○○
- Allées ●●●○○
- Tertres ●●●○○
- Manucure ●●●●○
- Entraînement ●●●○○
- Agrément ●●●●●
- Récupération ●●●●○

VERDICT ●●●○○

- Terrain court qui pourrait convenir à certains.

Temps de jeu suggéré

Pour les balles perdues dans les sous-bois : pénalité d'un coup. Deux minutes pour les recherches de balles.

Accueil

Bon.

Indications et signalisation

Bonnes.

Règles locales

Précises.

Tenue générale

Très bonne.

Aire d'entraînement

Correcte.

Au féminin

Longueur totale : 4947 verges.
Curieusement, quatre trous sont à la limite de l'acceptable et un est trop long.
À part cette mise en garde, il devrait beaucoup vous plaire.

Pavillon

Il sert pratiquement de marque de commerce au terrain.

Boutique du pro

Spacieuse, et bien garnie.

Tarif : $$

LE CHANTECLER

2520, chemin du Club
Sainte-Adèle
J8B 3C3
(450) 229-3742

Du coq à l'âne

Le Chantecler a vu le jour en 1951, en plein cœur de Sainte-Adèle, donc des Laurentides. Il paraît même qu'on peut y apercevoir Montréal par temps clair. Il fait partie de la grande famille du groupe Beaudet, tout comme trois autres clubs de la région.

Le parcours

Ce parcours sculpté à même le flanc de la montagne ne laisse aucun doute sur sa véritable nature. Si vous aimez passer par des hauts et des bas, vous serez servi à plus d'un titre. On vous propose du golf d'ascenseur avec des allées qui montent, puis descendent, puis montent, puis… bon vous avez compris. Ensuite, et c'est flagrant sur le second neuf, les allées se placent côte à côte, ce qui amplifie encore davantage le mouvement d'aller-retour.

La distribution des normales fait défaut et un simple coup d'œil sur la carte de pointage suffira pour vous en convaincre. Notez quand même l'absence de normale 4 sur les quatre premiers trous, alors que par la suite vous devez vous en farcir quatre consécutivement. Vous voyez que les hauts et les bas n'affectent pas que le relief… Le second neuf ne fait guère mieux avec ses cinq normales 4 sur les six derniers trous.

Côté architecture, impossible de ne pas remarquer la petitesse des verts et des tertres de départ. Avec autant de dénivellations, on a eu la bonne idée de garder les allées assez larges. Cela permet au soleil d'en atteindre toute la surface, tout en laissant au golfeur plus d'espace pour admirer le paysage. La configuration des trous facilite la fluidité de la circulation.

Vous l'aurez deviné, il n'est pas facile de faire ce parcours à pied. Par contre, si vous décidez d'utiliser une voiturette motorisée, certaines secousses pourraient vous faire échapper des vibrations sonores d'origine tyrolienne.

La difficulté

Comme sur tous les terrains de montagne, les positions de frappe exigent plus de technique, de concentration et… d'équilibre. L'évaluation de la distance nous séparant du drapeau demande également plus d'attention, surtout si on considère la dimension des verts et la protection serrée dont ils font l'objet. Lorsque vous les aurez enfin atteints, vous devrez composer avec leurs nombreuses ondulations et leurs pentes parfois prononcées. Mieux vaut ne pas rater les allées par ailleurs raisonnables, car les boisés vous le feront payer chèrement.

Les conditions de jeu

C'est ici que vous risquez d'entendre chanter le coq trois fois. Découvrir le mauvais état des tertres dès le départ et le fait qu'ils manquent d'uniformité, ça commence bien mal un trou. Les verts n'ont pas de quoi pavoiser, alors que les allées se comparent à la plupart de celles des golfs de montagne.

L'environnement

Eh bien ! là, nous tombons dans la catégorie coq du village. Les points de vue sur les montagnes environnantes sont superbes.

Idéal pour…

Ceux qui aiment le golf de montagne.

+ NOUS AVONS AIMÉ

- Les paysages
- La largeur des allées
- Le caractère du terrain

– NOUS N'AVONS PAS AIMÉ

- La distribution des normales
- La petitesse des verts
- Les conditions de jeu

Carte de pointage

Trou	1	2	3	4	5	6	7	8	9	Aller	10	11	12	13	14	15	16	17	18	Retour	Total
Bleu	525	175	520	160	415	400	380	300	170	3045	410	170	515	335	415	135	335	395	365	3075	6120
Blanc	515	160	510	145	405	385	370	285	155	2930	405	160	485	325	400	125	320	385	350	2955	5885
Rouge	490	120	480	130	400	330	320	265	115	2650	400	135	425	320	375	115	270	305	320	2665	5315
Normale	5	3	5	3	4/5	4	4	4	3	35/36	4/5	3	5	4	4	3	4	4	4	35/36	70/72

Évaluation : ■ Bleu 69 / - □ Blanc 69 / - ■ Rouge 71 / -

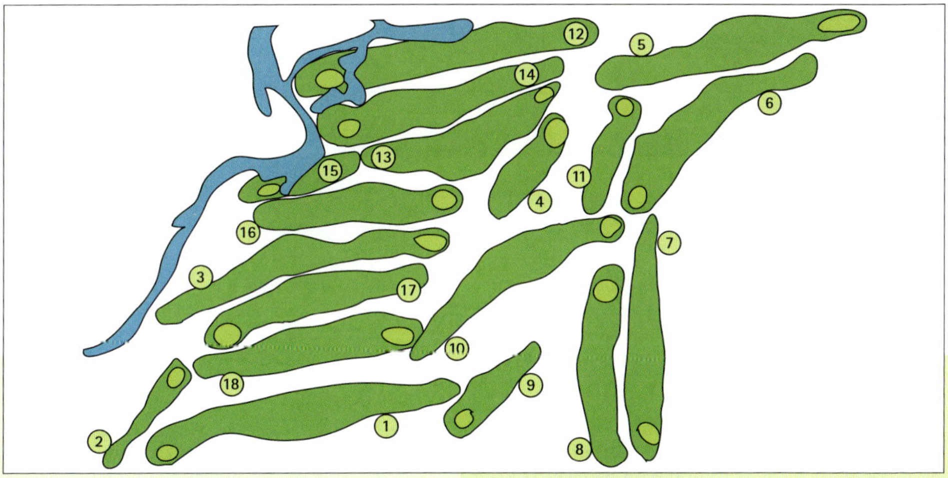

Conditions de jeu

- Verts ●●○○○
- Allées ●●○○○
- Sable ●●○○○
- Herbe longue ●●○○○
- Tertres ●○○○○

Design

- Verts + fosses ●●○○○
- Variété ●●○○○
- Harmonie + équilibre ●●●○○
- Pour tous ●●●○○
- Circuit ●●○○○

Environnement

- Visuel ●●●●●
- Nature ●●●●○
- Calme ●●●●○

Plaisir

- Délassement ●●○○○
- Verts ●●○○○
- Allées ●●●○○
- Tertres ●●○○○
- Manucure ●●○○○
- Entraînement ●○○○○
- Agrément ●●●○○
- Récupération ●●●○○

VERDICT ●●◐○○

- Intéressant pour ses paysages.

Temps de jeu suggéré
4 h 30. À cause de la clientèle de vacanciers qui le fréquente, j'en doute.

Accueil
Correct.

Indications et signalisation
À améliorer.

Tenue générale
Bonne.

Aire d'entraînement
Se limite à un vert d'exercice.

Au féminin
Habituellement, un golf de montagne sera plus court pour compenser les difficultés inhérentes à son relief ; ce n'est pas le cas ici. La vue est belle.

Pavillon
Agréable.

Boutique du pro
Assez bien garnie.

Tarif : $$

LE GRAND DUC

99, rue de l'Envol
Sainte-Sophie
J0J 1J0
(450) 569-1818
1 800 679-0909

Bubo virginianus

Le grand-duc d'Amérique (*Bubo virginianus*), de la famille des hiboux, est l'un des gros oiseaux de proie les plus répandus au Canada. Rares sont ceux qui n'ont jamais entendu son ululement légendaire, une suite de doux et profonds hou-hou-hou-hou.

Situé à Sainte-Sophie, ce terrain a vu le jour en 1996 avec un premier neuf. Dès 2001, le 18 trous était complété à partir d'un dessin de Claude St-Pierre.

Le parcours

Le trait physique le plus remarquable du grand-duc d'Amérique reste sa grande taille. C'est vraisemblablement ce qui a inspiré le second neuf, car avec 400 verges de plus que le premier, son gabarit impressionne. Cela rend même difficile le choix des bons jalons de départ compte tenu que l'aller nous offre des normales beaucoup plus courtes qu'au retour. On a profité des travaux de construction pour refaire une beauté à deux trous du neuf d'aller.

En l'absence de promontoire ou de falaise, l'oiseau niche parfois dans le creux des arbres et ce n'est pas le choix qui manque sur ce parcours. Les allées présentent ce qu'il faut d'ondulations et de pentes douces pour maintenir l'intérêt des visiteurs. Plutôt larges, elles précèdent des verts dont la dimension varie entre moyenne et grande. Il s'agit donc d'un dessin bien réussi avec des fosses d'allée qui se démarquent par leur grande taille.

Un regard du côté des normales 5 nous apprend qu'une seule apparaît sur le premier neuf. Comme elle niche sur le trou n° 1, cela nous laisse 10 trous consécutifs de normales 3 ou 4, en incluant les 10e et 11e trous.

La difficulté

Les golfeurs ont souvent à subir l'assaut d'un Grand Duc bien déterminé à défendre son nid. En raison de sa grosseur et de sa force, il peut s'en prendre à une grande variété de joueurs. Il approche sa proie sans faire de bruit avec ses obstacles d'eau qui affectent tous les trous.

Le second neuf, avec ses serres longues et effilées, vous attaque avec des normales 4 de 408 et 420 verges, ses 3454 verges bien additionnées et ses six trous coudés.

Les conditions de jeu

Même s'il manque de maturité, le gazon de type agrostide des verts favorise le roulement de la balle. Entourés d'un tablier qui compte deux frises, il offre un joli coup d'œil. Les tertres de départ n'ont malheureusement pas la même constance. Ailleurs sur le territoire du prédateur, on trouve des fosses de sable bien entretenues, mais des sous-bois farcis de roches. En ce qui concerne les allées, comme le second neuf a été semé au printemps 2001, il faudra faire preuve d'un peu de patience avant qu'il atteigne sa condition optimale.

L'environnement

Contrairement à l'oiseau dont le coloris tire sur le brun-grisâtre, le terrain, tel un poète, aligne les vers (verts) dans tous les temps…

Idéal pour…

Notre bureau de censure n'hésite pas à lui accorder la mention pour tous.

+ NOUS AVONS AIMÉ

- Le dessin du neuf de retour
- Les arbres
- L'entretien

– NOUS N'AVONS PAS AIMÉ

- La répartition des normales
- La distance entre certains trous
- Le manque de maturité du gazon

Carte de pointage

Trou	1	2	3	4	5	6	7	8	9	Aller	10	11	12	13	14	15	16	17	18	Retour	Total
Bleu	515	360	396	160	435	371	135	300	415	3087	408	420	540	170	380	525	179	358	474	3454	6541
Blanc	460	330	375	108	412	337	120	255	390	2787	360	409	490	150	360	480	157	322	458	3186	5973
Rouge	435	304	255	83	310	271	97	205	310	2270	269	357	431	126	318	410	124	286	422	2743	5013
Normale	5	4	4	3	4	4	3	4	4	35	4	4	5	3	4	5	3	4	5	37	72

Évaluation : ■ Bleu 74,1 / 126 □ Blanc 69,2 / 118 ■ Rouge - / -

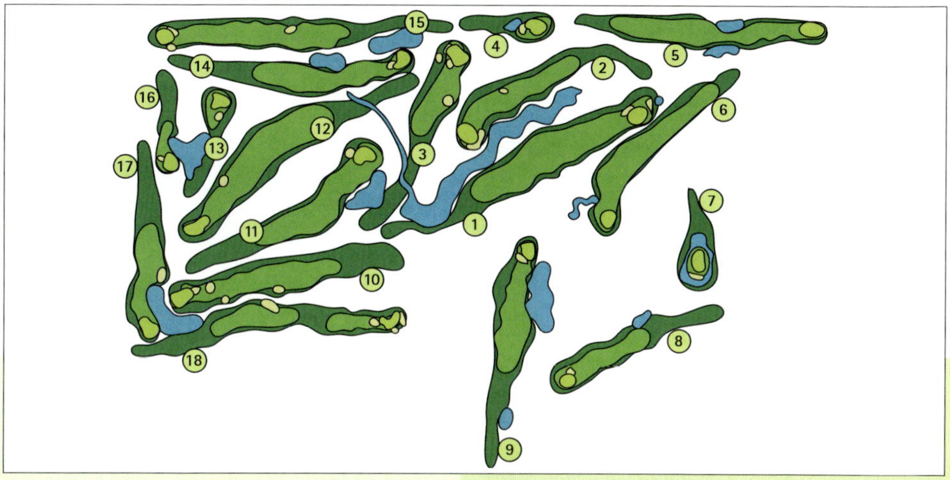

Conditions de jeu

- Verts ●●●○○
- Allées ●●●○○
- Sable ●●○○○
- Herbe longue ●●○○○
- Tertres ●●○○○

Design

- Verts + fosses ●●●○○
- Variété ●●●○○
- Harmonie + équilibre ●●●○○
- Pour tous ●●●●○
- Circuit ●●●○○

Environnement

- Visuel ●●●●○
- Nature ●●●●○
- Calme ●●●●○

Plaisir

- Délassement ●●●○○
- Verts ●●●○○
- Allées ●●●○○
- Tertres ●●●○○
- Manucure ●●●○○
- Entraînement ●●●○○
- Agrément ●●●○○
- Récupération ●●●○○

VERDICT ●●●○○

- Terrain dans la moyenne pour l'instant.
  Il est voué à un bel avenir.

Temps de jeu suggéré
4 h 30.

Indications et signalisation
Correctes.

Règles locales
Prévoient quelques zones d'allègement.

Tenue générale
Bonne.

Aire d'entraînement
Bien située.

Améliorations
Les travaux d'aménagement font partie du quotidien de ce terrain.

Au féminin
Une attention particulière est accordée à vos départs, autant pour leur emplacement que pour leur angle d'attaque.
Quelques trous sont encore trop longs.

Pavillon
Modeste.

Boutique du pro
Attrayante.

Tarif : $

LE MANOIR

8703, chemin des Sources
Mirabel
J8H 3Y1
(450) 562-9206
(514) 990-4225

Sauvage

Construit par la famille Roger en 1967, ce parcours portait alors le nom de Homestead et il ne comptait que neuf trous. Ce n'est qu'en 1977 qu'il devint Le Manoir. Suivirent en 1982 le deuxième neuf et en 1989 le troisième. Il s'agit donc d'un complexe de golf de 27 trous, composé des parcours Bleu, Jaune et Rouge auxquels s'ajoutent neuf trous à normale 3.

Ce terrain est maintenant propriété d'Adrien Bigras, qui s'est chargé de la conception des deux derniers neuf. M. Bigras, que plusieurs considèrent comme le meilleur golfeur québécois de tous les temps, a gagné plus de 110 tournois, sept championnats nationaux dont trois championnats des professionnels « seniors » du Canada ainsi que sept championnats du Québec et a participé à 14 occasions à l'Omnium canadien.

Le parcours

Le Jaune et le Rouge feront l'objet de notre étude. Ce qui étonne au Manoir, c'est son aspect rustique qui ne se dément jamais d'un trou à l'autre. Ce terrain semble ne pas avoir été apprivoisé et continue à vivre en liberté dans son milieu naturel. Il a dû falloir beaucoup de travail pour créer pareille illusion.

C'est comme si le terrain s'effaçait au profit de la nature ambiante. Des arbres matures, combinés à des allées larges et de discrètes lisières d'herbe longue font le boulot. Cela donne un terrain moins manucuré, du moins au premier coup d'œil. Le concepteur se sert de ses allées accidentées et de grands espaces en friche pour créer des illusions d'optique visibles du tertre de départ.

Des trous qui peuvent sembler ordinaires à première vue finissent toujours par proposer quelque chose d'intéressant. Qu'il s'agisse d'un coup à l'aveuglette, d'une dénivellation qui accentue un trou coudé ou d'un clin d'œil de l'architecte, l'amateur de golf saura apprécier. Bigras s'est illustré dans le dessin des verts en composant habilement avec leur arrière-plan, qu'il soit boisé ou non.

La difficulté

Ce n'est ni un terrain très difficile ni un parcours sur lequel n'importe qui peut jouer une main dans le dos. Je pense que le défi a été conçu pour que le golfeur ait du plaisir et que ses bons coups soient récompensés. Il s'agit de respecter le terrain, ses 11 plans d'eau, ses 7 trous coudés et des départs dont la fenêtre de lancement n'est pas toujours très large.

Les conditions de jeu

Les conditions de jeu font peut-être un peu trop nature. Plusieurs tertres de départ souffrent de la présence des arbres qui les privent des rayons du soleil. Les verts traînaient de la patte lors de la visite.

L'environnement

Il faut encore une fois mettre l'accent sur l'aspect naturel et le calme de l'endroit qui n'est troublé que par l'exubérance des joueurs.

Idéal pour...

Tout le monde y trouvera son compte.

+ NOUS AVONS AIMÉ

- L'aspect naturel du parcours
- Le dessin des verts
- Les illusions d'optique

– NOUS N'AVONS PAS AIMÉ

- Les conditions de jeu
- Le manque de manucure
- Le défi qui manque de « piment »

Carte de pointage

Trou	1	2	3	4	5	6	7	8	9	Aller	10	11	12	13	14	15	16	17	18	Retour	Total
Bleu	408	493	117	352	165	524	435	385	340	3219	525	381	130	523	200	435	535	412	165	3306	6525
Blanc	390	482	112	322	142	514	415	370	335	3082	500	356	120	505	183	425	505	385	155	3134	6216
Rouge	350	467	108	305	135	485	390	355	300	2901	470	352	115	485	150	367	470	380	135	2929	5830
Normale	4	5	3	4	3	5	4/5	4	4	36/37	5	4	3	5	3	4	5	4	3	36	72/73

Évaluation : ■ Bleu 70,8 / 120 □ Blanc 69 / 116 ■ Rouge 70 / -

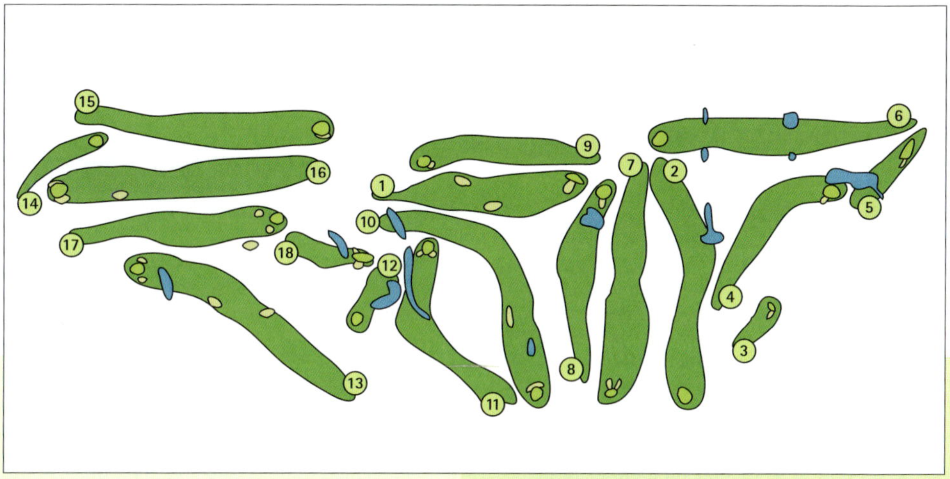

Conditions de jeu

- Verts ●●○○○
- Allées ●●●○○
- Sable ●●●○○
- Herbe longue ●●●○○
- Tertres ●●○○○

Design

- Verts + fosses ●●●●○
- Variété ●●●○○
- Harmonie + équilibre ●●●●○
- Pour tous ●●●●●
- Circuit ●●●●●

Environnement

- Visuel ●●●●○
- Nature ●●●●○
- Calme ●●●●○

Plaisir

- Délassement ●●●●○
- Verts ●●●●○
- Allées ●●●●○
- Tertres ●●●○○
- Manucure ●●○○○
- Entraînement ●●●○○
- Agrément ●●●○○
- Récupération ●●●○○

VERDICT ●●●○○

- Même s'il est dessiné pour plaire à la majorité, ce terrain est loin d'être dénué d'intérêt.

Temps de jeu suggéré

4 h 30 avec un patrouilleur en service.

Accueil

Très bon.

Indications et signalisation

Bonnes, considérant la circulation dense autour de certains trous.

Tenue générale

Bonne.

Aire d'entraînement

Elle est peut-être un peu près du 9ᵉ trou jaune, mais pour le reste, tout y est.

Améliorations

Constamment retouché.

Au féminin

Le Rouge et le Jaune sont à éviter parce qu'ils sont trop longs.
Le Bleu vous conviendra mieux.

Pavillon

A été détruit par un incendie en mars 2003. La résidence de M. Bigras fait office de substitut depuis.

Boutique du pro

Nouveaux locaux sympathiques et fonctionnels.

Tarif : $$

LES QUATRE DOMAINES

18400, chemin Notre-Dame
Mirabel
J7J 2A6
(450) 434-0048
1 800 276-9542

Gourmandise

Le Club de Golf Les Quatre Domaines a pignon sur rue à Mirabel, le long de l'autoroute des Laurentides. Partenaire de Club Link, ce complexe de 36 trous conçu par la firme Cooke et Huxham comporte également une académie de golf, des salles de réception, de conférence et quoi d'autre?

Dans un cadre traditionnel, le parcours nº 1 invite les golfeurs depuis 1999. Le parcours nº 2 a emboîté le pas en 2001 et fera l'objet de notre analyse.

À la salle à manger, le menu cinq services vous propose entre autres une barquette de fruits de mer au vin blanc et crème fraîche, un pavé de volaille aux perles des bois, des profiteroles aux fraises et leur coulis de chocolat. C'est ça, Les Quatre Domaines: un parcours jouissif dessiné au milieu d'une forêt de feuillus et de pins centenaires.

Le parcours

Même si le terrain s'étend négligemment sur sa couche plane, les allées semblent bouger au rythme des mouvements de terre sculptés par l'architecte. Avec leur sable blanc, les fosses captent la lumière et la reflètent tel un mirage irrésistible. Elles trouvent refuge au creux de monticules entassés latéralement à la façon d'un surplus de glace sur un gâteau. Les verts dévorent l'espace goulûment, d'autant plus qu'ils sont ceinturés de zones de gazon coupées très court. Vous pouvez donc utiliser le fer droit à partir de ces espaces.

Trop souvent, les tertres de départ sont les mal-aimés de nos terrains québécois. Une visite au Quatre Domaines vous convaincra de l'importance de tertres différents, joliment dessinés et de bonne dimension. C'est bon pour le coup d'œil et c'est bon pour le moral.

La difficulté

Les verts requièrent toute notre attention en raison de leur dimension et de leurs ondulations. Les fosses de sable qui les protègent sont i-m-m-e-n-s-e-s. Pour une fois, l'expression «parcours de championnat» s'applique bien au tracé lorsqu'on l'affronte à partir des jalons noirs. En revanche, et c'est ce qui fait sa force, des golfeurs de tous les genres s'y sentiront à l'aise à partir des autres jalons. En effet, les allées font preuve de largesse et les lisières d'herbe longue ralentissent le roulement des balles égarées. Si par malheur le golfeur insiste un peu trop, les sous-bois parfaitement nettoyés lui permettront de s'acharner sur la même balle.

Les conditions de jeu

Les Quatre Domaines propose des verts, des allées et des tertres de départ recouverts d'agrostide. Ils sont tous parfaitement manucurés et sans faille. Devant pareille présentation, les autres terrains ont l'air de «p'tits gars en culottes courtes». C'est dommage, vous devrez trouver une autre excuse pour les coups ratés.

L'environnement

Visuellement, l'endroit est féerique avec tous ces arbres et ces plans d'eau. On ne peut en dire autant des bruits de circulation qui émanent de l'autoroute.

Idéal pour...

Tous les gourmands de golf. Au diable le régime!

+ NOUS AVONS AIMÉ

Le dessin du parcours
Le défi équilibré
Les conditions de jeu

– NOUS N'AVONS PAS AIMÉ

Les bruits de circulation
La longueur du parcours pour les femmes

Carte de pointage

Trou	1	2	3	4	5	6	7	8	9	Aller	10	11	12	13	14	15	16	17	18	Retour	Total
Bleu	356	385	332	152	488	351	140	512	340	3056	554	147	422	330	159	285	514	207	552	3170	6226
Blanc	342	365	314	140	476	341	130	490	325	2923	542	122	407	312	147	273	495	178	532	3008	5931
Rouge	317	335	280	128	436	306	106	439	295	2642	504	103	378	283	126	262	441	148	458	2703	5345
Normale	4	4	4	3	5	4	3	5	4	36	5	3	4	4	3	4	5	3	4	36	72

Évaluation : Bleu 70,3 / 129 — Blanc 68 / 122 — Rouge 71,6 / 126

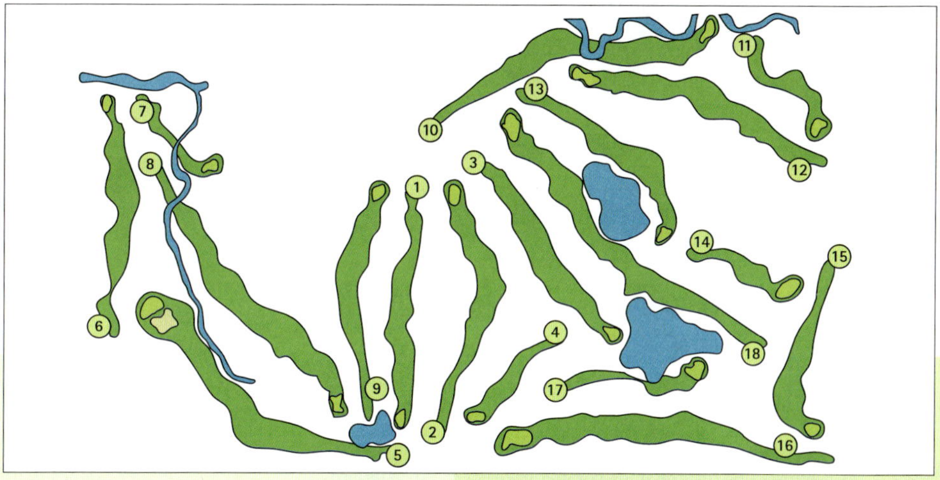

Conditions de jeu

- Verts ●●●●●
- Allées ●●●●●
- Sable ●●●●●
- Herbe longue ●●●●●
- Tertres ●●●●●

Design

- Verts + fosses ●●●●●
- Variété ●●●●○
- Harmonie + équilibre ●●●●●
- Pour tous ●●●●○
- Circuit ●●●●●

Environnement

- Visuel ●●●●●
- Nature ●●●●●
- Calme ●●●○○

Plaisir

- Délassement ●●●●●
- Verts ●●●●●
- Allées ●●●●○
- Tertres ●●●●●
- Manucure ●●●●●
- Entraînement ●●●●●
- Agrément ●●●●○
- Récupération ●●●●●

VERDICT ●●●●●

- Une expérience de golf unique.

Temps de jeu suggéré
Pas de tortue.

Accueil
Supérieur.

Indications et signalisation
Très bonnes.

Tenue générale
Excellente.

Aire d'entraînement
Peut accueillir une trentaine de joueurs et le vert d'exercice est immense.

Au féminin
Il faut croire que la perfection n'est pas de ce monde. Les normales 4 sont inatteignables pour 98 % des femmes.

Pavillon
Le style Nouvelle-Angleterre incarne sobriété et bon goût. En passant, le menu est fort diversifié.

Boutique du pro
L'une des plus belles.

Tarif : $$$$

L'ESTÉREL

39, boulevard Fridolin-Simard
Estérel
J0T 1E0
(450) 228-4532
1 888 378-3735

Avec le sourire

Ce centre de villégiature réputé des Laurentides a ouvert un parcours de 18 trous en 1990. L'Estérel sait faire, sans tomber dans l'extravagance et le m'as-tu-vu. L'accueil y est sincère et chaleureux.

Le parcours

Les proettes canadiennes y ont tenu pendant quelques années le Challenge Guest qui regroupait les meilleures d'entre elles (et quelques compétitrices des États-Unis). Elles trouvaient le défi intéressant et admettaient qu'il valait mieux connaître le parcours pour éviter un pointage embarrassant.

L'Estérel affiche fièrement ses couleurs. Il est situé dans les Laurentides ; ne vous attendez donc à rien d'autre qu'à du golf de montagne. Voilà, c'est dit. Certains aiment beaucoup, d'autres moins, mais il n'y a pas d'ambiguïté. Afin d'effacer tout doute qui pourrait subsister dans votre esprit, sachez que sur le départ de quatre trous des périscopes ont été installés, car il est impossible de savoir autrement si le groupe qui vous précède est hors d'atteinte. Ce parcours administre donc au golfeur une bonne dose de coups à l'aveuglette parfois difficiles à avaler. Un loustic affirme qu'un sirop n'a pas besoin d'être bon pour être efficace et, que si on est un malade du golf, il faut savoir prendre son remède sans grimacer.

Les verts constituent la pierre angulaire de ce parcours. Ils sont toujours situés dans un endroit idéal. À n'en pas douter, leur emplacement a fait l'objet d'un choix judicieux, que ce soit en raison de la présence d'arbres, de rochers, de monticules ou de dénivellations. Ils ont un effet bœuf, sans donner dans le spectaculaire, un peu comme les fosses de sable qui les accompagnent. Vous avez presque l'impression d'assister au vernissage d'un peintre qui présente ses 18 dernières toiles.

Cela vous surprendra peut-être, mais la seconde caractéristique qui distingue ce terrain est la quantité de roches qu'on y retrouve. Au lieu de se battre contre elles et de les expulser sans autre forme de procès, L'Estérel a fait contre mauvaise fortune bon cœur. Aujourd'hui, elles se mettent en évidence dans la majorité des sous-bois et jouent merveilleusement bien un rôle de soutien pour plusieurs verts. Malgré un charme qui ne se dément pas, vous avez intérêt à les garder à distance…

La difficulté

Des allées étroites et bordées d'arbres suivent des pentes prononcées qui vous mettent dans des positions de frappe difficiles. Les verts sont malaisés à atteindre et leurs ondulations ne facilitent pas le travail.

Les conditions de jeu

Les tertres de départ sont bien entretenus et les verts tirent leur épingle du jeu.

L'environnement

Beaucoup d'arbres.

Idéal pour…

Ceux qui aiment le golf de montagne.

+ NOUS AVONS AIMÉ

L'accueil
Le dessin des verts
L'environnement

− NOUS N'AVONS PAS AIMÉ

Le ratio étroitesse des allées-pente
Les coups à l'aveuglette
Le fait que les bons coups n'entraînent pas toujours la récompense méritée

Carte de pointage

Trou	1	2	3	4	5	6	7	8	9	Aller	10	11	12	13	14	15	16	17	18	Retour	Total
Bleu	360	540	420	140	520	158	125	350	425	3038	505	435	390	140	420	525	370	178	395	3358	6396
Blanc	350	510	410	130	500	140	115	330	400	2885	470	420	370	125	400	500	360	163	360	3168	6053
Rouge	305	440	310	120	375	130	110	300	350	2440	375	410	300	120	290	400	285	154	300	2634	5074
Normale	4	5	4	3	5	3	3	4	4	35	5	4/5	4	3	4	5	4	3	4	36/37	71/72

Évaluation : ■ **Bleu 71,8 / 121** □ **Blanc 70,4 / 118** ■ **Rouge 69,3 / 114**

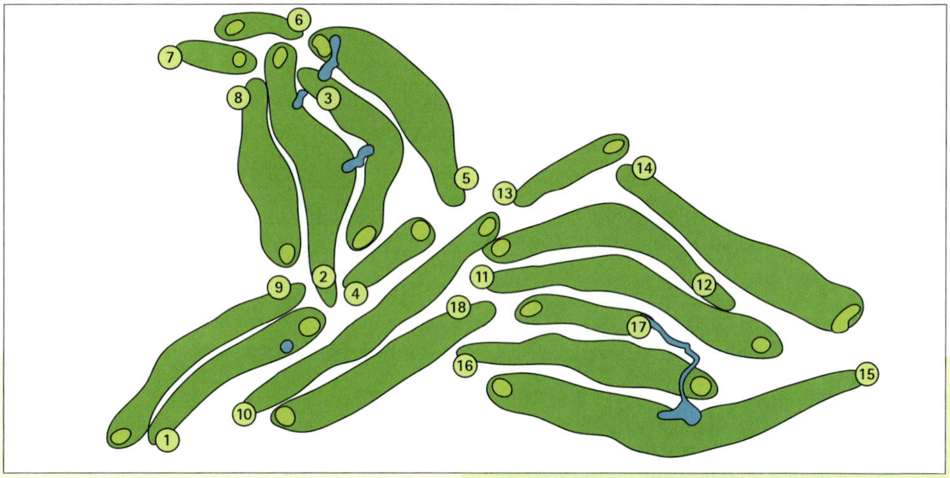

Conditions de jeu

Verts	●●●●○
Allées	●●●○○
Sable	●●●○○
Herbe longue	●●●○○
Tertres	●●●●○

Design

Verts + fosses	●●●●●
Variété	●●●○○
Harmonie + équilibre	●●●○○
Pour tous	●●○○○
Circuit	●●●○○

Environnement

Visuel	●●●●○
Nature	●●●●●
Calme	●●●●○

Plaisir

Délassement	●●○○○
Verts	●●●○○
Allées	●●○○○
Tertres	●●●●○
Manucure	●●●○○
Entraînement	●●●●○
Agrément	●●●●●
Récupération	●●●●●

VERDICT ●●●○○

> Terrain difficile ; ne convient pas à tous.
C'est du golf de montagne.

Temps de jeu suggéré
4 h 30.

Accueil
Très bon.

Indications et signalisation
Correctes.

Règles locales
Explicites.

Tenue générale
Bonne.

Aire d'entraînement
En face du lac, elle présente un intérêt certain.

Au féminin
Les tertres de départ sont joliment aménagés.

Pavillon
Correct.

Boutique du pro
Pas très grande mais vu la vocation du terrain, elle est axée sur le service.

Divers
On encourage le respect de l'étiquette avec humour.

Tarif : $$$

LE VICTORIEN

7625, route Arthur-Sauvé
Mirabel
J7N 2R4
(514) 990-9018

Éclectique

Le Victorien a pignon sur rue à Mirabel, à environ une vingtaine de kilomètres de Saint-Eustache, en bordure de la route 148. Encore en bas âge (1998), il a été dessiné par Graham Cooke et appartient depuis peu au Groupe Beaudet Inc.

Le qualificatif « victorien » vient de la reine Victoria, qui régna sur la Grande-Bretagne de 1837 à 1901. L'ère victorienne correspond au sommet de la puissance britannique. Cette époque est considérée comme une période d'éclectisme avec sa tendance à mélanger les styles, en réaction aux formes architecturales classiques.

Le parcours

Il n'est donc pas surprenant que ce parcours laisse sa marque par un design à la fois moderne et traditionnel. On y trouve une combinaison d'aires ouvertes et de trous boisés, des verts très grands, des lacs et des monticules. Tout cela donne des trous variés et un terrain qui a du caractère.

Le neuf d'aller ressemble à un parcours de type *links* avec ses allées exposées au grand vent. L'impression d'espace qui s'en dégage, son lot de monticules et de fosses, ses grandes étendues d'eau et ses immenses verts ondulés rappellent les origines du golf. Toutefois, à compter du 12e trou, le topo change pour faire place à des dénivellations, à des ravins et à des allées plus serrées que découpent des boisés. Vous êtes donc assuré d'une marche sportive qu'égaieront des verts qui brillent autant par leur diversité que par leur apparence. De forme et d'élévation différentes, ils portent en guise de couronne une très large frise.

La difficulté

Le parcours ne demande qu'à être apprivoisé et vous pourrez le faire à partir de quatre niveaux de difficulté différents. Les jalons or compte 7028 verges et une évaluation Slope de 130, les bleus 6615 verges et une évaluation Slope de 126 et celle des blancs (122) correspond à 6115 verges.

Seulement trois trous restent au sec et les fosses de sable (près de 50) vous réservent un accueil chaleureux. Le Victorien se distingue davantage par l'intelligence de son défi, car il fait appel à tous les ingrédients qui entrent en ligne de compte dans la préparation d'une partie équilibrée. Ajoutez à cela le vent qui, chaque jour, balaie ce plateau.

Les conditions de jeu

Les verts se démarquent autant par leur condition que par leur vitesse. Ailleurs, allées, herbe haute et fosses de sable figurent dans la même classe.

Le gazon très court qui recouvre les tertres de départ présente plusieurs avantages dans un sport où l'aspect mental prend beaucoup d'importance. Les autres terrains se contentent de moins et c'est dommage.

L'environnement

Ce terrain de campagne, situé sur un plateau, offre des points de vue extraordinaires sur le voisinage. Les arbres n'y sont pas nombreux et seuls quelques bruits de circulation viennent parfois troubler la quiétude de l'endroit.

Idéal pour…

Le golfeur aguerri ou intermédiaire.

+ NOUS AVONS AIMÉ

Les conditions de jeu
La variété des verts
Le dessin

– NOUS N'AVONS PAS AIMÉ

Les quatre normales 4 consécutives du second neuf
Le vent
Le fait que l'aire d'entraînement est un peu près du départ du 1er trou

Carte de pointage

Trou	1	2	3	4	5	6	7	8	9	Aller	10	11	12	13	14	15	16	17	18	Retour	Total
Bleu	493	378	132	442	479	399	427	162	450	3362	355	520	160	362	396	356	413	176	515	3253	6615
Blanc	474	361	105	383	453	371	404	147	410	3108	329	480	140	332	371	326	393	146	490	3007	6115
Rouge	454	254	91	323	443	328	359	130	301	2683	306	420	111	306	286	301	339	135	450	2654	5337
Normale	5	4	3	4	5	4	4	3	4	36	4	5	3	4	4	4	4	3	5	36	72

Évaluation : ■ Bleu 71,5 / 126 □ Blanc 69,7 / 122 ■ Rouge 70,4 / 124

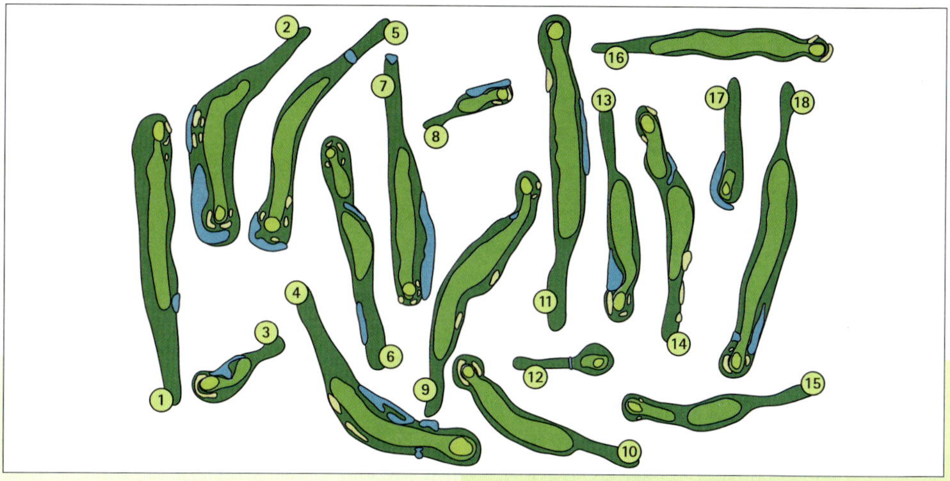

Conditions de jeu

- Verts ●●●●○
- Allées ●●●●○
- Sable ●●●●○
- Herbe longue ●●●●○
- Tertres ●●●○○

Design

- Verts + fosses ●●●●●
- Variété ●●●●●
- Harmonie + équilibre ●●●●○
- Pour tous ●●●●○
- Circuit ●●●●○

Environnement

- Visuel ●●●●○
- Nature ●●●●●
- Calme ●●●●○

Plaisir

- Délassement ●●●●○
- Verts ●●●●●
- Allées ●●●●○
- Tertres ●●●●○
- Manucure ●●●●○
- Entraînement ●●●●●
- Agrément ●●●●●
- Récupération ●●●●○

VERDICT ●●●●○

- Beau terrain, belles conditions de jeu, bon défi.

Temps de jeu suggéré
4 h 30.

Accueil
Bon.

Indications et signalisation
Bonnes.

Tenue générale
Très bonne.

Aire d'entraînement
Complète et bien tenue.

Améliorations
À cause du vent, on a transformé avec succès certaines normales 4 et 5.

Au féminin
Très beau terrain.
Trop long.

Pavillon
Pratiquement neuf, il est imposant mais ne fait pas tape-à-l'œil.

Boutique du pro
Bien éclairée et invitante. On y trouve de tout.

Tarif : $$$

L'OASIS

424, route du Nord
Brownsburg-Chatham
J8G 1L6
(450) 562-1094
1 800 853-2424

Par monts et par vaux

Ouvert depuis 1989 à Chatham, ce terrain vient de changer de mains. On se propose de maintenir la vocation forfaits golf-hôtel et d'améliorer, avec le temps, le parcours.

Le parcours

Les huit premiers trous proposent un dessin intéressant, voire impressionnant. En harmonie avec la nature et faisant preuve d'un bel équilibre, ils soumettent à tous les golfeurs un défi captivant. On y trouve des dénivellations, plusieurs obstacles d'eau et des trous coudés aux caractéristiques naturelles intéressantes. Cette partie du parcours est d'ailleurs relativement facile à parcourir à pied.

À compter du neuvième trou, vous aurez droit à du golf de montagne avec ses coups à l'aveuglette et ses pentes abruptes à gravir ou à dévaler. Cela fait ombrage à la première partie du parcours qui est vraiment solide. Même s'ils sont semi-fermés, les trous comptent suffisamment d'arbres pour vous inciter à ne pas rater l'allée.

Sur les trous qui ne sont pas situés sur la montagne, il se dégage une impression de grands espaces ; on ne s'y sent jamais à l'étroit. Parfois, la grande distance qui sépare un vert du départ suivant nuit à la fluidité de la partie, d'autant plus que les indications laissent à désirer.

La difficulté

Sur un parcours semblable, le nombre total de verges ne dit pas tout, car la stature des dénivellations fausse totalement les données. Le nombre d'obstacles d'eau et la présence de fosses de sable profondes autour des verts complètent le tableau.

On rencontre autant d'allées larges qui vous invitent à vous élancer avec ardeur que d'allées étroites où vous devez oublier votre bois n° 1.

Les conditions de jeu

Les tertres de départ laissent à désirer, plusieurs étant dépourvus de gazon sur une bonne partie de leur enveloppe. Comble de malheur, leur anatomie manque d'aplomb. L'entretien des fosses de sable fait cruellement défaut et c'est dommage. En revanche, des allées bien découpées permettent d'observer à loisir la différence avec l'herbe longue qui avait été gardée particulièrement haute au moment du tête-à-tête. En résumé, les conditions de jeu varient.

Ce terrain vient tout juste de changer de propriétaires. Les nouveaux nous promettent d'apporter les correctifs nécessaires. Attendons encore un peu.

L'environnement

Il s'agit sans aucun doute de ce qui fait le charme de L'Oasis. En effet, des ruisseaux, des lacs, des vallons, des arbres et la tranquillité sont au rendez-vous. Imaginez une partie de golf sur ce parcours au mois d'octobre…

Idéal pour…

Ceux qui aiment le golf de montagne et qui préfèrent jouer en voiturette motorisée.

+ NOUS AVONS AIMÉ

L'environnement
Les huit premiers trous
Le potentiel du terrain

– NOUS N'AVONS PAS AIMÉ

Les coups à l'aveuglette
Quelques trous loufoques
La tenue générale des bâtiments

Carte de pointage

Trou	1	2	3	4	5	6	7	8	9	Aller	10	11	12	13	14	15	16	17	18	Retour	Total
Bleu	460	594	177	393	262	351	425	190	409	3261	300	484	353	140	410	328	501	165	368	3049	6310
Blanc	395	530	166	388	257	308	360	165	404	2973	295	476	343	132	350	318	459	125	363	2861	5834
Rouge	385	430	124	358	254	261	331	126	327	2596	273	448	257	120	273	239	420	125	214	2369	4965
Normale	4	5	3	4	4	4	4	3	4	35	4	5	4	3	4	4	5	3	4	36	71

Évaluation : ■ **Bleu 70 / 124** □ **Blanc 67,1 / 118** ■ **Rouge 68,1 / 118**

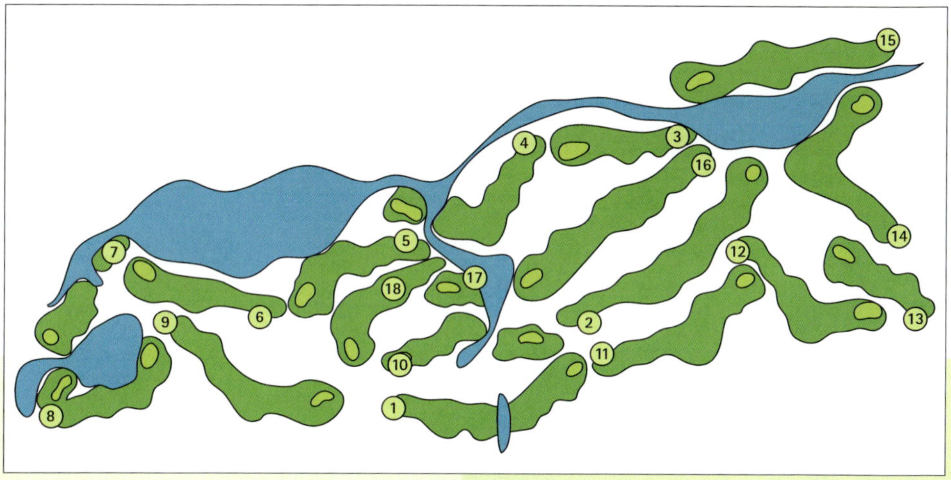

Conditions de jeu

> Verts	●●●○○
> Allées	●●●○○
> Sable	●●○○○
> Herbe longue	●●○○○
> Tertres	○○○○○

Design

> Verts + fosses	●●○○○
> Variété	●●●○○
> Harmonie + équilibre	●●○○○
> Pour tous	●○○○○
> Circuit	●○○○○

Environnement

> Visuel	●●●●●
> Nature	●●●●●
> Calme	●●●●●

Plaisir

> Délassement	●●○○○
> Verts	●●●○○
> Allées	●●○○○
> Tertres	●●○○○
> Manucure	●●○○○
> Entraînement	○○○○○
> Agrément	●○○○○
> Récupération	●○○○○

VERDICT ●●◐○○

> Terrain à garder à l'œil si on améliore les conditions de jeu.

Temps de jeu suggéré
Non disponible.

Indications et signalisation
Mauvaises.

Tenue générale
Médiocre.

Aire d'entraînement
Ne comprend qu'un vert d'exercice.

Améliorations
Faisons confiance à la nouvelle administration pour reprendre en main ce parcours.

Au féminin
Bel environnement.
Pas mal rock and roll.

Pavillon
Très rudimentaire.

Boutique du pro
Très vaste mais devra faire l'objet de travaux de rajeunissement.

Carte de pointage
Sobre mais efficace.

Divers
Voiturettes à remplacer.

Tarif : $$

LORRAINE

60, boulevard De Gaulle
Lorraine
J7Z 2W6
(450) 621-1740

Essoufflé

Le Lorraine appartient à la famille McClean depuis son ouverture en 1964. Cette famille était d'ailleurs propriétaire de plusieurs terres qu'elle a cédées pour permettre la naissance de la ville de Lorraine en 1960. Aujourd'hui reconnue comme « la ville qui a surgi parmi les arbres », Lorraine bénéficie d'un réseau d'autoroutes permettant d'accéder rapidement aussi bien au Montréal métropolitain qu'aux Laurentides.

M. McClean, l'inénarrable professionnel enseignant et porteur du flambeau familial, est fier de la réussite des jeunes qui sont passés par Lorraine au fil des ans.

Le parcours

L'ensemble est harmonieux, intéressant et facile à parcourir à pied. Ses allées larges et légèrement dénivelées cohabitent avec de grands arbres qui les ferment au moins sur un côté. Les verts de bonne dimension reposent au même niveau que l'allée. Quelques-uns contiennent des paliers, alors que d'autres se plient aux caprices de pentes douces.

Les deux neuf semblent se tourner le dos, puisque chacun part dans une direction opposée, ne permettant pas aux trous de l'un de venir narguer les trous de l'autre. Même entre eux, les trous se boudent et feignent de s'ignorer alors que leur regard fixe des horizons différents. Le tiers d'entre eux sont coudés, ce qui est la meilleure assurance contre des trous monotones et répétitifs. En plus de nous accompagner pendant toute la partie, les grands arbres viennent mettre l'accent sur le dessin des allées, notamment pour les trous coudés.

À noter que Lorraine ne compte que deux jalons de départ, un pour les hommes et un pour les femmes. À cause de l'affluence, les conditions de jeu en souffrent et cela prive le golfeur de départs disposés différemment, gage d'une plus grande variété. Il n'est pas rare de retrouver des îlots de gazon dans les fosses de sable. C'est joli, mais vous constaterez que c'est loin d'être une sinécure quand votre balle s'enfonce dans cette cavité, à proximité de la terre ferme.

La difficulté

Le degré de difficulté de ce parcours n'est pas élevé. En raison de la largeur des allées, de la dimension des verts et des fosses de sable peu profondes, il conviendra à la majorité. Attention aux obstacles d'eau qui apparaissent au second neuf, vous devrez vous en méfier sur sept trous.

Les conditions de jeu

Lors de ma visite, la condition des allées était acceptable. Cependant, plusieurs d'entre elles n'étant pas irriguées, elles demeurent très vulnérables aux caprices de la météo. Les étés 2001 et 2002 ont été particulièrement éprouvants. Les tertres de départ laissent à désirer malgré la présence de plusieurs distributeurs de terreau.

L'environnement

Les arbres nombreux et matures et le joli ruisseau qui traverse le second neuf ne parviennent pas à faire oublier au golfeur les bruits de circulation.

Idéal pour...

Le golf de récréation.

+ NOUS AVONS AIMÉ

Les arbres
Le relief des allées
Sa vocation pour tous

– NOUS N'AVONS PAS AIMÉ

Les conditions de jeu
La présence de seulement deux jalons de départ
La proximité de l'autoroute

Carte de pointage

Trou	1	2	3	4	5	6	7	8	9	Aller	10	11	12	13	14	15	16	17	18	Retour	Total
Bleu	-	-	-	-	-	-	-	-	-	-	-	-	-	-	-	-	-	-	-	-	-
Blanc	410	545	315	175	365	170	515	355	450	3300	380	390	195	390	475	185	385	385	480	3265	6565
Rouge	390	490	300	160	345	150	495	305	430	3065	360	350	150	370	450	160	340	360	460	3000	6065
Normale	4	5	4	3	4	3	5	4	4/5	36/37	4	4	3	4	5	3	4	4	5	36	72/73
	Évaluation :				Bleu - / -						Blanc - / -						Rouge - / -				

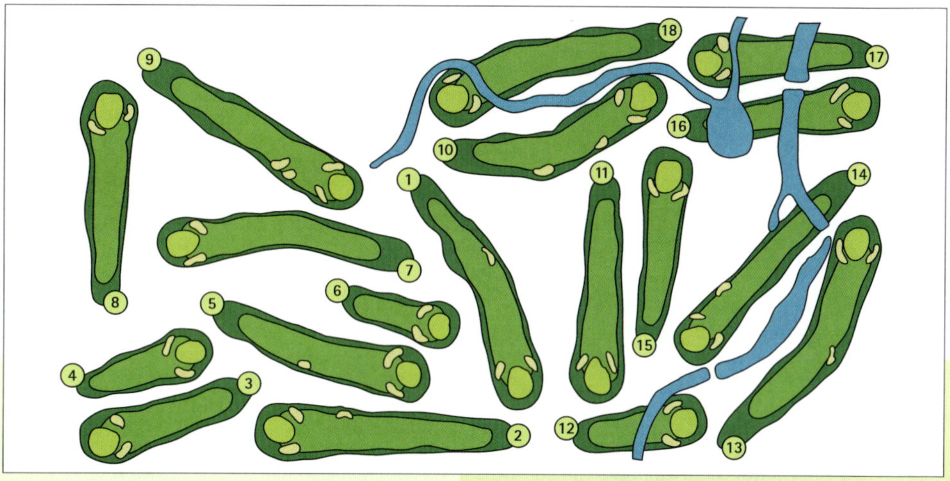

Conditions de jeu

- Verts ●●●○○
- Allées ●●○○○
- Sable ●●●○○
- Herbe longue ●●○○○
- Tertres ●○○○○

Design

- Verts + fosses ●●●○○
- Variété ●●●○○
- Harmonie + équilibre ●●●●○
- Pour tous ●●●●○
- Circuit ●●●●○

Environnement

- Visuel ●●●●○
- Nature ●●●●○
- Calme ●○○○○

Plaisir

- Délassement ●●●●○
- Verts ●●●●○
- Allées ●●●●○
- Tertres ●○○○○
- Manucure ●●●○○
- Entraînement ●●●○○
- Agrément ●●●○○
- Récupération ●●●○○

VERDICT ●●◐○○

- Terrain dont le défi plaira à une majorité, contrairement à ses conditions de jeu variables.

Temps de jeu suggéré

Moins de 4 h 00, mais le temps de jeu habituel ne correspond pas à ce souhait.

Indications et signalisation

Déficientes.

Règles locales

Précisent « qu'une balle dans le trouble doit être jouée dans le trouble ».

Tenue générale

Correcte.

Aire d'entraînement

Demeure dangereuse malgré la présence du filet de protection.

Au féminin

Vous n'êtes pas choyées par les tertres de départ.

Un terrain de 6065 verges, c'est indécent. En 2004, cela s'appelle un anachronisme.

Boutique du pro

Spacieuse et bien garnie.

Divers

J'ai souvent entendu des visiteurs se plaindre de l'inexactitude des distances indiquées par les repères.

Tarif : $$$

MIRABEL

19150, rue Charles
Mirabel
J7J 1P1
(450) 435-7006

Mettre les pendules à l'heure

Le Club de Golf Mirabel se trouve dans les Basses-Laurentides, sur un territoire autrefois connu sous le nom de Saint-Janvier. La ville de Mirabel, quant à elle, est née en 1971 de la fusion de 14 municipalités (dont Saint-Janvier). Mais savez-vous d'où lui vient son nom ? Il paraît qu'autour de 1870, on demanda aux habitants de la région de choisir un nom pour identifier leur ferme, de manière à faciliter la livraison du courrier. Un major écossais qui avait deux filles, Myriam et Isabelle, choisit le nom de Mirabel pour sa ferme. Une chose en entraînant une autre, le nom fit sa petite bonne femme de chemin.

Le parcours Mirabel se compose d'un 18 trous (Le Campagnard) et d'un 9 trous (Le Boisé).

Au Mirabel, on aime bien les choses claires. Autant la direction que les membres n'hésitent pas à remettre les pendules à l'heure quand il s'agit de leur bébé. Ils font valoir que chez eux, on a opté pour un budget d'exploitation limité pour permettre aux golfeurs de jouer sans vider leur portefeuille. L'expression « rapport qualité-prix » prend alors tout son sens. Les habitués du Mirabel ne tarissent pas d'éloges envers la direction. Toutes les personnes interrogées m'ont parlé d'atmosphère cordiale, de service hors pair et de l'accueil chaleureux qui ne se dément jamais. Un golfeur a résumé la pensée de plusieurs en affirmant qu'« au club de golf Mirabel, on ne se sent pas exploité ».

Le parcours

Pour ces habitués, chaque club a son côté pittoresque et ses attraits. Tant mieux pour ceux qui ont les moyens de se payer des clubs mieux « manucurés » et plus dispendieux, mais ça n'enlève rien aux autres.

Oublions le neuf d'aller du Campagnard qui n'a qu'un intérêt récréatif et qui s'adressent davantage aux débutants. Il se trouve de l'autre côté de la rue Charles.

Ailleurs, le dessin fait preuve de plus d'imagination et profite grandement d'un relief plus accidenté. Les arbres, les dénivellations et la petite rivière qui arpente les lieux ont permis de créer quelques jolis trous. Bien sûr, des allées plus découpées auraient été appréciées mais enfin, on ne peut pas avoir à la fois le beurre et l'argent du beurre. Les verts plats et circulaires qui servent de conclusion aux trous accidentés se signalent. Des tertres de départ rectangulaires n'accueillent que deux jalons.

La difficulté

Ce parcours demeure court et facile, à la condition de le respecter en utilisant le bâton que le trou commande.

Les conditions de jeu

Les verts et les allées se situent dans la bonne moyenne, ce qui n'est pas le cas des autres éléments.

L'environnement

Il a ce qu'il faut d'arbres, de ruisseaux et de paysages pour être agréable.

Idéal pour...

La clientèle visée.

+ NOUS AVONS AIMÉ

La vocation déclarée de ce club
La vue sur la campagne
L'accueil

− NOUS N'AVONS PAS AIMÉ

Le manque de manucure
Le neuf d'aller du Campagnard
La longueur des trous

Carte de pointage

Trou	1	2	3	4	5	6	7	8	9	Aller	10	11	12	13	14	15	16	17	18	Retour	Total
Bleu	-	-	-	-	-	-	-	-	-	-	-	-	-	-	-	-	-	-	-	-	-
Blanc	537	326	497	313	349	157	372	312	155	3018	254	321	306	277	115	120	450	297	326	2466	5484
Rouge	472	306	477	293	329	137	312	292	110	2728	254	288	306	277	115	120	435	297	326	2418	5146
Normale	5	4	5	4	4	3	4	4	3	36	4	4	4	4	3	3	5	4	4	35	71

Évaluation : ■ Bleu - / - □ Blanc - / - ■ Rouge - / -

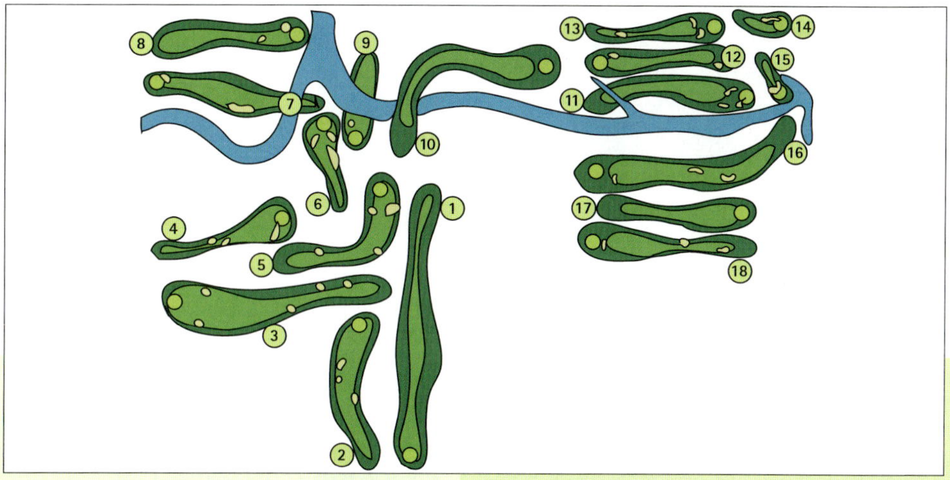

Conditions de jeu

- Verts ●●●○○
- Allées ●●●○○
- Sable ●●○○○
- Herbe longue ●●○○○
- Tertres ●○○○○

Design

- Verts + fosses ●●○○○
- Variété ●●○○○
- Harmonie + équilibre ●●●○○
- Pour tous ●●●●○
- Circuit ●●●○○

Environnement

- Visuel ●●●●○
- Nature ●●●○○
- Calme ●●●○○

Plaisir

- Délassement ●●●○○
- Verts ●●○○○
- Allées ●●●●○
- Tertres ●○○○○
- Manucure ●●○○○
- Entraînement ○○○○○
- Agrément ●●●○○
- Récupération ●●●○○

VERDICT ●●◐○○

- Terrain facile, court, accessible et pas trop dispendieux.

Temps de jeu suggéré
On n'en fait pas une maladie.

Accueil
Très bon.

Indications et signalisation
À améliorer absolument.

Tenue générale
Bonne.

Aire d'entraînement
Vert d'exercice seulement.

Améliorations
Chaque automne donne lieu à des retouches.

Au féminin
Plusieurs femmes y jouent. Faites-vous partie de la clientèle cible? Si oui, il faut jumeler les parcours qui correspondent à vos habiletés.

Pavillon
Modeste mais sympathique.

Boutique du pro
Très rudimentaire.

Tarif : $

MONT-GABRIEL

1699, chemin du Mont-Gabriel
Sainte-Adèle
J8B 1A5
(450) 229-3547
1 800 668-5253

Scénique ou cynique?

Avant même votre visite à Sainte-Adèle, des âmes charitables se chargeront de vous décrire le golf du Mont-Gabriel. Le moins que l'on puisse dire, c'est qu'il ne fait pas l'unanimité.

Le parcours

Conçu par John Allen, il accueille les golfeurs depuis 1990. Vous connaissez déjà ses pistes de ski, puisqu'elles vous apparaissent sans avertissement à l'entrée d'une courbe serrée de l'autoroute des Laurentides. Vous aimez la marche en montagne? N'y pensez même pas! C'est un terrain où il faut obligatoirement jouer en voiturette motorisée.

Les verts offrent une cible généreuse et les tertres de départ présentent probablement la seule surface plane de tout le complexe. Ils s'imposent par leur dimension et précèdent des allées qui n'ont rien à envier à certains manèges de parc d'amusement. Dieu merci, elles sont très larges. Malgré tout, seuls les meilleurs golfeurs pourront en tirer un certain plaisir.

L'alternance entre les différentes normales faisait défaut et de nombreux travaux ont été réalisés afin de faire passer la normale de 68 à 71. Il ne s'agissait pas uniquement de rallonger le parcours, il fallait également l'amadouer pour le rendre moins rebelle. Des pentes ont été adoucies, des monticules ont disparu, mais il reste encore beaucoup de travail à faire. Il faudra y mettre le temps. À 6364 verges, c'est du moins ce qu'on affirme, le terrain compte 636 verges de plus qu'antérieurement.

La difficulté

Ne nous cachons pas la tête dans le sable, il s'agit d'un terrain extrêmement difficile, principalement en raison de son relief. Sur quelques trous, il devient carrément intimidant. Le site naturel a été respecté, certes, mais trop de trous pourraient servir de décor à un reportage sur les sports extrêmes. Ils ne correspondent pas tout à fait à la notion de défi équilibré ou encore au ratio risque-récompense.

Les conditions de jeu

Il est certain qu'un terrain aussi accidenté devient extrêmement compliqué à entretenir convenablement. En effet, l'eau dévale la pente et laisse les allées vulnérables au temps sec. La direction a donc pris la décision d'arroser abondamment les portions de l'allée où devrait normalement atterrir votre balle. Il vaut mieux ne pas les rater, sinon votre partie sera fertile en rebondissements. Les verts et les tertres de départ peuvent être qualifiés d'acceptables, mais les fosses manquent de sable et contiennent trop de cailloux.

L'environnement

Le parcours loge dans la partie supérieure de la montagne. Pour vous donner une idée, un des tertres de départ se trouve à une altitude plus élevée que les pistes de ski. Cela donne des points de vue remarquables, ce qui fait dire aux gens de Mont-Gabriel qu'il s'agit «d'un parcours de golf des plus spectaculaires, offrant une vue panoramique exceptionnelle».

Idéal pour...

Les bons golfeurs et les autres qui sont munis d'un appareil photo.

+ NOUS AVONS AIMÉ

Les points de vue spectaculaires
Quelques trous grisants
Les travaux en cours

– NOUS N'AVONS PAS AIMÉ

Le site naturel qui convient mieux au ski
La condition des allées et des fosses
Les pylônes électriques

Carte de pointage

Trou	1	2	3	4	5	6	7	8	9	Aller	10	11	12	13	14	15	16	17	18	Retour	Total
Bleu	490	585	212	465	355	223	330	160	340	3160	295	196	185	150	415	172	550	215	390	2568	5728
Blanc	480	550	198	440	340	208	320	125	330	2991	280	184	175	130	405	164	535	195	350	2418	5409
Rouge	430	520	155	400	325	166	300	100	290	2686	260	166	160	90	380	151	475	129	330	2141	4827
Normale	5	5	3	5	4	3	4	3	4	36	4	3	3	3	4	3	5	3	4	32	68

Évaluation : ■ Bleu 71,5 / 129 □ Blanc 70,5 / 125 ■ Rouge 70 / 121

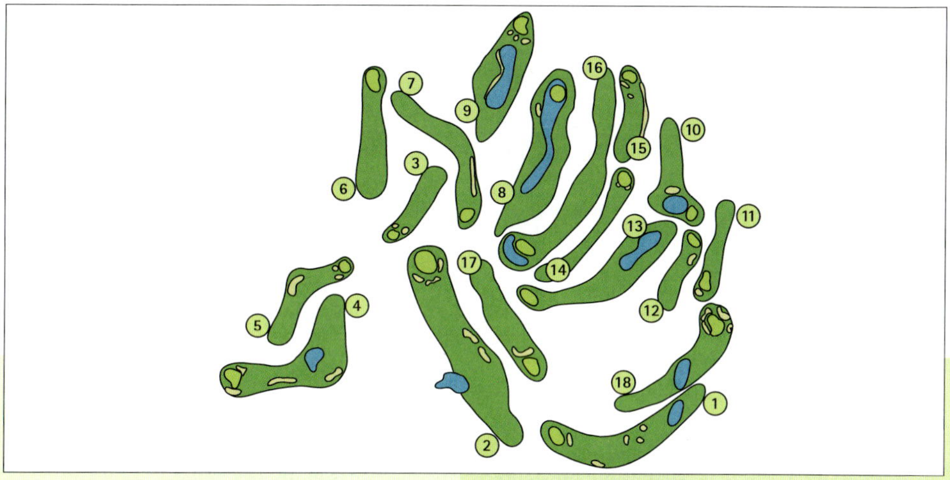

Conditions de jeu

- Verts ●●●○○
- Allées ●●○○○
- Sable ●○○○○
- Herbe longue ●●○○○
- Tertres ●●●○○

Design

- Verts + fosses ●●●○○
- Variété ●●●●●
- Harmonie + équilibre ●●●○○
- Pour tous ○○○○○
- Circuit ●○○○○

Environnement

- Visuel ●●●●●
- Nature ●●●●●
- Calme ●●●●●

Plaisir

- Délassement ●○○○○
- Verts ●●●●○
- Allées ●●○○○
- Tertres ●●●○○
- Manucure ●●●○○
- Entraînement ○○○○○
- Agrément ●●●○○
- Récupération ●●●○○

VERDICT ●●◐○○

- Terrain coup-de-poing.

Temps de jeu suggéré

Je serais curieux de voir ça...

Indications et signalisation

Partout, on indique l'emplacement du prochain trou, mais également la direction à emprunter pour... retourner à l'hôtel

Tenue générale

Bonne.

Améliorations

De nombreux travaux seront effectués dans les années à venir.

Au féminin

Vous aimez la photographie ?

Pavillon et boutique du pro

Semblent posséder deux vocations : estivale et hivernale.

Carte de pointage

Était sous impression lors de mon passage.

Tarif : $$$$

MOUNTAIN ACRES

1750, chemin du Lac-Rougeaud
Saint-Faustin-Lac-Carré
J0T 1J2
(819) 326-5405
1 888 326-5405

Émotions garanties

Si le terrain a autant de verve que le publicitaire, ça promet. Jugez par vous-même. « Mountain Acres offre l'un des terrains de golf les plus panoramiques au Québec. Avec ses lacs azurés, ses montagnes et ses douces collines, un paysage luxuriant s'étend jusqu'à l'horizon. » Wow, la marche est haute.

Situé dans la municipalité de Saint-Faustin, ce parcours approche la cinquantaine. Il y a plusieurs années, les clubs de golf étaient moins nombreux qu'aujourd'hui et Mountain Acres constituait un rendez-vous prisé par les gens de la région. Selon l'actuel directeur, les membres y affluaient tellement que c'était pratiquement un club privé. Puis, avec l'apparition de nouveaux parcours, les membres quittèrent peu à peu le club et le terrain changea de vocation. Mountain Acres fait partie d'un domaine privé de 575 acres que l'on tente de développer, sans trop de succès jusqu'à maintenant, par la construction de résidences cossues.

Le parcours

De par sa situation au pied des Laurentides, le terrain porte l'étiquette de golf de montagne. Il annonce ses couleurs dès que vous accédez à l'aire d'entraînement qui se dresse devant vous, tel un mur infranchissable. C'est encore plus déroutant quand on pense que dans un passé pas si lointain, cet espace recevait un des trous du parcours. S'il vous reste des illusions, les trois premiers trous vous les feront perdre définitivement. En effet, leur topographie met à l'épreuve autant votre équilibre physique que mental.

Ensuite vient le 4e trou. Aussi étroit qu'une allée de quilles, il longe un chemin public qui lui sert de hors-limite. Ne vous laissez pas abattre, car on vous réserve le meilleur pour la fin. Roulez votre boule jusque de l'autre côté de la route. Vous découvrirez alors des trous qui jouent à saute-mouton avec un lac typique des Laurentides. Même si le relief demeure accidenté, les pentes montrent moins de rigueur et de sévérité que les précédentes. Profitez-en, car après un court arrêt, le second neuf vous promet des verts pas mûrs et des murs pas verts, bref des vertes et des pas mûres.

Plusieurs trous dégringolent des dénivellations spectaculaires que vous trouverez moins rigolotes quand le moment sera venu de les escalader. Le défi risque d'être plus amusant pour les golfeurs aguerris.

La difficulté

Les trous étroits abondent et les plus larges vous forcent à survoler des obstacles d'eau. Il arrive fréquemment que les tertres de départ soient juchés sur un plateau d'où les distances deviennent difficiles à évaluer.

Les conditions de jeu

Disons simplement que ce ne sont pas les conditions de jeu qui retiendront votre attention.

L'environnement

L'endroit est calme. Le lac (magnifique) et la forêt jouent un rôle important dans la sensation de bien-être que vous éprouverez sur ce parcours.

Idéal pour...

Les bons joueurs et les audacieux.

+ NOUS AVONS AIMÉ

- Le lac
- Les points de vue spectaculaires
- La tranquillité

– NOUS N'AVONS PAS AIMÉ

- Quelques trous plus ordinaires
- D'autres trop difficiles pour la majorité
- Un manque d'homogénéité

Carte de pointage

Trou	1	2	3	4	5	6	7	8	9	Aller	10	11	12	13	14	15	16	17	18	Retour	Total
Bleu	485	175	535	185	415	205	385	355	335	3075	395	115	555	345	235	405	525	195	275	3045	6120
Blanc	455	145	505	165	385	175	355	335	285	2805	365	105	525	325	185	385	475	175	255	2795	5600
Rouge	425	115	475	145	355	145	325	315	235	2535	335	95	495	305	135	365	425	155	235	2545	5080
Normale	5	3	5	3	4	3	4	4	4	35	4	3	5	4	3	4	5	3	4	35	70

Évaluation : ■ Bleu 68 / 116 □ Blanc 68 / 116 ■ Rouge 70 / 120

Conditions de jeu

- Verts ●●●○○
- Allées ●●●○○
- Sable ●●●○○
- Herbe longue ●●●○○
- Tertres ●●○○○

Design

- Verts + fosses ●●●○○
- Variété ●●●●○
- Harmonie + équilibre ●●●●○
- Pour tous ●●○○○
- Circuit ●●○○○

Environnement

- Visuel ●●●●●
- Nature ●●●●●
- Calme ●●●●●

Plaisir

- Délassement ●○○○○
- Verts ●●●○○
- Allées ●●○○○
- Tertres ●●○○○
- Manucure ●●○○○
- Entraînement ●○○○○
- Agrément ●●●○○
- Récupération ●●○○○

VERDICT ●●◐○○

- Terrain difficile.
- Bel environnement.
- Dessin inégal.

Temps de jeu suggéré
Peu importe, en voiturette motorisée c'est moins pire.

Accueil
Correct.

Indications et signalisation
Bonnes.

Tenue générale
Bonne.

Aire d'entraînement
Situé sur une pente ascendante fortement inclinée. Impossible d'évaluer la trajectoire de la balle. Les départs laissent à désirer, le vert d'exercice aussi.

Au féminin
Vous aimerez l'environnement et les points de vue.
Trop difficile.

Pavillon
Vaste.

Boutique du pro
Très rudimentaire.

Divers
Stationnement trop petit.

Tarif : $

NEW GLASGOW

360, Beauregard, C.P. 115
New Glasgow
J0R 1J0
(450) 430-9644

Témoignage du passé

Saviez-vous que le *NCSM New Glasgow* est le dernier navire de la Marine Royale du Canada à avoir coulé un gros bâtiment de guerre ennemi ? À la guerre comme au golf, ce qui importe, ce n'est pas comment, mais combien. C'est à la suite d'une collision bien involontaire avec le sous-marin allemand *U-1003* que ce dernier coula au fond de la mer au large de l'Irlande. Touché, coulé !

Le terrain de golf New Glasgow a maintenant de la compétition dans sa propre cour. Voyons s'il dispose de l'arsenal nécessaire pour combattre à armes égales.

Le parcours

À cause de ses allées semi-fermées, ondulées et vallonnées, New Glasgow ne manque pas d'intérêt. Le dessin de ses verts, quoique sobre, bénéficie grandement de la présence d'arbres matures. Les fosses pourraient montrer plus de mordant, mais elles sont suffisamment nombreuses pour se faire remarquer. L'élévation des tertres de départ varie régulièrement : ils sont parfois au ras de l'allée et parfois surélevés, les derniers jouissant d'un meilleur découpage.

Construit il y a plus de quarante ans, le parcours a atteint une belle maturité. De style traditionnel, plusieurs trous profitent du site naturel et de la rivière pour offrir cette variété tant recherchée par le golfeur. Par moments, on se sent à l'étroit, surtout sur les trous qui longent les limites du terrain. Faute d'espace, l'aire d'entraînement fait cruellement défaut, mais curieusement, la distance entre quelques trous est trop longue à parcourir à pied.

J'attire votre attention sur la présence de trois normales 3 dans chacun des deux neufs.

La difficulté

Quelques allées étroites et des chiffres : 35 fosses protègent les verts et on en trouve en moyenne une dans chacune des allées. Des obstacles d'eau affectent, à différents degrés, pas moins de 15 trous et 9 hors-limite montent la garde. L'évaluation Slope montre un 126 pour les jalons bleus qui totalisent 6301 verges.

Les conditions de jeu

Les fosses font preuve d'inconstance. Le sable y est en quantité inégale et sa couleur varie, ce qui pourrait signifier qu'il n'a pas la même densité d'une fosse à l'autre.

Quatre allées ne bénéficient toujours pas d'un système d'irrigation et la chaleur de l'été les atteint plus durement. Lors de la visite, leur état ne méritait pas de reproches importants et l'herbe longue était en bonne condition. Les verts avaient, semble-t-il, souffert d'une maladie. Les tertres de départ plus petits ne supportent pas la comparaison avec les plus grands qui composent mieux avec l'achalandage du parcours.

L'environnement

La rivière de l'Achigan et les arbres restent les éléments clés du parcours. Ils lui donnent son cachet et son caractère.

Idéal pour...

Un peu tout le monde y trouvera sa pitance.

+ NOUS AVONS AIMÉ

- Le relief des allées
- Les arbres et la rivière
- Le défi équitable

– NOUS N'AVONS PAS AIMÉ

- Les conditions de jeu
- L'impression d'être à l'étroit
- Trop de trous ordinaires

Carte de pointage

Trou	1	2	3	4	5	6	7	8	9	Aller	10	11	12	13	14	15	16	17	18	Retour	Total
Bleu	444	397	160	540	387	348	221	545	140	3182	437	180	422	543	170	377	305	145	540	3119	6301
Blanc	405	385	150	525	370	332	190	510	130	2997	427	155	407	532	150	362	290	130	510	2963	5960
Rouge	302	355	95	405	315	310	170	430	110	2492	306	140	355	445	130	335	260	95	403	2469	4961
Normale	4	4	3	5	4	4	3	5	3	35	4	3	4	5	3	4	4	3	5	35	70

Évaluation : ■ **Bleu 69,9 / 126** □ **Blanc 68,5 / 123** ■ **Rouge 68,7 / 119**

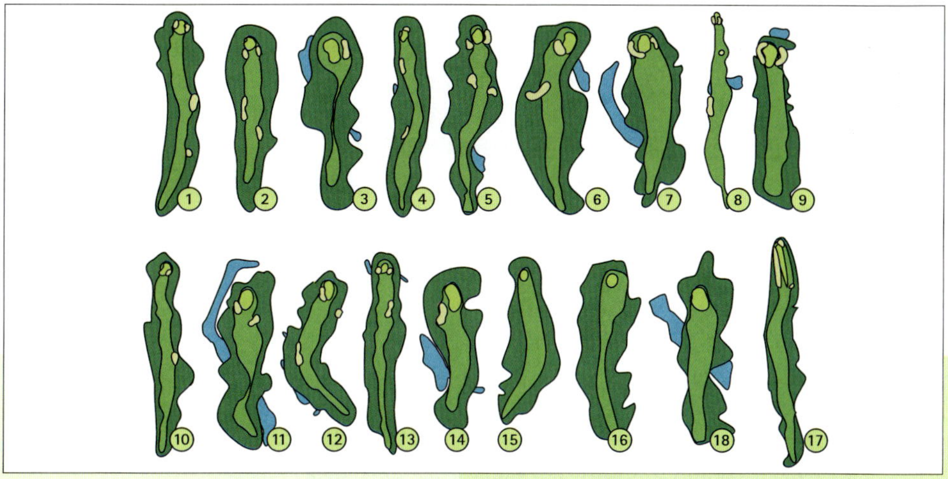

Conditions de jeu

- Verts ●●○○○
- Allées ●●●○○
- Sable ●●○○○
- Herbe longue ●●●○○
- Tertres ●●●○○

Design

- Verts + fosses ●●●●○
- Variété ●●●●○
- Harmonie + équilibre ●●●●○
- Pour tous ●●●●●
- Circuit ●●●○○

Environnement

- Visuel ●●●●●
- Nature ●●●●●
- Calme ●●●●○

Plaisir

- Délassement ●●●○○
- Verts ●●●○○
- Allées ●●●○○
- Tertres ●●●○○
- Manucure ●●○○○
- Entraînement ○○○○○
- Agrément ●●●●○
- Récupération ●●●○○

VERDICT ●●●○○

- Les conditions de jeu et quelques trous très ordinaires laissent un arrière-goût. Heureusement, le site naturel rachète bien des choses.

Temps de jeu suggéré
2 h 25 à l'aller et 2 h 00 au retour, pour un total de 4 h 25.

Accueil
Bon.

Indications et signalisation
Correctes.

Tenue générale
S'améliore.

Aire d'entraînement
Seulement un vert d'exercice.

Améliorations
On est à refaire la mise à niveau de quelques trous qui en avaient bien besoin.

Au féminin
Sept des huit normales 4 ont plus de 300 verges, même à partir des jalons rouges. Six obstacles d'eau à survoler.

Pavillon
Dans la note.

Boutique du pro
Bien aménagée.

Tarif : $$

NOMININGUE

2100, chemin Tour-du-Lac
Lac-Nominingue
J0W 1R0
(819) 278-3365
1 877 530-4653

Rectiligne

À une autre époque, le lac Nominingue servait de lieu de passage pour les Amérindiens qui se rendaient à la chasse ou à la pêche. Peu importe si Nominingue appartient à la langue iroquoise ou à l'algonquine, il semble que cette appellation réfère à la terre rouge avec laquelle les uns et les autres se tatouaient.

La municipalité est située au cœur des Hautes-Laurentides, à trente minutes de Tremblant. Son terrain de golf, inauguré en 1970, est annexé à un complexe hôtelier qui reçoit de nombreux touristes.

Le parcours

Le parcours occupe un territoire parfaitement plat. Sur ce genre de site, il faut mettre l'accent sur le dessin des différents éléments pour animer l'ensemble. Or, ce n'est pas ce qui a été fait. La majorité des allées se tiennent bien droites, tout comme les conifères qui les clôturent de chaque côté. Elles manquent d'audace et de caractère. Les verts ne sont pas atteints de mégalomanie et c'est dommage, car les plus grands se démarquent avec leurs belles ondulations. Heureusement, les fosses de sable viennent en renfort pour donner un coup de pouce au paysage. Celles qui entourent les verts ont un rebord ayant toutes les apparences d'un coup de pied (surface verticale qui relie le bas d'une armoire ou d'un comptoir au plancher) qui vous demandera, à coup sûr, une sortie tout en hauteur. Ailleurs, on a fait un bon coup en plaçant de grandes fosses naturelles *(waste bunker)* qui pourraient vous laisser avec quelques à-coups si vous vous y aventurez.

Cette configuration plane a quand même plusieurs avantages. D'abord, le terrain est facile à parcourir à pied. Ensuite, toutes les catégories de golfeurs s'y sentiront à l'aise. Finalement, le rythme du jeu devrait en profiter grandement, ce qui n'est pas négligeable. Malgré tout, il arrive que les trous soient suffisamment rapprochés pour troubler la tranquillité et menacer la sécurité.

Il ne faut pas en faire une maladie, mais la distribution des normales n'a rien pour améliorer la situation. Si vous jetez un coup d'œil à la carte de pointage, vous verrez que sur le premier neuf deux normales 3 consécutives précèdent deux normales 5 de suite. Sur le second neuf, deux normales 3 successives emboîtent le pas à un chapelet de cinq normales 4 aux trous n°s 14 à 18.

La difficulté

Bien sûr, quelques allées étroites se veulent plus menaçantes, mais comme les sous-bois sont très bien nettoyés, vous n'en souffrirez pas trop. Il faut donc se méfier de la petitesse des verts et de quelques obstacles d'eau qui se placent parfois en embuscade.

Les conditions de jeu

Les verts reçoivent une mention pour leur bonne condition. Les allées se tiennent au milieu du peloton, alors que les tertres de départ traînent de la patte.

L'environnement

Même dans les Hautes-Laurentides, il faut composer avec un environnement entaché de pneus et de machinerie diverse.

Idéal pour...

Le golf de récréation.

+ NOUS AVONS AIMÉ

Les conifères
La condition des verts
Les fosses naturelles

– NOUS N'AVONS PAS AIMÉ

Le dessin terne
Le relief plat
L'état des tertres de départ

Carte de pointage

Trou	1	2	3	4	5	6	7	8	9	Aller	10	11	12	13	14	15	16	17	18	Retour	Total
Bleu	500	349	384	313	155	203	501	534	315	3254	328	172	102	528	375	400	307	357	424	2993	6247
Blanc	468	302	340	294	144	193	492	441	309	2983	296	163	96	472	364	376	296	347	325	2735	5718
Rouge	445	282	262	284	137	157	378	383	301	2629	261	146	94	362	264	279	254	303	300	2263	4892
Normale	5	4	4	4	3	3	5	5	4	37	4	3	3	5	4	4	4	4	4	35	72
	Évaluation :					■ **Bleu 69,1 / 122**						□ **Blanc 66,5 / 117**					■ **Rouge 66,8 / 103**				

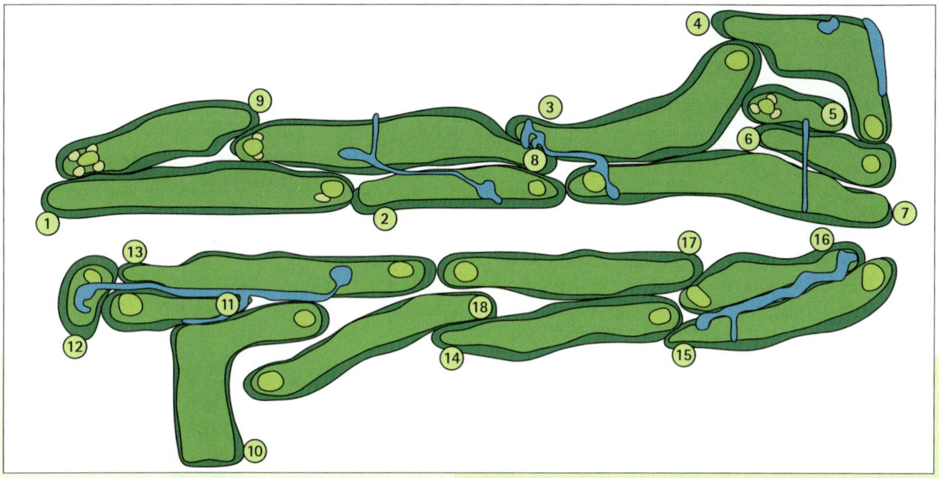

Conditions de jeu

- Verts ●●●●○
- Allées ●●●○○
- Sable ●●●●○
- Herbe longue ●●●○○
- Tertres ●●○○○

Design

- Verts + fosses ●●●○○
- Variété ●●○○○
- Harmonie + équilibre ●●●●○
- Pour tous ●●●●●
- Circuit ●●○○○

Environnement

- Visuel ●●●●○
- Nature ●●●●○
- Calme ●●●●○

Plaisir

- Délassement ●●●●○
- Verts ●●●○○
- Allées ●●●○○
- Tertres ●●●○○
- Manucure ●●●○○
- Entraînement ●●●○○
- Agrément ●●●●○
- Récupération ●●●●●

VERDICT ●●◐○○

- Pour le golf de loisir.

Temps de jeu suggéré
Non disponible.

Accueil
Très bon.

Indications et signalisation
Bonnes.

Tenue générale
Bonne.

Aire d'entraînement
Vous permet de vous exercer à vos coups roulés même le soir.

Au féminin
À visiter absolument. Les distances sont parfaitement adaptées et on y joue facilement à pied.
Les tertres de départ sont inégaux autant par leur conception que par leur condition.

Pavillon
Propre et accueillant.

Boutique du pro
Spacieuse et assez bien garnie.

Divers
Voiturettes motorisées parmi les meilleures.

Tarif : $$

201, chemin de la Montagne
Piedmont
J0R 1K0
(450) 227-4653

Tentant

Le terrain de Piedmont a développé une expertise dans le domaine des tournois, tant et si bien que les membres ont fui vers d'autres parcours moins achalandés. Cela n'enlève rien à ses qualités. C'est simplement que depuis quarante ans, le terrain a pris de la maturité et que les visiteurs d'occasion s'y plaisent bien.

Le parcours

Sans être un grand terrain, Piedmont se distingue de plusieurs façons. D'abord, son relief nous laisse des allées dénivelées et pentues qui se positionnent souvent sur différents paliers. Le site naturel favorise donc la diversité. Elle se manifeste aussi par des verts en contrebas ou par des dépressions à survoler. Il ne faut donc pas s'étonner à l'approche d'un vert ou d'un tertre de départ juché au sommet d'une élévation qui domine l'allée. Ces fantaisies ne deviennent jamais caprices puisqu'elles ne sombrent pas dans l'exagération.

Les arbres font foi de tout. Ce sont eux qui soulignent au crayon rouge le dessin des allées ou qui mettent en valeur un vert qui, sans eux, paraîtrait bien ordinaire. Les cinq premiers trous sont des normales 4 et on trouve deux normales 3 consécutives aux 16ᵉ et 17ᵉ trous.

La difficulté

Seulement 118 verges séparent les jalons bleus et les blancs. Ce n'est pas assez, surtout pour un terrain qui accueille une grande quantité de golfeurs occasionnels.

Plusieurs trous sont difficiles. Par exemple, le 4ᵉ, une normale 4 de 453 verges, coudée, étroite et bordée d'arbres, qui débouche sur un vert acariâtre, ou encore le 7ᵉ, une normale 3 de 235 verges. Du côté des verts, la petitesse des uns et le degré d'inclinaison des autres incitent au blasphème.

Malgré la présence de courtes normales 4 (quatre d'entre elles ont moins de 300 verges), l'évaluation Slope de 114 est surréaliste considérant l'étroitesse de plusieurs trous et la difficulté que représentent les verts.

Les conditions de jeu

L'herbe haute reste impeccable même si on la garde un peu trop courte. Les allées et les verts se distinguent, mais les aires de départ manquent de régularité.

L'environnement

Plus que le reste, l'environnement distingue Piedmont des autres parcours. En toute saison, le plaisir procuré par ses arbres nombreux et matures est indéniable. Par ses points de vue sur les Laurentides, cet endroit tranquille offre une belle sortie de plein air. Les résidences avoisinantes savent garder leurs distances, de sorte qu'elles s'intègrent au paysage avec leur style « chalet suisse » plutôt que de constituer un irritant.

Idéal pour...

Les amateurs de plein air, surtout s'ils ont certaines habiletés de golfeurs.

+ NOUS AVONS AIMÉ

Le calme
Les arbres
Le coup d'œil

– NOUS N'AVONS PAS AIMÉ

Les verts trop petits
Le degré de difficulté mal réparti
L'absence de collaboration de la direction

Carte de pointage

Trou	1	2	3	4	5	6	7	8	9	Aller	10	11	12	13	14	15	16	17	18	Retour	Total
Bleu	272	390	362	462	310	475	241	345	510	3367	155	375	307	495	422	261	176	143	540	2874	6241
Blanc	267	385	350	453	305	468	235	340	500	3303	150	370	300	485	415	255	170	140	535	2820	6123
Rouge	235	350	240	435	260	435	172	330	373	2830	114	337	250	398	350	170	135	130	450	2334	5164
Normale	4	4	4	4/5	4	5	3	4	5/4	37	3	4	4	5	4	4/3	3	3	5	35/34	72/71

Évaluation : ■ Bleu - / - □ Blanc 69,2 / 114 ■ Rouge - / 109

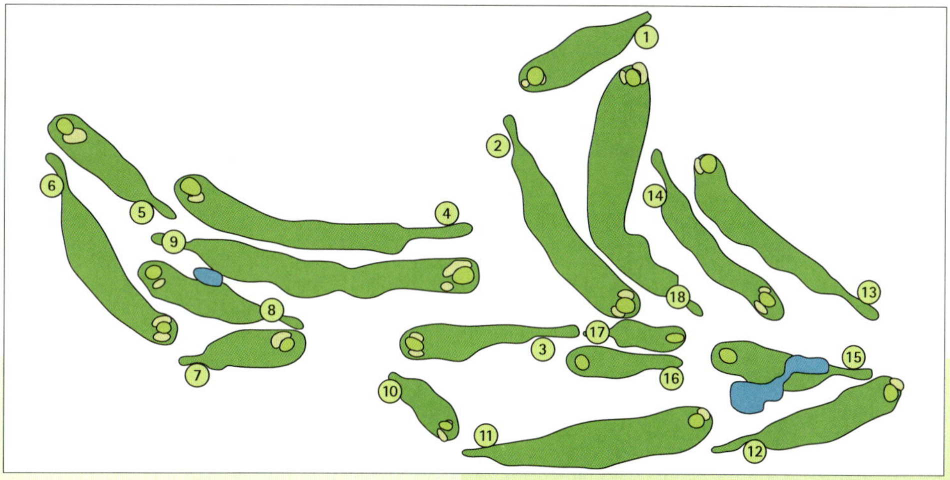

Conditions de jeu

- Verts ●●●●●
- Allées ●●●●○
- Sable ●●●○○
- Herbe longue ●●●●○
- Tertres ●●●○○

Design

- Verts + fosses ●●○○○
- Variété ●●●●○
- Harmonie + équilibre ●●●●○
- Pour tous ●●●○○
- Circuit ●●○○○

Environnement

- Visuel ●●●●●
- Nature ●●●●●
- Calme ●●●●●

Plaisir

- Délassement ●●●○○
- Verts ●●○○○
- Allées ●●○○○
- Tertres ●●○○○
- Manucure ●●●○○
- Entraînement ○○○○○
- Agrément ●●●●○
- Récupération ●●○○○

VERDICT ●●●○○

- Terrain accidenté. Plusieurs trous invitent les meilleurs à tenter le tout pour le tout.

Temps de jeu suggéré

Plusieurs trous causent problème. C'est pourquoi on vous demande de ne pas chercher vos balles plus de deux minutes.

Indications et signalisation

À améliorer.

Tenue générale

Bonne.

Aire d'entraînement

Aucune.

Améliorations

Allonger le trou nº 12 prochainement.

Au féminin

Degré de difficulté inéquitable avec des normales 4 de 350, 330, 373, 337 et 350 verges et deux normales 3 de 170 verges.

Boutique du pro

Très rudimentaire : n'oubliez rien à la maison.

Tarif : $$$

ROYAL LAURENTIEN

2237, chemin du Lac-Nantel
Saint-Faustin-Lac-Carré
J0J 1J2
(819) 326-2347
1 800 465-3762

Baroque

Ouvert depuis 1989, le Royal Laurentien bénéficie d'une réputation enviable. La publicité parle d'un parcours de championnat unique et magnifique, qui vous convie à une expérience de golf inégalée. Faisons un saut du côté de Saint-Faustin-Lac-Carré, à 15 kilomètres de Sainte-Agathe.

Le parcours

Si les plus grands terrains sont le fruit des plus beaux lopins de terre, il y a beaucoup d'espoir pour le Royal Laurentien. En effet, des montagnes sur 360°, un relief parfois accidenté et parfois plat, des plans d'eau et des arbres à profusion, tout y est. Le défi consiste alors à compléter le tout par un parcours qui va se fondre dans la nature.

Or, dès le 1er trou, on a voulu créer un effet visuel en grugeant dans la montagne et cela sonne faux. Au 2e trou, le vert se perche sur le dessus d'un chapeau haut-de-forme, dont l'élévation aussi soudaine que gratuite laisse pantois et ce n'est malheureusement pas le seul.

C'est comme si on avait voulu concevoir un terrain original, en utilisant des éléments distinctifs qu'on a plantés à gauche et à droite. Ici on trouve un puits au milieu du vert d'entraînement, là c'est une île aussi ronde qu'une pièce de monnaie, ailleurs c'est un monticule de 1 mètre (3 pieds) de hauteur, d'un diamètre de 1,5 mètre (4,5 pieds), parachuté en plein centre d'une allée. En passant, l'art baroque est un mouvement architectural caractérisé par l'exubérance de l'ornementation.

On le sait, les normales 4 demeurent le nœud de la guerre. Elles doivent se distinguer les unes des autres pour donner de la couleur au défi. Au Royal Laurentien, on y parvient davantage grâce à leur relief qu'à la diversité de leurs longueurs. Les dénivellations et les pentes qui les façonnent nous font oublier qu'elles s'agglutinent autour de trois longueurs, 400, 375 et 350 verges.

La plus grande qualité de ce terrain est d'offrir cinq jalons de départ pour adapter les distances à tout le monde.

Les conditions de jeu

Les allées valent le déplacement, elles excellent. À quelques exceptions près, les tertres de départ méritent une bonne note. La surface des verts présente une belle régularité malgré le manque de densité du gazon. Difficile d'expliquer l'absence d'entretien des fosses de sable... mauvaise synchronicité?

L'environnement

À une autre époque, ce site naturel aurait représenté l'endroit idéal pour construire un club de golf. Aujourd'hui, la proximité de l'autoroute et des lignes électriques brise le charme de plusieurs trous. En revanche, les aménagements paysagers et les zones recouvertes de foin blond s'inscrivent du côté de l'actif.

En vrac

Il y a de tout là-dedans: 3 *pot bunkers,* un pont couvert, une chute, des fontaines et même un lac carré qui fait un clin d'œil au nom de la municipalité.

Idéal pour...

Tous les golfeurs qui ne se laissent pas distraire par des détails, fussent-ils inopportuns.

+ NOUS AVONS AIMÉ

- Le site naturel
- Les conditions de jeu des allées
- Le 17e trou
- Les cinq jalons de départ

– NOUS N'AVONS PAS AIMÉ

- Le design trous, verts, fosses
- L'ornementation kitsch
- Le stationnement

Carte de pointage

Trou	1	2	3	4	5	6	7	8	9	Aller	10	11	12	13	14	15	16	17	18	Retour	Total
Bleu	372	402	140	351	528	350	167	372	395	3077	326	147	515	381	200	461	375	165	487	3057	6134
Blanc	364	334	125	302	490	325	150	345	347	2782	276	130	482	347	172	418	359	135	465	2784	5566
Rouge	309	289	80	233	388	271	105	238	325	2238	203	84	425	297	125	370	259	85	326	2174	4412
Normale	4	4	3	4	5	4	3	4	4	35	4	3	5	4	3	5	4	3	5	36	71

Évaluation : ■ Bleu 68,6 / 121 □ Blanc 66,2 / 115 ■ Rouge 68 / 113

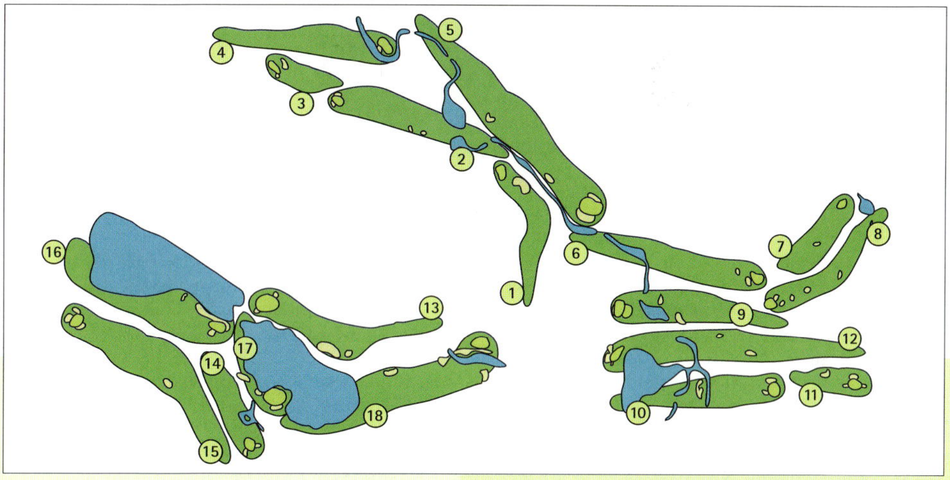

Conditions de jeu

- Verts ●●●●●
- Allées ●●●●●
- Sable ●●●●○
- Herbe longue ●●●●●
- Tertres ●●●●○

Design

- Verts + fosses ●●○○○
- Variété ●●●○○
- Harmonie + équilibre ●●●○○
- Pour tous ●●●○○
- Circuit ●●●○○

Environnement

- Visuel ●●●●○
- Nature ●●●●○
- Calme ●●○○○

Plaisir

- Délassement ●●●●○
- Verts ●●●○○
- Allées ●●●●○
- Tertres ●●●●○
- Manucure ●●●●○
- Entraînement ●●●○○
- Agrément ●●●●●
- Récupération ●●●●●

VERDICT ●●●○○

- Très bonnes conditions de jeu. Il plaît à la majorité, semble-t-il. Allez donc vérifier par vous-même.

Temps de jeu suggéré

4 h 00, WOW ! Pas plus de huit coups par trou et pas plus de deux minutes pour les recherches de balles, parlez-moi de ça.

Accueil

Bon.

Indications et signalisation

Insuffisantes.

Règles locales

Font l'objet d'une description claire et détaillée.

Tenue générale

Impeccable.

Améliorations

Des monticules, une chute d'eau de 15 mètres, des bassins d'eau en vue. (S.V.P. n'oubliez pas le stationnement.)

Au féminin

Un des mieux adaptés de la province, à la condition d'utiliser les jalons roses. Avec 5047 verges, les jalons rouges s'adressent aux golfeuses chevronnées. Plaisir assuré.

Boutique du pro

Bien garnie et attirante.

Tarif : $$$$

SAINT-ANDRÉ

137, De la Seigneurie
Saint-André Est
J0V 1X0
(450) 537-3533

Origines écossaises

Propriété du Groupe Beaudet inc. qui possède également les clubs Lachute, le Victorien, Chantecler et Riviera, ce terrain a vu le jour en 1927. À l'origine, il ne comptait que trois trous conçus en hommage au célèbre tracé du berceau du golf. C'est pourquoi il portait alors fièrement le nom de St. Andrews Golf & Country Club.

Le parcours

Les trois trous d'origine ont pris de l'expansion pour devenir un 27 trous. Aux fins du présent compte rendu, nous avons choisi de vous présenter le Rouge et le Bleu, deux neuf qui totalisent 5990 verges à partir des jalons blancs et 6324 verges à partir des jalons bleus. Il vous suffira de jeter un coup d'œil à la carte de pointage pour réaliser que les distances se répartissent équitablement entre les différentes normales.

Les trous d'origine se distinguent nettement des autres. Ils sont très réussis avec leurs amoncellements de terre placés pêle-mêle ou dispersés autour de passages sablonneux qui nous rappellent les bords de mer. Dommage que ces caractéristiques n'apparaissent pas sur tous les trous. D'autres monticules, plus récents, se placent devant les verts pour créer des illusions d'optique. Les autres trous s'éloignent complètement du concept original, comme s'ils avaient été réalisés par des architectes différents.

Les verts se font remarquer par la présence de fosses de sable et d'arbres qui embellissent le paysage. La largeur des allées plaira aux golfeurs moyens.

La difficulté

Ce terrain ne semble pas difficile, malgré une normale 3 de 209 verges et trois normales 5 de plus de 500 verges. On y trouve également de courtes normales 4 de 325, 302, 311, 330 et 333 verges. Attention aux différentes positions de balle, aux verts ondulés et aux fosses de sable difficiles à maîtriser.

Les conditions de jeu

Trop de trous ne profitent pas d'un système d'arrosage. Or, vous savez tous que les monticules requièrent énormément d'eau pour maintenir des conditions acceptables. Plusieurs tertres de départ ne bénéficient pas de l'ensoleillement favorable à une pousse de gazon généreuse.

Comme le terrain ne dispose pas de sentiers pour les voiturettes motorisées, certaines parties d'allée et d'herbe longue en arrachent. Même chose pour les buttons et les départs ; mieux vaut en être averti.

L'environnement

Le parcours s'enferme dans des limites formées d'un côté par la rivière des Outaouais et de l'autre par la rivière du Nord. Les arbres y sont franchement impressionnants. Malheureusement, une ligne de transport d'énergie électrique surplombe trois trous, ce qui crée tout un anachronisme avec la vocation des trous d'origine.

Idéal pour…

La plupart des golfeurs trouveront le défi et le coup d'œil intéressants.

+ NOUS AVONS AIMÉ

Le style écossais
Les verts
Les arbres

− NOUS N'AVONS PAS AIMÉ

La ligne électrique
Les conditions de jeu variables
La disparité du dessin

Carte de pointage

Trou	1	2	3	4	5	6	7	8	9	Aller	10	11	12	13	14	15	16	17	18	Retour	Total
Bleu	410	234	435	337	147	515	325	369	328	3100	568	359	396	513	179	172	349	330	358	3224	6324
Blanc	385	209	423	325	139	500	302	352	311	2946	515	330	379	503	167	159	340	318	333	3044	5990
Rouge	365	177	402	300	127	480	292	337	302	2782	440	325	290	460	159	110	322	264	305	2675	5457
Normale	4	3	4/5	4	3	5	4	4	4	35/36	5	4	4	5	3	3	4	4	4	36	71/72

Évaluation : ■ Bleu - / - □ Blanc - / - ■ Rouge - / -

Conditions de jeu

- Verts ●●●●○
- Allées ●●○○○
- Sable ●●○○○
- Herbe longue ●●○○○
- Tertres ●●○○○

Design

- Verts + fosses ●●●●○
- Variété ●●●●●
- Harmonie + équilibre ●●●○○
- Pour tous ●●●●○
- Circuit ●●○○○

Environnement

- Visuel ●●●○○
- Nature ●●●●○
- Calme ●●●●○

Plaisir

- Délassement ●●●●○
- Verts ●●●●○
- Allées ●●●●○
- Tertres ●●●○○
- Manucure ●●●○○
- Entraînement ○○○○○
- Agrément ●●●●●
- Récupération ●●●●●

VERDICT ●●●◐○

- Terrain qui a du caractère avec des conditions de jeu douteuses.

Temps de jeu suggéré

Non disponible. Deux minutes pour chercher une balle.

Accueil

Bon.

Indications et signalisation

Correctes.

Tenue générale

Correcte.

Aire d'entraînement

Ne propose qu'un vert d'exercice.

Au féminin

Bof, évidemment vous étiez moins nombreuses à participer aux débuts du golf. Plusieurs trous intéressants. Trop long.

Pavillon

Convient au style du parcours.

Boutique du pro

Très rudimentaire.

Tarif : $$

SAINT-JANVIER

21081, rue Charles
Mirabel (secteur Saint-Janvier)
J7J 1P1
(450) 435-9631

Porte d'entrée

Ouvert depuis 1961, Saint-Janvier semble être l'affaire de la famille Alarie. Pierre en est le propriétaire et Georges s'est occupé de la conception des plans. Ce terrain fait d'ailleurs partie des « clubs affiliés » en compagnie de Mirabel et de Saint-Jérôme.

Le parcours

Le parcours est installé sur un plateau qui domine la vallée environnante. Ainsi, à partir des départs de l'aire d'entraînement, on frappe les balles qui atterrissent dans les basses terres. Parlant de pente, sachez que le ravin qui traverse les trous nos 1, 9, 11 et 18 remplace la météo dans toutes les conversations. Ne vous offusquez pas si les golfeurs rencontrés vous tirent la langue, ils sont simplement à bout de souffle. À quatre reprises, vous n'avez d'autre choix que de vous taper cet exercice que personne n'apprécie, pas plus lors de la descente que pendant la remontée. Cela retarde le jeu, nuit au plaisir et n'apporte pas grand-chose d'intéressant au défi. Pour vous en convaincre, il suffit de jeter un coup d'œil sur les golfeurs d'habileté moyenne aux prises avec la chose.

Pour le reste, les allées sont larges et droites. À l'aller comme au retour, elles vous amènent au fond du terrain sur une longueur équivalente à quatre trous, puis vous ramènent à votre point de départ. Tous ces trous orientés dans une même direction ne favorisent pas spécialement la variété. À certains endroits, le vert voisine dangereusement un tertre de départ, une allée ou même, un autre vert. À part quelques exceptions difficiles à expliquer, la dimension de ces verts favorise le golfeur moyen, bien qu'ils soient circulaires et plats.

C'est peut-être ce qui a fait dire à Michel Godbout dans sa *Page du Golf*: « Aucun trou ne fait jaillir [...] l'émotion. » Un peu plus loin : « Difficile de vous vendre ce parcours. »

La difficulté

Un seul jalon de départ pour les messieurs, même chose pour les dames. Est-ce ça la simplicité volontaire ? Le terrain est facile avec ses normales 4 de 313, 288, 333, 297 et 300 verges. La clientèle habituelle peine dans le ravin et sur les trous traversés par un cours d'eau.

Les conditions de jeu

Ce ne sont pas les soins esthétiques qui vous attireront à Saint-Janvier. Cependant, contrairement au reste du terrain, les verts se distinguent par leur bonne condition. Les allées n'inspirent pas confiance et les tertres de départ sont franchement mauvais.

L'environnement

Quand on s'éloigne du pavillon, les arbres font leur apparition et seules les réactions verbales des joueurs viennent troubler le silence de l'endroit.

En vrac

Chaque trou porte un nom. « La grange » (10e) provoque les rires, chaque fois qu'un malheureux cogne à sa porte. « Les pins » (4e) s'affiche (sauf erreur) comme le seul vert du Québec à accueillir un arbre !

Idéal pour...

Le golf de loisir.

+ NOUS AVONS AIMÉ

La condition des verts
La vue sur la vallée
Les arbres

– NOUS N'AVONS PAS AIMÉ

Le ravin
Les conditions de jeu
Le dessin

Carte de pointage

Trou	1	2	3	4	5	6	7	8	9	Aller	10	11	12	13	14	15	16	17	18	Retour	Total
Bleu	-	-	-	-	-	-	-	-	-	-	-	-	-	-	-	-	-	-	-	-	-
Blanc	313	465	209	129	391	288	598	370	375	3138	190	333	145	467	297	141	547	551	300	2971	6109
Rouge	313	465	209	129	391	288	531	370	285	2981	190	333	115	450	297	141	457	525	300	2808	5789
Normale	4	5	3	3	4	4	5	4	4	36	3	4	3	5	4	3	5	5	4	36	72

Évaluation : ■ Bleu - / - □ Blanc - / - ■ Rouge - / -

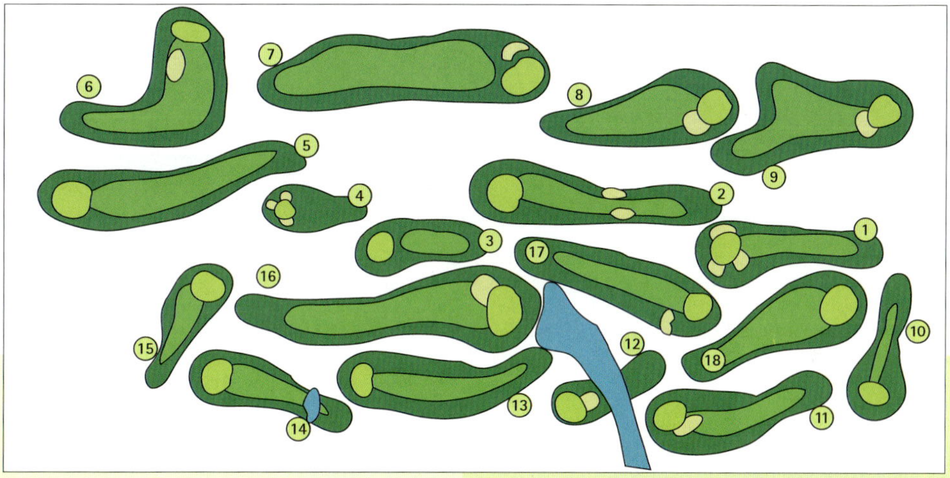

Conditions de jeu

- Verts ●●●○○
- Allées ●●○○○
- Sable ●●○○○
- Herbe longue ●●○○○
- Tertres ●○○○○

Design

- Verts + fosses ●●●○○
- Variété ●●○○○
- Harmonie + équilibre ●●○○○
- Pour tous ●●●○○
- Circuit ●●○○○

Environnement

- Visuel ●●●●○
- Nature ●●●●○
- Calme ●●●●●

Plaisir

- Délassement ●○○○○
- Verts ●●●○○
- Allées ●●●○○
- Tertres ●●○○○
- Manucure ●●○○○
- Entraînement ●●●○○
- Agrément ●●●●○
- Récupération ●●●○○

VERDICT ●●◐○○

- Les habitués y viennent pour le prix, la paix et la proximité.

Temps de jeu suggéré
Ça ne semble pas être une préoccupation.

Accueil
Très bon envers les golfeurs.

Indications et signalisation
À améliorer.

Tenue générale
Correcte.

Aire d'entraînement
Pour taper des balles seulement.

Au féminin
Le ravin est un inconvénient majeur.
Terrain à vocation régionale.

Pavillon
Modeste.

Boutique du pro
Ce n'est pas l'endroit pour faire l'achat du tout dernier modèle de bâton utilisé par Tiger et les autres.

Tarif : $$

1333, montée Sainte-Thérèse
Saint-Jérôme
J0R 1A0
(450) 436-2335
1 800 363-2525

Minutieux

On vient tout juste de fêter le 30e anniversaire de ce terrain stratégiquement posté à la porte des Laurentides. Il est en mesure d'offrir le dépaysement recherché aux résidents du Montréal métropolitain.

Le parcours

Le site naturel est intéressant à cause des arbres, de la petite rivière et de son relief légèrement accidenté. Cela produit des allées qui ne manquent pas de variété et qui profitent au maximum de cet habitat privilégié. En plus des dénivellations, des pentes affectent ces allées autant latéralement que de façon longitudinale.

À partir des tertres de départ surélevés, on observe qu'une attention particulière est accordée à la tonte du gazon. La coupe crée des motifs qui font ressortir davantage la forme des allées. Cela permet d'identifier sa cible plus facilement et ajoute à l'aspect visuel d'allées presque entièrement dépourvues de fosses de sable.

La forme des tertres reste conventionnelle comme l'imposait la tendance de l'époque. En revanche, de nombreux aménagements paysagers les mettent en valeur. Autre détail intéressant, le passage entre les trous s'effectue au moyen de sentiers qui se cachent sous les arbres.

Comme le second neuf enveloppe le premier, ses trous longent les limites du terrain. Cela amène la présence de huit hors-limite. Par ailleurs, le parcours est lourdement pénalisé par les trous nos 4, 5, 15 et 16 qui ne se montrent pas à la hauteur des autres.

Le choix de commencer et de finir un neuf par une normale 5 laisse le golfeur avec une séquence de sept trous entièrement composée de normales 3 et 4.

La difficulté

Même si certains verts plus petits mettent vos habiletés à l'épreuve, ce terrain n'est pas difficile. D'abord, ses 6000 verges calculées à partir des jalons bleus en font un tracé relativement court. Ensuite, son évaluation Slope de 115 reflète l'absence d'obstacles vraiment pénalisants. Finalement, les fosses sont rares et petites et les sous-bois bien nettoyés.

Les conditions de jeu

Les marques laissées par les bâtons sont réparées régulièrement sur les tertres de départ. Au moment de la visite, les verts connaissaient un lent début de saison, mais laissaient voir des signes encourageants de leur état futur.

L'environnement

L'environnement constitue sans aucun doute le point fort du terrain de Saint-Jérôme. La seule note discordante, c'est l'autoroute des Laurentides qui borne la portion est du terrain, avec ce que cela entraîne de bruit de circulation. Sur quelques trous on distingue la ville à travers les arbres.

Idéal pour...

Ce terrain peut représenter un compromis intéressant pour plusieurs.

+ NOUS AVONS AIMÉ

Le relief des allées
Les arbres
Le souci du détail

− NOUS N'AVONS PAS AIMÉ

Les nombreux hors-limite
L'autoroute 15
Quelques trous plus ordinaires

Carte de pointage

Trou	1	2	3	4	5	6	7	8	9	Aller	10	11	12	13	14	15	16	17	18	Retour	Total
Bleu	492	273	192	315	263	352	132	370	595	2984	423	397	502	382	150	268	404	348	142	3016	6000
Blanc	480	265	181	300	251	340	126	363	578	2884	415	388	486	361	140	256	386	342	138	2912	5796
Rouge	466	252	155	283	240	325	100	312	485	2618	407	295	374	291	130	244	284	336	129	2490	5108
Normale	5	4	3	4	4	4	3	4	5	36	5	4	5	4	3	4	4	4	3	36	72

Évaluation : ■ Bleu 70,3 / 115 □ Blanc 69,4 / 112 ■ Rouge 70 / 116

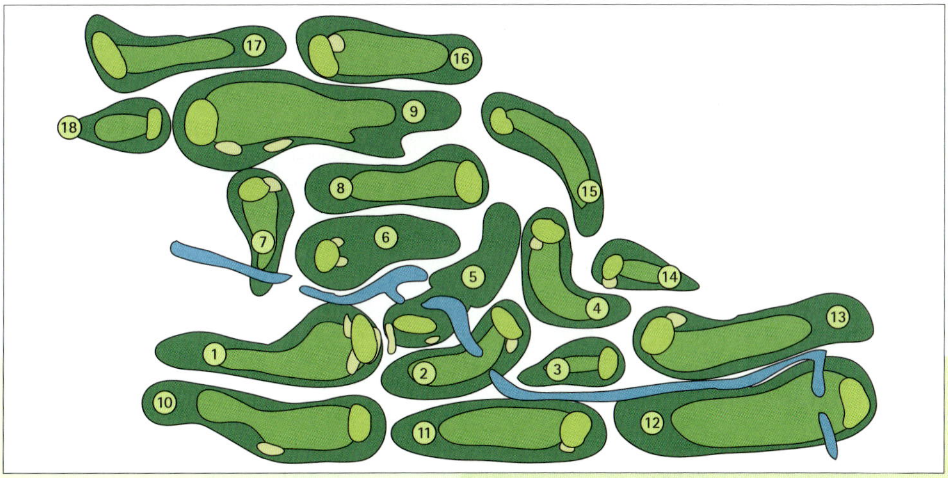

Conditions de jeu

> Verts ●●●○○
> Allées ●●●○○
> Sable ●●●○○
> Herbe longue ●●●○○
> Tertres ●●●●○

Design

> Verts + fosses ●●●○○
> Variété ●●●○○
> Harmonie + équilibre ●●●●○
> Pour tous ●●●●○
> Circuit ●●●○○

Environnement

> Visuel ●●●●○
> Nature ●●●●●
> Calme ●●●○○

Plaisir

> Délassement ●●●○○
> Verts ●●●○○
> Allées ●●●○○
> Tertres ●●●○○
> Manucure ●●●○○
> Entraînement ○○○○○
> Agrément ●●●●○
> Récupération ●●●●○

VERDICT ●●●○○

> Terrain qui se situe dans la moyenne.

Temps de jeu suggéré
4 h 30, avec un patrouilleur.

Accueil
Bon.

Indications et signalisation
Bonnes.

Règles locales
Très bien décrites sur la carte de pointage.

Tenue générale
Très bonne.

Aire d'entraînement
Seulement un vert d'exercice.

Au féminin
Malheureusement, la tendance se maintient : 5108 verges pour une normale 70, c'est trop long.
Par rapport aux jalons blancs, c'est 471 verges de trop.
Par contre, la moitié des trous sont très bien équilibrés.

Pavillon
Sympathique.

Boutique du pro
Chaleureuse et avec un inventaire complet.

Tarif : $$

TREMBLANT

3005, chemin Principal
Mont-Tremblant
J0T 1Z0
(819) 861-4643
1 800 461-8711

Dans une classe à part

Intrawest, le spécialiste des centres de villégiature, s'est porté acquéreur de Tremblant en 1991. Depuis, la montagne est devenue méconnaissable et deux parcours de golf ont vu le jour : le Géant en 1995 et le Diable en 1998.

Le parcours

C'est le Diable, dessiné par les architectes américains Hurdzen et Fry, qui retiendra notre attention. Construit au cœur d'une immense forêt de pins rouges, il a accueilli le quatuor Weir, Duval, Couples et Daly lors du Skins Game de 1999.

Un golfeur se compte chanceux d'évoluer sur un parcours en excellente condition ou savamment dessiné ou encore situé dans un environnement privilégié. Quand les trois éléments sont au rendez-vous, c'est qu'il est chez « le Diable » lui-même. Ce terrain est de la trempe de ceux de la PGA et on se plaît à le comparer à des terrains de type Arizona à cause de ses fosses naturelles *(waste bunker)*. Non seulement celles-ci sont gigantesques, mais elles envahissent la moitié des trous. La plupart du temps, elles se terrent en contrebas de l'allée, ce qui nous trompe sur la largeur réelle de l'allée qui semble plus difficile à atteindre.

Chaque neuf voit ses trous disposés selon un circuit en forme de boucle, ce qui limite la présence d'allées placées en parallèle. Cependant, la distance entre un trou et l'autre est tellement grande qu'elle justifie à elle seule l'utilisation d'une voiturette motorisée.

Chaque trou a du panache et de la prestance. Que ce soit par son dessin, son environnement ou son caractère unique, il attire le respect. Vous apprécierez les normales 3 qui s'imposent probablement comme le groupe le plus solide de la province.

La difficulté

Le Diable propose un formidable test aux golfeurs aguerris qui évoluent à partir des jalons noirs ou bleus. Le golfeur moyen, quant à lui, affronte un parcours de 6113 verges qui correspond à une évaluation Slope de 125. Il devra effectuer plusieurs coups à partir de fosses naturelles, ce qui n'est pas coutume au Québec. De plus, il risque d'être intimidé par les dénivellations ou le dessin de certains trous qui attirent l'attention vers les obstacles plutôt que vers l'allée, mais c'est de bonne guerre.

Les conditions de jeu

Recouvert d'agrostide, ce terrain parfaitement manucuré présente un élégant contraste de couleurs. L'excellence des conditions de jeu ne devrait pas vous surprendre à l'exception des fosses naturelles qui contiennent trop de cailloux. Il faudrait pouvoir les déplacer en tout temps.

L'environnement

Les Laurentides, le lac Ouimet et les forêts de pins rouges font oublier certains bruits de circulation.

Idéal pour...

Écoutez, c'est le plus beau !

+ NOUS AVONS AIMÉ

L'environnement
Le caractère unique de ce terrain
Le dessin des trous

– NOUS N'AVONS PAS AIMÉ

L'obligation d'utiliser une voiturette
La distance entre les trous
Les bruits de circulation

Carte de pointage

Trou	1	2	3	4	5	6	7	8	9	Aller	10	11	12	13	14	15	16	17	18	Retour	Total
Bleu	424	519	189	380	565	177	447	170	379	3250	414	373	204	393	389	482	150	405	527	3337	6587
Blanc	390	480	154	362	535	164	422	160	340	3007	381	330	195	366	365	451	147	370	501	3106	6113
Rouge	358	439	130	315	496	148	370	135	297	2688	347	260	174	329	334	377	118	335	470	2744	5432
Normale	4	5	3	4	5	3	4	3	4	35	4	4	3	4	4	5	3	4	5	36	71

Évaluation : ■ **Bleu 71 / 130** □ **Blanc 68,7 / 125** ■ **Rouge 70,5 / 125**

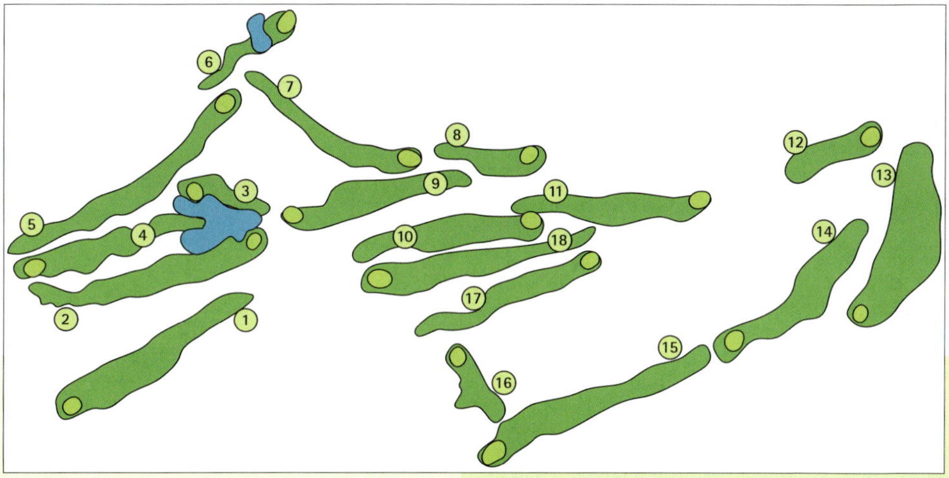

Conditions de jeu

- Verts ●●●●●
- Allées ●●●●●
- Sable ●●●●○
- Herbe longue ●●●●●
- Tertres ●●●●●

Design

- Verts + fosses ●●●●●
- Variété ●●●●●
- Harmonie + équilibre ●●●●●
- Pour tous ●●●○○
- Circuit ●●●●○

Environnement

- Visuel ●●●●●
- Nature ●●●●●
- Calme ●●●●●

Plaisir

- Délassement ●●●●○
- Verts ●●●●●
- Allées ●●●●●
- Tertres ●●●●●
- Manucure ●●●●●
- Entraînement ●●●●●
- Agrément ●●●●○
- Récupération ●●●○○

VERDICT ●●●●●

- Toutes catégories confondues, c'est le ténor du golf québécois.

Temps de jeu suggéré
5 h 00. Ne vous étonnez pas si ça s'étire un peu.

Indications et signalisation
Les graphiques de départ ont de la classe.

Tenue générale
Impeccable.

Aire d'entraînement
Correcte.

Au féminin
Cinq trèfles pour les normales 3, dont quatre ont plus ou moins 100 verges (jalons jaunes) Pas à la portée de toutes.

Pavillon
Il est là pour dépanner, Intrawest préférant vous accueillir sur le site principal.

Boutique du pro
Rudimentaire.

Divers
Crampons de métal interdits.

Tarif : $$$$

VALLÉE DE LA LIÈVRE

344, chemin du Golf
Mont-Laurier
J9L 3G5
(819) 623-6890

Du panache

Ce parcours est situé à Mont-Laurier, la capitale des Hautes-Laurentides, autrefois connue sous le nom de Rapide-de-l'Orignal. La légende veut qu'un orignal apeuré face aux chutes de la rivière du Lièvre ait fait un bond de 30 mètres (100 pieds). C'est ce qu'on appelle avoir du panache.

Vallée de la Lièvre a vu le jour avec un premier neuf trous en 1965. Depuis, beaucoup de choses ont changé. Les nouveaux propriétaires, à partir des plans et des conseils d'un architecte, ont finalement réalisé l'actuel parcours de 18 trous.

Le parcours

Le site naturel se prêtait bien à pareils travaux. Construit en pleine nature, le terrain s'entoure d'une forêt aux essences variées. Ses dénivellations réservent des points de vue spectaculaires sur le panorama.

Le premier neuf fredonne des airs de golf de montagne. Sur 3053 verges, sa normale 35 vous fera danser au rythme des monte-monte-descend ou encore des monte-descend-monte. Il s'avère trop essoufflant pour les longues normales 5 : une seule y trouve refuge. Le second neuf occupe une partie plus vallonnée du terrain. On a misé davantage sur le dessin que sur le relief pour attirer votre attention. Ainsi, le design des verts et des fosses de sable ne passe pas inaperçu. Il profite de la présence d'obstacles d'eau et de monticules pour obtenir ce résultat surprenant. On a fait preuve de doigté et d'audace dans la conception des fosses et des tertres de départ. Ils laissent un coup d'œil différent et cela tient autant au choix de leur emplacement qu'à leur forme.

Le parcours a de ces petites attentions qui font la différence. Ainsi, des obélisques se mettent en évidence, une montagne de grosses pierres garde l'arrière d'une fosse, des roches ont été semées dans les obstacles d'eau.

Par moments, le pourtour des allées manque de définition, un peu comme un tableau auquel il manquerait quelques coups de pinceau. Faute de repères visuels, cela donne l'impression que l'ensemble n'est pas ficelé ; il manque quelque chose.

La difficulté

Vous devrez être en mesure de naviguer non pas sur la mer, mais sur les verts. À cause de leur localisation, ceux du premier neuf ne se laissent pas accoster facilement, alors que ceux du second neuf risquent de vous donner le mal de mer avec leurs ondulations turbulentes. Comme le relief du terrain vous place souvent en déséquilibre, ce n'est rien pour ramener les choses. En pareilles circonstances, il va sans dire que l'eau joue un rôle important sur plusieurs trous.

Les conditions de jeu

On a fait un travail colossal de nettoyage dans les sous-bois. Les fosses gardent la forme alors que les allées du second neuf ont meilleure mine que leurs cousines. Les verts sont O.K. mais les tertres de départ reçoivent le bonnet d'âne.

L'environnement

Terrain très nature et super tranquille.

Idéal pour...

Tous, même si le golfeur occasionnel risque d'y frapper plusieurs coups.

+ NOUS AVONS AIMÉ

Le caractère de ce terrain
Les points de vue du premier neuf
Le dessin du second neuf

− NOUS N'AVONS PAS AIMÉ

La condition des tertres de départ
La signalisation
Le premier neuf essoufflant

Carte de pointage

Trou	1	2	3	4	5	6	7	8	9	Aller	10	11	12	13	14	15	16	17	18	Retour	Total
Bleu	344	143	284	350	519	213	400	395	405	3053	425	365	390	500	165	570	135	365	335	3250	6303
Blanc	322	123	248	290	480	185	325	360	320	2653	380	310	330	450	135	500	120	340	290	2855	5508
Rouge	317	90	229	240	435	130	250	320	300	2311	355	300	270	420	75	420	90	280	270	2480	4791
Normale	4	3	4	4	5	3	4	4	4	35	4/5	4	4	5	3	5	3	4	4	36/37	71/72

Évaluation : ■ Bleu 68 / 129 □ Blanc 66 / 120 ■ Rouge 69 / 119

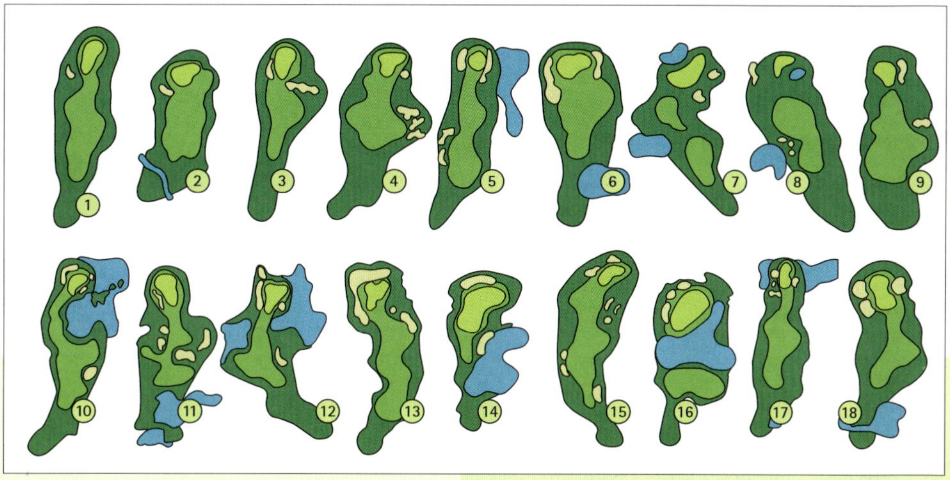

Conditions de jeu

> Verts ●●●○○
> Allées ●●●○○
> Sable ●●○○○
> Herbe longue ●●●○○
> Tertres ●●○○○

Design

> Verts + fosses ●●●●○
> Variété ●●●●●
> Harmonie + équilibre ●●●●○
> Pour tous ●●●○○
> Circuit ●●●○○

Environnement

> Visuel ●●●●●
> Nature ●●●●●
> Calme ●●●●●

Plaisir

> Délassement ●●○○○
> Verts ●●●○○
> Allées ●●●○○
> Tertres ●●○○○
> Manucure ●●○○○
> Entraînement ●●●○○
> Agrément ●●●●●
> Récupération ●●●●●

VERDICT ●●●◐○

> Ça vaut le déplacement.

Temps de jeu suggéré

15 minutes par trou, 2 h 15 par neuf.

Accueil

Très bon.

Indications et signalisation

À améliorer absolument.

Tenue générale

Bonne.

Aire d'entraînement

Trop près des trous.

Améliorations

Les propriétaires ne s'arrêtent jamais.

Au féminin

Le premier neuf est trop accidenté pour qu'il soit plaisant d'y jouer. Il faudra vous satisfaire du panorama.
Le deuxième neuf est extraordinaire.

Pavillon

Grande fenestration et bon service.

Boutique du pro

Tient une gamme de vêtements chauds, juste au cas où...

Tarif : $$

4500, 5e Avenue
Val-Morin
J0T 2R0
(819) 322-1501
1 877 258-2465

Double personnalité

Octogénaire depuis peu, ce terrain semi-privé de style country club accueille les visiteurs du lundi au jeudi. Il a fait l'objet d'un réaménagement par Graham Cooke.

Le parcours

Val-Morin, c'est un premier neuf traditionnel, boisé de grands conifères qui dessinent des allées relativement généreuses. En effet, même si l'espace entre les arbres reste équitable, l'herbe longue prend de la place et réduit d'autant la largeur de l'allée.

Val-Morin, c'est aussi un second neuf, beaucoup plus «jeune» et moins boisé que le premier, mais qui demande encore plus de précision. La raison en est fort simple. Il occupe un deuxième palier, un peu plus bas que le neuf d'aller. De cet endroit, il recueille l'eau de la rivière et la canalise pour décupler les obstacles d'eau. L'architecte exploite avec succès cet élément avec des trous qui semblent se frayer un passage à travers les graminées et la flore aquatique. Cette portion, contrairement à la première, devient alors une proie facile pour le vent.

Les plus beaux trous se trouvent sur le neuf de retour. Même ceux qui n'ont pas le pied marin retiennent l'attention. Leur relief s'anime au gré des pentes douces et des vallons qui modèlent les allées pour notre plus grand bonheur.

Les verts et les fosses de sable campent à l'enseigne de la diversité. Leur forme et leur dimension démontrent beaucoup d'imagination, avec un avantage très net pour les plus grands. Un tertre de départ étant propice au bavardage, des haies de thuyas et autres aménagements paysagers assurent un décor propice aux *garden parties*.

La difficulté

Vous obtiendrez de bons résultats seulement si votre précision vous permet d'attaquer le vert à partir du bon endroit. Sur plusieurs trous, il est préférable de faire son approche depuis un côté de l'allée plutôt que l'autre. Une pente ou un arbre à éviter ou encore une portion du vert plus sécuritaire que l'autre vous indiqueront la procédure à suivre ; restez attentif.

Les conditions de jeu

Les verts ne vous décevront pas puisqu'ils favorisent un roulement uniforme de la balle. Les allées sont bien découpées, mais l'herbe longue souffre du passage des voiturettes motorisées. Les fosses de sable ne manquent pas d'entretien et la dimension des tertres de départ permet une alternance dans l'emplacement des jalons.

L'environnement

Selon le neuf parcouru, des montagnes se découpent à plus ou moins grande distance. Les arbres matures pullulent sur le premier, alors que les plans d'eau du second ont gardé un aspect naturel qui les honore. L'endroit est calme malgré la présence de quelques résidences et d'une route qui semble peu achalandée.

Idéal pour...

La plupart des golfeurs y trouveront leur compte.

+ NOUS AVONS AIMÉ

Le dessin du second neuf
Les arbres du premier neuf
Le défi proposé

– NOUS N'AVONS PAS AIMÉ

Quelques trous qui manquent d'intérêt
Le premier neuf qui est moyen
Les verts plus petits

Carte de pointage

Trou	1	2	3	4	5	6	7	8	9	Aller	10	11	12	13	14	15	16	17	18	Retour	Total
Bleu	344	143	284	350	519	213	400	395	405	3053	425	365	390	500	165	570	135	365	335	3250	6303
Blanc	322	123	248	290	480	185	325	360	320	2653	380	310	330	450	135	500	120	340	290	2855	5508
Rouge	317	90	229	240	435	130	250	320	300	2311	355	300	270	420	75	420	90	280	270	2480	4791
Normale	4	4	3	5	3	4	4	5	3	35	3	4	4	4	5	3	4	4	5	36	71

Évaluation : ■ Bleu 68 / 129 □ Blanc 66 / 120 ■ Rouge 69 / 119

Conditions de jeu

Verts	●●●○○
Allées	●●●○○
Sable	●●●●○
Herbe longue	●●●●○
Tertres	●●●○○

Design

Verts + fosses	●●●○○
Variété	●●●○○
Harmonie + équilibre	●●●●○
Pour tous	●●●●○
Circuit	●●●●●

Environnement

Visuel	●●●●●
Nature	●●●●●
Calme	●●●●●

Plaisir

Délassement	●●●●○
Verts	●●●○○
Allées	●●●●○
Tertres	●●●○○
Manucure	●●●●○
Entraînement	○○○○○
Agrément	●●●●○
Récupération	●●●●○

VERDICT ●●●◐○

L'intérêt vient de la différence de style entre les deux neuf.

Temps de jeu suggéré
4 h 15 avec patrouilleurs.

Accueil
Celui des employés est bon.

Indications et signalisation
Bonnes, mais à en juger par l'état de l'herbe longue, la règle du 90° n'est pas respectée par les conducteurs de voiturettes.

Règles locales
Elles interdisent l'utilisation de balles d'exercice alors qu'on ne dispose pas d'aire d'entraînement...

Tenue générale
Très bonne.

Aire d'entraînement
Seulement un vert d'exercice.

Au féminin
Vous aimerez l'environnement et la tenue des lieux.
Trois normales 3 ont 150 verges.
Les normales 4 sont trop longues.

Pavillon
Très joliment présenté.

Boutique du pro
Bien garnie.

Tarif : $$$$

LAVAL • MONTRÉAL

1 > DORVAL
Dorval

2 > ÎLE DE MONTRÉAL
Montréal

3 > LE CARDINAL
Laval

4 > LE CHALLENGER
Montréal (arr. Saint-Laurent)

5 > MEADOWBROOK
Montréal

6 > MÉTROPOLITAIN
Montréal (arr. Anjou)

7 > SAINTE-ROSE
Laval

8 > SAINT-FRANÇOIS
Laval

9 > SAINT-RAPHAËL
L'Île-Bizard

10 > UFO
Laval

DORVAL

2000, rue Reverchon
Montréal (arr. Dorval)
H9P 2S7
(514) 631-4653

Y a-t-il un pilote dans l'avion?

Golf Dorval a été inauguré en juin 1982. La conception de ses deux parcours fut confiée à l'architecte Graham Cooke. Ceux-ci se nomment Oakville et Gentilly et ils s'étendent sur une superficie de 350 acres. Ce terrain a accueilli le prestigieux Omnium du Québec à deux reprises, en 1994 et 1996.

L'entrée du pavillon abrite un «temple de la renommée» inauguré en 1996. Vous y trouverez des photographies, des notes biographiques et des informations sur le golf au Québec et sur les golfeurs qui s'y sont illustrés (extraits tirés du site Internet).

Le parcours

Le parcours jouxtant l'aéroport, vous ne serez pas surpris d'apprendre que les allées sont planes et droites. Il serait facile de jouer à pied si ce n'était de la grande distance qui sépare le vert du tertre de départ suivant. Les quelques pentes qui façonnent les allées sont toujours douces et, fidèle à son habitude, l'architecte a déposé des monticules en marge de chacune d'elles.

J'aime bien les verts de cet architecte et ceux-ci ne font pas exception. Peu surélevés, ils font corps avec les monticules qui les entourent en embrassant leurs formes. Ailleurs, d'immenses fosses de sable pigmentent le dessin des allées, ajoutant beaucoup au plaisir des yeux. Bien sûr, les trous ne sont pas tous des chefs-d'œuvre mais, boisés ou pas, aucun d'eux n'est dénué d'intérêt.

La difficulté

Notre attention s'est portée sur le parcours Oakville où le choix des jalons fait toute la différence. Ainsi, les bleus vous offrent des normales 5 de 585 et 595 verges, des normales 4 de 412, 405 et 430 verges et deux normales 3 qui comptent respectivement 226 et 211 verges. Malgré ces chiffres impressionnants, l'évaluation Slope ne s'élève qu'à 123. La majorité d'entre vous se sentiront plus à l'aise sur les jalons blancs qui s'étirent tout de même sur 6372 verges.

Les conditions de jeu

La condition des allées ne cause pas de problème et leur manucure, même s'il n'est pas parfait, laisse deux hauteurs d'herbe longue. Bonne nouvelle, la situation s'améliore sur les verts. Leur vitesse et leur surface uniforme favorisent un roulement de balle sans mauvaise surprise. Les fosses de sable contiennent trop de roches et les sous-bois devront être améliorés. Les tertres de départ sont acceptables sauf pour leur aplomb. Est-ce l'âge? En tout cas, plusieurs commencent à montrer un dos rond.

L'environnement

Inutile de se cacher la tête dans le sable, le parcours est voisin de l'aéroport. À moins que vous soyez sourd, le bruit des moteurs d'avion, des décollages et des atterrissages risque de détourner votre attention. Visuellement, les bâtisses et certaines machineries vous rappelleront la vocation industrielle de ce secteur.

Idéal pour...

Les passionnés d'aviation et les autres qui attachent moins d'importance à leur environnement immédiat.

+ NOUS AVONS AIMÉ

Les verts
La qualité du défi
Le plaisir en général

– NOUS N'AVONS PAS AIMÉ

L'accueil
L'environnement
Les cailloux dans les fosses

Carte de pointage

Trou	1	2	3	4	5	6	7	8	9	Aller	10	11	12	13	14	15	16	17	18	Retour	Total
Bleu	375	481	380	335	395	175	585	165	365	3256	595	226	412	5221	405	335	221	430	352	3487	6743
Blanc	361	472	352	318	379	157	570	139	347	3095	576	200	405	512	395	320	143	381	345	3277	6372
Rouge	312	405	335	305	360	145	494	123	327	2806	501	172	349	456	351	259	117	336	282	2823	5629
Normale	4	5	4	4	4	3	5	3	4	36	5	3	4	5	4	4	3	4	4	36	72

Évaluation : ■ Bleu 71,9 / 123 □ Blanc 70 / 119 ■ Rouge 71,1 / 115

Conditions de jeu

- Verts ●●●●●
- Allées ●●●●○
- Sable ●●○○○
- Herbe longue ●●●○○
- Tertres ●●●○○

Design

- Verts + fosses ●●●●○
- Variété ●●●●○
- Harmonie + équilibre ●●●●○
- Pour tous ●●●●○
- Circuit ●●●●○

Environnement

- Visuel ●●○○○
- Nature ●●○○○
- Calme ●○○○○

Plaisir

- Délassement ●●●○○
- Verts ●●●●○
- Allées ●●●●○
- Tertres ●●●○○
- Manucure ●●●○○
- Entraînement ●●○○○
- Agrément ●○○○○
- Récupération ●●○○○

VERDICT ●●●○○

- Terrain intéressant à condition de faire abstraction de l'environnement.

Temps de jeu suggéré

4 h 30 ; les recherches de balles sont limitées à trois minutes par trou.

Accueil

Mauvais. Malheureusement, la réputation de Dorval n'est plus à faire.

Indications et signalisation

Graphiques de départ dépassés.

Tenue générale

Bonne.

Aire d'entraînement

Éclairée, mais dotée uniquement de départs synthétiques. Il est interdit d'utiliser la fosse de sable !

Au féminin

Les deux tiers des trous sont trop longs, c'est beaucoup.

Divers

De loin la pire collaboration.
Les débutants n'ont pas le droit de jouer les fins de semaine et les jours fériés, sauf qu'aucune vérification n'est faite lors de la réservation téléphonique.

Tarif : $$$

3700, Damien-Gauthier
Montréal
H1A 5S2
(514) 642-4567

Vert Irlande

Dernier terrain de golf à voir le jour sur l'île de Montréal, le parcours Sud a accueilli ses premiers visiteurs en juin 2003. On a voulu en faire le cheval de bataille de ce complexe de 36 trous que complète le parcours Nord. Il s'agit d'un terrain public haut de gamme. Y avez-vous déjà joué?

Le parcours

L'architecte irlandais Pat Ruddy s'amène à Montréal avec sa réputation d'expert en terrains de type *links*. Il faut savoir que ces parcours se trouvent habituellement au bord de la mer, qu'ils sont balayés par des vents forts et capricieux, sans aucun arbre pour les défendre. Océan en moins, c'est ce à quoi ressemble le golf de l'Île de Montréal. Un terrain typé dont les arbres ne servent que de décor ou d'arrière-plan et qui vous offre des allées torturées entourées de monticules de toutes dimensions. Soulignons la présence de trois verts doubles.

Sur pareil canevas, les fosses de sable prennent beaucoup d'importance, autant pour ajouter au défi que pour fignoler l'esthétique des trous. Le parcours est varié à souhait. Les verts prennent forme en tenant compte de la difficulté du coup d'approche, de sa longueur, des obstacles et de l'environnement immédiat. Il y en a pour tous les goûts.

Une normale 70 amène nécessairement une flopée de trous sans normale 5.

La difficulté

Le parcours Sud restant fidèle à ses origines de parcours de type *links,* vous devrez composer avec le vent. Ses allées maigrichonnes ressemblent à un fromage suisse avec ses *pot bunkers* de 3 à 8 pieds de hauteur. Ses verts, longilignes pour la plupart, demandent de la précision dans l'approche. Daniel Talbot le qualifie de parcours le plus difficile qu'il ait eu à affronter en trente ans de carrière au Québec. Soyons francs, ceux qui ont établi l'évaluation Slope dormaient au gaz.

Les conditions de jeu

Les verts en gazon de type agrostide sont rapides. En dépit de leur jeune âge, le gazon y pousse bien et leur surface favorise un bon roulement de la balle. Les allées et l'herbe longue dépassent la moyenne, et de loin. Finalement, les préposés à l'entretien prennent un soin jaloux de leurs tertres de départ.

L'environnement

Les buttons recouverts de fétuque apportent beaucoup à ce terrain qui ne se trouve quand même pas à la campagne. Roseaux et graminées font de leur mieux pour tamiser la cacophonie qui émane de l'autoroute. Des lignes de transport d'énergie électrique traversent le paysage de quelques trous.

Chapeau

À partir d'un ancien dépotoir, l'architecte vous a concocté une expérience de golf unique en son genre. L'imagination ne lui fait pas défaut; le dépaysement s'avère total. Chaque trou se distingue par son relief, ses fosses astucieuses et son approche stratégique. Assises sur des niveaux différents et bordées de buttes rustiques, les allées semblent à cent lieues les unes des autres.

Idéal pour…

Les bons (vrais) golfeurs pour qui le voisinage n'a pas d'importance.

+ NOUS AVONS AIMÉ

Le style et le dessin du parcours
L'expérience unique
Les conditions de jeu

− NOUS N'AVONS PAS AIMÉ

L'environnement sonore
Le fait que ce terrain ne s'adresse pas à tout le monde
Les trous coudés vers la droite (80 %)

Carte de pointage

Trou	1	2	3	4	5	6	7	8	9	Aller	10	11	12	13	14	15	16	17	18	Retour	Total
Bleu	390	502	180	420	433	153	378	335	362	3153	411	410	393	133	468	367	178	390	385	3135	6288
Blanc	368	449	156	385	402	129	359	324	345	2917	393	398	375	116	443	330	160	348	365	2928	5845
Rouge	325	430	124	332	370	106	311	252	318	2568	353	324	303	88	423	286	134	312	321	2544	5112
Normale	4	5	3	4	4	3	4	4	4	35	4	4	4	3	5	4	3	4	4	35	70

Évaluation : ■ Bleu 70 / 120 □ Blanc 67,5 / 114 ■ Rouge 68,5 / 118

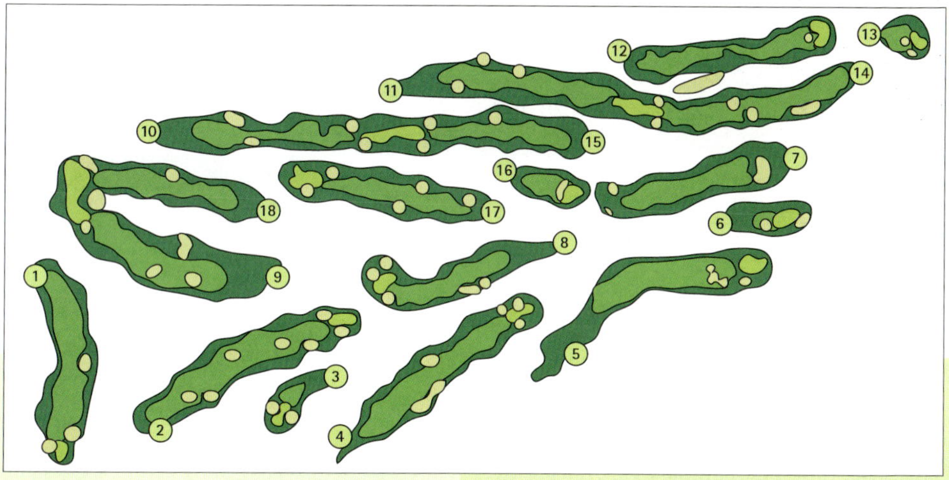

Conditions de jeu

- Verts ●●●●●
- Allées ●●●●●
- Sable ●●●●●
- Herbe longue ●●●●●
- Tertres ●●●●●

Design

- Verts + fosses ●●●●●
- Variété ●●●●●
- Harmonie + équilibre ●●●●●
- Pour tous ●●●○○
- Circuit ●●●○○

Environnement

- Visuel ●●●●○
- Nature ●●●●○
- Calme ●●○○○

Plaisir

- Délassement ●●●●●
- Verts ●●●●●
- Allées ●●●○○
- Tertres ●●●○○
- Manucure ●●●●●
- Entraînement ●●●●●
- Agrément ●●●●●
- Récupération ●●●○○

VERDICT ●●●●◐

- Superbe terrain au style différent. Environnement sonore à ne pas sous-estimer.

Temps de jeu suggéré

4 h 20.

Indications et signalisation

Il a fallu convaincre l'architecte irlandais qui n'en voulait aucune. Seul l'emplacement du drapeau reste à découvrir.

Tenue générale

Excellente.

Aire d'entraînement

Un modèle du genre. Il ne se fait pas mieux. Conditions d'entraînement, présentation, superficie, tout y est et c'est attirant en plus.

Au féminin

Bonne longueur totale, mais les normales 4 restent trop longues.
Environnement à considérer.
Un vrai défi si vous êtes bonne golfeuse.

Pavillon

On a su combiner l'apparence et la fonctionnalité sans tape-à-l'œil.

Boutique du pro

Accueillante et bien garnie.

Divers

Au départ des normales 3, une affiche, mise à jour quotidiennement, indique précisément la distance et vous séparant du drapeau.

Tarif : $$$$

LE CARDINAL

1000, avenue des Bois
Laval
H7R 1H6
(450) 627-3077

Au nom du père et du fils

Dans les années où le golf est encore à l'état embryonnaire au Québec, M. Cardinal père décide de transformer une terre en culture en parcours de golf. Afin de faire connaître son terrain, il accorde à tous les joueurs de hockey du Canadien le droit d'y jouer gratuitement. C'est là que les célèbres Maurice et Henri Richard ont fait leurs premières armes. Une autre anecdote? Qui n'a pas fredonné *L'été indien* de Joe Dassin? Eh bien! sachez que c'est à la suite d'une partie automnale au Cardinal que le célèbre chanteur a composé son grand succès. Aujourd'hui, une tradition vieille de 48 ans se poursuit avec Guy Cardinal et sa petite famille.

Le parcours

Le Cardinal se fait remarquer par la quantité de ses arbres matures. Ils ceinturent ses allées étroites au point de les étouffer. Par moments, c'est comme si leur croissance avait débordé le plan initial à l'image de ceux qui obstruent la façade d'une résidence qu'ils devaient pourtant mettre en valeur.

Les trous ont été aménagés trop près les uns des autres; on s'y sent à l'étroit. Par bonheur, les arbres rendent l'endroit plus sécuritaire en servant d'écran protecteur pour les balles provenant des allées voisines.

Après le vert de la végétation, ce sont les verts avec un drapeau qui retiennent notre attention. Ils présentent une belle variété dans leurs formes et un bon équilibre entre la dimension et le relief. Encore une fois, les arbres jouent un rôle important, en mettant l'accent sur le dessin de ces cibles si convoitées. Ailleurs, les tertres de départ se placent dans des angles complètement différents, ce qui assure un défi adapté et original pour tous.

On peut marcher facilement le parcours, sauf dans les deux montées qui mènent aux verts des 9e et 18e trous. Le relief est relativement plat, même en tenant compte de quelques pentes douces qui contribuent à rendre les trous encore plus intéressants. Prenez note de la présence de quatre trous coudés à 90°, dont trois sur le neuf de retour, et de sept normales 4 dont cinq successives (du 11e au 15e)...

La difficulté

Au diable l'évaluation Slope, ce terrain est difficile. Il demande de la puissance avec ses normales 4 de 440, 420, 420 et 410 verges, une normale 5 de 590 verges et une normale 3 de 200 verges. Il commande aussi de la précision et de la stratégie. Ses allées étroites, ses arbres et ses obstacles (d'eau et de sable) ne vous laissent pas le choix, sans même parler des nombreux hors-limite.

Les conditions de jeu

Le terrain offre des conditions de jeu ordinaires et il manque de soins esthétiques.

L'environnement

Les arbres font foi de tout. Malgré la proximité de la ville, vous y trouverez la tranquillité qui manque à d'autres parcours plus récents.

Idéal pour...

Les golfeurs précis.

+ NOUS AVONS AIMÉ

- Le dessin des allées
- Les arbres
- Les immenses fosses de sable

– NOUS N'AVONS PAS AIMÉ

- Le manque d'espace du premier neuf
- Les serres qui longent plusieurs trous
- Les conditions de jeu

Carte de pointage

Trou	1	2	3	4	5	6	7	8	9	Aller	10	11	12	13	14	15	16	17	18	Retour	Total
Bleu	335	460	156	610	340	555	169	442	220	3287	160	370	385	324	325	430	485	400	440	3319	6606
Blanc	320	440	145	590	325	535	160	420	200	3135	150	360	365	307	289	410	465	380	420	3146	6281
Rouge	315	423	117	490	275	510	134	380	160	2804	140	335	340	273	266	360	445	325	350	2834	5638
Normale	4	4/5	3	5	4	5	3	4	3	35	3	4	4	4	4	4	5	4	4	36	71

Évaluation : ■ Bleu 71,8 / 124 □ Blanc 71 / 122 ■ Rouge 71,5 / 121

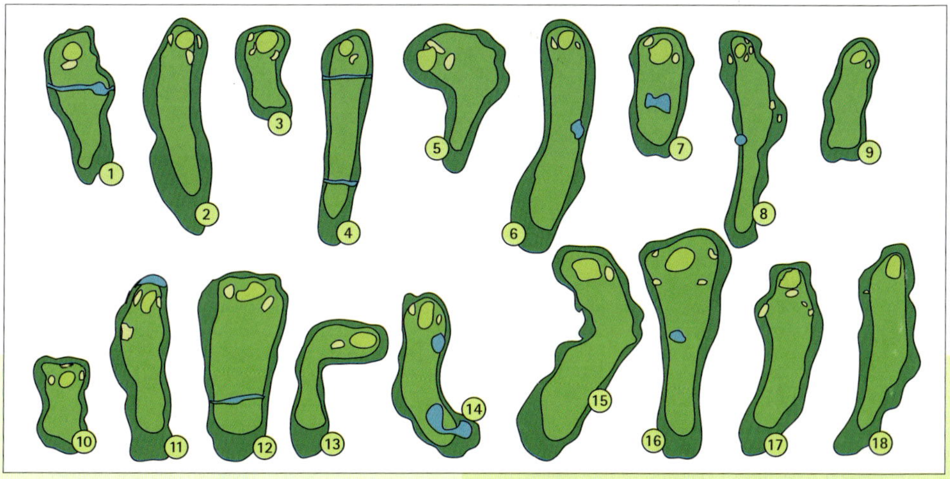

Conditions de jeu

- Verts ●●○○○
- Allées ●●○○○
- Sable ●●○○○
- Herbe longue ●●○○○
- Tertres ●●○○○

Design

- Verts + fosses ●●●○○
- Variété ●●●○○
- Harmonie + équilibre ●●●○○
- Pour tous ●●●○○
- Circuit ●●○○○

Environnement

- Visuel ●●●●○
- Nature ●●●●○
- Calme ●●●●○

Plaisir

- Délassement ●●○○○
- Verts ●●●○○
- Allées ●●○○○
- Tertres ●●○○○
- Manucure ●●○○○
- Entraînement ●●○○○
- Agrément ●●●●○
- Récupération ●●●○○

VERDICT ●●●○○

- Allées étroites situées dans un bel environnement, avec des conditions de jeu perfectibles.

Temps de jeu suggéré

4 h 30. Nous avons observé un décalage entre plusieurs groupes, ce qui nous donne à penser que le temps de 4 h 30 s'étire un peu.

Accueil

Très bon.

Indications et signalisation

Bonnes.

Tenue générale

Bonne.

Aire d'entraînement

Correcte.

Améliorations

Compléter le revêtement des sentiers pour voiturettes motorisées.

Au féminin

Avec ses 600 verges en trop, il vous laisse neuf trous impossibles à atteindre en coups réglementaires.

Vous devrez survoler quatre obstacles d'eau.

Boutique du pro

Rudimentaire.

Atmosphère

Les habitués semblent avoir beaucoup de plaisir.

Tarif : $$$

LE CHALLENGER

2505, Des Nations
Montréal (arr. Saint-Laurent)
H4R 3C8
(514) 335-5545

Prendre son envol

Un petit nouveau vient de joindre les rangs des terrains de golf de la région de Montréal. Le Challenger, propriété de Bombardier, prend son envol à proximité de Dorval, sur le site d'un ancien aéroport.

Le parcours

Conçu par Graham Cooke, le Challenger se veut différent grâce à son style *links*, à ses monticules, à ses allées balayées par le vent et à ses fosses de sable inédites. On chuchote que l'architecte se serait inspiré du célèbre parcours de St. Andrews (le berceau du golf), mais n'en glissez mot à personne.

Imaginez un terrain sans arbre mais avec 117 fosses de sable et des buttes si hautes qu'elles vous isolent des allées voisines. Pensez à d'immenses étendues de terre recouvertes de foin blond (fétuque) qui, caressé par le vent, bouge en vagues successives. N'avez-vous pas l'impression d'être sur un autre continent?

Essayez de visualiser des fosses de sable dont la paroi forme un mur de gazon (ou de bois) haut d'environ 1 mètre (3 pieds). Que dire des murets de pierres parfaitement agencées qui forment un ensemble d'un naturel désarmant?

Les verts totalisent 225 000 pieds carrés, soit nettement plus que la moyenne habituelle au Québec.

La difficulté

Malgré la hauteur des monticules, le vent est un facteur que vous devrez maîtriser si vous espérez réussir de bons pointages.

Les verts sont tellement grands que votre balle peut se situer dans un code postal différent de celui du drapeau... Ce n'est pas parce que leur vitesse atteint 11 sur l'échelle de l'instrument de mesure Stimp, que vous arriverez à la coupe plus rapidement; au Challenger, il y a loin de la coupe aux lèvres. Finalement, vous devrez être capable de déjouer un parcours qui vous tend nombre de pièges.

Les conditions de jeu

Malgré son jeune âge, le Challenger atteint le podium des terrains présentant les meilleures conditions de jeu. Elles sont remarquables partout et seule la longueur du gazon de type agrostide différencie tertres, allées et verts. Cependant, en septembre, le sol devient dur autant dans l'allée que sur les verts.

L'environnement

Vous le savez déjà, il faut oublier les arbres. Vous pourrez toujours vous rabattre sur la vue du mont Royal, de l'oratoire Saint-Joseph et de l'université de Montréal. Souhaitons que la ville ne donne pas suite à son projet de faire passer le boulevard Cavendish en plein milieu du terrain.

En vrac

Le personnel d'entretien est composé de 25 personnes.

L'environnement du premier neuf est plus intéressant que celui du second.

Idéal pour...

Le golfeur aguerri et les autres, curieux de découvrir un terrain différent.

+ NOUS AVONS AIMÉ

Le dessin du parcours
Le défi équilibré pour tous
L'idée du fétuque en abondance

– NOUS N'AVONS PAS AIMÉ

L'environnement un peu trop urbain
La surface durcie des verts
(fin septembre)
Les frais identiques avec ou sans
voiturette motorisée

Carte de pointage

Trou	1	2	3	4	5	6	7	8	9	Aller	10	11	12	13	14	15	16	17	18	Retour	Total
Bleu	410	385	515	165	360	525	338	141	420	3258	340	350	460	355	395	190	500	435	415	3260	6518
Blanc	385	355	495	150	350	510	320	115	405	3085	315	140	445	335	380	180	480	410	400	3085	6170
Rouge	340	315	430	110	290	455	250	90	335	2615	260	100	405	230	320	135	425	345	353	2603	5218
Normale	4	4	5	3	4	5	4	3	4	36	4	3	5	4	4	3	5	4	4	36	72

Évaluation : ■ **Bleu 70 / 121** □ **Blanc 68,5 / 118** ■ **Rouge 69,5 / 117**

Conditions de jeu

- Verts ●●●●●
- Allées ●●●●●
- Sable ●●●●●
- Herbe longue ●●●●●
- Tertres ●●●●●

Design

- Verts + fosses ●●●●●
- Variété ●●●●●
- Harmonie + équilibre ●●●●○
- Pour tous ●●●●○
- Circuit ●●●●●

Environnement

- Visuel ●●●○○
- Nature ●●●○○
- Calme ●●○○○

Plaisir

- Délassement ●●●●●
- Verts ●●●●●
- Allées ●●●●●
- Tertres ●●●●●
- Manucure ●●●●●
- Entraînement ●●●●●
- Agrément ●●●●●
- Récupération ●●●●●

VERDICT ●●●●●

- Défi de golf bien calibré.
Conditions de jeu inégalées.
Caractère singulier.
Environnement urbain.

Temps de jeu suggéré
4 h 30.

Accueil
Bon.

Indications et signalisation
Impeccables.

Tenue générale
Excellente.

Aire d'entraînement
Très vaste et comporte différentes zones pour exercer votre petit jeu.

Au féminin
Réservé aux meilleures golfeuses: 6 normales 4 sur 10 sont inatteignables en coups réglementaires, pour la plupart des golfeuses.

Pavillon
Spectaculaire avec une salle en demi-lune dominant le parcours.

Boutique du pro
Offre les plus grands noms.

Conditions de jeu
Ont manqué de constance en 2003.

Tarif : $$$$$

MEADOWBROOK

8370, chemin de
la Côte-Saint-Luc
Montréal
H4W 1S3
(514) 488-4875

Anachronisme

Ouvert en 1934 à Côte-Saint-Luc, sur l'île de Montréal, ce terrain public est la propriété du Canadien Pacifique.

Le parcours

Que s'est-il passé ? On n'en sait rien, mais chose certaine, l'horloge s'est arrêtée. Le temps s'est figé sur Meadowbrook. Partout autour, le train de l'évolution a continué sa route. L'autoroute rugit à proximité, les lignes électriques font leur travail, une cour de triage voit défiler des milliers de véhicules neufs chaque jour. Et pourtant…

Et pourtant, juste à côté, Meadowbrook est là, presque endormi. On l'a oublié, tout comme on a oublié de tourner les pages d'un calendrier qui affiche encore 1934, année de la fondation du club. Les plus âgés se souviennent des lave-balles manuels qui prenaient la forme d'une « palette de ping-pong » amovible : ils y sont encore. Le pavillon a trouvé refuge dans ce qui ressemble étrangement à une école.

Les érables centenaires qui s'y trouvent feraient l'envie de bien d'autres terrains. Ils réussissent à donner de l'allure à ces allées planes traversées par de nombreux fossés d'égouttement. Laissés sans crème antirides, les verts trahissent leur âge. Certains arborent une espèce de bordure arrière qui n'a rien de sexy. On dirait qu'ils font une moue… et on les comprendrait.

Côté distance, des normales 3 de 230 et 190 verges devraient vous en donner pour votre argent, sans compter les quatre normales 4 de plus de 400 verges.

Dites-moi, bonnes gens du Canadien Pacifique, pourquoi ne pas transformer ce site, qui s'y prêterait parfaitement, en un magnifique parcours urbain ? Il suffirait de refaire les verts, de changer le sable des fosses et d'aménager des tertres de départ dignes de ce nom. Tant qu'à y être, ce serait une bonne idée de recouvrir les allées de gazon pour compléter le travail.

La difficulté

Il ne fait pas de doute que dans leur état actuel, les verts constituent non seulement la plus grande difficulté, mais également le plus gros problème.

Les conditions de jeu

À peu de chose près, les verts semblent coupés de la même façon que les allées et l'herbe longue ! C'est du jamais vu.

L'environnement

Redisons-le, les arbres qui embellissent Meadowbrook sont extraordinaires. Pourquoi ne pas en faire profiter une plus grande partie de la population ? Est-ce que cela sera fait par la construction d'immeubles résidentiels ?

Idéal pour…

Tous ces golfeurs qui pourraient y revivre une partie de leur jeunesse… Tous ceux qui pourraient s'y rendre en autobus, avec un sac léger sur l'épaule, pour faire une promenade. Tous ceux qui souhaitent commencer à jouer au golf ou qui en sont à leurs premières armes.

+ NOUS AVONS AIMÉ

Le potentiel de ce terrain
Les arbres centenaires
Le clin d'œil à une autre époque

– NOUS N'AVONS PAS AIMÉ

L'inexploitation des ressources du terrain
Les conditions de jeu
Le dessin ou plutôt l'absence de dessin des verts et des tertres de départ

Carte de pointage

Trou	1	2	3	4	5	6	7	8	9	Aller	10	11	12	13	14	15	16	17	18	Retour	Total
Bleu	-	-	-	-	-	-	-	-	-	-	-	-	-	-	-	-	-	-	-	-	-
Blanc	360	400	150	405	490	505	140	465	150	3065	435	190	350	360	570	415	230	310	360	3220	6285
Rouge	285	350	150	405	490	455	80	465	150	2830	385	170	350	350	500	415	200	290	360	3020	5850
Normale	4	4	3	4/5	5	5	3	5	3	36/37	4/5	3	4	4	5	4/5	3/4	4	4	35/38	71/75

Évaluation : ■ Bleu 69,2 / 113 □ Blanc 69,2 / 113 ■ Rouge 69,2 / 113

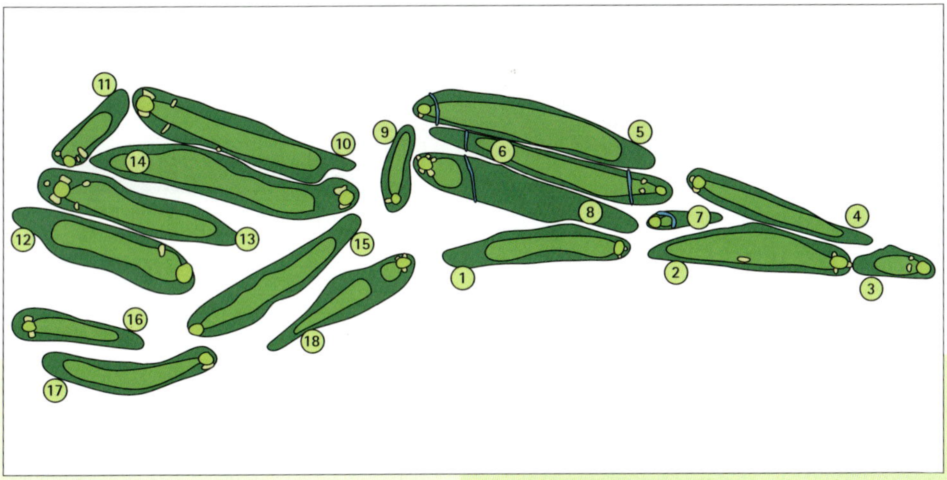

Conditions de jeu

- Verts ○○○○○
- Allées ○○○○○
- Sable ○○○○○
- Herbe longue ○○○○○
- Tertres ○○○○○

Design

- Verts + fosses ○○○○○
- Variété ●○○○○
- Harmonie + équilibre ●●●○○
- Pour tous ●●●●○
- Circuit ●●●○○

Environnement

- Visuel ●●●●○
- Nature ●●○○○
- Calme ●●○○○

Plaisir

- Délassement ●●●●○
- Verts ○○○○○
- Allées ●●●●○
- Tertres ○○○○○
- Manucure ○○○○○
- Entraînement ●●○○○
- Agrément ●●●○○
- Récupération ●●●●○

VERDICT ●○○○○

- Dans son état actuel : uniquement pour la clientèle décrite à la page précédente.

Temps de jeu suggéré

4 h 30, j'imagine…

Indications et signalisation

À améliorer.

Tenue générale

Celle d'une autre époque.

Aire d'entraînement

Correcte.

Au féminin

Huit trous sont de la même longueur que ceux des hommes.
Degré de difficulté déraisonnable.
Tertres de départ déplaisants.

Boutique du pro

Je vous laisse la surprise…

Carte de pointage

Anémique.

Divers

Une oasis dans le désert urbain.

Tarif : $$

9555, boulevard du Golf
Montréal (arr. Anjou)
H1J 2Y1
(514) 353-5353

Côté givré ou naturel ?

Un autre terrain conçu par Graham Cooke. Décidément, il ne chôme pas celui-là ! Où en sommes-nous six ans plus tard ?

Le parcours

Vous avez certainement vu la publicité de la céréale qui se demande si les gens préfèrent son côté givré et sucré ou son côté fibreux et naturel.

Le Métropolitain possède deux faces aussi différentes que celles de la célèbre céréale. Le neuf d'aller se faufile à travers de nombreux arbres ; même si cela ne rend pas les allées étroites et fermées. Juste ce qu'il faut pour que les golfeurs se gardent un peu de gêne, comme dirait l'autre.

À l'opposé, le neuf de retour profite de grands espaces en terrain ouvert. Les arbres y sont aussi rares que… que… les oiselets tiens. Ce parcours, en apparence sans défense, se transforme en monstre sanguinaire dès que le vent se lève et croyez-moi, il ne se couche pas souvent dans ce coin-là. Ajoutez des plans d'eau à profusion et des fosses tellement grandes qu'on ne serait pas surpris d'y trouver un sauveteur.

Les allées d'agrostide prennent un malin plaisir à vous faire monter sur de longues distances. Heureusement, comme tout ce qui monte doit redescendre, elles n'hésitent pas à vous renvoyer l'ascenseur, vous garantissant ainsi autant de hauts que de bas…

Avec cinq jalons de départ, le Métropolitain semble vouloir séduire tous les golfeurs. Ce n'est pas un endroit où vous perdrez du temps à chercher des balles, car ça ne flotte pas, une balle de golf. Les allées ouvertes tolèrent certaines maladresses et, à la condition d'avoir fait preuve d'humilité dans la sélection des jalons de départ, le golfeur trouvera les distances raisonnables.

La difficulté

À partir des jalons or, vous avez sous les yeux le plus long parcours public du Québec. Des autres jalons, le Métropolitain vous propose des lacs à survoler, des courbes à raccourcir et des fosses à éviter. À vous de faire les bons choix.

Les conditions de jeu

Aussi invraisemblable que cela puisse paraître, il s'agit d'un terrain bien entretenu aux conditions de jeu moyennes sans plus. En effet, le service d'entretien ne lésine pas sur les soins esthétiques, se donnant même la peine de faire des coupes différentes autour d'un obstacle ou devant le vert. Malheureusement, ils déçoivent tout comme les allées du second neuf manquent de constance.

L'environnement

À cause de ses arbres, le premier neuf est moins pénalisé que le second par l'environnement immédiat. Les industries pétrolières, l'autoroute et les édifices n'irritent pas le regard à l'aller. Au retour, sans être un handicap, leur présence se fait moins discrète.

Idéal pour…

Tous. N'hésitez pas, c'est un terrain qui vous plaira quel que soit votre niveau de jeu.

+ NOUS AVONS AIMÉ

- Le dessin verts-fosses de sable
- Le relief des allées
- Les plans d'eau du second neuf
- Les soins esthétiques (manucure)

– NOUS N'AVONS PAS AIMÉ

- L'état des tertres de départ (jalons blancs)
- La condition des verts
- L'environnement industriel

Carte de pointage

Trou	1	2	3	4	5	6	7	8	9	Aller	10	11	12	13	14	15	16	17	18	Retour	Total
Bleu	370	415	155	543	430	320	500	165	425	3323	535	192	435	490	178	400	393	170	495	3288	6611
Blanc	352	407	127	508	358	300	492	155	392	3091	525	180	412	482	150	355	385	146	465	3100	6191
Rouge	335	375	120	485	350	290	461	147	385	2948	480	155	380	453	143	330	344	139	458	2882	5830
Normale	4	4	3	5	4	4	5	3	4	36	5	3	4	5	3	4	4	3	5	36	72

Évaluation : ■ Bleu 71,4 / 126 □ Blanc 69,5 / 122 ■ Rouge 72,5 / 113

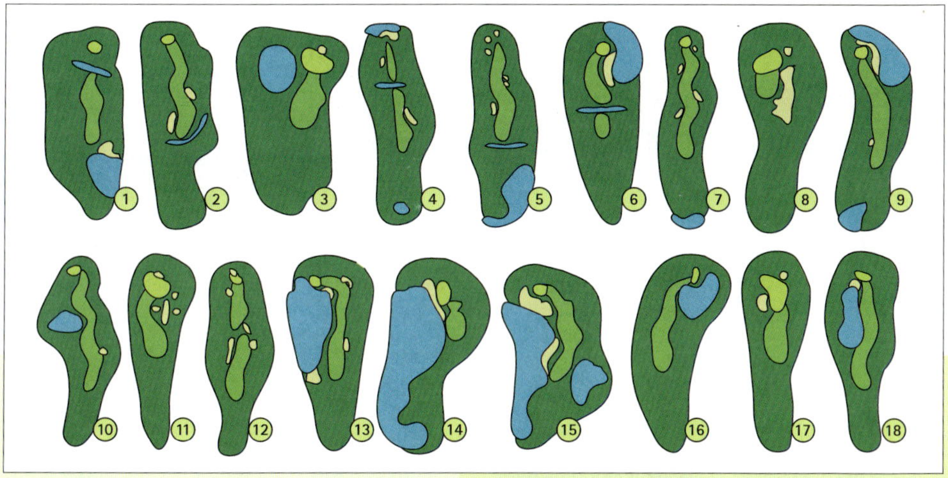

Conditions de jeu

- Verts ●●○○○
- Allées ●●●○○
- Sable ●●●●○
- Herbe longue ●●●○○
- Tertres ●●○○○

Design

- Verts + fosses ●●●●●
- Variété ●●●●●
- Harmonie + équilibre ●●●○○
- Pour tous ●●●●○
- Circuit ●●●●○

Environnement

- Visuel ●●●○○
- Nature ●●●○○
- Calme ●●●○○

Plaisir

- Délassement ●●●●●
- Verts ●●●●○
- Allées ●●●●●
- Tertres ●●●●●
- Manucure ●●●●●
- Entraînement ●●●●●
- Agrément ●●●●●
- Récupération ●●●●●

VERDICT ●●●○○

- Défi intéressant. Contraste entre deux neuf qui adoptent un style différent. Le hic : la condition des verts.

Temps de jeu suggéré
4 h 30.

Indications et signalisation
À améliorer.

Tenue générale
Excellente.

Aire d'entraînement
Un modèle du genre. Il ne se fait pas mieux. Conditions d'entraînement, présentation, superficie, tout y est et c'est attirant en plus. On devrait permettre l'accès aux départs sur gazon naturel plus souvent.

Au féminin
Les normales 4 sont beaucoup trop longues. Tous les obstacles d'eau sont contournables. Le parcours à normales 3 constitue une option intéressante.

Pavillon
Luxueux et peut servir à plusieurs usages.

Boutique du pro
Spacieuse, toute garnie et accueillante.

Carte de pointage
Très bien faite. Les informations sont claires, les directives aussi.

Tarif : $$

SAINTE-ROSE

1400, boulevard Mattawa
Laval
H7P 5W7
(450) 628-6072

Joyau urbain

John Watson a dessiné ce parcours qui accueille les golfeurs depuis 1996. Sa situation à Laval, à proximité des autoroutes et du centre-ville de Montréal, en fait un golf de ville. Voyons ce qu'il en est.

Le parcours

D'abord, la rivière des Mille-Îles mouille quelques trous du parcours, c'est déjà pas mal. Ensuite, même si les arbres n'ont pas la splendeur des pins d'Augusta, ils ponctuent tout le terrain de leurs couleurs, de leurs essences et de leur maturité. Cela donne sans contredit du cachet au tracé. Finalement, Sainte-Rose s'enorgueillit de la présence de ses plans d'eau. Leurs aménagements bénéficient tantôt de roches de rivière et tantôt de remblais de pierres. Il leur arrive même d'offrir un petit côté naturel que les quenouilles et les graminées soulignent avec plaisir.

Cependant, le manque d'espace est flagrant. L'architecte a dû se résigner à disposer la majorité de ses trous selon une même orientation, avec des allées tassées les unes contre les autres. Tous les trous tournent un peu d'un côté ou de l'autre et la plupart des allées varient en inclinaison et en largeur. D'immenses fosses de sable ont été réparties intelligemment. Pour couronner le tout, le design des ensembles verts-fosses de sable s'impose parmi les meilleurs du Québec. Ils forment un tout naturel, équilibré et harmonieux.

La difficulté

C'est un terrain exigeant. Il fait appel non seulement à vos habiletés de golfeur, mais également à votre jugement. Il requiert autant de précision que de détermination en raison de la corrélation entre l'importance du risque couru et la récompense qui y est rattachée. Ce n'est pas ce qu'on peut appeler une promenade dans le parc et vous aurez toutes les raisons du monde pour dénouer légèrement votre nœud de cravate…

Les conditions de jeu

Encore une fois, Sainte-Rose se classe parmi les meilleurs en ce qui concerne les conditions de jeu. Techniquement, le sous-sol est classé « USGA », ce qui annonce une proportion 80/20 de sable et de terre. Il s'agit de la combinaison idéale pour s'assurer d'allées et d'herbe longue impeccables qui reçoivent en prime des soins attentionnés, côté manucure et découpage. Les verts d'agrostide vous raviront par leur couleur, leur texture et leur mordant. Les fosses de sable impressionnent et les plans d'eau enchantent. Qui dit mieux ?

L'environnement

Le parcours a été aménagé en harmonie avec l'écosystème d'un site naturel qui abritait un sanctuaire d'oiseaux. Sur un fond sonore assuré par leur gazouillement continu, vous risquez les plus belles rencontres. Que l'on parle de canards sauvages, de grosses tortues, de ratons laveurs, de renards ou de lapins sauvages, vos visiteurs resteront discrets.

Idéal pour…

Tous les golfeurs qui possèdent un minimum d'habileté.

+ NOUS AVONS AIMÉ

Les conditions de jeu
Les plans d'eau
Le dessin du parcours

– NOUS N'AVONS PAS AIMÉ

Le manque d'espace
Le danger
L'absence d'aire d'entraînement en 2002

Carte de pointage

Trou	1	2	3	4	5	6	7	8	9	Aller	10	11	12	13	14	15	16	17	18	Retour	Total
Bleu	362	376	368	186	393	326	137	409	529	3086	549	172	364	152	519	308	530	387	167	3148	6234
Blanc	356	329	361	174	355	306	127	379	520	2907	514	162	356	145	493	302	464	358	160	2954	5861
Rouge	305	311	314	137	293	260	106	324	452	2502	440	128	262	111	407	264	335	319	126	2392	4894
Normale	4	4	4	3	4	4	3	4	5	35	5	3	4	3	5	4	5	4	3	36	71

Évaluation : ■ Bleu 70 / 125 □ Blanc 68,5 / 121 ■ Rouge 69,9 / 123

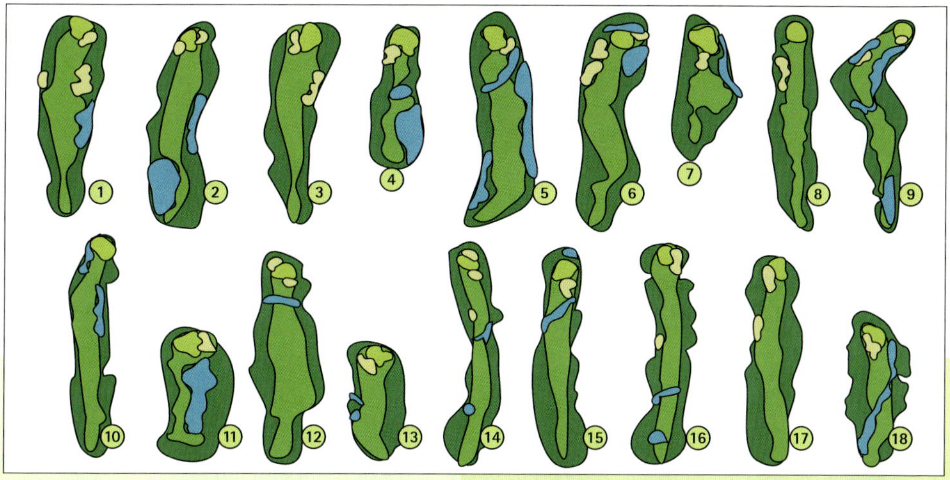

Conditions de jeu

- Verts ●●●●●
- Allées ●●●●●
- Sable ●●●●●
- Herbe longue ●●●●●
- Tertres ●●●●●

Design

- Verts + fosses ●●●●●
- Variété ●●●●○
- Harmonie + équilibre ●●●●●
- Pour tous ●●●○○
- Circuit ●●●●○

Environnement

- Visuel ●●●●○
- Nature ●●●●●
- Calme ●●●●○

Plaisir

- Délassement ●●●●○
- Verts ●●●●●
- Allées ●●●○○
- Tertres ●●●●●
- Manucure ●●●●●
- Entraînement ●●●●○
- Agrément ●●●●●
- Récupération ●●●●●

VERDICT ●●●●◐

Vous aussi serez séduit. Avec quelques acres supplémentaires, Sainte-Rose ferait tomber plusieurs veaux d'or de leur piédestal.

Temps de jeu suggéré

Les habitués semblaient inquiets à l'arrivée du patrouilleur et de ses drapeaux. C'est sûrement bon signe.

Indications et signalisation

Très bonnes.

Tenue générale

Excellente.

Aire d'entraînement

En construction lors de notre passage.

Améliorations

Le parcours subit des transformations importantes. À la fin, il aura gagné 400 verges, un terrain d'entraînement et plus de fluidité.

Au féminin

Les normales 3 et 5 sont parfaites. Les normales 4 sont un peu longues. Si vos coups de départ atteignent 170 verges, vous ne voudrez plus jamais jouer ailleurs.

Pavillon

Ne vous laissez pas tromper par l'apparence extérieure, ça vaut vraiment la peine d'y entrer.

Tarif : $$

SAINT-FRANÇOIS

3000, boulevard des Mille-Îles
Laval
H7L 1K5
(450) 666-1062

Oui et non...

Ce centre de golf se compose de deux parcours de 18 trous, le Saint-François, fondé en 1965, et le Mille-Îles qui a ouvert ses portes en 1985.

Le parcours

Le Saint-François ne semble avoir été l'œuvre d'aucun architecte et ça se voit. On dirait que l'ensemble manque de fini. Pas de fautes majeures, mais une absence de vision et de ligne directrice. Seize allées s'orientent de la même façon. La conception des fosses d'allée et des tertres de départ est bâclée. Les verts nous laissent sur notre appétit par leur dimension et leur tiédeur. Ils manquent de caractère.

Il reste quand même plusieurs trous jolis à regarder et où il est agréable de jouer. D'ordinaire on y trouve une allée dénivelée ou coudée ou les deux à la fois. Malheureusement, elles se trouvent diminuées par la présence de fossés d'irrigation longitudinaux. La promenade en voiturette motorisée vous laissera d'ailleurs avec quelques trémolos dans la voix.

La difficulté

Les verts, sans être minuscules, varient de petits à moyens. Si vous quittez l'allée, de très grands arbres vous forceront à jouer de prudence. Bien qu'il ne s'agisse pas de grandes étendues d'eau, des obstacles liquides vous guettent sur la moitié des trous. Finalement, sept trous longent les limites de la propriété.

Les conditions de jeu

Les verts, les allées et l'herbe longue se placent pas mal dans la moyenne. Les tertres de départ, par contre, suivent loin derrière.

Ce qui n'aide pas la cause du Saint-François, c'est l'absence de soins esthétiques dont il souffre terriblement. Souvent, une tonte de gazon différente, une allée découpée avec certaines formes peut faire toute la différence, mais ce n'est pas le cas ici. Des fosses avec un rebord entretenu, des tertres de départ manucurés, des verts entourés d'une belle frise ne semblent pas faire partie des priorités. Enfin...

L'environnement

Les grands arbres matures ne manqueront pas de vous ravir. On en retrouve plusieurs variétés et les saules pleureurs sont particulièrement efficaces à l'entrée de quelques verts. L'enthousiasme diminue quand ces arbres sont plantés en rang d'oignons.

En vrac

Quelques «arrêt-balles» portent bien leur nom.

À propos du Mille-Îles, Michel Godbout, dans sa *Page du Golf,* affirmait: «[...] loin d'être un parcours qui passera à l'histoire. Je saisis mal l'idée qu'on a eue pour construire ce parcours. L'impression que j'ai eue c'est qu'on ne savait pas quoi faire avec les acres qui étaient disponibles. [...] Il est particulièrement ardu d'identifier un beau trou. [...] Malheureusement, je ne peux recommander ce parcours.»

Idéal pour...

Les gens du coin, qui n'ont pas à se déplacer pour jouer sur un terrain plein d'arbres matures, à bon prix.

+ NOUS AVONS AIMÉ

Plusieurs trous amusants
Les arbres
Le lever du soleil

− NOUS N'AVONS PAS AIMÉ

Les tertres de départ
Le dessin des trous
Les fils électriques sur certains trous

Carte de pointage

Trou	1	2	3	4	5	6	7	8	9	Aller	10	11	12	13	14	15	16	17	18	Retour	Total
Bleu	367	418	190	372	429	390	488	504	160	3318	342	164	320	411	145	505	333	234	531	2985	6303
Blanc	361	402	184	345	380	351	473	491	141	3128	330	154	312	398	140	495	321	193	483	2826	5954
Rouge	350	328	148	275	310	276	462	480	130	2759	320	145	304	304	134	402	252	145	430	2436	5195
Normale	4	4	3	4	4	4	5	5	3	36	4	3	4	4	3	5	4	3	5	35	71

Évaluation : Bleu 70,2 / 120 — Blanc 68,3 / 115 — Rouge 69,6 / 121

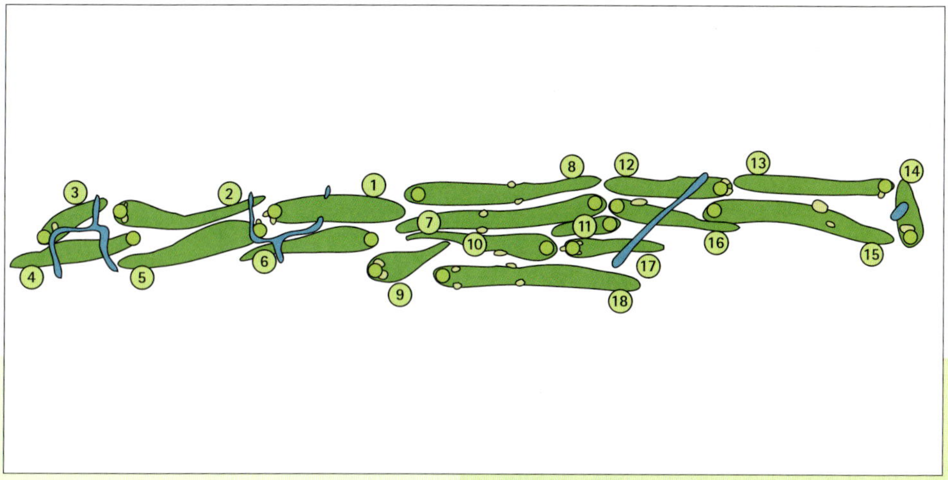

Conditions de jeu

- Verts ●●●○○
- Allées ●●●○○
- Sable ●●○○○
- Herbe longue ●●●○○
- Tertres ●○○○○

Design

- Verts + fosses ●●○○○
- Variété ●●○○○
- Harmonie + équilibre ●●●●○
- Pour tous ●●●●○
- Circuit ●●○○○

Environnement

- Visuel ●●●○○
- Nature ●●○○○
- Calme ●●○○○

Plaisir

- Délassement ●●○○○
- Verts ●●○○○
- Allées ●●●○○
- Tertres ●○○○○
- Manucure ●○○○○
- Entraînement ●●●○○
- Agrément ●●●○○
- Récupération ●●●●○

VERDICT ●●○○○

- Terrain correct, sans plus.

Les arbres sauvent la mise.

N'ayez pas de grandes attentes.

Temps de jeu suggéré

4 h 30 ; présence de patrouilleur avec système de drapeaux.

Accueil

À la boutique, de la part du patrouilleur et du préposé au départ : excellent.

Indications et signalisation

À améliorer.

Tenue générale

Bonne.

Aire d'entraînement

Correcte.

Au féminin

L'évaluation Slope des jalons rouges est plus élevée que celle des bleus...
Six normales 4 de plus de 300 verges.
Une normale 5 de 480 verges, 11 verges de moins que pour les hommes !

Divers

Préposés au départ et casse-croûte distincts pour chacun des parcours.

Tarif : $$$

SAINT-RAPHAËL

1111, rue de l'Église
Montréal (arr. L'Île-Bizard)
H9C 1H2
(514) 696-4653

Beau joueur

Le Saint-Raphaël est un terrain semi-privé situé au cœur de l'île Bizard. Ouvert depuis 1994 avec un 18 trous orchestré par Graham Cooke, il en compte maintenant 36 depuis l'été 2003.

Le parcours

Le Saint-Raphaël se distingue par son style. D'abord, les tertres de départ, qui ont été refaits récemment, brillent par leur aplomb. Souhaitons que cela déteigne sur vous. Ensuite, d'élégantes allées de gazon de type agrostide déploient tout leur charme pour vous conquérir. Elles sont entourées d'immenses fosses de sable qui peuvent très certainement être considérées comme le signe distinctif de l'endroit. Finalement, ses grands verts paressent au soleil en feignant de ne pas avoir remarqué votre présence.

La formule circuit a été adoptée pour la disposition des trous, ce qui est un gage de réussite. Ils font le tour de la place pour finalement revenir au point de départ. Le premier neuf constitue la portion urbaine de l'ensemble. Les trous amorcent une farandole autour d'un grand lac, ce qui semble amuser les résidences qui jouent du coude pour mieux observer la scène tout autour. Quoique joli, l'espace y est plus restreint et plusieurs hors-limite s'objectent à toute intrusion. Autant d'observateurs semblent avoir mis à la gêne les allées, qui dans leur ensemble, sont 200 verges plus courtes que leurs cousines du second neuf.

Sur le neuf de retour, le plaisir n'est pas moindre, bien au contraire. Des allées plus permissives épousent de légères pentes, ce qui, peu importe nos opinions sur le mariage, reste fort agréable. Bien sûr, ce ne sera pas dimanche tous les jours, puisque trois normales 4 vous obligent à parcourir plus de 400 verges. À quelques endroits, des murs de soutènement en pierres ont été aménagés avec beaucoup de succès. Parlant de réaménagements, il est possible que le parcours actuel soit légèrement modifié à cause de la construction d'un nouveau 18 trous à l'intention des membres.

En conclusion, il faut parler d'équilibre, de lignes épurées et de dessin réussi.

La difficulté

Si vous n'avez pas visité Saint-Raphaël depuis un certain temps, vous remarquerez que les verts ont suivi un régime amaigrissant. Eux qui occupaient pratiquement 10 000 pieds carrés auparavant ont été réduits de moitié. Cela en facilite l'entretien et ils continuent d'offrir une cible de dimension supérieure à la moyenne. L'eau et les hors-limite différencient le premier neuf ; par contre, le second est plus long et plus accidenté.

Les conditions de jeu

Le gazon de type agrostide, bien manucuré et en très bonne condition, sait se faire remarquer. À noter les deux coupes d'herbe longue et les deux frises sur le tablier du vert. Les verts sont rapides.

L'environnement

Il s'agit d'un environnement urbain, en dépit des arbres et des montagnes qui se dessinent au loin.

Idéal pour...

Toutes les catégories de golfeurs.

+ NOUS AVONS AIMÉ

- Le dessin des allées
- Les arbres
- Les immenses fosses de sable

– NOUS N'AVONS PAS AIMÉ

- Le manque d'espace du premier neuf
- Pourrait compter un ou même deux jalons de plus
- Le manque de collaboration

Carte de pointage

Trou	1	2	3	4	5	6	7	8	9	Aller	10	11	12	13	14	15	16	17	18	Retour	Total
Bleu	370	330	148	492	388	425	505	349	160	3167	395	455	153	527	400	575	150	440	426	3362	6529
Blanc	355	320	139	482	376	404	485	313	150	3024	380	415	133	515	385	550	140	410	405	3198	6222
Rouge	330	300	130	412	355	394	405	260	140	2726	320	375	93	445	350	525	120	350	395	2838	5564
Normale	4	4	3	5	4	4/5	5	4	3	36/37	4	4	3	5	4	5	3	4	4/5	36/37	72/74

Évaluation : ■ Bleu 71/ 127 □ Blanc 69,6 / 124 ■ Rouge 71 / 113

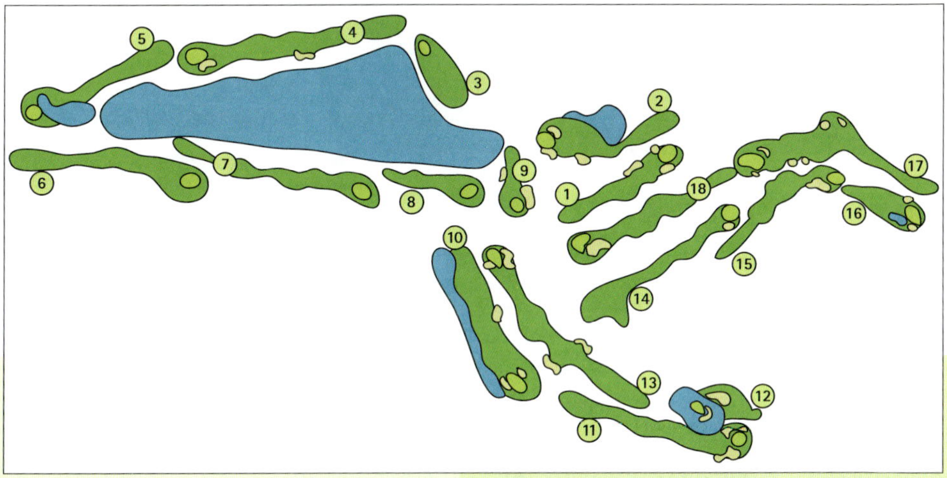

Conditions de jeu

- Verts ●●●●●
- Allées ●●●●○
- Sable ●●●●●
- Herbe longue ●●●●○
- Tertres ●●●●●

Design

- Verts + fosses ●●●●●
- Variété ●●●○○
- Harmonie + équilibre ●●●○○
- Pour tous ●●●●●
- Circuit ●●●●○

Environnement

- Visuel ●●●○○
- Nature ●●●○○
- Calme ●●●○○

Plaisir

- Délassement ●●●●●
- Verts ●●●●●
- Allées ●●●●○
- Tertres ●●●●○
- Manucure ●●●●●
- Entraînement ●●●●○
- Agrément ●●●●○
- Récupération ●●●●●

VERDICT ●●●●○

- Très beau terrain, beau dessin, bonnes conditions de jeu.

Temps de jeu suggéré

4 h 30. Surveillé du premier au dernier trou : bravo !

Indications et signalisation

Bonnes.

Tenue générale

Excellente.

Aire d'entraînement

En reconstruction.

Collaboration

Celle des gens de la boutique et sur le terrain a été appréciée.

Améliorations

Nouveaux tertres de départ en construction ; des lacs ont été agrandis et on exécute les travaux nécessaires pour que l'approvisionnement en eau ne manque pas.

Au féminin

Beaucoup de femmes y jouent malgré ses normales 4 incroyablement longues. Correct.

Pavillon

Luxueux ; idéal pour réceptions ; fine cuisine.

Boutique du pro

Gamme de vêtements impressionnante.

Tarif : $$$$

4600, boulevard Dagenais
Laval
H2R 1L5
(450) 962-4653

Porte d'entrée

Le Duvernay fait partie de la grande famille Saint-Germain, mieux connue sous l'appellation UFO. Situé à Laval, à l'ouest de l'autoroute 13, il niche à quelques minutes du Dôme, une structure gonflée qui permet de vous exercer même en hiver.

Ouvert depuis 1971, ce centre de golf a pour objectif de favoriser l'accès à ce sport au plus grand nombre de personnes possible. Il comprend 45 trous dont 27 sont éclairés, des champs d'exercice, des professeurs, etc. C'est dans cette équipe qu'évolue le Duvernay dont on veut faire une porte d'entrée dans le monde du golf.

Le parcours

Parce qu'il est situé en terrain plat, le parcours se fait facilement à pied. Ceux pour qui cet exercice pose problème profitent de voiturettes en très bonne condition.

Pour rester fidèle à la vocation initiale du terrain, les verts ont été aménagés au ras du sol. Cela permet de les atteindre par des approches, sans qu'il soit nécessaire de soulever la balle très haut dans les airs. Curieusement, les trous coudés semblent étroits pour un débutant. Par contre, ils jouent le rôle de meneuses de claque sur un parcours dont le dessin manque d'imagination. Cela se manifeste par des verts, des tertres de départ et des fosses de sable qui laissent indifférent. Trop de trous adoptent la même orientation et se placent parallèlement les uns aux autres. Heureusement, les arbres tempèrent la situation et ajoutent beaucoup au caractère et à la beauté du tracé.

Comme le parcours ne compte que deux normales 5, il n'aurait pas fallu les agglutiner aux trous n°s 6 et 8. Le second neuf vous abandonne à sept normales 4 ; notez les trois séquences de trois normales 4 consécutives.

La difficulté

Considérant sa normale 70, les 6109 verges de ce terrain en font un parcours relativement long. D'ailleurs, trois normales 3 assaisonnent le tout de distances telles que 228, 210 et 170 verges. Les deux normales 5 ne sont pas en reste avec plus de 520 verges chacune. Cela paraît paradoxal quand on considère la vocation du Duvernay. Il n'en demeure pas moins que, s'il fait abstraction de son pointage, le client ciblé en aura pour son argent.

Les conditions de jeu

Les allées se présentent dans une bien meilleure forme que tout le reste. La qualité du gazon ne s'y dément jamais, ce qui n'est pas le cas pour les tertres de départ et l'herbe longue. Les verts sont passables, sans plus, et la balle a tendance à sautiller.

L'environnement

Les arbres font la différence et amènent le Duvernay un cran au-dessus de terrains semblables qui en sont dépourvus.

Idéal pour...

Les golfeurs qui manquent d'expérience et les plus aguerris qui traversent une période léthargique.

+ NOUS AVONS AIMÉ

- Le dynamisme de l'administration
- Les arbres
- La polyvalence de ce centre de golf
- Les voiturettes

– NOUS N'AVONS PAS AIMÉ

- Le manque de relief des allées
- Le dessin des verts et des tertres de départ
- La configuration dangereuse de certains trous

Carte de pointage

Trou	1	2	3	4	5	6	7	8	9	Aller	10	11	12	13	14	15	16	17	18	Retour	Total
Bleu	318	330	435	131	330	520	352	526	210	3152	310	228	389	335	405	170	358	360	402	2957	6109
Blanc	308	310	423	126	325	490	332	500	190	3004	290	173	346	330	395	165	350	345	395	2789	5793
Rouge	298	247	408	119	314	435	285	437	140	2683	212	143	273	299	385	156	311	303	370	2452	5135
Normale	4	4	4/5	3	4	5	4	5	3	36/37	4	3	4	4	4/5	3	4	4	4	34/35	70/72

Évaluation : ■ Bleu 68,8 / 121 □ Blanc 67,5 / 117 ■ Rouge - / 112

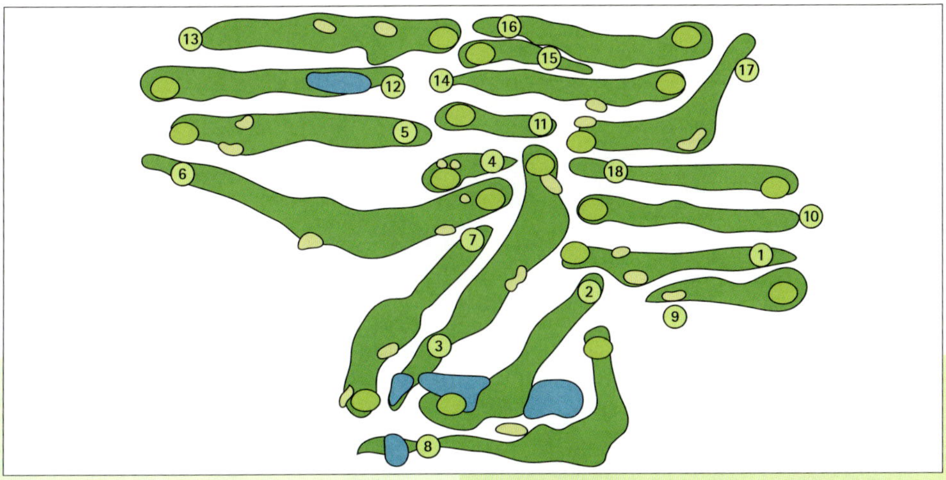

Conditions de jeu

- Verts ●●○○○
- Allées ●●●●○
- Sable ●●●○○
- Herbe longue ●●○○○
- Tertres ●○○○○

Design

- Verts + fosses ●○○○○
- Variété ●●○○○
- Harmonie + équilibre ●●●○○
- Pour tous ●●●●○
- Circuit ●○○○○

Environnement

- Visuel ●●●○○
- Nature ●●○○○
- Calme ●●○○○

Plaisir

- Délassement ●●●○○
- Verts ●○○○○
- Allées ●●●○○
- Tertres ●○○○○
- Manucure ●●○○○
- Entraînement ●●●●○
- Agrément ●●●○○
- Récupération ●●●○○

VERDICT ●●○○○

- Golf 101.
Pour la clientèle cible seulement.
Petit terrain.

Temps de jeu suggéré

4 h 30, « dans le but d'assurer le plaisir de tous ».

Indications et signalisation

À améliorer.

Tenue générale

Bonne.

Aire d'entraînement

Offre à la fois des tapis synthétiques et du gazon naturel.

Au féminin

À 5137 verges et une normale 72, le terrain est bien adapté à l'exception de la ridicule normale 4 de 370 verges du 18e trou.
Le degré de difficulté est raisonnable et les arbres forment un décor intéressant.

Boutique du pro

Vous avez l'unique privilège d'être servi directement par une boutique de golf UFO très spacieuse.

Divers

Les 27 trous de golf éclairés (normales 36 et 54) et la proximité d'un dôme vous permettant de vous entraîner même en hiver.

Tarif : $$

MONTÉRÉGIE

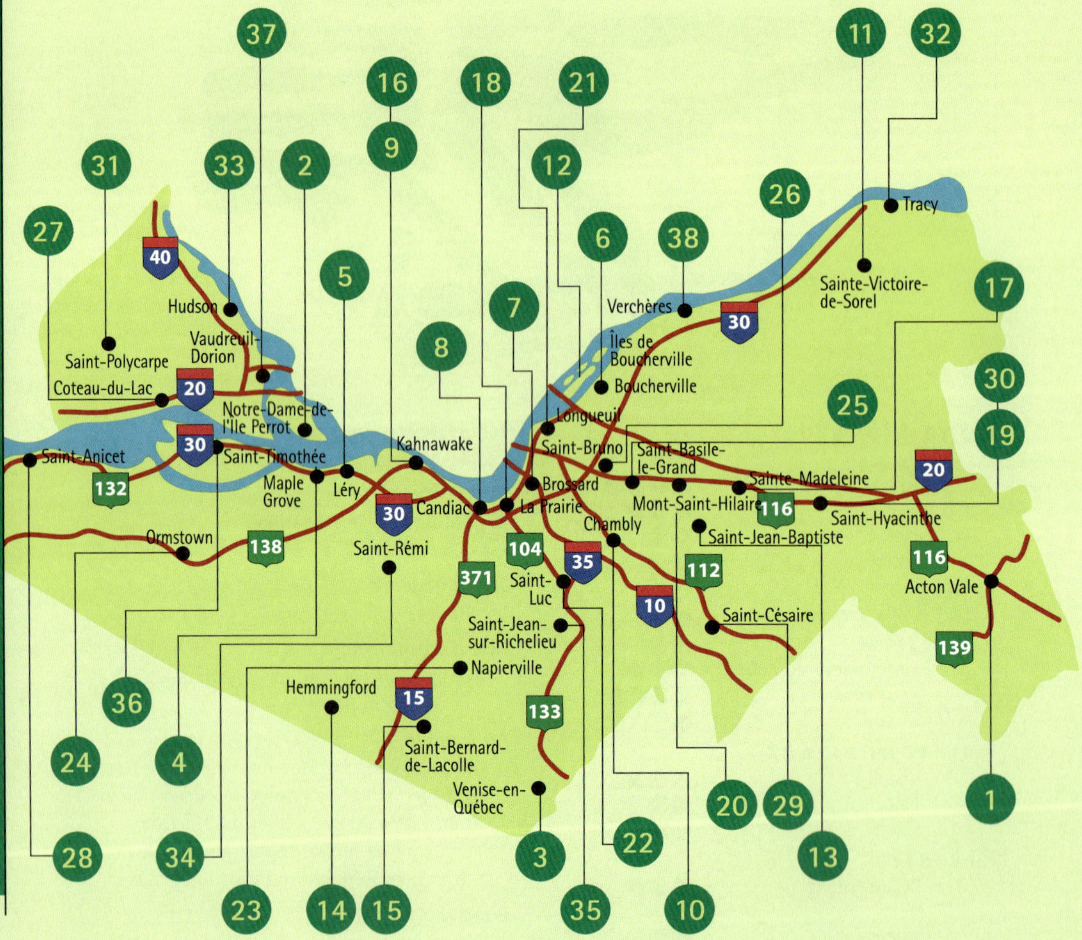

Hudson
Saint-Polycarpe
Vaudreuil-Dorion
Coteau-du-Lac
Notre-Dame-de-l'Île Perrot
Saint-Anicet
Saint-Timothée
Maple Grove
Léry
Kahnawake
Candiac
La Prairie
Brossard
Longueuil
Saint-Bruno
Saint-Basile-le-Grand
Îles de Boucherville
Boucherville
Verchères
Tracy
Sainte-Victoire-de-Sorel
Sainte-Madeleine
Mont-Saint-Hilaire
Saint-Hyacinthe
Saint-Jean-Baptiste
Chambly
Ormstown
Saint-Rémi
Saint-Luc
Saint-Jean-sur-Richelieu
Napierville
Hemmingford
Saint-Bernard-de-Lacolle
Venise-en-Québec
Saint-Césaire
Acton Vale
40
20
30
132
138
371
104
35
10
112
116
139
133
15
1
2
3
4
5
6
7
8
9
10
11
12
13
14
15
16
17
18
19
20
21
22
23
24
25
26
27
28
29
30
31
32
33
34
35
36
37
38

1 > ACTON VALE
Acton Vale

2 > ATLANTIDE
Notre-Dame-de-l'Île-Perrot

3 > BAIE MISSISQUOI
Venise-en-Québec

4 > BEAUCHÂTEAU
Maple Grove

5 > BELLE VUE
Léry

6 > BOUCHERVILLE
Longueuil (arr. Boucherville)

7 > BROSSARD
Longueuil (arr. Brossard)

8 > CANDIAC
Candiac

9 > CAUGHNAWAGA
Kahnawake

10 > CHAMBLY
Chambly

11 > CONTINENTAL
Sainte-Victoire-de-Sorel

12 > DES ÎLES
Îles-de-Boucherville

13 > DOMAINE ROUVILLE
Saint-Jean-Baptiste

14 > HEMMINGFORD
Hemmingford

15 > INTERNATIONAL 2000
Saint-Bernard-de-Lacolle

16 > LAFLEUR
Kahnawake

17 > LA MADELEINE
Sainte-Madeleine

18 > LAPRAIRIE
La Prairie

19 > LA PROVIDENCE
Saint-Hyacinthe

20 > LA SEIGNEURIE
Mont-Saint-Hilaire

21 > LE PARCOURS DU CERF
Longueuil

22 > LES LÉGENDES
Saint-Jean-sur-Richelieu
(secteur Saint-Luc)

23 > NAPIERVILLE
Napierville

24 > ORMSTOWN
Ormstown

25 > RIVE-SUD
Saint-Basile-le-Grand

26 > RIVIERA
Longueuil (arr. Saint-Bruno)

27 > RIVIÈRE-ROUGE
Coteau-du-Lac

28 > SAINT-ANICET
Saint-Anicet

29 > SAINT-CÉSAIRE
Saint-Césaire

30 > SAINT-HYACINTHE
Saint-Hyacinthe

31 > SAINT-POLYCARPE
Saint-Polycarpe

32 > SOREL-TRACY
Tracy

33 > THE FALCON
Hudson

34 > TRIANGLE D'OR
Saint-Rémi

35 > VALLÉE DES FORTS
Saint-Jean-sur-Richelieu

36 > VALLEYFIELD
Saint-Timothée

37 > VAUDREUIL
Vaudreuil-Dorion

38 > VERCHÈRES
Verchères

ACTON VALE

1000, route 116
Acton Vale
J0H 1A0
(450) 549-5885
1 800 361-9565

Étonnant

Trois parcours composent cet ensemble de 27 trous. Il s'agit du Renne, du Valois et du Boisé. Simulant un 18 trous unique, nous étudierons la combinaison Renne-Boisé.

Le parcours

Dans l'ensemble, ce terrain plaît par son caractère. Bien sûr, le site y est pour beaucoup, mais l'architecte a su repérer les différentes possibilités et les transformer en autant d'opportunités. Il suffit de penser aux départs juchés au sommet d'élévations difficiles d'accès ou aux verts qui nichent dans des endroits qui les mettent en valeur et les protègent à la fois.

Du côté des allées, celles que des vallons modulent donnent de bien meilleurs résultats que celles qui sont planes. C'est là qu'habitent les fosses de sable qui retiennent notre attention. Comme elles sont aussi grandes que profondes, on accepterait volontiers en rencontrer plus souvent.

La distance qui sépare certains trous conviendrait mieux à un exercice préparatoire à une compétition de marche olympique. En plus d'augmenter inutilement le temps de jeu, cela n'a rien d'amusant. Il aurait été préférable d'utiliser cet espace pour allonger les trois normales 4 du parcours Le Boisé qui comptent moins de 300 verges.

Le Renne montre un net penchant pour les trous qui tournent vers la droite ; cependant, il offre une des plus belles normales 3 de la province. En effet, le départ du trou n° 5 est juché dans un nid d'aigle d'où il domine la rivière qui coule à ses pieds. De là-haut, vous apercevez le vert, protégé par deux immenses fosses de sable, qui repose sur un plateau légèrement en contrebas par rapport au départ. En tout, une envolée de 180 verges bien comptées. C'est le premier d'une série de quatre trous que j'ai baptisés le « requiem corner » ; à vous de les découvrir. Pour être franc, le « corner » compte cinq coins, car vous ne pourrez recommencer à respirer véritablement qu'au… casse-croûte.

La difficulté

Ce parcours demande du doigté et de la finesse ; il faudra vous montrer aussi précis qu'un chirurgien. Les amateurs de coups de départ canon devront s'abstenir, à moins d'être munis d'un télescope au laser.

Les conditions de jeu

Rien à reprocher aux tertres de départ ni au sable des fosses d'ailleurs. Les verts sont en bonne condition quoiqu'un peu lents. L'absence de système d'irrigation explique la présence de fossés d'égouttement qui divisent longitudinalement plusieurs allées. Leur condition varie selon leur topographie, leur emplacement et les caprices du climat.

L'environnement

La rivière ajoute à l'aspect champêtre de l'endroit. Sans être gigantesques, les arbres ne manquent pas et ils dégagent des odeurs agréables. Une voie ferrée étant rarement irrésistible, était-il vraiment nécessaire de nous l'imposer aussi souvent ?

Idéal pour…

Les golfeurs occasionnels précis qui préfèrent utiliser une voiturette motorisée. Avertissement : faire ce parcours à pied n'est pas à la portée de tous.

+ NOUS AVONS AIMÉ

La tranquillité
Le site naturel
Son caractère

– NOUS N'AVONS PAS AIMÉ

La distance de marche entre les trous
L'absence de système d'arrosage et la présence de fossés d'irrigation
La voie ferrée

Carte de pointage

Trou	1	2	3	4	5	6	7	8	9	Aller	10	11	12	13	14	15	16	17	18	Retour	Total
Bleu	350	164	500	388	188	427	361	534	390	3302	302	221	325	525	375	286	132	486	372	3024	6326
Blanc	338	133	484	349	184	392	347	518	374	3119	290	184	286	470	325	241	116	452	355	2719	5838
Rouge	319	117	405	329	115	319	226	424	357	2611	280	149	265	440	300	225	101	430	340	2530	5141
Normale	4	3	4	5	4	4	3	5	4	36	4	5	4	3	5	5	3	3	4	36	72

Évaluation : Bleu **72 / 129** — Blanc **69,3 / 123** — Rouge **69,2 / 114**

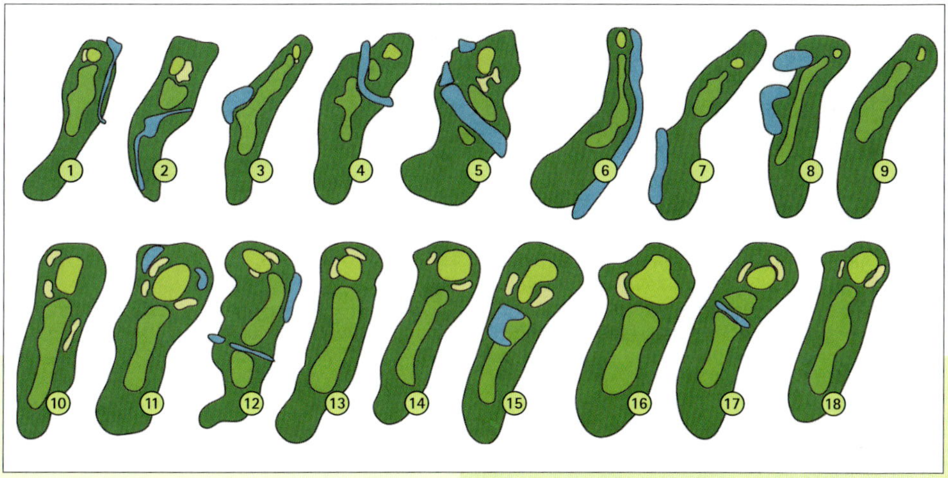

Conditions de jeu

- Verts ●●●○○
- Allées ●●●●○
- Sable ●●●●○
- Herbe longue ●●●●○
- Tertres ●●●●●

Design

- Verts + fosses ●●●○○
- Variété ●●●○○
- Harmonie + équilibre ●●●●○
- Pour tous ●●○○○
- Circuit ●●●○○

Environnement

- Visuel ●●●●○
- Nature ●●●●○
- Calme ●●●●●

Plaisir

- Délassement ●○○○○
- Verts ●●○○○
- Allées ●●●○○
- Tertres ●●●●●
- Manucure ●●●●●
- Entraînement ●○○○○
- Agrément ●●●●○
- Récupération ●●●○○

VERDICT ●●●○○

- Terrain spécial qui ne laisse personne indifférent. On aime ou on n'aime pas. Bonnes conditions de jeu lors de mon passage.

Temps de jeu suggéré

5 h 00 !

Indications et signalisation

À améliorer.

Tenue générale

Très bonne.

Aire d'entraînement

N'est pas à la hauteur.

Au féminin

Pour golfeuses aguerries.
Terrain intimidant.
Plusieurs plans d'eau à franchir sans aucune possibilité de contourner.
Distances équitables.

Pavillon

Convient mieux aux tournois qu'à un quatuor d'amis. Cependant, le casse-croûte est accueillant.

Boutique du pro

Assez bien garnie.

Divers

Acton Vale est un bon exemple de la difficulté de comparer les terrains entre eux. Allez-y selon vos préférences.

Tarif : $

ATLANTIDE

2201, boulevard Don Quichotte
Notre-Dame-de-l'Île-Perrot
J7V 7P2
514 425-4653

Mythe ou réalité ?

La légende veut que les habitants d'une île luxuriante (l'Atlantide) aient décidé de conquérir le monde, se laissant aveugler par la soif du pouvoir. Mal leur en prit, car de mystérieuses catastrophes naturelles entraînèrent l'île au fond de l'océan. Le club de golf de l'Atlantide n'est pas aussi mystérieux. Imaginé en 1990 par Graham Cooke, il loge sur l'Île-Perrot, à la jonction du fleuve Saint-Laurent et du lac Saint-Louis.

Le parcours

Il s'agit véritablement d'un circuit. En effet, le golfeur progresse de trou en trou en formant une boucle qui le ramène au point de départ. Cela place chacun des trous dans une orientation différente. Ainsi, dans un endroit aussi venteux, le visiteur fera face à de nouvelles conditions de jeu presque à chaque trou, d'où une plus grande variété de coups. Bravo ! Vous trouverez 11 trous coudés autant vers la gauche que vers la droite.

Malheureusement, deux normales 5 aux trois premiers trous précèdent une séquence de huit trous sans normale 5. La distance des normales 4 oscille entre 300 verges pour la plus courte et 425 verges pour la plus longue, alors que la formule 3-3-3 (trois normales 3, 4 et 5) est adoptée sur le neuf de retour.

Les tertres de départ ont fait l'objet d'une attention particulière. Leurs dimensions variées et leurs formes plaisantes laissent une première impression favorable. Les aménagements paysagers et les agencements de grosses roches qui les côtoient n'y sont d'ailleurs pas étrangers. Évidemment, l'allée pullule des monticules si chers à M. Cooke (des monticookes).

La difficulté

En raison de sa situation géographique, les vents balaient régulièrement le parcours. Croyez-moi, cela change la donne. Ils soufflent de partout et soulignent au crayon rouge la présence des plans d'eau, en jeu sur huit trous. Pour la même raison, la vigilance est de mise à l'approche des verts, car l'emplacement stratégique des fosses de sable rétrécit la piste d'atterrissage.

Les conditions de jeu

Peu de terrains possèdent des verts, des allées et des tertres de départ de gazon de type agrostide en très bonne condition. Quand ils sont bien manucurés et que des fosses remplies de sable blanc s'y ajoutent, on commence à croire à la légende de l'Atlantide.

L'environnement

Le fleuve et le lac Saint-Louis font des apparitions aussi inattendues que remarquées. Les arbres sont magnifiques sur le neuf de retour, spécialement à l'automne. Le premier neuf est plus dégagé et des poteaux de téléphone gâchent la vue aux 6e et 7e trous.

En vrac

Méfiez-vous des renards chasseurs de balle, qui se tiennent en embuscade au 15e trou.

Plusieurs reprochent au premier neuf ses allées trop ouvertes.

Idéal pour...

Tout golfeur digne de ce nom.

+ NOUS AVONS AIMÉ

La condition du gazon de type agrostide
Le coup d'œil
Le dessin

– NOUS N'AVONS PAS AIMÉ

Les poteaux de téléphone
La distribution des différentes normales

Carte de pointage

Trou	1	2	3	4	5	6	7	8	9	Aller	10	11	12	13	14	15	16	17	18	Retour	Total
Bleu	493	302	522	181	425	146	312	340	395	3116	175	376	490	381	184	481	160	370	458	3075	6191
Blanc	470	275	492	168	404	122	293	325	376	2925	158	358	441	351	144	467	152	326	448	2845	5770
Rouge	429	253	423	128	343	108	277	313	361	2635	130	276	387	345	132	433	127	300	374	2504	5139
Normale	5	4	5	3	4	3	4	4	4	36	3	4	5	4	3	5	3	4	5	36	72

Évaluation : ■ Bleu 69,4 / 118 □ Blanc 67,5 / 114 ■ Rouge 69,7 / 121

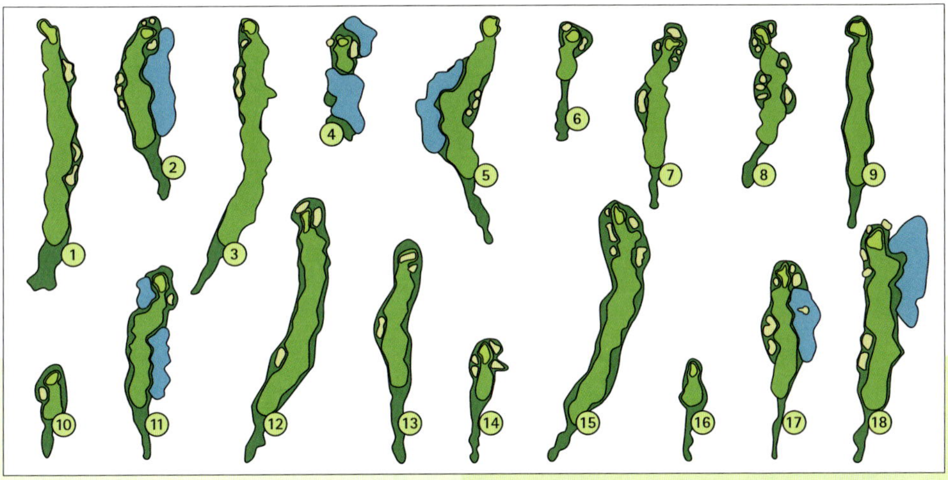

Conditions de jeu

- Verts ●●●●●
- Allées ●●●●●
- Sable ●●●●●
- Herbe longue ●●●●●
- Tertres ●●●●○

Design

- Verts + fosses ●●●●●
- Variété ●●●●●
- Harmonie + équilibre ●●●○○
- Pour tous ●●●●○
- Circuit ●●●●●

Environnement

- Visuel ●●●●○
- Nature ●●●●○
- Calme ●●●●○

Plaisir

- Délassement ●●●●●
- Verts ●●●●●
- Allées ●●●●○
- Tertres ●●●●●
- Manucure ●●●●●
- Entraînement ●●●●○
- Agrément ●●●●●
- Récupération ●●●○○

VERDICT ●●●●○

- Bel équilibre entre les conditions de jeu, le dessin et le plaisir. Ne ratez pas l'occasion.

Temps de jeu suggéré

Temps habituel : 4 h 30. « Le jeu lent ne sera pas toléré ».

Indications et signalisation

Très bonnes.

Tenue générale

Excellente.

Aire d'entraînement

Bien qu'on s'y sente un peu à l'étroit, vous pourrez vous exercer dans toutes les phases du jeu.

Au féminin

Aucune restriction pour celles d'entre vous qui frappent la balle à 170 verges et plus au départ.

Pour les autres, les normales 4 sont trop longues. (Psitt ! Psitt ! allez-y quand même !) Pas l'endroit idéal pour une débutante.

Pavillon

C'est quelque chose à voir.

Boutique du pro

Un gros gros défaut : elle donne le goût de dépenser !

Tarif : $$$$

BAIE MISSISQUOI

321, avenue Venise Ouest
Venise-en-Québec
J0J 2K0
(450) 244-5932
1 800 363-1420

L'Italie ou litanie ?

Le terrain Baie Missisquoi est situé à Venise-en-Québec. En raison des crues abondantes du printemps, le village a été baptisé du nom de la célèbre ville d'Italie. Il s'assoit d'ailleurs sur les berges de l'un des plus importants plans d'eau du sud du Québec. À moins de 50 minutes de l'île de Montréal et à dix minutes de la frontière américaine, cette région bénéficie d'un écosystème unique au Québec ; certains parlent même de microclimat.

Quoi qu'il en soit, le terrain de golf Baie Missisquoi fait partie de cet environnement depuis 1961. Voyons s'il fait partie des espèces qu'il faut protéger à tout prix.

Le parcours

Son site naturel légèrement vallonneux prend place aux abords du lac Champlain et s'intègre harmonieusement à ce décor garni de conifères. Il est aisé de le parcourir à pied et la publicité vous invite à venir y jouer de façon décontractée. De fait, ce terrain a été conçu pour la détente. Il conviendra au golfeur occasionnel et aux habitués de la région immédiate pour qui le golf représente une activité sociale.

Il ne s'agit pas d'un parcours concocté par un architecte de talent, qui a mis tout son savoir-faire dans le dessin des allées et des verts. Les trous occupent un étroit corridor où les allées se côtoient et, malgré la présence de plusieurs arbres, les autres joueurs se trouvent toujours à proximité. Les verts n'ont rien pour déclencher l'émerveillement. Généralement plats et circulaires, ils sont accompagnés systématiquement de deux fosses de sable latérales, à la manière de gardes du corps. Par bonheur, quelques trous coudés viennent briser le moule.

L'aller et le retour commencent et finissent par une normale 5, ce qui laisse deux séquences de quatre normales 4 consécutives. Rien pour permettre à un terrain qui manque de caractère de s'élever au-dessus de la mêlée.

La difficulté

Ne cherchons pas midi à quatorze heures, son évaluation Slope de 113 nous confirme que nous sommes en présence d'un terrain facile. Même à partir des jalons bleus, cinq normales 4 ont moins de 335 verges. Certes, des obstacles d'eau affectent pas moins de 12 trous, mais plus souvent qu'autrement, il s'agit d'un ruisseau étroit ou d'un petit lac placé en retrait.

Les conditions de jeu

Ce n'est pas un terrain qui donne dans la fioriture. Oubliez les soins esthétiques, les tontes de gazon sophistiquées et la découpe élégante des allées. Non seulement les conditions de jeu sont ordinaires, mais elles varient selon les trous, la saison et le temps.

L'environnement

L'endroit est assez tranquille. Pour l'instant, le projet de construction de maisons modulaires sur des terrains voisins ne pose aucun problème.

Idéal pour...

Du golf de détente pour les gens de la région immédiate.

+ NOUS AVONS AIMÉ

- La vocation avouée de ce terrain
- La tranquillité
- L'accueil au pavillon

– NOUS N'AVONS PAS AIMÉ

- Les conditions de jeu
- Le dessin
- Le manque de défi

Carte de pointage

Trou	1	2	3	4	5	6	7	8	9	Aller	10	11	12	13	14	15	16	17	18	Retour	Total
Bleu	512	157	327	146	335	292	426	355	553	3103	488	367	186	425	375	322	328	170	593	3254	6357
Blanc	490	148	322	142	327	285	413	351	503	2981	476	358	176	416	364	314	319	161	580	3164	6145
Rouge	416	142	319	139	322	269	413	347	416	2783	469	355	156	363	250	310	315	151	474	2843	5626
Normale	5	3	4	3	4	4	4/5	4	5	36/37	5	4	3	4	4	4	4	3	5	36	72/73

Évaluation : ■ Bleu 69,9 / 113 □ Blanc - / - ■ Rouge - / -

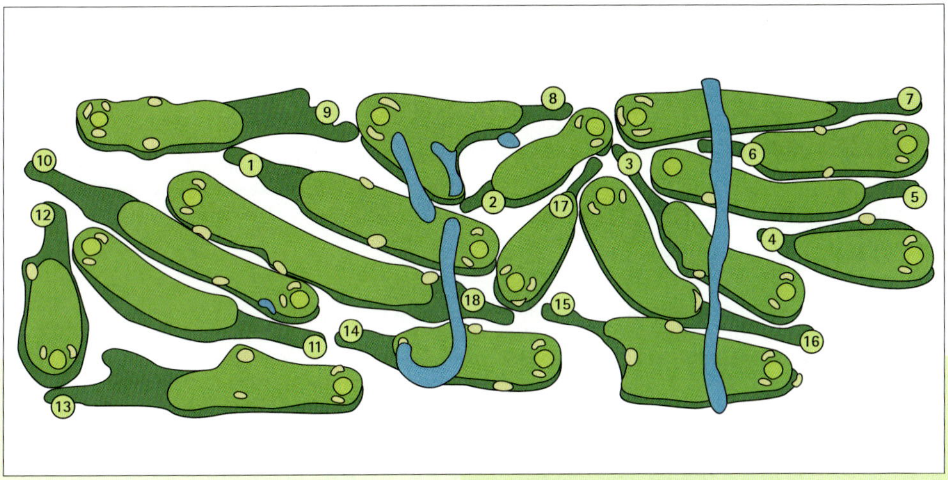

Conditions de jeu

Verts	●●○○○
Allées	●●○○○
Sable	●●○○○
Herbe longue	●●○○○
Tertres	●●○○○

Design

Verts + fosses	●○○○○
Variété	●●○○○
Harmonie + équilibre	●●●○○
Pour tous	●●●○○
Circuit	●●○○○

Environnement

Visuel	●●●○○
Nature	●●●○○
Calme	●●●○○

Plaisir

Délassement	●●●●○
Verts	●●○○○
Allées	●●●○○
Tertres	●●○○○
Manucure	●○○○○
Entraînement	●●○○○
Agrément	●●●○○
Récupération	●●●●○

VERDICT ●●○○○

> Terrain faisant partie du dernier tiers.

Temps de jeu suggéré
Non disponible. Je serais très étonné si cela causait problème.

Accueil
Bon.

Indications et signalisation
À améliorer.

Tenue générale
Correcte.

Aire d'entraînement
Correcte.

Au féminin
Uniquement si vous êtes déjà en camping dans le coin.

Pavillon
Fait dans le genre salle communautaire.

Boutique du pro
Rudimentaire.

Carte de pointage
Efficace.

Tarif : $

BEAUCHÂTEAU

1957, chemin Beauchâteau
Maple Grove
J6N 1K4
(450) 429-5126
514 875-4653

Pas sur la même longueur d'onde

Le Beauchâteau est ouvert depuis 1957. C'est le sympathique Jean-Marc Ladouceur qui y occupe le double rôle de professionnel et de surintendant.

Le parcours

Imaginez un parcours de style traditionnel, généralement plat et boisé, mais avec des arbres moins présents que sur d'autres terrains du même âge.

Les verts et certains tertres de départ se trouvent à la fois au bas de l'échelle de grandeur et de l'échelle d'évaluation. Petits et à ras le sol, ils ne brillent pas par l'originalité de leur forme. Les fosses de sable manquent de mordant en raison de leur petitesse, de leur absence de profondeur et de leur bordure symbolique. Les allées se balancent entre le très étroit et le très large et nous déplorons la présence des fossés d'égouttement qui les bordent.

Chez la majorité des trous, le dessin et l'inspiration font défaut, ce qui donne à penser qu'ils n'ont peut-être pas été conçus par un architecte de golf. Force est d'admettre que les allées droites et planes ne provoquent que très rarement l'admiration, surtout quand six d'entre elles s'alignent parallèlement. Les trous n°s 10 et 11 sont marqués d'une dénivellation assez prononcée qui se justifie mieux pour la descente du 10e que pour l'ascension du 11e.

Prenez note qu'un hors-limite longe la gauche des trous n°s 1 à 5 et la droite des trous n°s 10 à 15. Notez aussi l'alignement de normales 4 aux trous n°s 14 à 17. Ce genre de séquence n'augmente en rien le plaisir à tirer d'une partie de golf. Les normales 3 permettent au joueur d'utiliser des bâtons différents, et c'est ce qui les rend intéressantes.

La difficulté

Le parcours étant situé sur un plateau, vous devrez exceller dans des conditions venteuses. Aux 12 hors-limite, rajoutez 8 obstacles d'eau et des verts peu accueillants : petits, inclinés et rapides. Ah oui ! j'allais oublier l'étroitesse de certaines allées.

Les conditions de jeu

On ne peut parler d'excellence. Il faut plutôt s'attendre à des conditions qui varieront entre bonnes et acceptables. À noter que les marques de bâtons laissées sur les tertres de départ sont réparées régulièrement par le personnel d'entretien, bravo ! Le sable des fosses semble dur, et elles manquent de soins esthétiques. La condition des allées devance celle de l'herbe longue.

L'environnement

L'affreuse tour de communication qui jouxte le pavillon est visible de partout. Des poteaux téléphoniques nous accompagnent sur la moitié des trous (j'ai cessé de compter). Finalement, non pas une, mais deux lignes électriques nous survoltent, oh ! pardon, nous survolent. Heureusement, on peut compter sur les arbres et les ruisseaux pour nous donner de l'énergie autrement.

Idéal pour...

Le golfeur aguerri qui sait faire abstraction des irritants visuels.

+ NOUS AVONS AIMÉ

- Les arbres
- Le coup d'œil
- L'herbe longue autour des verts

− NOUS N'AVONS PAS AIMÉ

- Les fossés d'égouttement
- Le dessin des verts
- Les cailloux dans certaines fosses
- L'environnement électrique

Carte de pointage

Trou	1	2	3	4	5	6	7	8	9	Aller	10	11	12	13	14	15	16	17	18	Retour	Total
Bleu	400	374	178	347	386	155	379	544	419	3182	167	340	511	188	418	372	396	385	586	3363	6545
Blanc	375	350	167	339	365	149	368	531	372	3016	158	330	498	176	375	366	390	347	520	3160	6176
Rouge	426	290	154	331	333	111	315	449	320	2729	153	319	439	126	343	325	342	305	412	2764	5493
Normale	4/5	4	3	4	4	3	4	5	4	35/36	3	4	5	3	4	4	4	4	5	36	71/72

Évaluation : ■ Bleu 70,8 / 122 □ Blanc 69,4 / 119 ■ Rouge 71,4 / 124

Conditions de jeu

- Verts ●●●○○
- Allées ●●○○○
- Sable ●●○○○
- Herbe longue ●●○○○
- Tertres ●●●○○

Design

- Verts + fosses ●●○○○
- Variété ●●●○○
- Harmonie + équilibre ●●●○○
- Pour tous ●●●○○
- Circuit ●●●○○

Environnement

- Visuel ●●○○○
- Nature ●●●●○
- Calme ●●●○○

Plaisir

- Délassement ●●○○○
- Verts ●●○○○
- Allées ●●○○○
- Tertres ●●●○○
- Manucure ●●○○○
- Entraînement ●●●●○
- Agrément ●●●●○
- Récupération ●●●○○

VERDICT ●●○○○

- Terrain assez difficile, présentant des conditions de jeu passables, dans un environnement de fils électriques.

Temps de jeu suggéré
4 h 15.

Accueil
Excellent.

Indications et signalisation
Bonnes.

Tenue générale
Bonne.

Aire d'entraînement
Correcte.

Au féminin
5493 verges, c'est un peu long pour une normale 72.
Degré de difficulté raisonnable.
Terrain équitable.

Pavillon
Situé dans une bâtisse dont l'architecture rappelle vaguement celle d'une grange. Il abrite également des glaces de curling.

Tarif : $$

880, boulevard Léry
Léry
J6N 1B7
(450) 692-8201

Belle Vue moins vert égale plaisir

Fondé en 1929, le Belle Vue est un complexe de 36 trous qu'on atteint par la route 132 jusqu'à Léry. Il se compose du Belle Vue et du Woodlands, deux parcours aussi divertissants l'un que l'autre. Examinons le Woodlands.

Le parcours

Avec trois normales 3 à l'aller et trois normales 5 au retour, ces deux neuf trous se complètent bien pour former un 18 trous amusant.

Ses allées larges et ondulées épousent quelques dénivellations pour créer un ensemble sympathique. Cependant, la balade en voiturette motorisée risque d'être perturbée par une suite ininterrompue de vibrations désagréables.

Un seul moule a servi à la confection des verts et c'est là où le bât blesse. Imaginez un modèle réduit et circulaire qui ressemblerait à une crêpe inclinée vers l'avant jusqu'à ce qu'elle rejoigne l'allée. L'objectif reste si difficile à atteindre qu'il aurait été impensable de les protéger avec des fosses de sable.

Une fois la partie complétée, ce que l'on retient du Woodlands, c'est le plaisir qu'il nous a procuré. La largeur des allées, leurs dénivellations, les possibilités de récupération, le manucure, le contraste des couleurs, tout y contribue. Chaque trou est différent. Des clôtures de cèdre ou de roches, des portions de terrain garnies de foin blond, des points de vue incroyables et beaucoup d'arbres viennent égayer la partie.

La difficulté

En l'absence de fosses de sable et de plans d'eau, les arbres prennent la relève et servent à la fois de décor et d'obstacles. On a pris soin de les placer de manière à rétrécir l'allée, à protéger le vert ou pour vous forcer à viser le côté de l'allée qui permet une entrée au vert sans obstruction.

Les verts minuscules vous imposent une redoutable combinaison inclinaison-vitesse.

Les conditions de jeu

Il s'agit d'un terrain qui profite de bons soins esthétiques. Que l'on parle de l'allée ou de l'herbe longue, des verts ou de leur frise, des fosses de sable ou de leur bordure, tout est impeccable. D'ailleurs, aucun de ces éléments ne méritait des reproches au moment de la visite, si ce n'est les tertres de départ qui se contentaient de la note de passage.

L'environnement

À eux seuls, les arbres valent le déplacement. L'immense tour de communication qui domine le parcours sait se faire oublier par son apparence, sa forme et sa couleur.

En vrac

Le parcours Belle Vue est aussi intéressant que le Woodlands avec ses trous coudés et ses allées en pente. Certains de ses tertres de départ ont fait l'objet d'aménagements spectaculaires.

Idéal pour...

Tous. Ne ratez pas l'occasion d'aller y jouer une partie quel que soit votre calibre. Vous y trouverez de l'espace, de la diversité et du plaisir.

+ NOUS AVONS AIMÉ

La vue
Les arbres
La variété
Le plaisir

− NOUS N'AVONS PAS AIMÉ

Les verts, leur dessin, leur forme, leur dimension et la difficulté artificielle qu'ils imposent à ce très beau parcours.

Carte de pointage

Trou	1	2	3	4	5	6	7	8	9	Aller	10	11	12	13	14	15	16	17	18	Retour	Total
Bleu	363	395	340	181	482	192	506	406	187	3152	340	508	376	330	160	524	198	370	483	3389	6541
Blanc	343	360	332	137	471	188	495	384	176	2986	330	498	372	320	174	493	184	358	461	3263	6249
Rouge	321	298	320	122	403	172	401	375	149	2561	322	464	369	263	136	486	173	343	420	2976	5537
Normale	4	4	4	3	5	3	5	4	3	35	4	5	4	4	3	5	3	4	5	37	72

Évaluation : Bleu 70,1 / 119 — Blanc 68,7 / 116 — Rouge 68,8 / 113

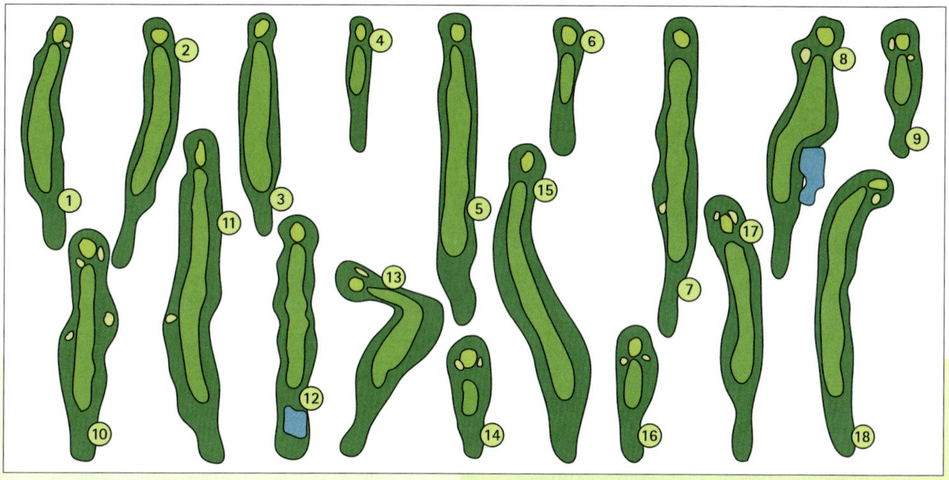

Conditions de jeu

- Verts ●●●○○
- Allées ●●●●○
- Sable ●●●●●
- Herbe longue ●●●●○
- Tertres ●●●○○

Design

- Verts + fosses ●●●○○
- Variété ●●●○○
- Harmonie + équilibre ●●●○○
- Pour tous ●●●●○
- Circuit ●●●○○

Environnement

- Visuel ●●●●○
- Nature ●●●●●
- Calme ●●●●○

Plaisir

- Délassement ●●●●○
- Verts ●●●●○
- Allées ●●●○○
- Tertres ●●●○○
- Manucure ●●●○○
- Entraînement ●●●●○
- Agrément ●●●●○
- Récupération ●●●○○

VERDICT ●●●○○

- Terrain agréable à fréquenter qui permet aux joueurs de s'élancer malgré la présence d'obstacles.

Temps de jeu suggéré
On vous incite fortement à garder le tempo avec le groupe qui vous précède.

Indications et signalisation
Bonnes.

Règles locales
Précisent que les murets de pierre font partie intégrante du parcours. Bravo.

Tenue générale
Excellente.

Aire d'entraînement
On y est à l'étroit et la proximité des trous dérange.

Améliorations
Travaux de drainage réalisés récemment.

Pavillon
Respire le golf.

Boutique du pro
Rudimentaire, mais accueillante et spacieuse.

Tarif : $$

BOUCHERVILLE

300, boulevard de Mortagne
Longueuil (arr. Boucherville)
J4B 1B5
(450) 655-9063

Golf de ville

C'est en 1959 que ce terrain a vu le jour avec un neuf trous. Aujourd'hui situé en pleine ville, il se donne des allures de club privé offrant un accès limité aux non-membres.

Le parcours

Nous n'avons pas affaire à un jeunot, cela se voit tout de suite à la maturité de ses arbres. L'eau et les fosses de sable ne jouent pas un grand rôle sur ce terrain de facture classique ses trous droits et ses allées légèrement accidentées.

Amateurs de sensations fortes s'abstenir, car le parcours se distingue davantage par ses conditions de jeu que par son dessin. Pour tout dire, il manque surtout de diversité. Je pense aux arbres plantés en rang d'oignons. Je pense aux trous droits comme des poteaux, seulement trois d'entre eux étant coudés... tous vers la gauche. Ensuite, trois des quatre normales 3 ont exactement la même longueur et 14 des 18 trous sont orientés nord-sud.

Sans variété, point de salut, pourrait-on dire. Sans variété de paysage, sans différents coups à exécuter et avec son dessin répétitif, le parcours ne peut s'élever au-dessus de la mêlée. À un certain moment, on retrouve huit trous placés côte à côte à la manière de sardines. Ajoutez à cela la rangée de maisons qui ceinturent le terrain, la série de hors-limite à la gauche de sept des neuf premiers trous et vous avez tous les éléments pour... une danse en ligne.

Heureusement, les verts sauvent la mise avec leurs formes et leurs dimensions différentes, mais aussi grâce à leur relief ondulé. Quant à elles, les aires de départ se distinguent avec des formes originales, des aménagements paysagers élaborés et la présence d'arbres et de haies.

La difficulté

En un mot comme en mille, 6044 verges, c'est court. La rareté des fosses d'allée, les plans d'eau qui ne menacent pas vraiment et les arbres qui permettent de trouver la balle aisément expliquent en grande partie une évaluation Slope de 116.

Tout se jouera sur les verts qui exigent une attention de tous les instants. Rapides et ondulés, ils représentent la difficulté principale du parcours. À certains moments, le terrain demande plus de précision à cause d'un hors-limite ou de la taille des arbres.

Les conditions de jeu

Au moment de la visite, une même allée pouvait être en parfaite condition sur une bonne partie de sa superficie, mais dans un état lamentable par endroits. Cela s'est malheureusement produit trop souvent ; mettons cela sur le compte du début de saison. Il suffit de déplacer la balle pour jouir d'excellentes conditions. Ailleurs, vous serez heureux de découvrir des verts de qualité supérieure et des fosses de sable agréables à fréquenter. Honnête près de l'allée, l'herbe longue est tout simplement impeccable autour des verts.

L'environnement

Une attention particulière a été apportée aux aménagements paysagers, qui se révèlent dignes de mention.

Idéal pour...

Le résident de Boucherville qui veut jouer sur un terrain court et en bonne condition.

+ NOUS AVONS AIMÉ

Les verts
Les aménagements paysagers
Le pavillon

– NOUS N'AVONS PAS AIMÉ

Le design monotone
Le manque d'espace
L'absence d'aire d'entraînement

Carte de pointage

Trou	1	2	3	4	5	6	7	8	9	Aller	10	11	12	13	14	15	16	17	18	Retour	Total
Bleu	355	480	197	274	359	202	580	305	447	3199	508	195	508	369	340	178	356	330	431	3185	6384
Blanc	342	470	180	254	346	182	500	294	417	2985	498	181	475	355	332	131	348	322	418	3059	6044
Rouge	320	450	168	245	337	150	420	267	417	2774	478	160	454	345	319	120	330	265	418	2889	5663
Normale	4	5	3	4	4	3	5	4	4/5	36/37	5	3	5	4	4	3	4	4	4/5	36/37	72/74

Évaluation : ■ Bleu 70,2 / 118 □ Blanc 68,5 / 116 ■ Rouge 71,4 / 118

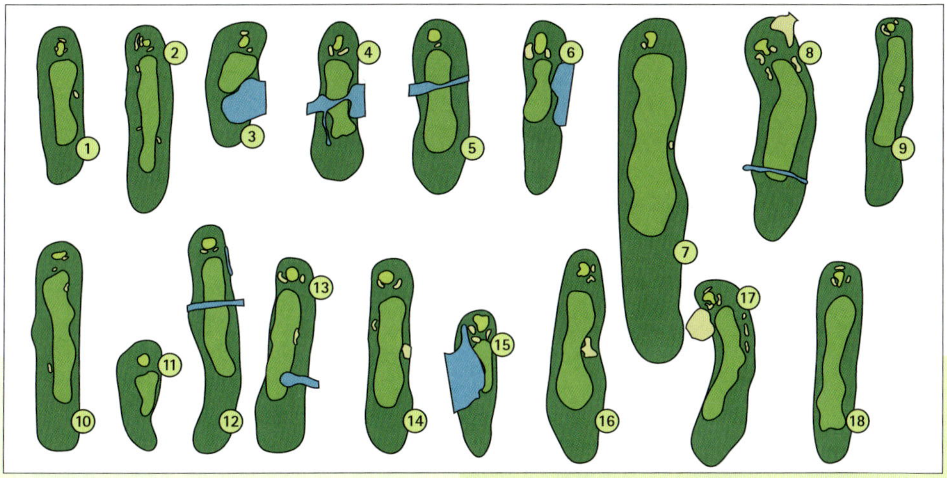

Conditions de jeu

- Verts ●●●●●
- Allées ●●●○○
- Sable ●●●●●
- Herbe longue ●●●○
- Tertres ●●●●●

Design

- Verts + fosses ●●●○○
- Variété ●●●○○
- Harmonie + équilibre ●●●○○
- Pour tous ●●●○○
- Circuit ●●●○○

Environnement

- Visuel ●●●○○
- Nature ●●●○○
- Calme ●●●○○

Plaisir

- Délassement ●●●○○
- Verts ●●●●○
- Allées ●●●○○
- Tertres ●●●●○
- Manucure ●●●○○
- Entraînement ○○○○○
- Agrément ●●●○○
- Récupération ●●●●○

VERDICT ●●◐○○

- Bonnes conditions.
- Dessin monotone.
- Terrain court.

Temps de jeu suggéré

4 h 15.

Accueil

Correct.

Tenue générale

Excellente.

Au féminin

Bravo pour la normale établie à 74.

Malgré les distances trop longues, toutes les golfeuses y auront du plaisir.

Pavillon

Est presque neuf.

Boutique du pro

En mesure de satisfaire les plus exigeants.

Divers

Le port des crampons souples n'est pas obligatoire.

À plusieurs reprises, des écriteaux nous avisent de crier « fore » si la balle se dirige vers les maisons...

En 2003, à la suite d'une erreur, un produit chimique a gâché les allées.

Tarif : $$$$

BROSSARD

6000, chemin du Golf
Longueuil (arr. Brossard)
J4Z 3H8
(450) 445-9394

Crise de croissance

Bâti il y a plus de trente ans, le terrain est maintenant situé au cœur d'une zone urbaine en développement. Au milieu de voies d'accès, d'investissements de 700 millions de dollars et de projets de construction résidentielle, voyons comment il s'en tire.

Le parcours

Howard Watson, le premier architecte du parcours, a soigneusement dessiné et placé ses fosses d'allée. Elles brillent non seulement par leur forme et leur étendue, mais également par leur présentation et leur emplacement. À angle ou en pente, surélevées ou creusées, elles comptent pour beaucoup dans la réussite du design. D'ailleurs, les ensembles qu'elles composent avec les verts se démarquent visuellement et se traduisent par un mot : harmonie. Les verts présentent un bel équilibre, leur vitesse étant bien adaptée à leur dimension et à leur relief.

Pour faire place au développement urbain, trois trous ont été relocalisés. Graham Cooke a signé les nouveaux trous n°s 4, 5 et 6. Comme d'habitude, une attention particulière a été accordée aux aires de départ et aux verts. Pour le reste, des monticules et des lacs viennent ponctuer les allées. Ils représentent cependant une brisure par rapport au style des anciens trous et le n° 4 est placé sous des lignes électriques…

La difficulté

Ne nous contons pas d'histoire, avec une évaluation Slope de 111, la convivialité du parcours ne fait pas de doute. Il ne compte d'ailleurs que 6159 verges des jalons les plus éloignés. Comme d'habitude, tout se jouera sur les verts, mais attention au vent qui sera un facteur à prendre en compte sur plusieurs trous, du moins jusqu'à ce que les résidences des alentours soient érigées.

Les conditions de jeu

Les allées se traînent les pieds, sauf pour les trois nouveaux trous où elles bénéficient de meilleures conditions. Les tertres de départ manquent d'entretien et certains sont marqués jusqu'à la terre en l'absence des réparations d'usage. Finalement, les verts méritent de bonnes notes, n'est-ce pas ce qui compte ?

L'environnement

Des 2500 propriétés qu'on projette de construire, quelques-unes ont déjà pignon sur rue. On parle de « cabanes » de plus de 500 000 dollars malgré plusieurs lignes de transmission d'énergie électrique, un stationnement incitatif, la proximité des autoroutes et des panneaux publicitaires et routiers, ce n'est pas rien. On finit par en oublier les arbres, les plans d'eau, les aménagements paysagers et les graminées.

En vrac

Il y a sûrement des avantages économiques à être tout près du centre-ville de Montréal et des grands accès routiers, mais ce ne doit pas être au détriment du plaisir que les golfeurs retireront de leur partie. Pensons design, environnement, détente et conditions de jeu, plutôt que taxes, rentabilité et site commercial.

Idéal pour...

Vous, si l'environnement immédiat ne fait pas partie de vos critères pour évaluer un terrain de golf.

+ NOUS AVONS AIMÉ

Les ensembles verts-fosses de sable
Les trois normales 3 et 5 au retour
Les fosses d'allée

– NOUS N'AVONS PAS AIMÉ

L'environnement visuel
L'environnement sonore
La longueur du terrain

Carte de pointage

Trou	1	2	3	4	5	6	7	8	9	Aller	10	11	12	13	14	15	16	17	18	Retour	Total
Bleu	413	337	527	194	334	342	177	262	396	2982	496	368	174	409	284	548	170	540	188	3177	6159
Blanc	396	322	494	150	296	310	155	249	374	2746	476	334	157	395	264	518	152	517	175	2993	5739
Rouge	379	307	461	102	234	240	125	236	352	2436	457	310	140	325	204	446	138	494	162	2676	5112
Normale	4	4	5	3	4	4	3	4	4	35	5	4	3	4	4	5	3	5	3	36	71

Évaluation : ■ Bleu 69 / 114 □ Blanc 67,5 / 111 ■ Rouge - / -

Conditions de jeu

- Verts ●●●●○
- Allées ●●●○○
- Sable ●●●○○
- Herbe longue ●●●●○
- Tertres ●●○○○

Design

- Verts + fosses ●●●●●
- Variété ●●●○○
- Harmonie + équilibre ●●●○○
- Pour tous ●●●○○
- Circuit ●●●○○

Environnement

- Visuel ●●○○○
- Nature ●●○○○
- Calme ●○○○○

Plaisir

- Délassement ●●●○○
- Verts ●●●●●
- Allées ●●●●○
- Tertres ●●●●○
- Manucure ●●●○○
- Entraînement ●●●●○
- Agrément ●●●○○
- Récupération ●●●○○

VERDICT ●●●○○

- Beau design.
  Plaisant bien que trop court.
  Environnement navrant.

Temps de jeu suggéré

4 h 30.

Accueil

Plutôt mitigé...

Indications et signalisation

Directives claires et précises, et ce, dès notre arrivée sur les lieux.

Aire d'entraînement

Au moment où vous lirez ces lignes, elle devrait être nouvellement aménagée. Elle est immense.

Améliorations

On se propose d'allonger quelques trous en reculant les tertres de départ.

Au féminin

Les normales 3 sont bien adaptées.
Quatre des neuf normales 4 sont parfaites.

Pavillon

Flambant neuf. Les deux faces principales ont l'apparence de murs en blocs de béton...

Divers

En voiturette motorisée, certaines allées fournissent un massage dont on pourrait facilement se passer.

Tarif : $$

CANDIAC

45, chemin d'Auteuil
Candiac
J5R 2C8
(450) 659-9163

Nostalgie, nostalgie...

À 10 minutes du pont Champlain, sur la Rive-Sud de Montréal, ce terrain de style classique accueille les golfeurs depuis 1958. D'abord privé, il était fréquenté par des membres bien nantis. Au fil des ans, le topo a changé et le public y est maintenant bienvenu en tout temps. Il a accueilli les proettes de la LPGA à l'occasion de la classique La Canadienne en 1974 et le championnat senior des professionnels québécois s'y est tenu pendant trois années d'affilée, de 1996 à 1998.

Le parcours

Le terrain s'est transformé au cours des années ; les maisons cossues ont remplacé le panorama bucolique d'antan. Cela marque une nette amélioration pour les revenus de la ville, mais le golfeur regrette les anciens voisins...

Les allées épousent tout simplement les rondeurs naturelles du site, rien d'artificiel ou de préfabriqué. Les ensembles verts-fosses de sable s'inscrivent tout naturellement dans le décor et constituent presque toujours l'élément le mieux réussi de chaque trou. On y trouve beaucoup de variété dans la forme, la dimension et l'élévation de chacun. Même les sept trous coudés semblent dictés par la nature et sans être spectaculaires, plusieurs se détachent par leurs éléments distinctifs.

La difficulté

Les distances équitables plairont à la majorité des joueurs. Le golfeur moins expérimenté dispose de la place nécessaire pour éviter les obstacles qui lui paraissent dangereux et, à la condition d'être du bon côté de l'allée, les coups de récupération restent possibles. De par leur grande étendue, leur rapidité et leurs ondulations, les verts vous invitent à des approches précises, surtout ceux qui comptent deux paliers.

Les conditions de jeu

En ce qui concerne les allées, il faut parler d'inconstance et de conditions qui varient de bonnes à moyennes. Sur les tertres de départ, on aurait avantage à changer les jalons de place plus souvent. Que de bons mots pour l'herbe longue et les sous-bois et rien à redire sur les verts. Le sable des fosses d'allée est un peu ferme.

L'environnement

Comme sur la plupart des terrains de cet âge, les arbres ajoutent énormément au caractère du parcours. Par leur taille et leur variété, ils rendent la visite agréable. Cependant, impossible de faire abstraction des voisins trop près et trop nombreux.

En vrac

Des sommes importantes ont été investies au 11e trou pour aménager rocaille et bassin d'eau. Par contre, le problème de ce trou n'était pas son apparence, mais sa longueur...

Le trou nº 10, une normale 5 de 509 verges, laisse perplexe. Au départ, il tourne à droite à 90° sans que l'on nous indique la distance à franchir pour atteindre l'ouverture. En réalité, trois coups de fer suffisent pour rejoindre le vert.

Idéal pour...

L'ensemble des golfeurs. C'est un terrain agréable à fréquenter pour le plaisir qu'il procure et le défi qu'il propose.

+ NOUS AVONS AIMÉ

Les ensembles verts-fosses de sable
Les arbres adultes
Le foin de prairie que l'on retrouve sur quelques trous

– NOUS N'AVONS PAS AIMÉ

Le danger que représentent certains tertres
La quasi-omniprésence des maisons
Les hors-limite et les coups à l'aveuglette

Carte de pointage

Trou	1	2	3	4	5	6	7	8	9	Aller	10	11	12	13	14	15	16	17	18	Retour	Total
Bleu	527	337	512	207	456	152	379	520	421	3511	523	314	133	425	372	424	376	201	474	3242	6753
Blanc	486	305	491	174	386	132	360	511	359	3204	509	292	112	400	347	365	356	178	456	3015	6219
Rouge	409	245	446	152	316	118	300	451	317	2754	415	249	100	320	328	281	312	160	443	2608	5362
Normale	5	4	5	3	4	3	4	5	4	37	5	4	3	4	4	4	4	3	5	36	73

Évaluation : ■ Bleu 72,1 / 125 □ Blanc 69,9 / 122 ■ Rouge 71,5 / 114

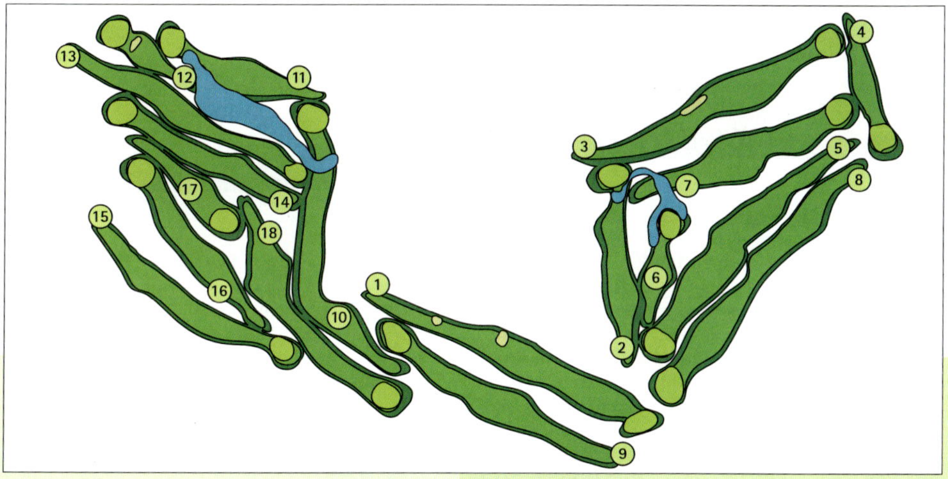

Conditions de jeu

- Verts ●●●●○
- Allées ●●●○○
- Sable ●●●○○
- Herbe longue ●●●●●
- Tertres ●○○○○

Design

- Verts + fosses ●●●●●
- Variété ●●●●○
- Harmonie + équilibre ●●●●○
- Pour tous ●●●●○
- Circuit ●●●●○

Environnement

- Visuel ●●●○○
- Nature ●●●○○
- Calme ●●●○○

Plaisir

- Délassement ●●●○○
- Verts ●●●●●
- Allées ●●●●○
- Tertres ●●●○○
- Manucure ●●●○○
- Entraînement ●●●○○
- Agrément ●●●●○
- Récupération ●●●●○

VERDICT ●●●○○

- Beau design.
  Agréable d'y jouer.
  L'environnement lui a fait perdre des points.

Temps de jeu suggéré
4 h 30.

Accueil
Fort cordial.

Tenue générale
Très bonne.

Aire d'entraînement
Il est défendu d'y frapper des bois. L'espace manque également en largeur. Un beau grand vert d'exercice, une fosse de sable et un vert pour les approches.

Au féminin
Beaucoup de femmes y jouent.
Cinq normales 4 sur neuf font plus de 300 verges, c'est beaucoup trop.
La golfeuse aguerrie y aura beaucoup de plaisir.

Pavillon
Malgré son âge, il demeure sympathique. La terrasse est particulièrement accueillante.

Tarif : $$

CAUGHNAWAGA

Route 207, C.P. 840
Kahnawake
J0L 1B0
(450) 632-7163

Méconnu

Depuis son inauguration en 1967, ce terrain est la propriété d'une seule et même famille. Ses membres effectuent tous les travaux d'excavation, de défrichage, de conception, bref, ils s'occupent de tout. Voyez la photographie de la passerelle qui se détache des marais et qui permet de circuler d'un trou à un autre. Découvrez ce terrain de 27 trous composé d'un parcours dit «exécutif» de 9 trous et du 18 trous qui fait l'objet de la présente analyse.

Le parcours

Les normales 3 vous fourniront l'occasion d'utiliser n'importe quoi entre un fer n° 9 et un bois d'allée. On en compte trois sur le premier neuf. Les normales 4 quant à elles donnent le vertige rien qu'à y penser, car la moitié d'entre elles font plus de 395 verges. Il serait peut-être plus sage de jouer à partir des jalons blancs.

Du 6e au 17e trou, vous rencontrerez une malheureuse séquence de 12 trous sans normale 5, dont six normales 4 consécutives, du jamais vu.

La difficulté

Il va falloir enfiler vos chaussures de golf, les amis, car cette normale 70 compte 6311 verges. Une évaluation Slope aussi peu élevée que 119 ne reflète pas la qualité du défi. Une partie de la réponse tient aux fosses de sable moins nombreuses qu'ailleurs. Il n'en reste pas moins que l'eau baigne huit trous et que huit trous coudés (six au retour), tous bordés d'arbres, représentent une difficulté de taille.

Les conditions de jeu

Les verts retiennent l'attention par leur excellente condition et leur manucure soigné. Leur vitesse de 9 sur l'échelle Stimp vous donne suffisamment de corde pour vous pendre. Ailleurs, de façon générale, les conditions de jeu ont peu à se reprocher.

L'environnement

Les arbres occupent une place importante à Caughnawaga. En plus de s'offrir en spectacle à chaque trou, ils constituent un habitat naturel pour plusieurs espèces d'animaux. Un faucon nous a salués de l'aile au passage.

Dans un monde idéal, toutes les lignes électriques seraient enfouies sous terre, mais rien n'est parfait ici bas, pas même sur un terrain de golf.

En vrac

Chaque année, les propriétaires améliorent leurs installations. Des verts sont refaits, des lacs sont creusés et des fosses de sable agrandies et creusées.

Les trous n°s 5, 6 et 7 sont situés trop près des bâtisses d'entretien, du terrain de stationnement et de la route.

Idéal pour…

Les amants de la nature, ceux qui frappent loin et les bons golfeurs apprécieront. Les autres pourront toujours se rabattre sur le neuf trous du parcours «exécutif» qui totalise 2677 verges des jalons bleus et 2472 verges des blancs.

+ NOUS AVONS AIMÉ

Le dynamisme des propriétaires
Les arbres
Le coup d'œil

– NOUS N'AVONS PAS AIMÉ

Les normales 4 ne conviennent pas à tout le monde
Les lignes électriques qui sont dans le portrait
Les six normales 4 consécutives

Carte de pointage

Trou	1	2	3	4	5	6	7	8	9	Aller	10	11	12	13	14	15	16	17	18	Retour	Total
Bleu	490	388	418	191	487	130	304	170	433	3011	158	395	353	418	415	456	360	208	537	3300	6311
Blanc	470	378	370	169	472	115	290	157	421	2842	138	355	343	365	367	446	350	186	507	3057	5899
Rouge	410	345	360	136	462	90	245	103	342	2493	133	345	287	250	352	376	340	159	377	2619	5112
Normale	5	4	4	3	5	3	4	3	4	35	3	4	4	4	4	4	4	3	5	35	70

Évaluation : ■ Bleu - / - □ Blanc - / - ■ Rouge - / -

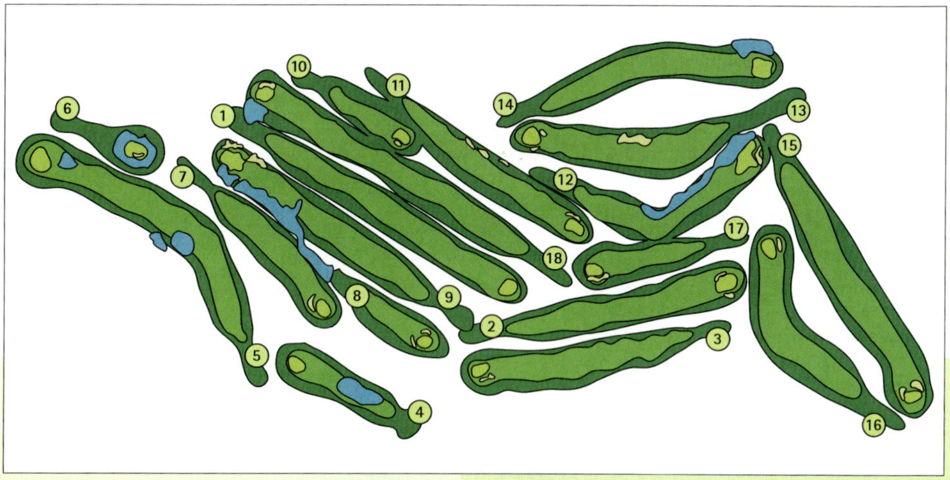

Conditions de jeu

- Verts ●●●●○
- Allées ●●●●○
- Sable ●●●○○
- Herbe longue ●●●●○
- Tertres ●●●●○

Design

- Verts + fosses ●●●●○
- Variété ●●●○○
- Harmonie + équilibre ●●●●○
- Pour tous ●●○○○
- Circuit ●●○○○

Environnement

- Visuel ●●●●○
- Nature ●●●●○
- Calme ●●●●●

Plaisir

- Délassement ●●●●○
- Verts ●●●●○
- Allées ●●○○○
- Tertres ●●●●○
- Manucure ●●●●○
- Entraînement ●●●●○
- Agrément ●●●●○
- Récupération ●●●○○

VERDICT ●●●●○

- Beau terrain de golf.
  Beau défi.
  Bonnes conditions de jeu.

Temps de jeu suggéré

Non précisé, mais la carte de pointage encourage un rythme rapide.

Accueil

Excellent.

Indications et signalisation

Bonnes.

Tenue générale

Excellente.

Aire d'entraînement

Était fermée, mais les verts d'exercice étaient en aussi bon état que ceux situés sur le parcours.

Améliorations

Annuelles : le terrain ne cesse de progresser.

Au féminin

Les normales 3 sont amusantes.
Il faudrait pouvoir combiner le neuf trous du parcours « exécutif » avec un autre neuf pour réduire les distances.
Le parcours normal est beaucoup trop long.

Pavillon

Fermé lors de notre passage.

Boutique du pro

Fermée lors de notre passage.

Tarif : $$

CHAMBLY

2466, rue Martel
Carignan
J3L 1V8
(450) 658-6812

Rien à signaler

Conçu par l'architecte Howard Watson en 1927, le terrain de Chambly se compose de deux 18 trous. Le parcours Le Carignan est réservé aux membres alors que Le Chambly s'adresse aux visiteurs. C'est donc ce dernier qui fera l'objet de notre analyse.

Le parcours

Les allées adoptent un relief plat, du moins en apparence. Une balade en voiturette motorisée vous convaincra rapidement qu'elles sont envahies d'un nombre incalculable de petites bosses. Toujours très larges, elles manquent désespérément d'imagination dans le dessin, surtout que toute leur surface est coupée uniformément sans laisser de lisières d'herbe longue. Comme elles occupent des positions parallèles, cela devient rapidement monotone. Pareils emplacements rappellent des allées de quilles…

Seuls les verts semblent avoir fait l'objet d'un dessin et, à la réflexion, cela tient davantage aux arbres qui les supportent qu'à leur conception comme telle. Parlant des arbres, ils seraient suffisamment nombreux et matures pour servir de base à un parcours qui manifesterait un peu d'audace, mais c'est loin d'être le cas. Il arrive même, après avoir pris position sur le tertre de départ, qu'on n'ait aucune idée de l'endroit où le vert se trouve.

Aucune fosse de sable ne vient briser la platitude des allées ou la quiétude de la majorité des verts. La plupart du temps, un seul repère indique la distance qui sépare le joueur de l'objectif, ce qui est loin d'être pratique pour les golfeurs moins aguerris. La disposition des trous oblige à traverser une rue à quelques reprises. Finalement, la seule normale 5 du neuf d'aller se trouve au 9e trou.

La difficulté

Terrain extrêmement facile où seuls certains verts trop petits et le vent posent problème.

Les conditions de jeu

Elles sont mauvaises, point à la ligne. Sans manucure et sans herbe longue, il n'y a rien à signaler sur le front. Qu'il s'agisse des allées ou des tertres de départ, c'est pareil partout. Ce terrain ne fait l'objet d'aucun entretien autre que la coupe occasionnelle du gazon. Les allées ne bénéficient pas d'un système d'irrigation et les verts trop lents présentent des conditions de jeu pitoyables.

L'environnement

Terrain de ville où seuls quelques arbres matures, plantés en rang d'oignons, animent le spectacle.

En vrac

Selon un membre du parcours Le Carignan, aucun règlement n'est imposé sur le parcours public Le Chambly, ce qui attire principalement une clientèle de golfeurs débutants.

Idéal pour…

Tous les joueurs interrogés fréquentent ce parcours en raison de sa proximité avec leur résidence, des frais de jeu raisonnables et du fait que les départs s'effectuent instantanément, sans réservation.

+ NOUS AVONS AIMÉ

Euh… les arbres?

– NOUS N'AVONS PAS AIMÉ

Euh… le terrain!

Carte de pointage

Trou	1	2	3	4	5	6	7	8	9	Aller	10	11	12	13	14	15	16	17	18	Retour	Total
Bleu	490	164	343	547	215	406	207	421	420	3213	477	180	433	505	148	511	187	379	465	3285	6498
Blanc	477	150	329	529	190	390	191	406	403	3065	465	140	392	478	137	502	170	354	450	3088	6153
Rouge	455	136	315	470	150	355	165	345	335	2726	455	135	345	405	130	430	165	360	380	2805	5531
Normale	5	3	4	5	3	4	3	4	4	35	5	3	4	5	3	5	3	4	4	36	71

Évaluation : ■ **Bleu 69,5 / 111** □ **Blanc 68,2 / 106** ■ **Rouge 65,2 / 104**

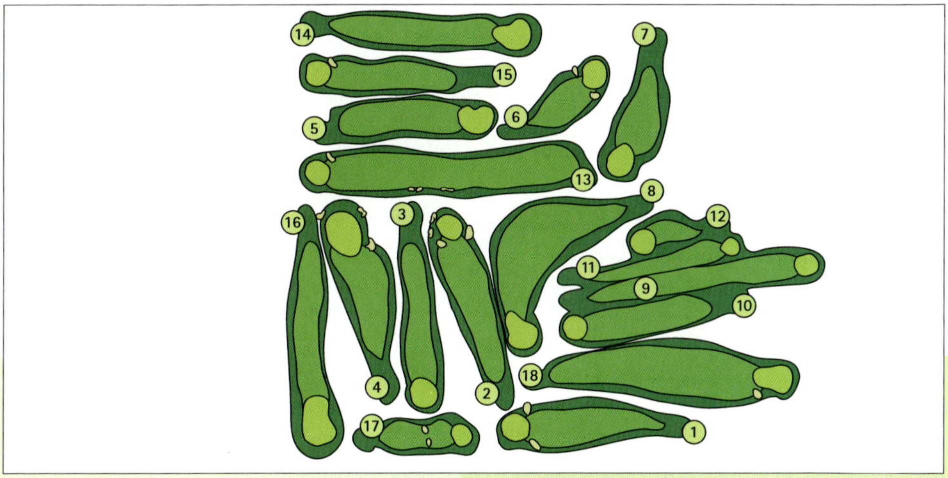

Conditions de jeu

- Verts ●○○○○
- Allées ●○○○○
- Sable ●○○○○
- Herbe longue ●○○○○
- Tertres ●○○○○

Design

- Verts + fosses ●○○○○
- Variété ○○○○○
- Harmonie + équilibre ●●○○○
- Pour tous ●●○○○
- Circuit ●●○○○

Environnement

- Visuel ●●●○○
- Nature ●●○○○
- Calme ●●○○○

Plaisir

- Délassement ●●●●○
- Verts ●●○○○
- Allées ●●●○○
- Tertres ●○○○○
- Manucure ○○○○○
- Entraînement ○○○○○
- Agrément ●●○○○
- Récupération ●●●●●

VERDICT ●◐○○○

- Terrain de piètre qualité. Pour débutants seulement.

Temps de jeu suggéré
4 h 30 ; temps habituel : qui sait ?

Accueil
Réservé.

Indications et signalisation
À améliorer absolument.

Tenue générale
Désolante.

Aire d'entraînement
Aucune.

Au féminin
Pour celles qui débutent, car il n'y a pas de patrouilleur, pas de règlement, pas d'obstacles.

Pavillon
Réservé aux membres. Il a les allures d'une ancienne école.

Boutique du pro
Très rudimentaire.

Divers
Les voiturettes ne possèdent pas de toit.

Tarif : $

CONTINENTAL

1567, chemin des Patriotes
Sainte-Victoire-de-Sorel
J0G 1T0
(450) 742-0552
1 800 684-1494

Coup de foudre

Le Saint-Laurent et Le Richelieu forment ce complexe de 36 trous situé à Sainte-Victoire de Sorel. Notre analyse portera cependant sur l'aîné.

Le parcours

Le moins que l'on puisse dire, c'est que Le Saint-Laurent a du caractère avec ses monticules, ses collines et ses dénivelés. Plusieurs éléments contribuent à son charme et on a toujours hâte de voir ce que le prochain trou nous réserve. Les allées arrachées à la forêt impressionnent avec leurs arbres gigantesques, alors que celles de la vallée se rapprochent davantage des trous de style *links*. Leurs fosses stratégiquement placées et leurs dénivellations se chargent d'épicer le passage dans cette trouée où nous attendent plans d'eau et graminées.

Une séquence de quatre normales 4 se développe entre le 4e et le 7e trou. Ces trous diffèrent tellement les uns des autres que ce n'est qu'en examinant la carte de pointage que j'ai remarqué que leurs distances étaient semblables. Deux normales 4 (trous n°s 4 et 12) semblent trop courtes, mais elles sont armées jusqu'aux dents. Trous coudés, buttons gazonnés, allée de 12 verges de large, pins géants et dénivellations importantes se chargent d'assurer leur sécurité. Comment pourrait-on leur en vouloir, ils sont si beaux ?

Un mot sur le vert double en forme de 8 qui dessert les 9e et 18e trous. Il compte 70 verges de largeur et sert de dénouement à ces deux superbes trous.

La difficulté

L'évaluation Slope de 114 (jalons blancs) de ce terrain s'explique logiquement par les trous dans la vallée qui offrent des allées plus larges, des verts de bonne dimension et une distance raisonnable.

Malgré tout, le parcours semble beaucoup plus difficile que ne l'indique cette évaluation Slope. Avec plusieurs allées étroites, des arbres en quantité, des verts exigeants et des obstacles disposés avec soin, ce terrain a quelque chose d'intimidant.

Les conditions de jeu

Au golf comme ailleurs, le coup de foudre passé, la routine risque d'éteindre la flamme. Force est d'admettre que les verts pourraient vraiment être plus rapides. Les allées sont acceptables malgré de l'herbe trop longue et la présence occasionnelle de trèfle. Les tertres de départ viennent cependant assombrir le tableau.

L'environnement

L'environnement n'est pas aussi spectaculaire que dans les Rocheuses ou sur le bord de la mer, il faut en convenir. Mais pour le reste, le site est idéal. Les arbres y sont majestueux, rien de moins. Au sortir du Continental, certains terrains ressemblent à des plantations d'allumettes.

Les plans d'eau et les aménagements paysagers ajoutent, si cela est possible, au spectacle naturel. Ils sont parfaitement intégrés dans l'ensemble. Chapeau !

Idéal pour...

Ne serait-ce que pour y faire une promenade.

+ NOUS AVONS AIMÉ

La splendeur des arbres
L'herbe dense
Le site naturel

– NOUS N'AVONS PAS AIMÉ

La condition des tertres de départ
Les graphiques de départ laconiques sur les trous coudés
Le gazon des verts qui semble hétéroclite

Carte de pointage

Trou	1	2	3	4	5	6	7	8	9	Aller	10	11	12	13	14	15	16	17	18	Retour	Total
Bleu	513	416	187	355	384	375	391	136	538	3295	327	187	374	168	394	523	380	377	537	3267	6562
Blanc	480	385	166	329	344	360	370	124	493	3051	306	175	359	155	364	497	359	348	524	3087	6738
Rouge	447	335	133	313	311	345	342	123	417	2766	290	145	320	128	312	434	347	315	477	2768	5534
Normale	5	4	3	4	4	4	4	3	5	36	4	3	4	3	4	5	4	4	5	36	72

Évaluation : ■ Bleu 70 / 120 □ Blanc 68,3 / 114 ■ Rouge 70,3 / 108

Conditions de jeu

- Verts ●●●●○
- Allées ●●●○○
- Sable ●●●○○
- Herbe longue ●●●○○
- Tertres ●●○○○

Design

- Verts + fosses ●●●○○
- Variété ●●●●●
- Harmonie + équilibre ●●●●○
- Pour tous ●●○○○
- Circuit ●●●●○

Environnement

- Visuel ●●●●●
- Nature ●●●●●
- Calme ●●●●●

Plaisir

- Délassement ●●●●○
- Verts ●●●●○
- Allées ●●○○○
- Tertres ●●●○○
- Manucure ●●●●●
- Entraînement ●●●○○
- Agrément ●●●●●
- Récupération ●●●○○

VERDICT ●●●●○

Très beau terrain.
Pour les golfeurs aguerris et pour les autres qui ne cherchent pas leur balle trop longtemps.

Temps de jeu suggéré

4 h 15 ; mais c'est beaucoup plus long.

Accueil

Excellent.

Indications et signalisation

Généralement bonnes, à l'exception des graphique de départ qui n'indiquent pas la distance nous séparant des obstacles.

Tenue générale

Bonne.

Aire d'entraînement

Contient des aires de frappe synthétique.
On s'y sent à l'étroit.

Au féminin

Pour golfeuses aguerries.
Un peu long quand on considère le degré de difficulté déjà élevé.
La beauté n'a pas de sexe.

Boutique du pro

On y trouve les grands manufacturiers.

Tarif : $

DES ÎLES

255, île Sainte-Marguerite
Îles de Boucherville
Longueuil (arr. Boucherville)
J4B 9Z7
(450) 670-4653

Un coin de paradis ?

C'est du moins ce que la publicité prétend. Situé à 20 minutes du centre-ville de Montréal, le parcours du Golf des Îles se trouve dans le parc national des Îles-de-Boucherville depuis 1991.

Le parcours

Après un arrêt à la boutique du pro, il faut emprunter une navette fluviale pour accéder au terrain. Je dois avouer que la petite traversée est fort agréable.

Le Golf des Îles est tout à fait dépaysant. L'absence d'arbres adultes et un panorama de 360 degrés sans obstacles laissent une impression d'immensité. Devant vous se profilent des allées de gazon de type agrostide dont le pourtour est accentué par d'immenses monticules. Rien ne vient briser l'enchantement, pas de bâtisses industrielles à proximité, ni de lignes électriques, ni d'autoroute. Un golf au milieu du fleuve, c'est sympathique, non?

Le terrain vous invite à frapper fort et à prendre des raccourcis sur les trous coudés. De prime abord les normales 4 et 5 semblent faciles, car même après avoir raté l'allée, vous avez encore accès au vert en coups réglementaires. Ne vous réjouissez pas trop vite. Les monticules qui se dressent alors devant vous vous laissent avec un coup à l'aveuglette et des fosses de sable à survoler près du vert.

Parlant des verts, leur dessin se distingue, tout comme celui des tertres de départ d'ailleurs. Par leur nombre, leur forme, leur alignement et leur dimension, ils sont un modèle du genre.

La difficulté

Comme il s'agit d'une normale 70, il importe de mettre les choses en perspective si vous y réalisez votre meilleur pointage à vie. Toutefois, n'y comptez pas trop, car cela reste improbable en raison du vent qui ne s'essouffle jamais.

L'évaluation Slope de 110 (jalons blancs) s'explique par des allées et des verts qui offrent une cible invitante. Attention aux obstacles d'eau qui viennent à votre rencontre sur 12 trous, aux fosses de sable profondes et aux lacs qui protègent cinq des six normales 3.

Les conditions de jeu

Les fosses de sable supportent toutes les comparaisons. Les aires de départ et les allées font partie du peloton de tête, alors que les verts chevauchent la moyenne provinciale.

L'environnement

La présence de centaines d'arbustes et d'arbrisseaux atténue l'impression de plaine désertique que laissent les terrains non boisés. Pour ce faire, ils font équipe avec des monticules, des lacs et des aménagements paysagers spectaculaires. Pour le reste, le fleuve, le centre-ville de Montréal, le Parc olympique et les installations portuaires, ce n'est quand même pas rien…

Idéal pour…

Tout le monde. Un terrain à inscrire à l'agenda.

+ NOUS AVONS AIMÉ

Le dessin des verts
Les fosses de sable profondes
Son look différent

– NOUS N'AVONS PAS AIMÉ

Le filet du champ d'exercice
La proximité entre certains verts
et tertres de départ
La vélocité du vent

Carte de pointage

Trou	1	2	3	4	5	6	7	8	9	Aller	10	11	12	13	14	15	16	17	18	Retour	Total
Bleu	475	385	210	325	385	180	360	175	540	3035	470	175	385	360	170	425	160	400	575	3120	6155
Blanc	460	365	195	310	350	145	350	135	525	2835	450	165	370	350	145	380	150	375	500	2885	5720
Rouge	420	330	85	290	300	120	335	100	445	2425	405	115	335	320	110	355	115	285	410	2450	4875
Normale	5	4	3	4	4	3	4	3	5	35	5	3	4	4	3	4	3	4	5	35	70

Évaluation : ■ Bleu 68,5 / 115 □ Blanc 66,5 / 110 ■ Rouge 66,5 / 110

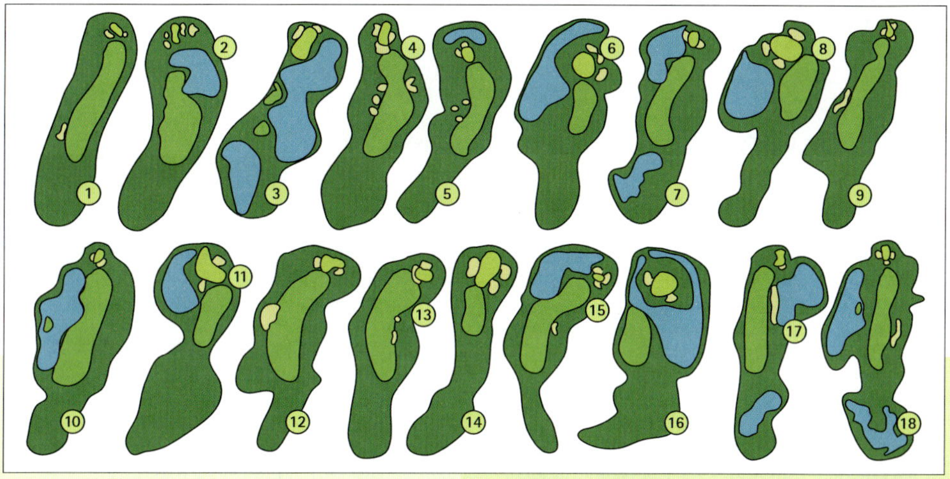

Conditions de jeu

- Verts ●●●○○
- Allées ●●●●●
- Sable ●●●●●
- Herbe longue ●●●●○
- Tertres ●●●●●

Design

- Verts + fosses ●●●●●
- Variété ●●●○○
- Harmonie + équilibre ●●●●●
- Pour tous ●●●●●
- Circuit ●●●●●

Environnement

- Visuel ●●●○○
- Nature ●●○○○
- Calme ●●●●○

Plaisir

- Délassement ●●○○○
- Verts ●●●●●
- Allées ●●●●●
- Tertres ●●●●●
- Manucure ●●●●●
- Entraînement ●●○○○
- Agrément ●●●●●
- Récupération ●●●●●

VERDICT ●●●◐○

- Ce terrain a du caractère, vive la différence !

Temps de jeu suggéré

4 h 30 ; temps habituel : 5 h 00. C'est beaucoup trop long, considérant l'absence d'arbres et la normale 70.

Indications et signalisation

À améliorer.

Tenue générale

Excellente. J'ai particulièrement été impressionné par la condition parfaite de l'herbe sur les monticules.

Aire d'entraînement

À partir d'un départ synthétique, on frappe la balle dans un filet à une distance d'environ 80 verges. Par contre, la dimension des verts d'entraînement est remarquable.

Améliorations

Au moment de lire ces lignes, les trous n°s 2 et 10 auront été allongés.

Au féminin

4875 verges, c'est encore trop long, considérant la normale 70.

Pour golfeuses aguerries seulement à cause des fosses et des monticules.

Psitt ! Psitt ! y ont été vus : Sylvain Cossette, Bruno Pelletier et Bruce Willis...

Tarif : $$$

DOMAINE ROUVILLE

4230, rang Nord
Saint-Jean-Baptiste
J0L 1B0
(450) 464-3903

Thérapeutique

Les rumeurs courent, parcours ouvert, fermé, trop court, fleuri, qu'en est-il exactement? Tout, vous saurez tout sur le Domaine de Rouville. Ouvert en 1979, il est situé à Saint-Jean-Baptiste et appartient à la famille Robillard.

Le parcours

Première constatation : le terrain a été amputé de neuf trous. L'intervention de la Commission de protection du territoire agricole a été fatale au Richelieu, seuls le Rouville et le Rougemont ont survécu. Côté design, quelques conclusions s'imposent d'elles-mêmes :

Les trous s'agencent harmonieusement avec le site naturel.

Située au creux d'une large dépression, la rivière constitue un obstacle qui ne peut être ignoré. Cela donne du caractère au parcours et ajoute au coup d'œil. Les ponts qui la franchissent se parent de fleurs, ce qui ne gâche rien.

Les tertres de départ trouvent refuge à l'abri d'imposantes haies de thuyas qui isolent les golfeurs du voisinage.

Les trous courts commandent un vert plus petit afin de garder l'intérêt et de protéger le défi.

Les verts présentent des formes variées.

C'est un parcours qui regroupe les qualités des terrains traditionnels tout en affichant un air un peu plus moderne ou moins conventionnel.

La difficulté

Un terrain court avec des allées larges et plusieurs verts impossibles à rater favorisent davantage le golf de divertissement que le défi. Comme les trous plus petits comportent les obstacles plus menaçants, ils laissent au golfeur la possibilité de jouer la carte de la prudence sans compromettre sa normale.

Les conditions de jeu

Les allées ne bénéficient pas d'un système d'arrosage permanent. Le surintendant utilise le principe d'une resurfaceuse (Zamboni) pour les maintenir en bon état. Le résultat ne nous a pas laissés de glace, bien au contraire. Ce terrain est en forme.

Les coups roulés demandent à être frappés solidement, ce qui nécessite une période d'adaptation. Loin d'être un inconvénient, cela attire des compliments aux verts parce qu'ils maintiennent ainsi un excellent rapport vitesse-inclinaison. Les sous-bois sont tout simplement parfaits. Par contre, les tertres de départ et les fosses de sable manquent de régularité.

L'environnement

C'est le bon endroit pour faire le plein d'énergie. L'environnement à lui seul vaut le déplacement. Pour un golfeur, c'est la combinaison gagnante. Une multitude d'arbres matures partout, sans que cela n'entrave les recherches de balles. Des aménagements paysagers qui ne laissent personne indifférent. La proximité des montagnes qui s'imposent à plusieurs occasions. Wow !

Idéal pour…

Le golfeur intermédiaire.

+ NOUS AVONS AIMÉ

L'environnement
Les conditions de jeu
L'aire d'entraînement
La dimension des fosses

– NOUS N'AVONS PAS AIMÉ

Les trous trop courts
La répartition des normales 3 et 5
Sur certains départs, les trous voisins sont invisibles. Cela entraîne des bruits imprévisibles.

Carte de pointage

Trou	1	2	3	4	5	6	7	8	9	Aller	10	11	12	13	14	15	16	17	18	Retour	Total
Bleu	309	426	493	377	398	511	197	384	210	3305	329	495	521	283	178	425	172	351	379	3133	6438
Blanc	295	410	479	360	386	500	182	373	177	3162	315	483	502	260	158	400	151	339	348	2956	6118
Rouge	278	309	417	327	285	416	158	350	154	2694	301	418	425	248	119	378	129	311	325	2654	5348
Normale	4	4	5	4	4	5	3	4	3	36	4	5	5	4	3	4	3	4	4	36	72

Évaluation : Bleu 71 / - Blanc 72 / - Rouge 73 / -

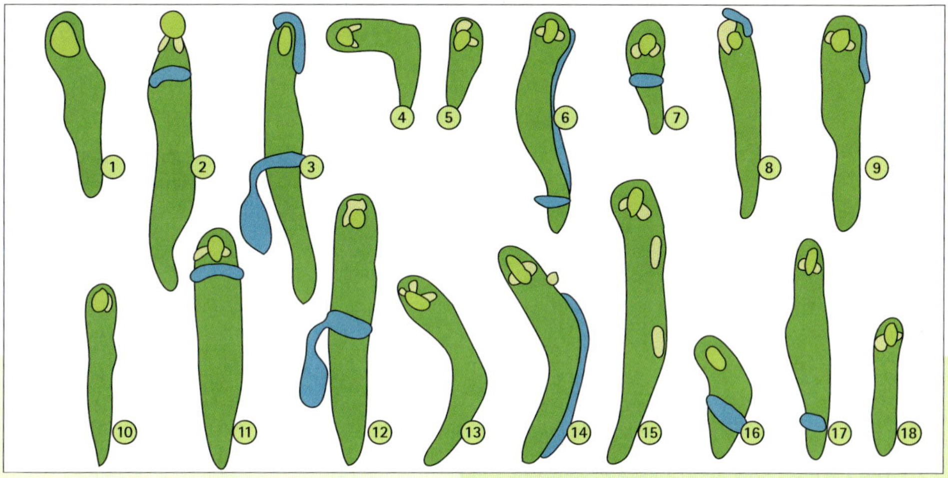

Conditions de jeu

- Verts ●●●●○
- Allées ●●●○○
- Sable ●●●●○
- Herbe longue ●●●○○
- Tertres ●●●○○

Design

- Verts + fosses ●●●●○
- Variété ●●●●○
- Harmonie + équilibre ●●●●●
- Pour tous ●●●●●
- Circuit ●●○○○

Environnement

- Visuel ●●●●●
- Nature ●●●●○
- Calme ●●●●●

Plaisir

- Délassement ●●●●○
- Verts ●●●○○
- Allées ●●●●●
- Tertres ●●●○○
- Manucure ●●●●○
- Entraînement ●●●●●
- Agrément ●●●●○
- Récupération ●●●●●

VERDICT ●●●◐○

- Terrain qui plaît, même si la PGA n'y viendra jamais.

Temps de jeu suggéré

4 h 15.

Accueil

Bon.

Indications et signalisation

Correctes.

Tenue générale

Impeccable.

Aire d'entraînement

En forme de demi-cercle, ce qui laisse le choix d'angles différents face au vent.
Le gazon aussi court que sur le terrain.
Dispose de plusieurs cibles et d'innombrables espaces pour frapper. Le vert et la fosse sont immenses.

Améliorations

Travaux de remise à neuf de départs spécifiques pour les femmes à compléter.

Au féminin

Sera presque parfait quand les tertres auront tous été remis à neuf.
Distances équitables.
Minimum d'habileté requise en raison de certains obstacles d'eau.

Tarif : $$

HEMMINGFORD

313, route 219
Hemmingford
J0L 1H0
(450) 247-3151

Plaisir assuré

Hemmingford est un complexe de 36 trous situé dans un des beaux coins du Québec. Chemin faisant, vous découvrirez des paysages tout à fait charmants.

Le parcours Frontière, qui accueille le public, fera l'objet de notre analyse, alors que le Village est réservé à ses 420 membres.

Le parcours

Voilà un terrain où le plaisir l'emporte sur tout le reste. Ne cherchez pas de point de vue spectaculaire sur une montagne, ni de trou au dessin moderne signé par un grand architecte. Que de beaux trous sans prétention, plutôt conventionnels et traditionnels. Ils présentent un bel équilibre et une certaine harmonie, tout en gardant leur caractère propre.

La plus belle qualité de ce parcours reste d'être praticable pour tout le monde. Moyennant de l'herbe longue plus sévère, il représente un bon défi même pour les meilleurs.

Sa faiblesse réside dans la conception de ses verts. On a droit à un peu n'importe quoi. Au lieu d'être en harmonie avec les trous et de devenir leur conclusion logique, les verts ressemblent à un casse-tête qui aurait été complété avec des pièces dépareillées.

À l'opposé, l'équilibre représente le point fort de ce terrain. Le dessin des trous, les conditions de jeu et les arbres forment un tout homogène qui ne risque pas de décevoir le visiteur.

La difficulté

Actuellement, le terrain demeure vulnérable comme le prouve son évaluation Slope de 115. Son faible degré de difficulté s'explique par :

- de l'herbe longue indulgente et courte ;
- des sous-bois qui permettent les coups de récupération, parce qu'ils sont bien nettoyés ;
- des allées semi-fermées.

Les obstacles à éviter demeurent équitables, parce qu'ils ne sont pas trop intimidants et qu'ils ne pénalisent pas trop les maladresses. Vous pourrez toujours vous en sortir en exécutant un coup de rattrapage.

Les conditions de jeu

Les sous-bois font partie du plaisir. Presque parfaits, on y laisse quand même les dernières pousses, ce qui ajoute à l'aspect rustique des lieux. De l'herbe longue impeccable, des allées et des verts sans trop de problèmes font d'Hemmingford une destination de choix. En comparaison, les aires de départ déçoivent. Notons au passage que les règles locales permettent d'enlever les cailloux dans les fosses de sable.

L'environnement

Le plaisir procuré par des arbres matures et nombreux, sans le déplaisir rattaché aux recherches de balles, voilà le meilleur de deux mondes. Malheureusement, des fils électriques surplombent quelques départs.

Idéal pour…

Tout le monde. Un terrain qui a plusieurs atouts dans son jeu.

+ NOUS AVONS AIMÉ

Le dynamisme de l'administration
Les arbres
Le coup d'œil
L'herbe longue autour des verts

– NOUS N'AVONS PAS AIMÉ

Les tertres de départ
Le dessin des verts
Les cailloux dans certaines fosses
Les fils électriques sur certains départs

Carte de pointage

Trou	1	2	3	4	5	6	7	8	9	Aller	10	11	12	13	14	15	16	17	18	Retour	Total
Bleu	350	170	540	430	400	415	495	190	305	3295	175	345	160	460	540	365	385	270	360	3060	6355
Blanc	340	155	485	395	380	375	485	175	300	3090	175	340	160	450	535	355	375	270	360	3020	6110
Rouge	300	140	460	365	310	315	445	125	255	2715	125	280	120	420	420	240	350	260	290	2505	5220
Normale	4	3	5	4	4	4	5	3	4	36	3	4	3	5	5	4	4	4	4	36	72

Évaluation : ■ Bleu 70,1 / 117 □ Blanc 69 / 115 ■ Rouge 69 / 114

Conditions de jeu

- Verts ●●●○○
- Allées ●●●○○
- Sable ●●○○○
- Herbe longue ●●●●●
- Tertres ●●○○○

Design

- Verts + fosses ●●○○○
- Variété ●●●●○
- Harmonie + équilibre ●●●●●
- Pour tous ●●●●●
- Circuit ●●●●○

Environnement

- Visuel ●●●●○
- Nature ●●●●○
- Calme ●●●●●

Plaisir

- Délassement ●●●●○
- Verts ●●○○○
- Allées ●●●●●
- Tertres ●●○○○
- Manucure ●●●○○
- Entraînement ●●●●●
- Agrément ●●●●●
- Récupération ●●●●●

VERDICT ●●●○○

- Terrain intéressant.
  Belle combinaison conditions / dessin / arbres matures.
  Le hic : les verts.

Temps de jeu suggéré
4 h 20 ; temps de jeu habituel : 4 h 30.

Indications et signalisation
À améliorer.

Règles locales
Bien décrites sur la feuille de pointage.
Il faudrait y rajouter les fils électriques.

Tenue générale
Excellente.

Aire d'entraînement
Un modèle du genre. Conditions d'entraînement, présentation, superficie, tout y est et c'est attirant en plus.

Améliorations
Nettoyage des sous-bois.

Au féminin
5220 verges, c'est un peu long pour une normale 72.
Degré de difficulté raisonnable.
Terrain équitable.

Divers
Le parcours le Village est encore plus beau.
Si jamais l'occasion se présente...

Tarif : $$

320, rang Fisher Sud
Saint-Bernard-de-Lacolle
J0J 1V0
(450) 246-3626
1 800 793-362

INTERNATIONAL 2000

Levé tôt, couché tard

Chaque année, International 2000 est le premier terrain à ouvrir et le dernier à fermer. Pour résumer plus simplement, disons que le parcours est généralement fermé en janvier et en février…

Le parcours

Le succès n'est pas garanti pour celui qui décide, du jour au lendemain, de devenir architecte de golf. C'est pourtant le risque qu'a couru le propriétaire de ce parcours. Heureusement, il avait collaboré dans le passé avec Howard Watson et cela se voit, ne serait-ce que dans l'orientation des allées qui ne s'exposent jamais au vent de la même façon.

Les quatre normales 3 impressionnent, malgré leurs distances semblables. Leur dénivellation et des plans d'eau font toute la différence. Quant à elles, les normales 5 dévalent une pente descendante jusqu'au trou, ce qui constitue une invitation à tenter le tout pour le tout. Les verts étant bien protégés, le golfeur averti ne tombera pas dans le piège.

Même si la plupart des plans d'eau ont été creusés, ils se fondent très bien dans le décor. Présents sur 12 trous, ils deviennent intimidants dans la moitié des cas. Les fosses d'allées ont fait l'objet d'une attention particulière ; leur emplacement stratégique et leur dimension donnent à réfléchir.

La difficulté

De l'aveu même du concepteur, le but visé est le plaisir du joueur. C'est ce qui explique les grands verts, les aires d'atterrissage accueillantes et les distances équitables à partir des jalons blancs et rouges.

Cependant, le mot plaisir n'a jamais été synonyme de facilité. Ainsi, d'immenses fosses de sable gardent des verts inclinés et ondulés. Douze trous refusent de se tenir droits. Plusieurs allées montent ou descendent à l'image d'un funiculaire et sous l'œil intéressé des hors-limite. Pour finir, trois trous (16ᵉ-17ᵉ-18ᵉ) mémorables avec suffisamment d'eau pour noyer votre peine.

Les conditions de jeu

L'ouverture hâtive du terrain dérange davantage la concurrence que les conditions de jeu. Les verts font des envieux et les allées oscillent entre le bon et le très bon.

Bien qu'il y ait place à amélioration, les sous-bois tolèrent les coups de récupération et l'herbe longue ne punit jamais sévèrement les visiteurs. Seule la condition des fosses manque de constance. Certaines sont impeccables alors que d'autres manquent de sable ou sont parsemées de cailloux.

L'environnement

Les arbres ont terriblement souffert de la tempête de verglas (1998) dont les traces sont encore perceptibles.

Sauf un léger bruit de fond provenant de l'autoroute, l'endroit est tranquille.

Amusant

La frontière américaine est indiquée par une borne sur les trous nᵒˢ 11, 12 et 13…

Idéal pour…

Le golfeur intermédiaire.

+ NOUS AVONS AIMÉ

La condition des verts
et leur dimension
Les plans d'eau
La dimension des fosses

– NOUS N'AVONS PAS AIMÉ

Les coups à l'aveuglette
Les graphiques de départ laconiques
Les cailloux dans certaines fosses

Carte de pointage

Trou	1	2	3	4	5	6	7	8	9	Aller	10	11	12	13	14	15	16	17	18	Retour	Total
Bleu	366	512	433	372	179	385	411	175	497	3330	347	360	509	401	153	501	158	349	404	3182	6512
Blanc	343	474	416	326	155	346	367	139	487	3051	332	324	482	357	141	467	142	291	318	2854	5905
Rouge	319	402	327	306	112	307	312	119	365	2569	308	299	355	291	118	382	96	238	282	2369	4938
Normale	4	5	4	4	3	4	4	3	5	36	4	4	5	4	3	5	3	4	4	36	72

Évaluation : ■ **Bleu 71,4 / 129** □ **Blanc 68,5 / 124** ■ **Rouge 69,9 / 119**

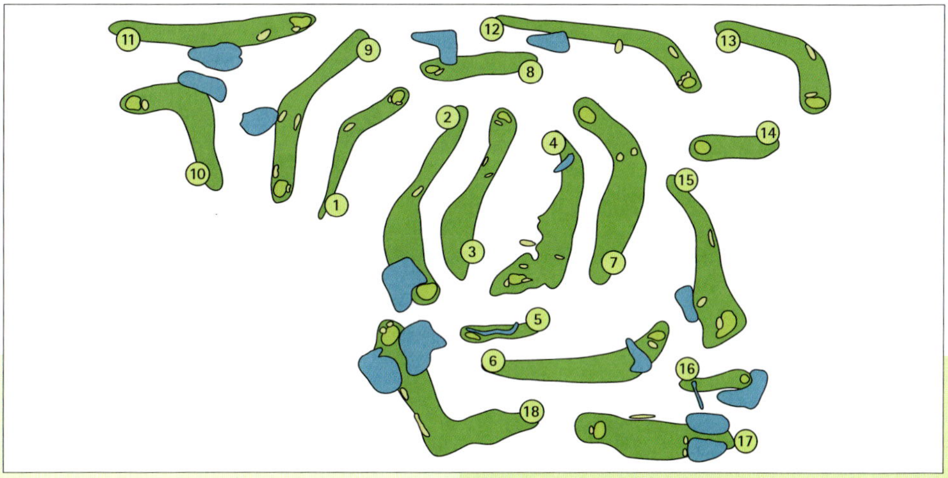

Conditions de jeu

- Verts ●●●●●
- Allées ●●●○○
- Sable ●○○○○
- Herbe longue ●●●○○
- Tertres ●●○○○

Design

- Verts + fosses ●●●●●
- Variété ●●●●●
- Harmonie + équilibre ●●●●●
- Pour tous ●○○○○
- Circuit ●●●●○

Environnement

- Visuel ●●●●○
- Nature ●●○○○
- Calme ●●●●○

Plaisir

- Délassement ●●●●○
- Verts ●●●●●
- Allées ●●●●●
- Tertres ●●●●○
- Manucure ●●○○○
- Entraînement ●○○○○
- Agrément ●●●○○
- Récupération ●●●●○

VERDICT ●●●◐○

- Terrain surprenant à plus d'un égard.
  Plaisir garanti malgré quelques inconvénients.
  Quelques trous difficiles.

Temps de jeu suggéré
4 h 30.

Indications et signalisation
À améliorer.

Tenue générale
Très bonne.

Aire d'entraînement
Déçoit. Les tertres sont en mauvaise condition, le vert aussi. Les balles atteignent facilement le 10e trou.

Au féminin
Deux possibilités : 4948 ou 5526 verges.
Un minimum d'habileté est nécessaire en raison d'obstacles d'eau.
Les golfeuses intermédiaires et aguerries apprécieront.

Divers
La scène qui se présente à vous à l'arrivée est impressionnante.
Ne vous y trompez pas, c'est un terrain où le français, pas snob pour deux sous.

Tarif : $$

LAFLEUR

207, Chemin Saint-Isidore
Kahnawake
J0L 1B0
(450) 638-0274

Difficile

Ouvert depuis 1975, ce parcours semi-privé de Caughnawaga est la propriété d'actionnaires. Voyons de quoi il en retourne.

Le parcours

Il s'agit d'un terrain de 5820 verges à normale 70. Forcément, cela a un effet sur la distribution des trous. La présence d'une seule normale 5 sur chaque neuf laisse cinq normales 4 consécutives des trous n°s 12 à 16.

Imaginez des trous coudés et étroits, avec des arbres en quantité qui invitent le golfeur à une certaine prudence. Souvent, ils forment des îlots qui séparent les allées, ce qui favorise autant l'intimité que la sécurité et l'apparence. D'ordinaire, tous les jalons trouvent refuge sur un même tertre de départ, bien desservi par son aplomb et sa dimension.

Les verts peu surélevés favorisent les approches roulées. D'ailleurs, leur façade rejoint toujours le niveau de l'allée, ce que le golfeur moyen appréciera s'il a manqué de force ou de précision avec le coup d'approche. Toutefois, leur dessin nous laisse pantois. Certains s'intègrent parfaitement dans leur environnement immédiat, alors que d'autres ressemblent à un malheureux emprunt qui aurait été ajouté après coup. Déjà petits et parfois dotés d'une pente sévère, les verts ne souffrent pas de l'absence occasionnelle de fosses de sable.

Les allées ont été dessinées à même les boisés. Elles présentent à l'occasion une inclinaison latérale qui donne à réfléchir.

La difficulté

Il faut parler de l'étroitesse de certaines allées. Pensez à un passage de 20 verges de largeur, bordé d'herbe longue et d'arbres qui le ceinturent de chaque côté. Ce n'est en effet pas très rassurant. En revanche, vous aurez droit également à des allées beaucoup plus larges, mais curieusement, elles font généralement face aux vents dominants…

Malgré la petite dimension des verts, il n'est pas rare de trouver dans leur entourage immédiat un arbre, une fosse de sable ou même un marais qui vient s'appuyer contre eux. N'oublions pas les sept hors-limite, dont six consécutifs sur les trous n°s 10 à 15.

Les conditions de jeu

Lors de notre passage, il était difficile de déterminer la ligne de démarcation entre l'allée et l'herbe haute. Mettons cela sur le compte de l'automne et de l'absence de système d'arrosage. En effet, on garde en mémoire les périodes de sécheresse des étés 2001 et 2002. Les verts ont beaucoup souffert et plusieurs n'étaient pas encore guéris de leurs brûlures.

L'environnement

Les arbres, les graminées, quelques ruisseaux et des marais font bel effet.

Idéal pour…

Ce terrain semble un endroit fréquenté par des habitués.

+ NOUS AVONS AIMÉ

Le caractère sauvage du milieu naturel que l'on a su sauvegarder
Les arbres
Le coup d'œil

– NOUS N'AVONS PAS AIMÉ

Le caractère exclusif du club
La condition des allées

Carte de pointage

Trou	1	2	3	4	5	6	7	8	9	Aller	10	11	12	13	14	15	16	17	18	Retour	Total
Bleu	-	-	-	-	-	-	-	-	-	-	-	-	-	-	-	-	-	-	-	-	-
Blanc	495	305	255	218	399	440	140	310	440	3002	370	125	310	340	295	385	280	188	525	2818	5820
Rouge	-	-	-	-	-	-	-	-	-	-	-	-	-	-	-	-	-	-	-	-	-
Normale	5	4	4	3	4	4	3	4	4	35	4	3	4	4	4	4	4	3	5	35	70

Évaluation : Bleu - / - Blanc - / - Rouge - / -

Conditions de jeu

Verts	●●●○○
Allées	●○○○○
Sable	●●●○○
Herbe longue	●●○○○
Tertres	●●●○○

Design

Verts + fosses	●●○○○
Variété	●●●○○
Harmonie + équilibre	●●●●●
Pour tous	●●●○○
Circuit	●●●○○

Environnement

Visuel	●●●●○
Nature	●●●●●
Calme	●●●●○

Plaisir

Délassement	●●●●○
Verts	●●○○○
Allées	●●○○○
Tertres	●●○○○
Manucure	●○○○○
Entraînement	●●○○○
Agrément	●●○○○
Récupération	●●●●○

VERDICT ●●◐○○

- Parcours difficile.
- La condition des allées laisse à désirer.
- Le coup d'œil est intéressant.

Temps de jeu suggéré

Non précisé, mais on demande de ramasser sa balle après 12 coups. À notre avis, c'est un peu long.

Accueil

Plutôt réservé, tout comme la collaboration.

Indications et signalisation

À améliorer.

Tenue générale

À améliorer.

Au féminin

Sauf erreur, la présence de femmes semble inhabituelle.

Pavillon

Quelconque.

Boutique du pro

Très rudimentaire.

Carte de pointage

Rudimentaire.

Tarif : $$

LA MADELEINE

3501, montée du 4e Rang
Sainte-Madeleine
J0H 1S0
(450) 584-2244
1 800 561-2246

Terrains à tournois

À proximité de Montréal, ce complexe de 36 trous fait en sorte d'attirer le plus grand nombre de tournois possible. Le Présidentiel, avec ses trous conventionnels, et Le Doral, de type Arizona, peuvent accueillir plusieurs visiteurs. Attardons-nous à ce dernier.

Le parcours

Construit en 1988, Le Doral vous offre un savant mélange d'obstacles d'eau, de fosses de sable blanc et d'innombrables monticules latéraux signés Graham Cooke. À l'image du ski acrobatique, le golf a aussi son boss des bosses...

À partir d'un terrain plat et peu accidenté, les allées, toujours parées de leurs «monticookes», nous amènent jusqu'à des verts surélevés, ondulés et de bonnes dimensions. Tous deux bénéficient de la présence de gazon agrostide. Bien sculptées, les 40 fosses de sable ne manqueront pas d'attirer votre attention et votre balle, puisque certaines atteignent parfois les 100 verges de longueur ! En jeu sur les coups de départ, elles constituent une menace autour des verts pour le golfeur imprécis.

La difficulté

Des plans d'eau côtoient 10 trous ; ils deviennent carrément intimidants sur les trous n°s 2, 7, 8, 16, 17 et 18.

Un hors-limite monte la garde à gauche sur les cinq premiers trous, de même qu'aux 17e et 18e trous. La carte de pointage montre une évaluation Slope de 128 pour les jalons bleus, de 124 pour les blancs et de 119 pour les rouges. Il est à souhaiter que le préposé à l'emplacement des drapeaux soit d'excellente humeur lors de votre visite, car il pourrait transformer votre journée en cauchemar (surtout que la vitesse des verts est en nette progression). Les trois derniers trous peuvent facilement détruire les plus beaux rêves et alimenter les discussions d'après-match. L'eau y est omniprésente et vous devrez maîtriser la technique du vol plané pour améliorer vos chances de succès.

Les conditions de jeu

Le système d'arrosage vient d'être amélioré de manière à rafraîchir l'herbe longue et ses monticules. Inutile de préciser qu'avec la tenue de plus de 150 tournois annuellement, le parcours en porte les marques. C'est vraiment dommage.

Depuis quelques années, les verts n'ont cessé de s'améliorer. Ils s'imposent maintenant comme une des forces de ce parcours. L'ajout de sable dans les fosses a corrigé une situation déplaisante.

L'environnement

Les plans d'eau, les hérons, canards, outardes et autres volatiles ont établi leur campement sur ce terrain qui profite de la présence d'une montagne. Malheureusement, les autres voisins sont tapageurs : d'un côté, l'autoroute 20 et de l'autre, une piste de karting avec ses bolides rageurs.

En vrac

Le Présidentiel reste un parcours plus conventionnel et plus difficile, avec plus de trous affectés par le vent et quelques allées étroites.

Idéal pour...

Tout le monde. Plusieurs y verront un beau défi, même si les puristes trouveront à redire sur les conditions de jeu post-tournois.

+ NOUS AVONS AIMÉ

Le fosses de sable
Le coup d'œil différent
Le défi intéressant

− NOUS N'AVONS PAS AIMÉ

Le bruit ambiant
Les balles de l'aire d'entraînement
La vocation tournoi

Carte de pointage

Trou	1	2	3	4	5	6	7	8	9	Aller	10	11	12	13	14	15	16	17	18	Retour	Total
Bleu	380	390	155	520	450	355	530	310	165	3255	505	445	160	345	525	405	350	195	415	3345	6600
Blanc	355	365	140	495	415	345	510	290	150	3065	480	420	150	340	490	355	310	170	385	3100	6165
Rouge	335	350	115	440	365	320	445	255	135	2760	430	360	125	315	450	325	280	145	310	2740	5500
Normale	4	4	3	5	4	4	5	4	3	36	5	4	3	4	5	4	4	3	4	36	72

Évaluation : ■ Bleu 71,7 / 128 □ Blanc 70 / 124 ■ Rouge 71,3 / 119

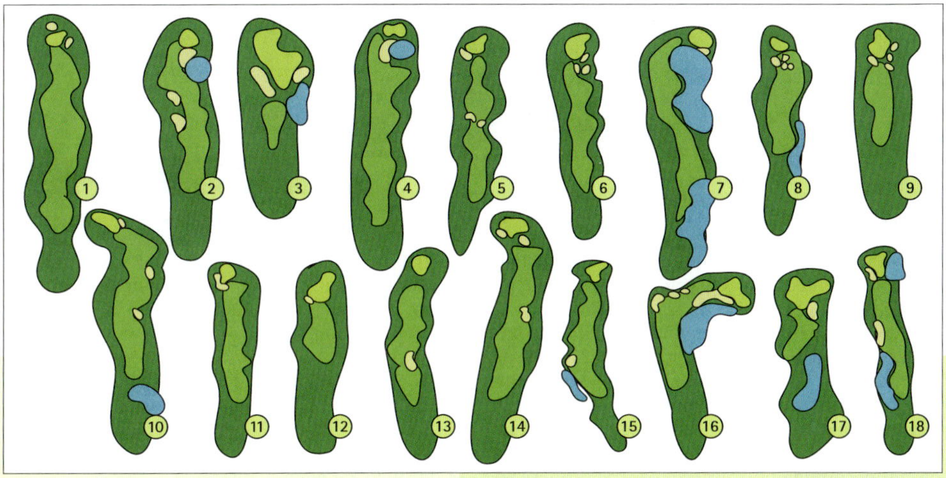

Conditions de jeu

- Verts ●●●●○
- Allées ●●●●○
- Sable ●●●●○
- Herbe longue ●●●○○
- Tertres ●●●○○

Design

- Verts + fosses ●●●●○
- Variété ●●●●○
- Harmonie + équilibre ●●●●○
- Pour tous ●●●○○
- Circuit ●●●●○

Environnement

- Visuel ●●●●○
- Nature ●●●○○
- Calme ●●○○○

Plaisir

- Délassement ●●●●○
- Verts ●●●●○
- Allées ●●●●○
- Tertres ●●●●○
- Manucure ●●●●○
- Entraînement ●●●●○
- Agrément ●●●●○
- Récupération ●●●●○

VERDICT ●●●◐○

- Terrain qui progresse. Un rendez-vous presque incontournable, mais les irritants semblent être là pour rester.

Temps de jeu suggéré

4 h 15. Il n'est malheureusement pas imposé.

Indications et signalisation

À améliorer. La couleur attribuée aux différents fanions manque parfois de rigueur.

Tenue générale

Bonne.

Aire d'entraînement

Vaste mais n'offre pas de fosse d'exercice. Par contre, vous pouvez vous exercer sur deux verts.

Améliorations

Ajout de gicleurs, aménagement paysager et réfection de certains tertres de départ.

Au féminin

Tertres de départ quelconques.
Trop d'obstacles d'eau à survoler sans option alternative.
Trous trop longs.

Pavillon

Moderne et spacieux, de manière à bien servir la clientèle visée.

Boutique du pro

Complète.

Tarif : $$

75, boulevard Taschereau
La Prairie
J5R 1S9
(450) 659-1908

Mal-aimé

Toutes sortes de commérages courent depuis toujours sur Laprairie. Curieusement, les golfeurs qui les colportent continuent de le fréquenter. Un terrain conçu par Howard Watson qui compte 30 ans bien sonnés ne peut pas être si moche, sauf s'il ne reçoit pas les soins appropriés. Eh bien ! des habitués confirment que ce terrain était à l'abandon il n'y a pas si longtemps. Des allées mal entretenues, des fosses sans sable et des tertres ravagés en ont découragé plus d'un.

Le parcours

Le dessin du parcours ne manque pas d'intérêt. Les verts et les fosses qui les protègent forment des ensembles homogènes. Leur conception traditionnelle est agréable à l'œil et au diapason de l'environnement immédiat ; aucune fausse note. Ils semblent même d'un calibre supérieur à la moyenne. Avec les arbres qui les côtoient, ils font bonne impression. Leur élévation et la rondeur de leur pourtour y sont sûrement pour quelque chose.

Les fosses situées autour des verts présentent d'excellentes dimensions et reproduisent plus ou moins la forme d'un trèfle avec ses trois folioles. Dans l'allée, elles sont très grandes et judicieusement placées de manière à inciter le golfeur à s'en tenir éloigné.

Les trous s'assoient en terrain plat et invitent les visiteurs à la marche. Seuls trois d'entre eux sont coudés sur cette normale 70 qui ne compte que deux normales 5. Vous devez donc anticiper de longues séquences de trous à normales 4, surtout qu'une seule normale 3 agrémente le neuf de retour.

Ce relief plat profite de la présence de lacs qui mouillent maintenant une dizaine de trous. Ils ajoutent un élément de fraîcheur à l'ensemble et laissent moins de terrain à entretenir. La dimension et le nombre de tertres de départ conviennent parfaitement à l'affluence du terrain. Ils font également preuve d'aplomb.

La difficulté

Voici les éléments qui rendent ce parcours facile :

- de l'herbe haute indulgente parce qu'elle est plutôt courte ;
- des verts de bonne dimension ;
- des allées très larges et ouvertes ;
- des arbres solos plutôt que rassemblés en boisé ;
- beaucoup d'espace autour des verts.

Les conditions de jeu

On dit que les conditions de jeu sont l'aspect du terrain qui s'est le plus amélioré récemment. Les allées sont coupées et on les distingue clairement de l'herbe longue ; c'est nouveau, semble-t-il. Les verts et les fosses de sable restent en très bon état, même s'il ne peut être encore question de manucure.

L'environnement

Rien de spécial à relever. Les trous situés au fond du parcours sont moins affectés par le bruit sourd de la circulation.

Idéal pour...

Les débutants et les golfeurs d'habileté moyenne.

Dernière heure

Un nouveau propriétaire a décidé de retravailler le parcours. Il paraît que déjà les conditions de jeu ont été grandement améliorées et que les allées font l'objet de travaux importants. À suivre...

+ NOUS AVONS AIMÉ

Les ensembles verts-fosses de sable
La collaboration du personnel de la boutique
Le coup d'œil général

– NOUS N'AVONS PAS AIMÉ

Les nombreux filets protecteurs qui accablent plusieurs trous
La politique d'économie de bouts de chandelle qui hypothéquait la condition du parcours (ancien propriétaire)

Carte de pointage

Trou	1	2	3	4	5	6	7	8	9	Aller	10	11	12	13	14	15	16	17	18	Retour	Total
Bleu	-	-	-	-	-	-	-	-	-	-	-	-	-	-	-	-	-	-	-	-	-
Blanc	300	155	435	540	425	200	370	115	400	2940	345	365	435	435	495	270	365	150	340	3200	6140
Rouge	280	125	350	490	400	170	335	90	365	2605	320	340	400	405	430	235	330	120	320	2900	5505
Normale	4	3	4	5	4/5	3	4	3	4	34/35	4	4	4	4/5	5	4	4	3	4	36/37	70/72

Évaluation : ■ **Bleu - / -** □ **Blanc - / -** ■ **Rouge - / -**

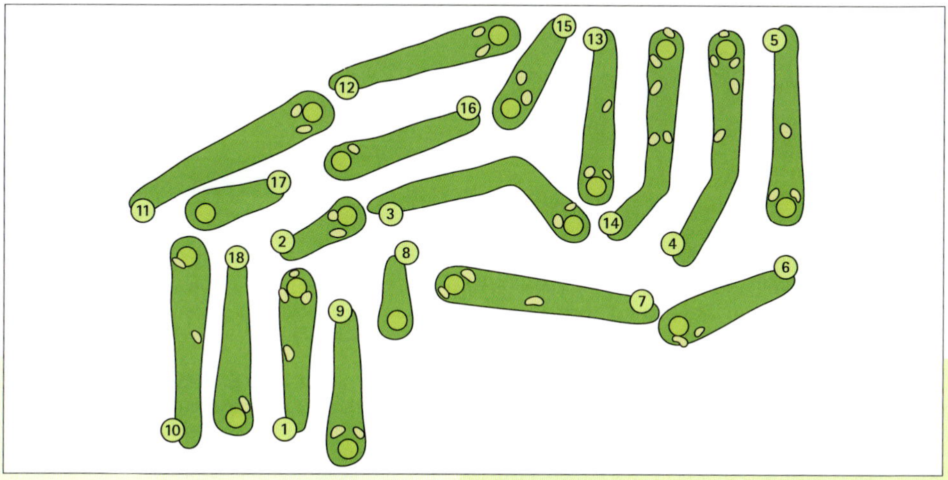

Conditions de jeu

- Verts ●●●○○
- Allées ●●○○○
- Sable ●●●○○
- Herbe longue ●●○○○
- Tertres ●●○○○

Design

- Verts + fosses ●●●●○
- Variété ●●○○○
- Harmonie + équilibre ●●●○○
- Pour tous ●●●●○
- Circuit ●●●●○

Environnement

- Visuel ●●○○○
- Nature ●●●○○
- Calme ●●○○○

Plaisir

- Délassement ●●●○○
- Verts ●●●●○
- Allées ●●●●●
- Tertres ●●●○○
- Manucure ●○○○○
- Entraînement ●○○○○
- Agrément ●●○○○
- Récupération ●●●○○

VERDICT ●●◐○○

- Mieux que prévu. Du moins pour la saison 2002. À visiter si le nouveau propriétaire réalise ses promesses.

Indications et signalisation

Faibles.

Règles locales

Affichent un dégagement de responsabilité aussi inutile que révélateur.

Tenue générale

Moyenne.

Aire d'entraînement

Ne comprend qu'un vert d'exercice, même si le terrain dispose de suffisamment d'espace pour une véritable aire d'entraînement...

Au féminin

Complètement ridicule. Des normales 4 de 350, 335, 365, 320, 340, 400, 330 et 320 verges; une normale 5 de 490 verges.
Avec des tertres avancés, ce serait un terrain formidable.

Pavillon

Modeste.

Boutique du pro

Rudimentaire.

Divers

Le changement de propriétaire est une excellente nouvelle.

Tarif : $

1005, rue Bordeleau
Saint-Hyacinthe
J2S 7A9
(450) 773-1234

Récréatif

Ce complexe golfique a été conçu avec un but bien précis : du plaisir pour tous. Les installations comptent deux parcours à normale 27 pour débutants, un parcours à normale 32 et finalement le 18 trous principal.

Le parcours

Il s'agit d'un terrain plat, où il est agréable de marcher et facile de jouer. Les allées sont larges et bordées d'arbres matures. Rien de vraiment spectaculaire, une espèce de petit bonheur tranquille qui nous amène d'un trou à l'autre.

Au cours des dernières années, d'importants travaux de soutènement et de remblayage ont été réalisés. Les trous traversés par le cours d'eau ont été complètement transformés. Les aménagements de roches géantes leur donnent du caractère tout en mettant en valeur la petite rivière. C'est une réussite digne de mention.

Quand les allées ne sont pas planes, elles épousent l'inclinaison de pentes douces. Elles ne sont pas toutes droites, mais les changements de direction se font rares. La modération a bien meilleur goût… mais le dessin manque d'audace.

La répartition des différentes normales s'effectue sans heurts. Les normales 3 ont de la gueule ; verts et fosses de sable y forment des ensembles particulièrement réussis.

La difficulté

La largeur des allées nous invite à enfiler nos souliers de cogneurs. Vous le savez, on est rarement gagnant à ce jeu-là. Le golfeur qui aura la sagesse de résister à la tentation se verra récompensé par un excellent pointage, à la condition de savoir manier le fer-droit.

Trop large, trop court, trop ouvert pour être un terrain de compétition, La Providence devient un candidat de choix pour du golf récréatif et c'est loin d'être un défaut.

Les conditions de jeu

Du côté positif, les verts de bonne dimension retiennent bien la balle et lui assurent un roulement uniforme. La combinaison vitesse-topographie est bien équilibrée ; excellente note également pour les fosses de sable.

Ailleurs, les conditions varient. La qualité des tertres de départ est très inégale. Dans l'allée, les mauvaises herbes et les manques trop fréquents déçoivent, sans compter que des canaux d'irrigation reviennent à intervalles réguliers, ralentissant la course des voiturettes motorisées.

L'environnement

Malgré tous ces trous de golf, l'endroit demeure paisible. Les arbres représentent l'actif principal du terrain ; par leur nombre, ils contribuent autant au plaisir des yeux qu'au défi golfique.

Idéal pour…

Ceux qui recherchent avant tout un divertissement seront bien servis. Par sa polyvalence et son dessin, ce terrain a tout pour plaire aux golfeurs intermédiaires. Le défi pourrait laisser les meilleurs joueurs sur leur appétit.

+ NOUS AVONS AIMÉ

Les améliorations récentes
La tranquillité
La vocation récréative

– NOUS N'AVONS PAS AIMÉ

Les allées droites bordées d'arbres plantés en ligne
La combinaison herbe longue-voiturette
La condition des allées

Carte de pointage

Trou	1	2	3	4	5	6	7	8	9	Aller	10	11	12	13	14	15	16	17	18	Retour	Total
Bleu	427	314	130	341	477	135	386	522	392	3124	535	340	397	190	370	174	485	410	347	3248	6372
Blanc	412	304	120	331	452	130	376	507	372	3004	520	330	362	180	355	164	475	395	337	3118	6122
Rouge	399	296	115	321	430	125	289	392	350	2717	456	300	272	70	342	153	410	355	280	2738	5455
Normale	4/5	4	3	4	5	3	4	5	4	36/37	5	4	4	3	4	3	5	4	4	36	72/73

Évaluation : ■ **Bleu 70 / 118** □ **Blanc 73,3 / 116** ■ **Rouge 70 / 117**

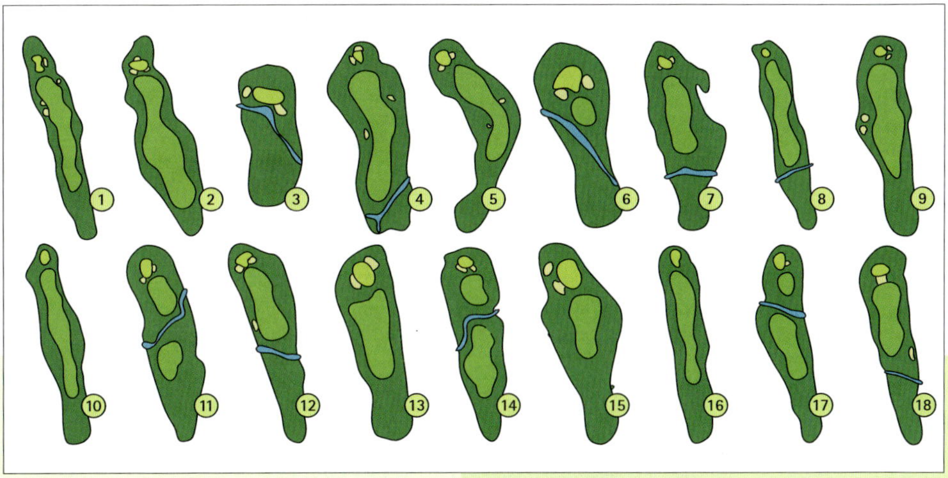

Conditions de jeu

- Verts ●●●●○
- Allées ●●●○○
- Sable ●●●●●
- Herbe longue ●●●●○
- Tertres ●●●○○

Design

- Verts + fosses ●●●○○
- Variété ●●●○○
- Harmonie + équilibre ●●●●○
- Pour tous ●●●●●
- Circuit ●●●●○

Environnement

- Visuel ●●●●○
- Nature ●●●●○
- Calme ●●●●○

Plaisir

- Délassement ●●●●●
- Verts ●●●●●
- Allées ●●●●○
- Tertres ●●●○○
- Manucure ●●●○○
- Entraînement ●●●●●
- Agrément ●●●●●
- Récupération ●●●●●

VERDICT ●●●○○

- Plaira à 90 % des golfeurs.

Accueil
Correct.

Indications et signalisation
Correctes.

Tenue générale
Impeccable.

Aire d'entraînement
Éclairée et bien aménagée. Tout y est, et en très bonne condition.

Au féminin
Terrain très fréquenté par la gent féminine, même si un tiers de ses trous sont trop longs.
Plaisir assuré.
Après-golf plaisant.
Minimum d'habiletés requis à cause des distances et de certains obstacles d'eau.

Pavillon
Séparé en différentes aires. La restauration est un des points forts du complexe. De tout, pour le gourmand comme pour le gourmet.

Boutique du pro
Bien nantie.

Tarif : $$

241, rue du Golf
Mont-Saint-Hilaire
J3H 5Z7
(450) 446-0666

« Intimidator »

Avertissement. Nous tenons à vous aviser que ce terrain comporte des scènes qui peuvent ne pas convenir aux personnes sensibles. Nous recommandons la supervision de golfeurs aguerris en raison de la présence de trous osés, d'allées plantureuses et joliment découpées, de gorges provocatrices et de scènes tellement impressionnantes qu'elles sont présentées pour la première fois sur un écran québécois.

Le parcours

Vous aurez compris que La Seigneurie ne laisse personne indifférent. Certains seront choqués, d'autres seront charmés. S'agit-il de trous rocambolesques ou spectaculaires ? S'agit-il d'un terrain injouable ou d'un terrain incroyable ?

Chose certaine, le site naturel ne se prête guère à une petite promenade de santé dans le parc. Anticipez donc des trous et des coups inhabituels et préparez-vous à une partie de golf unique. Des ravins sectionnent régulièrement les allées en deux, ne laissant d'autre option que de s'élancer au-dessus du vide, de quoi donner des idées à Sylvester Stallone. Parfois, une allée inclinée latéralement demande la précision d'un chirurgien pour que la balle ne déboule pas jusque dans l'herbe longue. À d'autres moments, ce relief accidenté vous oblige à atteindre un point de l'allée à peine plus grand qu'un vert. Les longs coups de départ devront patienter le temps de quelques trous.

Commentaires exagérés, croyez-vous ? Peut-être un peu, mais c'est l'impression que ce parcours laisse lors d'une première visite. Il est intimidant ! Cette sensation s'estompera un peu à chacune de vos parties subséquentes, à la condition que vous soyez en mesure de faire abstraction de l'apparence menaçante de la bête.

Vous vous dites que vous pourrez toujours vous reprendre sur les verts. Eh bien ! sachez qu'avec leur grandeur moyenne et leur surface ondulée, ils vendent chèrement leur peau. Pour couronner le tout, des fosses de sable parfaitement entretenues et manucurées agissent comme gardes du corps.

La difficulté

Ce terrain compte au moins 21 obstacles d'eau et on n'a même pas eu besoin de mettre des fosses de sable dans l'allée pour compliquer la tâche du golfeur.

Si l'envie vous prenait de jouer à partir des jalons « or », sachez que l'évaluation de 71,5 signifie qu'un excellent joueur ne réussira pas à battre la normale 70…

Les conditions de jeu

On vous offre des allées, des verts et des départs en gazon de type agrostide, en très bonne condition et bien manucurés.

L'environnement

À plusieurs endroits, vous profiterez d'une vue imprenable, non seulement sur l'ensemble du terrain, mais également sur la région avoisinante. Le mont Saint-Hilaire domine la scène de sa présence calme, mais majestueuse. L'autoroute impose ses bruits de circulation.

Idéal pour…

Les maniaques de défis.

+ NOUS AVONS AIMÉ

La différence
Les conditions de jeu
Le panorama

– NOUS N'AVONS PAS AIMÉ

Le caractère exclusif du parcours qui s'adresse véritablement aux golfeurs les plus habiles
La sévérité de la pénalité qui résulte d'un moins bon coup

Carte de pointage

Trou	1	2	3	4	5	6	7	8	9	Aller	10	11	12	13	14	15	16	17	18	Retour	Total
Bleu	344	376	157	507	330	123	359	394	400	2990	467	182	300	459	134	372	132	403	380	2829	5819
Blanc	319	336	123	481	310	121	327	365	390	2772	429	138	290	443	96	282	109	367	372	2526	5298
Rouge	311	275	92	431	290	106	270	317	353	2445	375	116	268	393	90	260	96	306	347	2251	4696
Normale	4	4	3	5	4	3	4	4	4/5	35/36	5	3	4	5	3	4	3	4	4/5	35/36	70/72

Évaluation : ■ Bleu 69,5 / 126 □ Blanc 68,5 / 123 ■ Rouge 67 / 121

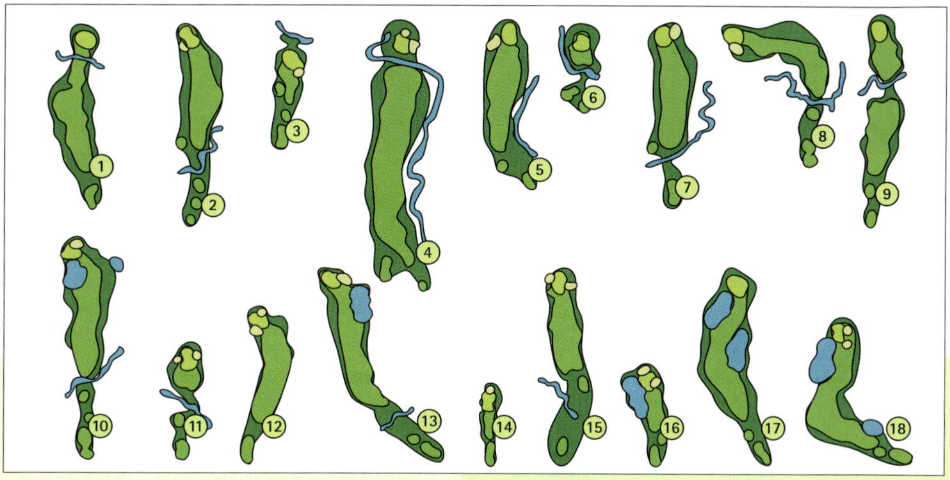

Conditions de jeu

- Verts ●●●●●
- Allées ●●●●●
- Sable ●●●●○
- Herbe longue ●●●●○
- Tertres ●●●●○

Design

- Verts + fosses ●●●●●
- Variété ●●●●●
- Harmonie + équilibre ●●●●○
- Pour tous ●○○○○
- Circuit ●●●○○

Environnement

- Visuel ●●●●●
- Nature ●●●●●
- Calme ●●●○○

Plaisir

- Délassement ●●○○○
- Verts ●●●●●
- Allées ●●○○○
- Tertres ●●●●●
- Manucure ●●●●●
- Entraînement ●●●●●
- Agrément ●●●●●
- Récupération ●●○○○

VERDICT ●●●◐○

- Attention, danger. Il s'agit d'un terrain que l'on apprécie davantage lorsqu'on le connaît mieux.

Temps de jeu suggéré

4 h 15 ; le temps souhaité est de 4 h 30, mais le temps de jeu réel pourrait être moindre si vous manquiez de balles.

Accueil

Généreux.

Indications et signalisation

Très bonnes.

Tenue générale

Excellente.

Aire d'entraînement

Un peu loin mais excellente.

Au féminin

À moins d'être une excellente golfeuse, vous n'aurez pas de plaisir sur ce parcours. Ne vous fiez surtout pas à ses 4696 verges.

Pavillon

Accueillant et offre une très belle vue sur le parcours.

Boutique du pro

Dans la lignée des boutiques modernes : spacieuse, chic et attrayante.

Tarif : $$$

2500, boulevard
Fernand-Lafontaine
Longueuil
J4N 1N5
(450) 448-2373

Golf municipal

Propriété de la ville de Longueuil, ce complexe compte 36 trous, tous réalisés par Graham Cooke.

Nous devions analyser le parcours du Faon. Cependant, les lignes de transmission d'énergie électrique, une tour de télécommunication, le parc industriel et des conteneurs nous ont convaincus d'aller voir ailleurs. La description sera donc celle du parcours Brocard.

Le parcours

Devant vous se détachent des allées de gazon de type agrostide, qui se fraient un passage à travers les nombreux monticules qui les découpent. Le contraste des couleurs entre l'herbe longue et l'allée ajoute énormément à l'aspect visuel.

Inspirés des golfs d'Écosse, les dénivelés, les ondulations et les pentes des allées assurent un effet 100 % golf. Ils donnent du caractère au terrain et permettent de présenter un défi plus intéressant qu'avec des allées plates. Même si les fosses de sable sont attrayantes par leur dimension et leur positionnement, ne vous y laissez pas attirer.

Seul le design peut expliquer que ce terrain soit si agréable à fréquenter. Même sans montagne, sans forêt, sans rivière naturelle, le Brocard séduit. La grande dimension des fosses de sable et la conception des verts y contribuent certainement.

La difficulté

Avec ses quatre jalons de départ, ce parcours présente un défi intéressant pour toutes les catégories de golfeurs. Voici une partie des éléments qui entrent dans le catalogue des obstacles sous le titre « prudence ». L'eau intervient sur 12 trous, pas moins de 115 fosses de sable vous guettent et des hors-limite hantent presque chaque allée. Quand on ajoute à cela de l'herbe longue vraiment haute, il est étonnant de constater que l'évaluation Slope ne montre qu'un maigre 118 pour les jalons bleus.

Les conditions de jeu

Même si les verts et les allées ont connu des périodes plus difficiles, habituellement, malgré un très fort achalandage, les conditions de jeu sont bonnes. Les fosses de sable contiennent trop de cailloux et les monticules brûlent rapidement par temps sec.

L'environnement

Bien que nettement supérieur à son parcours jumeau, l'environnement du Brocard n'est pas sans faute. La présence de résidences, de rues et de boulevards signifie aussi piscine, chaînes stéréo, patio et bruits de circulation. Les aménagements paysagers se démarquent, mais la qualité des plans d'eau laisse à désirer.

En vrac

Le pavillon mérite un arrêt pour ravitaillement. C'est grand et la vue est intéressante.

Si le décor ne vous rebute pas, poussez une pointe du côté du Faon, il est un peu plus difficile.

Idéal pour...

Ceux qui jouent en voiturette motorisée, car les distances sont trop longues entre les trous. Un terrain à inscrire à l'agenda lorsque en bonne condition.

+ NOUS AVONS AIMÉ

- Le dessin
- Les fosses de sable
- Le coup d'œil qu'offrent ces allées bien découpées

– NOUS N'AVONS PAS AIMÉ

- L'environnement du Faon
- Le manque d'information sur la distance nous séparant de certains obstacles
- Difficile d'y jouer pour un non-résident

Carte de pointage

Trou	1	2	3	4	5	6	7	8	9	Aller	10	11	12	13	14	15	16	17	18	Retour	Total
Bleu	496	353	370	150	480	380	303	190	400	3122	500	277	174	475	373	160	403	358	402	3122	6244
Blanc	484	353	342	133	480	359	280	175	392	2998	474	264	156	454	349	160	380	325	372	2934	5932
Rouge	426	295	282	95	418	304	262	125	336	2543	430	249	144	413	300	121	353	291	318	2619	5162
Normale	5	4	4	3	5	4	4	3	4	36	5	4	3	5	4	3	4	4	4	36	72

Évaluation : ■ Bleu 69,4 / 118 □ Blanc 68 / 115 ■ Rouge 69,4 / 118

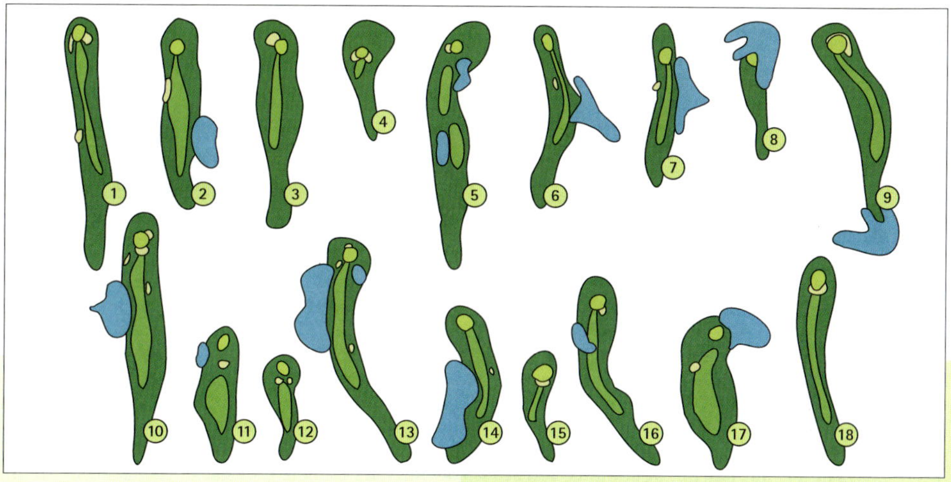

Conditions de jeu

- Verts ●●●●○
- Allées ●●●●○
- Sable ●●○○○
- Herbe longue ●●●●○
- Tertres ●●●●○

Design

- Verts + fosses ●●●●●
- Variété ●●●●●
- Harmonie + équilibre ●●●●●
- Pour tous ●●●●●
- Circuit ●●●●●

Environnement

- Visuel ●●●○○
- Nature ●●○○○
- Calme ●●○○○

Plaisir

- Délassement ●●●●○
- Verts ●●●●●
- Allées ●●●●●
- Tertres ●●●●●
- Manucure ●●●●●
- Entraînement ●●●○○
- Agrément ●●●○○
- Récupération ●●●○○

VERDICT ●●●◐○

- Beau design.
  Bonnes conditions lors des deux visites.

Temps de jeu suggéré
4 h 30.

Indications et signalisation
À améliorer.

Tenue générale
Excellente.

Aire d'entraînement
En retrait et carrément trop loin pour y aller commodément à pied. Bon vert d'entraînement à proximité, qui n'est cependant pas représentatif des verts du parcours parce que trop ondulé.

Au féminin
Trop long. Bonne distance entre les tertres et l'allée.
Pour golfeuses aguerries seulement à cause des fosses et des monticules.
Tertres bien aménagés.
Bravo pour les normales 3.

Pavillon
Fastueux, propre et bien éclairé.

Boutique du pro
Luxueuse et bien équipée.

Divers
En 2003, les conditions de jeu laissaient perplexe.

Tarif : $$$

LES LÉGENDES

400, rue Bergère, C.P. 8
Saint-Jean-sur-Richelieu
(secteur Saint-Luc)
J2W 2A1
514 877-5566

Boum démographique

Ce terrain, que la plupart des golfeurs connaissent bien, est situé dans la municipalité de Saint-Luc. Ouvert depuis 1976, il a été conçu par l'architecte John Watson. Jean Morin y tient le rôle d'homme-orchestre et toute la famille y joue d'un instrument.

Grâce à sa situation géographique et aux promotions mises de l'avant par la direction, ce terrain s'assure, bon an mal an, la visite de nombreux golfeurs. Plusieurs d'entre eux ont d'ailleurs fait la connaissance des Légendes hors saison. En effet, ce terrain fait partie de ceux qui offrent le plus grand nombre de journées de golf annuellement, en raison de son ouverture hâtive et de sa fermeture qui coïncide avec l'arrivée de la neige.

Le parcours

De beaux aménagements paysagers enjolivent la majorité des tertres de départ, qui sont variés. Parfois ils s'entourent d'arbres, quelques-uns sont surélevés, d'autres frôlent le sol dans un espace totalement à découvert. De concert avec les fosses de sable, les verts fournissent une bonne prestation malgré une superficie moyenne. Ce terrain plat invite à la marche, même s'il arrive que la distance entre deux trous soit trop grande. Il est d'ailleurs dépourvu de sentiers spécialement aménagés pour les voiturettes.

Pour conclure, quelques trous procurent plaisir et/ou sensations fortes selon leur configuration ou le défi qu'ils présentent, mais encore trop de trous tombent dans l'anonymat.

La difficulté

Ce terrain est particulièrement venteux. Peu importe la période de l'année, le vent semble toujours plus fort qu'ailleurs. L'herbe longue, plutôt haute et dense, excelle dans son rôle de garde du corps pour les allées trop larges.

Si vous êtes allergique aux hors-limite, sachez que pas moins de 13 trous vont provoquer chez vous une réaction qui pourrait s'avérer désagréable. Vous devrez tenir compte d'obstacles d'eau sur un minimum de 11 trous.

Les conditions de jeu

Probablement à cause de leur étroitesse, les tertres de départ souffrent malgré un excellent manucure. À l'opposé, l'herbe longue se distingue, sauf pour les portions empruntées plus fréquemment par les voiturettes motorisées.

La condition des allées varie énormément et certaines sont affligées par la présence de fossés d'égouttement. Les fosses de sable manquent de manucure et les verts sont lents.

L'environnement

En raison des récents développements résidentiels, ce parcours ne sera plus jamais le même. Il s'urbanise davantage chaque année. Espérons que ces constructions réussiront à essouffler le vent…

Idéal pour…

Le golfeur moyen qui n'a pas encore eu l'occasion de se mesurer à ce parcours.

+ NOUS AVONS AIMÉ

- Les trous boisés
- Les plans d'eau
- Le manucure

– NOUS N'AVONS PAS AIMÉ

- Les conditions de jeu
- Le vent
- Les trous complètement ouverts

Carte de pointage

Trou	1	2	3	4	5	6	7	8	9	Aller	10	11	12	13	14	15	16	17	18	Retour	Total
Bleu	325	495	175	520	335	325	116	445	425	3161	430	201	560	430	435	485	335	132	420	3428	6589
Blanc	312	477	165	489	305	310	110	432	393	2993	389	175	520	413	379	460	287	120	395	3138	6131
Rouge	300	470	150	478	303	302	105	390	385	2883	380	160	510	385	360	450	275	100	365	2985	5868
Normale	4	5	3	5	4	4	3	4	4	36	4	3	5	4	4	5	4	3	4	36	72

Évaluation : ■ **Bleu 72,3 / 126** □ **Blanc 70,8 / 118** ■ **Rouge 73 / -**

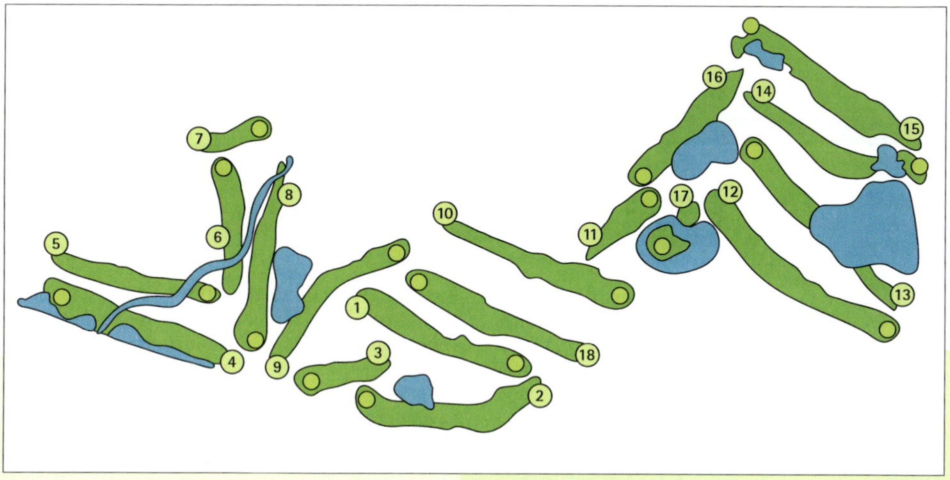

Conditions de jeu

- Verts ●●○○○
- Allées ●●○○○
- Sable ●●●○○
- Herbe longue ●●○○○
- Tertres ●●○○○

Design

- Verts + fosses ●●●●○
- Variété ●●●●○
- Harmonie + équilibre ●●●○○
- Pour tous ●●●●○
- Circuit ●●●○○

Environnement

- Visuel ●●●○○
- Nature ●●●●○
- Calme ●●●○○

Plaisir

- Délassement ●●●●○
- Verts ●●●●○
- Allées ●●●●○
- Tertres ●●●○○
- Manucure ●●●●○
- Entraînement ○○○○○
- Agrément ●●●●○
- Récupération ●●●○○

VERDICT ●●◐○○

- Terrain qui se perd dans la masse.

Temps de jeu suggéré
4 h 30.

Accueil
Digne de mention.

Indications et signalisation
Correctes.

Tenue générale
Bonne.

Aire d'entraînement
Ne contient qu'un vert d'exercice.

Améliorations
L'augmentation du nombre de résidences a forcé l'aménagement de monticules pour décourager les balles trop curieuses.

Au féminin
Plusieurs femmes fréquentent ce parcours.

Pavillon
Même s'il est de facture modeste, il est accueillant.

Boutique du pro
Vraiment petite.

Tarif : $$

30, rang Cyr
Napierville
J0J 1L0
(450) 245-3356

Dans la bonne direction

Il y a un peu plus de vingt-cinq ans, l'architecte John Watson fils signait les plans du parcours de Napierville.

Le parcours

Le neuf d'aller et le neuf de retour ont peu en commun. Le premier présente des allées larges et ouvertes, partiellement fermées par des rangées d'arbres, où le vent devient un facteur important.

Le deuxième serpente dans la section boisée du terrain. Le golfeur se mesure alors à des allées étroites et plus courtes, dans un test de précision. De plus, il compte trois normales 3 et trois normales 5, ce qui ajoute habituellement au plaisir du golfeur moyen.

La grande majorité des trous suivent une pente ascendante ou descendante, ce qui ajoute à la variété et au caractère du parcours. Les cinq normales 3 captivent par leur longueur variée, un hors-limite ou des lacs à survoler.

La faiblesse de ce parcours se situe dans ses premiers trous ouverts, parallèles et limités par des rangées d'arbres. À l'opposé, sa force réside dans le design des autres trous qui apportent beaucoup de variété.

La difficulté

Il faut parler des verts ondulés et rapides. Habituellement de bonne dimension, ils n'ont rien d'excessif, mais soyez attentif.

Pour le reste, du vent, des allées en pente, 9 trous avec de l'eau, 10 avec un hors-limite et 31 fosses de sable pour protéger les verts.

Les conditions de jeu

En nette progression depuis quelques années, les conditions de jeu constituent maintenant une excellente raison de payer à Napierville une petite visite de courtoisie. Les verts épatent et c'est bien ce que désirent les golfeurs. L'observation s'applique aussi pour le sable et l'herbe longue. Les allées se placent dans la moyenne, mais il faudra améliorer les tertres de départ.

L'environnement

Ce n'est pas un site naturel extraordinaire. Il faut reconnaître que le neuf de retour est beaucoup plus boisé, même si la célèbre tempête de verglas de janvier 1998 a fait des ravages. On se fie à des aménagements paysagers réussis et à l'ajout de plans d'eau pour améliorer le paysage.

Le plaisir

Sans être des œuvres d'art, plusieurs trous divertissent vraiment. Je pense instantanément aux 6e, 7e, 10e, 11e, 12e et 15e. Les autres ne sont pas en reste en raison du défi qu'ils proposent, de leur apparence ou tout simplement de la possibilité d'améliorer son pointage qu'ils offrent.

Les quatre jalons de départ permettent à la plupart des golfeurs de trouver chaussure à leurs pieds, à la condition, évidemment, de choisir la bonne pointure...

Idéal pour...

L'ensemble des golfeurs. Ce n'est pas un parcours de championnat, mais vous ne vous y ennuierez pas, c'est garanti.

+ NOUS AVONS AIMÉ

La variété des coups
Les verts refaits en agrostide
Les fosses de sable blanc

– NOUS N'AVONS PAS AIMÉ

Les tertres de départ
Les premiers trous en parallèle
Les graphiques de départ qui restent muets sur les distances à atteindre

Carte de pointage

Trou	1	2	3	4	5	6	7	8	9	Aller	10	11	12	13	14	15	16	17	18	Retour	Total
Bleu	310	389	556	172	621	367	168	348	427	3358	456	350	202	353	477	103	378	540	141	3000	6358
Blanc	293	381	520	147	521	358	163	341	416	3140	409	305	183	305	459	92	368	520	123	2764	5904
Rouge	269	319	351	136	497	339	159	332	326	2728	319	270	149	248	417	81	318	438	107	2347	5075
Normale	4	4	5	3	5	4	3	4	4	36	5	4	3	4	5	3	4	5	3	36	72

Évaluation : ■ **Bleu - / 124** □ **Blanc - / 119** ■ **Rouge - / 117**

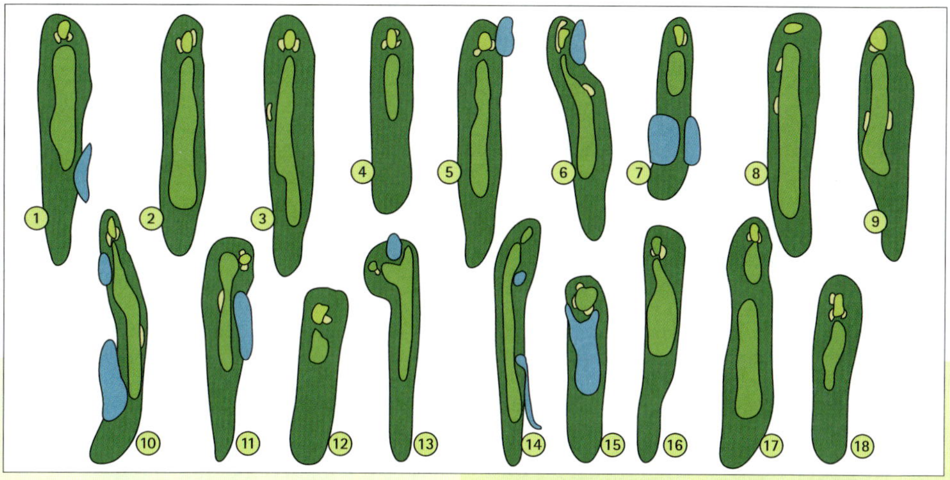

Conditions de jeu

- Verts ●○○○○
- Allées ●○○○○
- Sable ●○○○○
- Herbe longue ●○○○○
- Tertres ●○○○○

Design

- Verts + fosses ●○○○○
- Variété ●○○○○
- Harmonie + équilibre ●○○○○
- Pour tous ●○○○○
- Circuit ●○○○○

Environnement

- Visuel ●○○○○
- Nature ●○○○○
- Calme ●○○○○

Plaisir

- Délassement ●○○○○
- Verts ●○○○○
- Allées ●○○○○
- Tertres ●○○○○
- Manucure ●○○○○
- Entraînement ●○○○○
- Agrément ●○○○○
- Récupération ●○○○○

VERDICT ●○○○○

- C'est ce que j'appelle faire beaucoup avec peu. Terrain à vocation récréative.

Temps de jeu suggéré

4 h 15.

Indications et signalisation

À améliorer.

Tenue générale

Excellente.

Aire d'entraînement

Trop près du trou n° 9 et complètement séparée du vert d'exercice.

Améliorations

Terminer le ramassage des roches dans les sous-bois.

Au féminin

Des jalons jaunes à 5331 verges et des jalons rouges à 5075 verges. Quarante pour cent des joueurs sont des joueuses.

Pavillon

Sympathique.

Boutique du pro

Très rudimentaire.

Carte de pointage

Bien conçue.

Tarif : $$

ORMSTOWN

673, rang Dumas
Ormstown
J0S 1K0
(450) 829-2061
1 877 743-7776

Fore!

En 1977, on procède à l'ouverture du premier neuf trous. Deux ans plus tard, le second neuf voit le jour dans une zone de conifères. Propriétaire de ce terrain depuis 1995, la famille Dumas y a apporté plusieurs améliorations, notamment sur le plan de l'irrigation et des aménagements paysagers. Le terrain compte aujourd'hui 200 membres dont plusieurs retraités.

Le parcours

Malheureusement (ou heureusement), n'est pas architecte de golf qui veut. Ormstown en est un bel exemple. Les trous se suivent sans beaucoup d'ingéniosité et se côtoient parallèlement. Les allées larges et ouvertes manquent de définition à un point tel qu'à partir de certains tertres on a du mal à repérer le trou.

À l'aller, on nous impose quatre normales 4 consécutives, alors que deux normales 3 apparaissent successivement aux trous n°s 8 et 9. Le retour présente encore deux normales 3 de suite aux trous n°s 12 et 13.

Les verts ne passeront pas à l'histoire. D'abord, ils forment un mauvais duo avec les fosses de sable. Ensuite, même s'ils sont microscopiques, ils se permettent d'adopter la forme d'un dos de cuillère ou de présenter une pente très abrupte. Pour finir, même leur vitesse fait preuve d'inconstance.

Les endroits rendus dangereux par la proximité entre un vert et un tertre de départ ne se comptent plus et c'est sans parler des allées entassées les unes sur les autres.

La difficulté

Afin de mettre un peu de vie dans ces allées mal définies et planes, le concepteur fait appel à une rivière. Imaginez, elle traverse 15 trous. Et les trois trous restants endurent quand même la présence d'un obstacle d'eau. Trop, c'est trop. Il aurait été facile et peu coûteux de faire appel à des fosses de sable et à des monticules, mais non, on a droit à un régime à l'eau. En raison de leur configuration, les verts augmentent artificiellement la difficulté du parcours.

Les conditions de jeu

La condition des allées laisse à désirer, mais les tertres de départ constituent le point fort de ce terrain. L'herbe longue est en mauvais état et les sentiers pour voiturettes motorisées conviendraient davantage à des tout-terrains. Les fosses de sable connaissent des hauts et des bas.

L'environnement

Malgré tout, le coup d'œil n'est pas mal. Les aménagements paysagers, les arbres et les petits cours d'eau réussissent à sauver la mise.

En vrac

L'été, un tournoi au clair de lune se tient après 22 h. On utilise des balles phosphorescentes et les drapeaux s'entourent de cerceaux similaires.

L'automne est le théâtre d'un rallye de golf. Comme des matelas servent de tertres de départ, on devrait peut-être combiner les deux événements…

Idéal pour…

Les joueurs qui habitent à proximité. Les golfeurs d'occasion qui cherchent un délassement devraient apprécier Ormstown. Les débutants aussi, à moins que les innombrables cours d'eau les découragent.

+ NOUS AVONS AIMÉ

- Les aménagements paysagers
- La propreté des plans d'eau
- La vocation golf 101

– NOUS N'AVONS PAS AIMÉ

- La dangerosité des trous rapprochés
- Les verts
- Le dessin du parcours

Carte de pointage

Trou	1	2	3	4	5	6	7	8	9	Aller	10	11	12	13	14	15	16	17	18	Retour	Total
Bleu	564	296	393	364	394	539	342	158	179	3229	371	343	120	200	361	535	336	364	490	3120	6349
Blanc	538	286	378	348	374	522	302	150	166	3064	359	328	109	180	326	515	304	352	472	2945	6009
Rouge	450	260	300	323	300	442	244	139	154	2612	350	290	110	135	305	470	300	327	452	2739	5351
Normale	5	4	4	4	4	5	4	3	3	36	4	4	3	3	4	5	4	4	5	36	72

Évaluation : ■ Bleu 69,8 / 123 □ Blanc 68,3 / 118 ■ Rouge 69,9 / 120

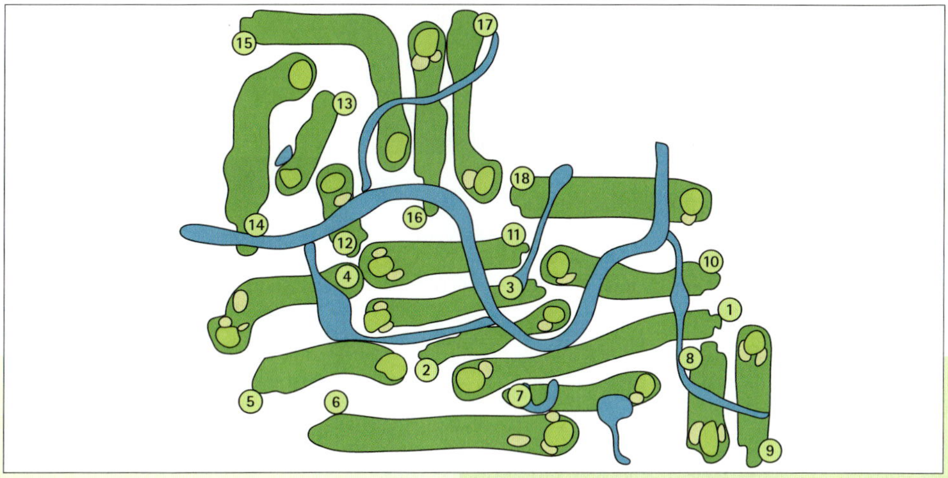

Conditions de jeu

> Verts	●●●○○
> Allées	●●○○○
> Sable	●●○○○
> Herbe longue	●○○○○
> Tertres	●●●●○

Design

> Verts + fosses	●○○○○
> Variété	●○○○○
> Harmonie + équilibre	●●○○○
> Pour tous	●●○○○
> Circuit	●○○○○

Environnement

> Visuel	●●●○○
> Nature	●●●○○
> Calme	●●●●○

Plaisir

> Délassement	●○○○○
> Verts	●○○○○
> Allées	●●○○○
> Tertres	●○○○○
> Manucure	●○○○○
> Entraînement	●○○○○
> Agrément	●●●○○
> Récupération	●●○○○

VERDICT ●●○○○

> Il faut accepter de terrain pour ce qu'il est. Évitez d'avoir des attentes, vous risquez moins d'être déçu.

Temps de jeu suggéré
4 h 30.

Accueil
Correct.

Indications et signalisation
Graphiques de départs précis.

Tenue générale
Bonne.

Aire d'entraînement
Vaste, mais ses aires de départ et sa fosse de sable sont dans un état lamentable.

Améliorations
Le pavage du stationnement.

Au féminin
5351 verges, c'est encore un peu long. Plusieurs obstacles d'eau, mais on y repêche facilement sa balle. Conditions de jeu convenables.

Pavillon
Modeste.

Boutique du pro
Très rudimentaire.

Tarif : $

RIVE-SUD

415, chemin Bella Vista
Saint-Basile-le-Grand
J3N 1M4
(450) 653-6360

Monocorde

La famille Bisseger, qui a toujours été présente sur la scène du golf québécois, est aux commandes de ce terrain situé à Saint-Basile.

Le parcours

Déjà quarante ans, mais ce terrain n'a pas beaucoup changé au fil des ans. Justement, faute d'améliorations, il risque de vieillir prématurément.

De style traditionnel, ce parcours est l'œuvre d'un soldat inconnu. De guerre lasse, il s'est contenté d'appliquer la même formule un peu trop souvent. À titre d'exemple, plusieurs allées comptent une fosse de chaque côté à la hauteur du coup de départ. Systématiquement, deux fosses de sable protègent les verts, une de chaque côté. Quelques trous dévalent d'abord une pente descendante, puis survolent un fossé qui précède le vert. Ailleurs, les normales 4 viennent par séquence et leurs distances ne varient pas suffisamment. Heureusement, les normales 3 et 5 présentent plus de diversité.

La difficulté

Même si les allées en mènent large, les hors-limite ou les espaces boisés qui les accompagnent ne laissent pas beaucoup de place à la fantaisie. Si vous ne voulez pas être pris de court, évitez les fosses de sable de ce tracé qui s'étire sur 6525 verges à partir des jalons blancs.

Les conditions de jeu

La compétition est forte avec l'apparition, bon an mal an, de nouveaux terrains qui bénéficient souvent de budgets imposants. Ils placent la barre encore plus haut pour les autres parcours qui ne jouissent pas des mêmes moyens. C'est le cas du Rive-Sud, qui offre des conditions légèrement inférieures à la moyenne.

L'environnement

Les espaces boisés ne manquent pas et ce parcours vaut le détour à l'automne. La montagne se pointe au loin sur quelques trous et la tranquillité est au rendez-vous.

En vrac

Le neuf d'aller ne compte qu'une seule normale 3, alors qu'au retour on en dénombre trois.

Sur plusieurs trous, des jalons verts ont été rajoutés dans l'allée de manière à réduire leur longueur. Ils ont été conçus spécialement pour les jeunes et les débutants. Le patrouilleur peut aussi demander à un groupe de retardataires de jouer à partir de ces jalons jusqu'à ce qu'ils aient rejoint le groupe précédent. C'est une bonne idée qu'il faudrait exploiter davantage. Il suffirait d'appliquer ce principe à tous les trous et d'aménager de vrais tertres. Ainsi raccourcies, ces distances seraient tout à fait indiquées pour les retraités et les femmes. Modifié de cette façon, le Rive-Sud renaîtrait et deviendrait l'un des rares terrains à s'adresser spécifiquement à la gent féminine. À quand cette nouvelle vocation ?

Idéal pour...

Les gens qui frappent loin et pour qui les trous ne sont jamais assez longs.

+ NOUS AVONS AIMÉ

- L'idée de jalons beaucoup plus courts
- La différence entre les trous boisés et ceux qui sont ouverts
- La tranquillité

– NOUS N'AVONS PAS AIMÉ

- Le manque de variété des normales 4
- Le manque de manucure
- L'aire d'entraînement exiguë

Carte de pointage

Trou	1	2	3	4	5	6	7	8	9	Aller	10	11	12	13	14	15	16	17	18	Retour	Total
Bleu	-	-	-	-	-	-	-	-	-	-	-	-	-	-	-	-	-	-	-	-	-
Blanc	530	385	380	415	150	555	350	350	355	3470	510	180	350	165	450	395	395	195	415	3055	6525
Rouge	360	295	320	370	110	405	300	320	310	2790	435	145	257	145	380	290	365	165	320	2502	5292
Normale	5	4	4	4	3	5	4	4	4	37	5	3	4	3	5	4	4	3	4	35	72

Évaluation : Bleu - / - Blanc 71,6 / 118 Rouge 74,5 / -

Conditions de jeu

- Verts ●●○○○
- Allées ●●○○○
- Sable ●●○○○
- Herbe longue ●●○○○
- Tertres ●●○○○

Design

- Verts + fosses ●●●●○
- Variété ●○○○○
- Harmonie + équilibre ●●●●○
- Pour tous ●●○○○
- Circuit ●○○○○

Environnement

- Visuel ●●●○○
- Nature ●●○○○
- Calme ●●●●○

Plaisir

- Délassement ●●●●○
- Verts ●●●●○
- Allées ●●●●○
- Tertres ●○○○○
- Manucure ●●○○○
- Entraînement ●○○○○
- Agrément ●●○○○
- Récupération ●●○○○

VERDICT ●●○○○

> En perte de vitesse. En espérant qu'on continue à développer le concept des jalons verts.

Temps de jeu suggéré

4 h 40, avec horloges et patrouilleur.

Tenue générale

Les installations ne sont plus ce qu'elles étaient.

Aire d'entraînement

On ne peut y frapper les bois. Un filet empêche les balles de filer dans le stationnement

Au féminin

Trop long. Deux normales 4 indécentes aux environs de 370 verges.
Enfin, des jalons verts.

Pavillon

Vaste, mais commence à paraître son âge.

Boutique du pro

Sans être la référence en la matière, elle vous propose quelques aubaines et des conseils d'usage.

Carte de pointage

Commence à dater.

Tarif : $$

RIVIERA

4020, de la Fougère
Longueuil (arr. Saint-Bruno)
J3V 6K2
(450) 653-5004

O.K.

Ouvert depuis 1998 à Saint-Bruno, ce terrain a été dessiné par l'architecte Christian Grenier.

Le parcours

Le site original présente de belles possibilités. Les arbres sont nombreux et, sans afficher la taille de séquoias, ils ont atteint une certaine maturité. Un joli ruisseau traverse le parcours, mais on ne le rencontre malheureusement pas assez souvent. La dénivellation naturelle de l'emplacement ajoute au caractère de chaque trou. En principe, nous avons là tous les ingrédients pour concocter un beau terrain de golf. Qu'en est-il ?

Les terrains conçus par des architectes moins expérimentés donnent parfois de curieux résultats. Voyez par vous-même.

Aucune normale 4 sur six trous consécutifs (nos 9-10-11-12-13-14).

Quatre normales 4 (sur sept) ont la même longueur (± 384 verges).

Six trous coudés tournent vers la droite contre un seul vers la gauche.

Quelques allées ont moins de 22 verges de largeur avec du bois de chaque côté.

Les verts ne peuvent être coupés trop court, sinon ils deviennent impraticables.

La difficulté

C'est un terrain difficile. En raison de son étroitesse, il demande de la précision. S'il arrive qu'une allée vous permette de faire montre d'un peu plus d'audace, c'est qu'il y a un plan d'eau qui vous guette ou qu'elle monte une pente. L'eau entre en ligne de compte sur pas moins de 15 trous.

Les verts s'amusent à nous poser des colles différentes à partir des mêmes composantes. Leur dimension, leur pente et leurs ondulations les rendent aussi difficiles à atteindre qu'à maîtriser.

Les conditions de jeu

Impossible de remettre en question la condition des verts. S'ils étaient moins accidentés et plus grands, une coupe plus rase leur permettrait alors d'obtenir une note parfaite.

Les sous-bois obtiennent un bon pointage, tandis que les tertres de départ sont très inégaux, aux sens propre et figuré. Les allées et les fosses sont O.K., sans plus.

L'environnement

Joli coin, avec beaucoup d'arbres et beaucoup d'eau. En raison de la pente qui descend jusqu'au chemin de la Fougère, l'autre extrémité du terrain offre une vue intéressante sur le parcours et les environs.

En vrac

Après s'être longuement étiré dans l'allée du 1er trou, un renard a poursuivi son chemin tranquillement.

Trois trous d'origine et d'orientation différentes aboutissent dans un même espace, sur trois verts disposés en triangle. On dirait un vert triple. Beau flash !

Idéal pour...

Le golfeur de fin de semaine. Ce terrain a suffisamment de particularités pour vous divertir.

+ NOUS AVONS AIMÉ

- La condition des verts
- La petite rivière
- Le calme

– NOUS N'AVONS PAS AIMÉ

- Le design
- Le manque d'information sur la distance nous séparant des obstacles
- L'étroitesse exagérée de certaines allées

Carte de pointage

Trou	1	2	3	4	5	6	7	8	9	Aller	10	11	12	13	14	15	16	17	18	Retour	Total
Bleu	521	212	342	164	396	417	177	291	500	3020	162	502	180	543	154	406	602	311	457	3317	6337
Blanc	466	170	326	151	380	388	161	278	484	2804	148	490	133	524	135	378	536	300	386	3030	5834
Rouge	440	106	310	138	351	372	145	265	414	2541	136	424	102	460	112	349	400	289	374	2646	5187
Normale	5	3	4	3	4	4	3	4	5	35	3	5	3	5	3	4	5	4	4	36	71

Évaluation : ■ Bleu - / - □ Blanc - / - ■ Rouge - / -

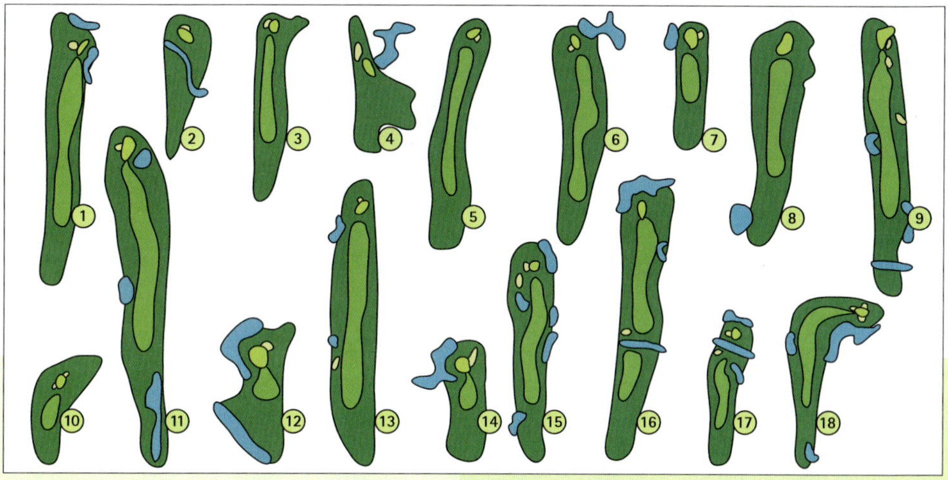

Conditions de jeu

- Verts ●●●○○
- Allées ●●●○○
- Sable ●●○○○
- Herbe longue ●●●○○
- Tertres ●●○○○

Design

- Verts + fosses ●●○○○
- Variété ●○○○○
- Harmonie + équilibre ●●●○○
- Pour tous ●●●○○
- Circuit ●○○○○

Environnement

- Visuel ●●●●○
- Nature ●●●●●
- Calme ●●●●●

Plaisir

- Délassement ●●●○○
- Verts ●○○○○
- Allées ●●○○○
- Tertres ●●○○○
- Manucure ●○○○○
- Entraînement ●●●○○
- Agrément ●●●○○
- Récupération ●●●●○

VERDICT ●●◐○○

- Terrain honnête qui pourrait tout de même plaire à plusieurs

Temps de jeu suggéré
4 h 30.

Accueil
Un peu quelconque.

Indications et signalisation
Déficientes.

Tenue générale
Très bonne.

Aire d'entraînement
Convenable.

Au féminin
Beaucoup trop long en comparaison des jalons blancs.
Normales 4 ridicules (351, 372, 349, 374 verges).
Normales 3 équitables.

Boutique du pro
Très rudimentaire.

Divers
Peu de commodités.

Tarif : $$

RIVIÈRE-ROUGE

169, route 201
Coteau-du-Lac
J0P 1B0
(450) 673-2200
1 800 363-6886

Arboriculture

Le Club de golf de Rivière-Rouge se trouve à Coteau-du-Lac. Il a été fondé en 1971 autour de la rivière du même nom. J'ignore la petite histoire du parcours, mais le pavillon a toutes les allures d'une maison privée dont une des pièces, probablement la cuisine, a été transformée pour devenir la boutique du pro.

Le parcours

Chacun des trous du premier neuf est agrémenté d'une variété d'arbres qui ne cessent d'éblouir par leur nombre et leur taille. N'hésitez pas à jouer à pied pour profiter pleinement de leur présence. Ils sont cependant moins nombreux sur le neuf de retour.

Le dessin du circuit privilégie d'abord et avant tout le plaisir. Certaines allées sont marquées d'une dénivellation ; c'est notamment le cas des six trous traversés par un petit ruisseau. Les arbres s'amusent à les rétrécir ou à les élargir au gré de leur fantaisie.

Les verts constituent le talon d'Achille de Rivière-Rouge. Ils ne sont pas intégrés dans le décor, à un point tel qu'ils ont l'air artificiels, rajoutés. Quelques-uns restent au ras de l'allée avec une présentation un peu fade, alors que d'autres frisent le rocambolesque en raison de leur relief. Heureusement, le concepteur du terrain a eu la grande sagesse de garder des arbres magnifiques (encore eux) comme toile de fond.

La difficulté

À 5836 verges des tertres avancés, ce terrain n'est pas long. Il protège sa normale avec des hors-limite et de l'eau sur une douzaine de trous. Il faudra peut-être vous rabattre sur les jalons bleus qui comptent par contre 6302 verges.

Les conditions de jeu

Du gazon dense et uniforme favorise la bonne condition des verts. Les allées, sans être parmi les plus belles, s'en sortent pas mal en dépit des fossés d'égouttement. Assez curieusement, malgré la grande quantité d'arbres, les tertres de départ et les sous-bois s'imposent dans leur créneau respectif.

L'environnement

Bon, vous avez compris que les arbres, par la variété de leurs essences et leur disposition, constituent une source de plaisir. C'est vrai non seulement pour l'environnementaliste qui sommeille en vous, mais également pour le golfeur en mesure de retrouver rapidement les balles égarées. Inutile de vous dire qu'ils contribuent largement au calme et à la paix qui se dégagent des lieux.

En vrac

C'est un parcours capable de fournir plaisir et défi équitable à toutes les catégories de golfeurs.

Idéal pour...

Le plaisir. Des terrains comme Rivière-Rouge, qui ne prétendent pas jouer dans la cour des grands, mais qui s'adressent à la vaste majorité des golfeurs, il devrait y en avoir davantage.

+ NOUS AVONS AIMÉ

- Sa convivialité
- Les arbres
- Le paysage
- Le site naturel

– NOUS N'AVONS PAS AIMÉ

- Les fossés d'égouttement
- Le dessin des verts
- Le manque de soins esthétiques (manucure)

Carte de pointage

Trou	1	2	3	4	5	6	7	8	9	Aller	10	11	12	13	14	15	16	17	18	Retour	Total
Bleu	417	267	379	140	465	356	301	200	578	3103	501	353	203	382	194	550	416	178	422	3199	6302
Blanc	395	243	307	117	439	347	281	182	567	2878	483	336	152	366	167	498	406	169	381	2958	5836
Rouge	309	225	267	83	395	285	248	165	487	2464	404	318	140	366	151	403	320	157	285	2544	5008
Normale	4	4	4	3	5	4	4	3	5	36	5	4	3	4/5	3	5	4	3	4	35/36	71/72

Évaluation : ■ Bleu 70 / 121 □ Blanc 68,5 / 116 ■ Rouge 67,7 / 114

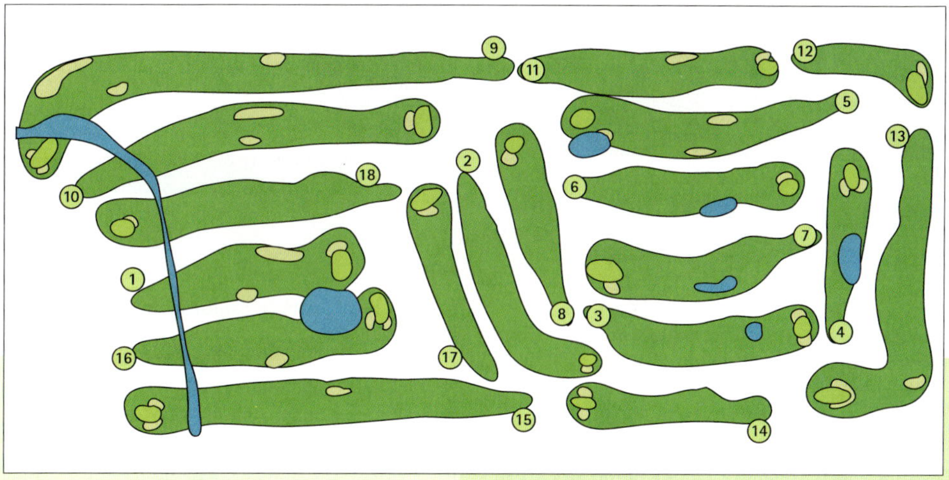

Conditions de jeu

Verts	●●●●○
Allées	●●●○○
Sable	●●●○○
Herbe longue	●●●○○
Tertres	●●●●○

Design

Verts + fosses	●○○○○
Variété	●●●○○
Harmonie + équilibre	●●●●●
Pour tous	●●●●●
Circuit	●●●●○

Environnement

Visuel	●●●●●
Nature	●●●●●
Calme	●●●●●

Plaisir

Délassement	●●●●○
Verts	●●○○○
Allées	●●●○○
Tertres	●●○○○
Manucure	●○○○○
Entraînement	●●●●○
Agrément	●●●●○
Récupération	●●●●●

VERDICT ●●●○○

Allez prendre une bouffée d'air. Terrain sans prétention axé sur le plaisir. Extraordinaire pour les femmes.

Temps de jeu suggéré

La voiturette du patrouilleur a l'air d'une ambulance, j'imagine que l'on soigne le jeu lent.

Indications et signalisation

À améliorer.

Règles locales

Bien décrites sur la feuille de pointage.

Tenue générale

Excellente.

Aire d'entraînement

Bien que petite, elle n'a rien à se reprocher.

Au féminin

Avec une distance totale de 5000 verges, c'est un terrain tout à fait indiqué pour vous. Bravo !
Vous devriez être en mesure d'éviter la plupart des obstacles d'eau.
Terrain équitable.

Boutique du pro

Rudimentaire.

Tarif : $$

SAINT-ANICET

190, route 132
Saint-Anicet
J0S 1M0
(450) 264-3511
1 800 361-3115

Je tournoie, tu tournoies, ils...

Avec deux parcours de 18 trous, une normale 27, pas moins de 95 voiturettes motorisées et une grande salle de réception, ce club vise surtout la clientèle des tournois. On en accueille 150 bon an mal an.

On y compte pourtant plus de 400 membres, mais la plupart privilégient la détente plutôt que le golf de compétition.

Le parcours

Le parcours Saint-Anicet a été construit en 1963, suivi du Port Lewis sept ans plus tard.

Certaines allées ont plus de 100 verges de largeur et les arbres s'y font rares. Les verts manquent d'équilibre avec leur dimension trop petite pour leur degré d'inclinaison. À maintes reprises, tertres de départ et verts se côtoient ; ajoutez à cela plusieurs coups à l'aveuglette et le tableau est complet.

On a tracé le dessin avec de l'encre sympathique (aussi appelée encre invisible). On ne peut parler de variété, ni d'équilibre entre le risque et la récompense, ni de corrélation entre la largeur de l'allée et la longueur du trou.

Les deux parcours se font facilement à pied, d'autant plus que la balade en voiturette motorisée est franchement désagréable. La mauvaise condition du sol impose aux passagers des soubresauts aussi violents que fréquents.

La difficulté

Méfiez-vous des verts et du vent. Pour le reste, une évaluation Slope de 113 ne laisse pas de doute sur le degré de difficulté du Saint-Anicet. À noter, le Port Lewis est à 107...

En résumé, un terrain court, avec des allées très larges, peu de plans d'eau et pas beaucoup de fosses de sable.

Les conditions de jeu

Pas d'étoile dans la marge pour ces terrains qui présentent des conditions de jeu bien inférieures à la moyenne. Aucun élément n'atteint la note de passage, mais les allées et les fosses de sable peinent particulièrement.

L'environnement

Les arbres veillent sur quelques allées, mais manquent terriblement à d'autres. Cette absence met en exergue l'absence de dessin des trous.

En vrac

Au moment d'une visite presque automnale, il faisait froid et il ventait fort. Les femmes étaient pourtant très nombreuses à fouler les allées, malgré ces conditions climatiques défavorables. Les parcours présentent certainement un intérêt pour plusieurs...

Idéal pour...

Le golfeur débutant. Il peut se mesurer à un terrain avec des distances normales, sans risquer de perdre ses balles. Quelques allées vallonnées l'initieront à des positions de frappe différentes. De manière générale, ce terrain se montre affable pour le golf de détente et... pour les tournois, j'imagine.

+ NOUS AVONS AIMÉ

- Les graphiques de départ explicites
- Le pavillon
- L'accueil

– NOUS N'AVONS PAS AIMÉ

- Le dessin des verts
- La condition des allées
- La proximité des verts et des départs

Carte de pointage

Trou	1	2	3	4	5	6	7	8	9	Aller	10	11	12	13	14	15	16	17	18	Retour	Total
Bleu	335	340	230	390	160	535	360	340	490	3180	435	505	390	195	380	365	200	390	370	3230	6410
Blanc	320	330	185	380	150	525	345	320	470	3025	415	495	375	170	370	345	190	375	360	3095	6120
Rouge	310	270	175	320	140	420	320	300	455	2710	345	440	310	155	360	305	180	315	325	2735	5445
Normale	4	4	3	4	3	5	4	4	5	36	4	5	4	3	4	4	3	4	4	35	71

Évaluation : ■ **Bleu 70 / 118** □ **Blanc 68,7 / 113** ■ **Rouge 69,5 / 110**

Conditions de jeu

- Verts ●●○○○
- Allées ●○○○○
- Sable ●○○○○
- Herbe longue ●○○○○
- Tertres ●●○○○

Design

- Verts + fosses ●○○○○
- Variété ●○○○○
- Harmonie + équilibre ●○○○○
- Pour tous ●●○○○
- Circuit ●○○○○

Environnement

- Visuel ●●○○○
- Nature ●○○○○
- Calme ●●●●○

Plaisir

- Délassement ●○○○○
- Verts ●○○○○
- Allées ●●○○○
- Tertres ●●○○○
- Manucure ●○○○○
- Entraînement ●●○○○
- Agrément ●●●●○
- Récupération ●●●●○

VERDICT ●○○○○

- Seulement pour ceux qui font partie de la clientèle visée.

Temps de jeu suggéré
4 h 30.

Indications et signalisation
À améliorer.

Tenue générale
Bonne.

Aire d'entraînement
Complètement en retrait de l'autre côté de la route, elle est circonscrite entre des filets.

Améliorations
Travaux de drainage, nouvelle boutique, nettoyage des sous-bois.

Au féminin
Distances acceptables. Terrain facile. Bonne fréquentation féminine.

Pavillon
Réussi. Il y règne une atmosphère de golf. L'accueil et la nourriture sont à la hauteur.

Boutique du pro
Bientôt refaite.

Divers
Kitsch : les contenants destinés à recevoir les tés cassés sur les départs sont de petits plats à bonbons en plastique...

Tarif : $

SAINT-CÉSAIRE

140, chemin Saint-François
Saint-Césaire
J0L 1T0
(450) 469-4887
1 800 469-4887

Inattendu

La conception de ce golf municipal a été confiée à l'architecte québécois Graham Cooke qui acheva le travail en 1990.

Le parcours

Ceci est un parcours traditionnel dessiné entièrement à travers des boisés ; c'est d'ailleurs ce qui fait son charme. En effet, cette grande quantité d'arbres contribue largement au calme que dégage l'endroit.

M. Cooke a pris la peine de répartir ses trous selon quatre orientations différentes. Cela apporte beaucoup de variété, autant dans la luminosité qui baigne les trous que sur l'angle par lequel le vent affectera la trajectoire de votre balle. Sans compter que cela permet de bronzer uniformément…

Grâce à plusieurs facteurs, ce terrain bénéficie d'une garantie prolongée contre la monotonie. Les allées épousent des formes multiples et elles ont du caractère. Imaginez de nombreuses dénivellations et des allées ondulées ou affectées par une pente latérale et dont la largeur varie sur un même trou, le tout sous la supervision des fameux « monticookes ».

Les verts font également partie de la garantie. Généralement de bonne dimension, ils n'hésitent pas à vous lancer dans les jambes différents plateaux ou paliers. Leur agencement avec les fosses de sable et les monticules environnants est marqué par une harmonie certaine.
Même en petit nombre, ces fosses se font remarquer par leurs grandes dimensions et par leurs formes variées. Une attention toute spéciale a été accordée aux tertres de départ. Surélevés, bien aménagés et en nombre suffisant à chaque trou, ils vous assurent (presque) d'un bon départ avec leurs quatre jalons.

La difficulté

Impossible de montrer du doigt un élément qui fait la différence en ce qui concerne la difficulté qu'implique le jeu sur ce terrain. C'est plutôt l'addition de plusieurs facteurs qui permet d'offrir un défi équitable à tous les golfeurs.

Les conditions de jeu

Vous serez agréablement surpris par les conditions de jeu. Les verts se distinguent par leur couverture d'agrostide. Les allées qui n'ont pas cette chance n'en souffrent nullement. Chose certaine, les deux éléments profitent d'un manucure attentionné. Pour un terrain aussi boisé, les sous-bois se révèlent bien nettoyés.

L'environnement

Retenons la rivière, les lacs et des milliers d'arbres matures. Une précision, cependant : il n'est pas vrai que le coup de foudre rend sourd et aveugle. On ne peut faire taire le bruit de l'autoroute, ni faire disparaître les lignes téléphoniques ou la détestable tour de transmission qui accable quelques trous de sa présence.

Idéal pour…

Avec ses distances bien réparties, son degré de difficulté bien dosé et son site naturel exceptionnel, Saint-Césaire s'impose comme un terrain à découvrir.

+ NOUS AVONS AIMÉ

L'équilibre du parcours
Les arbres et les lacs
L'absence de points faibles

– NOUS N'AVONS PAS AIMÉ

L'affreuse tour de transmission
Les deux séquences de trois normales 4 sur chacun des deux neuf

Carte de pointage

Trou	1	2	3	4	5	6	7	8	9	Aller	10	11	12	13	14	15	16	17	18	Retour	Total
Bleu	371	484	375	120	325	357	363	156	521	3072	353	190	488	416	402	345	158	288	464	3104	6176
Blanc	357	469	345	116	315	343	333	141	440	2859	330	150	473	400	387	340	150	281	449	2960	5819
Rouge	315	430	268	87	283	306	295	133	400	2517	280	125	445	366	325	275	125	258	415	2614	5131
Normale	4	5	4	3	4	4	4	3	5	36	4	3	5	4	4	4	3	4	5	36	72

Évaluation : ■ **Bleu 70 / -** □ **Blanc 70 / -** ■ **Rouge 70,5 / -**

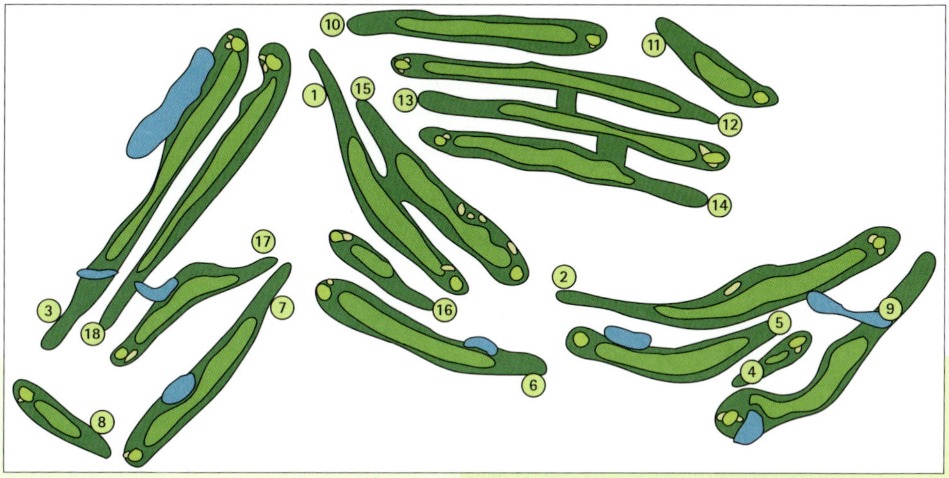

Conditions de jeu

- Verts ●●●●○
- Allées ●●●●○
- Sable ●●●●○
- Herbe longue ●●●●○
- Tertres ●●●●○

Design

- Verts + fosses ●●●●●
- Variété ●●●●●
- Harmonie + équilibre ●●●●●
- Pour tous ●●●●●
- Circuit ●●●●●

Environnement

- Visuel ●●●●○
- Nature ●●●●●
- Calme ●●●●○

Plaisir

- Délassement ●●●●●
- Verts ●●●●●
- Allées ●●●●○
- Tertres ●●●●●
- Manucure ●●●●●
- Entraînement ●●●●○
- Agrément ●●●○○
- Récupération ●●●●●

VERDICT ●●●●○

- Beau terrain à visiter, autant pour l'intelligence du défi que pour le plaisir qu'il procure.

Temps de jeu suggéré

4 h 30 avec horloges et patrouilleur.

Accueil

Fort apprécié.

Indications et signalisation

Bonnes.

Tenue générale

Excellente.

Aire d'entraînement

Tout à fait convenable.

Au féminin

À part les malheureuses normales 4 de 366 et de 325 verges aux trous n°s 13 et 14, c'est un terrain que vous apprécierez beaucoup.

Degré de difficulté raisonnable.

Terrain équitable.

Pavillon

Fermé lors de la visite.

Boutique du pro

Fermée lors de la visite.

Tarif : $$

SAINT-HYACINTHE

3840, boulevard Laurier
Saint-Hyacinthe
J2S 7B2
(450) 773-8579

Un monsieur distingué

Le terrain a ouvert ses portes en 1929 avec un premier neuf trous. Les membres pouvaient pratiquer leur sport favori sur des allées rudimentaires, moyennant une souscription annuelle de 35 $. Le second neuf ne fut complété qu'en 1950.

Le parcours

Il s'agit d'un terrain de style traditionnel et, sans être irrespectueux, disons un peu guindé. Ne vous méprenez pas, il devance nettement la moyenne, mais à la longue, sa belle éducation agace. Son équilibre le différencie des autres terrains, ce n'est peut-être pas spectaculaire, mais c'est efficace. Le dessin des trous, les conditions de jeu et les arbres forment un tout homogène qui ne risque pas de décevoir.

Ses qualités survivent aux modes passagères. Les différentes normales font preuve de variété. En effet, les six normales 3 sont réparties de 126 verges pour la plus courte à 212 verges pour la plus longue. Les normales 4 s'étirent longtemps puisque six d'entre elles comptent plus de 375 verges. Les normales 3 et 4 nous donnent donc l'occasion d'utiliser nos fers longs et nos bois d'allée.

Les allées vallonnées demeurent plus intéressantes que celles qui s'étendent platement à l'horizontale. Les fossés d'égouttement y sont nombreux par contre, mais cela favorise la marche.

Par moments, les verts manquent d'audace. Même s'ils restent équitables en tout temps, ils ne forment pas un tout naturel avec les fosses de sable, les monticules et l'arrière-plan. Ils se démarquent davantage lorsqu'ils apparaissent en contrebas de l'allée, derrière la rivière.

La grande majorité des trous adoptent une même orientation et tous les trous coudés virent à droite.

La difficulté

La longueur de ses normales 3 et 4 et le risque que comportent les normales 5 font partie des pièges de ce terrain. N'oublions pas que la rivière traverse six trous et que la dimension des arbres vous force à jouer de prudence si vous quittez le centre de l'allée.

Les conditions de jeu

Malgré l'absence de gazon de type agrostide, les conditions de jeu n'ont rien à envier à personne. Que l'on parle des verts ou des allées, de l'herbe longue ou des tertres de départ, les conditions de jeu sont impeccables. Ce terrain ne reçoit peut-être pas les meilleurs soins esthétiques, mais la condition des sous-bois et des fosses de sable vous permet de revenir dans le droit chemin.

L'environnement

Les arbres font tout le charme de ce parcours. À chaque trou, ils sont une source d'enchantement. Ils nous isolent des allées voisines et ajoutent au caractère du terrain. C'est la carte maîtresse de l'endroit.

Idéal pour...

Tout le monde. Un terrain à inscrire à l'agenda.

+ NOUS AVONS AIMÉ

Les conditions de jeu
Les arbres
Le coup d'œil
Le défi

– NOUS N'AVONS PAS AIMÉ

Le manque de variété dans le dessin des trous
Le dessin des verts
Aire d'entraînement exiguë

Carte de pointage

Trou	1	2	3	4	5	6	7	8	9	Aller	10	11	12	13	14	15	16	17	18	Retour	Total
Bleu	362	504	185	388	454	377	197	415	137	3019	400	347	147	480	212	501	126	387	419	3019	6038
Blanc	350	485	173	382	446	363	183	406	133	2921	387	335	138	471	202	485	122	379	411	2930	5851
Rouge	345	479	169	368	436	352	165	400	124	2838	377	310	129	456	170	440	115	304	408	2709	5547
Normale	4	5	3	4	5	4	3	5	3	36	5	4	3	5	3	5	3	4	5	37	73

Évaluation : ■ Bleu 69,1 / 124 □ Blanc 68,4 / 122 ■ Rouge 71,7 / 122

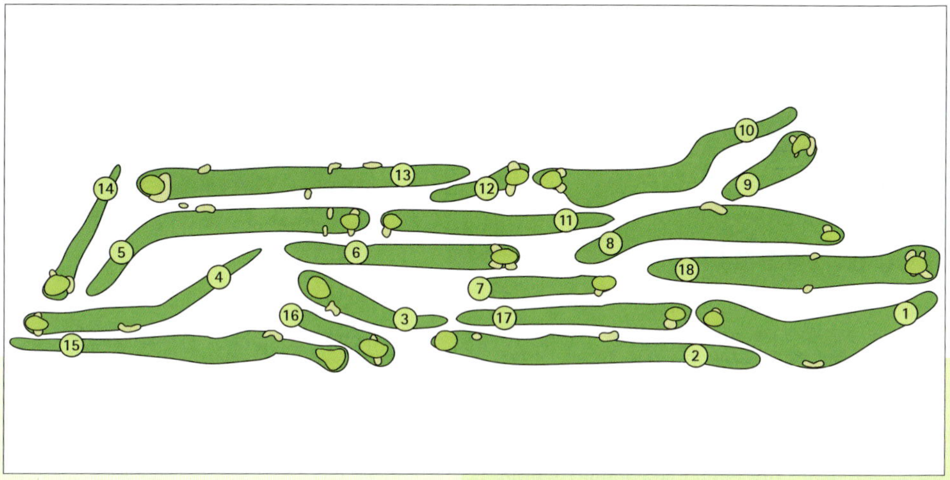

Conditions de jeu

- Verts ●●●●●
- Allées ●●●●●
- Sable ●●●●○
- Herbe longue ●●●●○
- Tertres ●●●●●

Design

- Verts + fosses ●●○○○
- Variété ●●●●○
- Harmonie + équilibre ●●●●●
- Pour tous ●●●●●
- Circuit ●●●●●

Environnement

- Visuel ●●●●○
- Nature ●●●●○
- Calme ●●●●○

Plaisir

- Délassement ●●●●●
- Verts ●●○○○
- Allées ●●●●○
- Tertres ●●●●○
- Manucure ●●●○○
- Entraînement ●●○○○
- Agrément ●○○○○
- Récupération ●●●●●

VERDICT ●●●◐○

- Beau terrain conventionnel.
  Excellentes conditions de jeu.
  Bon défi.

Temps de jeu suggéré

4 h 15 ; temps habituel : 4 h 30.

Indications et signalisation

Bonnes.

Tenue générale

Excellente.

Aire d'entraînement

Vous ne pourrez frapper qu'avec des fers moyens ou courts.

Améliorations

En 2000 : filets de protection pour l'aire d'entraînement. En 2001 : système d'irrigation automatisé. En 2002 : réfection de deux tertres de départ et plantation d'arbres. En 2003 : asphaltage des sentiers et nouvelle bâtisse pour l'entretien.

Au féminin

Très beau terrain pour les golfeuses aguerries.
Normale 73 bien adaptée.
Trop long pour la plupart des autres golfeuses.

Pavillon

Refait en 1990.

Boutique du pro

Axée sur le service à la clientèle.

Tarif : $$$$

SAINT-POLYCARPE

855, chemin Sainte-Catherine
Saint-Polycarpe
J0P 1X0
(450) 267-3666

Tour du propriétaire

Trois parcours sont connus sous l'appellation «Les clubs de golf de la Banlieue Ouest». Il s'agit de Saint-Polycarpe, un terrain de 18 trous, Saint-Zotique, un 27 trous et Rivière-Beaudette qui compte actuellement 9 trous avec 9 autres en construction. Même si ces parcours se trouvent dans des municipalités différentes, ils se ressemblent trop pour faire l'objet de comptes rendus individuels. Le choix s'est arrêté sur Saint-Polycarpe. Un des propriétaires a accepté de nous guider pour une visite commentée en fourgonnette.

Le parcours

Il y a une trentaine d'années, le site manquait cruellement d'arbres. Pour remédier à la situation, on en planta des milliers en se disant qu'ils allaient bien finir par pousser. Eh bien, c'est fait.

Au moment de la visite, on s'affairait à la construction de huit nouveaux tertres de départ, au creusage des lacs, à l'aménagement des fosses de sable et à l'implantation de monticules sur plusieurs trous. Ces travaux ont pour but d'accélérer le rythme du jeu et de rendre les lieux plus sécuritaires. Les nouveaux tertres de départ serviront à raccourcir le terrain et non pas à l'allonger. Les monticules, lacs et fosses empêcheront la balle de rouler vers une allée voisine qui pourrait être mal protégée.

Le dessin manque d'audace. Sur un site aussi plat, des allées rectilignes et larges ne suscitent pas la passion. Souhaitons que les améliorations en cours réussissent à mettre un peu plus de piquant dans la sauce ; de toute manière, les allées sont au moins faciles à parcourir à pied.

La difficulté

En raison de leurs dimensions (4000 pieds carrés) et de leur inclinaison, les verts demandent de la précision dans les approches et une grande habileté avec le fer-droit. Heureusement, les allées larges et les trous ouverts vous permettent de tenter votre chance d'un peu partout.

Un fossé traverse l'allée des trous n°s 1, 7, 12 et 17, et à l'heure actuelle les lacs sont en jeu sur sept trous. On compte au total une quarantaine de fosses. Malgré la présence des arbres, le vent reste un facteur que vous ne pouvez ignorer.

Les conditions de jeu

Les allées ne bénéficient pas encore d'un système d'arrosage. Leur condition dépend largement de dame Nature. Les périodes de sécheresse les laissent complètement brûlées mais dès l'automne, tout revient à la normale. On peut même parler de gazon assez fourni malgré quelques manques.

Bonne note pour des verts en très bonne condition qui présentent une bonne combinaison vitesse-pente-dimension.

L'environnement

À force de temps et de patience, les arbres ont poussé. Ils sont nombreux et donnent du caractère au terrain.

Idéal pour...

Monsieur et madame Tout-le-monde. Beaucoup de retraités de l'ouest de l'île le fréquentent.

+ NOUS AVONS AIMÉ

Le dynamisme des propriétaires
L'idée de réunir trois terrains sous la même bannière
La polyvalence de 63 trous

– NOUS N'AVONS PAS AIMÉ

Une certaine similitude entre les terrains
Le dessin des parcours
L'environnement de Saint-Zotique

Carte de pointage

Trou	1	2	3	4	5	6	7	8	9	Aller	10	11	12	13	14	15	16	17	18	Retour	Total
Bleu	523	198	382	411	385	575	376	318	125	3293	144	430	513	407	360	197	515	534	177	3277	6570
Blanc	507	183	367	400	370	565	361	308	109	3170	117	374	498	397	345	183	495	524	167	3100	6270
Rouge	452	107	250	374	320	496	301	244	102	2646	87	332	460	337	335	153	470	476	107	2757	5403
Normale	5	3	4	4	4	5	4	4	3	36	3	4	5	4	4	3	5	5	3	36	72

Évaluation : ■ Bleu 70 / 123 □ Blanc 68,7 / 119 ■ Rouge 70 / -

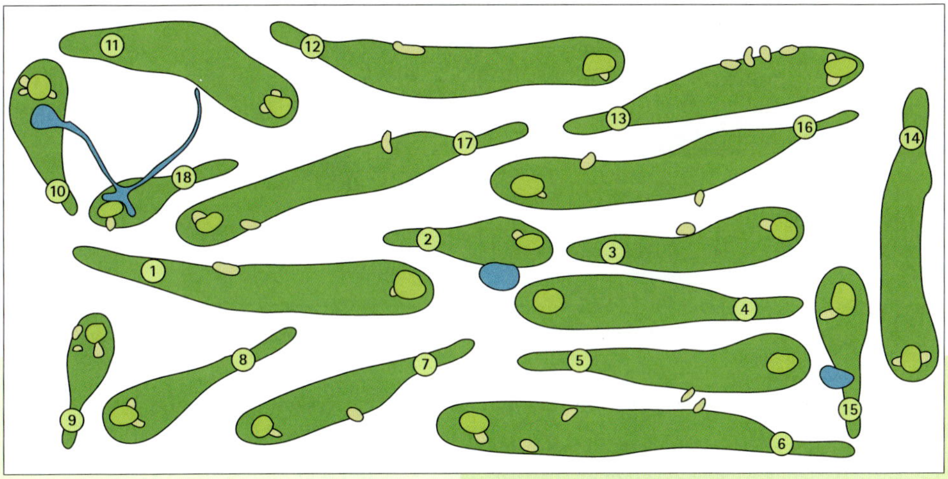

Conditions de jeu

- Verts ●●●●○
- Allées ●●●○○
- Sable ●●●○○
- Herbe longue ●●●●○
- Tertres ●●●●○

Design

- Verts + fosses ●○○○○
- Variété ●●○○○
- Harmonie + équilibre ●●●○○
- Pour tous ●●●●○
- Circuit ●●●○○

Environnement

- Visuel ●●●●○
- Nature ●●○○○
- Calme ●●○○○

Plaisir

- Délassement ●●●●○
- Verts ●●○○○
- Allées ●●●●○
- Tertres ●●●○○
- Manucure ●●○○○
- Entraînement ●○○○○
- Agrément ●●●○○
- Récupération ●●●●○

VERDICT ●●◐○○

- Ce sont des terrains de type récréatif, conçus pour le divertissement et la détente. N'en attendez surtout pas autre chose.

Temps de jeu suggéré

On fait l'impossible pour le réduire le plus possible.

Indications et signalisation

À améliorer.

Tenue générale

Excellente.

Aire d'entraînement

Absente à Saint-Polycarpe. Tout à fait convenable à Saint-Zotique.

Améliorations

Pour améliorer la sécurité et la vitesse du jeu.

Au féminin

Saint-Polycarpe est trop long.
Saint-Zotique présente des distances beaucoup mieux adaptées.
Les terrains sont faciles.

Skins Game

Les professionnels québécois se sont réunis à Saint-Zotique à plusieurs occasions pour la tenue de cet événement

Tarif : $$

SOREL-TRACY

12000, chemin Saint-Roch
Tracy
J3R 5E8
(450) 742-4444
866 742-4440

Pour le meilleur et pour...

Au premier neuf conçu en 1952 par Howard Watson s'ajoutera, en 1959, le neuf de retour imaginé par C. E. Robinson. À lui seul, ce terrain a été l'hôte de trois omniums du Québec, un championnat canadien et un tournoi de la série Du Maurier.

Le parcours

Ce parcours mature au style traditionnel continue de porter fièrement son nom. En effet, d'innombrables dunes donnent un aspect singulier à plusieurs trous. Elles n'ont rien en commun avec les monticules plus sophistiqués des terrains modernes. Elles se rapprochent davantage de celles des *links* écossais qui semblent plus naturelles et légèrement décoiffées.

Même s'il ne peut être question de terrain de montagne, les allées vivent au rythme de vallons, de bosses et de pentes douces et moins douces qui se succèdent harmonieusement. Ce relief donne du caractère au terrain.

Les ensembles verts-fosses de sable mènent à bien leur mission. Ils constituent le point fort du parcours, car sans être spectaculaires, ils s'intègrent bien à l'environnement. Quant à eux, les plans d'eau ne servent ni plus ni moins qu'à l'évacuation des eaux par des fossés pas très larges.

La difficulté

À première vue, le terrain semble facile. Sa longueur totale, l'herbe longue indulgente et l'insuffisance d'obstacles d'eau trompent : ne vous y fiez pas, c'est un piège !

Les allées ondulées et bosselées placent souvent le golfeur dans une position précaire. Quant aux verts, à défaut d'être un artiste du fer-droit, votre patience y sera soumise à dure épreuve. Ils sont rapides, tout en pente et en ondulations, et ils représentent sans contredit la clé du succès de ce terrain.

Les conditions de jeu

Les verts devraient ravir les puristes. Ils mordent bien et leur vitesse dépasse largement la limite permise. Les allées dévoilent trop de secteurs en mauvaise condition pour obtenir une bonne note ; cependant, en dehors de ces endroits, le gazon est en bon état. Les fosses de sable frisent la perfection. Tout y est, quantité et densité du sable, entretien impeccable, bonnes dimensions, profondeur et formes variées.

L'environnement

Le paysage offre un pur ravissement par moments, mais désenchante aussi à l'occasion. La maturité des arbres ne ment pas et toutes les essences sont représentées : des pins immenses, des chênes magnifiques, des érables, des cèdres et combien d'autres ? Une merveilleuse source de distraction qu'on ne cesse d'admirer. Cependant, comment passer sous silence la présence des affreuses lignes de transmission d'énergie électrique qui défigurent le tiers des trous ?

Idéal pour...

Tous. À moins d'être Hydro-allergique, c'est un terrain convivial et sympathique.

+ NOUS AVONS AIMÉ

- La variété et la maturité des arbres
- Les verts impeccables
- Les fosses irréprochables

– NOUS N'AVONS PAS AIMÉ

- Les lignes électriques
- La condition des allées, de l'herbe longue et du terrain d'exercice
- Les balles d'exercice prennent d'assaut les trous n°s 12 et 18 : danger

Carte de pointage

Trou	1	2	3	4	5	6	7	8	9	Aller	10	11	12	13	14	15	16	17	18	Retour	Total
Bleu	392	360	175	512	157	388	336	486	436	3242	373	166	495	363	398	383	365	186	518	3247	6489
Blanc	377	350	158	500	140	360	320	479	414	3098	365	145	482	347	388	372	354	168	501	3122	6220
Rouge	357	284	138	445	132	314	306	431	407	2814	361	133	440	327	378	341	316	150	409	2794	5669
Normale	4	4	3	5	3	4	4	5	4/5	36/37	4	3	5	4	4/5	4	4	3	5	36/37	72/74

Évaluation : Bleu 71 / 126 — Blanc 70 / 122 — Rouge 71,3 / 117

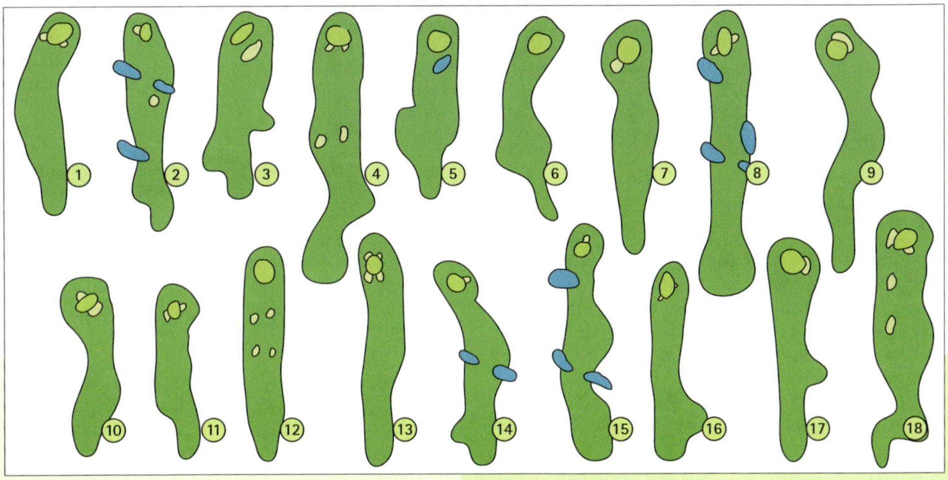

Conditions de jeu

Verts	●●●●●
Allées	●●○○○
Sable	●●●●●
Herbe longue	●○○○○
Tertres	●●○○○

Design

Verts + fosses	●●●●○
Variété	●●○○○
Harmonie + équilibre	●●●●○
Pour tous	●●●●○
Circuit	●●○○○

Environnement

Visuel	●●●○○
Nature	●●○○○
Calme	●●●●○

Plaisir

Délassement	●●●●○
Verts	●●●○○
Allées	●●●○○
Tertres	●●●○○
Manucure	●●●○○
Entraînement	●●●○○
Agrément	●●●●●
Récupération	●●●●●

VERDICT ●●●○○

Très beau terrain, mais la condition des allées laisse à désirer. Supérieur à la moyenne, mais les lignes électriques gâchent le paysage.

Temps de jeu suggéré

4 h 15 et vous devrez le respecter.

Accueil

Excellent.

Indications et signalisation

Un modèle à imiter.

Tenue générale

Impeccable.

Au féminin

Beaucoup de plaisir.
Tertres de départ bien aménagés, bien conçus.
Normale 74 de 5577 verges trop longue.
Obstacles d'eau équitables.
Certaines fosses pourraient s'avérer difficiles.

Boutique du pro

On y trouve le nécessaire.

Divers

Verts : selon les années, du meilleur au pire.
Commodités essentielles : tout y est.
Jeunes : ils occupent une place importante et on dispense des cours aux étudiants du cégep.

Tarif : $$

THE FALCON

59, Cambridge
CP 1088
Hudson
J0P 1H0
(450) 458-1997
866 458-1997

Adonis

Inauguré en 2002, The Falcon est le dernier-né des terrains de la Montérégie. Il est installé à Hudson, à environ 30 minutes à l'ouest de Montréal. On a confié sa conception à l'architecte Graham Cooke. Sur ce terrain public, on souhaitait recréer l'atmosphère des terrains de Myrtle Beach et les conditions de jeu des parcours de la PGA dans l'élégance des clubs privés. Voyons si on y est parvenu.

Le parcours

Si on vous parle d'un terrain de style résolument traditionnel, sans artifice et sans intimidation, vous ne serez probablement pas ébahi. C'est pourtant la vérité, toute la vérité.

Dans un site naturel où collines, lacs et une forêt centenaire se disputent l'espace, oubliez le golf de montagne, les dénivellations spectaculaires et les ravins. C'est le parcours de la mesure, de la finesse et de la nuance. L'architecte a concocté une recette à partir d'ingrédients méticuleusement choisis et mesurés, pour s'assurer de nous servir une expérience de golf marquante.

Le tracé ne donne pas dans la grandiloquence, on le sent à l'échelle humaine. On peut y jouer à pied, on peut même réussir un bon pointage, car il sait reconnaître et accepter vos bons coups. The Falcon se distingue des autres terrains par le plaisir qu'il procure. Bien sûr, ses fosses de sable blanc, ses cinq tertres de départ et ses verts immenses ne vous laisseront pas indifférent. Pas plus d'ailleurs que ses 18 fosses naturelles *(waste bunkers)* dont la plupart flânent près des tertres de départ. Mais appréciez plutôt toute la finesse du défi. Par exemple, ces espaces de gazon coupés très court autour des verts qui invitent votre balle à s'enfuir dans l'herbe longue. Ces arbres placés au centre de l'allée qui la rétrécissent d'autant ou retiennent votre balle dans l'herbe longue poussant à leur pied.

Les trous se suivent naturellement et le tracé forme un circuit fluide. Les trous n°s 12, 13 et 14 nous amènent discrètement à l'écart, pour nous faire découvrir un espace balayé par le vent où des plans d'eau s'éparpillent entre des buttons recouverts de foin blond.

La difficulté

Depuis les jalons argents ou blancs, l'évaluation Slope est de 123 pour une distance de 6226 verges. Les verts immenses, fermes, ondulés et rapides demandent du doigté, mais vous devrez faire votre deuil des approches roulées. Le coup de départ qui atterrit dans l'allée est récompensé par un roulement qui flatte l'ego.

Les conditions de jeu

Malgré sa jeunesse, le gazon de type agrostide offre de très bonnes conditions de jeu. Les tertres de départ sont impressionnants.

L'environnement

Dans cette forêt séculaire, les arbres émerveillent par leur taille, leur quantité et leur variété. L'avenir nous dira comment la présence des maisons cossues qui bordent certains trous influencera la tranquillité de l'endroit.

Idéal pour...

Tout le monde. Un terrain à inscrire à l'agenda.

+ NOUS AVONS AIMÉ

Les arbres
Le coup d'œil
La dimension des verts

– NOUS N'AVONS PAS AIMÉ

Le nom unilingue anglais
Les fosses naturelles qui ne servent que des fins esthétiques
Les verts fermes et rapides qui ne retiennent pas la balle du golfeur moyen

Carte de pointage

Trou	1	2	3	4	5	6	7	8	9	Aller	10	11	12	13	14	15	16	17	18	Retour	Total
Bleu	361	518	411	177	411	330	441	510	196	3355	427	515	189	572	394	173	415	152	494	3331	6686
Blanc	327	484	395	164	373	300	401	489	178	3111	411	468	171	525	376	163	400	136	465	3115	6226
Rouge	261	424	350	117	281	248	325	417	136	2559	309	416	137	447	277	132	328	104	414	2564	5123
Normale	4	5	4	3	4	4	4	5	3	36	4	5	3	5	4	3	4	3	5	36	72

Évaluation : ■ **Bleu 71,5 / 129** □ **Blanc 69,6 / 123** ■ **Rouge 64,6 / 111**

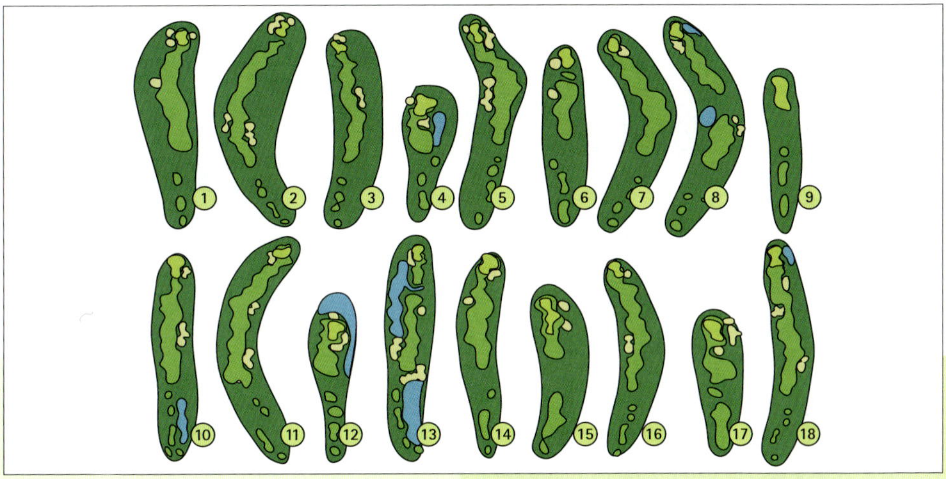

Conditions de jeu

> Verts	●●●●○
> Allées	●●●●○
> Sable	●●●●●
> Herbe longue	●●●●○
> Tertres	●●●●●

Design

> Verts + fosses	●●●●●
> Variété	●●●●●
> Harmonie + équilibre	●●●●●
> Pour tous	●●●●○
> Circuit	●●●●●

Environnement

> Visuel	●●●●●
> Nature	●●●●●
> Calme	●●●●●

Plaisir

> Délassement	●●●●●
> Verts	●●●●●
> Allées	●●●●○
> Tertres	●●●●●
> Manucure	●●●●●
> Entraînement	●●●●●
> Agrément	●●●●●
> Récupération	●●●●●

VERDICT ●●●●●

> Parmi les cinq meilleurs ; à visiter à tout prix.
Bel équilibre entre les conditions de jeu, le dessin et l'environnement.

Temps de jeu suggéré
4 h 00 avec patrouilleurs. Nous verrons avec le temps.

Indications et signalisation
On devra indiquer la distance nous séparant de certains obstacles.

Tenue générale
Excellente.

Aire d'entraînement
Un modèle du genre. Il ne se fait pas mieux. Conditions d'entraînement, présentation, superficie, tout y est et c'est attirant en plus.

Améliorations
Aération et ensoleillement de quelques verts. On s'est procuré de la machinerie spécialisée pour la tonte des verts à paliers.

Au féminin
Pour un terrain de conception récente, la longueur de certaines normales 4 est inacceptable.
Terrain magnifique.

Pavillon
Sa construction devait être achevée en 2003.

Boutique de pro
Sert temporairement de dépanneur.

Tarif : $$$$

TRIANGLE D'OR

Route 221 Sud
Saint-Rémi
J0L 2L0
(514) 877-5033

Sage comme une image

Le Triangle d'Or se trouve à Saint-Rémi, en Montérégie. Ouvert depuis 1970, il a été conçu par l'architecte John Watson.

Un triangle d'or est un triangle isocèle avec deux angles de 72° et un de 36°. Et alors? Eh bien, cette équation a été reprise dans la construction de très grands ouvrages, car elle assurerait l'équilibre des proportions.

Le parcours

De style traditionnel, le parcours plaira à ceux qui aiment les terrains boisés d'arbres matures. Dans la jeune trentaine, il a vu le jour à une époque où les architectes ne faisaient pas dans le spectaculaire. Comme l'espace ne manquait pas, ils pouvaient prendre leurs aises et s'étendre un peu plus en misant sur l'équilibre de chaque trou.

On trouve au Triangle d'Or autant d'allées ouvertes que fermées. Elles font corps avec des pentes douces qui ajoutent juste ce qu'il faut de diversité et d'intérêt. Ce terrain favorise donc la marche. Près des deux tiers des joueurs ont plus de cinquante ans et ils apprécient ce genre d'environnement.

Les verts peu surélevés comptent environ 7000 pieds carrés de pâturin et se protègent au moyen de fosses de sable qui respectent l'équilibre des masses. Loin d'être flamboyants, ils savent se faire oublier, ce qui est typique des verts de cet âge. Cependant, un vent de fraîcheur a soufflé en 2001 alors que certains ont fait l'objet d'une mise à jour. Ils ont été agrandis, tout comme quelques tertres de départ, ce qui a permis d'ajouter deux autres jalons. En effet, les jalons or proposent 6757 verges contre 5717 pour les jalons argent. Ces modifications n'ont toutefois pas modifié l'évaluation Slope des jalons bleus et blancs.

Dans l'allée, de nouvelles fosses de sable et un lac ont été aménagés sur les trous plus ouverts. Cette chirurgie esthétique donne des résultats étonnants, l'opération étant pleinement réussie. Leur emplacement, leur forme et leur dimension procurent un deuxième souffle à ces trous qui retrouvent une vigueur nouvelle.

La difficulté

Le terrain reste fidèle à ceux de sa génération. Vous n'y trouverez pas de trous trop courts ou trop étroits. Les allées retiennent bien les balles coupées, mais ne favorisent pas leur roulement. Les verts représentent une cible invitante, mais ils sont rapides.

Les conditions de jeu

Lors des printemps pluvieux, ce terrain reste détrempé particulièrement longtemps. En temps normal, vous n'aurez pas à vous plaindre des conditions de jeu, même si lors de l'une des visites, le premier neuf supplantait le second.

L'environnement

Ce terrain vieillit bien. Ses arbres, ses grands espaces et sa tranquillité offrent une ambiance qu'il n'est pas toujours possible de retrouver sur les parcours plus récents.

Idéal pour...

Le Triangle d'Or a ce qu'il faut pour satisfaire tout le monde.

+ NOUS AVONS AIMÉ

Son équilibre
Les arbres
Les nouvelles fosses

– NOUS N'AVONS PAS AIMÉ

Les conditions printanières
L'inconstance des conditions entre les deux neuf
Les deux séquences de six trous sans normale 5

Carte de pointage

Trou	1	2	3	4	5	6	7	8	9	Aller	10	11	12	13	14	15	16	17	18	Retour	Total
Bleu	526	390	177	411	371	366	188	513	407	3349	385	398	350	200	392	485	387	155	532	3284	6633
Blanc	514	380	169	385	359	357	179	500	389	3232	363	391	343	178	364	478	360	137	502	3113	6345
Rouge	485	340	157	359	330	322	169	427	346	2935	287	336	316	158	329	428	340	124	474	2792	5727
Normale	5	4	3	4	4	4	3	5	4	36	4	4	4	3	4	5	4	3	5	36	72

Évaluation : ■ **Bleu 71,5 / 126** □ **Blanc 70,2 / 123** ■ **Rouge 67,1 / 116**

Conditions de jeu

- Verts ●●●●○
- Allées ●●●●○
- Sable ●●●●○
- Herbe longue ●●●●○
- Tertres ●●●○○

Design

- Verts + fosses ●●●●○
- Variété ●●●●○
- Harmonie + équilibre ●●●●○
- Pour tous ●●●●○
- Circuit ●●●●○

Environnement

- Visuel ●●●●○
- Nature ●●●●○
- Calme ●●●●○

Plaisir

- Délassement ●●●●○
- Verts ●●●●○
- Allées ●●●●○
- Tertres ●●●○○
- Manucure ●●●●○
- Entraînement ●●●●●
- Agrément ●●●●●
- Récupération ●●●○○

VERDICT ●●●◐○

- Terrain solide qui ne mérite pas beaucoup de reproches.
Améliorations notables.
Conditions variables.

Temps de jeu suggéré
4 h 26 ; temps habituel : 4 h 26, grâce aux horloges et au patrouilleur.

Indications et signalisation
Bonnes.

Tenue générale
Excellente.

Aire d'entraînement
Complète. Une bonne note pour le vert consacré aux coups d'approche et aux sorties de sable.

Améliorations
Retouches aux fosses de sable.

Au féminin
Malgré ses deux jalons de départ, il demeure trop long. Une seule normale 4 compte moins de 300 verges.
Terrain bien tenu.
Bel environnement.

Pavillon
Agréable à fréquenter.

Boutique du pro
Bien équipée.

Tarif : $$$

1145, chemin du Petit-Bernier
Saint-Jean-sur-Richelieu
J3B 6Y8
(450) 346-6767

Fort bien... protégé

Depuis son ouverture en 1996, ce terrain a toujours bénéficié d'une réputation enviable. Comment y a-t-on réussi instantanément ce que d'autres terrains n'atteignent qu'après des années d'efforts?

Le parcours

Le terrain trouve refuge à l'intérieur d'une érablière, ce qui assure ses trous fermés d'un environnement naturel privilégié. Les normales 3, point fort du parcours, forment certes un ensemble solide et homogène que vous garderez en mémoire. Leurs aires de départ soigneusement dessinées, leurs beaux aménagements paysagers et les plans d'eau qui les baignent leur donnent fière allure. Par contre, sans remettre en question le plaisir qu'elles procurent, ajoutons qu'elles auraient mérité plus de variété dans leur distance et leur conception.

Un coup d'œil du côté des normales 4 nous permet cette fois d'apprécier leur variation de longueur. À elles seules, elles permettent au golfeur d'utiliser la plupart de ses bâtons. Dix trous coudés se fraient un chemin à travers le bois pour refroidir les ardeurs des plus audacieux. Malheureusement, sept d'entre eux tournent vers la droite. Les monticules qui ponctuent certaines allées améliorent le paysage et incitent votre balle à rester en jeu.

La difficulté

Vallée des Forts égale précision. Avec des allées fermées, 12 hors-limite et de l'eau sur 14 trous, ne vous attendez à rien de moins qu'une grosse journée de travail, même à partir des jalons blancs. Dans ces conditions, les tertres arrière à 6732 verges représentent tout un défi.

Les conditions de jeu

Jusqu'à tout récemment, ce terrain jouissait d'une bonne réputation, mais les dernières années ont été plus difficiles. Malgré tout, les tertres de départ brillent et l'herbe longue est sans reproche, aussi bien près de l'allée qu'autour des verts. Ces derniers impressionnent dans un endroit aussi boisé.

L'environnement

Les arbres ne sont pas gigantesques et ils ont beaucoup souffert de la tempête de verglas de janvier 1998. Heureusement, ils sont nombreux et vous assurent paix et tranquillité.

En vrac

Ce terrain a du caractère et beaucoup de signes distinctifs. Qu'il suffise de mentionner le tertre de départ double pour les trous n°s 4 et 9. L'illusion d'optique du 14e trou qui laisse croire à un vert double. L'abri en forme de stalles à chevaux construit avec les arbres abattus par le verglas. Les îles jumelles qui accueillent le vert de deux normales 3.

Idéal pour...

Le golfeur expérimenté. Si vous souhaitez épater la galerie avec vos longs coups, apportez quelques balles supplémentaires, juste au cas où...

+ NOUS AVONS AIMÉ

L'environnement
La tranquillité
Le confort que procure
la combinaison voiturette-sentiers

– NOUS N'AVONS PAS AIMÉ

Les sous-bois
Les innombrables hors-limite
La condition des allées

Carte de pointage

Trou	1	2	3	4	5	6	7	8	9	Aller	10	11	12	13	14	15	16	17	18	Retour	Total
Bleu	544	403	343	420	160	516	197	396	392	3372	521	169	353	390	552	185	342	385	463	3360	6732
Blanc	525	365	325	390	141	467	174	333	375	3095	482	153	323	365	533	153	329	342	411	3091	6186
Rouge	424	301	254	337	108	404	130	247	310	2515	426	96	249	305	437	114	322	273	334	2556	5071
Normale	5	4	4	4	3	5	3	4	4	36	5	3	4	4	5	3	4	4	4	36	72

Évaluation : ■ **Bleu 72,1 / 125** □ **Blanc 70,2 / 120** ■ **Rouge 69,8 / 116**

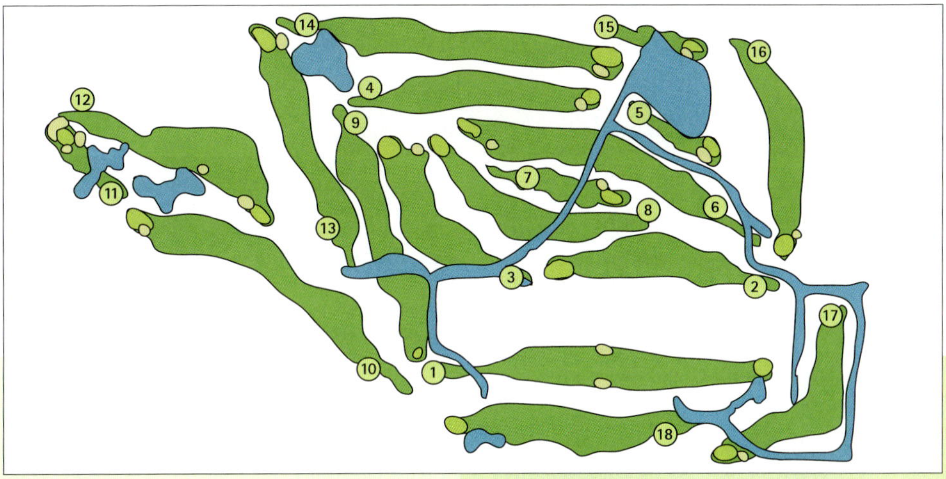

Conditions de jeu

- Verts ●●●●○
- Allées ●●○○○
- Sable ●●●○○
- Herbe longue ●●●●●
- Tertres ●●●●●

Design

- Verts + fosses ●●●○○
- Variété ●●●●●
- Harmonie + équilibre ●●●●○
- Pour tous ●●○○○
- Circuit ●●●●○

Environnement

- Visuel ●●●●●
- Nature ●●●●○
- Calme ●●●●●

Plaisir

- Délassement ●●●●○
- Verts ●●●●●
- Allées ●●●○○
- Tertres ●●●●●
- Manucure ●●●●●
- Entraînement ●●●●○
- Agrément ●●●●●
- Récupération ●●●○○

VERDICT ●●●◐○

- Ce terrain a tellement de charme qu'on lui pardonne facilement ses petits défauts.

Temps de jeu suggéré

4 h 30 ; temps réel : 4 h 45 avec cartes de pointage poinçonnées, horloges et patrouilleur.

Accueil

Chaleureux.

Aire d'entraînement

Un peu en retrait, mais tout y est.

Au féminin

Cinq trèfles pour les normales 3.
Des jalons jaunes à 5520 verges et des rouges à 5071.
Nécessite une habileté certaine.

Pavillon

Une cabane à sucre avec un toit orange…

Boutique du pro

Assez bien garnie.

Divers

Le nettoyage des sous-bois fait partie de la tâche quotidienne des employés.
Avant de prendre la direction de Saint-Jean-sur-Richelieu, assurez-vous du trajet à emprunter.

Tarif : $$$

3350, Bord de l'Eau
Saint-Timothée
J6S 6E1
(450) 373-2076
1 800 561-2935

Pépinière

Fondé en 1950, ce terrain semi-privé produit depuis plusieurs années quelques-uns des meilleurs golfeurs de la province. Lors d'une première visite, par un temps fort inclément, j'ai rencontré plusieurs joueurs qui n'attendaient qu'une amélioration des conditions pour prendre d'assaut le parcours.

Le parcours

Ce parcours repose sur une base de glaise. Il devient dur comme de la brique après trois jours d'ensoleillement ou complètement détrempé si la pluie insiste un peu. Très conscients du problème, les actionnaires ont débloqué des sommes importantes pour effectuer des travaux de drainage.

Les allées montrent une préférence marquée pour la ligne horizontale ou très légèrement inclinée. Elles endurent la présence de fossés d'égouttement qui, c'est à espérer, disparaîtront avec les travaux de drainage. Les fosses de sable y restent timides en tout temps. Les verts déçoivent et leur réputation ne tient certainement pas à leur dessin. Leur dimension varie de moyenne à petite et leur forme circulaire les sert très mal lorsqu'ils se fixent au même niveau que l'allée. Ceux qui s'élèvent un peu et s'entourent de fosses de sable profondes sont mieux réussies.

Les allées manquent de variété avec leurs arbres plantés en ligne, leur découpage rectiligne et leur disposition selon un seul axe. Comme elles se côtoient à cinq ou six de largeur, elles deviennent rapidement redondantes. Heureusement, vous n'avez pas à parcourir ces trous parallèles successivement, mais leur proximité dérange à plus d'un point de vue.

La difficulté

Il ne fait aucun doute que Valleyfield a des dents. D'un côté, ses petits verts pentus ou ondulés maintiennent une vitesse de 9,5 évaluée par l'instrument de mesure Stimp. De l'autre, des hors-limite gardent la gauche des six premiers trous. Finalement, on y trouve tout de même huit obstacles d'eau. Il n'en demeure pas moins que l'évaluation Slope ne s'élève qu'à 123 pour les 6313 verges des jalons bleus. Comme les arbres ne forment pas de boisés, il est facile de trouver les balles qui ratent l'allée et de les frapper.

Les conditions de jeu

La condition des verts surpasse la moyenne et vous aurez besoin de toute votre attention pour la lecture des roulés. Les tertres de départ, sans être des premiers de classe, ne sont quand même pas des élèves à problème. Les allées et l'herbe longue ne sont pas à la hauteur de leur réputation. Celles qui ont fait l'objet de travaux de drainage font meilleure figure, mais le gazon présente plusieurs manques.

L'environnement

Les terrains de cet âge profitent de la présence d'arbres matures. Ils ajoutent au plaisir et contribuent non seulement à la beauté du tracé, mais également à sa difficulté. Ils brisent la monotonie créée par des allées en parallèle.

Idéal pour...

Les résidents de Valleyfield.

+ NOUS AVONS AIMÉ

La condition des verts
Terrain calibré pour tous les joueurs
Quatre jalons de départ

– NOUS N'AVONS PAS AIMÉ

La condition variable des allées
Le dessin des fosses d'allée
Le dessin général dont on se lasse rapidement

Carte de pointage

Trou	1	2	3	4	5	6	7	8	9	Aller	10	11	12	13	14	15	16	17	18	Retour	Total
Bleu	367	377	169	353	141	494	382	470	420	3173	148	375	412	388	488	303	344	174	508	3140	6313
Blanc	356	367	155	341	141	480	360	450	375	3025	140	360	340	379	472	282	310	162	498	2943	5968
Rouge	344	307	148	328	130	413	330	432	325	2757	134	302	321	322	425	259	295	151	442	2651	5408
Normale	4	4	3	4	3	5	4	5	4	36	3	4	4	4	5	4	4	3	5	36	72

Évaluation : ■ Bleu 70,8 / 123 □ Blanc 69,4 / 120 ■ Rouge 72,5 / 122

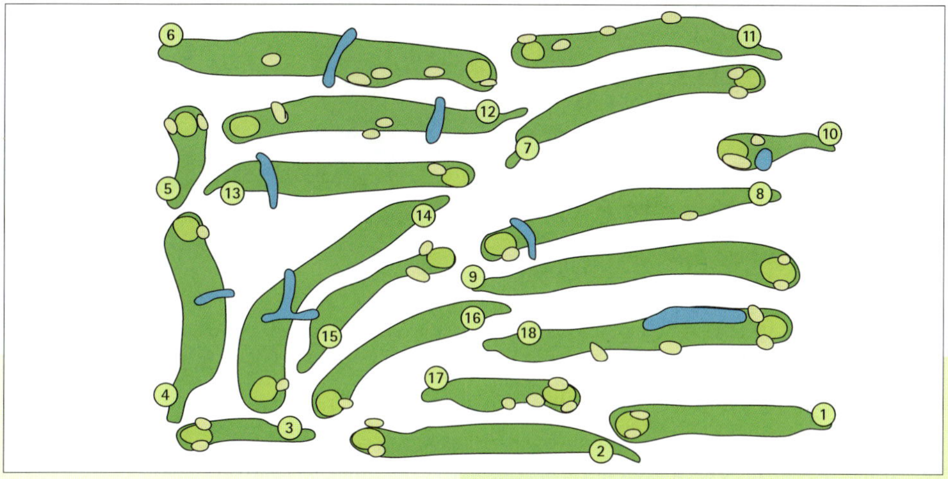

Conditions de jeu

Verts	●●●●○
Allées	●●●○○
Sable	●●●●○
Herbe longue	●●●○○
Tertres	●●●○○

Design

Verts + fosses	●●●○○
Variété	●●○○○
Harmonie + équilibre	●●●○○
Pour tous	●●●●○
Circuit	●●○○○

Environnement

Visuel	●●●●○
Nature	●●●●○
Calme	●●●●○

Plaisir

Délassement	●●●●○
Verts	●●○○○
Allées	●●●●○
Tertres	●●●○○
Manucure	●●●○○
Entraînement	●●●○○
Agrément	●●●●○
Récupération	●●●●○

VERDICT ●●●○○

> Terrain dans la moyenne avec une réputation surfaite.

Temps de jeu suggéré
4 h 10.

Accueil
Correct.

Tenue générale
Bonne.

Aire d'entraînement
Correcte.

Améliorations
Installation d'un système d'irrigation.

Au féminin
Un peu long : 80 % des normales 4 ont plus de 300 verges...
Pour le reste, degré de difficulté raisonnable.
Terrain équitable.

Pavillon
Les membres s'y retrouvent volontiers.

Boutique du pro
Complète. Vous ne manquerez de rien.

Pépinière...
De bons golfeurs.

Tarif : $$$

VAUDREUIL

1126, chemin Saint-Antoine
Vaudreuil-Dorion
J7V 8P2
(450) 455-2731

De l'électricité dans l'air

Ouvert depuis 1971, ce parcours semi-privé occupe un site naturel tout à fait indiqué pour le golf. Il assure ses membres d'un départ la fin de semaine, mais donne aux autres la chance de réserver cinq ou six jours à l'avance.

Le parcours

Ce parcours ne porte pas les traces du travail d'un architecte. La distribution des normales fait non seulement défaut, elle est maladroite. Prenez plutôt connaissance des données suivantes: du 2e au 15e trou, nous avons droit à une séquence de 14 trous sans normale 5, puis on vous en colle 2 aux 16e et 18e trous; 4 normales 4 consécutives défilent du 2e au 5e trou, alors que les 6e et 8e trous accueillent des normales 3. Ailleurs, on trouve quatre trous coudés, mais ils tournent tous vers la gauche et trois normales 3 ont la même longueur. À quelques reprises, le mauvais dessin des trous expose un vert ou un tertre de départ aux balles provenant d'ailleurs. On a dû ériger des écrans protecteurs pour éviter le pire.

Les verts n'arrangent rien avec leur forme circulaire, leur petite taille et leur inclinaison exagérée. Dieu merci, les allées offrent des dénivellations qui génèrent de l'intérêt pendant la partie et qui donnent du caractère au terrain. Elles ajoutent une couleur locale à l'ensemble, sans rendre la marche difficile pour autant. En voiturette motorisée, le golfeur doit négocier avec les innombrables fossés d'égouttement qui stigmatisent chacune des allées.

La difficulté

La présence d'arbres rétrécit la largeur des allées et vous devrez faire preuve de précision. C'est sans compter que les petits verts ondulés sont bien protégés par des fosses de sable.

À gauche des allées n°s 1, 2, 3, 4 et 14 et à droite des allées n°s 10, 11 et 12, un hors-limite ne demande pas mieux que de vous rencontrer.

Les conditions de jeu

Que l'on parle des allées, des verts, de l'herbe longue ou des fosses de sable, lors de la visite, ils étaient tous en mauvais état. Les manques répétés dans le gazon, l'insuffisance de sable dans les fosses et un manucure déficient ne laissent aucune chance au… golfeur.

L'environnement

Répétons-le, le site naturel a tout ce qu'il faut pour accueillir un beau terrain de golf. À l'automne, la petite érablière du 12e trou est tout simplement irrésistible.

Mais les lignes de transport d'électricité empoisonnent le paysage. On en trouve au milieu des allées, à l'arrière des verts, le long des trous. Elles défigurent complètement un terrain qui n'avait surtout pas besoin de cela.

Idéal pour…

On ne peut nier les qualités intrinsèques de ce parcours, s'il retrouve un semblant de bonne forme. Il pourra alors intéresser le golfeur qui sait oublier tours et lignes électriques.

+ NOUS AVONS AIMÉ

- Le site naturel
- Les arbres
- Quelques allées plus accidentées

– NOUS N'AVONS PAS AIMÉ

- Les conditions de jeu
- Le dessin des verts
- La distribution des trous
- Les fils électriques

Carte de pointage

Trou	1	2	3	4	5	6	7	8	9	Aller	10	11	12	13	14	15	16	17	18	Retour	Total
Bleu	508	380	311	356	306	204	361	166	406	2998	399	169	355	164	293	395	484	146	478	2883	5881
Blanc	495	368	303	344	298	184	351	152	395	2890	394	155	339	136	279	387	471	130	467	2758	5648
Rouge	458	352	282	316	267	148	288	131	389	2631	380	140	322	92	263	358	398	114	455	2522	5153
Normale	5	4	4	4	4	3	4	3	4	35	4	3	4	3	4	4	5	3	5	35	70

Évaluation : ■ Bleu 68,2 / 112 □ Blanc 66,5 / 108 ■ Rouge 68,2 / 112

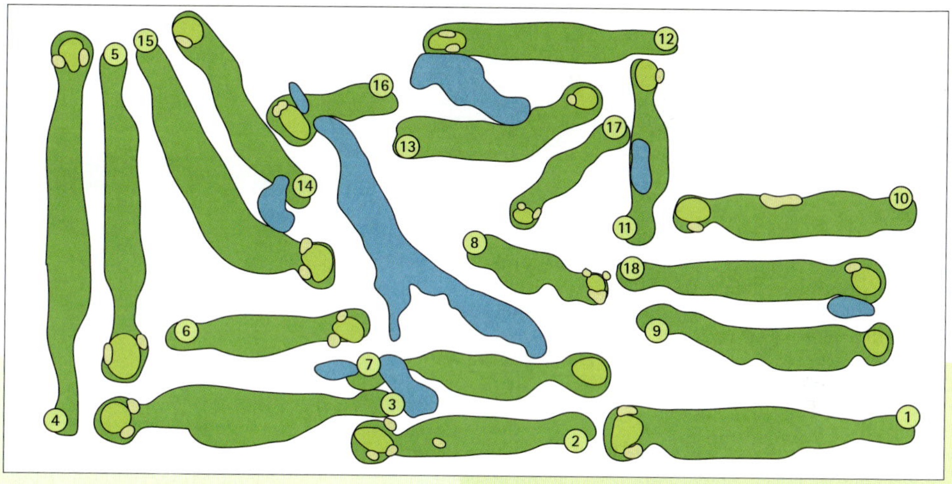

Conditions de jeu

- Verts ●○○○○
- Allées ●○○○○
- Sable ●○○○○
- Herbe longue ●○○○○
- Tertres ●●○○○

Design

- Verts + fosses ●○○○○
- Variété ●○○○○
- Harmonie + équilibre ●●●○○
- Pour tous ●●●●●
- Circuit ●○○○○

Environnement

- Visuel ●○○○○
- Nature ●●●●○
- Calme ●●●●○

Plaisir

- Délassement ●●○○○
- Verts ●○○○○
- Allées ●●○○○
- Tertres ●●○○○
- Manucure ●○○○○
- Entraînement ●●●●●
- Agrément ●●●○○
- Récupération ●●●○○

VERDICT ●◐○○○

- Les irritants sont trop nombreux.

Temps de jeu suggéré

4 h 15 ou 4 h 30, selon l'endroit où vous regardez sur la carte...

Accueil

Correct.

Indications et signalisation

À améliorer entre les trous. Les graphiques de départ sont mieux.

Aire d'entraînement

Spacieuse et bien aménagée.

Améliorations

Des travaux étaient en cours lors du rendez-vous, mais ils ne pourront jamais faire disparaître les principaux irritants.

Au féminin

Des normales 4 invraisemblables (352, 389, 380, 358 verges).

Un environnement Hydro-Québec.

Terrain en mauvais état.

Boutique du pro

Elle ne vous laissera pas tomber.

Tarif : $$

VERCHÈRES

250, montée du Moulin
Verchères
J0L 2R0
(450) 283-3319

Des réserves

Vers 1975, un cultivateur décide d'aménager à même son érablière un parcours de 18 trous qu'il appellera le Verchères bleu. Content du résultat, il récidive un peu plus tard avec deux autres neuf trous. Installé sur un site naturel digne d'intérêt, le Verchères fait l'objet de l'analyse.

Le parcours

Il n'est pas nécessaire d'être un bon golfeur pour être un bon architecte de golf, mais la conception d'un parcours de golf reste complexe. On ne peut s'en tirer avec des verts sous-dimensionnés, en forme de dos de cuillère et qui semblent avoir été plantés là après coup. Loin de servir d'aboutissement naturel ou de constituer le point culminant du trou, ils se chargent alors d'en gâcher quelques-uns.

Il faut aussi pouvoir capitaliser sur pareille quantité d'arbres. Aussi, des allées mal définies, un peu floues n'ont pas leur place.

La difficulté

L'expression qui veut que tout se joue autour des verts prend toute sa signification à Verchères. Ils sont si difficiles à atteindre que le jeu se déroule forcément autour d'eux... Leur petite taille explique à elle seule le peu de fosses de sable qui les protègent. Finalement, certaines allées moins larges et d'autres qui longent un hors-limite invitent le golfeur à la prudence.

Les conditions de jeu

Lors d'une visite printanière, les tertres de départ étaient presque chauves et les allées ne paraissaient guère mieux. Cependant, lors de la deuxième visite, automnale celle-là, la situation s'était drôlement améliorée. Les verts roulent bien et en général, leur vitesse est bien adaptée à leur dimension. Des travaux importants ont été réalisés récemment, notamment sur le plan du drainage. Les propriétaires continuent d'investir et l'achat d'une nouvelle faucheuse fait toute une différence dans les allées.

L'environnement

Le paysage est le point fort du Verchères. Des arbres de différentes espèces viennent agrémenter la promenade. Cet endroit calme permet vraiment de profiter du séjour en nature.

Parcours Madeleine rouge

Les commentaires émis sur le Verchères s'appliquent *mutatis mutandis* au neuf de retour du Madeleine. À l'aller, cependant, le paysage diffère complètement. Des allées larges et sans dénivellation rendent la perte de balle improbable. On a donc profité de l'automne 2002 pour creuser des lacs, aménager des fosses de sable et transplanter des arbres.

C'est le genre de tracé qui, nature en moins, peut vous donner un avant-goût du sport. Situé à l'écart, à côté du terrain d'exercice, loin de la circulation plus dense des autres trous, c'est un bon endroit pour apprendre à jouer.

Idéal pour...

Les golfeurs moins aguerris qui pourront choisir le parcours qui leur convient le mieux.

+ NOUS AVONS AIMÉ

Les arbres
La tranquillité
Le site naturel

– NOUS N'AVONS PAS AIMÉ

Les verts minuscules
Les conditions de jeu variables
Les voiturettes motorisées qui émettent une odeur d'essence désagréable

Carte de pointage

Trou	1	2	3	4	5	6	7	8	9	Aller	10	11	12	13	14	15	16	17	18	Retour	Total
Bleu	355	448	285	395	130	515	373	340	142	2983	385	390	575	155	315	475	210	425	195	3125	6108
Blanc	280	437	275	385	115	500	363	328	133	2816	360	369	555	150	265	460	175	400	175	2909	5725
Rouge	210	388	260	340	92	420	316	310	120	2456	345	308	495	110	255	402	108	390	165	2578	5034
Normale	4	5	4	3	4	3	4	5	4	36	4	4	4	4	3	5	3	4/5	4	35/36	71/72

Évaluation : ■ Bleu 69 / - □ Blanc 68 / - ■ Rouge 71 / -

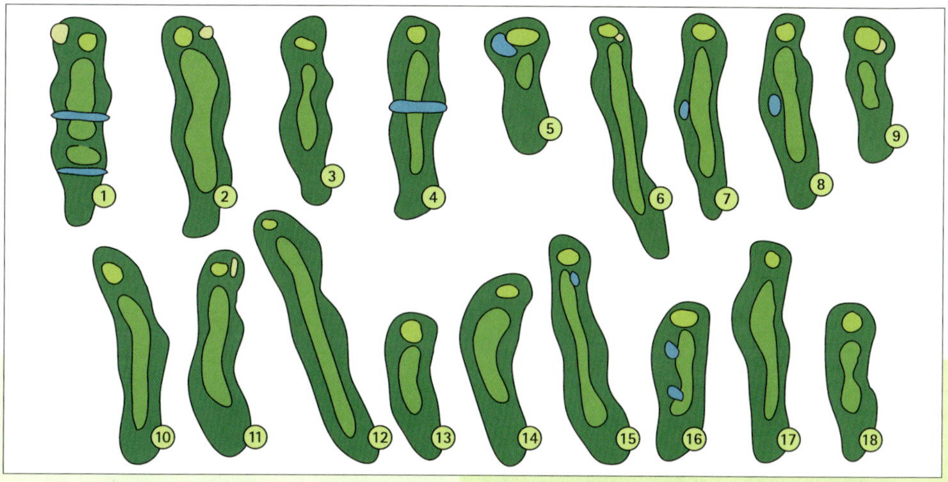

Conditions de jeu

- Verts ●●●○○
- Allées ●●○○○
- Sable ●●○○○
- Herbe longue ●●○○○
- Tertres ●○○○○

Design

- Verts + fosses ●○○○○
- Variété ●●○○○
- Harmonie + équilibre ●●○○○
- Pour tous ●●●○○
- Circuit ●○○○○

Environnement

- Visuel ●●●●○
- Nature ●○○○○
- Calme ●●●●●

Plaisir

- Délassement ●●○○○
- Verts ●○○○○
- Allées ●●●○○
- Tertres ●○○○○
- Manucure ●○○○○
- Entraînement ●●●○○
- Agrément ●●○○○
- Récupération ●●●●●

VERDICT ●●○○○

- Terrain intéressant pour les débutants.
  Conditions de jeu perfectibles.
  Polyvalence d'un 36 trous.

Temps de jeu suggéré

Environ 4 h 45.

Indications et signalisation

Correctes.

Améliorations

Paufinement du travail amorcé sur le Madeleine.

Au féminin

Intéressant pour les golfeuses débutantes ou occasionnelles.
Plusieurs normales 4 sont bien adaptées, d'autres beaucoup trop longues.

Boutique du pro

Rudimentaire ; l'accueil excellent.

Divers

Les professionnels québécois y tiennent un tournoi du type Pro-Am à l'automne.
Achalandage: important. Plutôt fréquenté par le golfeur occasionnel.
Commodités essentielles: tout y est.

Tarif : $$

QUÉBEC

5
9
3
16
1
14
73
354
Saint-Alban
367
365
Sainte-Catherine-
de-la-Jacques-Cartier
371
Stoneham
Val-Cartier
Sainte-Brigitte-
de-Laval
Pont-Rouge
369
73
Lac Beauport
11
138
40
Loretteville
Charlesbourg
13
360
Saint-Ferréol
138
573
Beauport
Boischâtel
Beaupré
Cap-Rouge
Sainte-Foy
Saint-Laurent
6
12
4
7
2
10
15
8

1. > ALPIN
Sainte-Brigitte-de-Laval
2. > CAP-ROUGE
Québec (secteur Cap-Rouge)
3. > CASTOR
Val-Cartier
4. > DES PINS
Saint-Alban
5. > LAC-SAINT-JOSEPH
Sainte-Catherine-de-la-Jacques-Cartier
6. > L'ALBATROS
Québec (secteur Sainte-Foy)
7. > LE GRAND PORTNEUF
Pont-Rouge
8. > LE GRAND VALLON
Beaupré
9. > LORETTE
Québec (secteur Loretteville)
10. > MONTMORENCY
Québec (secteur Beauport)
11. > MONT-TOURBILLON
Lac-Beauport
12. > ROYAL CHARBOURG
Québec (secteur Charlebourg)
13. > ROYAL QUÉBEC
Boischâtel
14. > SAINT-FERRÉOL
Saint-Ferréol
15. > SAINT-LAURENT
Saint-Laurent
16. > STONEHAM
Stoneham

ALPIN

20, rue Tremblay
Sainte-Brigitte-de-Laval
G0A 3K0
(418) 825-3108

Pas si alpestre que ça

Le Club de golf Alpin est situé à Sainte-Brigitte-de-Laval, à une vingtaine de minutes de Québec. Il est ouvert depuis 1962. Ne vous laissez pas intimider, il n'a d'alpin que le nom.

Le parcours

Le circuit se déploie au pied d'une montagne qui ne passe pas inaperçue. Lors d'une première visite, elle peut même être intimidante puisqu'elle laisse croire aux pires scénarios. Rassurez-vous, vous n'aurez pas besoin de sherpa puisque les allées s'arrêtent avant de vous obliger à entreprendre son ascension. Sa présence reste remarquable, car elle surplombe la plupart des trous.

Le deuxième trait de caractère de l'Alpin se manifeste dans ses ensembles verts/fosses de sable. Ils font bonne impression, mais on aura tôt fait de réaliser qu'il s'agit d'un dessin astucieux, destiné à cacher le relief plat de verts au ras du sol. Par contre, ils présentent une belle variété de formes et de dimensions. Les fosses menacent en raison de leur profondeur et de leur rebord. Les intrus pourraient regretter longtemps leur visite.

À partir de tertres de départ surélevés, vous tenterez d'atteindre des allées semi-fermées par des arbres. Mieux vaut rester dans le droit chemin. Les allées où de gros conifères solitaires viennent rétrécir le corridor d'approche au vert se démarquent. Malheureusement, trop d'allées rectilignes sont placées parallèlement et face à la montagne. Pour cette raison ajoutée au relief peu accidenté, une impression de déjà vu s'installe rapidement. Les deux normales 5 consécutives des 15e et 16e trous ne font rien pour améliorer la situation.

La difficulté

Considérant la largeur des allées et la longueur totale du parcours, l'herbe longue manque de mordant. Avec 6332 verges à partir des jalons les plus éloignés et 6080 verges des jalons blancs, ce terrain n'entre pas dans la catégorie des longs parcours. Les évaluations Slope de 122 et de 119 semblent exagérées.

Les conditions de jeu

En temps normal, les conditions de jeu sont bonnes, particulièrement sur les verts. Cependant, lors de la visite, le parcours portait encore les traces d'un printemps capricieux.

On trouve des tertres de départ de toutes les dimensions ; évidemment, les plus grands résistent mieux à l'achalandage habituel.

L'environnement

Sur les premiers trous, la montagne nous fait face et s'attire tout notre respect et notre admiration. Puis, on réalise avec plaisir que le terrain est en fait ceinturé de plusieurs autres élévations. Si vous n'aviez qu'une partie à y jouer pendant l'année, l'automne serait évidemment le meilleur choix. Dans pareil décor naturel, vous pourriez rencontrer les canards sauvages qui, d'année en année, profitent de l'hospitalité de l'Alpin. Un couple de faucons pèlerins a d'ailleurs adopté l'endroit.

Idéal pour...

Ce terrain devrait convenir à la majorité.

+ NOUS AVONS AIMÉ

Les terribles fosses de sable qui protègent les verts
Les superbes montagnes qui entourent le parcours
Les allées qui ne sont pas planes

– NOUS N'AVONS PAS AIMÉ

Les allées en parallèle
Le dessin répétitif des trous
Les conditions de jeu variables

Carte de pointage

Trou	1	2	3	4	5	6	7	8	9	Aller	10	11	12	13	14	15	16	17	18	Retour	Total
Bleu	414	396	509	157	361	472	180	362	380	3231	189	427	363	137	383	485	554	162	401	3101	6332
Blanc	399	379	495	142	348	460	170	334	356	3083	178	407	349	132	378	477	532	153	390	2996	6079
Rouge	346	364	407	127	317	390	162	317	347	2777	167	387	297	127	366	440	456	122	346	2708	5485
Normale	4	4	5	3	4	5	3	4	4	36	3	5	4	3	4	5	5	3	4	36	72

Évaluation : ■ Bleu 68 / 129 □ Blanc 66 / 120 ■ Rouge 69 / 119

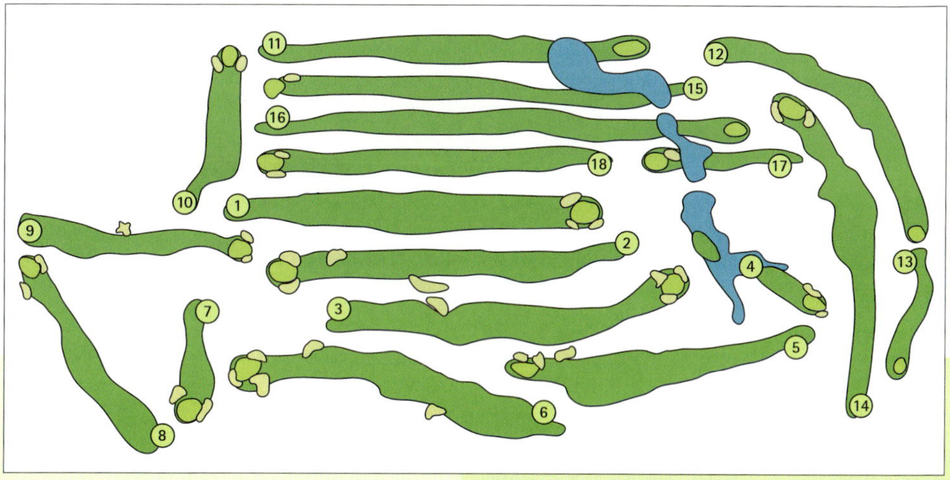

Conditions de jeu

- Verts ●●●○○
- Allées ●●●○○
- Sable ●●●○○
- Herbe longue ●●●○○
- Tertres ●●●○○

Design

- Verts + fosses ●●●○○
- Variété ●●○○○
- Harmonie + équilibre ●●●●○
- Pour tous ●●●●○
- Circuit ●●●○○

Environnement

- Visuel ●●●●○
- Nature ●●●●○
- Calme ●●●●○

Plaisir

- Délassement ●●●●○
- Verts ●●●○○
- Allées ●●●○○
- Tertres ●●●○○
- Manucure ●●●○○
- Entraînement ●●●●○
- Agrément ●●●●○
- Récupération ●●●●○

VERDICT ●●●○○

- Terrain dans la moyenne qui profite d'un environnement supérieur.

Temps de jeu suggéré

4 h 30.

Accueil

Très bon et les employés sont attentionnés.

Indications et signalisation

À améliorer.

Tenue générale

Excellente.

Aire d'entraînement

Convient parfaitement mais elle est située trop près du 9e trou.

Au féminin

Vous aimerez l'environnement, l'ambiance et le pavillon (la nourriture aussi).

Vous aimerez moins les normales 4 de 346, 364, 347, 366, 346 verges, alouette.

Pavillon

A été refait à neuf il y a quelques années.

Boutique du pro

Est cédée à concession. Elle est complète et semble axée sur le service.

Divers

Une journée de pluie m'a permis de constater que l'achalandage y est important.

Tarif : $$$$

CAP-ROUGE

4600, Saint-Félix
Québec (secteur Cap-Rouge)
G1Y 3B3
(418) 659-4871

Ça sent le golf

Ouvert depuis 1959, ce parcours semi-privé est situé en milieu urbain. À Cap-Rouge, on se plaît à dire qu'on offre la nature en ville, les moustiques en moins. Le slogan, « bien meilleur que la normale », est probablement mérité, mais cela ne laisse que quelques droits de jeu disponibles quotidiennement pour le grand public.

Le parcours

C'est un terrain traditionnel, avec des allées semi-fermées et plutôt planes. Les arbres qui les ceinturent ne font jamais relâche, parmi eux une riche variété de feuillus. Parfois légèrement distancés, ils se transforment au gré des trous en boisé ou en forêt dense. Il s'agit d'un parcours facile où il est agréable de marcher. Malgré quelques allées moins larges, le golfeur peut en général s'élancer sans retenue ou presque.

La couleur des allées contraste légèrement avec les lisières latérales d'herbe longue. Elles donnent accès à des verts d'ordinaire étroits et rapides, bien protégés par de vastes fosses de sable blanc. En arrière-plan, les arbres aident à bien camper ces ensembles. En moyenne, on compte 7000 pieds carrés pour chaque vert.

On peut dire que les distances sont biens réparties à l'intérieur de chaque catégorie de normales. Ainsi, les normales 3 varient de 153 à 185 verges et les normales 4 s'échelonnent de 325 à 410 verges. Avec l'aide des arbres et de neuf trous coudés, il faut parler d'un parcours solide où la diversité ne manque pas.

La difficulté

Malgré la présence des arbres, le défi reste abordable, car le terrain accepte certains écarts de conduite. Ce sera du moins l'avis du golfeur moyen. C'est ainsi que les jalons blancs montrent une évaluation Slope de 119.

Il n'en demeure pas moins que les jalons bleus totalisent 6756 verges, contre 6297 pour les jalons blancs. Comme le terrain est situé sur un plateau à proximité du fleuve, le vent devient un facteur déterminant sur plusieurs trous. Ensuite, c'est du côté des verts pentus et rapides qu'il faudra porter son attention. On compte 50 fosses de sable de bonne dimension et au retour, elles se concentrent dans l'entourage immédiat des verts. Seulement quatre trous sont affectés par un plan d'eau.

Les conditions de jeu

Elles constituent depuis quelques années le fer de lance du Cap-Rouge. Les tertres de départ font l'objet d'un découpage sobre et le dessin des allées est souligné par une tonte de gazon efficace. L'état des verts vous permet de porter toute votre attention sur l'objectif et vous laisse sans excuse en cas d'échec.

L'environnement

On ne peut apercevoir le fleuve, pourtant tout près, qu'à partir du pavillon qui sert d'observatoire. Pour un terrain en milieu urbain, les arbres ne manquent pas et à l'automne, spécifiquement, les couleurs sont un pur ravissement.

Idéal pour...

Tous ceux qui ont un faible pour les terrains traditionnels.

+ NOUS AVONS AIMÉ

Les arbres magnifiques
Le défi classique
La qualité de la majorité des trous

– NOUS N'AVONS PAS AIMÉ

Les heures de départ pas toujours faciles à obtenir
Quelques trous qui manquent d'inspiration
La proximité des quartiers résidentiels

Carte de pointage

Trou	1	2	3	4	5	6	7	8	9	Aller	10	11	12	13	14	15	16	17	18	Retour	Total
Bleu	390	518	230	395	418	353	195	575	427	3501	400	525	356	185	381	427	347	177	457	3255	6756
Blanc	375	462	185	371	366	338	160	561	410	3228	389	485	341	171	362	400	325	153	443	3069	6297
Rouge	280	427	156	344	337	283	105	483	347	2762	320	442	282	129	284	364	298	135	400	2654	5416
Normale	4	5	3	4	4	4	3	5	4	36	4	5	4	3	4	4	4	3	5	36	72

Évaluation : ■ **Bleu 72 / 124** □ **Blanc 70 / 119** ■ **Rouge 70,6 / 117**

Conditions de jeu

Verts	●●●●○
Allées	●●●○○
Sable	●●●●○
Herbe longue	●●●●●
Tertres	●●●●○

Design

Verts + fosses	●●●●○
Variété	●●●●○
Harmonie + équilibre	●●●●●
Pour tous	●●●●●
Circuit	●●●●●

Environnement

Visuel	●●●●○
Nature	●●●●○
Calme	●●●○○

Plaisir

Délassement	●●●●●
Verts	●●●●●
Allées	●●●●●
Tertres	●●●●○
Manucure	●●●●○
Entraînement	●●●●○
Agrément	●●●●○
Récupération	●●●●○

VERDICT ●●●●○

Beau terrain traditionnel qui présente d'excellentes conditions de jeu avec un degré de difficulté modéré.

Temps de jeu suggéré

4 h 15 ; temps habituel : 4 h 30.

Accueil

Bon.

Indications et signalisation

Bonnes.

Tenue générale

Très bonne.

Aire d'entraînement

Elle comprend fosse de sable et vert d'exercice.

Améliorations

Des travaux sont en cours sur quelques tertres de départ.

Au féminin

Le plus long parcours de la région, et ce n'est malheureusement pas une qualité. Les normales 4 varient entre 280 et 364 verges.

Pavillon

Spacieux, on y mange bien, mais c'est dispendieux.

Boutique du pro

Complète.

Tarif : $$$$

CASTOR

Base militaire de Val-Cartier
Val-Cartier
G0A 4Z0
(418) 844-3272

De base...

Le Castor est la propriété du ministère de la Défense nationale et il se trouve sur la base militaire des Forces canadiennes à Val-Cartier. Dans les années 1950, cet espace servait de zones de manœuvre pour l'escadron A du 8th Canadian Hussars. Son nom rappelle le travail de défrichage qu'a dû effectuer le Royal 22e Régiment pour développer le site. C'est à se demander si c'est de là que provient l'expression « jouer du golf militaire », gauche-droite, gauche-droite. En 1971, le parcours de 18 trous a été complété, alors qu'il ne comptait qu'un neuf depuis 1964.

Le parcours

Les allées placées en rang une à côté de l'autre, bien droites, planes, le corps raide et les oreilles molles, sont prêtes pour l'inspection ! Le visiteur pourrait se sentir comme un général qui passe ses troupes en revue. Bien que l'histoire ne le dise pas, il n'est pas impossible que ce terrain ait été dessiné par un haut gradé.

Les objectifs (verts) sont marqués d'un drapeau. Parce qu'ils se savent à découvert, en terrain plat et faciles à prendre, ils utilisent une technique de camouflage pour se protéger. Cela consiste à rester au même niveau que l'allée pour se confondre avec elle, en adoptant des couleurs similaires. L'effet est réussi. Cependant, le dernier rapport de nos éclaireurs mentionne que certains verts ont établi leur campement sur un plateau et qu'il faudra redoubler de prudence à leur approche.

Le second neuf plaît davantage. De conception plus récente, il s'impose comme l'arme principale de ces effectifs, n'ayant pas craint de sortir des sentiers battus.

La difficulté

Les troupes peuvent progresser rapidement, car il n'y a rien à signaler sur le front, pas de mine ni d'embuscade. Vous ne risquez pas de mourir au champ d'honneur, car il s'agit pratiquement du repos du guerrier. Seules les allées à découvert restent vulnérables aux attaques éoliennes.

Les conditions de jeu

Les fosses contiennent trop de cailloux, mais ce problème devait être réglé à la fin de 2003. Les pistes de décollage (tertres) ne sont pas toujours en parfait état. Les verts paraissent mieux, alors que les allées se situent dans la bonne moyenne.

L'environnement

Dans les années 1950, les membres d'un escadron équipèrent deux chars d'assaut d'une lame butoir pour dégager une piste de ski. C'est au pied de cette montagne, le mont Brillant, que les allées sont cantonnées.

En vrac

C'est connu, on a un code d'honneur dans l'armée. Ainsi, au trou nº 3 on demande de laisser les dames frapper en premier.

Il faut faire marche arrière trop souvent pour avoir accès au prochain départ, ce qui augmente le danger inutilement.

Idéal pour...

Sa popularité (on y joue pas moins de 36 000 parties annuellement) démontre bien que l'attrait pour l'uniforme existe toujours.

+ NOUS AVONS AIMÉ

Les arbres et les montagnes
Les deux coupes d'herbe longue
Les trous en forêt

– NOUS N'AVONS PAS AIMÉ

Les trous répétitifs
La condition des fosses
Le pavillon

Carte de pointage

Trou	1	2	3	4	5	6	7	8	9	Aller	10	11	12	13	14	15	16	17	18	Retour	Total
Bleu	481	343	362	187	406	372	464	181	394	3190	352	162	343	400	478	158	349	526	375	3143	6333
Blanc	450	320	349	172	389	359	452	164	381	3036	328	146	337	378	463	144	331	501	351	2979	6015
Rouge	400	306	339	129	368	310	445	150	367	2814	310	121	321	360	384	124	307	406	274	2607	5421
Normale	5	4	4	3	4	4	5	3	4	36	4	3	4	4	5	3	4	5	4	36	72

Évaluation : ■ Bleu 70,2 / 121 □ Blanc 68,8 / 118 ■ Rouge 70,7 / 124

Conditions de jeu

- Verts ●●●○○
- Allées ●●●○○
- Sable ●●○○○
- Herbe longue ●●●○○
- Tertres ●●●○○

Design

- Verts + fosses ●●●○○
- Variété ●●○○○
- Harmonie + équilibre ●●●○○
- Pour tous ●●●●○
- Circuit ●●○○○

Environnement

- Visuel ●●●○○
- Nature ●●●○○
- Calme ●●●○○

Plaisir

- Délassement ●●●●○
- Verts ●●●○○
- Allées ●●●○○
- Tertres ●●●○○
- Manucure ●●●○○
- Entraînement ●●●○○
- Agrément ●●●○○
- Récupération ●●●●○

VERDICT ●●◐○○

- Terrain plat avec un design qui manque d'imagination.
Les conditions de jeu sont acceptables et l'environnement fort agréable.

Temps de jeu suggéré

4 h 30 ; temps habituel : 4 h 15 avec horloges et patrouilleur. Bravo !

Indications et signalisation

À améliorer.

Tenue générale

Excellente.

Aire d'entraînement

Fait face à la pente de ski qui sert de piste d'atterrissage.

Améliorations

Le réaménagement des fosses de sable est commencé et se poursuivra encore pendant deux ans.

Au féminin

Vous aimerez la nature environnante et la propreté des lieux.
Encore un terrain où les trous sont trop longs.

Pavillon

Prend place dans l'édifice qui servait antérieurement de chalet pour le curling. Il a des airs de baraque militaire.

Tarif : $$

174, route 354
Saint-Alban
G0A 3B0
(418) 268-5210
1 888 223-5210

Mesdames, Mesdemoiselles et...

Ce terrain a vu le jour il y a déjà quarante ans. D'abord sous la forme d'un neuf trous, il fut complété tel qu'on le connaît maintenant en 1988. Il compte 300 membres et l'achalandage y est important, probablement en raison de sa situation géographique. En effet, la municipalité de Saint-Alban n'étant qu'à 65 kilomètres de Québec, le golf Des Pins constitue une option intéressante pour les gens de la région immédiate.

Le parcours

Il aurait été réaménagé par Graham Cooke. Sans connaître le mandat qui a été confié à l'architecte, je suis convaincu que ses travaux n'ont pas porté sur les 18 trous, car ce terrain brille davantage par son site exceptionnel que par l'ingéniosité de son dessin. À certains moments, allées et verts font preuve d'inconstance et donne peu à se mettre sous la dent. Ailleurs, un design inspiré invente des trous originaux avec de la personnalité et du tempérament. C'est comme si l'immense potentiel de l'endroit n'avait pas été complètement développé, avec un terrain à peine supérieur à la moyenne.

Les verts du neuf de retour surpassent ceux du premier neuf. Ils montrent plus d'imagination et de caractère. Les allées présentent plusieurs dénivelés qui ne tombent jamais dans l'exagération. Les fosses de sable ont gardé une allure écossaise avec des contours rebelles et naturels. C'est très réussi.

On retrouve toujours les normales 3 avec plaisir. Elles ont fière allure et leur degré de difficulté ajoute juste ce qu'il faut de piquant au défi.

Le terrain souffre d'une trop grande proximité entre les verts et les tertres de départ, les joueurs prenant place sur les uns n'étant pas sans déranger ceux évoluant sur les autres.

La difficulté

Pourquoi vous conter fleurette ? Ce terrain est facile. Son évaluation Slope de 111 à partir des jalons bleus le prouve hors de tout doute. Il compte d'ailleurs à moins de 5600 verges à partir de ces jalons. C'est court, même pour une normale 70.

Les conditions de jeu

Elles manquent de constance. Ainsi, l'état des verts épate sur la plus grande portion de leur surface, malgré certains endroits plus douteux. La condition des allées n'est pas si mauvaise, mais il n'est pas question d'y jouer selon les règles d'été. Par contre, les fosses de sable ne font pas l'objet d'un entretien rigoureux, et je ne suis pas convaincu que ce soit à dessein. Les tertres de départ sont convenables.

L'environnement

Le terrain est boisé et l'endroit tranquille, ce qui fait son charme. La rivière Sainte-Anne, visible à partir de l'aire d'entraînement, n'a pas du tout été exploitée.

Idéal pour...

Les femmes, les tournois et les gens de la région.

+ NOUS AVONS AIMÉ

L'environnement
La touche Cooke sur quelques trous
Le pittoresque chemin d'accès

– NOUS N'AVONS PAS AIMÉ

La trop grande proximité des verts et des tertres de départ
Les coups à l'aveuglette à partir du tertre de départ
Les conditions de jeu inégales

Carte de pointage

	1	2	3	4	5	6	7	8	9	Aller	10	11	12	13	14	15	16	17	18	Retour	Total
Bleu	426	325	287	124	402	157	330	150	516	2717	286	178	510	349	204	392	172	292	497	2880	5597
Blanc	400	313	279	124	391	128	303	140	471	2549	276	144	494	315	194	381	172	254	422	2652	5201
Rouge	390	275	265	110	378	110	284	102	434	2348	238	125	435	308	183	311	148	232	365	2335	4683
Normale	5	4	4	3	4/5	3	4	3	5	35/36	4	3	5	4	3	4	3	4	5	35	70/71

Évaluation : Bleu **66,8 / 111** Blanc **65 / 109** Rouge **67 / 120**

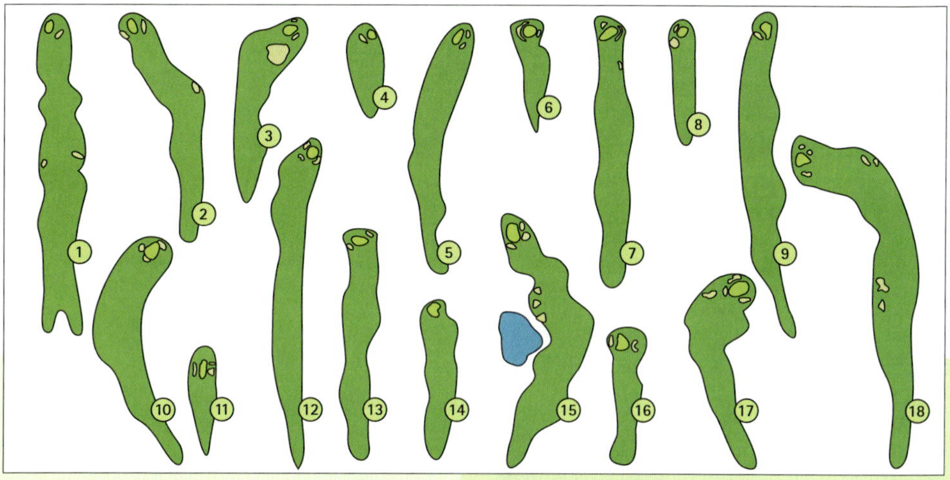

Conditions de jeu

- Verts ●●●●○
- Allées ●●○○○
- Sable ●●●○○
- Herbe longue ●●●○○
- Tertres ●●○○○

Design

- Verts + fosses ●●●○○
- Variété ●●●○○
- Harmonie + équilibre ●●●●○
- Pour tous ●●●●○
- Circuit ●●●○○

Environnement

- Visuel ●●●●○
- Nature ●●●●●
- Calme ●●●●●

Plaisir

- Délassement ●●●○○
- Verts ●●●○○
- Allées ●●●○○
- Tertres ●●●○○
- Manucure ●●●○○
- Entraînement ●●●○○
- Agrément ●●●●○
- Récupération ●●●○○

VERDICT ●●●○○

- Petit terrain qui a du caractère. La variété est au rendez-vous. Le site naturel est super mais sous-exploité.

Temps de jeu suggéré

4 h 30 ; temps habituel : 5 h 00.

Indications et signalisation

Timides.

Règles locales

Leur application semble élastique.

Aire d'entraînement

Trop loin du pavillon, mais on peut y travailler à son aise en toute tranquillité.

Améliorations

Réfection des tertres de départ.
Les sentiers et chemins aménagés entre les arbres ont vraiment beaucoup d'attrait.

Au féminin

Le calibrage du terrain est très bon. Les distances sont bien adaptées la plupart du temps et le relief légèrement accidenté est très à propos.

Divers

Mouches noires : la direction ne manque pas de nous faire savoir qu'elle en assure le contrôle biologique…

Tarif : $$

LAC-SAINT-JOSEPH

5292, route Fossambault
Sainte-Catherine-de-la-Jacques-Cartier
G0A 3M0
(418) 875-2078

Belle variété

Situé à Sainte-Catherine-de-la-Jacques-Cartier, en plein cœur de la vallée du même nom, ce terrain semi-privé fête cette année son cinquantième anniversaire. Voyons s'il y a lieu de célébrer à l'occasion de ce jubilé.

Le parcours

Les allées se plaisent dans cette vallée sise au pied d'un plateau qui accueille la boutique et le pavillon. De ces deux points d'observation, nous avons presque l'impression d'avoir affaire à un parcours de montagne et pourtant, rien n'est plus faux. Hormis le passage permettant d'accéder à la vallée et d'en ressortir, il s'agit d'un terrain relativement plat où la marche s'avère aisée.

Les allées adoptent le rythme de petites dénivellations qui pourraient ressembler à des vagues ou à des dos de moutons. N'ayez crainte, vous ne risquez pas de vous y endormir, au contraire. C'est souvent ce qui fait la différence entre un terrain plat (sans jeu de mots) et un autre aussi plaisant à regarder qu'à parcourir. Vous êtes condamné à l'action puisqu'il vous oblige souvent à effectuer un déplacement de quelques mètres pour apercevoir la cible ou évaluer la situation. L'intérêt réside entre autres dans l'aspect changeant des trous.

Le tableau se complète par la présence de tertres de départ d'aplomb et de grande dimension, des allées généreuses et des fosses posées en embuscade au niveau du sol ou légèrement plus bas. Il faut donc être conscient de leur emplacement pour éviter les surprises désagréables, d'autant plus que depuis leur réfection, elles possèdent un rebord. Des verts peu surélevés acceptent les approches roulées. Même s'ils présentent une cible invitante, attention aux fosses profondes qui en protègent quelques-uns, car elles pourraient gober votre balle en l'aspirant sur le côté.

La difficulté

Des lisières d'herbe haute équilibrent la difficulté des trous en tenant compte des autres obstacles. Elles se font plus menaçantes sur les trous plus faciles.

Certaines allées rassurent par leur largeur, mais n'espérez aucune indulgence si malgré tout votre balle s'aventure dans les boisés qui les entourent. Le neuf de retour présente un degré de difficulté supérieur parce qu'il est plus boisé et plus étroit. Les fosses d'allée souffrent d'un dédoublement de personnalité : parfois elles vous piègent et parfois elles empêchent votre balle de se rendre dans un endroit qui vous pénaliserait encore plus.

Les conditions de jeu

Les verts de vitesse moyenne présentent un bon ratio rapidité-ondulations. Ailleurs, les conditions varient de bonnes à acceptables. Malgré la présence d'arbres, on réussit à maintenir une surface gazonnée en bon état sur plusieurs tertres.

L'environnement

En plein cœur de la vallée de la Jacques-Cartier, Lac-Saint-Joseph profite à plein de la nature et de ses paysages. Le silence y est remarquable et apprécié.

Idéal pour...

Le golfeur moyen appréciera le premier neuf. Le golfeur aguerri voudra se mesurer au défi du neuf de retour.

+ NOUS AVONS AIMÉ

Les arbres nombreux
La diversité des trous
La tranquillité

– NOUS N'AVONS PAS AIMÉ

Le 18e trou et son vert surélevé
La condition du gazon dans les allées plus accidentées
L'ampleur du défi pour le golfeur moyen

Carte de pointage

Trou	1	2	3	4	5	6	7	8	9	Aller	10	11	12	13	14	15	16	17	18	Retour	Total
Bleu	338	425	575	379	190	337	334	163	505	3246	363	387	341	328	173	493	340	460	176	3061	6307
Blanc	334	405	555	365	145	320	318	156	479	3077	350	375	330	318	165	475	320	445	150	2928	6005
Rouge	323	359	428	347	126	294	296	137	439	2749	282	311	291	287	152	442	283	420	122	2590	5339
Normale	4	4	5	4	3	4	4	3	5	36	4	4	4	4	3	5	4	5	3	36	72

Évaluation : ■ Bleu - / 123 □ Blanc - / 123 ■ Rouge - / 122

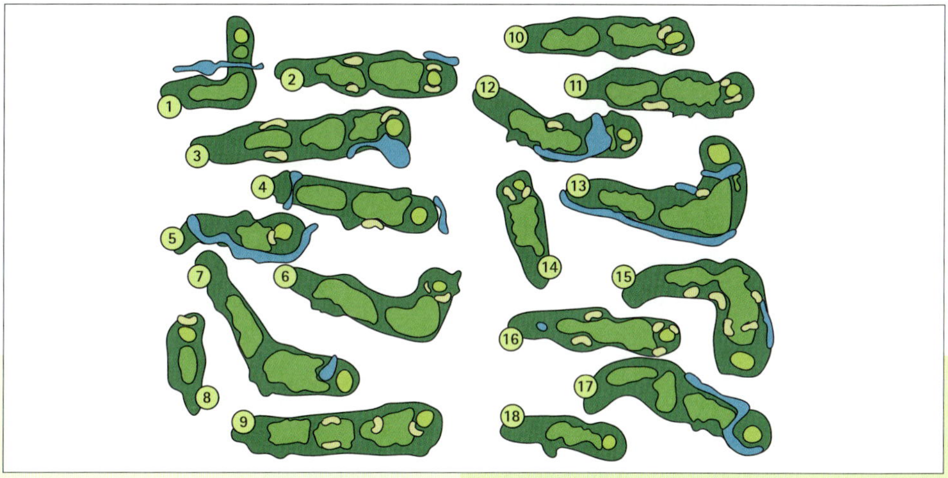

Conditions de jeu

- Verts ●●●○○
- Allées ●●●○○
- Sable ●●●○○
- Herbe longue ●●●●○
- Tertres ●●●○○

Design

- Verts + fosses ●●●○○
- Variété ●●●●●
- Harmonie + équilibre ●●●○○
- Pour tous ●●○○○
- Circuit ●●●○○

Environnement

- Visuel ●●●●●
- Nature ●●●●●
- Calme ●●●●●

Plaisir

- Délassement ●●○○○
- Verts ●●○○○
- Allées ●●●○○
- Tertres ●●●○○
- Manucure ●●●●○
- Entraînement ●●●○○
- Agrément ●●●●○
- Récupération ●●●○○

VERDICT ●●●○○

- Terrain en nette progression où l'on ne s'ennuie pas.

Temps de jeu suggéré
4 h 30.

Accueil
Bon.

Indications et signalisation
À améliorer sur le terrain. Sur la carte, les obstacles sont bien indiqués.

Tenue générale
Bonne, rien n'est laissé pour compte.

Aire d'entraînement
Trop loin du pavillon.

Améliorations
Trois verts ont été refaits au printemps 2002. On procède au remplissage de certaines dépressions en bordure des allées.

Au féminin
Vous aimerez la nature, le calme et les aménagements paysagers.
À l'aller, les normales 4 sont tellement longues que c'en est drôle.

Pavillon
Fait propre.

Boutique du pro
Plus que convenable.

Tarif : $$$

L'ALBATROS

1418, route de l'Aéroport
Québec (secteur Sainte-Foy)
G2G 1G6
(418) 871-1818

Drôle d'oiseau

Situé à L'Ancienne-Lorette (Sainte-Foy), à quelques pas de l'aéroport Jean-Lesage, ce terrain semi-privé a été conçu par Phil Watson. Il a pignon sur rue sur la route qui mène à l'aéroport, dans la côte, entre la voie ferrée et le collège. Vous ne pouvez le rater.

Le parcours

Chacun des trous du premier neuf se trouve affecté par cette dénivellation et la plupart du temps, la pente y prend place latéralement. En quête de stabilité, le second neuf a pris position sur le plateau qui est, par définition, nettement plus d'aplomb.

Même si plusieurs trous se côtoient, leur différence d'élévation (à l'aller) et les conifères qui les séparent atténuent l'inconvénient. Il n'en demeure pas moins qu'après quelques aller-retour, l'aspect répétitif de la chose commence à devenir plus lourd. La largeur des allées semble amplifiée par le fait que les conifères qui les longent n'ont pas encore atteint leur maturité. D'ailleurs, un bon espace les sépare les uns des autres. Les trous privilégient la ligne droite. Ceux qui tournent profitent de la présence d'un lac, pour décourager le golfeur de prendre un raccourci.

Malgré tout, le dessin des allées manque de caractère. Heureusement que l'herbe haute en précise les contours et qu'on a laissé plusieurs verges de terrain vacant, presque en friche, entre le départ et l'allée. Les verts ne se démarquent pas, à l'image de tous ceux qui sont trop petits, qui adoptent une forme circulaire et qui demeurent au même niveau que l'allée. En résumé, rien pour déclencher la passion.

La difficulté

Il ne s'agit pas d'un terrain difficile. Cependant, la pente influence les positions à l'adresse sur le premier neuf, ce qui devient agaçant à la longue. Les vents n'ont aucune préférence. Ils balaient avec autant d'ardeur le flanc de la colline que le dessus du plateau. Finalement, l'herbe longue porte bien son nom.

Treize obstacles d'eau et une quarantaine de fosses de sable ne parviennent pas à nous inquiéter.

Les conditions de jeu

Les verts sont en bonne condition, mais on devrait insister davantage pour maintenir les voiturettes motorisées et les chariots à plus grande distance. Un système d'irrigation électromécanique permet d'évacuer efficacement les précipitations, ce qui n'est pas étranger à la bonne condition des allées. Si on compare avec les autres terrains de la région, L'Albatros est réputé pour ses ouvertures hâtives.

L'environnement

Dans cet environnement urbain qui laisse filtrer des bruits de circulation, la vue sur la ville de Québec conserve tout son charme.

En vrac

L'ancienne gare de la ville de Lorette a été déménagée afin de servir de pavillon.

Idéal pour...

Les gens qui habitent à proximité.

+ NOUS AVONS AIMÉ

La vue sur la belle ville de Québec
L'aspect rustique des espaces séparant l'allée du tertre de départ
La condition des verts

– NOUS N'AVONS PAS AIMÉ

L'aire d'entraînement
Le côté répétitif des trous en parallèle
Les bruits de circulation

Carte de pointage

Trou	1	2	3	4	5	6	7	8	9	Aller	10	11	12	13	14	15	16	17	18	Retour	Total
Bleu	524	424	478	340	195	425	145	420	385	3336	377	455	390	200	440	340	135	337	170	2844	6180
Blanc	480	414	410	325	185	340	130	370	365	3019	360	420	340	200	380	300	130	266	160	2556	5575
Rouge	440	350	380	315	125	340	125	321	300	2696	305	391	263	125	353	235	118	260	139	2210	4906
Normale	5	4	5	4	3	4	3	4	4	36	4	5	4	3	5	4	3	4	3	35	71

Évaluation : ■ **Bleu 68 / 129** □ **Blanc 66 / 120** ■ **Rouge 69 / 119**

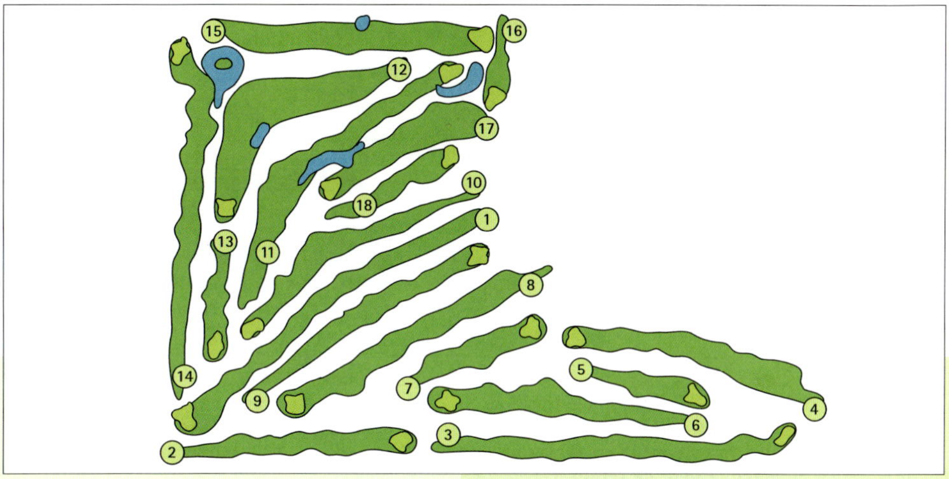

Conditions de jeu

- Verts ●●●●○
- Allées ●●●○○
- Sable ●●○○○
- Herbe longue ●●●●○
- Tertres ●●●○○

Design

- Verts + fosses ●●○○○
- Variété ●●○○○
- Harmonie + équilibre ●●○○○
- Pour tous ●●●●○
- Circuit ●●○○○

Environnement

- Visuel ●●●○○
- Nature ●●●○○
- Calme ●○○○○

Plaisir

- Délassement ●●●○○
- Verts ●●●○○
- Allées ●●●●○
- Tertres ●●●○○
- Manucure ●●●○○
- Entraînement ●○○○○
- Agrément ●●○○○
- Récupération ●●●○○

VERDICT ●●○○○

- Terrain à vocation locale.

Temps de jeu suggéré
4 h 30.

Indications et signalisation
Correctes.

Tenue générale
Bonne.

Aire d'entraînement
À partir de 30 départs synthétiques et éclairés, vous frappez les balles en direction de cibles situées dans un lac.

Améliorations
Transplantation de conifères d'environ 6 mètres (20 pieds) de hauteur. Creusage de lacs et construction de tertres de départ afin d'allonger les trous.

Au féminin
Le deuxième neuf se révèle nettement plus intéressant que le premier. Ses distances et son relief sont mieux adaptés à votre réalité.

Carte de pointage
Le plan du parcours qui apparaît sur le dépliant publicitaire devrait être modifié. En raison des modifications récentes, elle n'est pas exacte quant aux distances.

Tarif : $$

LE GRAND PORTNEUF

2, route 365
Pont-Rouge
G3H 3R4
(418) 329-3662

Mélange des genres

Ouvert au grand public depuis 1990, le Grand Portneuf compte maintenant 36 trous. Son nombre de membres limité laisse des heures de départ libres pour les gens de l'extérieur. Il se divise en quatre parcours différents qui peuvent être combinés les uns aux autres sans restriction. Ils vous en feront voir de toutes les couleurs puisqu'il s'agit du bleu, du rouge, du vert et du blanc. Pour les fins des présentes, le parcours vert sera notre neuf d'aller et le blanc le neuf de retour.

Le parcours

Le premier neuf (vert) propose des allées ouvertes et placées en parallèle. Comme elles côtoient celles du parcours bleu, cela ajoute artificiellement au nombre d'allées qui s'alignent côte à côte. Heureusement, des arbres et des élévations différentes viennent tempérer la situation. Un bon mot pour le bel aplomb des tertres de départ et leur grande dimension. Finalement, les fosses de sable encavées à même l'élévation des verts forment avec ceux-ci des ensembles très photogéniques qui ne ménagent pas leurs effets.

Le second neuf (parcours blanc) se situe aux antipodes du premier (vert). Avec ses allées étroites et fermées et ses dénivellations menaçantes, il présente un degré de difficulté plus élevé. Il emprunte la forme d'un circuit, ses trous étant bâtis autour du parcours rouge. Vous faites donc le tour de l'horloge dans le sens des aiguilles d'une montre. À la bonne heure !

Comme c'est le cas sur la plupart des parcours qui s'additionnent les uns aux autres dans le temps, la circulation entre les trous ne coule pas aussi naturellement que l'eau d'une source. Il faut dire que les dénivellations entre le vert et le départ suivant amplifient cette impression.

La difficulté

À partir des jalons bleus, la combinaison des parcours vert et blanc nous laisse une normale 72 de 6233 verges pour une évaluation Slope de 131. Il faudra soustraire 450 verges pour un départ depuis les jalons blancs.

L'absence de fosses d'allées se justifie par un relief accidenté et des obstacles d'eau qui menacent plus de la moitié des trous. L'herbe longue maintient une hauteur suffisante pour vous embêter.

Les conditions de jeu

Les soins esthétiques apportés aux divers éléments le prouvent hors de tout doute, ce terrain fait l'objet d'un entretien assidu. Les verts, les tertres de départ et les allées n'inspirent aucune crainte, même si quelques départs et certains verts du parcours blanc manquent d'ensoleillement.

L'environnement

La route 365 sépare nos deux parcours. Sur le parcours blanc, les pylônes et les lignes d'Hydro-Québec se donnent la main. L'air de la campagne et une magnifique petite rivière font le nécessaire pour nous faire oublier ces inconvénients.

Idéal pour…

Tout le monde, à la condition de choisir les parcours qui conviennent à vos habiletés et les paysages que vous préférez.

+ NOUS AVONS AIMÉ

L'extraordinaire dessin des trous
La variété
Le défi

– NOUS N'AVONS PAS AIMÉ

Les conditions de jeu varient selon le parcours emprunté
Les pylônes et la proximité de l'autoroute sur le parcours vert
Terrain pas facile à parcourir à pied

Carte de pointage

Trou	1	2	3	4	5	6	7	8	9	Aller	10	11	12	13	14	15	16	17	18	Retour	Total
Bleu	384	340	213	335	519	528	308	145	386	3158	199	384	538	160	456	166	413	309	450	3075	6233
Blanc	369	328	192	302	515	473	252	130	370	2931	155	366	525	150	432	149	339	295	440	2851	5782
Rouge	347	277	184	233	472	418	238	102	287	2558	143	348	498	135	406	127	271	247	349	2524	5082
Normale	4	4	3	4	5	5	4	3	4	36	3	4	5	3	5	3	4	4	5	36	72

Évaluation : ■ Bleu - / 131 □ Blanc - / 126 ■ Rouge - / 120

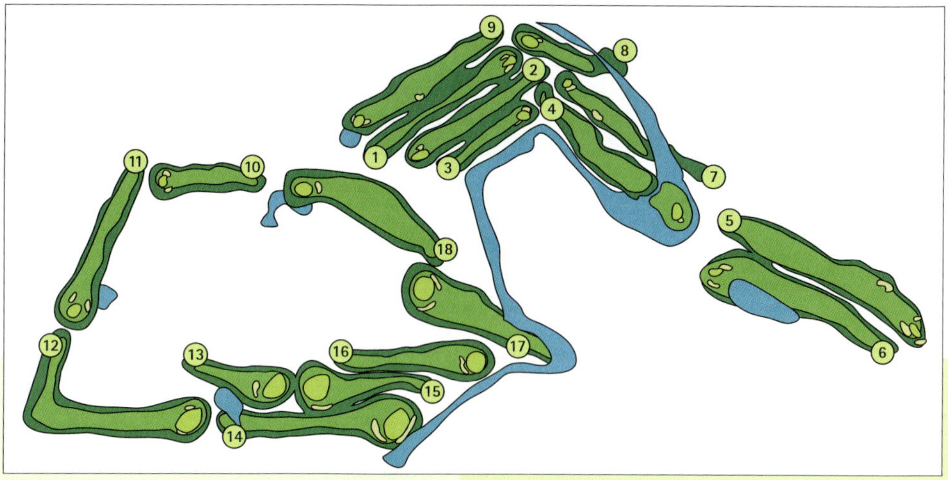

Conditions de jeu

- Verts ●●●●○
- Allées ●●●●○
- Sable ●●●●○
- Herbe longue ●●●●○
- Tertres ●●●●○

Design

- Verts + fosses ●●●●○
- Variété ●●●●●
- Harmonie + équilibre ●●●●○
- Pour tous ●●●○○
- Circuit ●●●●●

Environnement

- Visuel ●●●●○
- Nature ●●●●●
- Calme ●●●○○

Plaisir

- Délassement ●●●○○
- Verts ●●●●○
- Allées ●●●●○
- Tertres ●●●●○
- Manucure ●●●●●
- Entraînement ●●●●○
- Agrément ●●●●●
- Récupération ●●●○○

VERDICT ●●●●○

> Il porte la mention « recommandé ». Le vert pour le plaisir, le blanc pour le défi. Le bleu pour la patience et le rouge pour le paysage.

Temps de jeu suggéré

4 h 15, mais le relief du parcours et la disposition des trous ne favorisent pas le jeu rapide, surtout si vous marchez.

Accueil

Bon.

Indications et signalisation

Claires et nombreuses.

Tenue générale

Excellente.

Aire d'entraînement

Bien.

Au féminin

Des trous trop longs, un relief accidenté et des obstacles à survoler en font un terrain difficile.

Pavillon

Impeccable.

Boutique du pro

Complète.

Divers

À noter : tapis roulant de 50 mètres qui permet de gravir la pente du 5e trou.
Ces parcours sont plus agréables à parcourir en voiturette motorisée qu'à pied.

Tarif : $$$

LE GRAND VALLON

100, rue Beau-Mont
Beaupré
G0A 1E0
(418) 827-4653
1 800 463-1568

Nouveau départ

Ouvert depuis 1976, ce parcours conçu par Howard Watson connaît un nouvel essor depuis 1999. C'est à partir de ce moment que la station du mont Sainte-Anne a repris le contrôle des activités de golf qui avaient été cédées en concession antérieurement. Nouveau nom, nouvelle orientation, 1,4 million de dollars de travaux sur le terrain en plus de la construction du pavillon, de la boutique et d'achat de machinerie.

Le parcours

Dès le premier coup d'œil, le contraste des couleurs entre les allées d'agrostide et l'herbe haute saute aux yeux. Ne s'arrêtant pas là, on vous offre de grandes fosses de sable blanc qui s'attirent les regards, presque les sifflements.

Ces allées habitent avec un égal bonheur la plaine vallonnée et la forêt de pins majestueux. Leurs ondulations douces enchantent et leurs virages ne peuvent être pris en défaut pour coup de coude. Bref, juste ce qu'il faut de caractère pour garder constamment l'intérêt, sans tomber dans l'excès. Le Grand Vallon se distingue par cette espèce de mesure et d'équilibre qui caractérise chaque trou.

Vous ne trouverez aucune normale 4 de plus de 380 verges sur ce terrain conçu pour plaire. On propose plutôt des pentes latérales qui demandent de la précision au départ ou des dénivelés qui pigmentent les allées. Au retour, on adopte la formule trois normales 3 et trois normales 5 que préfèrent la majorité des golfeurs. Il ne faut quand même pas perdre de vue la vocation de ce parcours lié à un centre hôtelier.

La difficulté

Au Grand Vallon, il est préférable d'atteindre l'allée ou du moins d'y rester. En effet, l'herbe longue pénalise et si elle ne réussit pas à retenir votre balle, votre cause est perdue (votre balle aussi). On la garde encore plus haute en bordure du bois et entre des allées connexes.

Les verts vous défient avec de bonnes ondulations qui modulent pratiquement toute leur superficie d'environ 4500 pieds carrés. Considérant leur emplacement difficile d'approche, c'est là que vous devrez porter votre attention.

Les conditions de jeu

Quoi de mieux qu'un terrain d'agrostide bien manucuré ? C'est d'ordinaire un gage de succès. Les verts connaissent habituellement un lent départ pour atteindre leur condition optimale avec les chaleurs de l'été. La densité du gazon fait plaisir à voir, autant dans l'herbe longue que dans les allées.

L'environnement

Évidemment, la montagne tient le premier rôle, mais elle profite partout de l'appui d'arbres innombrables. Encore une fois, ce cadre paisible et majestueux est affligé par la présence d'une affreuse ligne de transport d'énergie électrique.

Idéal pour...

Les quatre jalons de départ devraient réussir à accommoder tous les golfeurs, d'autant plus qu'il ne s'agit pas véritablement d'un golf de montagne.

+ NOUS AVONS AIMÉ

Le service
Les conditions de jeu
Le plaisir que procure ce terrain

– NOUS N'AVONS PAS AIMÉ

Les lignes électriques
Le fait que beaucoup de joueurs manquent d'expérience

Carte de pointage

Trou	1	2	3	4	5	6	7	8	9	Aller	10	11	12	13	14	15	16	17	18	Retour	Total
Bleu	364	349	176	367	519	337	374	173	476	3135	379	169	557	202	475	160	378	534	365	3219	6354
Blanc	351	328	143	355	506	323	362	162	461	2991	368	148	540	192	462	150	364	522	354	3100	6091
Rouge	287	272	130	257	444	294	288	151	377	2500	291	139	424	125	381	140	276	441	298	2515	5015
Normale	4	4	3	4	5	4	4	3	5	36	4	3	5	3	5	3	4	5	4	36	72

Évaluation : ■ Bleu 71,3 / 126 □ Blanc 70,3 / 124 ■ Rouge 70,3 / 124

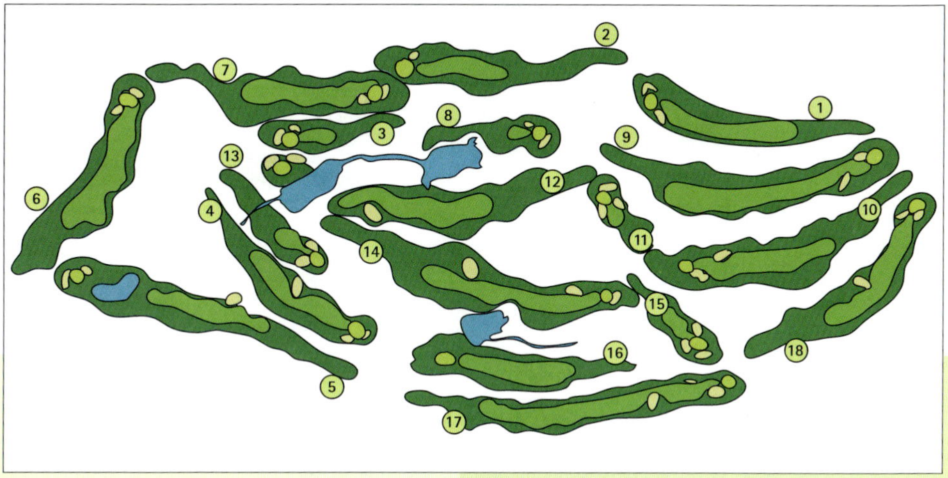

Conditions de jeu

- Verts ●●●○○
- Allées ●●●●○
- Sable ●●●●●
- Herbe longue ●●●●○
- Tertres ●●●○○

Design

- Verts + fosses ●●●●○
- Variété ●●●●○
- Harmonie + équilibre ●●●●○
- Pour tous ●●●○○
- Circuit ●●●●○

Environnement

- Visuel ●●●●○
- Nature ●●●●●
- Calme ●●●●○

Plaisir

- Délassement ●●●●○
- Verts ●●●●○
- Allées ●●●●○
- Tertres ●●●●●
- Manucure ●●●●●
- Entraînement ●●●●○
- Agrément ●●●●●
- Récupération ●●○○○

VERDICT ●●●◐○

- L'accueil, l'environnement et le service à la clientèle font de Grand Vallon une destination de choix.

Temps de jeu suggéré

4 h 30 ; temps habituel : 5 h 00.

Accueil

Je ne peux passer sous silence le service impeccable qui se manifeste depuis votre arrivée jusqu'à votre départ.

Indications et signalisation

Vous apprécierez assurément le livret des distances.

Tenue générale

Excellente.

Aire d'entraînement

Ne comporte que 12 places mais connaissant la rigueur de l'administration pour les heures de départ, cela ne devrait poser aucun problème. À noter que vous frappez à partir d'herbe synthétique qui imite le véritable gazon, sans ses inconvénients.

Au féminin

Les distances sont bien adaptées.
Vous aimerez les conditions de jeu.
La difficulté est liée au relief et aux trois plans d'eau à survoler.

Boutique du pro

Spacieuse, invitante et n'offre que la meilleure qualité.

Tarif : $$$$

LORETTE

12986, rue Monseigneur-Cooke
Québec (secteur Loretteville)
G2A 3B6
(418) 842-9278

Raisonnable

Lorette fait parti de nos doyens. Ouvert depuis 1920, il en a vu d'autres, des vertes et des pas mûres.

Le parcours

Ce terrain adopte le style classique de ceux que l'on construisait à une autre époque. Loin d'être défraîchi, on peut dire qu'il vieillit très bien. Avec ses allées planes et larges, il encourage le golfeur à aller de l'avant au lieu de le terroriser. Il en est de même pour ses verts de bonne dimension, plutôt plats et au niveau de l'allée. Des fosses de sable peu profondes les protègent. Les arbres y sont nombreux, mais ils ne ferment les allées qu'à demi. C'est certain, jouer à pied sur ce terrain ne représente pas un exploit.

Même si le second neuf concède environ 200 verges au premier, l'équilibre demeure, tant sur le plan de la difficulté que de l'environnement. Une piste cyclable a remplacé l'ancienne voie ferrée, venant couper le terrain en deux. Les rails ont fait place aux guidons et c'est tant mieux. Le second neuf présente trois normales 3 et autant de normales 5. Ce n'est pas rare, mais c'est d'autant plus intéressant qu'elles s'étalent sur les neuf trous sans s'agglutiner consécutivement comme on le voit trop souvent.

La difficulté

La difficulté réside dans la longueur des normales 3 et des normales 4. En effet, on parle de 175, 196 et 198 verges pour les premières, la plus courte ayant 155 verges. Les secondes nous proposent des défis de 414, 407, 411, 402 et 430 verges. C'est beaucoup, pensez-vous ? Eh bien ! sachez que sur plusieurs d'entre elles les vents dominants sont de face et qu'en général, les allées ne favorisent pas beaucoup le roulement des coups de départ.

À l'occasion, des arbres solos obstruent l'entrée au vert, de manière à vous faire réfléchir avant même l'exécution du coup de départ.

Les conditions de jeu

On y trouve de bonnes conditions de jeu, mais pas supérieures à la moyenne. Il faut parler d'uniformité, puisqu'il est difficile de montrer du doigt un élément plus fort ou plus faible que les autres. Le parcours est bien manucuré, ce qui ajoute toujours au plaisir de jouer. Une remarque cependant sur les verts qui pourraient être encore plus rapides, sans risquer de compromettre le ratio vitesse-relief.

L'environnement

En raison d'une maladie, des centaines de mélèzes adultes ont dû être coupés. Curieusement, celui qui n'a pas visité le terrain antérieurement ne remarquera pas ces absences.

La tranquillité est celle d'un terrain situé dans un quartier résidentiel. En revanche, on ne peut indiquer aucun irritant majeur, même en ce qui concerne la piste cyclable.

En vrac

Au moment de faire votre réservation, assurez-vous de bien comprendre le trajet à emprunter pour éviter de tourner en rond inutilement.

Idéal pour...

Les joueurs qui frappent loin.

+ NOUS AVONS AIMÉ

- L'équilibre du parcours
- Les arbres
- Le fait que la partie ne soit pas qu'une affaire de petit jeu

– NOUS N'AVONS PAS AIMÉ

- L'aire d'entraînement à départs synthétiques
- Conditions de jeu moyennes
- Traverser la piste cyclable à autant de reprises

Carte de pointage

Trou	1	2	3	4	5	6	7	8	9	Aller	10	11	12	13	14	15	16	17	18	Retour	Total
Bleu	491	353	414	175	502	407	196	411	402	3351	507	198	430	348	466	155	374	164	486	3128	6479
Blanc	474	331	393	146	467	391	184	369	380	3135	487	176	405	315	442	139	344	150	466	2924	6059
Rouge	471	311	372	125	441	346	166	296	371	2899	479	159	373	286	413	115	292	107	376	2600	5499
Normale	5	4	4	3	5	4	3	4	4/5	36/37	5	3	4	4	5	3	4	3	5	36	72/73

Évaluation : ■ Bleu 70 / 122 □ Blanc 69,3 / 120 ■ Rouge 71,3 / 123

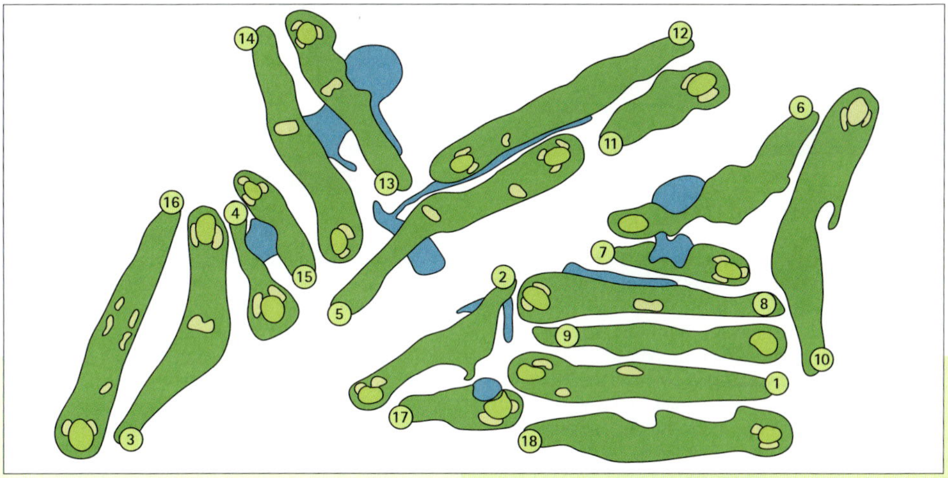

Conditions de jeu

> Verts ●●●○○
> Allées ●●●○○
> Sable ●●●○○
> Herbe longue ●●●○○
> Tertres ●●●○○

Design

> Verts + fosses ●●●○○
> Variété ●●●○○
> Harmonie + équilibre ●●●●●
> Pour tous ●●●●●
> Circuit ●●●●●

Environnement

> Visuel ●●●●○
> Nature ●●●●○
> Calme ●●●●○

Plaisir

> Délassement ●●●●○
> Verts ●●●●○
> Allées ●●●●○
> Tertres ●●●●○
> Manucure ●●●●○
> Entraînement ●●●○○
> Agrément ●●●●●
> Récupération ●●●●○

VERDICT ●●●◐○

> Terrain conventionnel solide où il est agréable de jouer. Il demande des élans complets.

Temps de jeu suggéré
Non disponible.

Accueil
Bon sur le terrain.

Indications et signalisation
À améliorer.

Règles locales
Je ne suis pas sûr de comprendre la procédure à suivre au 18e trou, mais enfin... Les souliers à crampons souples sont obligatoires.

Tenue générale
Excellente.

Aire d'entraînement
Offre des aires de départ avec des tapis synthétiques.

Au féminin
Terrain bien tenu et où on a plaisir à jouer. Le deuxième neuf compte 300 verges de moins que l'autre, ce qui le rend pas mal plus intéressant.

Boutique du pro
Vous y trouverez absolument tout ce que vous cherchez avec en prime un sourire grand comme ça.

Tarif : $$$$

2700, avenue Du Sault
Québec (secteur Beauport)
G1C 2L2
(418) 661-8712

Point de chute

Ne cherchez pas plus longtemps, Beauport n'accueille pas un tout nouveau terrain. C'est simplement le club de golf Courville qui a changé de nom. Est-ce dû au passage de la quarantaine, aux fusions municipales ou à la volonté de se rapprocher du lieu historique des chutes Montmorency ? Quoi qu'il en soit, il est assez vieux pour savoir ce qu'il a à faire, n'est-ce pas ? Découvrons-le ensemble.

Le parcours

Vous le voyez sur le plan du parcours, les deux neuf sont séparés par la rivière Montmorency. C'est beaucoup plus qu'une division psychologique, car ces deux parcours n'ont rien en commun. À l'aller, les trous s'alignent parallèlement et s'entassent les uns sur les autres, ce qui implique des tertres de départ et des verts trop rapprochés. À six reprises, l'extrémité d'un trou côtoie la bordure de la rue. Des allées planes et droites ne favorisent que très rarement les émotions fortes et ce terrain ne fait pas exception à la règle. Comme si ce n'était pas suffisant, elles doivent supporter la présence de fossés d'égouttement qui les divisent longitudinalement.

Le premier neuf terminé, vous devez obligatoirement vous arrêter. En effet, la distance qui le sépare du 10e trou est tellement grande qu'on impose l'utilisation d'une navette aux golfeurs qui jouent à pied. Il faut quand même prendre le temps de synchroniser le tout.

Il s'agit d'un mal pour un bien, puisque la traversée en vaut vraiment la peine. La facture du neuf de retour surpasse largement celle du premier neuf. On y trouve des trous diversifiés, des allées accidentées et des arbres en plus grand nombre. On vous épargne les irritants du neuf d'aller : fini les bordures de rue, les murets de béton, les clôtures, le cimetière, etc. On ne s'y sent pas à l'étroit et les restrictions imposées s'appliquent plutôt à des zones environnementales protégées.

La difficulté

Nul doute qu'en raison de ses allées étroites et boisées, le second neuf impose un défi plus grand. Parfois, les allées adoptent la forme d'un dos de cuillère, ce qui a pour effet de déporter votre balle vers l'herbe longue. Heureusement, les arbres ne ferment pas totalement ces allées étroites, ce qui vous permet de tenter les coups de récupération.

Les conditions de jeu

Les verts présentent de très bonnes conditions. Même coupé court, le gazon reste dense. Haute et compacte, l'herbe longue saura vous faire regretter de vous y être arrêté. Une excellente note pour les sous-bois du second neuf.

L'environnement

Même si le Montmorency se qualifie comme golf de ville, ses allées boisées en bordure d'une rivière sur le point de se transformer en chutes le distinguent des autres terrains situés en milieu urbain.

Idéal pour...

Les membres qui apprécient autant le second neuf que les activités sociales.

+ NOUS AVONS AIMÉ

La présence de la rivière
Les conditions de jeu
Le second neuf

– NOUS N'AVONS PAS AIMÉ

Les fossés d'égouttement longitudinaux
Le dessin du premier neuf et les inconvénients reliés à son environnement urbain

Carte de pointage

Trou	1	2	3	4	5	6	7	8	9	Aller	10	11	12	13	14	15	16	17	18	Retour	Total
Bleu	398	312	395	281	211	502	516	151	348	3114	320	190	537	389	525	148	311	352	339	3111	6225
Blanc	377	300	381	270	191	476	487	139	321	2942	290	165	524	382	496	125	298	335	320	2935	5877
Rouge	359	286	366	259	178	398	461	130	305	2742	261	150	433	369	478	108	283	316	306	2704	5446
Normale	4	4	4	4	3	5	5	3	4	36	4	3	5	4	5	3	4	4	4	36	72

Évaluation : ■ Bleu 69,1 / 124 □ Blanc 68 / 121 ■ Rouge 69,7 / 116

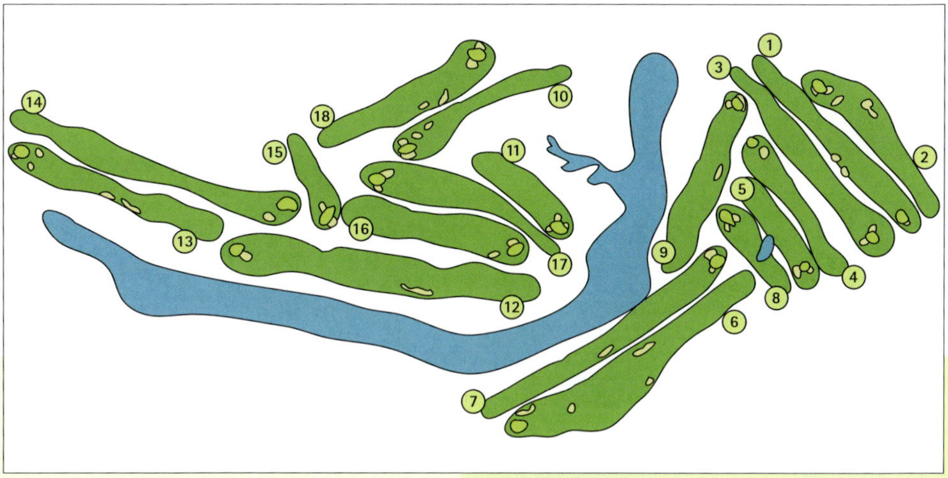

Conditions de jeu

- Verts ●●●●○
- Allées ●●●○○
- Sable ●●●●○
- Herbe longue ●●●○○
- Tertres ●●●○○

Design

- Verts + fosses ●●●○○
- Variété ●●●○○
- Harmonie + équilibre ●●●○○
- Pour tous ●●●○○
- Circuit ●●●○○

Environnement

- Visuel ●●●○○
- Nature ●●●○○
- Calme ●●●○○

Plaisir

- Délassement ●●●●○
- Verts ●●●●○
- Allées ●●●○○
- Tertres ●●●○○
- Manucure ●●●○○
- Entraînement ●○○○○
- Agrément ●●●●○
- Récupération ●●●●●

VERDICT ●●◐○○

- Ça vaut le déplacement.

Temps de jeu suggéré
4 h 30, avec l'obligation de frapper une balle provisoire dans certaines situations et des recherches limitées à trois minutes. Bravo !

Accueil
Bon.

Indications et signalisation
Correctes.

Règles locales
Prévoient que l'on peut enlever les cailloux dans les fosses de sable : bravo !

Tenue générale
Bonne.

Améliorations
Asphaltage des sentiers, nouveaux départs, aménagements floraux effectués récemment.

Au féminin
Décidément, je ne comprendrai jamais qu'on vous force à jouer des normales 4 de 359, 366 et 369 verges.

Boutique du pro
Située à une bonne distance du stationnement et du pavillon.

Divers
Interdiction d'entrer dans les boisés avec les voiturettes motorisées.

Tarif : $$$$

324, 1re Avenue
Lac-Beauport
G0A 2C0
(418) 849-4418

L'inaccessible étoile

Le terrain a été fondé en 1962 par un groupe d'hommes d'affaires de la région, dont l'ancien premier ministre du Québec Jean Lesage. Mont-Tourbillon s'accroche au versant d'une montagne qui domine le lac Beauport. Il a été conçu par l'architecte Howard Watson.

Le parcours

Tourbillon : masse d'air qui se déplace en tournoyant et qui peut déplacer certaines matières. C'est effectivement ce dont il s'agit. Par moments, Mont-Tourbillon prend l'allure d'un parcours décoiffant, voire décapant. Oubliez la petite randonnée paisible du dimanche après-midi au milieu d'un champ de marguerites. Imaginez-vous plutôt en train de faire du rafting dans des rapides au printemps, ce sera plus près de la vérité. Ça déplace le toupet.

Il s'agit d'un parcours de montagne qui offre des points de vue remarquables à partir des tertres de départ. On rencontre des trous dont les dénivellations frisent l'exagération, des allées presque aussi coudées qu'un fer à cheval et des pentes latérales qui laissent pantois. Sans faire de compromis aucun, ces trous poussent l'audace jusqu'à défier les golfeurs de leurs parois de roc ou de leurs allées bosselées à l'écossaise. La variété des trous et des paysages augmente notre seuil de tolérance et on accepte plus facilement de passer l'éponge sur ces frasques.

Encore une fois, on peut vérifier l'affirmation qui veut que les plus beaux terrains voient leurs trous dessinés selon la formule circuit. On adopte un itinéraire qui fait le tour des lieux pour ensuite revenir au point de départ.

Les six normales 3 auront l'heur de plaire aux golfeurs moyens, du moins avant qu'ils aient dû les affronter. Comme on ne fait pas d'omelettes sans casser d'œufs, deux d'entre elles sont placées consécutivement aux 9e et 10e trous.

La difficulté

Forcément, pareil relief impose des positions de balle inhabituelles et des coups à l'aveuglette, mais ce n'est pas tout. Votre balle pourrait bien vous faire faux bond, au sens propre comme au figuré. Finalement, la lenteur des verts demande un certain ajustement.

Les conditions de jeu

Considérant qu'il s'agit d'un golf de montagne, les conditions de jeu surprennent. Les verts et les tertres de départ se démarquent alors que les allées suivent de près. Pour notre plus grand plaisir, ce terrain bénéficie de bons soins esthétiques.

L'environnement

Il a fallu couper les arbres pour faire apparaître les allées. Dans un décor aussi pur, des filets protecteurs et des remonte-pentes vous heurtent comme un coup de poing dans le ventre.

Idéal pour...

Après son évaluation par notre bureau de censure, ce terrain porte la mention Pour adultes. Il n'est pas à la portée de tous, autant en ce qui concerne le défi golfique que le défi physique. Nous vous recommandons de consulter votre médecin avant de le marcher...

+ NOUS AVONS AIMÉ

- Son caractère
- Sa variété
- Les conditions de jeu

– NOUS N'AVONS PAS AIMÉ

- Certains trous plus discutables
- Le défi n'est pas pour tous, la marche non plus
- Très très venteux

Carte de pointage

Trou	1	2	3	4	5	6	7	8	9	Aller	10	11	12	13	14	15	16	17	18	Retour	Total
Bleu	375	375	170	525	370	150	505	325	175	2970	140	505	195	515	360	185	350	410	430	3090	6060
Blanc	345	335	145	510	340	140	460	305	155	2735	130	485	165	505	320	165	300	385	400	2855	5590
Rouge	305	255	130	385	305	100	440	285	125	2330	100	365	100	435	240	140	285	300	330	2395	4265
Normale	4	4	3	5	4	3	5	4	3	35	3	5	3	5	4	3	4	4	4	35	70

Évaluation : Bleu - / - Blanc - / - Rouge - / -

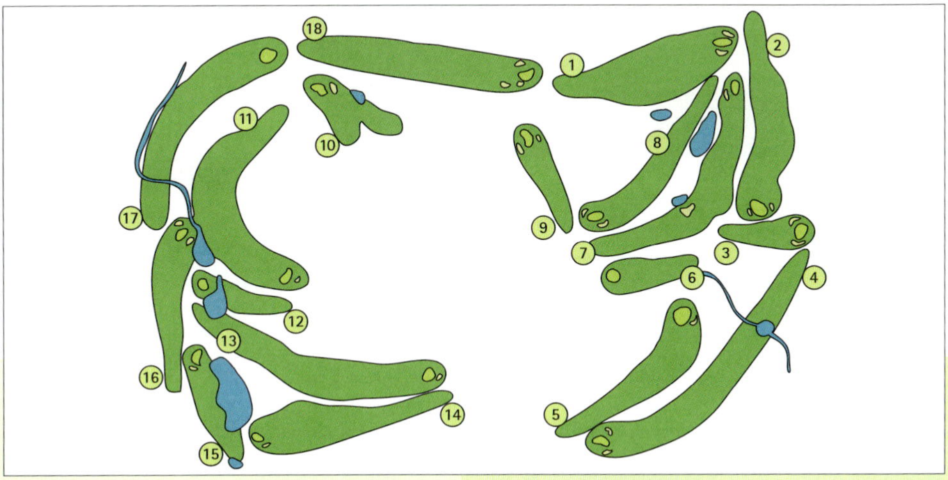

Conditions de jeu

- Verts ●●●●○
- Allées ●●●●○
- Sable ●●●○○
- Herbe longue ●●●●○
- Tertres ●●●●○

Design

- Verts + fosses ●●●●○
- Variété ●●●●●
- Harmonie + équilibre ●●●○○
- Pour tous ●○○○○
- Circuit ●●●●○

Environnement

- Visuel ●●●●●
- Nature ●●●●●
- Calme ●●●●○

Plaisir

- Délassement ●●●○○
- Verts ●●●●○
- Allées ●●●○○
- Tertres ●●●●○
- Manucure ●●●●●
- Entraînement ●●○○○
- Agrément ●●●○○
- Récupération ●●○○○

VERDICT ●●◐○○

- Étoile qui brille au firmament des golfs de montagne.
  Certains détesteront.

Temps de jeu suggéré
4 h 21 ; temps habituel 4 h 30.

Indications et signalisation
Les graphiques de départ ne sont pas avares d'information.

Tenue générale
Excellente.

Aire d'entraînement
N'autorise que les coups de moins de 150 verges.

Améliorations
Nouveaux départs, allées élargies, addition de nouvelles fosses.

Au féminin
Terrain à couper le souffle au sens propre comme au figuré.
Attention au relief accidenté.

Pavillon
Offre d'immenses salles de réception. Comme il doit composer avec sa vocation quatre saisons, son architecture fait davantage penser à un chalet de ski.

Boutique du pro
Saura répondre à vos besoins.

Tarif : $$$

2180, chemin de la Grande Ligne
Québec (secteur Charlesbourg)
G2N 2G3
(418) 841-3000

Laurel et Hardy

Parcours relativement récent (1994), il est l'œuvre de l'architecte Phil Watson. Le Royal Charbourg se trouve à 30 kilomètres au nord de Québec, à proximité du lac Saint-Charles, dans la ville de... Charlesbourg.

Le parcours

Ne voyez aucun sarcasme dans le titre qui réfère au célèbre duo comique d'une autre époque. Ils étaient totalement différents l'un de l'autre, mais ils se complétaient pour offrir un divertissement qui a plu à la masse.

Il en est ainsi des deux neuf du Royal Charbourg. Le relief du premier est plus sage. Avec ses pentes douces et ses dénivellations modérées, il se qualifie dans la catégorie des terrains traditionnels. D'ordinaire, les parcours dont les trous se positionnent parallèlement n'émergent pas du lot. Ici, cet irritant est atténué par les arbres qui les séparent et surtout, par le mouvement ondulatoire qui fait bouger l'allée. À l'opposé, le second neuf défie le golfeur avec des trous aussi spectaculaires qu'inattendus, dans la plus pure tradition des golfs de montagne. Parfois c'est très réussi, parfois moins. Vous aurez compris qu'il est nettement moins intéressant à parcourir à pied que le premier.

L'apparence timide et peu flamboyante des verts est la présentation qui convient le mieux à chacun des trous. Plats mais de bonne dimension, ils se devaient d'être protégés par des fosses de sable. Celles-ci apparaissent sous les formes les plus diverses et certaines se placent en contrebas par rapport au vert. L'alternance entre les trous fermés et les autres plus ouverts favorise l'agrément du jeu.

La difficulté

Quatre jalons de départ ont été prévus pour adapter le défi aux golfeurs de tous les genres. Avec leurs 5775 verges, les blancs sont trop courts pour leurs usagers habituels qui n'apprécieront pas de devoir se rabattre sur les 6450 verges des jalons bleus. On trouve des fosses de sable partout, même dans les allées plus étroites et boisées. Heureusement, les sous-bois ont fait l'objet d'un grand nettoyage. Il faut certainement en conclure qu'il s'agit d'un bon test de golf. Lors de l'examen, le vent était de la partie, ce qui compliquait davantage la situation.

Les conditions de jeu

Depuis les changements effectués à la direction il y a cinq ans, la situation s'améliore d'année en année. Les fosses de sable profitent d'un bon entretien. Les allées sont bien manucurées et leur dessin à travers l'herbe longue donne de bons résultats. On apporte beaucoup de soin à une zone de 4 ou 5 verges autour des verts. Le gazon de cet espace est coupé court afin de faciliter les approches courtes. Les verts sont en bonne condition.

L'environnement

Ce beau site naturel est envahi par de nouvelles résidences de plus en plus nombreuses. Les pylônes pour lignes électriques longent la route et font sentir leur présence sur plusieurs trous.

Idéal pour...

Votre plaisir sera à la hauteur de vos habiletés.

+ NOUS AVONS AIMÉ

Les soins esthétiques apportés à toutes les parties du terrain
Les bonnes conditions de jeu
Le dessin des verts

– NOUS N'AVONS PAS AIMÉ

Le degré de difficulté élevé pour le golfeur moyen
Certains trous moins bien conçus
Les pylônes électriques

Carte de pointage

Trou	1	2	3	4	5	6	7	8	9	Aller	10	11	12	13	14	15	16	17	18	Retour	Total
Bleu	350	410	545	170	320	375	550	180	415	3315	445	590	150	355	175	370	530	360	160	3135	6450
Blanc	330	340	495	140	290	340	490	165	350	2940	420	515	140	340	155	310	475	335	145	2835	5775
Rouge	250	290	455	130	275	325	445	130	335	2635	375	450	100	285	140	295	460	315	135	2555	5190
Normale	4	4	5	3	4	4	5	3	4	36	5	5	3	4	3	4	5	4	3	36	72

Évaluation : ■ Bleu 71,2 / 125 □ Blanc 70 / 120 ■ Rouge 71 / 123

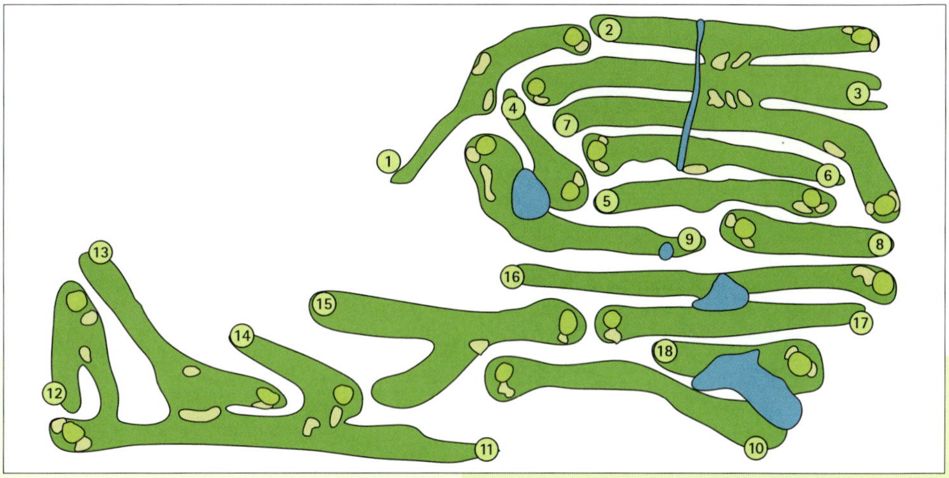

Conditions de jeu

- Verts ●●●●○
- Allées ●●●○○
- Sable ●●●○○
- Herbe longue ●●●○○
- Tertres ●●●○○

Design

- Verts + fosses ●●●○○
- Variété ●●●●○
- Harmonie + équilibre ●●●○○
- Pour tous ●●○○○
- Circuit ●●○○○

Environnement

- Visuel ●●●○○
- Nature ●●●○○
- Calme ●●●○○

Plaisir

- Délassement ●●●○○
- Verts ●●●●○
- Allées ●●●○○
- Tertres ●●●○○
- Manucure ●●●●●
- Entraînement ●●●○○
- Agrément ●●●●○
- Récupération ●●●○○

VERDICT ●●●◐○

- Terrain bien manucuré qui présente un degré de difficulté supérieur à la moyenne.

Temps de jeu suggéré

4 h 30 ; temps de jeu habituel : 5 h 00 les fins de semaine.

Indications et signalisation

À améliorer.

Tenue générale

Excellente.

Aire d'entraînement

Munie de départs synthétiques qui côtoient les pylônes électriques.

Améliorations

À venir, des modifications au 15e trou pour diminuer la dénivellation. On a complété récemment des travaux de drainage, réfection de quelques verts et transplantation d'arbres.

Au féminin

Bonne combinaison entre le premier neuf moins accidenté, mais plus long et le second, plus rock and roll et plus court.

Boutique du pro

Vraiment spacieuse.

Tarif : $$$

ROYAL QUÉBEC

65, rue Bédard
Boischâtel
G0A 1H0
(418) 822-0331

Sanctuaire

Fondé en 1874, le Royal Québec est le deuxième plus vieux club de golf en Amérique du Nord. Le club a entrepris ses activités sur les plaines d'Abraham avant de déménager ses pénates aux chutes Montmorency. Depuis 1925, il occupe le même site. Complexe de 36 trous, le parcours Royal est l'aîné, le parcours Québec ayant été complété en 1966. Saviez-vous que vous pouviez payer une visite à ce terrain de Boischâtel ?

Le parcours

Offrons-nous donc le traitement Royal. En raison de son âge et de sa maturité, le Royal est l'archétype des terrains traditionnels. Dans ses allées légèrement vallonnées et bordées d'arbres, tout devient une question d'équilibre et d'harmonie. Ici, on ne donne pas dans le spectaculaire et encore moins dans le clinquant. À titre d'exemple, on se refuse à installer des graphiques près des tertres de départ pour préserver l'aspect naturel des lieux.

Qu'ils soient seuls ou avec d'autres, ces tertres de départ ne prennent jamais place à partir d'un modèle répétitif. Ils amorcent des allées tourmentées, un peu à l'image d'un torrent qui se gonfle au printemps. À l'approche d'un obstacle ou d'une dénivellation plus importante, l'allée se métamorphose en herbe longue afin de bien démarquer l'endroit.

C'est au terme de ces allées qu'apparaissent des verts ondulés dans un environnement immédiat ponctué de buttons. Ils nous font un petit numéro sous le signe de la variété. Leur élévation, leur forme, leur dimension et l'emplacement des fosses qui les accompagnent réinventent leur apparence d'un trou à l'autre. Parlant des fosses, sans même posséder de rebord, elles imposent des sorties en hauteur parce qu'elles sont creusées plus bas que le vert.

La difficulté

Au premier coup d'œil, les trous ne semblent pas difficiles, car un grand espace sépare les arbres placés en rangées de chaque côté de l'allée. Cependant, de l'herbe très haute réduit la largeur de ces allées, ce qui pénalise le joueur. Si vous ratez le vert, les monticules et l'herbe longue (encore elle) se chargeront de vous le faire regretter.

Les conditions de jeu

Le terrain est parfaitement manucuré et les allées se distinguent. Les verts désappointent sans pour autant créer d'incident diplomatique. Les tertres de départ frisent la perfection.

L'environnement

Le Royal a toujours été reconnu pour la splendeur de ses arbres. Il se distingue des autres terrains traditionnels, car il a su garder un aspect naturel, sans maquillage. À plusieurs occasions, ruisseaux et rivières fredonnent leur refrain.

Idéal pour...

Ce qui est extraordinaire avec ce terrain, c'est que tout le monde peut y jouer. Cependant, seul le connaisseur saura l'apprécier à sa juste valeur.

+ NOUS AVONS AIMÉ

L'environnement
Le dessin des trous
L'expérience

– NOUS N'AVONS PAS AIMÉ

La condition des verts
Un ou deux coups à l'aveuglette
L'absence de graphique sur les départs

Carte de pointage

Trou	1	2	3	4	5	6	7	8	9	Aller	10	11	12	13	14	15	16	17	18	Retour	Total
Bleu	375	400	365	155	485	385	445	190	435	3235	200	480	370	170	520	350	295	370	555	3310	6545
Blanc	360	385	350	145	470	380	420	180	395	3085	185	450	365	155	495	330	285	360	535	3160	6245
Rouge	345	370	335	125	440	310	335	140	330	2730	170	430	310	145	460	310	270	350	495	2940	5670
Normale	4	4/5	4	3	5	4	4	3	4	35/36	3	5	4	3	5	4	4	4	5	37	72/73

Évaluation : Bleu 71 / 122 — Blanc 69,5 / 119 — Rouge 71,7 / 120

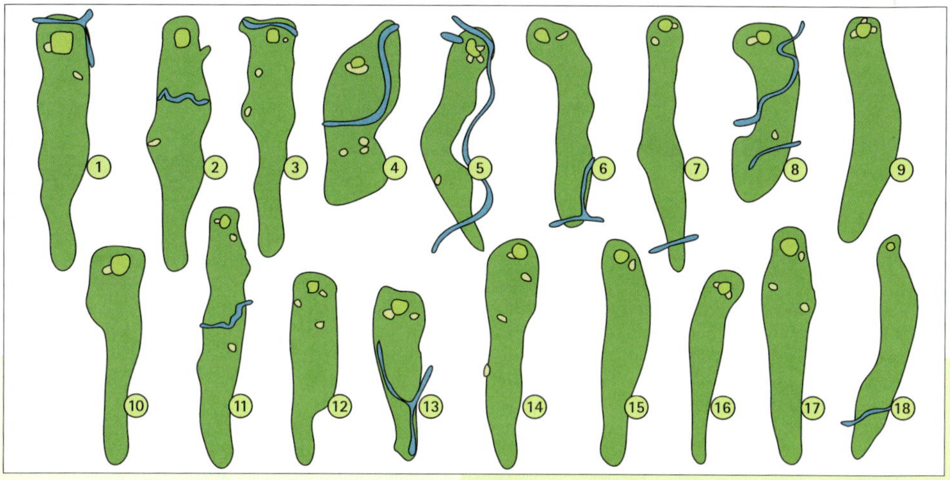

Conditions de jeu

- Verts ●●●○○
- Allées ●●●●●
- Sable ●●●●○
- Herbe longue ●●●●○
- Tertres ●●●●●

Design

- Verts + fosses ●●●●○
- Variété ●●●●○
- Harmonie + équilibre ●●●●●
- Pour tous ●●●●●
- Circuit ●●●●●

Environnement

- Visuel ●●●●●
- Nature ●●●●●
- Calme ●●●●●

Plaisir

- Délassement ●●●●●
- Verts ●●●●●
- Allées ●●●●●
- Tertres ●●●●●
- Manucure ●●●●●
- Entraînement ●●●●○
- Agrément ●●●●○
- Récupération ●●●●○

VERDICT ●●●●◐

- Terrain archangélique, mais à échelle humaine.

Temps de jeu suggéré
4 h 30 ; temps habituel : entre 4 h 20 et 4 h 30.

Accueil
Bon.

Tenue générale
Excellente.

Aire d'entraînement
Spacieuse et légèrement en retrait.
Tout y est.

Améliorations
Drainage de certains trous, agrandissement de l'aire d'entraînement, réaménagement de quelques départs.

Au féminin
Beaucoup trop long, comme la plupart des terrains de cet âge.
Malgré tout, ne ratez pas votre chance si jamais elle se présente.
C'est un prétendant de bonne famille...

Pavillon
Véritable joyau du patrimoine. Ses fenêtres panoramiques offrent une vue spectaculaire sur l'Île d'Orléans et la ville de Québec.

Boutique du pro
Cédée en concession, elle est fort bien garnie.

Tarif : $$$$

SAINT-FERRÉOL

1700, boulevard Les Neiges
Saint-Ferréol
G0A 3R0
(418) 827-3778

L'autre terrain du mont Sainte-Anne

Ce terrain à vocation touristique se spécialise dans la tenue de tournois. Il prend place au pied du célèbre mont Sainte-Anne, ce qui l'assure d'un environnement privilégié et d'une bonne visibilité. Seul maître à bord, André Gagné en est le propriétaire, l'architecte, le professionnel et le directeur. Son parcours est ouvert depuis 1987.

Le parcours

Le terrain reste facile et agréable à parcourir à pied, ce qui peut surprendre considérant son emplacement. Mais la direction connaît bien sa clientèle et sait lui offrir un parcours qui correspond à ses attentes. Dans cet environnement de choix, avec un relief légèrement accidenté, on demande aux hommes de survoler quelques dépressions et cela plaît à tout coup. Au contraire, on a pris grand soin de placer le départ des femmes à des endroits qui ne les obligent pas à réaliser des prouesses athlétiques.

Les allées disposent de suffisamment d'espace pour permettre le maintien de surfaces d'herbe longue beaucoup plus grandes, mais ce n'est pas ce que le client souhaite. Ces allées se placent parallèlement les unes aux autres, mais les nombreux bouleaux servent de tampon entre elles. Cela n'empêche pas les trous d'être répétitifs, car le dessin manque d'audace. Le second neuf profite d'allées plus accidentées, mais là encore, c'est toujours la même dénivellation que l'on rencontre à chaque trou. Il offre trois exemplaires de chacune des normales.

Les verts de forme circulaire se délassent au même niveau que l'allée. Cela permet à un plus grand nombre de joueurs de les atteindre en coups réglementaires, surtout que les fosses qui les protègent ne présentent pas un rebord très menaçant. Cela augmente le plaisir de certains joueurs, au détriment du défi pour d'autres.

La difficulté

Il s'agit d'un terrain court (5865 et 6155 verges) avec des allées plutôt larges où le vacancier a des chances d'inscrire un bas pointage. Même des jalons arrière, cinq normales 4 sur huit ont moins de 351 verges. D'ailleurs, l'évaluation Slope de 113 à partir des jalons blancs se veut un indicateur assez précis de la vocation «pour tous» de ce tracé.

Les conditions de jeu

La condition des verts surprend alors que celle des allées convient, à la condition de pouvoir déplacer sa balle à l'occasion. Un découpage en ligne droite n'améliore pas leur aspect visuel.

L'environnement

La présence majestueuse du mont Sainte-Anne réussit à elle seule à bonifier l'expérience d'une partie à Saint-Ferréol.

En l'absence quasi totale d'autres essences, la quantité de bouleaux qu'on trouve sur le terrain est presque étourdissante. Les sentiers qui servent de passage d'un trou à l'autre sont fréquemment aménagés dans les bois, ce qui s'avère bien agréable.

Idéal pour...

La clientèle de tournois et monsieur et madame Tout-le-monde.

+ NOUS AVONS AIMÉ

- La présence du mont Sainte-Anne
- Le passage entre les trous
- La marche agréable

− NOUS N'AVONS PAS AIMÉ

- Le dessin des trous
- Le défi qui manque d'audace
- Le manque de variété des essences d'arbres

Carte de pointage

Trou	1	2	3	4	5	6	7	8	9	Aller	10	11	12	13	14	15	16	17	18	Retour	Total
Bleu	317	346	379	175	503	384	350	201	517	3172	371	411	557	151	513	205	375	205	510	3298	6470
Blanc	309	340	363	165	489	373	330	170	502	3041	364	397	522	142	495	189	367	191	495	3162	6203
Rouge	300	320	354	155	485	362	325	148	460	2909	352	390	475	127	489	177	353	175	476	3014	5923
Normale	4	4	4	3	5	4	4	3	5	36	4	4	5	3	5	3	4	3	5	36	72

Évaluation : ■ Bleu 70 / 115 □ Blanc 68,7 / 112 ■ Rouge 65 / 113

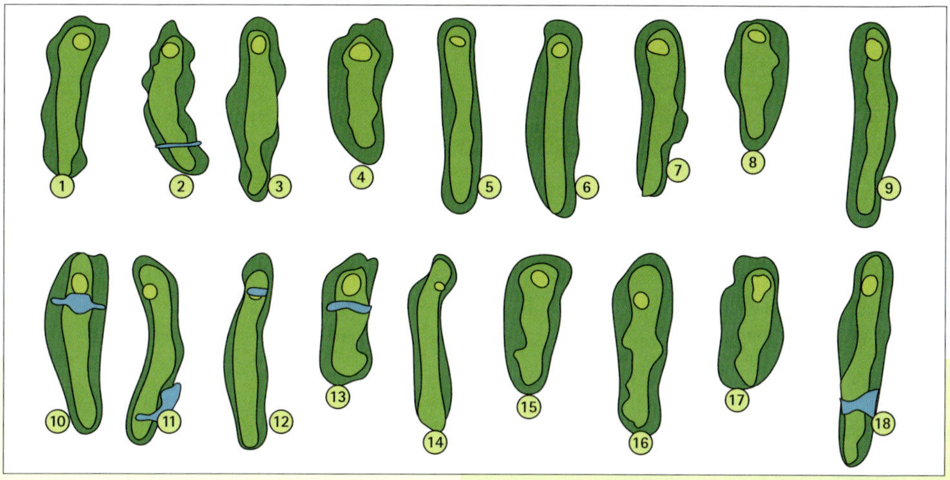

Conditions de jeu

- Verts ●●●●○
- Allées ●●●○○
- Sable ●●●○○
- Herbe longue ●●●○○
- Tertres ●●●○○

Design

- Verts + fosses ●●○○○
- Variété ●○○○○
- Harmonie + équilibre ●●○○○
- Pour tous ●●●●○
- Circuit ●●○○○

Environnement

- Visuel ●●●●○
- Nature ●●●●○
- Calme ●●●●○

Plaisir

- Délassement ●●●●○
- Verts ●●●●○
- Allées ●●●●○
- Tertres ●●●○○
- Manucure ●●○○○
- Entraînement ●●●●○
- Agrément ●●●○○
- Récupération ●●●●○

VERDICT ●●○○○

- Terrain facile dans un environnement privilégié. Intéressant pour la clientèle visée.

Temps de jeu suggéré

Considérant la vocation de ce terrain, n'y allez pas si vous avez un rendez-vous important quelques heures plus tard.

Accueil

Correct.

Tenue générale

Bonne.

Aire d'entraînement

On semble vouloir mettre l'accent sur l'école de golf.

Au féminin

Et pourquoi pas ?

Pavillon

Il peut accueillir environ 200 personnes.

Boutique du pro

Peut desservir sa clientèle de tournoi.

Divers

On ne semble pas très sévère sur la tenue vestimentaire.

Tarif : $$$

SAINT-LAURENT

758, chemin Royal
Saint-Laurent
G0A 3Z0
(418) 829-2244

Le bonheur est dans l'île

Situé dans le village de Saint-Laurent, sur l'unique île d'Orléans, ce parcours vient de fêter son 30e anniversaire. Saviez-vous qu'à l'origine il s'agissait d'un terrain privé ? Depuis, il s'est démocratisé et le grand public peut se frotter à l'œuvre de l'architecte Howard Watson depuis 1978.

Le parcours

Dieu merci, ce terrain de jeu n'a rien en commun avec d'autres parcours voisins d'autoroutes ou ceinturés de constructions. Il est installé dans cet arrondissement historique, connu au XVIe siècle sous le nom d'île de Bacchus, qu'est l'île d'Orléans. Parc maritime, petit port de plaisance et aire de pique-nique gravitent autour alors que l'horizon laisse apercevoir le profil des Appalaches.

Parmi les visiteurs, on trouve tous les genres de golfeurs. Amants de la nature, vacanciers et fanatiques cohabitent avec bonheur. Le parcours génère un défi pour tous qui, malgré sa longueur, fait preuve d'équilibre. Ce qu'il consent par la largesse de ses allées, il le reprend avec ses petits verts. Les trous plus découverts près du pavillon font le contrepoids pour ceux plus boisés de l'arrière du terrain. Chacun trouve son compte dans ce lieu où l'environnement dame le pion aux conditions de jeu.

La difficulté

Il ne s'agit pas d'un terrain facile, loin de là. Les jalons blancs s'étendent sur 6402 longues verges (6671 pour les bleus) ; pour le détail, je vous invite à consulter la carte de pointage. Vous n'y verrez cependant pas ces allées qui montent, descendent ou tournent à travers un vent ratoureux (c'est plus joli que sournois) qui frappe de partout. Comme si cela ne suffisait pas, en raison de la petitesse des verts, le golfeur s'estimera chanceux s'il réussit à y arrêter sa balle lors d'une tentative de plus de 170 verges.

Les conditions de jeu

Je dois confesser que mes attentes n'étaient pas bien grandes. Si plusieurs terrains peinent à maintenir de bonnes conditions de jeu pendant toute une année, imaginez lorsque le parcours a été fermé pendant deux ans... Donc, les allées se refont lentement une forme et les performances ne sont pas encore à la hauteur, même si l'herbe haute et certains verts laissent entrevoir des jours meilleurs.

L'environnement

Le bonheur est dans l'île. Dans sa portion la plus rapprochée, les pentes orientées vers le sud favorisent la vue sur le grand fleuve. Plus loin, moins spectaculaires mais tout aussi agréables, le calme et l'air vivifiant du site vous attendent.

Idéal pour...

Toutes les raisons sont bonnes pour jouer dans l'île, qu'il s'agisse de la marche sportive, de la bouffée d'air frais, du challenge, j'en passe et des meilleures.

+ NOUS AVONS AIMÉ

- L'environnement
- Le défi
- Son caractère unique

– NOUS N'AVONS PAS AIMÉ

- Le sable des fosses
- La petitesse des verts
- La lenteur des verts

Carte de pointage

Trou	1	2	3	4	5	6	7	8	9	Aller	10	11	12	13	14	15	16	17	18	Retour	Total
Bleu	537	379	360	151	343	405	412	198	507	3292	420	515	419	178	363	368	198	486	432	3379	6671
Blanc	521	369	349	134	335	394	400	181	494	3177	410	490	401	169	346	347	183	465	414	3225	6402
Rouge	413	288	294	101	326	307	335	110	399	2573	384	406	328	164	288	298	168	370	327	2733	5306
Normale	5	4	4	3	4	4	4	3	5	36	4	5	4	3	4	4	3	5	4	36	72

Évaluation : ■ **Bleu 72,5 / 129** □ **Blanc 72,3 / 128** ■ **Rouge 70 / -**

Conditions de jeu

- Verts ●●●○○
- Allées ●●○○○
- Sable ○○○○○
- Herbe longue ●●●●○
- Tertres ●●○○○

Design

- Verts + fosses ●●●○○
- Variété ●●●○○
- Harmonie + équilibre ●●●●○
- Pour tous ●●●●○
- Circuit ●●●○○

Environnement

- Visuel ●●●●●
- Nature ●●●●●
- Calme ●●●●●

Plaisir

- Délassement ●●○○○
- Verts ●●●●○
- Allées ●●○○○
- Tertres ●○○○○
- Manucure ●●●●○
- Entraînement ●●○○○
- Agrément ●●●●○
- Récupération ●●●●○

VERDICT ●●●○○

- L'environnement fait oublier les conditions de jeu.

Temps de jeu suggéré

4 h 30 à 4 h 45. Une seule personne occupe les postes de préposé aux départs et de patrouilleur.

Accueil

Très bon.

Indications et signalisation

De facture modeste, elles demeurent excellentes.

Tenue générale

Bonne.

Aire d'entraînement

Il est défendu d'y utiliser des bois.

Au féminin

Presque la moitié des trous sont inatteignables en coups réglementaires. Vous adorerez les aménagements floraux, l'environnement, la tenue impeccable, l'accueil, alouette...

Pavillon

Tout à fait dans la note avec ses lignes épurées et sa terrasse qui surplombe les environs. Vous pouvez même vous y allonger.

Divers

Les voiturettes motorisées manquent de confort et leur conduite irrite.

Tarif : $$$

STONEHAM

324, 1re Avenue
Stoneham
G0A 4P0
(418) 848-2414

Photogénique

Quand il s'agit de ski, Stoneham n'a plus besoin de présentation. Mais qu'en est-il du golf ? Eh bien ! sachez que c'est l'affaire de la famille Dunn depuis l'ouverture d'un neuf trous en 1960. Golf Stoneham compte aujourd'hui deux parcours de 18 trous qu'on a baptisés laconiquement Est et Ouest. La publicité nous apprend du parcours Est qu'il « se déploie tout autour des méandres d'une paisible rivière au creux de la vallée [...] et possède les attributs d'un parcours mature ». Bien, mais insuffisant pour nous détourner du parcours Ouest.

Le parcours

Lors d'une visite à Stoneham, vous devez vous assurer d'essayer celui des deux parcours qui correspond à vos goûts, bien sûr, mais aussi à votre habileté. Le parcours Ouest, inauguré en 1970, est le plus récent et le plus long des deux. Son environnement boisé fait son charme et contribue à son degré de difficulté. En effet, ses trous restent étroits et les deux tiers d'entre eux tournent d'un côté ou de l'autre.

Cramponnées à flanc de montagne, les allées n'ont pas souvent l'occasion de se reposer en terrain plat. Même si leurs dénivellations ne risquent pas de vous donner le vertige, elles pourraient quand même vous étourdir. Trop de trous commandent l'utilisation d'un système de gyrophares pour assurer la sécurité du groupe précédent.

Le site naturel offre de nombreuses possibilités, mais le dessin anémique des allées et des verts le sert mal. À noter les quatre normales 4 consécutives du premier neuf et les deux normales 5 des 16e et 17e trous.

La difficulté

À partir des jalons blancs, sa normale 72 compte 6153 verges, mais Stoneham ne peut être considéré comme un défi pour tous ; voyez par vous-même. Cinq normales 4 ont ± 400 verges. Certaines allées, non satisfaites de l'étroit passage qu'elles vous laissent entre les arbres, se protègent au moyen d'un hors-limite. Les verts aussi prennent part à l'intrigue. Ils se cachent sur un plateau ou en contrebas de l'allée qui plonge brusquement vers eux : surprise ! À maintes occasions, des coups à l'aveuglette viendront déstabiliser le golfeur qui ne connaît pas le terrain.

Résumons en disant qu'un golfeur ayant frappé un mauvais coup peut se voir infliger une lourde pénalité, alors qu'un bon coup n'obtient pas toujours la récompense méritée.

Les conditions de jeu

Le parcours ne bénéficie pas d'un système d'irrigation pour ses allées. Comme plusieurs dévalent une pente sur un fond de roc, les périodes de sécheresse font des ravages. Par bonheur, les verts se défendent mieux. Certains tertres manquent d'espace gazonné alors que les fosses de sable laissent à désirer.

L'environnement

À retenir, une grande quantité de trous boisés et la chance d'admirer les montagnes qui encerclent le terrain. À oublier, les nombreuses lignes d'Hydro-Québec.

Idéal pour...

Les meilleurs golfeurs qui apprécieront de se mesurer à un bon défi.

+ NOUS AVONS AIMÉ

L'environnement
Le défi
La flexibilité d'un 36 trous

– NOUS N'AVONS PAS AIMÉ

La condition des allées et des fosses de sable
Les lignes d'énergie électrique
La petite dimension des verts

Carte de pointage

Trou	1	2	3	4	5	6	7	8	9	Aller	10	11	12	13	14	15	16	17	18	Retour	Total
Bleu	410	215	510	185	410	285	415	400	475	3305	142	320	318	145	400	340	500	510	365	3040	6345
Blanc	400	175	500	180	400	275	400	390	470	3190	132	310	306	140	390	335	490	505	355	2963	6153
Rouge	365	145	445	145	305	260	330	330	415	2740	116	255	295	125	325	330	425	465	320	2656	5396
Normale	4	3	5	3	4	4	4	4	5	36	3	4	4	3	4	4	5	5	4	36	72

Évaluation : ■ **Bleu 70 / 123** □ **Blanc 70 / 123** ■ **Rouge 71,5 / 127**

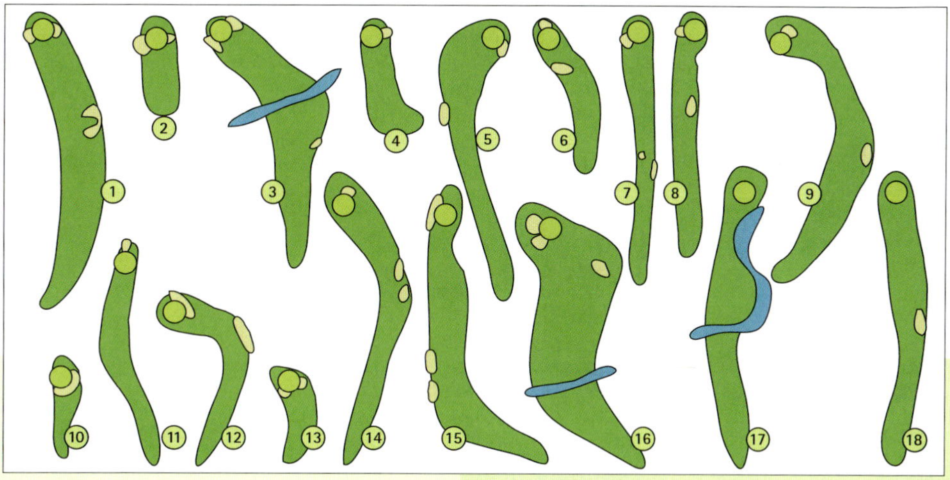

Conditions de jeu

> Verts	●●●○○
> Allées	●●○○○
> Sable	●●○○○
> Herbe longue	●●●●○
> Tertres	●●●○○

Design

> Verts + fosses	●●○○○
> Variété	●●●○○
> Harmonie + équilibre	●●●●○
> Pour tous	●●○○○
> Circuit	●●○○○

Environnement

> Visuel	●●●●○
> Nature	●●●●○
> Calme	●●●●○

Plaisir

> Délassement	●●●○○
> Verts	●●○○○
> Allées	●●○○○
> Tertres	●●○○○
> Manucure	●●○○○
> Entraînement	●●●○○
> Agrément	●●●●○
> Récupération	●○○○○

VERDICT ●●◐○○

> Terrain difficile dont les conditions de jeu sont tributaires du bon vouloir de dame Nature.

Temps de jeu suggéré

4 h 15. Je suis convaincu que le temps de jeu habituel dépasse les 4 h 30.

Accueil

Correct.

Indications et signalisation

À améliorer.

Tenue générale

Bonne.

Aire d'entraînement

Correcte.

Au féminin

Oubliez ça et aller jouer sur le parcours Est qui, sans être parfait, est mieux adapté à votre réalité.

Pavillon

Les golfeurs semblent préférer la terrasse.

Boutique du pro

Rudimentaire.

Un souhait

On devrait modifier le trou n° 12 coudé à 90° et dont le vert à deux paliers donne des frissons dans le dos.

Tarif : $$

Index général

Index des terrains de golf par villes

> N'hésitez pas à nous faire parvenir vos commentaires et vos suggestions à l'adresse courriel suivante :

guideterrainsgolf@yahoo.ca

Table des matières

Achevé d'imprimer au Canada
en février 2004
sur les presses des Imprimeries Transcontinental Inc.